파이썬 의 神

김주현 지음

파이썬의 神 : 프로그래밍 언어를 배운다는 것

지은이 김주현 **1판 1쇄 발행일** 2016년 12월 20일 **1판 3쇄 발행일** 2020년 8월 20일
펴낸이 임성춘 **펴낸곳** 로드북 **편집** 김현정
디자인 이호용(표지), 심용희(본문) **주소** 서울시 관악구 신림로 29길 8 101-901호
출판 등록 제 2011-21호(2011년 3월 22일) **전화** 02)874-7883 **팩스** 02)6280-6901
정가 27,000원 **ISBN** 978-89-97924-27-1 93000

ⓒ 김주현, 2016

책 내용에 대한 의견이나 문의는 출판사 이메일이나 블로그로 연락해 주십시오.
잘못 만들어진 책은 서점에서 교환해 드립니다.

이메일 chief@roadbook.co.kr **블로그** www.roadbook.co.kr

머리말

세상에는 많은 프로그래밍 언어가 있다. 모든 언어가 동일하게 많이 사용되는 것은 아니지만 각각의 언어는 탄생의 이유가 있을 것이다. 이런 언어들은 탄생하면서 알게 모르게 자기만의 철학을 가지게 된다. 같은 객체지향 언어일지라도 자바와 C++가 각자 자신만의 특색을 가진 것처럼 파이썬이란 언어도 자신만의 철학을 가지고 있다. 프로그래밍 언어를 공부하는 데 웬 철학이냐 하는 분들도 있을지 모른다. 그런데 필자는 어느 정도 프로그래밍에 심취해 있을 무렵 프로그래밍 언어 내부에서 이루어지는 동작들과 문법체계, 질서의 오묘함이 마치 철학과도 같게 느껴졌다.

또한 모든 프로그래밍 언어는 탄생 순간부터 끊임없이 진화하게 된다. 이런 진화는 한 사람이 이뤄내는 것이 아닌 많은 사람들의 노력으로 이루어지는 것이고 이렇게 많은 사람들의 사상과 생각들이 모여 좀 더 체계적이고 질서 있는 언어로 다듬어지게 된다. 이렇게 다듬어진 프로그래밍 언어를 배운다는 것은 수많은 사람들이 다듬어 놓은 최적화된 질서체계를 배우는 것이다.

따라서 이런 질서체계를 처음부터 새로 설계해서 새로운 패러다임을 가진 언어를 만드는 것은 쉬운 일도 아닐뿐더러 배우는 입장에서도 이질감을 느낄 수 있다. 그래서인지 프로그래밍 언어가 탄생할 때는 기존의 언어들과 닮은 구석이 많다. 이렇게 새롭게 탄생되는 프로그래밍 언어는 보통 기존 언어의 패러다임과 철학이 섞여 있다.

파이썬은 다중 패러다임 언어로 기존의 언어들의 영향을 많이 받았다. 특히 우리가 배워야 할 python(Cpython)의 내부는 C 언어로 구현되어 있다. 그 밖에도 펄, 자바, 스몰토크 외의 여러 언어들의 영향을 받은 다중 패러다임 언어이기 때문에 자신이 원하는 패러다임을 택하여 코딩 스타일을 결정할 수도 있다. 예를 들어 자바는 객체지향 패러다임 언어이기 때문에 아주 간단한 프로그램이라도 프로그래밍을 할 때 객체지향적으로 프로그래밍하게 된다. 그런데 파이썬은 객체지향 패러다임을 사용할 수도 있고 명령형, 또는 함수형 패러다임을 사용할 수도 있다.

이런 것들은 프로그래밍 공부를 이제 막 시작하는 단계에서는 뜬구름 잡는 소리 같을 수 있겠지만 파이썬을 공부하다 보면 자연스레 여러 가지 패러다임을 한 번에 경험할 수 있다는 뜻으로 하는 말이다.

필자는 아직도 오랜 시간 수많은 사람들의 생각을 통해 다듬어져 온 패러다임과 그 언어만의 철학을 배우는 것은 매우 경이로운 일이라고 생각한다. 물론 이런 경이로움을 느끼기 위해 프로그래밍 언어를 공부하는 것은 아니더라도 이왕 공부를 시작했다면 세상을 처음 맞이한 아이들의 호기심으로 프로그래밍 언어를 다루었으면 하는 바람이다.

이 책은 프로그래밍을 처음 시작하거나 다른 프로그래밍 언어에 대한 기본 지식이 있는 입문자를 대상으로 한 파이썬 입문서다. 하지만 어느 정도 깊이 있는 내용도 포함되어 있다. 만약 어려운 내용이 있다면 처음에는 과감히 넘어가도 좋지만 이해가 안 되는 내용이더라도 우선은 책을 따라 코드를 실행하고 확인하는 습관을 가지자. 이런 습관은 프로그래밍을 입문하는 분들에게 가장 중요한 부분이라고 생각한다.

모든 내용을 다 알 필요는 없다. 파이썬을 활용하는 방법은 다양하고, 이 방법을 모두 익히는 것은 자신이 원하는 프로그램을 작성하는 데 크게 도움이 되지 않는다. 프로그래머란 프로그래밍을 위한 모든 가능한 방법에 대한 지식을 배우는 사람이 아닌 자신이 원하는 프로그램을 만드는 사람이다. 따라서 이 책을 중반쯤 읽었을 때는 간단하더라도 자신이 목표로 하는 프로그램을 만들어 보길 권한다. 특히 파이썬에는 훌륭한 라이브러리들이 많이 있기 때문에 자신이 꼭 모든 것을 직접 작성하려고 하기보다는 기존에 만들어진 라이브러리에 대한 지식과 이를 적절하게 사용할 수 있는 능력을 기르는 것이 매우 중요하다.

지금 프로그래밍을 시작한다면 파이썬을 선택하는 것은 정말 좋은 선택이다. 파이썬이 가지고 있는 다양한 패러다임을 접하다 보면 다른 프로그래밍 언어를 익히는 데도 도움을 준다. 또한 다양한 분야에 쉽게 활용될 수 있다는 장점이 있다. 지금 당장 끌리는 언어가 없다면 과감하게 파이썬을 시작하는 것을 권한다. 후회하지 않을 것이다. 그리고 이 책이 그 시작에 조금이라도 도움이 되었으면 하는 바람이다.

이 책이 나오기까지 여러 일들이 있었다. 사실 필자는 언젠가부터 책을 쓰는 것에 대해 동경을 해왔다. 어떤 장르의 책이든 내가 알고 있는 지식 또는 내가 머리 속에 만들어 놓은 나만의 세계를 다른 사람들에게 설득력 있게 전달한다는 것은 참으로 멋진 일이라고 생각해 왔다. 그러던 중 이 책을 집필하게 되었고 정말 멋진 원고를 쓸 수 있을 거라는 약간의 '자만심'을 가지고 글을 쓰기 시작한 것 같다. 그런데 현실은 생각만큼 쉽지 않았고, 결국 원래 예상한 기간의 배가 걸렸다.

돌이켜 보면 이 책을 쓰면서 많이 '겸손'해진 것 같다. 너무 당연하게 생각된 사실들을 남들에게 제대로 전달하는 것이 얼마나 힘든 것인지, 그리고 그것을 글로써 쓴다는 것은 더욱 힘든 것임을 몸으로 체득하면서 '겸손'이라는 단어가 집필하는 내내 머리 속을 맴돌았다. 그리고 집필 후반쯤 처음에 썼던 원고를 다시 읽어보고 많이 실망하고, 해당 장들은 다시 썼다.

지식의 전파자들은 자신이 가진 기술과 지식에 자부심을 가져야겠지만 지식을 전파할 때는 '겸손'해야 한다고 생각한다. 이 책을 쓰면서 마음 깊이 느낀 교훈이랄까?

이 책이 나오기까지 주변에서 응원해 주신 모든 분들께 진심으로 감사 인사를 전하고 싶다. 이름을 모두 언급하고 싶지만 실수로 언급하지 못할까 해서 '모든'으로 대신했다. "정말 감사합니다.!"

그리고 원고 외적인 깊은 대화를 나누지는 못했지만 원고가 완성되기까지 항상 정성 어린 피드백과 격려를 주시면서 묵묵히 기다려주신 임성춘 편집장님 감사합니다.

낳아주시고 '김주현'이라는 이름을 지어주신 부모님께 감사드리고, 가족들 모두 사랑합니다!

마지막으로 지금은 하늘나라에 있는 내 동생 뽀삐에게도 이 책을 보여주고 싶다.

2016년 12월
김주현

미리 알아두고 학습하세요

1. 각 장의 앞에 나오는 만화는 공부하기 전 워밍업 단계입니다.

   본격적으로 학습하기 전에 왜 이 주제를 배워야 하는지 등에 대한 내용입니다. 가벼운 마음으로 읽어보세요.

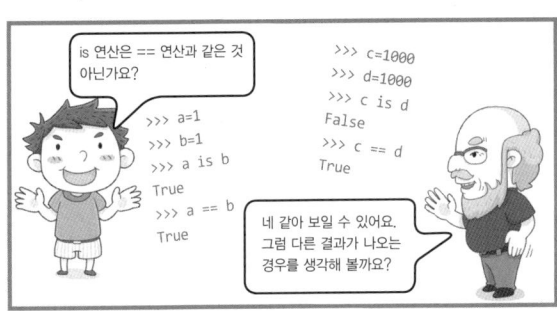

2. 본문 예제는 파이썬 쉘 방식과 스크립트 파일 방식을 혼용합니다.

   이 책의 예제는 두 가지 방식으로 따라하기를 제공합니다. 파이썬의 기본 통합개발환경(IDLE)에서 제공하는 파이썬 쉘을 이용하여 코드를 실시간으로 테스트해볼 수 있는 방식이 한 가지입니다. 다른 하나는 코드를 파이썬 스크립트 파일로 저장해서 테스트해볼 수 있는 방식입니다. 이 책을 학습하기 전에 미리 두 가지 형식에 대해 파악해두기 바랍니다. 스크립트 파일 방식은 주석으로 파일명을 제시하고 있고 예제 소스는 파이썬의 신 네이버 카페에서 제공됩니다.

[파이썬 쉘 방식의 예]

```
>>> 10*10              #== 비교 연산은 양변의 데이터의 값이 동일한지를 비교한다.
True
>>> type(True)         #type 함수는 데이터의 타입을 출력해준다.
<class 'bool'>
```

[스크립트 파일 방식의 예]

```
#phone.py
def makeacall():
    print("Make a Call")

makeacall()
```

3. [직접해봅시다]는 간단한 예제를 만들어보는 실습입니다.

각 문제마다 힌트를 두고 있으니, 해답을 먼저 확인하지 말고 스스로 풀어보기 바랍니다. 본문에서 벗어나는 내용은 넣지 않았으니, 힌트만으로도 약간의 시간을 들여 충분히 풀 수 있습니다. 모범답안은 파이썬의 신 네이버 카페에서 제공됩니다.

지금까지 모듈과 패키지에 대해 공부한 내용을 토대로 연습문제를 풀어보겠습니다.

1 스마트폰 프로그램이 사용하는 phone.py 모듈에는 전화를 받는 기능의 함수가 없었다. 이 기능을 보완하여 스마트폰 프로그램을 수정해보자.

HINT 이 함수도 photo나 makeacall 함수처럼 문자열 출력으로 실제 기능을 대신한다

4. [정리해봅시다]는 본문에서 배운 개념을 복습하는 코너입니다.

주로 괄호넣기나 간단한 서술형 문제 위주로 넣었습니다. 반드시 알고 넘어가야 할 문제를 선별하여 넣었으니 복습 효과를 톡톡히 볼 수 있습니다. 모범답안은 역시 파이썬의 신 네이버 카페에서 제공됩니다.

5. 우리 함께 공부해요

파이썬 관련 기술 변경사항 정보를 공유할 수 있고 책에 대한 내용에 대해 질의응답을 할 수 있습니다. 그리고 스터디를 조직해서 함께 공부할 수도 있습니다. 꼭 카페에 가입해서 함께 학습하세요.

파이썬의 신 네이버 카페 **cafe.naver.com/godofpython**

|파이썬의 신 네이버 카페
cafe.naver.com/godofpython

목차

머리말   3
미리 알아두고 학습하세요   6

1부 시작하기

1장 파이썬 시작하기
windows에서 파이썬 설치하기   18
Hello World   26
파이썬 개발 환경의 선택   28

2장 미리 알아두기
코드를 읽기 위한 기초   40
용어 설명   41
들여쓰기   44

3장 변수
변수와 메모리   54
변수와 데이터 타입   56
파이썬의 변수   58
참조 대상은 파이썬 객체   59
파이썬은 동적 타이핑 언어   61
일반 변수와 파이썬의 변수 비교   62
객체   64

2부 내장 데이터 타입

4장 숫자 타입

불리언	75
정수	75
실수	76
복소수	77
타입 변경	78
기본 숫자 연산	79
숫자 비교 연산	83
쉬프트 연산	84
비트 연산	87
논리 연산	90
연산자 우선순위	94
대입 연산자를 사용할 때 주의할 점	96
정수 타입을 다룰 때 주의사항	98

5장 시퀀스 타입

문자열	110
리스트	133
튜플	155
시퀀스 타입들 간에 변환	159
문자열과 다른 시퀀스 타입 간의 변환	160
시퀀스 타입을 문자열로 변환	162
문자열 타입을 시퀀스 타입으로 변환	163
패킹과 언패킹	163

6장 매핑 타입

사전	173
사전의 생성	174
사전의 특징	176

사전의 연산	178
사전을 리스트로 변환	182
리스트를 사전으로 변환	183

7장 셋 타입

셋	198
set의 생성	198
set의 특징	198
set의 연산	199
set을 리스트로	203
리스트를 셋으로	204

3부 기본 문법

8장 제어문

if문(조건문)	213
조건이 포함된 표현식	219
for문	222
리스트 생성 표현	235
while문	238
기타 문법	241

9장 함수

함수란?	249
함수의 정의	250
함수의 호출과 인수	250
인수의 전달 방식	253
함수의 인수 정의 순서	259
return	260
영역과 이름공간	262

중첩 함수	271
인수전달 vs global	276
람다 표현식	278
정보가 새고 있어요	282
클로저	284
장식자	289
제너레이터 함수	295
코루틴 함수	297

10장 모듈과 패키지

모듈이란?	313
모듈은 __name__ 변수를 가진다	318
모듈은 독립적인 이름공간을 갖는다	322
모듈 사용을 위해 알아둘 것들	323
패키지란?	329
패키지의 초기화를 위한 __init__.py	336
패키지 사용을 위해 알아둘 것들	338

11장 클래스

객체지향	349
클래스	350
객체	354
속성	358
메소드	364
속성 접근 지정자	374
프로퍼티	378
상속	381
부모 클래스의 메소드를 호출하는 방법	388
덕 타이핑	392
연산자 오버로딩	396

12장 파일 다루기

파일	407
텍스트와 바이너리의 차이점	419
pickle	421
유니코드	422
바이트 타입	429
인코딩을 지정하여 파일에 저장하기	432

13장 예외

try~except	441
try~except else	444
여러 예외 사용하기	446
항상 실행되어야 할 코드	447
예외에 대한 정보 얻기	448
사용자 정의 예외	449

4부 파이썬의 활용

14장 GUI

tkinter	459
부품(widget)-1	463
Canvas에서 이미지 다루기	481
PIL(Pillow)	485
배치관리자	489
이벤트	496
부품(widget)-2	502

15장 멀티쓰레드 프로그래밍

프로세스	527
쓰레드	530
threading 모듈	534
동기화 문제	538
락 객체 사용	545

16장 네트워크 프로그래밍

서버와 클라이언트	553
소켓	553
주소 체계	554
데이터 전송 프로토콜	556
TCP/IP 소켓 생성	557
TCP 서버와 클라이언트를 위한 준비	558
실습 환경 만들기	562
서버와 클라이언트의 연결	564
포춘 쿠키 서버 만들기	569
1:1 채팅 서버	572
다중 채팅 서버	576
select 모듈로 채팅 서버 구현해보기	584
socketserver	587
웹 프로그래밍	589
웹 클라이언트 프로그래밍	591
웹 서버 프로그래밍	594

17장 데이터베이스

DB-API	606
SQL	608
연결 객체	612
커서 객체	613
데이터베이스를 이용한 단어장	621

18장 주요 표준 라이브러리

내장 함수	628
수학 관련 내장 모듈	644
시간 관련 내장 모듈	648
기타 모듈	656
모듈 배포	659
찾아보기	665

1부 시작하기

1장_ 파이썬 시작하기

2장_ 미리 알아두기

3장_ 변수

★ 파이썬의신 네이버 카페에서 함께 공부해요.
cafe.naver.com/godofpython

1장
파이썬 시작하기

프로그래밍에 처음 입문하는 독자라면 의욕이 앞서 지금 당장 프로그래밍 코드를 작성하고 싶은 마음이 굴뚝 같을 것이다. 하지만 모든 일에는 순서가 있는 법이다. 모든 프로그래밍 언어가 그렇듯이 프로그래밍의 첫 번째 단계는 플랫폼에 맞는 개발 환경을 구축하는 것이다. 잠시 심호흡을 하면서 천천히 파이썬의 개발 환경을 구축해보자.

windows에서 파이썬 설치하기

다음 URL에 접속하면 파이썬 프로그램을 다운로드할 수 있는 웹 페이지가 열린다. 최종 버전을 다운로드하면 되는데 이상하게도 최종 버전이 두 가지로 나뉘어 있다. 무엇을 받아야 할까?

https://www.python.org/downloads/

```
Download the latest version for Windows
Download Python 3.5.1    Download Python 2.7.11
```

사실 어떤 버전이든 상관없지만 이 책은 python 3.5.1을 기준으로 하였다. 프로그램을 다운로드하면서 잠시 두 버전에 대해서 간단하게 이야기해보겠다.

파이썬은 발전 과정에서 2.x 버전과 3.x 버전의 두 가지 버전으로 나뉘었다. 3.x 버전은 파이썬을 좀 더 완성된 언어로 만들 목적으로 2008년에 하위 버전(2.x)에 대한 호환성은 생각하지 않고 설계된 버전이었다. 여기서 문제가 생겼는데 기존의 2.x 버전으로 만들어진 수많은 라이브러리들과 이를 사용한 프로그램들 때문에 기존 파이썬으로 개발해오던 개발자들이 3.x 버전으로 쉽게 이동하지 못한다는 점이었다. 이런 이유로 파이썬은 의도하지는 않았지만 두 가지 버전으로 나뉘어 계속 발전해왔다.

그러나 현재 2.x대 버전은 2.7 버전을 마지막으로 더 이상의 버전업은 없고 파이썬은 3.x대 버전을 토대로 발전해 나가고 있다. 또한 공식적으로 파이썬 2.7 버전은 2020년까지만 지원되므로 2.x 버전의 파이썬을 꼭 사용해야 할 이유가 없다면 파이썬 3.x 버전을 설치하길 권장한다.

이 책은 3.5.1 버전을 기반으로 집필하였는데, 2.x 버전과 차이점이 있는 부분 중 중요하다고 생각되는 부분은 언급하고 넘어갈 것이다. 만약 코드를 두 버전에서 모두 실행시키고 싶다면 python 2.7.11 버전과 3.5.1 버전을 둘 다 설치해도 상관없다(여기에서는 두 버전을 모두 설치해보겠다).

자, 그러면 이쯤에서 파이썬의 설치 파일을 실행하여 설치를 시작해보자.

먼저 2.7.11 버전의 파이썬 설치 파일을 실행해보자.

이 부분은 크게 중요한 부분이 아니므로 그냥 [Install for all users]를 선택하고 다음으로 넘어간다.

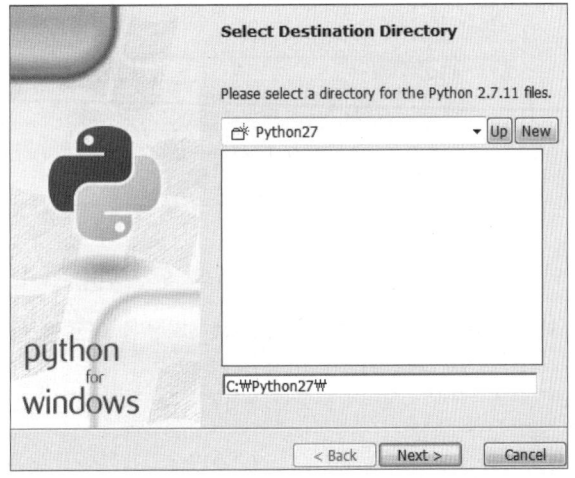

파이썬이 설치될 디렉토리를 선택하는 화면이다. 설치 디렉토리를 바꾸지 않고 기본 설정으로 하고 다음으로 넘기겠다.

위 대화상자의 Python 드롭다운 버튼을 눌러서 다음처럼 [Entire feature will be installed on local hard drive]를 선택해서 7번째 [Add python. exe' to Path]를 활성화시키자.

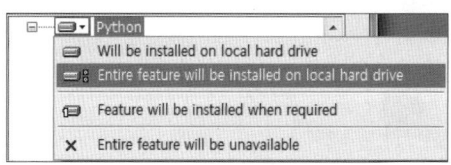

위 작업을 하면 파이썬이 설치된 경로가 윈도우의 환경 변수에 자동으로 등록되도록 해준다. 이에 대해서는 다시 설명하겠다. [Next] 버튼을 누르면 설치가 진행된다.

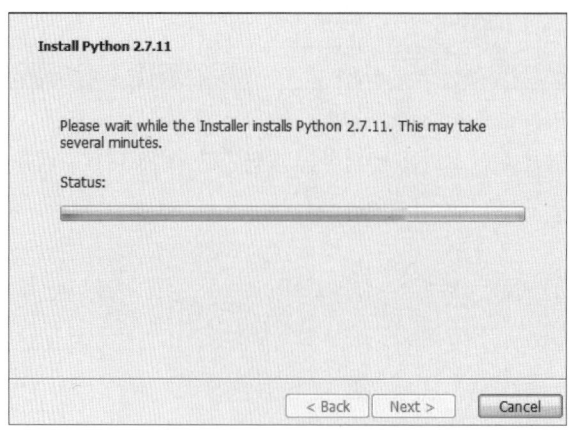

파이썬의 설치는 매우 간단하기 때문에 더 이상 추가로 해야 할 작업은 없다.

설치가 완료되면 windows의 명령 프롬프트를 실행시켜 'python'을 입력하고 엔터키를 눌러보자. 명령 프롬프트를 실행하는 방법은 windows의 시작 버튼을 누른 후 [프로그램 및 파일 검색]에서 'cmd'를 입력하고 엔터키를 누르면 된다. 다음과 같이 'python'을 입력하고 엔터키를 누르면 파이썬의 대화형 인터프리터가 실행되는데, 이곳에서 우리가 작성할 코드를 실행시키고 결과를 바로 볼 수 있다.

```
Microsoft Windows [Version 6.1.7601]
Copyright (c) 2009 Microsoft Corporation. All rights reserved.

C:\Users\juhyun>python
Python 2.7.12 (v2.7.12:d33e0cf91556, Jun 27 2016, 15:19:22) [MSC v.1500 32 bit
(Intel)] on win32
Type "help", "copyright", "credits" or "license" for more information.
>>>
```

대화형 인터프리터는 >>>로 현재 명령을 입력하는 위치를 나타낸다. 그런데 위와 같은 콘솔화면에서는 프로그래밍하기가 불편하다. 그래서 파이썬에서는 기본적으로 IDLE^{Integrated DeveLopment Environment}를 제공한다. windows의 시작 버튼을 누르고 [모든 프로그램]의 [python 2.7]에서 IDLE를 실행해보자.

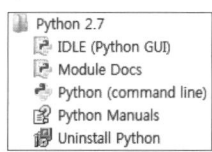

다음과 같은 파이썬 대화형 인터프리터의 GUI 환경을 제공해준다. 이제부터는 다음 창을 파이썬 쉘이라고 부르겠다.

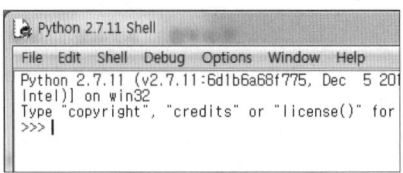

이제 우리가 사용할 파이썬 3.5.1 버전을 위와 동일하게 설치하면 된다. 이 작업을 하기 전에 윈도우 환경 변수에 대해서 잠깐 살펴보고 넘어가겠다.

원칙적으로는 'C:\python27\python.exe'와 같이 파일이 저장된 경로까지 적어주어야 제대로 python.exe가 실행된다. 그런데 우리는 앞의 콘솔화면에서 'python'만 입력해서 python.exe를 실행했다. 이것은 python.exe 파일이 저장된 경로를 콘솔 프로그램이 알고 있다는 것을 뜻한다. 그렇다면 어떻게 다른 프로그램에서 python.exe의 저장 위치를 알 수 있는 것일까?

바로 윈도우의 환경 변수 path라는 곳에 python.exe가 저장된 경로가 저장되어 있기 때문이다. 그리고 콘솔은 이 path란 환경 변수를 살펴보고 python.exe가 있는 곳을 찾는 것이다.

그렇다면 환경 변수에 python.exe의 위치가 등록되어 있는지 확인해보자. 먼저 windosw의 시작 버튼을 누르고 [프로그램 및 파일 검색]에서 '시스템 환경 변수 편집'을 입력하고 엔터키를 누르면 시스템 속성 창이 나온다.

[환경 변수(N)...]를 클릭하면 다음과 같은 창을 볼 수 있다.

우리가 관심 있게 볼 부분은 [시스템 변수(S)]의 [Path] 변수다. [값]을 보면 파이썬이 설치되어 있는 경로가 적혀 있음을 알 수 있다. 이때 각 경로들은 세미콜론으로(;) 구분된다.

우리는 파이썬 설치 과정에서 파이썬의 위치를 windows의 환경 변수에 등록하도록 옵션을 변경했던 것을 기억할 것이다(기억이 나지 않으면 설치 과정을 다시 살펴보자). 만약 설치 과정에서 이 부분을 그냥 지나쳤다 하더라도 [시스템 변수(S)...]에서 [Path]를 택하여 [편집(I)...]을 누른 후 직접 원하는 경로명을 입력하면 된다.

여기까지 설정이 끝났으면 이제 python 3.5.1 버전을 설치해보겠다.

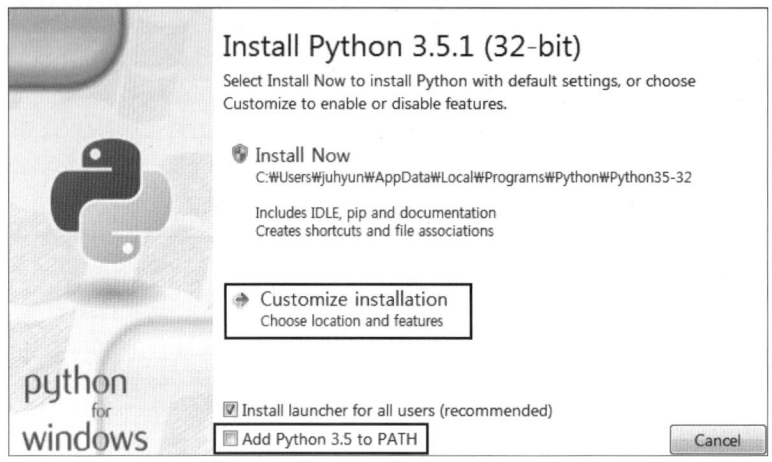

[Install Now]를 선택하면 파이썬이 설치되는 경로가 좀 복잡하게 생성된다. 이 책은 [Customize installation]을 선택하여 설치 경로를 단순화할 것이다. 그리고 [Add python 3.5 to PATH]에 체크해서 환경 변수(path)에 설치 경로가 자동으로 등록되도록 한다.

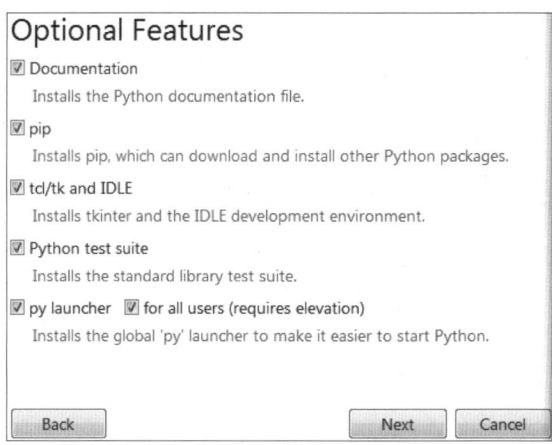

수정 없이 [Next] 버튼을 눌러서 진행한다.

그리고 [Install for all users]를 선택해주고 [Customize install location]에 파이썬을 설치할 경로(필자의 경우 C:\python35)를 직접 입력한 후 [Install]을 누르면 설치가 시작된다.

설치가 완료되면 다음과 같이 콘솔화면에서 'python'을 입력하고 엔터키를 눌러 보자.

실행된 파이썬 인터프리터의 버전이 3.5.1로 바뀐 것을 알 수 있다. 2.7.1 버전은 없어진 것일까?

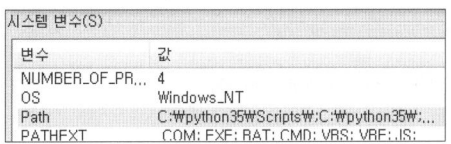

윈도우 환경 변수 Path에 python 3.5.1 버전이 설치된 경로가 제일 앞쪽에 추가 되었다.

C:\python35\Scripts\;C:\python35\;C:\Python27\;C:\Python27\Scripts;

이 때 Python 3.5 버전이나 2.7 버전의 인터프리터의 이름은 둘 다 'python'이다. 단지 windows 환경 변수 PATH에 순서상 앞쪽에 있는 python 3.5.1 버전이 먼저 실행되는 것이다.

만약 Path 변수의 내용을 다음과 같이 python 2.7.1 버전의 경로를 앞쪽에 두면 콘솔에서 python 2.7.11 버전이 실행되도록 할 수도 있다. 우선 참고만 하자.

C:\Python27\;C:\Python27\Scripts;C:\python35\Scripts\;C:\python35\;

이번에는 이 책의 아무 페이지나 펼쳐본 후 어떤 코드라도 좋으니 IDLE에서 한번 따라서 입력시켜 보자. 코드의 내용은 몰라도 된다. 만약 제대로 실행된다면 파이썬을 공부할 환경이 완성된 것이다.

Hello World

전통적으로 C/C++와 같은 고전적인 프로그래밍 언어의 입문을 위한 첫 관문은 "Hello World"라는 문자열을 콘솔에서 출력시키는 것이었다. 물론 "I am handsome, but I don't have girlfriend"와 같이 말도 안 되는 문자열을 출력한다고 컴퓨터가 이상해지는 것은 아니다. 하지만 현재까지도 많은 프로그래밍 언어 입문자들이 프로그래밍을 위한 환경설정을 마친 후 첫 번째로 하는 것은 "Hello World"를 콘솔에 출력하는 것일 것이다. 그리고 보면 "Hello World"는 마치 프로그래밍을 잘 배우기 위해 외우는 신성한 주문일지도 모른다는 생각이 든다.

뭐 어차피 밑져야 본전이니 우리도 이 주문을 외우고 시작하는 것이 좋을 것 같다. 파이썬으로 이 주문을 외우기 위해서는 여러 가지 방법이 있겠지만 여기서는 가장 간편한 방법을 사용하겠다. 먼저 설치된 IDLE를 실행한다. 또는 명령 프롬프트를 실행해서 python을 입력한 후 엔터키를 누른다.

```
Python 3.5.1 (v3.5.1:37a07cee5969, Dec  6 2015, 01:38:48) [MSC v.1900 32 bit (Intel)] on win32
Type "copyright", "credits" or "license()" for more information.
>>>                     #파이썬 프롬프트
```

>>>는 파이썬이 대화를 할 준비가 되었다는 뜻이고 이곳에 우리가 원하는 명령 코드를 입력하고 엔터키를 누르면 바로 명령 코드의 실행 결과를 보여준다(유닉스나 리눅스의 %나 $, 윈도우에서 명령 프롬프트 >와 같다고 생각하면 된다).

주문은 다음과 같이 외울 수 있다. 당장 이해되지 않는 부분이 있더라도 한번 따라서 실행해보자.

```
>>> print("Hello World")
Hello World              #출력 결과(신성한 주문)
>>>
```

이번에는 위 주문을 파이썬 프로그램으로 만들어 보겠다. 파이썬 IDLE의 [File] 메뉴에서 [New File]을 실행한다. 여기에 다음과 같이 입력하고 파일을 spell.py 라고 저장한다.

예제 1-1 주문 외우기

```
#spell.py
print("Hello World")
```

명령 프롬프트를 실행해서 spell.py가 있는 폴더로 이동한다. 그리고 python spell.py라고 명령을 내리면 다음과 같이 파이썬 주문 프로그램이 실행된다.

```
C:\python35>python spell.py
Hello World
```

좀 더 자세한 내용을 알고 싶다면 10장을 참고하자.

파이썬 쉘을 사용하여 프로그래밍을 하면 코드를 작성할 때 오류가 있는지 실시간으로 검사되기 때문에 매우 편리하다. 하지만 파이썬 쉘에서 작성된 코드는 파일로 바로 저장할 수는 없다. 즉, 파이썬 쉘로 프로그래밍을 하는 것은 파이썬 코드를 테스트하는 것의 의미를 갖는다고 볼 수 있다. 따라서 실제로 프로그램(스크립트 파일)으로 만들고 싶다면 다음에 설명할 개발 환경 선택을 참고하길 바란다.

자, 이제 우리는 신성한 주문을 외웠다. 그리고 파이썬 프로그래밍에 첫 발을 내디뎠다. 앞으로는 기분 좋게 파이썬을 공부해 나가면 된다.

파이썬 개발 환경의 선택

프로그래밍을 시작하기에 앞서 개발 환경을 선택하는 것은 매우 중요한 일이다. 어떤 개발 환경을 선택할지는 프로젝트의 규모나 목적 또는 개인의 취향과도 관계된 부분이라 직접 사용해보고 결정할 필요가 있다. 하지만 이 책은 파이썬 입문서인 만큼 단편적인 예제들을 중심으로 실습해나가므로 간편하게 파이썬 IDLE^{Intergrated Development and Learning Environment}를 사용하여 실습을 해 나갈 것이다. IDLE는 파이썬에 기본적으로 설치되어 있기 때문에 사용하기 편하고 테스트나 파이썬을 익히는 데는 가장 적합한 개발 환경이라고 본다. 그리고 IDLE의 또 다른 장점은 자동완성을 지원하는 것인데 개발 환경을 선택하는 데 있어서 핵심적인 부분이라고 볼 수 있다. 파이썬 IDLE의 단점이라면 프로젝트들을 구조적으로 관리하기는 힘들다는 점과 가끔씩 같은 코드라도 직접 파이썬 스크립트를 실행할 때와 IDLE 상에서 실행할 때의 결과가 차이가 나는 경우가 있다는 점이다. 물론 치명적인 것은 아니고 특정한 상황에서 발생하는 일이므로 당장은 크게 고려하지 않아도 된다.

만약 이런 부분이 염려스럽거나 실습한 내용이나 자신이 만든 스크립트들을 보기 좋게 관리하고 싶다면 notepad++나 sublime text를 추천한다. notepad++는 매우 가볍기 때문에 부담없이 사용할 수 있고 다양한 플러그인이 제공되므로 꽤 괜찮은 선택일 수 있다. 하지만 자동완성 지원은 다소 만족스럽지 않고 윈도우 환경에서만 사용할 수 있다는 단점이 있다. 반면에 sublime text는 유료지만 가끔씩 뜨는 팝업창만 확인하면 무료로 사용할 수 있다. 또한 크로스 플랫폼을 지원하기 때문에 윈도우 환경뿐만 아니라 리눅스 같은 다른 플랫폼에서도 사용할 수 있다. 또한 Anaconda plugin을 설치하면 python을 위한 IDE 환경을 만들어 준다. 그리고 거의 완벽한 자동완성을 제공하므로 파이썬을 사용하기에 안성맞춤이다. 여기서는 파이썬 IDLE와 notpad++, sublime text3를 사용하는 방법을 간단하게 소개한다.

파이썬 IDLE

파이썬의 IDLE를 실행하면 다음과 같이 파이썬 쉘이 실행된다. 〉〉〉은 파이썬 프롬프트로 여기에 입력된 코드들은 파이썬 인터프리터에 의해서 실시간으로 해석된다.

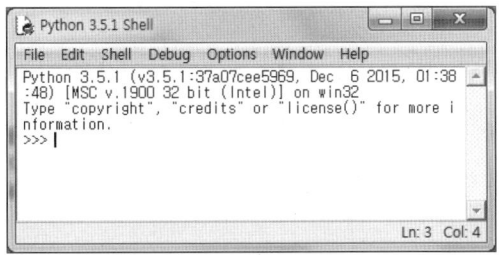

이번에는 파이썬 쉘의 [File] 메뉴에서 [New File] 항목을 선택해보자.

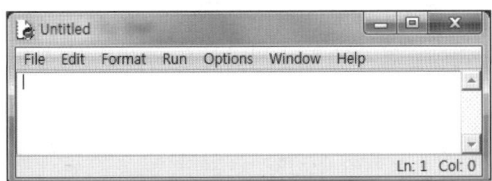

메모장과 비슷한 인터페이스를 가진 창이 열린다. 이 창은 파이썬 IDLE의 메모장 버전이라고 생각하면 된다. 차이점으로는 >>> 파이썬 프롬프트가 없다는 점인데 이곳에는 직접 파이썬 파일(.py), 즉 파이썬 스크립트를 직접 작성하여 파일로 저장할 수 있다.

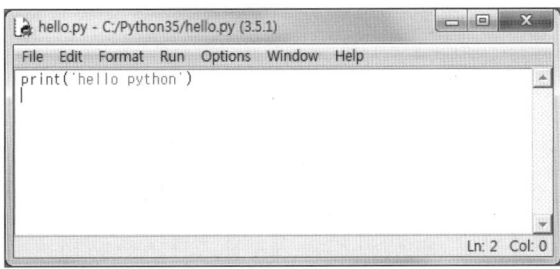

그리고 F5키를 누르면 작성된 스크립트가 파이썬 쉘을 통해서 실행된다. (파일을 저장하지 않았다면 저장하라는 메시지가 나온다.)

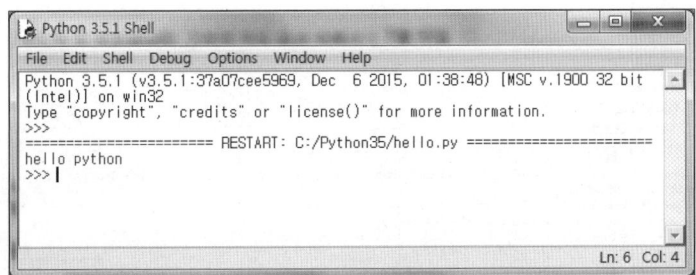

이렇게 파이썬의 IDLE는 쉘^{Shell} 모드와 에디트^{Edit} 모드 두 가지가 있고 이 두 가지 인터페이스는 모두 자동완성을 지원한다. IDLE를 실행하면 쉘 모드가 실행되지만 기본 모드를 에디트 모드로 바꿀 수 있다([option] ▶ [Configure IDLE] ▶ [General] ▶ [Startup Preferences]에서 [Open Edit Window] 선택).

notepad++

윈도우 환경이라면 notepad++로 실습할 수 있다. notepad++는 python과 같은 동적 타이핑 언어(파이썬은 동적 타이핑 언어이고 이에 대한 설명은 뒤에서 다시 할 것이다)에 대해서는 자동완성의 지원이 빈약하긴 하지만 이 점을 제외하면 나름대로 훌륭한 에디터다.

다음 사이트에서 다운로드해서 설치할 수 있다.

https://notepad-plus-plus.org/

설치가 끝났으면 플러그인 메뉴에서 [Plugin Manager] ▶ [Show Plugin Manager]를 선택한다.

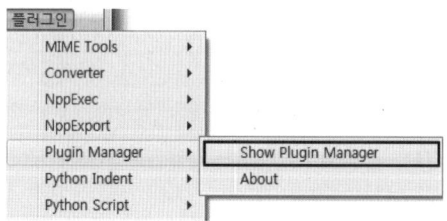

다음과 같은 창이 뜨면 [NppExec]를 체크한 후 [Install]을 누른다(이 플러그인의 기능이 궁금하다면 이어지는 설명을 잘 읽어보자).

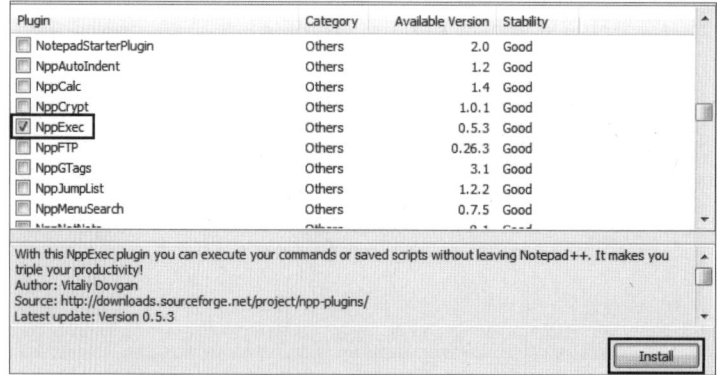

이제 notepad++ 창을 띄어 놓고 F6키를 누르면 다음과 같은 창이 뜰 것이다.

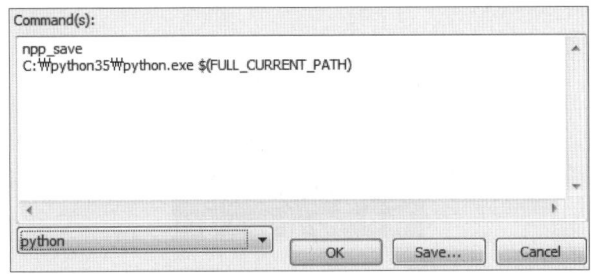

빈 창을 위 그림과 같이 채워준다. 첫 번째 줄의 npp_save는 현재 문서를 저장한다는 명령이고, 둘째 줄은 파이썬 인터프리터로 현재 스크립트를 실행시키는 명령이다. 자신의 파이썬 인터프리터가 있는 경로명으로 바꿔 입력하자(예: C:\mypython\python\).

입력을 마쳤으면 [Save...]를 눌러서 위 명령을 저장하고 [OK]를 눌러서 창을 나온다.

이제 Ctrl+F6키를 눌러서 스크립트를 실행할 수 있다. 파일 저장 대화상자가 뜨면 저장해주고 위 그림과 같은 창이 뜨면 [OK]를 눌러주면 된다. 그러면 다음과 같이 콘솔화면에 결과가 출력된다.

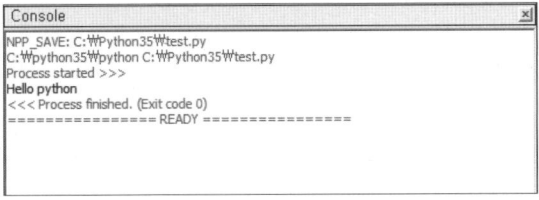

이제 [보기(V)] 메뉴의 [프로젝트] ▶ [프로젝트 패널]을 선택해보자.

작업 영역에서 마우스 오른쪽 버튼을 클릭하여 프로젝트를 추가할 수 있고 프로젝트에 폴더와 파일을 직접 추가하여 관리를 할 수 있다.

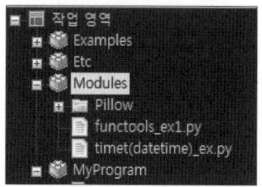

좀 불편한 점은 자동으로 폴더와 파일을 인식하지 않는다는 점이다.

sublime text3

무료로 사용할 수 있는 성능 좋은 개발툴을 찾는다면 sublime text는 꽤 괜찮은 선택이다. 물론 sublime도 유료이기는 하지만 신경 쓰이지 않을 정도로 간간히 뜨는 팝업창을 확인하는 정도로 무료로 사용할 수 있다.

다음 사이트에서 설치할 운영체제에 맞게 다운로드해서 설치한다.

https://www.sublimetext.com/3

이제 anaconda plugin을 설치할 차례다.
다음 주소의 설치 메뉴얼을 따라 설치할 것이다.

https://packagecontrol.io/installation

1. [Preferences] ▶ [Browse Packages..]를 선택하면 Packages 폴더가 열린다.

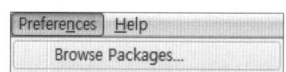

2. 위에서 열린 폴더의 상위 폴더에 가면 Installed Packages라는 폴더가 있다.

3. Installed Packages 폴더 안에 다음 주소의 Manual 3번에 있는 링크(Package Control. sublime-package)를 다운로드해서 넣어준다.

https://packagecontrol.io/installation

4. sublime text를 재시작해준다.

5. [Tools] ▶ [Command Palette...] 메뉴를 선택하여 창에 'install'이라고 입력하고 다음 그림의 'Package Control'을 선택한다.

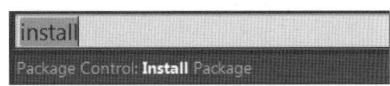

6. 잠시 후 창이 열리면 'anaconda'라고 입력하면 다음 그림처럼 나오는데 'Anaconda'를 선택한다.

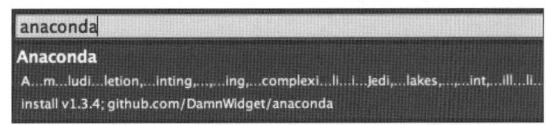

7. 이제 파이썬을 위한 환경이 완성되었다. sublime을 재실행하고 자동완성을 테스트해보자.

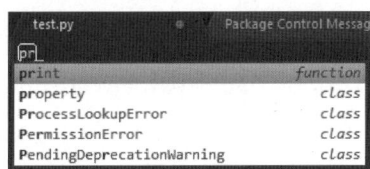

다음 그림처럼 함수의 기능을 파이썬 IDLE 환경보다 더 자세히 설명해준다.

위와 같은 함수나 모듈 등에 대한 설명은 파이썬 IDLE에서 help(이름)을 실행하여 볼 수도 있다.

```
>>> help(print)
```

작성한 스크립트를 실행하고 싶다면 (.py) 확장자를 가진 파일로 저장한 후 Ctrl+B키를 누르면 된다. 또는 [Tools] ▶ [Build]를 선택하면 된다. 그러면 아래쪽 분할 창에 결과가 출력된다.

설치는 완료되었지만 다음과 같이 한 가지 추가 설정을 하자.

[Preferences] ▶ [Package Settings] ▶ [Anaconda] ▶ [Settings - User]를 선택하자. 그리고 다음 문구를 적어준 후 저장해준다.

{"anaconda_linting": false}

이 설정을 하지 않으면 다음과 같이 코드를 작성할 때 구문 체크를 위한 수많은 박스를 보게 될 것이다.

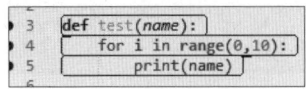

이 밖에도 PyCharm이나 Visual Studio, Eclipse PyDev 같은 전문 개발 환경을 선택할 수도 있다. 하지만 지금 이렇게 덩치 큰 프로그램을 설치할 필요는 없다. 앞에서 소개한 에디터만으로도 이 책의 예제를 실습하는 데는 충분하기 때문이다.

이 책의 예제 소스는 따로 제공되는데 예를 들어 1장의 example.py 예제는 (gop/ch01/example.py)에서 찾을 수 있다. 이 책은 기본적으로 gop 폴더를 C 드라이브에 위치시켰다고(C:/gop/ch01/...) 가정하고 실습을 할 것이다. 그리고 파이썬 쉘에서 실행되는 코드는 대부분 간단한 코드들이므로 예제 소스로 제공되지 않는다.

생각해 봅시다

윈도우 커맨드라인에서 'python'을 입력하면 (대화형) 쉘 모드로 코드를 테스트해볼 수 있지만 코드를 파일로 저장할 수는 없다. 그런데 파이썬의 기본 개발 환경인 IDLE를 실행하면 쉘 모드로 파이썬이 실행된다. IDLE에서 실행되는 쉘 모드는 콘솔화면의 쉘 모드보다 좀 더 편리하게 사용할 수 있고 쉘 모드에서 테스트한 코드를 저장할 수도 있다(단, 이 때 쉘 모드에서 했던 작업은 저장은 되지만 쉘 환경 그대로 저장되므로 제대로 된 파이썬 코드로 인식되지는 않는다. 직접 해보자!). 아무튼 쉘 모드는 파이썬 인터프리터의 기능으로 대화형으로 코드를 테스트할 수 있을 뿐이지 파이썬으로 개발을 위한 개발 환경은 아니다. 만약 코드를 저장하고 싶다면 기본 개발 환경인 IDLE의 에디트 모드를 사용하여 코드를 작성하고 저장하면 된다.

IDLE는 파이썬을 위한 기본적인 개발 환경이다. IDLE는 파이썬을 설치하면 같이 설치되지만 파이썬을 사용하기 위해서 꼭 IDLE를 사용할 필요는 없다. 즉 입문자에게는 IDLE이 꽤 도움을 주지만 어느 정도 파이썬에 익숙해진다면 더 많은 기능을 가진 개발 환경을 찾게 될 것이다. 그래서 앞에서 개발을 위한 환경을 소개한 것이다.

그렇다면 이번에는 앞서 설명한 환경 변수 설정에 대한 내용을 기억해보자. 만약 파이썬이 설치된 폴더를 사용자가 바꾸고자 한다면 환경 변수에 있는 경로만 바꾸면 될까? 직접 파이썬이 설치된 폴더를 변경해본 후 환경 변수에서 파이썬이 설치된 경로도 변경해보자.

아마 python 인터프리터의 실행은 제대로 되지만 IDLE 바로가기 아이콘으로는 실행되지는 않을 것이다. 이 때 직접 IDLE 바로가기 아이콘의 명령어를 수정해야 한다.

IDLE를 실행하는 명령은 다음과 같다.

C:\Python35\pythonw.exe C:\Python35\Lib\idlelib\idle.pyw

그리고 IDLE 바로가기 아이콘에 이 명령어의 경로를 직접 변경하면 된다.

예를 들어 파이썬이 설치된 경로를 python351로 바꿨다면 명령어는 다음과 같이 바뀐다.

C:\Python351\pythonw.exe C:\Python351\Lib\idlelib\idle.pyw

우선 IDLE 단축 아이콘에서 오른쪽 클릭해서 속성을 살펴보자. 대상(T)에 적혀 있는 것이 바로 IDLE를 실행시키는 명령어고 이 부분은 위 설명처럼 바꾸면 된다.

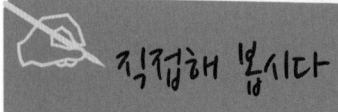

> 본격적인 실습에 앞서 자신이 선택한 개발 환경이 제대로 설정되었는지 테스트 코드를 작성하고 실행해보겠습니다.

1. 앞에서 Hello World를 출력하는 코드를 파이썬 IDLE의 에디터 모드와 notepad++에서 실행시켜보았다. sublime text3에서도 이 코드를 만들어 저장한 후 실행시켜보자.

2. 이 책의 예제 코드들은 장 단위로 폴더에 저장되어 있다. 예제 코드를 다운로드한 후 notpade++ 또는 sublime text3에서 폴더 단위로 예제 코드들을 불러올 수 있다. notepad++에서는 [파일(F)] ▶ [Open Foloder As Workspace], sublie text3에서는 [File] ▶ [Open Folder]를 선택하여 폴더 단위로 예제를 불러온 후 어떤 예제라도 좋으니 선택하여 실행해보자.

3. 프로젝트는 하나의 목적을 가진 소스 파일들의 묶음인데 여러 폴더들을 프로젝트로 만들어 관리할 수도 있다. notpad++는 [보기(V)] ▶ [프로젝트]에서 프로젝트를 직접 만들 수 있고 sublime text3에서는 [Project] 메뉴에서 프로젝트를 관리할 수 있다. 해당 메뉴를 선택하면 notpad++에서는 작업 영역 패널이 열리고 직접 마우스 오른쪽 버튼을 클릭하여 프로젝트나 폴더를 추가하거나 프로젝트를 저장할 수 있다. sublime text3는 [Project] 메뉴에서 관련 기능들을 선택할 수 있다. 다운로드한 예제 중 아무 폴더나 선택한 후 프로젝트로 만들어 저장해보자.

4. 이 책에서 소개한 개발 환경 외에 어떤 개발 환경이 있는지 조사해보자. 그리고 개발 환경에 따른 장단점을 정리한 후 앞으로의 실습을 위한 개발 환경을 선택하도록 하자.

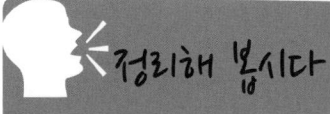

> 해답은 파이썬의 신 네이버 카페(cafe.naver.com/godofpython)에서 제공됩니다.

1. 파이썬의 버전은 2.x 버전과 3.x 버전의 두 갈래로 나뉘어진다. 이렇게 두 갈래로 나뉘게 된 이유를 설명해보자.

2. 파이썬의 두 가지 버전(2.x, 3.x)이 설치된 컴퓨터가 있다. 현재 콘솔에서 파이썬 파일을 실행시키면 항상 2.x 버전의 파이썬 인터프리터가 실행된다. 그렇다면 항상 3.x 버전이 실행되도록 하고 싶다면 어떻게 하면 될까?

3. 파이썬 IDLE를 사용하면 간단히 코드를 테스트하거나 이제 막 파이썬을 익히는 입문자들에게는 큰 도움을 준다. 하지만 본격적인 개발 단계에서 IDLE는 불편한 점이 있다. 직접 IDLE를 사용하면서 어떤 점이 불편할 것으로 예상되는지 적어보자.

2장
미리 알아두기

여기서는 파이썬 언어를 공부하기 전에 읽고 넘어가면 도움이 되는 내용들을 모아두었다. 이 장은 지금 건너뛰어도 되지만 언젠가는 다시 돌아와서 참고해야 할 것이다. 필요하다면 그때마다 '미리 알아두기'를 참고하라고 명시하겠지만, 가능하면 파이썬을 본격적으로 공부하기 전에 한 번 정도는 가볍게 읽어두자.

코드를 읽기 위한 기초

앞에서 작성한 "Hello World" 주문이 어떻게 출력된 것일까? 해답을 찾기 위해 나중에 배울 함수 파트의 도입부를 미리 참고해서 읽어보면 프로그래밍 언어에서 함수가 어떤 의미를 갖는지 알게 될 것이다. 함수는 간단하게 말해서 우리가 중고등학교 때 배운 함수와 비슷하다. f(a)=2a+1이란 함수가 입력값(a)에 대한 결괏값(2a+1)을 갖는 것처럼 print(a)라는 함수는 "데이터 a를 출력하라!"는 의미(결과)를 갖는다. 앞으로 print 함수는 데이터를 확인을 위한 출력에 많이 사용될 함수이기 때문에 꼭 기억해 두자.

파이썬에서는 다양한 함수들이 준비되어 있다. 우리는 print 함수처럼 파이썬에서 기본적으로 제공하는 함수들 위주로 사용하지만 간혹 기본적으로 제공하지 않는 함수들도 사용할 때도 있을 것이다. 기본으로 제공되는 함수는 코딩을 할 때 어떤 추가적인 작업을 하지 않아도 print 함수처럼 바로 사용할 수 있기 때문에 내장 함수라고도 불리운다. 내장 함수는 기본적인 함수들이고 그 수가 많지는 않다. 이런 기본적인 함수들은 비유하자면 기본 공구 세트라고 볼 수 있다. 하지만 프로그래밍을 하다 보면 경우에 따라서 다양한 도구가 필요하게 된다. 좀 더 전문적이거나 특수한 도구가 필요할 때는 외부에서 도구를 빌려와야 한다. 즉, 파이썬에서는 import문을 사용하면 특정 함수가 저장된 모듈[1]을 불러들인 뒤 그 함수를 사용할 수 있다. 다음은 그 예를 보여준다.

```
>>> import os
>>> os.system("pause") #os.system은 os 모듈에 있는 system 함수를 사용한다는 뜻이다.
```

os 모듈은 표준 모듈로서 파이썬이 설치될 때 기본적으로 같이 설치된다. 하지만 이런 표준 모듈을 사용하려면 import문으로 해당 모듈을 불러들여야 한다. 표준 모듈뿐만 아니라 표준이 아닌 외부의 모듈도 동일한 방식으로 불러들일 수도 있다. 이 경우는 해당 모듈을 직접 다운로드하거나 만들면 된다. 더 자세한 내용은 10장을 참고하자.

---

[1] 함수를 비롯한 코드들을 담는 그릇으로 생각하자.

앞의 코드에서 os 모듈의 system 함수는 현재 파이썬이 실행되는 운영체제(여기에서는 windows7이다)의 쉘에서 명령을 실행한다. 그리고 이 코드의 결과는 pause 명령을 명령 프롬프트에서 내리는 것과 동일하다.

여러 라인의 코드를 세미콜론(;)을 사용하여 한 라인으로 합칠 수도 있다.

```
>>> import os; os.system("pause"); print("Hello World")
```

용어 설명

리터럴

3, "I love python", 3.14와 같이 변하지 않고 고정된 데이터 자체의 표현을 리터럴literal이라고 한다. 이와 대조적으로 변수는 특정 리터럴을 대표(변수 = 리터럴)할 수 있지만 변수가 의미하는 값(리터럴)은 언제든지 다른 값(리터럴)으로 바뀔 수 있다(예를 들어 변수 A = 1에서 변수 A = 2로 바뀔 수 있다. 즉, 변수 A는 상황에 따라서 다른 값을 지니지만 1이나 2는 언제나 의미하는 값이 변하지 않는 해당 데이터의 표현형이다.

표현식

a=1이고, b=3일 때 a+b라는 표현은 4라는 값을 의미한다. 표현식expression이라고 하면 이렇게 값value을 의미하는 표현 또는 값을 반환하는 표현을 의미한다. 쉽게 말해 표현식은 결국 어떤 값을 의미한다. 따라서 표현식은 변수에 할당이 가능하다. 즉 표현식의 결과는 리터럴이라고 볼 수 있다.

```
>>> r=5
>>> 3.14*r**2    #표현식
78.5             #실수 78.5의 리터럴
```

구문

표현식과 달리 구문statement은 값의 의미를 지니지 않는다. 즉, 표현식과 달리 변수에 할당이 불가능하다. 대신에 구문은 어떤 목적을 수행하는 코드를 말한다. 나중에 배울 제어문들은 구문에 속한다.

```
>>> for x in range(0,3):        #구문
        print(x)

0
1
2
```

식별자

변수, 함수, 클래스 등을 식별하기 위해 붙여진 이름을 말한다.

키워드

키워드keyword는 이미 의미를 가지고 있는 명령어를 의미한다. 이미 의미를 가지고 있기 때문에 예약어라고도 한다. 따라서 키워드는 식별자 이름으로 사용할 수 없다. 파이썬 문서에서 keyword를 검색하여 어떤 키워드가 있는지 직접 확인해보자.

식별자 이름 규칙

1. $, %, ! 등의 특수문자는 식별자 이름에 포함될 수 없다(단 _는 포함 가능하다. 예: _Python, python_3_5_1_).

2. 숫자는 식별자 이름의 첫 번째 문자로 올 수 없다.

3. 키워드(keyword)는 식별자명으로 사용할 수 없다(if, for, True 등). 파이썬 문서를 참고하자.

4. 알파벳의 소문자와 대문자를 구분한다(예: python과 Python은 서로 다른 이름이다).

5. 파이썬 3.x 버전부터는 식별자 이름에 유니코드를 사용할 수 있다(권장하지는 않는다).

주석

주석은 프로그램 코드와 별개로 인터프리터에 의해서 해석되지 않기 때문에 주석의 내용은 코드에 영향을 미치지 않는다. 그래서 코드에서 실행시키지 않고 싶은 부분을 지우지 않고 주석으로 처리하기도 한다.

주석은 두 가지 스타일이 있을 수 있다.

#을 이용한 것과 """(겹따옴표 3개) 또는 '''(홑따옴표 3개)를 이용한 것이 있다.

```
#test.py
#print("Hello World")           #라인 주석
print("I love python!")
'''                             #주석 시작
print("I love C/C++")
print("I am handsome")
'''                             #주석 끝
```

위 코드의 결과는 다음과 같다.

I love python!

파이썬 쉘

IDLE^{Integrated DeveLopment Environment}에는 쉘 모드와 에디트 모드 두 가지가 있고 기본적으로 쉘 모드로 실행된다(모드를 변경하는 방법은 앞의 '파이썬 개발 환경 선택'을 참고하자). 파이썬 쉘은 파이썬 코드를 실시간으로 해석하여 그 결과를 보여주는 기능 외에 사용자의 편의를 위한 기능들을 제공한다. 가장 편리한 기능은 자동완성을 하는 기능이다(에디트 모드 역시 자동완성을 지원한다). 파이썬 쉘에 'pri'만 입력해보고 Tap키를 한 번 눌러보자.

```
>>> pri              #Tap을 눌러보자.
```

또는 'pr'까지만 입력하고 Tap키를 눌러보자.

'pr'로 시작하는 이미 존재하고 있는 식별자에 대한 선택지를 보여준다.

또 다른 기능으로 입력한 코드의 데이터 값을 확인시켜준다.

```
>>> a="p"
>>> a
'p'
>>> print(a)
p
>>> a=[1,2,3]
>>> a
[1, 2, 3]
>>> print(a)
[1, 2, 3]
```

어쨌든 사용자를 위한 편의를 위한 기능으로 print 함수를 사용하지 않고도 데이터를 쉽게 확인할 수 있다. 제대로 프로그래밍을 하려면 자신에게 맞는 개발 툴을 정해야 할 것이다. 하지만 간단한 코드를 테스트하거나 파이썬 입문자들에게 파이썬 쉘은 좋은 학습도구이므로 우선 파이썬 쉘에도 익숙해지자.

들여쓰기

C 언어에서 { }(중괄호)는 코드의 블록을 나타낸다. 이는 C 언어의 제어문이나 함수 또는 클래스의 몸통이 되는 코드들이 { } 안에 들어가는 C 언어의 블록 구조에 익숙하다면 이미 알고 있을 것이다. 다음 코드처럼 말이다.

```
#C 언어 코드
if (true) { printf("True"); }
else { printf("False"); }
```

위 코드는 프로그래머의 습관에 따라 천차만별로 작성될 수 있다. 필자는 다음 스타일을 사용한다.

```
#C 언어 코드
if (true) {
    printf("True");
}
```

```
else {
    printf("False");
}
```

C 언어의 블록 구조는 마치 글을 쓸 때 띄어 쓰기 대신 줄을 바꾸어도 의미가 바뀌지 않는 것과 비슷하다. 또는 문장과 문장을 줄을 바꿔 쓰거나 연결하여 쓰거나 마찬가지로 의미가 바뀌지 않는 것과 비슷하다.

이번에는 파이썬으로 위와 동일한 기능을 하는 코드를 작성해보자.

```
if True:
    print("True")              #들여쓰기
else:
    print("False")             #들여쓰기
```

if문을 예로 들면 파이썬의 if문은 몸통이 되는 코드를 { } 블록을 사용하여 감싸지 않는다. 대신 if문과 몸통의 경계를 콜론(:)으로 구분한다. 그리고 줄을 바꿀 때는 반드시 들여쓰기를 해야 한다.

여기서 줄을 바꾼다는 의미의 오해의 소지가 있어서 좀 더 자세히 설명하고 넘어가겠다. 위 코드의 몸통 부분을 줄을 바꾸지 않는다면 다음과 같이 작성할 수 있다.

```
if True: print("True")
else: print("False")
```

위 코드는 :을 경계로 if문 또는 else문과 몸통이 되는 코드가 구분된다. 하지만 다음 코드를 보면 어디까지가 if문의 몸통이 되는 코드인지 알 수 있는가?

```
if True:
    print("True")
    print("Second True")
print("really True?")
```

C 언어의 블록 구조라면 단순하게 { } 블록으로 감싸면 될 텐데 말이다. 사실 위 코드에서 **if**문의 몸체는 보이지 않는 블록으로 싸여 있다. 위 코드의 중간에 두 줄은 다른 코드와 달리 띄어쓰기가 되어 있는데 이를 들여쓰기^{indentation}라고 하고 보이지 않는 블록을 만들기 위한 파이썬의 문법이다.

> 들여쓰기는 한 칸을 띄어 쓰든 두 칸을 띄어 쓰든 상관이 없다. 혹은 Tab키를 사용해도 된다. 단 동일한 코드 블록은 반드시 동일한 간격으로 들여쓰기를 해야 한다. 또한 코드 전체에서 동일한 스타일로 들여쓰기를 하도록 권장하고 있으며 Space bar와 Tab키를 혼용해서 사용하지 말기를 권한다. 마지막으로 현재 권장되는 들여쓰기는 Space bar 4칸이다.

아래 그림은 앞의 코드를 레벨 개념을 사용하여 간략하게 나타낸 그림이다.

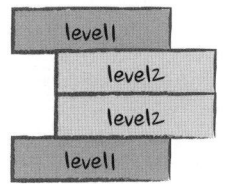

위 구조를 C 언어의 블록 구조와 비교해보자. 레벨이 1에서 2로 증가하면 들여쓰기를 한다는 의미고 블록의 {가 사이에 있음을 뜻한다. 레벨이 2에서 1로 감소하면 들여쓰기가 한 단계 내려갔고 C 언어로 치자면 }가 사이에 있음과 동일한 의미다.

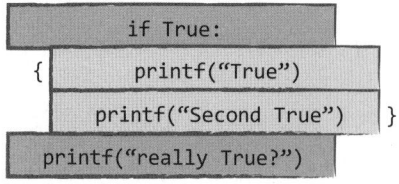

위 코드를 C 언어의 코드로 바꾸어 보면 좀 더 명확해질 것이다.

```
if (true)
{ printf("True");
  printf("Second True");}
printf("really True?");
```

확실히 이해하기 위해서 한 가지 예를 더 들어 보겠다.

```
for x in range(1,10):
    if x%2==0:
        continue
    for y in range(1,10):
        print(x,'*',y,'=',x*y)
```

이 코드는 구구단 중에서 홀수단인 경우만 출력하는 데 코드를 분석할 필요는 없다. 여기서는 코드의 블록 구조를 파악하는 데만 신경을 쓰자.

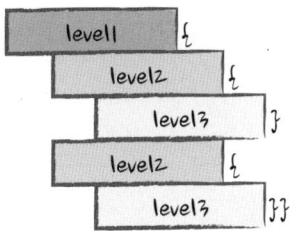

레벨이 1 증가할 때마다 {를 표시하고 레벨이 1 감소할 때마다 }를 표시한 그림이다. 위 그림은 C 언어와 같은 블록 구조에 익숙한 프로그래머들에게 들여쓰기가 결국은 블록 구조를 나타낸다는 것을 보여준다. 다음은 C 언어로 동일한 코드를 작성해보았다.

```
#C 언어 코드
int x,y;
for (x = 1; x < 10; x++) {
    if (x % 2 == 0) {
        continue;}
    for (y = 1; y < 10; y++) {
        printf("%d * %d = %d\n", x, y, x*y);}}
```

아마 C 언어와 같은 블록 구조에 익숙하다면 이 정도 설명으로 들여쓰기에 대해서 파악했으리라 본다. 물론 C 언어와 같은 블록 구조를 알지 못해도 충분히 이해했을 것이다.

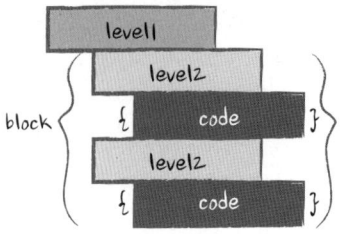

3개의 코드의 블록으로 이루어져 있는 이 구조는 C 언어로 표현하면 { { }{ } }와 같은 구조다. 처음에는 이 구조가 익숙해지지 않을 수 있다. 하지만 이런 들여쓰기의 장점은 C언어의 블록구조와 달리 코드의 작성 방법이 대체로 일관되므로 코드의 구조를 파악하기가 쉬워진다. 물론 들여쓰기에 익숙해졌을 경우에 말이다. 처음에는 어색하고 눈에 들어오지 않겠지만 익숙해지면 들여쓰기를 한 코드가 꽤 깔끔하게 느껴질 것이다.

> ### 생각해 봅시다
>
> 파이썬 IDLE 상에서 들여쓰기의 간격을 조정할 수 있다. [Options] ▶ [Configure IDLE] ▶ [Fonts/Tabs] ▶ [Indentation Width]를 수정하면 된다. 주의할 점은 쉘 모드의 들여쓰기가 아닌 에디트 모드의 들여쓰기만 바뀐다는 점이다. 쉘 모드의 들여쓰기는 Tab으로 고정되어 있으므로 실습을 하면서 들여쓰기 간격에 익숙해질 필요가 있다.
>
> notepad++와 sublime text 역시 들여쓰기를 조정할 수 있다.
>
> • notepad++에서 들여쓰기 조정하기
>   [설정(T)] ▶ [탭 설정] ▶ [python]에서 Tab 크기는 '4'로 하고 '공백으로 대체'에 체크한다.
>
> • sublime text3에서 들여쓰기 조정하기
>   [preferences] ▶ [Settings] ▶ [User]의 설정을 다음과 고친 후에 저장한다.
>
> 사용자에 따라서 설정이 다를 수 있는데 다른 설정은 그대로 두고 다음 두 항목을 콤마로 구분하여 추가해 주면 된다.
>
>   "tab_size" : 4,
>   "translate_tabs_to_spaces" : true
>
> ```
> {
>   "ignored_packages":
>   [
>     "Package Control",
>     "Vintage"
>   ],
>   "tab_size" : 4,
>   "translate_tabs_to_spaces" : true
> }
> ```

직접해 봅시다

이 장에서 설명한 개념들을 다시 한 번 짚고 넘어가겠습니다. 이 개념들은 프로그래밍을 공부해 나가면서 차차 익숙해지게 될 것이므로 부담은 갖지 맙시다.

1 표현식의 예를 들어보자.

2 변수 이름을 규칙에 맞게 3개 이상 지어보자.

3 파이썬 문서를 보고 파이썬에는 어떤 키워드들이 있는지 정리해보자.

4 들여쓰기는 제어문을 배우기 전까지는 자세히 이해하기 힘들 수 있다. 우선 제어문에 있는 예제 코드를 보면서 들여쓰기가 어떤 식으로 되어 있는지 훑어보자.

5 IDLE를 시작할 때 Edit 모드로 실행되도록 설정을 바꿔보자.

정리해 봅시다

해답은 파이썬의 신 네이버 카페(cafe.naver.com/godofpython)에서 제공됩니다.

1 표현식과 구문은 어떤 차이점이 있을까?

2 키워드를 변수로 쓰지 못하는 이유는?

3 파이썬으로 프로그래밍을 할 때 적절한 들여쓰기의 간격은?

4 파이썬 쉘 모드와 에디트 모드의 차이점을 설명하여라.

3장
변수

컴퓨터의 전원이 켜지는 순간부터 0과 1을 표현하는 전기흐름의 on, off가 컴퓨터 내부에서 끊임없이 발생한다. 이러한 신호의 on, off의 조합은 모르스 부호처럼 의미가 있는 값을 지닌다. 0과 1의 신호들은 이 신호들을 제어하는 장치들을 제외하면 거의 컴퓨터의 전부라고도 할 수 있는데 이 값들의 조합을 통해서 컴퓨터는 많은 일들을 하게 된다.

그런데 컴퓨터는 스스로는 어떤 일도 할 수 없어서 사람이 컴퓨터에게 명령을 내려줘야 한다. 문제는 컴퓨터의 언어와 사람의 언어가 달라서 직접적인 의사소통을 할 수 없다는 데 있다. 컴퓨터는 0과 1을 조합하여 표현하는데, 사람의 입장에서는 0과 1의 조합들을 그냥 봐서는 무슨 의미인지 알아낼 방도가 없다. 반대로 컴퓨터 입장에서는 0과 1이라는 표현 외에 다른 형식의 표현을 그대로 이해할 수 없다. 이러한 이유로 우리는 키보드를 사용하여 글자를 쉽게 입력하고 입력된 값들을 컴퓨터가 알아들을 수 있게 0과 1의 전기신호의 조합으로 변환하여 전달한다. 전달된 신호는 내부적으로 해석된 뒤 모니터로 다시 0과 1의 조합으로 전송된다. 그 다음 모니터가 이 신호를 해석하여 약속된 변환 과정을 거쳐 우리에게 보여주는 것이다.

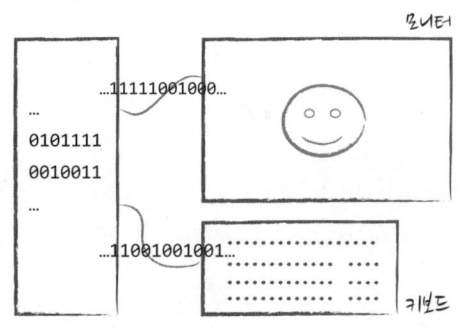

앞의 그림은 단편적인 예이기는 하나 사람과 컴퓨터가 어떻게 의사소통을 하는지 잘 보여준다.

프로그래밍을 하는 경우도 마찬가지다. 우리가 사용하는 프로그래밍 언어는 사람을 중심으로 만들어졌다. 컴퓨터가 해줬으면 하는 일들을 프로그래밍 언어의 문법 규칙에 맞게 작성한 뒤 컴파일러 또는 인터프리터 등을 통해서 컴퓨터가 이해할 수 있도록 해석되는 과정이 필요하다. 이 과정은 인간과 컴퓨터가 의사소통을 하는 방법이고 인간이 원하는 일을 컴퓨터에게 수행하도록 명령을 하는 방법이다.

이왕 컴퓨터가 어떻게 동작하는지 살펴봤으니 돋보기로 그 내부를 조금만 더 들여다보자.

우리가 자주 사용하는 프로그램들을 잠깐만 살펴봐도 윈도우의 색, 창의 크기, 쓰여진 문구 등은 가지각색인 것을 알 수 있다. 또한 사용자의 요구에 반응하여 창의 색이나 크기, 쓰여진 문구가 변하기도 한다. 이런 변화되는 상태들도 모두 0과 1의 신호의 조합으로 표현된다.

이렇게 의미 있는 어떤 것을 표현하는 0과 1의 조합은 보통 데이터 또는 값이라고 한다(앞으로는 데이터와 값이란 용어를 구분 없이 사용하겠다). 이런 데이터들은 사용자의 명령이나 프로그램 실행 환경의 상태에 따라서 변하기가 쉽다. 따라서 사람이 이렇게 변하는 데이터의 값을 직접적으로 다루는 것은 꽤 골치아플 수 있다. 그래서 우리는 변수라는 것을 사용하는데, 예를 들어 인터넷 브라우저의 가로와 세로 길이가 100, 100이었는데 사용자가 창의 크기를 마우스를 이용하여 150, 150으로 변경했다고 하자. 이 때 브라우저의 가로와 세로의 상태를 width, height라는 이름으로 대표하여 사용한다면 상태의 값이 변하더라도 width와 height라는 이름으로 현재의 창의 크기를 알 수 있을 것이다. 이처럼 우리는 프로그래밍을 할 때 상태의 값을 대표하는 변수라는 것을 사용한다.

변수는 사람의 입장에서 알기 쉽게 이름짓기 때문에 변수명을 보고 어떤 종류의 데이터를 나타내는 것인지 짐작할 수 있게 해주어 코드의 가독성을 높이는 역할도 한다.

다음 내용들은 일반적인 변수를 먼저 설명하고 이를 토대로 파이썬에서의 변수의 동작을 설명한다. 앞으로 설명할 내용들에는 프로그래밍에 처음 발들인 분들이 이해하기 쉽지 않은 개념도 포함되어 있지만 당장은 모든 것을 완벽하게 이해할 필요는 없다. 우선은 읽어나가면서 흐름을 이해할 정도면 충분하다. 그리고 파이썬을 어느 정도 공부한 후에 생각날 때 다시 이 내용을 읽어본다면 파이썬을 더 깊게 이해하는 데 도움이 될 것이다.

변수를 공부할 때 왜 컴퓨터 내부 동작까지 공부하죠? 그냥 변수가 어떤 특징을 지녔는지만 알면 되지 않을까요?

음.. 변수의 특징들을 이해하는데 도움이 되었으면 해서 소개한 것인데 오히려 어렵게 느꼈군요.

맞아요. 굳이 컴퓨터 내부에서 어떤 일이 일어나는지 알지 않더라도 변수를 사용하는 데 문제가 없어요.

네 사실 알 것 같기도 한데 입문자인 저로서는 다 이해하기가 쉽지 않네요.

다 이해할 필요는 없어요 어렵더라도 대략적인 흐름만 이해하면 이 책을 읽어나가는 데 어려움이 없어요.
그리고 변수의 특징은 경험적으로 익혀나가도 괜찮아요.

그런데 앞으로 파이썬을 깊게 공부하거나 또 다른 프로그래밍 언어를 익힐 때 비슷한 개념들이 많이 나올 거에요. 이 때 같은 개념이라도 미묘한 차이점이 있을 수 있어요. 만약 컴퓨터 내부 동작에 대한 이해가 있다면 이런 차이점들을 파악하기 쉬울 수 있어요.

이런 특징들을 이해하는 것은 더 견고한 코드를 작성하는 데 분명히 도움이 된답니다.

예를 들어 파이썬의 변수가 C 언어와 달리 왜 타입 선언이 없는지를 표면적으로만 이해한다면 더 이상 얻는 것이 없지만 내부 동작을 이해하면 파생되는 특징들을 자연스럽게 알 수 있죠.

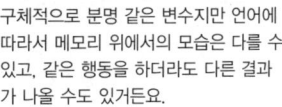

구체적으로 분명 같은 변수지만 언어에 따라서 메모리 위에서의 모습은 다를 수 있고, 같은 행동을 하더라도 다른 결과가 나올 수도 있거든요.

변수와 메모리

앞에서 살펴본 내용을 토대로 변수는 데이터를 담는 그릇과 같다고 비유할 수도 있겠다. 그렇다면 변수라는 그릇에 데이터가 어떻게 담기는 것일까?

메모리의 구조는 다음 그림처럼 비트 단위로 나뉘어져 있고 8비트(1바이트byte) 단위로 하나의 주소를 갖는 구조다. 비트bit는 컴퓨터가 on, off를 표현하는 가장 작은 단위다(off는 0, on은 1로 표현된다).

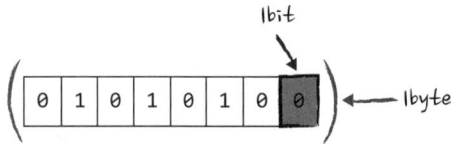

메모리는 위 구조가 연속적으로 연결되어 있는 형태로 구성되어 있다.

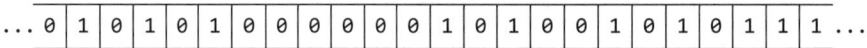

그런데 이렇게 단순하게 0과 1이 반복되는 공간에 프로그래밍된 코드가 어떻게 올라가는 것일까? 예를 들어 10+5 연산을 하는 프로그램을 만들었다면 작성된 코드 중에 데이터 10이 있을 것이다. 이 프로그램을 실행하면 메모리의 어디엔가 데이터 10이 저장되고 컴퓨터는 10이 저장된 메모리의 주소값을 통해 10을 읽어 연산에 사용한다.[1]

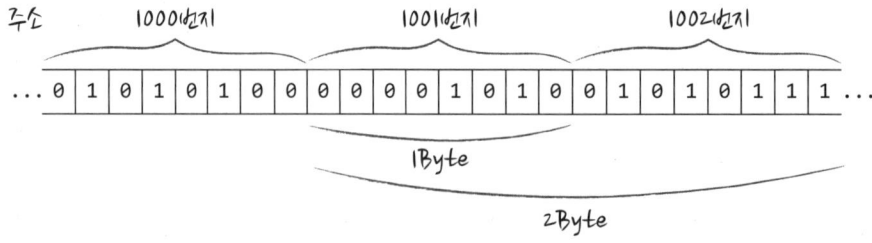

---

1 프로그래밍된 모든 코드는 사용되기 전에 메모리에 적재된다.

이 때 데이터 10이 저장된 메모리의 주소가 1001번지였다고 가정하자. 그렇다면 이 프로그램을 다음에 다시 실행할 때도 데이터 10이 저장되는 메모리의 주소가 1001번지일까?

그렇지 않다. 데이터가 저장되는 번지는 프로그램이 실행될 때마다 일정하지가 않다.

하지만 컴퓨터는 프로그램이 실행될 때마다 데이터들이 저장되는 주소의 번지를 항상 기억해 놓기 때문에 데이터에 접근하는 데 문제가 없고 따라서 10+5는 언제나 제대로 수행될 것이다. 물론 10+5의 결과도 메모리의 어딘가에 저장될 것이다.

그런데 프로그래밍을 하는 사람의 입장에서 생각해보면 참 난감하다. 데이터 10, 5뿐만 아니라 10+5의 결과 데이터를 다시 사용하려고 해도 이 데이터들이 저장된 번지를 알아야 하고 그 번지를 찾아가서 데이터를 읽어야 하는데 프로그램이 실행될 때마다 바뀌는 번지를 사람의 입장에서는 항상 알 방법이 없으므로 메모리에 저장된 데이터에 번지를 통해서 접근하기 곤란해 보인다. 또 번지를 알았다 하더라도 앞의 그림처럼 1001번지로부터 얼마만큼을 읽느냐에 따라서 읽히는 값이 달라질 수도 있다. 위 예처럼 1Byte를 읽는 경우는 1010(10진수 10)으로 읽혀지지만 2Byte를 읽게 되면 101001010111(10진수 2647)로 완전히 다른 값이 되기 때문이다. 따라서 2Byte를 읽는다면 연산의 결과는 10+5=12가 아닌 2647+5=2652로 달라지게 된다. 어쨌든 사람이 메모리의 번지를 직접 다루는 방법이 있더라도 꽤 골치 아플 것이다.

그래서 우리는 이러한 문제점들을 해결하기 위해 변수를 사용한다.

즉, 변수라는 녀석을 사용하면 다음 그림처럼 메모리에 저장된 데이터를 언제나 약속된 변수이름을 통해서 접근할 수 있고 그 데이터가 메모리 공간을 얼만큼 사용하는 데이터 타입인지도 알 수 있다.

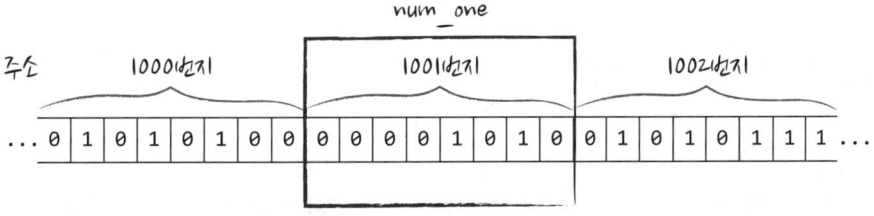

변수 이름 num_one에 메모리의 어떠한 주소 번지가 연결되더라도 그 번지의 위치를 num_one이라는 이름으로 접근할 수 있게 된다. 또한 변수는 얼마만큼의 메모리 크기를 차지하는지에 대한 정보도 갖고 있다(여기서는 1byte). 따라서 변수를 통해서 이 메모리 공간에 데이터를 담을 수 있는 것이다. 이제는 변수가 데이터를 담는 그릇이라는 비유를 이해할 수 있을 것이다.

변수를 사용하면 코드를 10+5 대신에 num_one+5로 바꿀 수 있다. 데이터 5도 num_two라는 변수에 저장했다고 하면 이 프로그램의 연산 코드는 num_one+num_two가 된다. 그리고 연산의 결과 데이터도 result라는 변수를 사용하면 result = num_one+num_two와 같은 방식으로 나타낼 수 있다. 연산이 끝났더라도 result라는 변수를 통해 메모리 상에 저장된 연산의 결과 데이터에 언제라도 접근할 수 있다.

또한 동일한 구조의 여러 연산들을 num_one+num_two라는 하나의 표현으로 수행할 수 있다.

1+5라는 연산을 하고 싶다면 간단히 num_one에 1을 새로 대입해주기만 하면 된다.

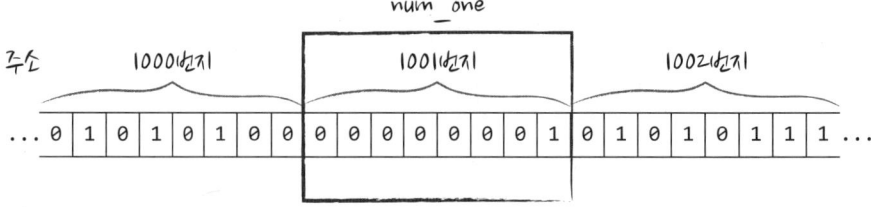

위 그림처럼 변수에 새로운 값을 넣어주면 변수 num_one에 해당하는 메모리의 공간(위치와 크기)은 그대로이고 이 메모리 공간의 on, off의 상태만 바뀐다. 이렇게 일반적인 변수(그릇)는 사용할 데이터를 직접 담아서 사용할 수 있다.

변수와 데이터 타입

그릇도 밥그릇, 반찬그릇, 물그릇 등이 내용물에 따라서 모양이 다른 것처럼 데이터의 타입에 따라서 사용되는 변수에 연결되는 메모리의 모양도 다르다. 따라서 변수를 사용하려면 변수에 어떤 데이터 타입을 담을지에 대해 먼저 결정해야 한다. 이렇게 변수에 어떤 데이터 타입을 담을지 정하는 것을 '선언'한다고 말한다. 변수를 선언하면 선언된 타입의 데이터를 담을 수 있는 형태로 메모리 공간이 할당[2]되어 변수에 연결된다. 데이터의 타입은 여러 종류가 있을 수 있다. 예를 들어 정수형 데이터(10), 문자열데이터("python") 등이 있다. 보통 변수를 선언하고 사용하는 언어에서는 변수를 선언할 때 변수 앞에 데이터 타입을 써서 선언한다.[3]

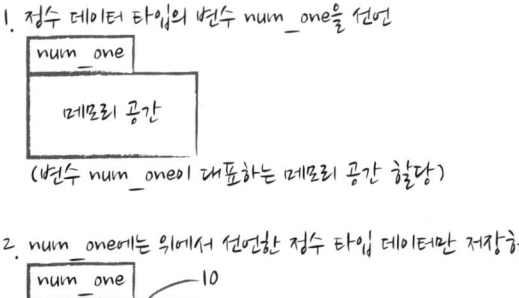

변수 선언을 하면 위 그림처럼 변수를 위한 메모리 공간이 할당된다. 그리고 변수를 통해서 할당된 메모리 공간에 데이터를 담을 수 있다. 데이터를 저장할 때는 꼭 자신의 데이터 타입에 맞는 변수에 저장해야 한다. 그림에서 2의 경우처럼 문자열 타입의 데이터 "python"을 정수 타입 변수에 대입하려고 하면 에러가 생긴다. 메모리 공간이 할당될 때 저장될 데이터 타입에 맞게 할당되기 때문에 다른 데이터 타입을 저장하면 문제가 생기는 것이다.

C 언어와 같은 대부분의 컴파일 언어의 경우 이런 식으로 프로그래머가 어떤 데이터 타입의 변수를 사용할지 선언을 통해서 컴퓨터에게 전부 알려줘야 하고 사용할 때도 변수의 타입에 맞게 데이터를 저장해야 한다. 이를 정적 타이핑$^{Static Typing}$이라고 하는데 프로그램이 실행되기 전(컴파일 시) 변수가 어떤 데이터 타입인지 미리 결정된다는 것을 뜻한다.

---

[2] 할당이란 컴퓨터가 프로그램에게 특정 메모리 공간의 사용을 허가해주는 것을 말한다.

[3] 그런데 파이썬은 변수 선언을 하지 않으므로 선언을 하는 방법을 여기서 자세히 다루지 않는다. 파이썬이 왜 선언을 하지 않는지는 차차 이해하게 될 것이다.

파이썬의 변수

반면에 파이썬은 동적 타이핑Dynamic Typing 언어로서 프로그램 실행시간에 변수의 데이터 타입이 결정된다. 이것은 프로그래머가 변수 선언을 할 필요가 없는 것을 뜻한다.

그럼 좀 더 구체적으로 파이썬의 변수에 대해 살펴보자. 다음 그림은 파이썬에서 변수와 데이터가 어떻게 연결되는지 보여주는 그림이다.

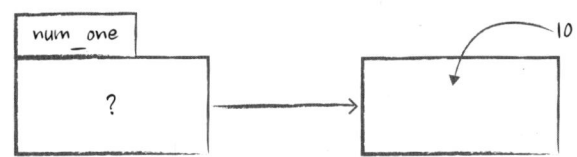

그림에는 두 개의 메모리 공간이 할당되어 있다. 지금까지 살펴본 변수가 데이터를 담는 방식과는 확실히 달라 보인다. 이 방식은 '참조'라는 방식인데 어떻게 작동하는지 분석해보자.

지금까지 살펴본 변수라면 변수 num_one에 해당하는 메모리 공간에 사용할 데이터 10을 그대로 담았을 것이다. 하지만 위 그림에서는 num_one에 뭔지 모를 ?가 담겨 있고 외부의 또 다른 메모리 공간에 10이 담겨 있다.

여기서 변수 num_one과 데이터 10의 연결점은 ?인데 ?의 정체는 데이터 10이 있는 메모리 공간의 `id`[4] 값이다. 변수 num_one에는 `id`가 저장되어 있지만 `id`를 바로 읽지 않고 `id`에 대응되는 메모리 공간을 찾은 후 그곳에 저장된 데이터를 읽는다. 이 동작을 변수 num_one이 (`id`에 대응되는) 메모리 공간(또는 10)을 참조한다고 말한다.

```
>>> num_one = 10        #변수 num_one에 10을 대입(타입 선언 없이 바로 변수를 만들어 사용)
>>> id(num_one)         #변수 num_one에 저장되어 있는 id를 출력
654932
>>> print(num_one)      #num_one의 값을 출력(위 그림과 설명 참고)
10
```

---

[4] 메모리 상에 생성된 객체 고유의 값이다. 주민등록번호처럼 말이다.

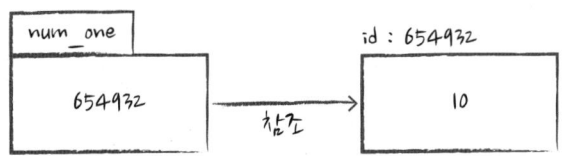

이렇게 변수 num_one은 일반적인 변수와 다르게 참조 방식으로 동작한다(C 언어의 포인터 또는 자바 언어의 객체 변수(참조 변수라고도 한다)와 비슷하다. 단 C나 자바는 이런 방식을 상황에 따라서 사용하지만 파이썬은 모든 변수가 이 방식을 사용한다). 따라서 파이썬의 변수는 애초에 주소(id) 데이터를 저장하는 변수 타입이라고 생각할 수도 있다. 그런데 C나 자바는 이런 참조(C는 포인터) 방식을 사용하는 경우에도 변수 선언 시 참조할 대상의 데이터 타입 선언을 해야 하는 것은 마찬가지다.

그러면 왜 파이썬에서는 타입 선언을 하지 않는 것일까?

참조 대상은 파이썬 객체

처음부터 객체라는 녀석을 이해하기는 힘들 수 있다. 하지만 파이썬은 모든 것들을 객체로 다루기 때문에 어떤 식으로든 익숙해지는 편이 좋다. 객체지향 언어를 다룬 경험이 있다면 객체에 대해서 충분히 이해하고 있을 테지만 그렇지 않다면 한 번에 이해하는 것은 힘들 것이다. 읽어나가면서 이해되지 않는 부분들이 있을 수 있지만 자연스러운 것이므로 걱정하지는 말자. 지금은 여기서 설명하는 내용을 모두 이해하는 것이 목표가 아니라 '파이썬에서 변수가 어떻게 동작해?'라는 의문에 대한 해답을 어렴풋이라도 짐작하는 것이 목표다.

앞에서 설명했듯이 파이썬에서는 변수에 데이터를 대입하면 변수가 데이터를 직접 참조하는 것이 아니다. 파이썬에서는 모든 데이터가 파이썬이 제공하는 특수한 형태의 객체로 둘러쌓여 있다. 따라서 변수에 어떤 종류의 데이터를 저장하든 상관없이 변수 입장에서는 데이터를 직접 참조할 수 없고 이 객체를 참조하게 된다. 이렇게 파이썬의 변수는 언제나 파이썬이 제공하는 특별한 객체를 참조한다. 다시 말해 파이썬에서는 변수가 참조하는 대상이 파이썬에서 제공하는 특별한 객체 타입 하나로 정해졌기 때문에 굳이 타입 선언을 할 필요가 없다는 의미가 된다.

> **참고**
> 객체는 필드와 메소드의 집합이라고 볼 수 있다(필드는 변수(데이터), 메소드는 나중에 살펴볼 함수다). 우선 다음 내용들을 이해하기 위해서 메소드는 생각하지 말고 객체가 여러 데이터들을 묶어 놓은 집합체라고 생각하자.

변수에 대입되는 데이터는 파이썬에서 제공된 이 특수한 객체의 내부에 저장되게 된다. 객체에 데이터가 저장될 때는 데이터의 타입이 검사된 후 타입에 대한 정보도 같이 저장된다. 이렇게 타입에 대한 정보까지 객체 내부에 알아서 저장되므로 객체를 통해서 저장된 데이터 타입을 알 수도 있다.

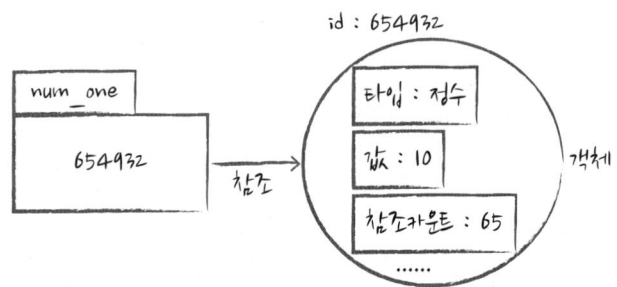

다음은 위 그림의 객체를 코드로 만들고 정보를 살펴보는 코드다.

```
>>> import sys            #나중에 모듈 파트에서 설명한다. getrefcount 함수를 사용하기 위함
>>> num_one = 10
>>> type(num_one)         #변수에 대입된 데이터의 타입을 출력한다.
<type 'int'>              #int는 integer의 약자로 정수를 뜻한다.
>>> print(num_one)        #num_one에 대입된 데이터 출력
10
>>> sys.getrefcount(num_one)    #변수 num_one이 참조하는 객체의 레퍼런스 카운트를 출력
65                              #이 값이 65라는 것은 65개의 변수가 이 객체를 참조한다는 뜻
```

위 코드의 내용을 지금 당장 모두 이해하기는 힘들 수 있다. 이 코드의 목적은 파이썬의 변수와 객체는 대략 이런 형태라는 것을 파악하기 위함이니 부담 갖지는 말자.

파이썬은 동적 타이핑 언어

동적 타이핑의 장점은 프로그래머가 데이터의 타입을 신경 쓸 필요가 없다는 것이다. 그런데 파이썬의 동적 타이핑은 앞에서 설명했듯이 객체를 통해서 이루어지는 형식이다. 이렇게 파이썬은 모든 데이터를 객체로 다루기 때문에 메모리를 적게 차지하는 정수형 데이터를 사용할 때조차도 덩치가 커다란 객체를 만들어 버린다. 앞의 그림만 봐도 일반적인 변수를 사용할 때보다 용량이 더 큰 객체를 만든다는 것을 알 수 있다.

이런 이유로 파이썬은 C 언어로 작성된 프로그램보다 확실히 느릴 수밖에 없다. 즉 단순히 변수를 선언하고 바로 변수에 데이터를 대입하는 C 언어와는 달리 파이썬은 대입되는 데이터의 타입을 체크하는 루틴 하나만 봐도 C 언어보다 느릴 수밖에 없다는 것을 이해할 수 있을 것이다. 그리고 데이터의 타입 체크와 타입에 대한 정보는 객체 내부에서 이루어지기 때문에 외부에 있는 변수는 언제나 파이썬에서 제공하는 이 특수한 객체를 참조한다. 따라서 변수의 타입은 언제나 이 객체의 타입이다. 이것은 파이썬의 모든 변수는 언제라도 다른 객체를 참조 가능하다는 것을 의미한다.[5]

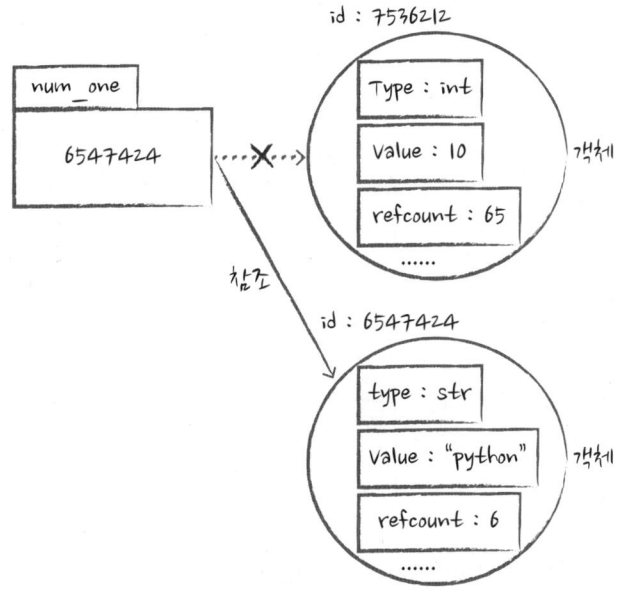

---

5 우리가 배우고 있는 파이썬은 C 언어로 만들어졌다. 따라서 파이썬의 내부 동작은 C 언어로 구현되어 있는데 사실 지금까지 설명한 파이썬의 특수한 객체는 C 언어로 구현된 객체(구조체)로 되어 있다. 다시 말해서 파이썬 언어를 통해 만들어져서 사용자에게 보이는 객체가 외부적인 모습이라면 위에서 설명한 객체들은 (C 언어로 구현된) 내부적인 모습이다. 파이썬의 내부 동작을 모두 이해할 필요는 없고 이런 방식으로 동작하는구나 하는 정도만 알고 넘어가자.

```
>>> num_one = 10
>>> print(num_one)
10
>>> id(num_one)
7536212
>>> sys.getrefcount(num_one)
65
>>> num_one = "tesdfsdfsd"          #변수에 다른 타입의 데이터를 대입
>>> print(num_one)
tesdfsdfsd
>>> id(num_one)
6547424
>>> sys.getrefcount(num_one)
2
```

일반 변수와 파이썬의 변수 비교

지금까지 파이썬의 변수가 어떻게 동작하는지 해부해 보았다. 이제부터 다른 프로그래밍 언어에 익숙한 분들을 위해서 일반 변수와 파이썬의 변수를 비교할 것이다.[6]

1. 변수에 변수를 대입하는 경우

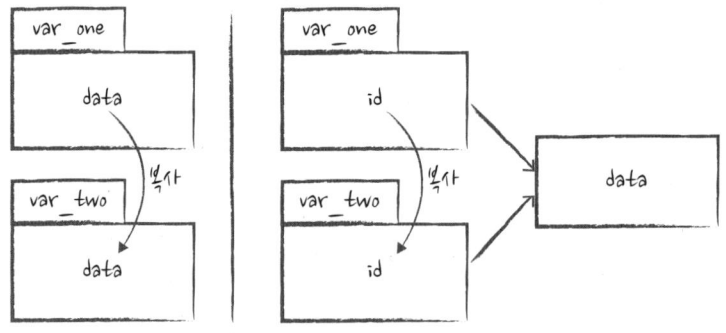

위 동작에 대한 코드는 `var_two = var_one`의 형태다. 왼쪽의 경우는 일반 변수로, 두 변수는 모두 선언 과정을 거친 변수다. `var_two`의 메모리 공간에 `data`가 복사된다.

---

6 여기서는 C 언어의 변수를 일반 변수라고 하겠다.

오른쪽의 경우는 data(data는 객체 내부에 존재하지만 앞으로는 내부 동작을 알아야 할 경우를 빼고는 데이터 자체를 객체로 생각하기로 한다)에 해당하는 id가 복사된다.

2. 값을 지닌 변수에 다른 데이터 값을 직접 대입하는 경우

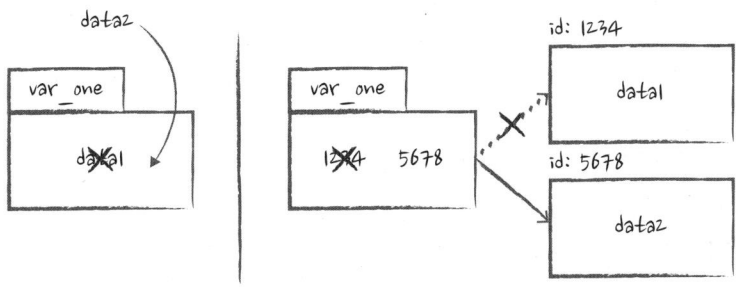

파이썬의 경우는 새로운 data2 객체가 생성된다.

3. 파이썬에서 하나의 객체를 여러 변수가 참조하는 경우

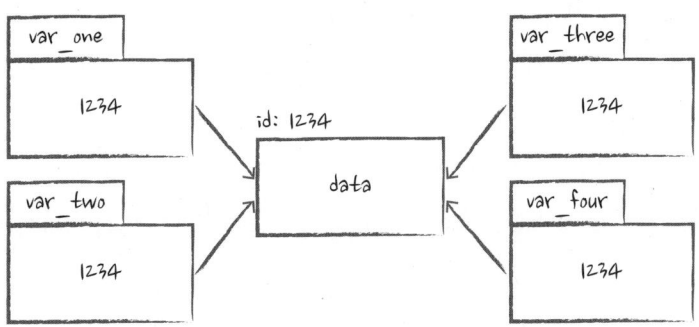

```
>>> var_one = "data"
>>> var_two = var_one
>>> var_three = var_one
>>> var_four = var_one
```

이런 식으로 변수에 변수를 대입하면 id가 복사되어 모든 변수가 같은 객체를 참조하게 된다.

```
>>> var_one = "other data"
```

주의할 점은 위와 같은 코드가 수행되면 메모리 공간에서는 2번의 경우와 같이 var_one이 새로운 객체를 참조하게 된다는 것이다. 파이썬의 내부 동작을 이해하지 못하면 data 객체가 other data 객체로 변한다고 생각할 수도 있는데 착각하지 않도록 주의하자.

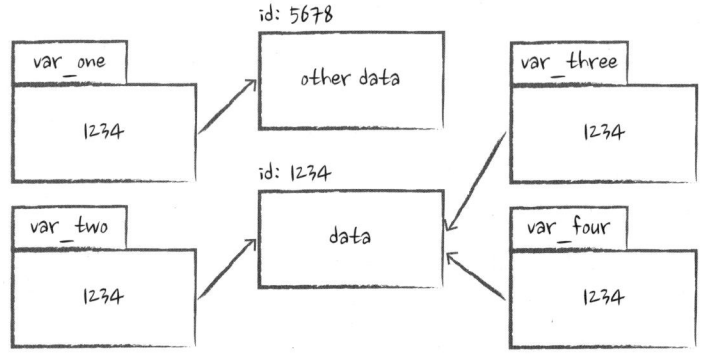

마지막으로 파이썬에서는 모든 변수가 객체를 참조함에도 불구하고 이 책은 앞으로 다음과 같은 표현을 사용할 수도 있다('변수에 데이터를 할당한다.', '변수에 값(데이터)을 넣는다.', '변수가 지니고 있는 값(데이터)', '변수에 값(데이터)을 대입' 등). 물론 이런 표현은 엄밀하게 말하면 참조한다는 의미와 다르지만 문맥상 위와 같은 표현이 더 자연스러울 때도 있기 때문에 이런 표현도 필요하다는 것이 필자의 생각이다.

객체

사실 객체에 대한 이야기를 지금 하기에는 다소 무리가 있다. 하지만 파이썬은 모든 데이터를 객체로 다루기 때문에 객체에 대한 이해는 파이썬을 깊이 있게 이해하는 데 필수적이다.

여기에서는 객체를 깊이 있게 다루지는 않는다. 단지 객체의 겉모습을 알아보고 데이터가 어떻게 생긴 녀석이길래 객체라고 하는지 간략하게 알아볼 것이다. 이 글을 읽고 객체의 성질에 대해서 어렴풋이나마 이해했다면 필자는 만족한다. 그럼 시작해 보자.

앞에서 외웠던 주문을 다시 한 번 상기시켜보자. 한 발 더 나아가 이번에는 우리의 주문을 저장할 변수 spell을 만들 것이다. 그리고 파이썬을 공부하면서 이해가 되지 않을 때마다 spell을 사용해서 주문을 외울 것이다.

```
>>> spell="Hello World"          #변수 spell에 주문을 저장
>>> print(spell)                 #주문을 외운다!
Hello World
```

spell은 데이터를 저장한 변수, 그리고 print는 이 데이터를 이용하는 함수다. 우리가 주문을 외우는 것은 이렇게 데이터와 함수의 조합으로 이루어진다. 여기서 우리는 데이터인 주문[spell]과 출력하는 동작[print]을 합쳐서 하나의 객체로도 만들 수 있다.

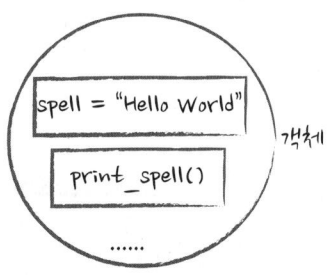

이렇게 데이터와 함수를 하나의 객체로 묶어 놓으면 외부에서 변수 spell이나 함수 print_spell에 직접 접근을 할 수 없다. 객체의 내부에 접근하기 위해서는 이 객체를 참조하는 변수를 통해서 접근해야 한다.[7] 이 객체를 참조하는 변수를 spell_object라고 하자. 그러면 다음과 같은 코드로 주문을 외울 수 있다.[8]

```
>>> spell_object.print_spell()      #(.)으로 객체 내부에 접근할 수 있다.
Hello World
```

이 때 객체 내부에 있는 데이터를 담은 변수를 '속성'이라고 하고 함수를 '메소드'라고 부른다.

---

[7] 이 부분은 일반적인 객체에 대한 설명이므로 언어마다 약간의 차이점이 있을 수는 있다.

[8] 여기서는 spell_object가 어떻게 생성되었는지에 대한 것은 다루지 않겠다. 이 부분이 궁금하다면 11장을 참고하길 바란다.

spell_object 객체는 속성 spell과 메소드 print_spell을 가지고 있는데 객체의 속성과 메소드에 접근하는 방법은 속성접근자(.)를 사용하면 된다. 앞으로 자주 사용하게 될 것이므로 기억해두자.

이렇게 객체는 속성과 메소드의 집합으로 구성된 녀석이다. 사실 개념만 잡으면 그렇게 어려운 녀석은 아니다.

그렇다면 이번에는 파이썬의 데이터가 객체로서 어떻게 행동할 수 있는지 확인해보겠다.

```
>>> is_object=77
>>> is_object.     #속성접근자(.)를 입력한 후 tap키를 누르던지 3초 가만히 기다려본다.
```

데이터 77은 파이썬에서 객체로 다루어진다. 위 코드의 주석을 따라하면 다음과 같은 메뉴가 튀어나온다.[9]

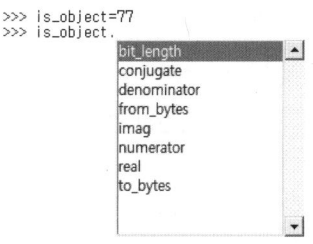

바로 이 메뉴의 녀석들이 객체 spell_object의 spell이나 print_spell과 같은 성질의 녀석들인 것이다. 다시 말해 객체 77의 속성이나 메소드인 것이다. 우리는 파이썬에서 모든 데이터에 대한 속성이나 메소드를 이렇게 확인할 수 있다.

그리고 각 내장 데이터 타입의 데이터들은 주문을 외우는 동작처럼 미리 작성해놓은 유용한 메소드들을 가지고 있기 때문에 이런 메소드들을 이용하면 데이터를 조작하기가 수월할 것이다.

예를 들어 "python"이란 문자열 데이터를 대문자로 바꾸고 싶다면 어떻게 할까?

---

[9] IDLE 환경처럼 파이썬 언어의 자동완성을 지원하는 개발 툴에서만 가능하다. 앞에서 소개한 sublime text에서 가능하다.

```
>>> string_object = "python"
>>>
```

다음은 이 문제를 해결하는 코드다.

```
>>> total=[]
>>> for x in string_object:
        total.append(chr(ord(x)-32))

>>> ''.join(total)
'PYTHON'
```

아직은 이해가 가지 않을 것이지만 여기서는 이 코드가 중요한 것이 아니다.

우리는 단지 문자열 객체가 가진 메소드 중에 소문자를 대문자로 변환해주는 메소드가 있다는 사실만 알고 있었다면 이 메소드를 사용해서 간단하게 해결할 수 있었을 것이다.

```
>>> string_object='python'
>>> string_object.upper()        #upper 메소드는 문자열을 모두 대문자로 바꿔준다.
'PYTHON'
```

파이썬의 모든 데이터는 객체고 이런 유용한 메소드들을 손쉽게 확인하고 사용할 수 있다는 것은 파이썬의 강력함 중에 하나라고 볼 수도 있다. 따라서 파이썬을 사용하면서 모든 것을 다 구현하려고 애쓸 필요는 없다. 이미 만들어져 있는 것을 잘 사용할 줄 아는 것도 프로그래머의 역량이다.

다음 장은 파이썬에 내장된 데이터 타입에 대해서 공부할 것이다. 지금까지 설명한 내용을 참고하면 내장 데이터 타입을 공부하는 데 많은 도움이 될 것이라고 생각한다.

지금까지 어떤 이에게는 흥미롭지만 어떤 이에게는 결코 그렇지 않은 이야기들을 너무 긴 페이지에 걸쳐 다룬 것 같기도 하다. 알고 넘어가면 좋지만 모르더라도 우리가 프로그래밍을 하는 데 당장 큰 어려움은 없다. 여기까지 읽었다면 과감하게 페이지를 넘기도록 하자!

2부
내장 데이터 타입

4장_ 숫자 타입

5장_ 시퀀스 타입

6장_ 매핑 타입

7장_ 셋 타입

들어가기에 앞서

데이터와 변수가 무엇인가에 대해 앞 장에서 자세히 살펴보았다. 그리고 데이터의 타입이 왜 필요한지에 대한 내용도 다루었다. 좀 혼동스럽거나 이해되지 않는 부분이 있더라도 진도를 나가는 데 무리는 없으니 걱정하지는 말자.

이번 주제는 파이썬에 기본적으로 내장built-in된 데이터 타입의 종류를 알아보고 이를 사용하는 방법에 대한 것이다. 내장 데이터 타입 외에도 사용자가 직접 데이터 타입을 정의할 수 있는데 이 부분은 나중에 모듈과 클래스 파트에서 다루게 된다.

내장 데이터 타입을 공부하는 방법에 대해서 간략하게 언급하겠다. 나중에 코드를 직접 작성하게 되면 내장 데이터 타입을 사용하는 방법에 대해선 자연스럽게 익숙해지기 때문에 외운다는 생각보다는 처음에는 이런 게 있구나 정도로 알아두고 나중에 필요에 따라 공부하는 것이 효율적일 것이다. 그리고 '미리 알아두기'에서도 언급했지만 진도를 나가면서 사용할 몇몇 함수들은 자주 사용되므로 함수파트의 도입부를 가볍게 읽고 함수가 어떤 것인지에 대한 개념만이라도 우선 알아두면 많은 도움이 될 것이다.

우선 본격적으로 공부하기에 앞서 전체적인 틀을 살펴보자.

내장 데이터 타입의 분류

내장의 의미는 기본적으로 그냥 사용이 가능하다는 것을 의미한다. 이에 반해 사용자가 클래스를 정의하거나 외부에서 모듈을 불러들인 후에 사용하는 사용자 정의 데이터 타입이 있다. 사용자 정의 데이터 타입은 이 주제를 벗어나므로 나중에 10장에서 다룰 것이다. 그러면 내장된 데이터 타입에는 어떤 것들이 있는지에 살펴보자. 파이썬의 내장 데이터 타입은 특징에 따라서 크게 숫자number, 시퀀스sequence, 매핑mapping, 셋set으로 나뉠 수 있다.

특징별 분류	내장 타입	타입명	리터럴(literal)
숫자(numerics)	정수	int	1004
	실수	float	3.141592
	복소수	complex	7+7j
	참, 거짓(True, False)	bool	True

특징별 분류	내장 타입	타입명	리터럴(literal)
시퀀스(sequences)	문자열	str	"Hello Python"
	리스트	list	[10, 20, 30, 40]
	튜플	tuple	(15, 25, 35, 45)
셋(set)	셋	set	{9, 8, 7, 6, 5}
매핑(mappings)	딕셔너리	dict	{'x'=19, 'y'=77, 'z'=55}

이 외에도 내장 데이터 타입들이 더 존재하지만 위 표는 큰 줄기를 보여준다. 우선 간단하게 특징들을 요약하면 다음과 같다.

- 숫자 타입의 특징은 수를 표현하는 데이터 타입이다. 우리가 수학시간에 배운 몇몇 기본적인 수와 컴퓨터공학의 논리 연산을 위한 데이터 타입도 포함된다.
- 시퀀스 타입은 객체로 나타낼 수 있는 요소들의 순서적인 묶음이다.
- 매핑 타입은 키 값과 이에 대응하는 객체들의 묶음을 나타낸다.
- 집합은 데이터들의 집합이다.

데이터 연산

우리는 수학을 공부할 때 이미 기본적인 연산을 공부했었고 연산을 위한 연산기호에 대해서도 익숙할 것이다. 수학에서 말하는 기본적인 연산은 숫자 간에 덧셈, 뺄셈, 곱셈, 나눗셈 등이 있다. 파이썬에서도 마찬가지로 숫자 타입의 데이터를 연산할 때 이런 연산기호를 사용한다.

아무튼 우리는 일반적으로 연산이나 연산기호는 숫자와 관계된 것이라고 생각될 것이다.

그런데 프로그래밍에 익숙해지기 위해서는 먼저 연산의 범위를 넓혀서 숫자 타입 이외의 데이터 간에도 연산이 가능할 수 있다는 것을 알고 있어야 한다. 정확히 말하면 숫자뿐만 아니라 모든 타입의 데이터 간에 연산이 정의될 수 있다는 의미다. 가장 기본적으로 변수에 데이터를 할당할 때 사용하는 할당 연산자(=)가 있다. 할당 연산자는 숫자뿐만 아니라 모든 데이터 타입에 대해서 동작하는 연산자다. 그리고 덧셈(+), 뺄셈(-), 나눗셈(/), 곱셈(*) 등의 연산 역시 숫자 이외의 다른 데이터 타입들에게도 정의될 수 있다. 동일한 기호를 사용하더라도 연산의 결과는 적용되는 데이터 타입에 따라서 숫자에 적용되는 연산과 비슷하거나 완전히 다를 수도 있다.

쉬운 예를 들어보겠다. 이번 장에서 배울 문자열을 나타내는 문자열 타입 데이터는 "Hello"와 같이 따옴표를 사용하여 표현한다. 그리고 두 문자열에 덧셈 연산자를 사용하면 두 문자열이 합쳐진다.

```
>>> "Hello" + " Python"
'Hello Python'
```

이번에는 모든 데이터 타입에 동일한 연산을 하는 연산자 is에 대해서 알아보자.

is 연산자는 두 객체의 id를 비교하는 연산자다. 비교한 후에 두 객체의 id가 동일하다면 True를 반환하고 id가 다르다면 False를 반환한다(True와 False 또한 내장 데이터 타입인데 곧 살펴볼 것이다). is 연산자는 데이터의 값은 동일하지만 객체의 id가 다른지 알아보고 싶을 경우 사용한다.

```
>>> x=5000
>>> y=5000
>>> x is y
False           #x와 y의 값은 5000으로 동일하지만 id는 다르다.
```

id가 다르다는 것의 의미는 3장에서 이미 설명하였다(id는 메모리 주소에 상응하는 값으로 생각할 수 있다).

앞으로 데이터 타입을 공부하면서 각 타입들에 적용되는 연산들에 대한 것도 공부해 나갈 것이다.

워밍업은 이 정도로 해두고 이제 본격적으로 데이터 타입들에 대한 공부를 시작해보자.

> **본격적인 공부를 하기 앞서**
> 이제 이 4가지 분류를 토대로 세부적인 타입들에 대해서 차근차근 살펴볼 것인데 앞에서도 언급했지만 모든 타입에 대해서 세세하게 공부해서 힘을 뺄 필요는 없다. 데이터 타입에 대한 공부는 너무 깊게 하다 보면 지루해질지도 모르기 때문이다. 데이터 타입을 공부하는 요령은 이런 것이 있구나! 정도면 가볍게 공부하자. 필요할 때마다 참고하면 되니 말이다. 필자의 노파심으로 재차 강조해 말한다.

4장
숫자 타입

우리가 학교에서 배운 수 체계처럼 프로그래밍 언어도 자신만의 기본적인 수 체계를 가지고 있다. 물론 언어마다 기본적인 수 체계의 모습은 다소 차이가 있을 수 있겠지만 우리의 상식을 크게 벗어나지는 않는다. 파이썬에도 우리가 중고등학교 때 배워서 알고 있는 수학의 수 체계와 비슷한 수 체계를 갖는다. 새로운 부분도 있을 수 있겠지만 쉽게 이해할 수 있을 것이다.

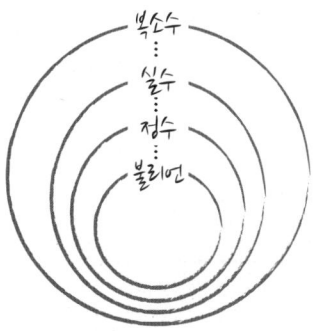

파이썬의 기본 수 체계

불리언

불리언bool 타입은 비교 연산의 결과가 되는 데이터 타입이다. 비교 연산에 대해선 곧 다루겠지만 이 연산의 결괏값은 참 또는 거짓의 두 가지 형태다. 참은 True, 거짓은 False로 표현하고 더 이상의 표현이 필요 없다.[1]

많은 프로그래밍 언어에서 불리언 타입의 False와 True는 각각 0과 1에 대응된다. 파이썬도 마찬가지로 각각 0과 1에 대응된다.

```
>>> 10*10 == 100      #==비교 연산은 양변의 데이터의 값이 동일한지를 비교한다.
True
>>> type(True)        #type 함수는 데이터의 타입을 출력해준다.
<class 'bool'>        #class[2]
```

연산자에 대해서는 나중에 따로 다룰 것이다.

정수

정수int 데이터 타입은 우리가 알고 있는 정수와 동일하다. 양의 정수, 0, 음의 정수는 모두 int 타입의 데이터다.

```
>>> type(10)
<class 'int'>
>>> type(0)
<class 'int'>
>>> type(-19)
<class 'int'>
```

정수의 표현 방식은 다양하다. 우리가 흔히 사용하는 10진수는 0부터 9까지의 10개의 숫자를 가지고 수를 표현한다. 같은 맥락으로 2진수는 0부터 1까지, 8진수는 0

---

[1] 정수나 실수의 개수가 무한대인 것과는 대조된다.

[2] class와 type을 동등하게 바라보자. class에 대해서는 나중에 배울 테지만 내장 데이터 타입이나 사용자 데이터 타입이나 모두 class이기 때문이다.

부터 7까지 16진수는 0부터 f(16진수에서 f는 15를 의미한다)까지 진수만큼의 숫자를 가지고 수를 표현한다. 물론 5진수 7진수 등을 만들 수 있지만 컴퓨터는 기본적으로 2진수를 사용하므로 2의 승수에 해당하는 진수가 값을 표현하기에 편리하다. 그래서 파이썬에서는 다음과 같은 진수 표현을 지원한다.

```
>>> 0b10              #2진수를 표현하려면 0b를 앞에 붙이면 된다.
2                     #10진수의 2와 같다.

>>> 0o10              #8진수의 표현
8                     #10진수의 8과 같다.

>>> 0x10              #16진수의 표현
16                    #10진수의 16과 같다.
```

실수

파이썬의 실수^{float} 타입은 우리가 잘 알고 있는 실수와 같다고 볼 수 있다. 하지만 항상 정밀하지는 않다. 이것은 부동소수점 연산의 한계 때문인데 부동소수점 연산이 어떤 것인지 여기에서 자세히 알 필요는 없다. 단지 다음 예처럼 예상치 못한 오차가 발생할 수 있다는 것을 알아두자.

```
>>> 0.1*0.1 == 0.01    #(*)연산자는 우리가 알고 있는 곱하기를 뜻한다.
False
```

0.1*0.1은 0.01과 동일해야 하지만 비교 연산의 결과가 False가 나왔다.

```
>>> 0.1*0.1
0.010000000000000002   #아주 작은 오차가 생겼다.
>>> 0.2*0.2
0.04000000000000001    #마찬가지 오차
```

float 타입의 데이터 연산 결과는 앞과 같이 아주 작은 오차가 발생할 수가 있다. 만약 기본 float 타입보다 정밀한 계산을 하고 싶다면 decimal 모듈을 사용하면 된다(18장에서 다룬다).

다음은 몇 가지 실수의 표현 방식이다.

```
>>> type(3.141592)
<class 'float'>
>>> type(3141592e-6)
<class 'float'>
>>> 3141592e-6            #3141592*10⁻⁶을 나타낸다.
3.141592
>>> 3.141592 == 3141592e-6
True
```

위 표현은 0.3141592e1과도 동일한 표현이다. 이렇게 수의 뒤에 붙는 ex는 10^x를 곱한다는 의미의 지수 표기법이다.

복소수

복소수^{complex}는 우리가 고등학교 수학 시간에 이미 다룬 적이 있을 것이다. 설명하자면 복소수는 실수부와 허수부가 존재하는 수로 허수부가 0인 경우는 실수부만 남게 된다. 따라서 앞의 그림처럼 복소수는 실수를 포함한다.

```
>>> 7+7j              #실수부 7과 허수부 7j로 이루어진 복소수
(7+7j)
>>> type(7+7j)
<class 'complex'>
>>> 7+7j +3
(10+7j)
>>> 7+7j+3j
(7+10j)
```

j(파이썬에서는 1j로 표현한다)는 $\sqrt{-1}$을 의미하는 수로 j*j는 -1이 되며 이렇게 제곱해서 -1이 되는 수는 실수 범위 내에서 존재하지 않으므로 이 수를 허수라고 한다.

타입 변경

type 함수를 사용하여 다음과 같이 데이터의 타입[type]을 검사할 수 있다.

```
>>> type(77)
<class 'int'>          #int 타입              #type이 아니고 class?
>>> type(True)
<class 'bool'>         #bool 타입
```

사실 타입이란 클래스[class]의 이름과 동등한 의미다. 타입 검사 결과 파이썬 2.x 버전에서는 type, 파이썬 3.x 버전에서는 class라고 표시되지만 궁극적으로 타입은 클래스의 이름이다.

아직 클래스에 대해서 배우지 않았지만 타입을 변경하려면 클래스 이름을 알아야 하기 때문에 언급을 한 것이다. 우선은 타입을 변경하는 방법만이라도 익혀 놓자.

타입 이름(변경할 데이터)

```
>>> int(True)
1
>>> bool(108)
True
>>> float(77)
77.0
>>> int(3.14)
3
>>> complex(0)
0j
```

이렇게 타입 이름(클래스 이름)만 알면 데이터의 타입을 변경할 수 있다.

타입 변경은 숫자 타입에만 국한된 것이 아니라 앞으로 배울 많은 타입 간에 적용될 수 있다. 하지만 변경이 가능한 경우와 변경이 가능하지 않은 경우가 있을 수 있다는 점은 꼭 기억해 놓자.

```
>>> str(77)              #int 타입에서 str 타입으로 변경 가능
'77'
>>> tuple(77)            #int 타입에서 tuple 타입으로 변경 불가능
Traceback (most recent call last):
  File "<pyshell#1>", line 1, in <module>
    tuple(77)
TypeError: 'int' object is not iterable
```

여기까지 기본적인 내장 숫자 타입에 대해서 살펴보았다. 이젠 앞에서 살펴본 숫자 타입들의 연산에 대해서 알아보자.

기본 숫자 연산

파이썬에서 약속된 기본 숫자 연산 기호를 다음 표에 정리해 놓았다.

표 4-1 숫자 연산 기호

연산 기호	예	설명
=	a=77	변수 a 77을 대입(할당)한다.
+	100+9	109
−	100−9	91
*	100*9	900
/	100/9	11.11111111111111
//	100//9	11(나누기를 한 결과는 정수로 소수점 이하를 버림)
**	100**9	1000000000000000000(100의 9승)
%	100%9	1(100을 9로 나누었을 때의 나머지)

이제 숫자 타입의 연산을 파이썬 쉘에서 실습해보자. 특히 파이썬 쉘은 다음과 같이 계산기처럼 쓸 수도 있으므로 편리하게 실습할 수 있다.

다음은 파이썬의 숫자(정수) 타입 간의 연산이다.

```
>>> 1024+1024          #덧셈 연산
2048
>>> 1024-24            #뺄셈 연산
1000
>>> 1024*3             #곱셈 연산
3072
>>> 1024/256           #나눗셈 연산
4.0                    #파이썬 2.x버전의 경우는 결괏값이 4가 된다.
>>> _+6                #_(언더바)는 이전 계산값을 기억하는 임시변수라고 생각하면 된다.
10.0                   #따라서 계산기처럼 연속되는 계산이 가능하다.
```

위 계산에 사용된 수들은 정수^{int}라는 것은 누구나 알 수 있을 것이다. 코드를 보면 덧셈, 뺄셈, 곱셈까지는 연산의 결과로 정수 타입의 데이터가 출력되었다. 그런데 나눗셈의 경우는 실수^{float}타입의 데이터가 출력되었다. 왜 이런 결과가 나온 것일까?

```
>>> 1024/256
4.0
>>> type(4.0)
<class 'float'>        #실수(float) 타입
>>> type(4)
<class 'int'>          #정수(int) 타입
```

위 코드의 경우 정수 4로 딱 떨어지기 때문에 굳이 4.0이라는 실수 타입 데이터 표현을 사용할 필요가 없을 것 같지만 사실 정수와 정수 간의 나눗셈의 결과가 실수가 나올 수 있다는 것은 지극히 상식적인 것이다. 또한 수많은 정수의 나눗셈에서 딱 떨어지는 경우와 그렇지 않은 경우를 구분하여 결과 데이터 타입을 따로 마련하는 것도 매우 비효율적인 설계 같다. 따라서 파이썬 3.x 버전부터는 정수와 정수의 나눗셈의 결과 데이터 타입을 항상 실수 타입으로 정했다.

```
>>> 7/4
1.75
```

이처럼 정수 간 나눗셈의 결과가 딱 떨어지지 않는 경우는 실수 타입 표현이 자연스럽다. 어쨌든 정수는 실수에 포함되기 때문에 결괏값의 데이터 타입이 항상 실수라 해도 억지는 아니다.

> **참고**
>
> 파이썬 3.x 버전의 경우 정수와 정수 간의 기본 나눗셈의 결과가 실수로 표현되는 반면에 2.x 버전의 경우 정수와 정수의 나눗셈은 무조건 정수로 표현된다(소수점 이하는 버리는 방식).

만약 소수점 이하 값을 버리고 싶다면?

```
>>> 7//4       #// 연산자는 나눗셈을 하되 소수점 이하는 버리고 결괏값은 정수 타입이다.
               #파이썬 3.x 버전
```

위 기본 연산 외에도 다음과 같은 연산도 있다.

```
>>> 2**10              #2의 10승
1024
>>> 10%7               #10을 7로 나눈 나머지
3
>>> 1000 < 1024        #비교 연산 후 참이면 True 거짓이면 False
True
```

위 연산은 생소해 보이지만 어렵지 않게 이해할 수 있을 것이다. 마지막 정수 간의 비교 연산의 경우는 bool 타입의 데이터가 출력된다. 이렇게 동일한 타입끼리의 연산이라도 연산자의 종류에 따라서 결과 데이터 타입이 달라질 수 있다는 것을 기억해 놓자. 비교 연산과 그 결과에 대해서는 곧 다루게 될 논리 연산에서 자세히 설명한다.

음수의 표현은 -를 붙여주면 된다.

```
>>> +3
3              #양수
>>> -4
-4
>>> -3.14
-3.14
>>> --9        #음수의 음수
9              #양수
>>> ---8       #음수의 음수의 음수
-8             #음수
>>> -True
-1
```

파이썬 내장 함수를 통해서 연산을 하는 방법도 있다.

```
>>> divmod(10,3)        #divmod 함수는 파이썬 내장 함수다. 10을 3으로 나눈다.
(3, 1)                  #결과는 몫과 나머지의 튜플
```

이 함수에 차례로 전달되는 수는 제수와 피제수고 반환되는 결과는 그 몫과 나머지다. 결과로 나온 데이터는 튜플이라는 타입의 데이터인데 나중에 다시 알아볼 것이다.

이번에는 변수에 데이터를 저장하기 위한 대입 연산자에 대해서 알아보자.

```
>>> x = 33              #x에 33 대입
>>> y = 22              #y에 22 대입
>>> result = x+y        #result에 x+y의 결과 대입
>>> result
55
```

위 예에서 (=) 대입 연산자는 수학에서 사용하는 (=) 연산자와 비슷하게 동작하므로 쉽게 이해할 수 있을 것이다.

한 가지 예를 더 보자.

```
>>> x=0
>>> x = x+1             #x+=1과 동일
>>> x
1
```

x = x+1이 수학의 방정식이라면 '불능'이 된다. 즉, 해는 존재하지 않을 것이다. 이렇게 수학의 (=)은 좌변과 우변이 동일하다는 의미를 가지고 있지만 프로그래밍에서 (=) 연산자는 변수에 단순히 값을 할당해주는 기능을 가졌다. 즉 우변의 x+1은 0+1로 계산되고 좌변의 변수 x에 다시 할당되어 x는 1의 값을 갖게 되는 것이다.

또 위 표현은 복합 대입 연산자(x+=1)로 바꿔 표현할 수 있다.

생소한 표현이지만 자주 사용하므로 꼭 알아두자. 그리고 + 연산뿐만 아니라 다른 기본 연산자들도 복합 대입 연산자로 표현할 수 있다. 다음은 복합 대입 연산의 예다.

```
>>> x = 3
>>> x -= 1           #x=x-1
>>> x
2
>>> x /= 2           #x=x/2
>>> x
1.0
>>> x *= 77          #x=x*77
>>> x
77.0
>>> x //= 7          #x=x//7
>>> x
11.0
```

참고로 나중에 배울 비트 연산이나 쉬프트 연산의 복합 대입 연산도 가능하다.

숫자 비교 연산

비교 연산자의 종류는 다음과 같다.

표 4-2 비교 연산자

연산 기호	예	설명
>	10 > 100	10이 100보다 큰가? 거짓이므로 False를 반환
<	10 < 100	10이 100보다 작은가? 참이므로 True를 반환
>=	10 >= 100	10이 100과 같거나 큰가? 거짓이므로 True를 반환
<=	10 <= 100	10이 100과 같거나 작은가? 참이므로 True를 반환
==	10 == 100	10과 100이 같은가? 거짓이므로 False를 반환
!=	10 != 100	10과 100이 다른가? 참이므로 True를 반환

이렇게 비교 연산의 결과는 항상 bool 타입 데이터가 된다.

비교 연산의 예들을 살펴보자.

```
>>> 1 < 2 < 3 < 4 < 5    #연속적으로 비교할 수도 있다. 모든 비교가 참이면 True를 반환
True
>>> 1 < 2 < 3 < 4 < 3
False
>>> 1 < 100 == 10*10 != 99 <= 100
True
>>> 2**10 <= 1024 < 2**11
True
```

이렇게 비교 연산도 사칙 연산을 연속적으로 하는 것처럼 연속적인 비교가 가능하다. 코드의 첫 번째 비교 연산은 1 < 2, 2 < 3, 3 < 4, 4 < 5의 4번의 비교가 이루어진다. 모든 비교가 참이면 True를 반환, 하나라도 거짓이면 False를 반환한다.

이러한 비교 연산자의 의미는 대부분 익숙하므로 어렵지 않게 이해할 수 있을 것이다. 그리고 비교 연산도 사칙 연산과 마찬가지로 다른 데이터 타입에 대해서 수행될 수도 있다. 하지만 일반적으로 이런 연산은 예상치 못한 결과를 초래할 수 있으므로 권장하지는 않는다. 이 부분은 나중에 각 데이터 타입을 공부하면서 알아볼 것이다.

쉬프트 연산

앞에서 변수를 설명하면서 소개한 메모리의 모습을 떠올려 보자. 메모리는 비트로 구성되고 각 비트는 0 또는 1의 값을 가진다. 쉬프트 연산이나 비트 연산은 이런 메모리의 값을 직접 조작하므로 수행 속도가 빠른 특징을 지녔다.

여기서 쉬프트 연산은 비트를 이동시키는 연산이다. 다음은 쉬프트 연산에 대한 설명이다.

```
>>> (0b11 << 2 == 0b1100)        #<<(쉬프트 연산자)
True
```

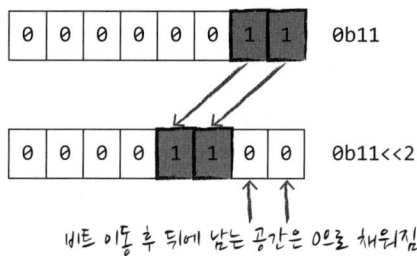

그림처럼 왼편 쉬프트 연산을 할 때는 이동한 비트만큼 0으로 채워진다. 따라서 0만큼 이동한 경우(이동하지 않은 경우)를 제외하면 왼편 쉬프트 연산의 결과는 10진수로 항상 짝수가 된다(x<<0은 제외, x는 홀수).

반면에 오른편 쉬프트 연산을 하면 비트 이동을 한 만큼 비트가 버려진다.

```
>>> 0b11>>1 == 0b1
True
```

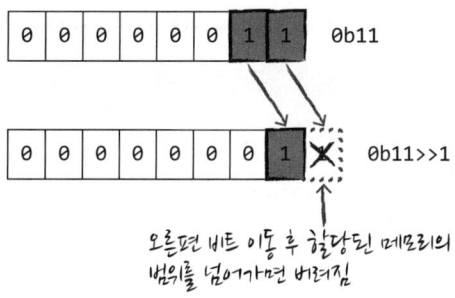

쉬프트 연산은 일정한 규칙이 존재한다. 다음 예를 살펴보자.

```
>>> a=1
>>> a<<1              #왼쪽으로 1만큼 이동
2
>>> a<<2
4
>>> a<<3
8
>>> a<<4
16
```

앞의 코드처럼 비트를 1만큼 왼편으로 이동하면 원래의 값의 2배가 된다. 이것은 2진수 체계에서는 지극히 당연한 일이지만 10진수를 주로 다루는 사람들에게는 익숙하지 않다. 그런데 잘 생각해보면 109라는 십진수가 왼편으로 1자리 이동을 하고 1090이 되었을 때 10배가 되는 것과 같은 이치다. 단지 2진수 체계에서는 10배가 아닌 2배가 되는 것이다.

반대로 오른쪽 1칸 쉬프트 연산은 원래의 값을 반으로 줄인다. 단 주의할 점은 홀수의 경우는 할당된 메모리의 첫 번째 비트가 항상 1이다. 따라서 오른쪽 비트 이동을 하게 되면 첫 번째 비트 1은 없어지게 된다.

```
>>> 4>>1         #짝수의 오른쪽 쉬프트 연산 결과는 원래의 수의 반이 됨
2
>>> 3>>1         #홀수의 오른쪽 쉬프트 연산 결과는 원래의 수의 반이 되지 않음
1
```

결국 홀수의 경우 결과는 (홀수-1)/2이 되므로 정확히 반이 되지 않는다.

C 언어의 쉬프트 연산과 파이썬의 쉬프트 연산과는 차이가 있다. C 언어는 왼편 쉬프트 연산 후 할당된 메모리 공간을 넘어가는 비트에 대해서는 제대로 연산이 되지 않지만 파이썬은 얼마든지 비트 이동을 할 수 있다.

이것은 파이썬이 보통의 다른 프로그래밍 언어와 달리 아주 큰 수의 표현이 가능하다는 것을 의미한다.

```
>>> 0b11<<1000
32145258215588019628452751471800054316842144351166008223312511651110531533748083674795951364470875743827840187526594404755614358570769421307953732724095724411803703324472692956263223815187113425633862546459139424950745823802196302677496631838231188743713589433059626502981289494957873160511617004208128
```

비트 연산

비트 간 연산은 우리가 생각하는 수의 연산과는 차이가 있다. 기본적으로 모든 비트 연산은 비트 간 대응되는 위치별로 연산을 한다. 이 성질을 토대로 비트 연산자들을 하나씩 살펴보자.

& 연산자(비트 and 연산자)

```
>>> 1 & 1                    #& 연산자는 대응되는 비트 간의 곱을 계산한다. 1*1
1
>>> 1 & 0                    #1*0
0
>>> 0 & 0                    #0*0
0
>>> 0b1111 & 0b1010
10                           #0b1010
```

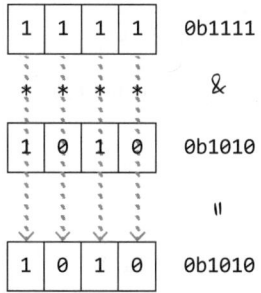

& 연산은 각 비트 간에 곱을 한 것과 같지만 정확히 말하면 다음과 같은 논리로 계산하는 것이다.

"비교 비트 중에 하나라도 0이 있다면 0이고 둘 다 1인 경우만 결과가 1이 된다."

| 연산자(비트 or 연산자)

앞의 & 연산의 논리에서 '0'과 '1'을 서로 바꾸면 | 연산의 논리가 된다. '0'과 '1'을 한 번 바꿔보면 "비교 비트 중에 하나라도 1이 있다면 1이고 둘 다 0인 경우만 결과가 0이 된다."

```
>>> 1 | 1
1
>>> 1 | 0
1
>>> 0 | 0
0
>>> 0b1110 | 0b1010
15                    #0b1110
```

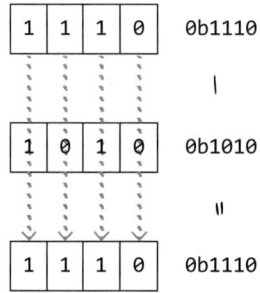

^ 연산자(비트 xor 연산자)

xor^{exclusive or}는 프로그래밍 입문자들에게 생소할 수 있다. xor 연산자의 논리는 대응되는 비트가 다를 경우는 1, 같은 경우는 0이 된다.

```
>>> 1 ^ 1            #두 비트가 같으므로 0
0
>>> 1 ^ 0            #두 비트가 다르므로 1
1
>>> 0 ^ 0            #두 비트가 같으므로 0
0
>>> 0b1110 ^ 0b1010
4                    #0b100
```

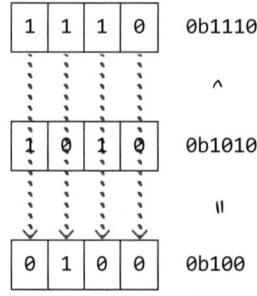

~ 연산자(비트 not 연산자)

~는 주어진 데이터의 비트를 반전시키는 연산자다.

```
>>> ~1
-2
>>> ~2
-3
>>> ~3
-4
>>> ~-1
0
>>> ~-2
1
>>> ~-3
2
>>> ~-4
3
```

비트를 반전시킨다는 의미는 비트값 0은 1로, 1은 0으로 바꾼다는 것인데 위 결과를 이해하기 위해서는 다음 설명하는 개념을 잘 알아야 한다. 음수를 표현할 때 최상위 비트를 부호 비트로 사용하는 방법을 2의 보수법이라고 한다. 부호 비트가 1이면 음수, 0이면 양수를 의미한다. 그런데 ~ 연산자를 취하면 부호 비트까지 반전이 되기 때문에 위와 같이 양수는 음수로 음수는 양수로 바뀌게 된다.

그런데 위 예에서 ~-1만 부호가 없이 0이 된다는 것에 주목해보자. 부호 비트를 포함해서 모든 비트가 0이면 값이 0일 것이다. 0을 반전시키면 부호 비트를 포함하여 모든 비트가 1로 채워진다.

```
>>> ~0
-1
```

그리고 앞의 예를 토대로 0부터 1씩 증가시키면서 ~ 연산을 해보자. 이것은 10진수 표현에서 -1을 곱하고 여기에 다시 1을 뺀 수가 ~ 연산의 결과가 되는 규칙을 발견할 수 있다.

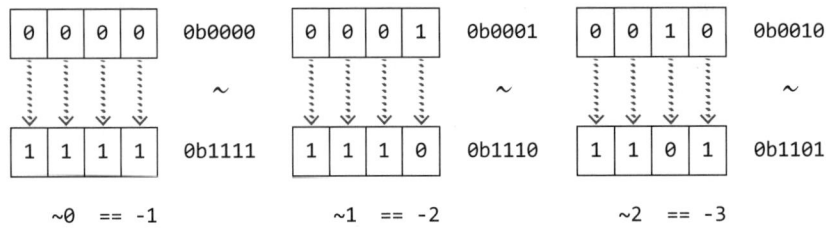

이를 토대로 2의 보수법에 대해서 설명하겠다. 이 표현법은 ~연산에 +1을 하는 것인데 10진수 표현으로 -1을 곱한 결과가 나온다.

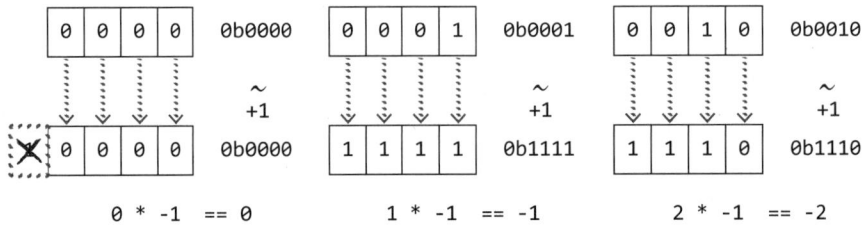

즉, 어떤 정수를 비트 반전 후 +1을 해서 부호를 바꿀 수 있다는 것이다. 이런 표현법을 '2의보수법'이라고 하고 ~ 연산을 이용한다는 의미에서 간단히 소개했다.

비트 연산의 개념 자체는 어려운 것이 아니다. 오히려 단순 명료하다. 하지만 10진수 체계에 익숙한 사람에게는 비트를 다루는 것은 아무래도 껄끄럽다. 그럼에도 빠른 처리 속도를 요구하는 곳에서는 비트 연산을 사용하는 경우가 있다. 혹은 순수한 흥미로 일반적인 수학 연산을 비트 연산으로 하는 프로그래머도 있다. 이 책에서는 비트 연산에 관한 최소한의 내용만 다룬다. 비트 연산에 관해 더 알고 싶다면 비트 연산에 관한 책을 참고하기 바란다.

논리 연산

and 연산자
and 연산자를 설명하기에 앞서 비트 간에 & 연산을 생각해보자.

```
>>> 1&1        #& 연산자의 좌항이 1이므로 우항의 값이 1인지 0인지에 따라 결과가 바뀐다.
1              #결과는 1
>>> 1&0        #우항이 0이므로 결과가 0
0
>>> 0&0        #& 연산자의 좌항이 0이므로 우항과 상관없이 결과가 무조건 0이 된다.
0
>>> 0&1        #좌항이 0이므로
0              #결과는 0
```

위 코드를 보면 & 연산의 경우 좌항이 0인 경우에는 우항의 값을 꼭 알 필요가 없다는 것을 알 수 있다.

논리 연산자는 이러한 논리를 토대로 동작한다.

```
>>> 1 and 1    #좌항이 0이 아니므로 결과는 우항의 값 1
1
>>> 1 and 0    #결과는 0
0
>>> 0 and 0    #좌항이 0이므로 우항의 값에 상관없이 결과는 0
0
>>> 0 and 1    #결과는 0
0
```

& 연산과 결과가 동일하다는 것을 알 수 있다.

사실 논리 연산은 bool 타입에 대한 연산이다.

```
>>> True and True
True
>>> True and False
False
>>> False and False
False
>>> False and True
False
>>> 100 > 99 and 101 > 100    #좌항의 비교 연산의 결과 True다. 우항의 값이 결과다.
True                           #우항의 값 True
>>> 99 > 100 and 101 > 100    #좌항의 비교 연산의 결과 False 따라서 우항 체크 안 함
False                          #좌항의 값 False
```

파이썬에서는 이러한 논리 연산자는 타입에 대해 유동적이다.

```
>>> 10 and 20         #좌항이 0이 아니면 우항의 값이 선택됨
20
>>> 20 and 10
10
>>> 0 and 10          #좌항이 0이므로 우항의 값은 체크하지 않고 결과는 0이 된다.
0
>>> 0 and 1234
0
>>> 9 and 3.14
3.14
```

C 언어의 논리 연산은 참인지 거짓인지에 대한 판단만 하므로 만약 C 언어로 위와 같은 연산을 했다면 결과는 1 또는 0이 나온다.

or 연산자

or 연산은 | 연산의 경우를 생각하면 된다.

```
>>> 1|1         #| 연산자의 좌항이 1이므로 우항의 값에 상관없이 결과가 1이다.
1
>>> 1|0         #좌항이 1이므로 우항이 0이라도 결과는 1
1
>>> 0|0         #| 연산자의 좌항이 0이므로 우항의 값에 따라 결과가 달라진다.
0               #우항이 0이므로 결과도 0
>>> 0|1         #우항이 1이므로
1               #결과는 1
```

파이썬의 or 연산도 and 연산과 마찬가지로 결과 데이터 타입이 유동적이다.

```
>>> 10 or 20        #좌항이 0이 아니면 좌항이 그대로 결괏값이 된다.
10
>>> 20 or 10
20
>>> 0 or 10         #좌항이 0이므로 우항의 값 10가 결괏값이 된다.
10
>>> 0 or 1234       #좌항이 0이므로 우항의 값 1234가 결괏값이 된다.
1234
>>> 9 or 3.14
9
```

and와 or 논리 연산을 이용하여 옵션에 따라서 선택을 바꿀 수 있는 코드를 작성할 수 있다. 우선 다음 코드를 보자.

```
>>> 1 and 10 or 100
10
>>> 0 and 10 or 100
100
```

이 두 실행 라인은 "option and A or B"의 형태로 option이 0인지 아닌지에 따라서 A를 실행할지 B를 실행할지 결정할 수 있다. 마치 C 언어의 3항 연산자와 비슷한 형식인데 작은 문제점이 있다. 문제점은 option이 1이더라도 A가 0인 경우에는 B가 실행된다는 것이다. 이때 나중에 배울 lambda를 A에 사용한다면 이런 문제를 해결할 수 있다. lambda는 항상 의미 있는 주소값(True)을 반환하기 때문이다. lambda에 대해서는 9장에서 언급하겠다.

not 연산자

not 연산자는 마치 - 부호 연산자처럼 동작한다. 즉 - 부호 연산자는 양수는 음수로 만들고 음수는 양수로 만드는 성질이 있다. not 연산자는 부호 대신 bool 값을 반대로 바꾼다. bool 값도 부호와 마찬가지로 서로 반대되는 두 값(True와 False)만을 가지기 때문에 가능한 것이다.

```
>>> not 0
True
>>> not 10
False
>>> not True
False
>>> not False
True
```

연산자 우선순위

지금까지 살펴본 연산자들 간에는 연산의 우선순위가 존재한다. 우리가 수학 시간에 배운 사칙 연산에서 덧셈보다 곱셈 연산이 우선순위가 높은 것을 떠올리면 쉽게 이해할 수 있을 것이다. 연산자의 우선순위는 데이터 타입에 관계없이 정해진 규칙이므로 연산의 대상과 상관없이 일정하다는 것을 기억하자.

표 4-3 연산자 우선순위

연산자 우선순위(내림차순)					
기본연산	비교 연산	비트 연산	논리 연산	기타	설명
				[], (), {}	리스트, 튜플, 사전 생성
				[i], [i:]	색인, 분할
					속성 접근
**					지수승
+, -		~			단항 연산자(양수, 음수를 나타냄), 비트 반전
*, /, //, %					곱셈, 나눗셈 관련 연산(나누기(실수), 나누기(정수), 나머지)
+, -					덧셈과 뺄셈
		《, 》			쉬프트
		&			비트 and
		^			비트 xor
		|			비트 or
	〈, 〈=, 〉, 〉=, !=, ==			is, is not, in, not in	비교, id 비교, 시퀀스 요소 검사
			not		
			and		
			or		
=, +=, -=, /=, //=, *=, **=, &=, ^=, |=, 《=, 》=					복합 할당(대입) 연산자

연산자 우선순위의 큰 틀은 숫자 기본 연산 → 비트 연산 → 비교 연산 → 논리 연산 → 기타 순이다.

```
>>> -3**10            #** 연산이 먼저 수행
-59049
>>> 1<<1+1            #+ 연산이 먼저 수행
4
>>> 3>0 and 0>-9      #비교 연산이 먼저 수행됨
True

>>> (-3)**10          #가로를 하면 우선순위가 낮아도 먼저 연산한다.
59049
```

앞의 표에서 복합 대입 연산자는 제일 마지막 순위에 위치한다. 위 예는 이를 증명해준다.

```
>>> a = 0 or 1
>>> a
1
>>> a *= 0 or 77
>>> a
77
```

만약 연산자의 우선순위를 바꾸고 싶다면 괄호를 넣어주면 된다.

```
>>> (1+2)*3
9
>>> 1+2*3
7
```

이 내용은 쉽게 이해할 수 있으리라 생각된다. 이것은 모든 연산자에 적용되지만 예외가 있다. 다음을 참고하길 바란다.

대입 연산자를 사용할 때 주의할 점

파이썬의 할당(대입) 연산자를 사용할 때 주의할 점이 있다. 이 점은 특히 C/C++ 같은 언어와의 차이점이기도 하다.

파이썬의 대입 연산자는 C/C++ 언어와 달리 반환값이 없다. C/C++ 언어의 모든 연산은 반환값이 존재하는데 왜 파이썬의 대입 연산자는 반환값이 없는 것일까?

이 물음에 대한 해답을 얻기 전에 반환값이 있고 없고의 차이점을 살펴보자.

```
>>> a=(b=3)
SyntaxError: invalid syntax
```

위 코드는 파이썬에서는 에러를 발생하지만 C/C++에서는 문제없이 동작한다. C/C++에서 위 코드의 동작 순서는 b=3에서 3이 반환되고 a에 3이 대입되어 a와 b 모두 3이라는 값을 갖게 된다. 하지만 파이썬에서 b=3의 반환값이 없기 때문에 에러가 발생한다. 반환값이 없는 표현은 표현식^{expression}이 아니므로 (괄호)가 적용되지 않는다. 파이썬에서 b=3은 구문^{statement}으로 봐야 한다. 표현식과, 구문의 차이는 '2장 미리 알아두기'를 참고하자.

```
>>> a=b=c=3        #구문으로 알아두자.
>>> a
3
>>> b
3
>>> c
3
>>> a=(b=(c=3))    #c=3과 같은 표현은 표현식(expression)이 아니므로 괄호에 넣으면 에러
SyntaxError: invalid syntax
```

이렇게 여러 변수를 하나의 값으로 대입하는 방법은 가능하지만 파이썬에서는 이것은 구문이므로 a=(b=(c=3))과 같은 표현은 가능하지 않다. 이런 표현은 C/C++에서는 표현식이므로 당연히 허용된다. C/C++에 익숙한 사용자들은 파이썬에서 이런 표현식이 허용되지 않는다는 것에 당황할 수도 있겠다.

파이썬 언어의 이런 설계는 ==(동등 비교 연산)이 반환값을 가지기 때문에 혹시라도 코드 작성상의 실수(예를 들어 a==b를 a=b로 작성하는 실수)를 방지하는 측면에서는 좋은 설계라고 볼 수도 있다. 이것은 나중에 배울 제어문의 조건문에서 사용할 a==b와 같은 표현이 값을 반드시 반환해야 하기 때문이다. 만약 이 표현을 실수로 a=b라고 사용하면 에러가 발생할 것이다. 하지만 C/C++는 두 가지 표현을 모두 허용하기 때문에 간혹 실수를 할 수도 있고 별다른 경고나 에러를 발생시키지 않으므로, 해당 문제를 발견하기 쉽지 않을 수 있다.

주의할 점은 복합 대입 연산자는 괄호가 없더라도 여러 번 사용할 수 없다.

```
>>> x=2;y=3
>>> x+=y+=1
SyntaxError: invalid syntax
```

하지만 필자는 개인적으로 다음과 같은 표현이 불가능하다는 것에 대해서는 아주 조금은 유감스러운 일이다(표현의 자유가 억압된 느낌이랄까?).

```
>>> x=2;y=77
>>> x ^= y ^= x ^= y
SyntaxError: invalid syntax
```

x^=y^=x^=y를 C/C++ 언어 코드로 작성해서 확인하면 x와 y의 값을 서로 교환하는 연산식이다. 물론 비트 연산이 빠르게 동작한다고 하지만 위 연산은 비트 연산임에도 속도가 매우 느리다. 그래서 굳이 쓸 필요는 없지만, 아무튼 이런 표현은 파이썬에서는 가능하지 않다는 것을 말해두는 것이다.

만약 이것을 파이썬으로 표현하려면 다음과 같이 여러 줄로 풀어 써야 한다.

```
>>> x=2;y=3
>>> x=x^y
>>> y=y^x
>>> x=x^y
>>> x
3
>>> y
2
```

하지만 파이썬은 다음과 같이 파이써닉한 방법을 제공한다. 그리고 이 방법이 훨씬 빠르다.

```
>>> x=2;y=3
>>> x,y = y,x
>>> x
3
>>> y
2
```

정수 타입을 다룰 때 주의사항

이 내용을 읽기 전에 3장의 변수에 관한 내용을 한 번은 읽어보기를 바란다. 그리고 이해가 되지 않아도 상관없으므로 가볍게 읽어보길 바란다.

프로그래밍 언어의 내부 구조와 동작을 잘 안다고 꼭 프로그래밍을 잘하는 것은 아니다. 하지만 내부 구조를 파악하게 된다면 분명 에러를 검출하거나 오작동에 대한 원인을 파악하는 데 도움이 된다.

우리가 프로그래밍하기 전 파이썬 쉘을 실행시키는 데만 해도 많은 숫자 데이터가 사용된다. 특히 정수데이터가 많이 사용되는데 이런 데이터들 중에는 여러 곳에서 중복되어 사용되는 데이터들도 있기 마련이다. 그런데 중복되는 데이터를 필요할 때마다 생성을 하는 것은 작은 숫자 데이터도 객체로 다루는 파이썬에게는 비효율적이다. 예를 들어 A라는 부분과 B라는 부분에서 객체 100을 사용한다면 객체 100은 A와 B에 따로 생성되게 된다. 이렇게 객체 100을 사용하는 부분이 많을수록 객체 100의 수는 중복되어 늘어나게 된다. 그리고 객체의 생성은 시스템적으로 꽤 많은 비용이 지불된다. 이것은 성능 저하의 걸림돌이 될 수도 있다.

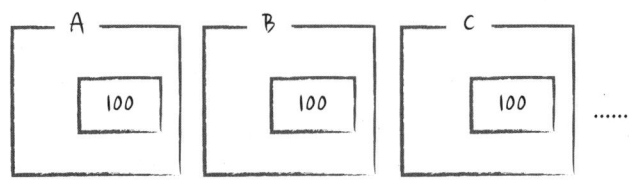

그래서 파이썬에서는 효율을 위해 애초부터 자주 사용되는 객체를 단 하나만 미리 생성해 놓는다. 그리고 미리 생성해 놓은 객체와 동일한 값을 갖는 데이터를 생성하려고 하면 객체를 생성하지 않고 미리 생성시켜 둔 객체를 참조하도록 설계하였다. 즉 A라는 부분과 B라는 부분에서 객체 100을 생성하려 하면 다음 그림처럼 미리 준비해둔 100 객체를 동일하게 참조하도록 한다.

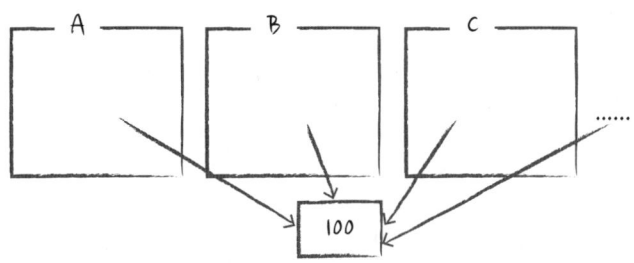

이렇게 미리 생성된 객체들은 프로그램이 종료될 때까지 소멸되지 않고 유지되지만 이런 객체를 사용하는 곳이 많아질수록 효율적이 된다. 그렇다면 이렇게 미리 생성해 놓은 객체는 어떤 것들이 있을까?

한 번 코드를 통해서 살펴보자.

```
>>> c=1000
>>> d=1000
>>> id(c)
48055552
>>> id(d)
48054768      #변수 c와 d의 참조값(id)은 다르다. 즉 c와 d는 각각 다른 객체를 가리킨다.
```

동일한 데이터를 갖는 객체를 생성하더라도 위 코드처럼 메모리 상에 각각 따로 생성되는 것이 정상이다.

그럼 이번에는 객체 100을 생성해보자.

```
>>> a=100
>>> b=100
>>> id(a)
1350974784
>>> id(b)
1350974784    #변수 a와 b의 참조값은 동일하다. 즉, a와 b는 동일한 객체를 가리킨다.
```

이러한 예는 원래대로라면 a와 b가 각각 객체 100을 따로 생성하여 참조해야 하는 것이 맞다. 하지만 객체 100의 경우는 id값이 동일하다.

이렇게 동작하는 이유는 파이썬은 내부적으로도 많이 사용되는 -5부터 256까지의 정수 객체를 미리 생성해 놓기 때문이다. 그리고 이 수들은 프로그램 내에서 두 번 다시 새로 생성되지 않는다. 따라서 "x=100"이란 표현은 항상 이렇게 미리 생성된 객체를 참조한다.

다음은 이러한 내용을 체크하는 함수다. 함수 내용은 지금 이해할 수 없으니 그냥 결과만 살펴보자.

```
>>> def check():
        for x in range(-30, 260):
            for y in range(x, x+1):
                if id(x)==id(y):
                    print("%d는 미리 생성된 객체" % x)
                else:
                    print("%d는 새롭게 만들어진 객체" % x)
>>> check()
...
-7는 새롭게 만들어진 객체
-6는 새롭게 만들어진 객체
-5는 미리 생성된 객체          #-5부터
-4는 미리 생성된 객체
-3는 미리 생성된 객체
-2는 미리 생성된 객체
...
...
254는 미리 생성된 객체
255는 미리 생성된 객체
256는 미리 생성된 객체          #256까지는 미리 생성되어 있는 객체
257는 새롭게 만들어진 객체
258는 새롭게 만들어진 객체
259는 새롭게 만들어진 객체
```

지금까지 파이썬의 숫자 타입에는 어떤 것들이 있는지 그리고 연산을 어떻게 하는지 알아보았다. 파이썬 쉘에서 실습을 해오면서 마치 기능이 확장된 계산기를 다루는 느낌이 들었을지도 모르겠다. 어쨌든 숫자는 우리에게 익숙한 형태이므로 숫자 타입을 공부하면서 큰 틀은 쉽게 파악했으리라 믿는다.

앞으로도 다양한 데이터 타입에 대해서 공부를 해나가겠지만 기본적인 틀은 비슷하다. 연산이 가능하다는 점과 각 타입마다 고유 메소드를 가진다는 점을 기본으로 하여 각 타입의 특성을 익혀나가면 될 것이다.

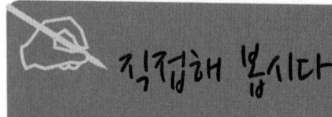

데이터 타입중 가장 기본인 숫자에 대한 기초적인 내용을 복습해 봅시다.

1 파이썬 2.x 버전과 파이썬 3.x 버전에서 숫자 간 나눗셈을 했을 때의 차이점에 대해 설명해보자.

> HINT 본문 참조

2 지수 표기법을 사용하여 3.141592를 소수점 없이 나타내보자.

> HINT 숫자 뒤에 ex(x는 정수)를 붙이면 숫자에 10의 x승을 곱한 결과와 동일하다.

3 x=15일 때 오른쪽으로 3만큼 시프트 연산을 하여 x의 값을 변경하는 연산을 해보자.

> HINT 복합대입 연산자를 이용해보자.

4 <<(왼편 쉬프트) 연산의 결과가 항상 짝수가 나오는 이유를 설명해보자(단 0만큼 이동한 경우를 제외한다).

> HINT 277의 각 숫자의 자릿수를 한 자리씩 올려보면 2770이 된다.

5 숫자 >> 1(오른편 쉬프트) 연산이 어떻게 원래의 수를 반으로 나누는지 설명하자. 그리고 숫자가 홀수의 경우는 어떻게 동작하는지도 설명하자.

> HINT 짝수를 이진수로 표현하면 가장 오른쪽 숫자가 0, 홀수를 이진수로 표현하면 가장 오른쪽 숫자가 1이다.

6 2의 보수법으로 100은 음수로 -77은 양수로 바꿔보자.

> HINT 2의 보수법이란 비트를 반전한 후 1을 더하여 부호를 바꾸는 방법이다. 비트를 반전시킬 때는 연산자(~)를 사용하면 된다.

7 다음 코드의 결과를 보고 결과의 원인을 설명해보자.

HINT 파이썬에서는 자주 사용하는 특정 데이터들을 미리 하나만 생성해 놓고 더 이상 생성되지 않도록 제한한다.

```
>>> x=77; y=77
>>> x is y
True
>>> a = 1234
>>> b=1234
>>> a is b
False
```

정리해 봅시다

해답은 파이썬의 신 네이버 카페(cafe.naver.com/godofpython)에서 제공됩니다.

1 파이썬 3.x에서 나눗셈 연산자는 (   )와 (   ) 두 가지가 있다

2 연산자를 사용하지 않고 `divmod`와 같은 내장함수를 사용하여 연산을 할 수도 있다는 점을 기억해 두자.

3 왼편 쉬프트 연산(<<)의 결과는 항상 (짝수, 홀수)가 나온다(0만큼 이동하는 경우는 제외).

4 2의 보수법의 핵심은 ~연산을 한 후 1을 더하는 것이다. 직접 아무 수나 ~ 연산을 하고 1을 더해보자. 그리고 이 원리를 다시 되새겨보자.

5 파이썬의 대입 연산의 경우 (   )이 없다. 이런 특징은 C/C++와는 다르다. 언어적인 측면에서 이런 설계가 주는 장단점을 생각해보자.

6 구문(statement)과 표현식(expression)의 차이점을 간략하게 적어보자.

7 파이썬으로 작성된 프로그램이 실행된 후 `id`값이 절대로 바뀌지 않는 객체(데이터)는 어떤 것들이 있고 `id`값이 바뀌지 않는다는 것의 의미에 대해서 생각해보자.

5장
시퀀스 타입

철수는 파이썬 고등학교에 다니고 있다. 현재 3학년 1반인 철수는 반에서 7번이라는 번호를 배정받았다. 파이썬 고등학교 3학년 1반 7번은 철수를 지칭하는 고유한 값이다. 그리고 철수의 친구 영태는 파이썬 고등학교 3학년 1반 8번을 배정받았다. 이것도 영태만의 고유한 값이다. 이렇게 학교에선 학생들에게 순서 있게 번호를 부여한다.

파이썬에서도 객체들에게 순서를 부여하여 시퀀스sequence 타입 객체를 만들 수 있다. 위 예를 빗대어 설명하자면 학생은 순번을 가진 객체가 되고 시퀀스 타입 데이터는 3학년 1반이 될 수 있다. 즉 시퀀스 타입은 순번을 가진 객체들을 담은 컨테이너의 역할을 하는 객체다.

객체들이 순서를 가진다는 것은 C 언어의 배열과 비슷한 개념인데 파이썬의 시퀀스 타입 데이터들은 객체로서 더 강력한 기능들을 제공한다. 이런 내용에 대한 것은 앞으로 차차 공부해나갈 것이다.

파이썬에 내장된 시퀀스 타입에는 문자열str, 리스트list, 튜플tuple이 있다. 우선 어떻게 생겼는지 모양을 구경해보자.

```
>>> data = "Hello Python"              #문자열
>>> print(data)
Hello Python

>>> data1 = ["Hello", 77, ["python"]]  #리스트
>>> print(data1)
['Hello', 77, ['python']]

>>> data2 = ("Hello", 77, ["python"])  #튜플
>>> print(data2)
('Hello', 77, ['python'])
```

위 코드처럼 각각의 타입을 생성하는 방법이 정해져 있다. 문자열은 따옴표를 사용하고, 리스트는 [ ], 튜플은 ( )를 사용한다. 문자열은 공백문자를 포함한 문자(문자 하나하나는 객체다)들로 이루어진 객체다. 리스트는 콤마(,)를 사용하여 리스트에 포함될 객체들을 구분한다. 튜플 역시 리스트와 마찬가지로 콤마로 객체들을 구분한다. 이렇게 구분된 각각의 객체는 항목 또는 요소라고 불리운다(주의할 점은 문자열의 경우 각각의 문자들이 항목이 된다. 하지만 리스트나 튜플의 경우는 각각의 항목은 콤마(,)로 구분된다).

다음은 시퀀스 타입 객체의 내부 객체(항목 또는 요소)에 접근하는 예다. 접근하는 방법은 [ ] 연산자를 사용하는데, 시퀀스 타입 객체는 모두 식별자[index] 형태로 접근할 수 있다. 앞의 예제를 연장하여 다음 내용을 실습해보자.

```
>>> data[0]          #[]로 객체의 위치(offset)에 접근할 수 있다.
'H'                  #문자 하나가 하나의 객체다.
>>> data[1]
'e'
>>> data[2]
'l'

>>> data1[0]
'Hello'              #문자열'Hello'가 리스트의 첫 번째 항목의 객체다.
>>> data1[1]
77                   #리스트는 여러 타입의 데이터(객체)를 가질 수 있다.
>>> data1[2]
['python']           #리스트는 리스트타입 데이터(객체)도 가질 수 있다.

>>> data2[0]         #튜플 역시 리스트와 동일하게 이해할 수 있다.
'Hello'
>>> data2[1]
77
>>> data2[2]
['python']
```

앞선 예에서 data 변수가 참조하는 문자열은 문자 객체 하나하나가 모여서 이루어진 객체다. 하나 하나의 문자는 항목이 되고 각 항목의 위치를 가리키는 색인은 0부터 시작하여 항목의 개수-1까지 존재한다. 색인이 0부터 시작하고 항목의 개수-1까지라는 개념은 많은 프로그래밍 언어에서도 공통적으로 사용하는 개념이므로 프로그래머라면 익숙해지는 것이 좋다.

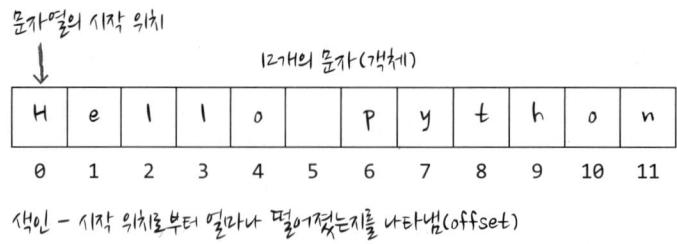

간단하게 시퀀스 타입들의 특징을 살펴보자.

문자열은 포함되는 항목들이 모두 문자인 것에 반해 리스트와 튜플은 포함되는 항목들의 타입에 대한 제약이 없다는 특징을 지녔다.

리스트와 튜플은 데이터를 똑같이 저장하고 동일한 방법으로 읽을 수 있지만 리스트는 생성된 후 추가 또는 삭제 등의 작업이 가능한 반면에 튜플은 한 번 만들어지면 더 이상 내용이 바뀔 수 없다는 차이가 있다.

지금까지 시퀀스 타입에 대해서 간략하게 알아봤는데 더 자세한 내용은 앞으로 하나씩 살펴보겠다.

> **여기서 잠깐** | **왜 리스트와 튜플로 구분 지었을까?**
>
> 리스트와 튜플은 서로 다른 타입이기 때문에 당연히 성질도 다르다. 앞에서 설명했다시피 리스트는 항목의 추가 삭제가 가능하지만 튜플은 그렇지 않다는 것이 가장 큰 차이점이다. 또한 동일한 항목을 가진 리스트와 튜플이 차지하는 메모리의 크기를 비교해보면 튜플이 좀 더 작다는 것을 알 수 있다.
>
> ```
> >>> import sys
> >>> sys.getsizeof((1,2,3,4))      #sys 모듈의 getsizeof 함수로 데이터(객체)의
>                                    #크기를 알 수 있다.
> 44
> >>> sys.getsizeof([1,2,3,4])
> 52
> ```
>
> 또한 실수로라도 수정되면 안 되는 데이터는 리스트보다 튜플로 만드는 것이 안정적일 것이다. 따라서 굳이 수정이나 추가 작업이 필요하지 않다면 튜플을 사용하는 것이 바람직하다.

문자열

다음은 파이썬에서 문자열(str)을 표현하는 방법이다.

```
>>> 'python'            #' '
'python'
>>> "python"            #" "
'python'
>>> '''python'''        #''' '''
'python'
>>> """python"""        #""" """
'python'

>>> s="""Python         #따옴표를 세 겹으로 사용하면 여러 줄로 된 문자열을 표현할 수 있다.
is
easy"""
>>> print(s)
Python
is
easy
```

위 코드처럼 작은따옴표('문자열')와 큰따옴표("문자열")로 문자열을 생성할 수 있다. 또는 같은 종류의 따옴표를 세 겹으로 사용하여 문자열을 생성할 수도 있다. 단, 따옴표를 문자열에 포함시키고자 할 때 포함시키려는 따옴표의 종류와 문자열 생성에 사용할 따옴표의 종류를 다르게 해야 한다. 예를 들어 문자열 안에 큰따옴표가 들어가야 할 경우는 작은따옴표로 문자열을 생성해야 하고 작은따옴표가 있는 문자열을 만들려면 큰따옴표로 문자열을 생성하면 된다.

```
>>> a="I'm programmer"           #큰따옴표로 문자열 생성
>>> a[1]
"'"                              #작은따옴표가 문자열에 포함

>>> '"Hello python"'             #작은따옴표로 문자열 생성
'"Hello python"'                 #큰따옴표가 문자열에 포함
```

또는 다음과 같이 따옴표 앞에 역슬래쉬를 사용하여 표현할 수도 있다.

```
>>> "This is \"python\""              #\는 역슬래쉬다.
'This is "python"'
```

이스케이프 시퀀스

앞의 예에서 문자열 내부에서 역슬래쉬를 사용하여 따옴표를 표현하였다. 이처럼 역슬래쉬를 사용하여 특수한 표현을 할 수 있는데 이런 문자열을 이스케이프 시퀀스 escape sequence라고 한다. '탈출문자' 또는 '확장열'이라고도 하는 이스케이프 시퀀스는 특정 문자 앞에 '\'를 붙여서 특수한 표현을 할 수 있다. 파이썬의 이스케이프 시퀀스는 C 언어와 비슷하다. 그럼 예를 통해 어떤 표현을 할 수 있는지 알아보자.

```
>>> s = "first\nsecond"              #문자열의 행을 바꾸는 확장열 '\n'
>>> print(s)
first
second

>>> s = "first\tsecond"              #탭(tab)을 의미하는 확장열 \t
>>> print(s)
first   second

>>> s = "\\and\'and\""               #특별한 문자, 즉 직접 표현할 수 없는 문자를 사용할 경우
>>> print(s)
\and'and"                            #(\,",  ') 등은 앞에 \를 붙여서 문자로 표현할 수 있다.
```

위 예처럼 이스케이프 시퀀스는 문자열에 포함되어 하나의 특수한 표현을 한다.

표 5-1 이스케이프 시퀀스

확장열(escape sequence)	설명
\a	비프음을 발생시킨다.
\b	커서의 위치를 왼쪽으로 한 칸 이동
\f	폼피드(form feed) - 프린터 출력에 관한 확장열
\n	문자열에서 행을 바꾼다.
\r	캐리지 리턴(carriage return) - 커서의 위치를 같은 행의 맨 앞으로 이동
\t	수평 탭(tab)

확장열(escape sequence)	설명
\v	수직 탭(tab) – 프린터 출력에 관한 확장열
\ooo	8진수로 아스키 코드에 해당하는 문자를 출력
\xhh	16진수로 아스키 코드에 해당하는 문자를 출력

참고로 위 표의 이스케이프 시퀀스들을 IDLE의 파이썬 쉘에서 실험해보면 '\a', '\f' 등은 위 표의 설명과 달리 기호가 출력된다.

```
>>> print('\a')
●                   #비프음 대신 ●가 표시된다(개발 환경에 따라 달라질 수 있다).
```

비프음은 IDLE의 파이썬 쉘에서 지원하지 않으므로 비프음을 듣기 위해서는 윈도우 커맨드 라인에서 실행시켜 본다. 다음은 직접 실행시키는 방법이다.

1. 먼저 메모장 같은 에디터로 다음을 입력한 후 확장자를 py로 해서 저장한다.

print('\a')

여기서는 C:\gop\ch05 폴더에 escapetest1.py라는 이름으로 저장했다고 가정한다.

2. cmd 창을 띄운다([프로그램 시작] ▶ [모든 프로그램] ▶ [보조 프로그램] ▶ [명령프롬프트]).

3. cd 폴더명 명령으로 escapetest1.py가 저장된 폴더로 간 후(또는 Shift키를 누른 후 윈도우 탐색기에서 해당 폴더에 마우스 오른쪽 클릭을 한 후 [여기서 명령창 열기]를 클릭한다.) python escapetest1.py를 실행시킨다.

```
C:\gop\ch05>python escapetest1.py
```

이렇게 간단한 코드라면 다음처럼 윈도우 커맨드 창에서 코드를 직접 실행시킬 수도 있다. 이 때 –c 옵션을 사용한다.

```
C:\gop\ch05>python -c print('\a')
```

다음은 이스케이프 문자들에 대한 실험 코드와 결과다.

예제 5-1 이스케이프 문자 테스트

```
#gop/ch05/escapetest2.py
print("escape sequence '\\a' \a")
print("escape \bsequence '\\b'")
print("escape sequence '\\f' \f")
print("escape sequence '\\n' \n")
print("escape \rsequence '\\r' ")
print("escape \tsequence '\\t'")
print("escape sequence '\\v' \v")
```

'\f'와 '\v'는 프린터로 출력하여 제어하는 코드이므로 모니터로 출력될 때는 기호로 출력된다. '\b'는 커서를 뒤로 이동시키는데 두 단어 사이에 공백이 없어졌다. '\r'은 커서를 행의 처음으로 이동하여 그 이후의 문자열 'sequence'를 출력한다. 나머지도 충분히 이해하기 쉽다.

이번엔 8진수와 16진수의 '\ooo'와 '\xhh'에 관한 내용이다.

```
>>> print('\101')
A
>>> print('\102')
B
>>> print('\x41')
A
>>> print('\x42')
B
```

8진수 101과 16진수 41은 동일한 값이며 10진수로 65가 된다. '\' 뒤에 세 자리 숫자가 나오면 8진수로 표현되고 문자 'x'로 시작하는 두 자리 숫자가 나오면 16진수로 표현이 되는데 이런 표현은 숫자가 아닌 아스키 코드를 표현하는 방법이다. 코드에서처럼 아스키 코드값 65는 대문자 A, 코드값 66은 대문자 B를 표현한다(ASCII American Standard Code for Information Interchange에 대한 내용은 "https://ko.wikipedia.org/wiki/미국정보교환표준부호"를 참고하자).

아스키 코드값은 0부터 127까지다. 때문에 127의 범위를 넘어가는 이스케이프 시퀀스가 동작하지 않을 수 있다. 예를 들어 유니코드 환경인 파이썬 쉘에서는 127의 범위를 넘어가는 표현은 유니코드가 찍히지만 윈도우의 커맨드라인에서 실행되는 파이썬 파일의 결과에서는 해당 값이 찍히지 않는다.

```
>>> print('\xe5')                              #파이썬 쉘에서 출력
å
```

```
C:\gop\ch05>python -c print('\xe5')
Traceback (most recent call last):
  File "<string>", line 1, in <module>
UnicodeEncodeError: 'cp949' codec can't encode character '\xe5' in position 0:
illegal multibyte sequence
```

에러의 원인은 윈도우는 코드 페이지 949를 사용하여 유니코드를 인코딩할 수 없기 때문이다. 코드 페이지란 특정 문자들^{character set}에 문자 코드^{character code}라는 값을 매핑시켜 도표화해놓은 것을 말한다. 비유하자면 코드 페이지는 특정 문자들을 사용하기 위해 문자들과 문자들의 코드값의 매핑 정보를 나타낸 메뉴판과 같은 것이다. 이런 메뉴판에는 여러 가지가 있는데 한글 윈도우는 기본적으로 cp949라는 메뉴판을 사용하는 것이다. 이에 반해 유니코드는 이런 메뉴판들에 따라서 문자들에 대한 매핑이 달라지는 문제를 해결하고자 모든 문자들^{character set}을 다 합쳐서 하나의 큰 메뉴판으로 만들어 놓은 것이다. 따라서 유니코드를 사용할 수 있도록 윈도우 커맨드라인에서 다음과 같이 코드 페이지를 바꾸는 명령을 주면 이스케이프 시퀀스로 유니코드의 일부를 표현할 수 있다.

```
C:\gop\ch05>chcp 65001
```

코드 페이지 65001은 UTF-8 인코딩 방식의 유니코드를 나타낸다.

```
Active code page: 65001
C:\gop\ch05>python -c print('\xe5')
A¥
C:\gop\ch05>
```

이렇게 코드 페이지를 바꿔주면 에러는 발생하지 않지만 해당 글꼴이 설치되어 있지 않다면 위와 같이 제대로 표현되지 않을 수 있다.

유니코드에 관한 것은 10장에서 자세히 설명한다.

문자열 기본 연산

문자열도 숫자와 같이 약속된 연산자를 사용할 수 있다. 그러나 숫자와 타입이 다르기 때문에 연산이 똑같이 적용될 수는 없을 것이다. 대신 연산자의 기본 의미와 비슷하게 약속되어 사용된다. 그러면 어떤 연산자들이 문자열에서 약속되고 사용되는지 알아보도록 하자.

+ 연산

```
>>> a = "Hello"
>>> b = "python"
>>> print(a+" "+b)          #연산 순서대로 문자를 결합시킨다.
Hello python
```

* 연산

```
>>> s = "python "
>>> print(s * 3)            #3을 문자열에 곱하면
python python python        #문자열이 곱해진 수(3)만큼 반복되어 결합된다.
```

[index] 연산 - 색인(indexing) 연산

```
>>> s = 'python'
>>> print(s[0])
p
>>> print(s[1])
y
>>> print(s[-1])            #문자열의 끝을 나타내고 여기서는 s(5)와 동일하다.
n
>>> print(s[-2])            #문자열의 끝에서 두 번째를 나타내고 s(4)와 동일하다.
o
```

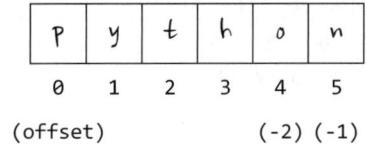

문자열의 끝을 나타내는 index는 (문자의 개수-1)로 나타낼 수 있지만 -1로도 나타낼 수 있다.

[i:j] 연산 – 분할 연산

분할slicing은 파이썬에서 제공하는 강력한 기능 중에 하나다. C 언어 같은 고전적인 프로그래밍 언어에 익숙한 프로그래머에게는 이렇게 문자를 조작하는 방법을 언어 차원에서 제공한다는 것이 매우 획기적인 일일 수 있다. 한 번 예를 통해 알아보자.

```
>>> s = 'python'
>>> s[0:5]
'pytho'
```

분할 연산은 문자열을 부분적으로 잘라낸다. 콜론(:)을 경계로 왼편의 숫자와 오른편의 숫자는 모두 요소의 번호(색인)를 나타낸다. 여기서 왼쪽 숫자는 잘라낼 문자열의 시작되는 요소의 색인을 의미하고 오른쪽 숫자는 잘라낼 문자열의 끝이 되는 요소의 색인+1을 의미한다.

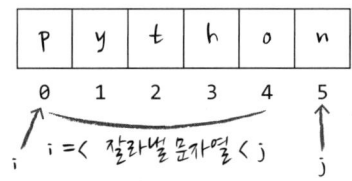

i에서 j-1까지의 문자열을 잘라낼 때 왜 [i:j-1]이라고 하지 않고 헷갈리게 [i:j]라고 하는지 의문이 들 수도 있다. 이 또한 색인번호가 0부터 시작하는 것처럼 익숙해지는 것이 좋다. n개의 객체를 시퀀스 타입 객체에 넣은 경우 이 객체들의 요소의 색인의 범위를 0<=색인번호<=(n-1)이라고 하는 것보다 0<=색인번호<n이라고 하는 것이 가독성이 좋기 때문이기도 하다.

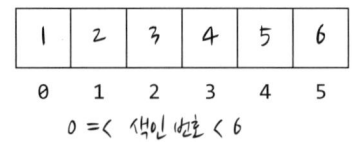

그리고 이런 표현은 프로그래머라면 익숙해질 필요가 있다. 다른 프로그래밍 언어의 경우도 이렇게 범위를 정하는 경우 이와 같은 형식을 따르기 때문이다.

따라서 "python"을 모두 읽기 위해서는 j에 요소의 번호가 아닌 문자의 개수 6을 지정해야 한다.

```
>>> s[0:6]
'python'
>>> s[0:]              #지정을 안 할 경우 이후의 문자열 모두를 끝까지
'python'

>>> s[:6]              #또는 처음부터 표현한다.
'python'
>>>
>>> s[:]               #처음부터 끝까지 표현
'python'

>>> s[0:-1]            #색인 연산과 동일하게 -1은 문자열의 마지막 항목을 나타낸다.
'pytho'
>>> s[0:-2]            #-2는 끝에서 두 번째 항목을 나타낸다.
'pyth'
>>> s[0:-3]
'pyt'
```

이번엔 문자열을 뒤집어서 출력하고 싶어졌다. 다음과 같이 하면 될까?

```
>>> s[-1:0]
''
```

기본 분할 연산은 i값이 j값보다 작아야 한다. 위 코드는 -1이 0보다 작지만 사실 -1은 문자열의 끝을 의미하므로 5와 마찬가지다. 이렇게 i가 의미하는 항목이 j가 의미하는 항목보다 오른쪽에 있는 경우는 아무것도 아닌 공백문자를 출력한다. 분할 연산으로는 방법이 없을 듯 보인다. 이 문제를 해결하기 위해 다음에 설명하는 확장 분할을 활용해보자.

[i:j:step] 연산 - 확장분할(extended slicing) 연산

분할 연산과 동일하고 추가적으로 하나의 옵션이 더 있다.

```
>>> s[0:-1:1]        #s[0:-1]과 동일
'pytho'
```

옵션 step은 문자열의 요소 번호를 읽어나가는 간격이다. step이 1이면 i부터 1씩 증가하므로 분할 연산과 동일하다.

```
>>> s[0:6:2]         #0으로부터 2씩 증가하여 짝수 번째 요소만 가진 문자열 객체 생성
'pto'
```

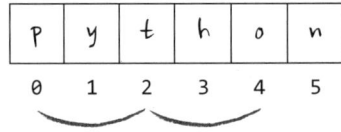

step이 음수가 되면 문자열을 반대로 출력할 수 있을 것 같은 느낌이 든다. 먼저 시작 위치는 문자열의 끝이어야 할 것이다.

```
>>> s[-1:0:-1]       #step이 -1이므로 i로부터 1씩 감소한다.
'nohty'
```

반대로 출력에는 성공했지만 j의 값을 0으로 정하면 0번째 인덱스의 요소인 문자 'p'가 출력되지 않는다. 이는 우리가 앞에서 공부했듯이 범위의 끝이 되는 요소 번호는 포함되지 않는 것과 같은 이치다. 그런데 0번째 요소가 포함되려면 j의 값이 -1이 되어야 하는데 -1은 문자열의 마지막 요소의 인덱스를 의미하므로 사용할 수 없다. 이럴 때는 그냥 j를 생략하면 0번째 요소를 포함하는 범위가 된다.

```
>>> s[-1::-1]
'nohtyp'
```

기본적으로 i를 생략하면 i는 문자열의 첫 번째 요소의 색인을 의미한다. 그리고 j를 생략한 경우는 j가 문자열의 끝을 포함하는 범위까지를 의미하는데 이 때 step이 음수가 되면 결과가 뒤집힌다.

```
>>> s[::-1]          #i와 j를 생략했을 때
'nohtyp'             #step이 음수인 경우

>>> s[::1]           #step이 양수인 경우
'python'
```

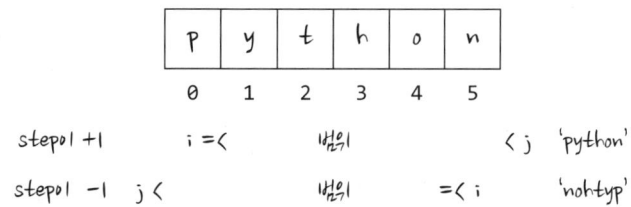

위 그림처럼 step의 부호에 따라 i와 j의 위치가 바뀐다. 여기에 step이 시작하는 곳은 i가 되고 진행 방향은 j쪽이므로 step이 음수가 되면 슬라이싱이 될 문자열의 문자들의 순서를 바꿀 수가 있다. 참고로 기본 분할 연산^{slicing}은 step이 1이므로 i가 j보다 작아야 한다. 그렇지 않으면 범위 안에 어떤 문자도 없게 되므로 결과는 공백문자가 된다.

```
>>> s[3:3]
''
>>> s[5:4]
''
>>> s[4:0]
''
```

in 연산

in을 사용하면 문자열에 어떤 문자 또는 문자열이 있는지 확인할 수 있다(in 연산은 시퀀스 타입의 데이터에 모두 적용된다).

```
>>> 'p' in s           #'python'
True
>>> 'py' in s          #'python'
True
```

```
>>> 'python' in s          #일치하는 문자열이 없음
False
>>> 'z' in s               #일치하는 문자가 없음
False
```

앞서 배운 비교 연산의 결과처럼 in 연산의 결과도 bool 타입의 데이터를 반환한다. 이렇게 bool 타입의 데이터를 반환하는 연산은 나중에 배울 조건문에서 어떻게 활용하는지 자세히 배울 것이다.

문자열 비교 연산

숫자처럼 문자도 비교 연산이 가능하다.

```
>>> 'a'<'b'<'c'            #...
True
```

다시 말해 숫자처럼 문자도 고유의 크기를 가지고 있기 때문에 비교 연산이 가능한 것이다. 위 코드처럼 문자는 알파벳의 순서대로 크기가 증가한다.

```
>>> 'apple' < 'banana'     #사전에 나열된 순서대로 크기가 증가한다.
True
```

기본적으로 문자열은 사전 순서대로 크기가 증가한다. 많은 프로그래밍 언어에서 문자열을 사전과 같은 순서대로 정렬하고 싶을 때 문자열 비교를 사용한다.

그런데 문자열에 대문자가 포함되면 비교 방식이 좀 달라진다. 이는 파이썬에서 문자의 비교 연산이 아스키 코드값을 바탕으로 수행되기 때문이다. 아스키 코드표에서 대문자의 코드값은 어떤 소문자의 코드값보다도 작다.

> **참고**
> 아스키 코드표에서 대문자의 코드값은 65부터 시작된다. 소문자는 97부터 시작된다. 따라서 모든 대문자는 모든 소문자보다 작다.

```
>>> 'Z'<'a'
True
>>> 'a'<'z'
True
>>> 'Apple' < 'banana'
True
>>> 'apple' < 'Banana'          #'B'는 어떤 알파벳 소문자보다도 작다.
False
```

인터넷 서비스에서 사용자들의 아이디를 사전 순서대로 정리하고 싶다면 기본 비교 연산을 사용하는 것이 바람직하지는 않다. 사용자들이 만드는 아이디에는 대문자도 섞여 있을 수도 있기 때문이다. 이를 해결하기 위해 생성하는 아이디에 대소문자를 구분하지 않도록 만들면 된다. 그래도 대소문자를 사전 형식으로 정렬하고 싶다면 다음과 같은 방식도 괜찮아 보인다.

```
>>> ID_1 = "apple"
>>> ID_2 = "Banana"
>>> ID_1 < ID_2                 #기본 비교 연산
False
>>> ID_1.lower() < ID_2.lower()
True

>>> ID_2.lower()                #lower() 메소드를 호출하면 문자열에 있는 모든 대문자가
'banana'                        #소문자로 바뀐 새로운 문자열을 반환한다.
```

문자 중에 크기가 제일 작은 문자는 공백 문자다.

```
>>> ' ' < 'a'
True
>>> ' ' < 'z'
True
```

문자의 크기는 공백문자 < 대문자 < 소문자 순서고 알파벳 순서로 크기가 증가한다. 문자열의 비교는 결국 문자열을 구성하는 문자끼리 비교를 하는 것이다. 0번째 요소부터 시작하여 두 문자열 간에 동일한 색인에 있는 문자끼리 비교를 해나가는데 문

자의 크기가 동일하지 않을 때까지 비교를 한다. 그리고 문자의 크기가 동일하지 않은 위치에서의 문자의 비교 결과가 문자열의 크기의 비교 결과가 된다.

```
>>> 'dict' < 'dictionary'      #'dict'까지는 동일하다. 다음 비교는 ''와 'i'의 비교다.
True
>>> '' < 'i'
True
```

문자열 포맷팅

이번에 살펴볼 포맷 문자열은 지금까지 생성한 문자열에 상황에 따라 내용을 유동적으로 바꿀 수 있는 서식을 포함하는 문자열이다. 말은 어려워 보이지만 예제를 먼저 보면 이해하기가 수월할 것이다.

```
>>> x=100
>>> "x is %s" % x           #"x is %s"는 포맷 문자열
'x is 100'
>>> x='python'
>>> "x is %s" % x
'x is python'

>>> x=3.14
>>> "x is %s" % x
'x is 3.14'
```

포맷 문자열은 서식이 포함된 문자열이고 %를 이용해서 서식 지정자에 대응되는 외부의 객체를 지정할 수 있다.

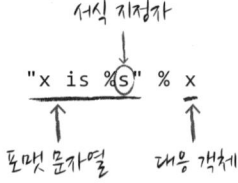

%s는 그냥 문자열 자체일 수도 있지만 위 그림과 같은 형식이라면 대응 객체로 대체되는 서식 문자가 된다. 이 때 서식 지정자는 대응되는 객체의 타입에 맞게 사용되어야 한다(여기에서 서식 지정자 s는 대응 객체가 문자열이어야 한다는 뜻이다).

다음과 같이 여러 개의 객체를 서식 문자에 전달할 수도 있다.

```
>>> '%d + %d = %d' % (3, 7, 10)      #가로 안에 여러 개의 객체를 묶어서 전달할 수 있다.
'3 + 7 = 10'
```

문자열 포맷팅을 사용하면 이렇게 상황에 따라서 변화되는 내용을 표현할 수 있게 해준다. 이번에는 포맷 문자열을 사용하여 현재 시간을 알려주는 문자열을 반환하는 코드를 작성해보겠다.

예제 5-2 포맷 문자열을 사용한 현재 시간의 출력

```
#gop/ch05/format_time.py
import time              #time은 localtime 함수를 사용하기 위해 불러들인 모듈 이름이다.
now = time.localtime()   #localtime 함수는 현재 시간에 대한 정보를 가진 객체를 반환한다.
print("현재 시각은 %d 년 %d월 %d일 %d시 %d분 %d초 입니다." %
       (now.tm_year,
        now.tm_mon,
        now.tm_mday,
        now.tm_hour,
        now.tm_min,
        now.tm_sec))
```

아직은 `import`나 모듈에 관해서 잘 몰라도 된다(간단히 시간에 관한 함수를 쓸 수 있게 해주는 코드라고 생각하자). `now`는 현재 시간에 대한 정보를 가진 객체다. 이 객체가 가진 속성은 현재의 년도(`tm_year`)나 현재의 시(`tm_hour`), 분(`tm_min`), 초(`tm_sec`) 등이 있다. 어쨌든 이런 속성들은 모두 `int` 타입으로 나타내지고 문자열 포맷팅을 이용하여 서식 문자에 적당한 객체를 대응시켜 현재 시간을 나타내는 문자열을 만들 수 있다.

```
c:\gop\ch05>python format_time.py
현재시각은 2016 년 11월 10일 15시 7분 40초 입니다.

c:\gop\ch05>python format_time.py
현재시각은 2016 년 11월 10일 15시 7분 46초 입니다.
```

이 예제로 말하고 싶은 핵심은 같은 코드를 수행해도 상황(여기서는 시간의 흐름)에 따라서 출력 문자가 바뀐다는 것이다. 이렇게 상황에 따라 변하는 문자열을 만드는 것이 문자열 포맷팅을 사용하는 이유이기도 하다.

다음은 포맷 문자열에서 사용할 수 있는 서식 지정자를 정리해둔 표이다.

표 5-2 서식 지정자의 종류

서식 지정자	설명	예
d, i	정수	'x is %d' % 777 결과) 'x is 777'
o	8진수	'x is %o' % 777 결과) 'x is 1411'
x	16진수(소문자)	'x is %x' % 111 결과) 'x is 6f'
X	16진수(대문자)	'x is %X' % 111 결과) 'x is 6F'
e	부동소수점(소문자)	'x is %e' % 111 결과) 'x is 1.110000e+02'
E	부동소수점(대문자)	'x is %E' % 111 결과) 'x is 1.110000E+02'
f, F	부동소수점	'x is %f' % 111 결과) 'x is 111.000000'
g, G	지수가 -4 이하면 e, 아니면 f	'x is %g' % 0.00001 결과) 'x is 1e-05' 'x is %g' % 0.0001 결과) 'x is 0.0001'
c	1개의 문자를 가진 문자열	'x is %c' % 'z' 결과) 'x is z'
r	repr() 함수를 사용한 것과 동일	'%r' % '3-2' 결과) "'3-2'"
s	str()을 사용한 것과 동일.	'%s' % '3-2' 결과) '3-2'
a	ascii() 함수를 사용한 것과 동일	'%a' % '3-2' 결과) "'3-2'"
%	'%' 출력	'x is %%' 결과) 'x is %%'

위 표를 보면 대응될 객체의 타입에 따라서 서식 지정자가 다르다는 것을 알 수 있다. 만약 대응되는 객체의 타입이 서식 지정자와 맞지 않는다면 TypeError 에러가 발생한다.

```
>>> 'x is %d' % 'Hello'              #서식 지정자 d와 대응 객체 str 타입
Traceback (most recent call last):    #에러 발생!
  File "<pyshell#21>", line 1, in <module>
    'x is %d' % 'Hello'
TypeError: %d format: a number is required, not str
```

여기서 서식 지정자 r, s, a는 대응되는 객체의 타입을 모두 문자열로 변환한다. 위 표의 설명을 보면 이 서식 지정자들은 세 함수 repr, str, ascii를 사용하는 것과 동일하다고 설명되어 있다. 그렇다면 이 세 함수가 어떤 것인지를 알면 세 개의 서식 지정자에 대해서도 이해될 것이다.

이 세 함수는 비슷하지만 나름대로의 특징을 지니고 있고 쓰임새도 차이가 있다. 여기서 모든 것을 설명할 수는 없으므로 간단히 어떤 차이점이 있는지 정도만 설명하고 넘어가겠다.

이 세 함수의 특징을 파악하기 전에 내장 함수인 `eval` 함수에 대해서 잠시 설명하겠다. 이 내용은 약간은 이 장의 주제에 벗어난 내용이므로 가볍게 읽어보도록 하자. 먼저 다음 코드를 보자.

```
>>> a=33;b=77
>>> eval('a+b')              #'a+b'는 표현식 문자열
110
```

`'a+b'`는 문자열이지만 위 코드의 a+b라는 표현만 놓고 보면 연산을 하는 표현식이다. `eval` 함수는 표현식을 가진 문자열을 평가하여 그 결과를 반환해주는 함수다. 다음 코드와 같이 어떤 표현식 문자열을 변수에 저장하고 있다가 사용하고 싶을 때 다음처럼 `eval` 함수를 사용할 수도 있다.

```
>>> a=33;b=77
>>> temp = 'a+b'
>>> eval(temp)
110
>>> a=1;b=2              #a와 b의 값이 새로 바뀜
>>> eval(temp)
3                        #바뀐 a, b에 맞게 연산됨
```

왜 이런 표현식 문자열을 사용할까? 쉬운 예로 아래 코드처럼 표현식의 결과를 `temp`에 저장하는 경우를 생각해보자. `temp`는 a+b의 결괏값 3이 저장되기 때문에 객체 a와 b는 `temp`와 아무런 관련이 없는 상태다. 따라서 a와 b의 값이 바뀌어도 `temp`의 값은 변할 리가 없다.

```
>>> temp=a+b
>>> temp
3
>>> a=11;b=22
>>> temp
3
```

반면에 이전 코드처럼 eval() 함수와 표현식 문자열을 변수에 저장하여 사용하면 자주 사용되는 아주 복잡한 표현식의 경우라도 언제나 간편하게 사용할 수 있고 변수의 상태 변화도 바로 반영하여 연산을 할 수 있다.

이젠 repr(), str(), ascii() 함수가 반환하는 값들에 대해서 알아볼 차례다. 우선 다음 코드를 보자.

```
>>> α=1;β=2
>>> repr('α+β')
"'α+β'"
>>> str('α+β')
'α+β'
>>> ascii('α+β')
"'\\u03b1+\\u03b2'"
```

세 함수들은 공통적으로 문자열을 반환하지만 위 코드와 같이 반환되는 값의 형태가 모두 다르다. 먼저 repr과 str을 비교해 보면 repr은 문자열을 생성하는 따옴표가 2중으로 표현되었다. 반면에 str 함수의 결과는 원래의 문자열 그대로다. repr 함수는 문자열을 생성하되 인수로 받은 객체의 생성표현 그대로를 문자열로 만든다. 즉 repr 함수에 문자열을 인수로 전달한 경우 문자열의 생성 표현인 'α+β'를 문자열로 만들어서 "'α+β'"가 반환되는 것이다.

정수의 경우를 예로 들면 다음과 같다.

```
>>> repr(3)
'3'
>>> str(3)
'3'
```

이렇게 두 함수의 결과가 동일하다. 3이라는 것 자체가 정수의 생성 표현이기 때문이다.

ascii 함수는 repr 함수와 동일하게 동작하지만 α나 β 같은 유니코드 문자의 경우는 이스케이프 시퀀스로 변환하여 표현해준다. 유니코드를 지원하지 않는 환경에서 유니코드가 포함된 문자열을 사용할 때 유용하게 사용할 수 있을 것이다.

```
>>> ascii('a')
"'a'"                    #기본적으로 repr과 동일하게 동작
>>> ascii(3)
'3'
>>> ascii('β')
"'\\u03b2'"              #유니코드 문자는 이스케이프 시퀀스(escape sequence)로 표현해줌
```

그렇다면 eval 함수로 각 함수들의 결과를 넘겨보겠다.

```
>>> α=1;β=2
>>> eval(repr('α+β'))
'α+β'
>>> eval(str('α+β'))
3
>>> eval(ascii('α+β'))
'α+β'
```

'α+β'와 3은 분명 표현은 다르지만 의미는 동일하다고 볼 수 있다. 따라서 이런 함수들은 동일한 값의 다른 표현을 위한 함수들로 볼 수 있다. 아무튼 보통 사람이 이해하기 쉬운 결과를 반환하는 것이 str 함수라고 생각하면 된다.

마지막으로 다음은 세 서식 지정자(r, s, a)의 동작에 대한 코드다.

```
>>> "%r %s %a" % ('α+β', 'α+β', 'α+β')
"'α+β' α+β '\\u03b1+\\u03b2'"
```

문자열의 메소드

어떤 프로그래밍 언어를 배우든 문자열을 조작하는 것은 생각보다 복잡한 일이다. 왜 그런지 아직까지는 납득이 안 가겠지만 파이썬의 문자열의 메소드가 다른 타입들의 메소드들보다 많다는 사실만 봐도 짐작할 수 있을 것이다. 이 사실은 파이썬으로 문자열을 다룰 때에는 다양한 메소드들을 사용해서 쉽게 문자열을 조작하게 해준다는 의미도 된다. 여기에서는 몇 가지 자주 사용되는 문자열 메소드에 대해서 설명하겠다. 더 많은 정보는 파이썬 공식문서에서 4.7.1. String Methods를 참고하자.[1]

---

[1] 함수의 형태에서 [,x]와 같은 표시는 ,x를 생략할 수 있다는 의미다.

capitalize() - 문자열의 첫 문자를 대문자로 만든다.

```
>>> 'korea'.capitalize()
'Korea'
```

casefold() - 문자열을 소문자로 만들거나 문자열을 비교를 위한 형태로 만든다.

```
>>> 'AbCdEfG'.casefold()        #소문자로 모두 만드는 기능
'abcdefg'
>>>
>>> 'ß'.casefold()
'ss'
```

독일어의 문자 'ß'는 'ss'와 동일하게 쓰인다. 그런데, 다음 코드를 보면 같지 않다는 결과가 나온다.

```
>>> 'ß'=='ss'
False
```

이 때 동일한 의미의 문자인지를 정확히 비교하기 위해서 casefold() 메소드를 사용한다.

```
>>> 'ß'.casefold()=='ss'.casefold()
True
```

동일한 의미의 문자열인지 비교할 때 알파벳의 경우는 문자열을 모두 소문자로 만들어 비교하는 것과 같이 알파벳뿐만 아니라 다른 언어에서 동일한 의미의 문자열인지를 비교할 때 casefold() 메소드를 사용하여 비교할 수 있다.

center(width[, fillchar]) - 문자열을 형식에 맞게 중앙 정렬한다.

```
>>> s='python'
>>> s.center(20,'*')            #width는 20, fillchar는 '*'
'*******python*******'          #새로 생성된 문자열
```

새로 생성되는 문자열의 총 길이는 width가 된다. fillchar는 새로 생성되는 문자열에 중앙정렬된 문자열을 제외한 나머지 공간에 채울 문자를 지정한다.

count(sub[, start[, end]]) - 함수로 전달된 문자열 sub와 동일한 부분 문자의 개수를 반환한다.

```
>>> s="""Beautiful is better than ugly.
Explicit is better than implicit.
Simple is better than complex.
Complex is better than complicated.
Flat is better than nested.
Sparse is better than dense."""
>>> s.count('better')              #s의 전체 범위
6                                  #'better'가 s에 6번 나타난다.
```

start와 end를 통해 범위를 지정할 수도 있다.

```
>>> s.count('better',31,65)        # 'Explicit is better than implicit.'
1
>>> s.count('better',31)           #인덱스 31번째부터 끝까지
5
>>> s.count('better',0,64)         #인덱스 처음부터 64번째까지
2
```

endswith(suffix[, start[, end]]) - 문자열이 suffix로 끝나면 True를 반환한다.

```
>>> 'python'.endswith('on')
True
>>> 'python'.endswith('hon')
True
```

이 때 문자열의 범위를 정할 수 있는데 앞에서 설명한 것처럼 start <= 범위 < end라는 것을 기억하자.

```
>>> 'python'.endswith('tho', 0, 5)     #범위의 문자열은 'pytho'
True
>>> 'python'[0]
'p'
>>> 'python'[5]
'n'
```

format(*arg, **kwargs)

앞서 문자열 포맷팅에 대한 문법을 공부한 바 있다. 그런데 문자열의 `format` 메소드를 사용하여 문자열 포맷팅을 할 수 있다. 우선 간단한 예를 살펴보자.

```
>>> "{} {} {}".format("pytohn", 77, 3.14)
'pytohn 77 3.14'
```

앞서 공부한 문자열 포맷팅 방법은 포맷 문자열, 서식 지정자, % 사용 등 뭔가 좀 복잡한 느낌이 있었다. 그리고 서식과 대응되는 데이터 타입이 맞지 않으면 `TypeError`가 발생한다.

하지만 `format` 메소드를 사용하면 대응되는 데이터 타입에 상관없이 {}를 사용하여 데이터를 대응시킬 수 있다. 다시 말해 서식을 신경 쓸 필요가 없다.

추가적인 사용 형식을 소개하겠다.

{n} 형식(n은 숫자)으로 사용할 수 있다. n은 함수에 전달되는 인수의 위치를 나타낸다.

```
>>> "{1} {2} {0}".format("pytohn", 77, 3.14)
'77 3.14 pytohn'
>>> "{0} {0} {0}".format("pytohn", 77, 3.14)
'pytohn pytohn pytohn'
>>> "{0} {1} {0}".format("pytohn", 77, 3.14)
'pytohn 77 pytohn'
```

인수의 위치는 0부터 시작된다. 전달된 세개의 인수의 위치는 각각 0, 1, 2가 된다. 그리고 {0}은 첫째 인수에 대응되고 {n}은 n번째 인수에 대응된다.

인수가 무엇인지 직감적으로도 와닿지 않는다면 9장을 공부한 후 나중에 다시 공부하도록 하자.

다음과 같이 위치 대신 키워드 인수를 사용할 수도 있다.

```
>>> "{year}월 {day}일 {hour}시".format(year = now.tm_year, day = now.tm_mday, hour = now.tm_hour)
'2016월 29일 9시'
```

이 때는 인수의 위치 대신 키워드를 {키워드}의 형태로 사용한다.

좀 더 세부적인 내용은 파이썬 공식문서를 참고하자.

index(sub[, start[, end]])

문자열을 왼쪽부터 검색하여 부분문자열 sub가 최초로 나타나는 위치를 반환한다.

```
>>> "fine thank you, and you?".index('you')    #'you'가 최초로 검색되는 색인을 반환
11
```

join(iterable)

join 메소드는 매우 유용한 메소드다. 자주 사용하므로 꼭 기억해 두자. 이 메소드는 문자열뿐만 아니라 모든 시퀀스 타입의 객체를 인수로 받아서 조작한다. 사용법이 좀 생소할 수 있는데 예제를 먼저 제시하고 설명하도록 하겠다.

```
>>> '/'.join("python")
'p/y/t/h/o/n'
```

설명하자면 인수로 전달된 시퀀스 객체의 각 항목 사이에 '/'를 삽입한다. 다음은 추가적인 예제다.

```
>>> '-'.join("python")
'p-y-t-h-o-n'
>>> ' '.join("python")
'p y t h o n'
>>> '/'.join(['dog', 'tiger', 'lion', 'monkey'])   #리스트 타입을 인수로 받는 경우
'dog/tiger/lion/monkey'
```

strip([chrs]), lstrip([chars]), rstrip([char])

이번에는 세 개의 메소드를 같이 소개하려고 한다. strip 메소드만 이해한다면 lstrip, rstrip도 바로 이해할 수 있다.

strip은 벗긴다는 의미로 문자열의 양쪽 끝(문자열을 감싸는 양쪽 끝부분의 문자)이 공백이거나 줄바꿈을 의미하는 확장문자열 '\n'이 있다면 제거해준다. 다음은 사용 예다.

```
>>> ' python\n '.strip()
'python'
```

이 메소드가 어떤 쓸모가 있을까 의문이 들 수 있겠다. 간단한 예로 텍스트 파일에서 문자열들을 줄단위로 읽어올 경우 줄바꿈 문자는 항상 나타난다. 단순히 엔터키만 눌러도 줄바꿈 문자는 포함되는 것이다. 공백문자의 경우는 의도하지 않게 나타날 수도 있다. 따라서 이런 경우 순수한 문자만 얻고 싶다면 strip 메소드를 사용한다.

strip 메소드가 문자열의 양 끝단에 대해 위 작업을 수행한다면 lstrip와 rstrip 메소드는 각각 문자열의 왼쪽과 오른쪽에 대해서만 위 작업을 수행한다.

split(sep=None, maxsplit = 1)

이 메소드도 join 함수와 더불어 많이 쓰이는 메소드 중에 하나다. 이 두 메소드의 단어의 의미가 서로 반대이기 때문에 어떻게 동작하는지도 어렴풋이 짐작될 것이다. 역시 예제를 먼저 제시하겠다.

```
>>> "p/y/t/h/o/n".split('/')
['p', 'y', 't', 'h', 'o', 'n']        #반환값은 리스트 타입이다.
```

반환값이 리스트 타입인 것만 빼면 직관적으로 이해될 것이다. join과 반대로 동작하기 때문이다. 다음은 join 메소드를 사용하여 앞의 결과를 역으로 돌려 놓는 코드다.

```
>>> '/'.join(['p', 'y', 't', 'h', 'o', 'n'])
'p/y/t/h/o/n'
```

리스트

리스트list는 파이썬에서 가장 많이 사용될 것으로 예상되는 타입으로 문자열과 같이 시퀀스 타입에 속한다. 시퀀스 타입의 공통적인 특징은 순서 있게 객체를 내포한다는 것이다. 따라서 리스트도 이런 특징을 기본적으로 가지고 있을 것이다. 이제부터 시퀀스 타입의 특징을 토대로 리스트의 특징을 살펴보겠다.

리스트의 생성과 기본 연산

리스트는 다음과 같이 생성할 수 있다.

```
>>> mylist = ['p','y','t','h','o','n']      #6개의 순서 있는 문자 객체를 가진 리스트 생성
```

설명하자면 [ ] 안에 저장하고자 하는 객체들을 콤마(,)로 구분하여 나열하면 된다. 이 때 나열된 순서대로 0번부터 색인을 갖는 요소가 된다.

```
>>> mylist[0]
'p'
>>> mylist[1]
'y'
>>> mylist[2]
't'
```

리스트를 사용하다 보면 문자열 타입과 비슷한 점을 많이 발견하게 될 것이다. 앞의 코드처럼 색인 연산의 경우도 그렇고 문자열에서 사용된 연산들이 같은 형태로 리스트에도 사용된다. 이는 시퀀스 타입이 갖는 공통된 특징이라고 볼 수 있다. 다음은 문자열 'python'을 리스트로 표현하여 문자열에서 적용되었던 연산들이 리스트에서도 동일하게 적용되는지 실험해본 것이다.

```
>>> mystr="python"
>>> mystr[1]                    #(문자열) 색인 연산
'y'
>>> mylist = ['p','y','t','h','o','n']
>>> mylist[1]                   #(리스트)
'y'

>>> mystr+mystr                 #(문자열)+연산
'pythonpython'
>>> mylist+mylist               #(리스트)
['p', 'y', 't', 'h', 'o', 'n', 'p', 'y', 't', 'h', 'o', 'n']

>>> mystr*2                     #(문자열)*연산
'pythonpython'
>>> mylist*2                    #(리스트)
['p', 'y', 't', 'h', 'o', 'n', 'p', 'y', 't', 'h', 'o', 'n']

>>> mystr[0:3]                  #(문자열) 분할 연산(slicing)
'pyt'
>>> mylist[0:3]                 #(리스트)
['p', 'y', 't']

>>> mystr[0::2]                 #(문자열) 확장 분할 연산
'pto'
>>> mylist[0::2]                #(리스트)
['p', 't', 'o']

>>> mystr[-1::-1]               #(문자열) 문자 객체의 순서를 역순으로
'nohtyp'
>>> mylist[-1::-1]              #(리스트)
['n', 'o', 'h', 't', 'y', 'p']
```

표현 방식만 다를 뿐이지 리스트도 문자열처럼 문자들을 순서 있게 내포할 수 있고 연산을 통해 동일한 데이터를 얻을 수도 있다. 시퀀스 타입의 특징을 생각해보면 충분히 이해할 수 있으리라 생각된다.

참고로 숫자 타입 간에 변환을 하는 것처럼 리스트와 문자열 간에도 변환이 가능하다.

```
>>> list('python')
['p', 'y', 't', 'h', 'o', 'n']
>>> ''.join(['p', 'y', 't', 'h', 'o', 'n'])
'python'
```

리스트에서 문자열로 변환할 때는 join 함수를 쓴 것에 주의하자(단 리스트의 모든 항목이 (문자)문자열이어야 한다). 그리고 문자열 타입 이름(str)을 사용하여 타입 변경을 할 경우에는 어떤 결과가 나오는지 직접 실습해보자.

리스트의 특징

그렇다면 리스트만의 특징은 어떤 것들이 있을까? 지금까지 우리가 배운 시퀀스 타입은 문자열뿐이므로 여기서는 문자열과 비교하여 설명해보겠다.

문자열은 문자들의 시퀀스라는 점에서 항목이 되는 객체의 타입들이 문자로만 한정되어 있다. 따라서 다음 코드처럼 숫자 표현도 문자열 안에서는 문자가 된다.

```
>>> mystr ="python3.5"

>>> mystr[6]
'3'                   #문자
>>> type(mystr[6])
<class 'str'>         #문자열 타입

>>> mystr[7]
'.'                   #문자
>>> mystr[8]
'5'                   #문자
```

한마디로 3.5라는 표현이 실수로 인식되지 않고 '3', '.', '5'의 문자로 각각 인식되는 것이다.

이 때도 리스트로 동일한 표현을 할 수 있다.

```
>>> mylist=['p', 'y' ,'t' ,'h', 'o', 'n', '3', '.', '5']
```

그런데 리스트는 좀 더 표현을 다양하게 할 수 있다. 우선 다음 코드를 살펴보자.

```
>>> mylist=['p', 'y' ,'t' ,'h', 'o', 'n', 3.5]        #3.5를 실수 객체로 표현
>>> mylist[6]
3.5
>>> type(mylist[6])
<class 'float'>

>>> mylist=['p', 'y' ,'t' ,'h', 'o', 'n', 3, '.', 5]  #3과 5를 정수 객체로 표현
>>> mylist[6]
3
>>> mylist[7]
'.'
>>> mylist[8]
5

>>> mylist=['python', 3, '.', 5]                      #문자열과 정수와 문자를 내포
>>> mylist[0]
'python'
>>> mylist[1]
3
>>> mylist[2]
'.'
>>> mylist[3]
5
```

이렇게 파이썬의 리스트는 문자열과 달리 내포되는 객체들의 타입에 대한 제약이 없다. 즉 객체라면 어떤 타입이라도 리스트에 포함될 수 있다.

```
>>> mylist = [['h', 'e', 'l', 'l', 'o'], 'python', 3.5 ]   #리스트에 포함된
                                                           #리스트
```

따라서 앞의 코드처럼 리스트 안에 리스트도 포함이 될 수도 있다. `mylist`는 2개의 시퀀스 객체를 내포하고 있고 이렇게 내포된 시퀀스 객체에 대한 색인 연산도 할 수 있다.

```
>>> mylist = [['h', 'e', 'l', 'l', 'o'], 'python', 3.5 ]
>>> mylist[0][0]              #(mylist[0])[0]
'h'
>>> mylist[1][0]
'p'
```

mylist[0]은 ['h', 'e', 'l', 'l', 'o'] 객체를 가리키고 다시 이 객체 (mylist[0])의 0번째 색인이 가리키는 객체는 'h'가 된다. 이런 방법으로 다음과 같이 여러 번 중첩된 시퀀스 객체에 대한 색인 연산을 할 수 있다.

```
>>> mylang = [['hello', 'python'],['good-bye', 'C']]
>>> mylang[1][0][0:4]
'good'
```

리스트 항목의 수정

시퀀스 타입을 생성한 후 내용을 변경하고 싶다면 어떻게 하면 될까? 이 물음에 대해 생각하기 전에 문자열 "pythom"에서 마지막 요소 'm'을 'n'으로 고쳐보자. 각각의 문자도 객체이므로 색인 연산과 대입 연산을 사용하면 될까?

```
>>> mystr='pythom'
>>> mystr[-1]='n'
Traceback (most recent call last):
  File "<pyshell#5>", line 1, in <module>
    mystr[-1]='n'
TypeError: 'str' object does not support item assignment
```

아쉽게도 문자열 타입에 대해서는 이런 연산이 허용되지 않는다는 에러가 발생한다. 그렇다면 리스트의 경우는 어떨까?

```
>>> mylist=['p','y','t','h','o','m']
>>> mylist[-1]='n'
>>> print(mylist)
['p', 'y', 't', 'h', 'o', 'n']
```

리스트는 수정이 됨을 확인할 수 있다. 한번 생성된 문자열을 왜 수정할 수 없는지에 대한 것은 언어 설계상의 문제이므로 굳이 그 메커니즘을 파헤칠 필요는 없지만 이런 특징으로 인해 객체를 가변 객체와 불변 객체로 분류할 수 있다. 즉 문자열 같이 수정하거나 객체를 추가할 수 없는 객체를 불변^{immutable}이라고 하고 반대로 리스트처럼 수정 또는 추가, 삭제가 가능한 객체를 가변^{mutable}이라고 한다.

문자열 같은 불변 객체immutable object의 경우 문자열을 수정하기 위해서는 결국은 새로운 문자열을 생성해야 한다. 예를 들어 다음 코드처럼 capitalize 메소드를 호출하면 문자열의 첫 번째 문자를 대문자로 바꾸어주는데, 원래의 문자열은 그대로 두고 첫 번째 문자가 대문자인 새 문자열을 생성하여 반환한다. 이는 원래의 문자열을 수정할 수 없기 때문에 그런 것이다. 다음과 같이 id를 비교해서 확인해보자.

```
>>> mystr='python'
>>> id(mystr)
2776192
>>> mystr.capitalize()
'Python'
>>> id(mystr.capitalize())
47930048                    #수정된 문자열은 새로 생성된 문자열이다.
>>> print(mystr)
python                      #원래의 문자열은 변하지 않았다.
```

이번에는 위 코드와 똑같은 형태로 리스트의 내용을 수정해보겠다.

```
>>> mylist = ['p','y','t','h','o','n']
>>> mylist
['p', 'y', 't', 'h', 'o', 'n']
>>> id(mylist)
47949224                    #수정되기 전 리스트의 id

>>> mylist[0]='P'
>>> mylist
['P', 'y', 't', 'h', 'o', 'n']
>>> id(mylist)
47949224                    #수정된 후 리스트의 id
```

수정 전후의 리스트의 id는 동일하다. 리스트가 수정이 가능한 mutable object라서 가능한 것이다.

이번에는 분할 연산을 이용하여 리스트를 수정해보자.

```
>>> mylist=[1,2,3,4,5,6,7,8,9,10]
>>> mylist[0:4]=[100,1000]              #분할 구역 0에서 3까지의 항목이 100,
1000으로 대체된다.
>>> print(mylist)
[100, 1000, 5, 6, 7, 8, 9, 10]

>>> mylist=[0,1]
>>> mylist[0:4]="Hi! Python"            #시퀀스 타입(iterable)의 객체가 할당될 때
>>> print(mylist)
['H', 'i', '!', ' ', 'P', 'y', 't', 'h', 'o', 'n']     #각 객체(문자)가 리스
트의 각 항목이 된다.
```

분할 연산을 통해 값이 할당될 때는 대상 리스트의 분할 구역에 해당하는 값들이 새로운 값들로 대체되므로 대상의 분할 영역에 해당하는 값들이 그대로 없어진다. 위 예처럼 분할되는 영역이 초과되거나 모자라도 범위에 해당되는 값들만 삭제된다.

반면에 확장분할 연산을 이용하여 객체를 대입할 때는 확장분할 연산의 결과가 되는 객체의 수와 대입되는 객체의 수와 일치해야 한다는 제약이 있다는 점에 주의해야 한다. 다음 코드를 보고 어떤 방식으로 값이 할당되는지 살펴보자.

```
>>> mylist=[0,1,2,3,4,5,6,7,8,9,10]
>>> mylist[0::2]
[0, 2, 4, 6, 8, 10]                     #mylist[0::2]는 6개의 항목을 갖는 리스트다.

>>> mylist[0::2]="Hi! Python"           #10개의 항목을 갖는 문자열의 대입
Traceback (most recent call last):
  File "<pyshell#87>", line 1, in <module>
    mylist[0::2]="Hi! Python"
ValueError: attempt to assign sequence of size 10 to extended slice of size 6

>>> mylist[0::2]="Hi!"                  #3개의 항목을 갖는 문자열의 대입
Traceback (most recent call last):
  File "<pyshell#88>", line 1, in <module>
    mylist[0::2]="Hi!"
ValueError: attempt to assign sequence of size 3 to extended slice of size 6

>>> mylist[0::2]="python"               #6개의 항목을 갖는 문자열의 대입
>>> print(mylist)
['p', 1, 'y', 3, 't', 5, 'h', 7, 'o', 9, 'n']
```

리스트 항목의 추가

이번에는 리스트에 항목을 추가하는 방법을 알아보도록 하겠다. 항목을 추가하는 방법으로는 앞서 살펴본 기본 연산을 사용하는 방법이 있다.

```
>>> mylist=[1,2,3,4,5]
>>> mylist+[100]
[1, 2, 3, 4, 5, 100]
>>> mylist
[1, 2, 3, 4, 5]
```

그런데 위 코드에서 보다시피 + 연산의 결과 `mylist` 변수에 추가로 더해지는 것이 아니다. 설명하자면 + 연산의 결과가 제 3의 객체를 만들기 때문에 `mylist`는 변하지 않는 것이다.

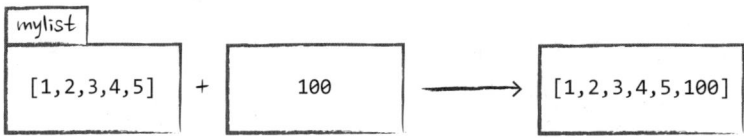

따라서 `mylist`라는 리스트의 값이 시시각각 변하고 코드의 여러 곳에서 `mylist`의 변화된 값을 실시간으로 필요로 한다면 위와 같이 + 연산을 사용하면 안 될 것이다. 변수 `mylist`가 참조하는 리스트 자체를 변화시켜야 할 것이다. 앞에서 살펴본 색인 연산을 통한 할당 연산으로 `mylist` 자체를 수정할 수 있는 것처럼 말이다(이런 동작들은 리스트가 `mutable` 객체라서 가능한 일이다).

`mylist` 리스트에 객체를 추가를 하기 위해서는 리스트의 `append` 메소드를 사용하면 된다. 다음 예와 같이 `append(object)` 메소드는 인수로 전달되는 객체^{object}를 리스트의 제일 마지막 위치에 추가하는 기능을 가진 메소드다.

```
>>> mylist=[1,2,3,4,5]
>>> mylist.append(100)
>>> print(mylist)
[1, 2, 3, 4, 5, 100]          #mylist가 참조하는 리스트에 100이 추가되었다.
```

+ 연산의 결과와 동일한 리스트 [1,2,3,4,5,100]을 얻었지만 다음 그림처럼 의미하는 바는 분명 다르다.

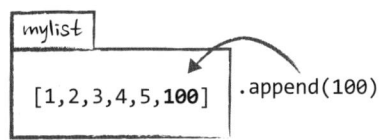

이번에는 append(object) 메소드와 이와 비슷한 extend(iterable) 메소드를 비교해보자. 두 메소드 모두 객체를 추가해주는 데 차이점이 있다. append 메소드와 달리 extend(iterable) 메소드는 iterable object(반복 가능한 객체)를 인수로 가진다. 모든 시퀀스 객체는 iterable에 포함되는데 여기서는 iterable을 시퀀스 객체라고 생각해 두자.[2]

우선 extend(iterable) 메소드가 어떻게 동작하는지 살펴보자.

```
>>> mylist=[1,2,3,4,5]
>>> mylist.extend([100,101,102])
>>> print(mylist)
[1, 2, 3, 4, 5, 100, 101, 102]
```

위 코드를 보고 append(object) 메소드와 별 차이를 느끼지 못했을 것이다. 차이점을 알려면 append 메소드의 동작을 정확히 이해해야 한다. 다음 코드는 append(obejct) 메소드에 iterable 객체를 전달한 것이다.

```
>>> mylist=[1,2,3,4,5]
>>> mylist.append([100,101,102])
>>> print(mylist)
[1, 2, 3, 4, 5, [100, 101, 102]]
```

---

2 iterable에 대해서 이해하기 위해서는 몇몇 선행되는 지식이 필요하다. 따라서 여기서 모든 것을 다룰 수는 없지만 그냥 시퀀스 객체라고 생각해도 큰 무리는 없다. 좀 더 자세한 내용을 알고 싶다면 파이썬 문서를 참고하길 바란다.

앞의 코드처럼 append(object) 메소드는 전달된 객체(iterable 객체라 할지라도)를 그대로 추가시키지만 extend(iterable) 메소드는 전달된 iterable 객체의 항목들을 하나씩 빼내서 추가한다. iterable 객체는 이렇게 자신의 항목들을 하나씩 전달할 수 있는 기능을 가진 객체다. 이장의 주제인 시퀀스 타입 객체들 역시 모두 반복 가능한 객체다(여기서 반복의 뜻을 하나씩 순서대로 꺼내 보는 것으로 생각하면 이해하기 쉽다).

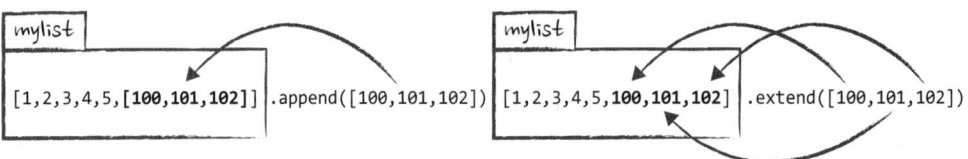

extend(iterable) 대신 복합 할당 연산자(+=)를 이용할 수도 있다.

```
>>> mylist=[1,2,3,4,5]
>>> mylist+=[100,101,102]
>>> print(mylist)
[1, 2, 3, 4, 5, 100, 101, 102]

>>> mylist+="python"
>>> print(mylist)
[1, 2, 3, 4, 5, 100, 101, 102, 'p', 'y', 't', 'h', 'o', 'n']

>>> mylist+=3                    #3은 iterable이 아니므로 에러 발생
Traceback (most recent call last):
  File "<pyshell#134>", line 1, in <module>
    mylist+=3
TypeError: 'int' object is not iterable
```

이 때 +=의 두 번째 피연산자는 반드시 iterable 객체여야 한다.

+= 연산의 경우 문자열에도 동일하게 적용되는데 동작 방식은 리스트와 차이가 있다. 다음은 이 차이점에 대해 잘 보여주는 코드다.

```
>>> mystr="hello"
>>> id(mystr)
47280928                         #+=연산 전 mystr이 참조하는 객체의 id
>>> mystr+=" python"
>>> print(mystr)
```

```
hello python
>>> id(mystr)
48025376                              #+=연산 후 mystr이 참조하는 객체의 id

>>> mylist=[1,2,3,4,5]
>>> id(mylist)
48083112                              #+=연산 전 mylist가 참조하는 객체의 id
>>> mylist+=[100,101,102]
>>> print(mylist)
[1, 2, 3, 4, 5, 100, 101, 102]
>>> id(mylist)
48083112                              #+=연산 후 mylist가 참조하는 객체의 id
```

연산 전후의 id 값을 비교해 보면 문자열과 리스트의 차이점을 알 수 있을 것이다.

이런 차이는 앞에서도 언급했듯이 mutable 객체와 immutable 객체의 특징으로 인해 발생하는 차이점이라고 볼 수 있다. 왜 동일한 연산에서 이런 차이점을 두었는지 너무 고심하지 말자. 이는 파이썬 언어의 설계상 특징이므로 우리는 이런 동작을 그대로 이해하고 이에 맞게 이용하기만 하면 된다.

지금까지 살펴본 리스트에 항목을 추가하는 방법들은 추가될 항목이 색인의 마지막에 추가된다는 제약이 있다. 이런 제약 없이 추가될 위치를 지정하고 싶다면 insert(index, object) 메소드를 사용하면 된다. 다음은 insert 메소드를 사용한 여러 가지 예를 보여준다.

```
>>> mylist=[1,2,3,4,5]
>>> mylist.insert(0, -77)             #index 0이 되도록 객체(-77) 추가
>>> print(mylist)
[-77, 1, 2, 3, 4, 5]

>>> mylist.insert(1, 0)               #index 1이 되도록 객체(0) 추가
>>> print(mylist)
[-77, 0, 1, 2, 3, 4, 5]

>>> mylist.insert(-1, 100)            #index가 현재 마지막 요소의 인덱스가 되도록
객체(100) 추가
>>> print(mylist)
[-77, 0, 1, 2, 3, 4, 100, 5]          #mylist[6]은 100을 가리킨다.

>>> mylist.insert(len(mylist), 1000)  #가장 마지막 index가 되도록 객체(1000)을 추가
>>> print(mylist)
[-77, 0, 1, 2, 3, 4, 100, 5, 1000]
```

insert(index, object) 함수에서 index는 리스트에 추가되는 객체[object]가 가지게 될 색인을 의미한다. 앞의 코드와 같이 리스트의 가장 처음 위치에 객체를 추가하고 싶다면 색인의 시작 값인 0을 index로 전달하면 된다. 그러면 리스트의 가장 마지막 위치에 객체를 추가하려면 어떻게 하면 될까? 색인의 끝을 나타내는 -1을 insert 함수의 첫 번째 인수로 전달하면 될까?

하지만 이렇게 하면 위 코드에서처럼 마지막 색인으로부터 두 번째 위치에 객체가 추가된다. 이렇게 되는 이유는 다음 설명과 같다. 색인의 시작은 0으로 항상 같지만 색인의 끝은 객체가 추가되면서 1이 증가하게 된다. 그래서 insert 메소드에 전달되는 -1은 객체가 추가되기 전의 마지막 항목의 색인을 의미하고 객체가 추가되는 위치는 끝에서 두 번째가 되는 것이다.

이렇게 위 코드에서는 -1이 전달됐지만 6이 전달될 때와 같은 결과를 나타낸다. 팁을 주자면 시퀀스가 가진 항목의 마지막 색인의 값은 시퀀스의 항목의 개수-1이므로 len 함수를 사용하여 현재 리스트의 항목의 개수를 index로 전달하면 append 메소드를 사용한 것과 동일한 결과를 얻을 수 있다(len 함수는 시퀀스 객체의 항목의 개수를 반환한다).

```
>>> mylist=[1,2,3,4,5]
>>> mylist.append([5,6,7])
>>> print(mylist)
[1, 2, 3, 4, 5, [5, 6, 7]]

>>> mylist=[1,2,3,4,5]
>>> mylist.insert(len(mylist),[5,6,7])    #append 메소드처럼 항목의 마지막에
                                          #객체를 추가
>>> print(mylist)
[1, 2, 3, 4, 5, [5, 6, 7]]
```

리스트 항목의 삭제

del은 파이썬에서 제공하는 키워드로 객체를 삭제할 때 사용한다. 리스트의 항목을 삭제할 때도 사용할 수 있다.

```
>>> mylist=['hi', 'python', 2.7]
>>> del mylist[2]                    #mylist의 두 번째 항목을 삭제
>>> print(mylist)
['hi', 'python']

>>> mylist=[1,2,3,4,5]
>>> del mylist[0:4]                  #분할된 구역을 삭제
>>> print(mylist)
[5]

>>> mylist=[1,2,3,4,5]
>>> del mylist[0::2]
>>> print(mylist)
[2, 4]
```

위 코드처럼 삭제도 색인 연산뿐 아니라 분할 연산과 확장 분할 연산에 대해서 사용할 수 있다.

항목의 위치를 모르는 경우 다음과 같이 remove 메소드로 항목을 삭제할 수 있다.

```
>>> mylist = [1,2,3,4,5]
>>> mylist.remove(3)
>>> print(mylist)
[1, 2, 4, 5]
```

단 동일한 값이 여러 개 있을 경우는 제일 앞쪽에 값만 삭제된다.

Pop 메소드도 항목을 삭제하는 데 사용하는 메소드지만 삭제와 동시에 항목의 값을 반환한다. 기본적으로 가장 마지막 항목을 삭제한다.

```
>>> mylist = [1,2,3,4,5]
>>> mylist.pop()
5
>>> mylist.pop()
4
>>> mylist.pop()
3
>>> mylist.pop(0)       #항목의 인덱스(index)를 인수로 전달하여 항목을 삭제할 수도 있다.
1
```

리스트의 참조

리스트 같은 mutable 객체에 대한 참조는 지금까지 살펴본 정수나 문자열 같은 immutable 객체와는 구별하여 생각하는 것이 좋다.

우선 mutable과 immutable의 두 종류의 객체에 대해 같은 참조를 갖는 두 변수를 생각해보자.

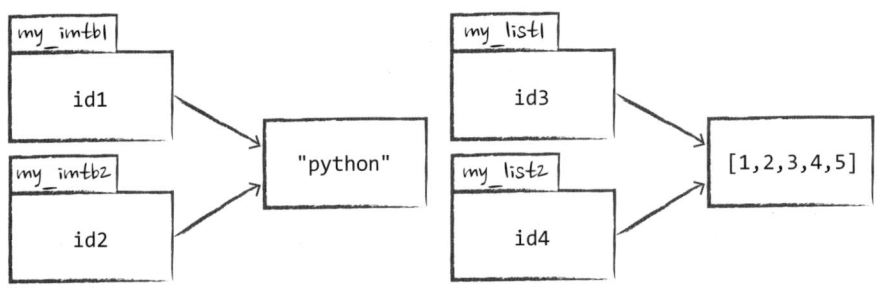

```
>>> my_imtb1="python"
>>> my_imtb2=my_imtb1
>>> id(my_imtb1);id(my_imtb2)
2120832
2120832                    #동일한 id를 지닌 두 변수 (id1과 id2는 같음)
>>> my_imtb1 is my_imtb2   #is연산으로 id값을 비교할 수도 있다.
True

>>> my_list1=[1,2,3,4,5]
>>> my_list2=my_list1
>>> id(my_list1);id(my_list2)
48424400
48424400                   #동일한 id를 지닌 두 변수 (id3과 id4는 같음)
>>> my_list1 is my_list2
True
```

각각의 동일한 객체를 참조하는 두 종류의 변수가 존재한다. 만약 이 상황에서 동일한 객체를 참조하는 두 변수 중 하나의 변수를 통해 객체의 값을 변경하려고 하면 어떤 일이 벌어질까?

알다시피 문자열은 immutable 객체이므로 내부 객체에 대한 수정, 추가, 삭제 연산이 불가능하다. 때문에 다음처럼 새로운 객체가 생성되게 된다. 앞서 언급한 capitalize 메소드 호출의 결과처럼 말이다.

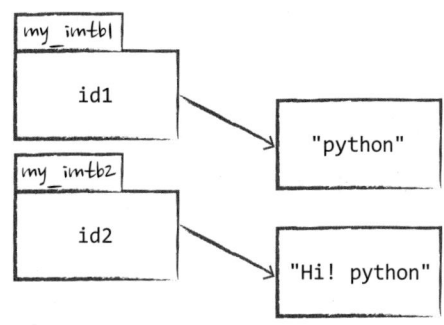

```
>>> my_imtb2="Hi! python"
>>> id(my_imtb1);id(my_imtb2)
2120832
48424744
>>> my_imtb1 is my_imtb2
False
```

이에 반해 리스트는 두 가지 선택지가 가능하다. 하나씩 설명해보겠다.

다음은 리스트를 참조하는 변수 **my_list2**를 통해서 리스트에 77을 추가하는 것이다.

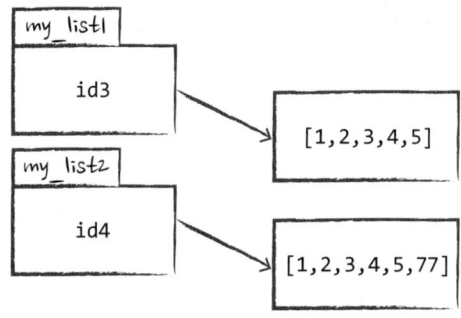

```
>>> my_list2 = my_list2+[77]        #my_list2에 항목 77 추가
>>> print(my_list1)
[1, 2, 3, 4, 5]
>>> print(my_list2)
[1, 2, 3, 4, 5, 77]

>>> id(my_list1);id(my_list2)       #두 변수는 더 이상 같은 리스트를 참조하지 않는다.
48424440
48394152
>>> my_list1 is my_list2
False
```

이 방법은 원래의 객체를 새로 생성하기 때문에 완전히 별개의 복사본이 생성된다. 하지만 새로운 복사본이 필요한 경우가 아니라면 `immutable` 객체도 아닌데 굳이 이런 방법으로 객체를 수정하여 메모리를 낭비할 필요는 없을 것이다.

그러면 이번엔 `mutable` 객체의 특성을 살려서 리스트를 수정하는 방법을 살펴보자.

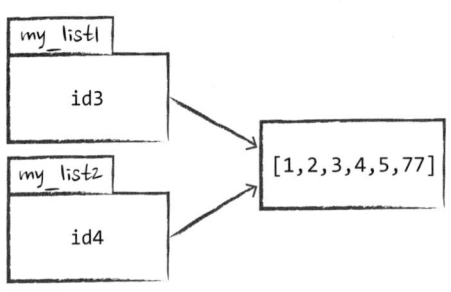

```
>>> my_list1 = [1,2,3,4,5]
>>> my_list2 = my_list1
>>> my_list2.append(77)
>>> print(my_list1)
[1, 2, 3, 4, 5, 77]
>>> print(my_list2)
[1, 2, 3, 4, 5, 77]
>>> my_list1 is my_list2
True                          #동일한 객체를 가리키는 두 변수

>>> id(my_list1)
47704224
>>> id(my_list2)
47704224
```

두 변수가 여전히 동일한 리스트를 참조하고 있음을 확인할 수 있다.

이번에는 `my_list1` 변수로 리스트의 마지막 항목을 수정해보자.

```
>>> my_list1[5]=100
>>> print(mylist2)
[1, 2, 3, 4, 5, 100]

>>> id(my_list1);id(my_list2)
47704224
47704224                      #여전히 동일한 객체를 가리키는 두 변수
```

이렇게 리스트는 mutable 객체이기 때문에 새로운 객체를 생성하지 않고 원래의 객체를 수정할 수 있다. 이런 방식으로 객체를 수정하는 것은 이 객체를 참조하는 모든 변수에게 영향을 미친다. 리스트뿐만 아니라 모든 데이터 타입들도 변경이 가능한 객체mutable인지 변경이 불가능한 객체immutable인지에 따라서 동작 방식이 차이가 있을 수 있다는 점을 기억하자.

리스트의 복사

리스트의 복사에 대한 한 가지 예시를 들어보겠다. 온도에 대한 정보를 가지고 있는 리스트가 있다고 가정하자. 이 리스트의 데이터를 사용하다가 특정 시점에서 이 리스트가 참조하는 객체를 저장(백업)해놓고 싶어졌다면 어떻게 하면 될까? 예를 들어 my_temper는 6시간마다 변하는 온도에 대한 데이터를 저장한 리스트라고 한다. 그리고 24시간 전까지에 대한 데이터까지만 가지고 있다.

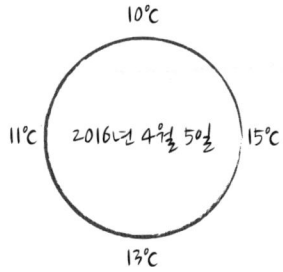

```
>>> print(my_temper)        #2016년 4월 5일 18시를 기준으로 한 온도 정보를 출력한다.
[11, 13, 15, 10]
```

my_temper가 참조하는 리스트는 4개의 항목을 가진다. 0번째 항목은 가장 최근의 온도를 나타내고 1번째 항목은 6시간 이전, 2번째는 12시간 이전의 온도가 된다. 0번째 항목이 갱신된 후 다시 6시간이 흐르면 0번째 항목이 다시 갱신되고 원래의 항목들이 하나씩 뒤로 밀린다. 이 리스트의 항목은 4개로 한정되어 있으므로 마지막 항목은 지워지게 된다.

다음은 2016년 4월 6일 자정이 된 후 리스트를 갱신하는 코드다. 이 때의 온도는 9라고 하자.

```
>>> my_temper.insert(0, 9) ; del my_temper[-1]
>>> print(my_temper)
[9, 11, 13, 15]              #my_temp[0]은 2016년 4월 6일의 온도다.
```

그런데 온도가 갱신된 후 2016년 4월 5일의 온도에 대한 정보를 다시 참조하고 싶을 때는 어떻게 하면 될까? 아쉽게도 한 번 변경된 리스트를 이전으로 되돌리는 방법은 존재하지 않는다. 그래서 나중에라도 특정 시점에 대한 값의 정보를 참조할 필요가 있으면 새로운 리스트를 생성해서 특정 시점의 해당 리스트의 데이터를 복사하면 될 것이다. 우리가 지금까지 사용한 = 연산으로는 가능하지 않음을 알 수 있다. 그래서 이제부터 복사를 하는 방법을 살펴볼 것인데 복사는 앞에서 살펴본 참조와는 다르게 동작한다. 우선 위 예제에 대한 설명을 완성하기 전에 파이썬에서 제공하는 복사를 이해해야 한다.

얕은 복사와 깊은 복사

앞에서 살펴본 변수 간 (=) 연산의 할당 방법은 객체의 참조값(id)을 저장하는 식으로 동작한다는 것은 잘 알고 있을 것이다. 따라서 이 결과 두 변수가 참조하는 객체는 동일해진다.

반면에 여기서 설명할 두 가지 복사 방법은 객체 자체를 복사하는 방법이다.

하지만 이 두 복사 방법은 미묘한 차이가 있다. 두 복사 방법을 비교하면서 차이점을 알아보자.

```
>>> import copy                        #복사에 대한 함수를 가진 copy 모듈을 불러들인다.
>>> mylist1=[1,2,3,4,5]
>>> mylist2 = copy.copy(mylist1)  #copy 모듈에 있는 copy 함수를 사용하여 복사를 한다.
>>> id(mylist1);id(mylist2)
48426200
48425400                               #=(할당) 연산과 달리 두 변수가 참조하는 객체가 다르다.
```

위 코드는 얕은 복사(shallow copy)라는 방법을 사용하여 리스트를 복사한 것이다. 복사 결과 두 변수의 참조값(id)이 다르므로 이 변수들이 참조하는 객체는 서로 다르다는 것을 알 수 있다.

다음 코드는 동일한 copy 모듈에서 deepcopy 함수를 사용한 코드다.

```
>>> import copy
>>> mylist1=[1,2,3,4,5]
>>> mylist2 = copy.deepcopy(mylist1)    #copy 모듈에 있는 deepcopy 함수를
                                        #사용하여 복사를 한다.
>>> id(mylist1);id(mylist2)
48424240
48468096                                #마찬가지로 두 id가 다르다.
```

deepcopy는 함수 이름대로 깊은 복사^{deep copy}라는 방법을 사용하여 객체를 복사한다. 이 또한 복사 결과 두 변수가 참조하는 객체가 다르다. 얕은 복사나 깊은 복사 모두 새로운 리스트를 생성하였고 여기까지는 두 복사 방식의 차이점이 확인되지 않는다.

과연 어떤 차이가 있길래 얕은 복사와 깊은 복사로 구분 지어 놓은 것일까? 두 복사의 차이점을 알기 위해서는 내부적인 동작을 살펴볼 필요가 있다.

> **참고**
>
> 문자열, 리스트, 튜플, 사전, set과 같이 객체의 내부에 다른 객체들 가질 수 있는 객체를 컨테이너 객체라고도 한다. 객체를 보관하는 컨테이너와 같다는 의미에서 이렇게 분류를 하는데 기본적으로 얕은 복사든 깊은 복사든 우선 최 외곽의 컨테이너를 새롭게 마련해 놓고 복사를 시작한다. 하지만 모든 컨테이너에 대해서 새롭게 생성하는 것은 아니고 mutable 객체에 대해서만 새롭게 생성한다는 것에 주의하자. 사실 immutable 객체는 내부 항목이 수정될 위험이 없기 때문에 새롭게 객체를 마련하는 것은 비효율적인 행동이기 때문이다. 따라서 여기서 말하는 컨테이너 객체는 리스트나 사전, set 같은 mutable 컨테이너 객체를 말하는 것이다.
>
> 이에 반해서 (=) 할당 연산의 결과는 두 변수가 단순히 동일한 컨테이너를 참조하도록 한다. 이런 점으로 인해서 혹시 C 언어의 얕은 복사를 생각했다면 조금 생각을 전환할 필요가 있다.

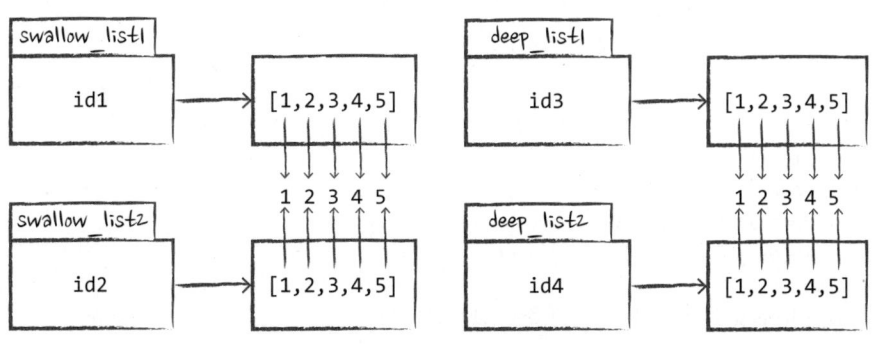

왼쪽은 얕은 복사 오른쪽은 깊은 복사를 그림으로 나타낸 것인데 이 내용으로는 얕은 복사와 깊은 복사의 차이점을 발견할 수 없다.

그렇다면 이번엔 리스트에 포함되는 객체의 타입을 바꾸어서 두 복사 방식을 비교해보자. 다음은 얕은 복사에 대한 코드다.

```
>>> import copy
>>> shallow_list1=[[1,2,3,4,5],'python',2,3,4,5]
>>> shallow_list2=copy.copy(shallow_list1)          #얕은 복사
>>> id(shallow_list1[0]) == id(shallow_list2[0])
True
>>> id(shallow_list1[1]) == id(shallow_list2[1])
True
>>> id(shallow_list1[2]) == id(shallow_list2[2])
True
```

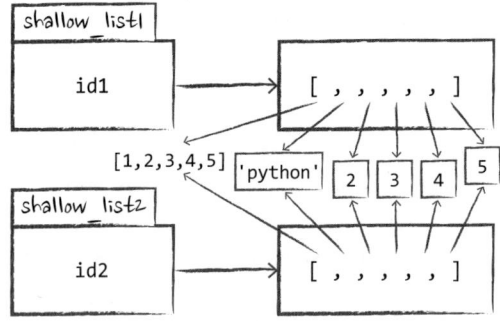

얕은 복사는 내부에 포함된 객체(항목)가 타입에 상관없이 공유된다. 위 그림처럼 내부 객체의 타입이 리스트나 문자열 또는 정수이건 간에 내부 객체가 복사되는 방식이 아닌 동일한 객체를 참조하는 방식으로 동작한다.

그럼 깊은 복사는 어떻게 동작할까?

```
>>> import copy
>>> deep_list1=[[1,2,3,4,5],'python',2,3,4,5]
>>> deep_list2=copy.deepcopy(shallow_list1)
>>> id(deep_list1[0]) == id(deep_list2[0])
False
>>> id(deep_list1[1]) == id(deep_list2[1])
True
>>> id(deep_list1[2]) == id(deep_list2[2])
True
```

얕은 복사에서의 결과와 차이점이 확인되는가? 그렇다면 이 차이점은 무엇을 의미하는 것인가?

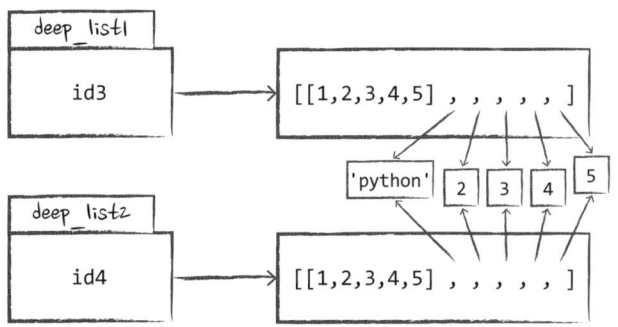

기본적으로 얕은 복사던 깊은 복사던 간에 최외곽의 컨테이너가 새로 생성된다. 하지만 깊은 복사의 경우엔 내부의 객체가 복사되는 객체와 복사되지 않는 객체로 나뉜다. 위 예에서는 내부에 있는 객체 중 리스트 객체만 복사가 되었는데 이런 결과가 나오는 이유는 깊은 복사가 복사를 하는 대상을 가리키기 때문이다. 다시 말해 깊은 복사는 컨테이너 객체의 항목 중에서도 다른 객체들을 내포할 수 있는 객체 중 `mutable` 객체인 경우에 대해서만 객체에 대한 복사를 수행한다. 위 그림에서 리스트는 이런 종류의 객체에 속하기 때문에 복사가 된 것이다. 'python'의 경우는 리스트와 같은 컨테이너 객체이긴 하나 `immutable` 객체이기 때문에 복사가 되지 않는다. 이는 효율적으로 깊은 복사를 하기 위한 것으로 생각할 수 있는데 이는 `immutable` 객체의 경우는 어짜피 새로 생성하나 기존의 객체를 참조를 하나 객체의 값이 그 객체를 참조하는 다른 변수에 의해서 수정될 위험이 없기 때문이다.

내부 동작이 어찌됐든 깊은 복사의 본래 목적은 객체를 새롭게 생성하는 것이라는 것을 알아두자.

> **참고**
>
> copy 함수를 사용한 얕은 복사는 [:] 분할 연산을 사용한 복사와 동일하게 동작한다. 하지만 성능 측면에서 분할 연산을 사용하여 복사하는 것이 약 4배 빠르다.

두 복사 방식에 대해서 자세히 알아봤으므로 다시 2016년 4월 5일의 온도 정보를 저장하기 위해 리스트를 복사하는 문제로 돌아가도록 하겠다. `my_temper` 리스트 내부의 객체들이 모두 **immutable** 객체이기 때문에 얕은 복사나 깊은 복사나 동일한 방식으로 복사가 될 것이다.

```
>>> print(my_temper)
[11, 13, 15, 10]
>>> my_temper.insert(0, 9); del my_temper[-1]
>>> print(my_temper)
[9, 11, 13, 15]
>>> my_temper = [11, 13, 15, 10]
>>> print(my_temper)
[11, 13, 15, 10]
>>> my_0405_temper = copy.deepcopy(my_temper)    #4월 5일의 온도 정보를
                                                 #my_0405_temper에 저장
>>> my_temper.insert(0, 9); del my_temper[-1]
>>> print(my_temper)
[9, 11, 13, 15]                                  #현재의 온도 정보
>>> print(my_0405_temper)
[11, 13, 15, 10]                                 #4월 5일의 온도 정보
```

아무튼 사용 목적에 맞게 **deepcopy**를 사용하도록 한다. 얕은 복사를 사용했다면 **my_temper**의 구조가 바뀐 경우(내부에 **mutable** 객체가 추가된 경우)에 문제가 될 수 있기 때문이다.

```
>>> import copy
>>> my_temper=['temperatur',[11,13,15,10]]       #온도 정보가 리스트 안에 리스트로
                                                 수정됨
>>> my_0405_temper=copy.copy(my_temper)          #얕은 복사
>>> print(my_0405_temper)
['temperatur', [11, 13, 15, 10]]
>>> my_temper[1].insert(0,9);del my_temper[1][-1]
>>> print(my_0405_temper)
['temperatur', [9, 11, 13, 15]]                  #4월 5일의 온도 정보가 아님
```

새롭게 바뀐 **my_temper**는 온도 정보가 리스트 내부의 리스트 형태로 변경되었다. 내부 객체들이 모두 **immutable** 객체일 때는 얕은 복사를 하든 깊은 복사를 하든 상관없지만 리스트 같이 **mutable** 객체가 내부에 포함된 형태로 바뀌면 차이가 발생한다. 좀 더 정확히 말하면 위 코드의 온도 정보를 갖는 내부 리스트는 얕은 복사가 될 때 새로 생성되지 않고 두 변수에 의해서 공유되기 때문에 온도가 갱신될 때 4월 5일의 온도 정보를 유지할 수 없게 되는 것이다.

리스트의 메소드

이미 다양한 메소드들을 소개했다. 리스트의 메소드는 문자열의 메소드보다는 많지 않다. 여기서는 리스트의 항목을 크기에 따라서 정렬하는 리스트의 sort 메소드와 파이썬 내장 함수 sorted를 사용하는 예만 간단히 제시하겠다.

```
>>> mylist=[4,3,1,5,6,3,7]
>>> mylist.sort()            #항목을 오름차순으로 정렬
>>> mylist
[1, 3, 3, 4, 5, 6, 7]
>>> mylist=[4,3,1,5,6,3,7]
>>> mylist2=sorted(mylist)   #정렬된 리스트를 반환(mylist는 정렬되지 않는다.)
>>> mylist
[4, 3, 1, 5, 6, 3, 7]
>>> mylist2
[1, 3, 3, 4, 5, 6, 7]
```

한 가지 더 언급하자면 문자열의 split 메소드의 결과가 리스트로 반환된다는 것이다. 또 문자열의 join 메소드의 인수에 리스트를 사용할 수 있다는 점도 기억하자.

```
>>> "p/y/t/h/o/n".split('/')
['p', 'y', 't', 'h', 'o', 'n']
>>> '/'.join(['p', 'y', 't', 'h', 'o', 'n'])
'p/y/t/h/o/n'
```

튜플

이번에 소개할 자료형인 튜플^{tuple}은 앞서 살펴본 리스트와 구조적으로는 동일한 자료형이다. 하지만 튜플은 immutable 객체로 리스트와 달리 생성된 후에 내용을 바꿀 수 없는 특성을 지니고 있다. 이런 점으로 생기는 성질은 리스트의 복사를 다루면서 잠깐 언급했었다. 그리고 이런 점은 리스트와 튜플을 구별 짓는 주요 특징이라 볼 수 있다.

튜플의 생성

튜플의 생성은 단순하게 (객체) 항목들을 콤마(,)로 구분해주면 된다.

```
>>> tp=1,2,3,4              #콤마로 항목을 구분하여 튜플 생성
>>> print(tp)
(1, 2, 3, 4)                #1,2,3,4를 포함하는 튜플 생성

>>> tp2='hello','python',1,2,3,[4,5,6]   #리스트처럼 어떤 타입의 객체라도
                                         #항목이 될 수 있다.
>>> print(tp2)
('hello', 'python', 1, 2, 3, [4, 5, 6])  #튜플의 모양은 항목들이 괄호()로
                                         #묶인 형태다.

>>> tp3=(1,2,3,4)           #괄호()를 사용하여 튜플을 생성하는 것도 동일한 의미
>>> print(tp3)
(1, 2, 3, 4)
```

튜플은 리스트와 많이 닮아 있다. 내포된 항목들이 순서 있게 콤마(,)로 구분되어 있는데 생성 방법도 리스트와 비슷하다. 리스트는 대괄호[ ]에 항목들이 묶인 형태고 튜플은 괄호()에 항목들이 묶인 형태다. 단 위 코드처럼 괄호가 없이 항목들을 콤마(,)로만 구분지어도 튜플이 생성된다.

다음은 괄호 없이 항목이 0개 그리고 1개인 튜플을 생성하는 방법이다.

```
>>> mytuple=()              #리스트처럼 빈 괄호로 빈 튜플을 생성
>>> type(mytuple)
<class 'tuple'>
>>> len(mytuple)
0

>>> mytuple2=(1,)           #항목이 1개 이상인 경우 항목 뒤에 콤마(,)를 사용해야 한다.
>>> type(mytuple2)
<class 'tuple'>
>>> len(mytuple2)
1
```

주의할 점은 항목이 1개인 튜플을 생성할 때는 항목 뒤에 콤마를 넣지 않으면 괄호 연산자로 인식한다는 것이다. 실수하기 쉬운 부분이므로 꼭 기억해 놓자.

```
>>> mytuple=(1)                    #괄호 연산으로 인식한다.
>>> type(mytuple)
<class 'int'>                      #int 타입 생성

>>> mytuple2=(1+2)                 #괄호 연산
>>> type(mytuple2)
<class 'int'>

>>> mytuple3=(1+2,)                #튜플 생성
>>> type(mytuple3)
<class 'tuple'>
```

튜플의 연산

튜플의 연산도 앞에서 살펴본 시퀀스 타입에 적용되는 연산이 그대로 사용된다.

```
>>> mytuple='p','y','t','h','o','n'
>>> print(mytuple)
('p', 'y', 't', 'h', 'o', 'n')
>>> mytuple[1]                     #색인 연산
'y'
>>> mytuple+mytuple                #덧셈 연산
('p', 'y', 't', 'h', 'o', 'n', 'p', 'y', 't', 'h', 'o', 'n')
>>> mytuple*2                      #곱셈 연산
('p', 'y', 't', 'h', 'o', 'n', 'p', 'y', 't', 'h', 'o', 'n')
>>> mytuple[0:4]                   #분할 연산
('p', 'y', 't', 'h')
>>> mytuple[0::2]                  #확장분할 연산
('p', 't', 'o')
>>> mytuple[-1::-1]
('n', 'o', 'h', 't', 'y', 'p')
```

여기까지는 리스트와 같고 문자열과도 차이가 없어 보인다. 아마 이쯤에서 센스가 있는 독자분들이라면 앞에서 언급한 튜플의 immutable적 특징이 떠오를 수도 있겠다. 이 특징으로 인해 리스트와 달리 수정, 추가, 삭제 연산은 불가능하다. 따라서 리스트의 append나 extend, insert 같은 메소드가 튜플에는 존재하지 않는다는 것을 예상할 수 있다.

이럴 땐 리스트 대신 튜플을 사용하자

사실 튜플은 특별한 것은 없고 단순하게 immutable 리스트라고 생각하면 된다. 그렇다면 그냥 리스트와 튜플를 구분하지 않고 리스트 하나만 있어도 될 것 같은데 왜 이런 타입을 만들었을까 하는 생각도 든다. 물론 객체 타입들이 모든 프로그램을 작성하는데 동일한 비중을 가지고 사용되는 것은 아니지만 분명 필요하다는 판단 하에 내장 타입으로 만들어진 것이다. 예를 들어 한국의 도시 지명을 담은 리스트를 사용하는 하는 프로그램이 있다고 하자. 이 리스트의 정보는 지명이 바뀌는 특별한 경우를 제외하고는 어떤 상황이라도 바뀌면 안 될 것이다. 비록 이 리스트를 바꿀 의도를 갖고 코드를 작성하지는 않겠지만 리스트를 사용한다는 의미는 희박한 가능성일지라도 정보가 어떤 식으로든 바뀔 수 있다는 가능성을 열어둔 것이다. 이렇게 리스트 타입을 사용해야 하지만 리스트의 값들이 수정될 필요가 없다면 리스트보다는 튜플을 사용하는 것이 안전할 것이다.

```
>>> import sys            #sys 모듈에 있는 getsizeof 함수를 사용하기 위해 import 함
>>> mytuple=1,2
>>> mylist = [1,2]
>>> sys.getsizeof(mytuple)      #getsizeof는 객체의 크기를 알려주는 함수
36
>>> sys.getsizeof(mylist)
44
```

그리고 위와 같이 리스트보다 튜플이 메모리를 더 적게 차지하므로 굳이 리스트를 사용하지 않아도 되는 경우는 튜플을 사용하는 것이 좋다.

이름 있는 튜플

이름 있는 튜플 named tuple 이란 튜플의 항목에 색인 대신 속성 이름을 사용할 수 있는 튜플이다. 이름 있는 튜플은 다음과 같이 collections 모듈의 namedtuple 함수를 사용하여 만들 수 있다.

```
>>> from collections import namedtuple
>>> bookinfo = namedtuple('struct_bookinfo', ['author', 'title'])
>>> mybook = bookinfo('hyun', 'gop')          #이름 있는 튜플 생성
>>> mybook
struct_bookinfo(author='hyun', title='gop')
>>> mybook.author                              #항목을 이름으로 접근
'hyun'
>>> mybook[0]                                  #항목을 색인으로 접근
'hyun'
>>> mybook.title                               #항목을 이름으로 접근
'gop'
>>> mybook[1]                                  #항목을 색인으로 접근
'gop'
```

위 코드는 namedtuple 함수의 호출을 통해서 struct_bookinfo라는 클래스를 만든다. 이 클래스(타입)를 대표하는 이름을 bookinfo라고 하여 해당 타입의 이름 있는 튜플 객체인 mybook을 생성하였다. 이렇게 생성된 이름 있는 튜플은 튜플처럼 사용할 수 있으면서 각 항목을 이름으로 접근할 수도 있다.

이름 있는 튜플은 이렇게 구조화된 데이터를 만들 때 편리하게 쓰일 수 있다. 색인 연산보다 속성이름을 통한 접근이 더 가독성이 있기 때문이다.

지금까지는 세 가지 시퀀스 타입의 특징과 기본적인 사용에 관해서 다루었다. 이번에는 앞의 내용들을 기초로 하여 각 타입들의 자주 사용하는 몇몇 유용한 기능들에 대해서 다루어 보겠다.

시퀀스 타입들 간에 변환

시퀀스 타입들의 구조적인 공통점으로 인해 서로 간에 변환이 가능하도록 설계되었다. 이미 앞서 언급한 내용인데 파이썬은 이런 변환을 타입들의 이름을 가지고 할 수 있다. 정확히 말하면 클래스 이름을 사용하는 것이고 클래스 이름에 해당하는 새로운 객체를 생성한다는 의미가 있다. 이 부분은 나중에 클래스를 공부하면서 더 자세하게 다룰 것이므로 여기서는 "타입 이름을 함수처럼 사용하여 타입 변환을 하는구나"라고 이해하길 바란다. 다음 코드는 각 시퀀스 타입들 간에 변환을 하는 예다.

```
>>> myString='python'
>>> list(myString)
['p', 'y', 't', 'h', 'o', 'n']
>>> tuple(myString)
('p', 'y', 't', 'h', 'o', 'n')
>>> myData=[1,2,3,4,5]
>>> tuple(myData)
(1, 2, 3, 4, 5)
```

지금까지 다룬 시퀀스 타입의 객체들은 구조적으로 순서를 지닌 객체들을 가진다는 공통점이 있다. 그리고 이런 구조로 인해 위 코드처럼 타입을 자연스럽게 변경할 수 있는 것이다.

문자열과 다른 시퀀스 타입 간의 변환

그런데 다음 코드의 결과를 보면 문자열에 대해서는 조금 생각해봐야 할 듯 보인다.

```
>>> mylist=['p','y','t','h','o','n']
>>> str(mylist)
"['p', 'y', 't', 'h', 'o', 'n']"        #'python'으로 변경되는 것이 아니다.
```

분명 문자열로 변환이 되었지만 우리가 원하는 형태는 아니다. 앞에서 문자열을 리스트로 변환하는 경우는 제대로 작동했었다. 그럼에도 반대로 변환할 경우는 원하는 형태로 변환되지 않는다.

문자열은 리스트나 튜플과 달리 문자객체만 가지는 특징이 있다. 만약 리스트가 가진 객체의 타입이 모두 실수일 때 **str** 함수가 이 실수들을 모두 문자열로 변환하여 연결하도록 설계되었다면 어떤 의미가 있는 것일까? 물론 상황에 따라서 다르겠지만 새롭게 생성된 문자열을 다시 리스트로 변환할 경우 처음과는 완전 다른 리스트가 되어 있을 것이다.

```
>>> mylist=[3.14, 2.22, 0.12]
>>> mystr="3.142.220.12"  #str(mylist) 실행이 리스트에 대해 이렇게 동작한다고 가정하면
>>> list(mystr)
['3', '.', '1', '4', '2', '.', '2', '2', '0', '.', '1', '2']
#mylist와 완전 다른 리스트
```

이건 어디까지나 str 함수의 동작에 대한 이해를 위한 가정이다.

그렇다면 str 함수로 변환된 문자열을 다시 리스트로 만들고 싶다면 어떻게 할까?

```
>>> mylist=[3.14, 2.22, 0.12]
>>> str(mylist)
'[3.14, 2.22, 0.12]'         #str(mylist)의 실제 결과. 18개의 항목을 지닌 문자열 반환.
>>> list(str(mylist))
['[', '3', '.', '1', '4', ',', ' ', '2', '.', '2', '2', ',', ' ', '0', '.', '1', '2', ']']
```

str(mylist)는 18개의 문자 객체를 항목으로 가진 문자열을 반환한다. 따라서 다시 리스트로 변경하면 18개의 문자를 가진 리스트가 될 것이다. 위 코드처럼 단순하게 list 이름을 사용한 타입 변환으로는 원래의 리스트를 얻을 수가 없다.

원래의 3개의 항목을 지닌 리스트를 다시 얻고 싶다면 다음과 같이 eval 함수를 사용해야 한다.

```
>>> eval(str(mylist))
[3.14, 2.22, 0.12]

>>> a='3+3'                    #'3+3'은 문자열 표현식
>>> eval(a)
6
>>> print(a)
3+3                            #'3+3'은 문자열
>>> print(eval(a))
6                              #eval 함수를 통해 표현식을 수행한 결과
```

3+3과 같은 연산은 표현식이다. 또는 [1,2,3]과 같은 리스트의 생성하는 리터럴literal도 표현식expresstion이라고 볼 수 있다. 이런 표현식을 문자화한 것이 문자열 표현식인데 이를 평가하여 문자열이 아닌 표현식으로 수행하도록 해주는 함수가 eval 함

수다.[3] 어쨌든 상호변환 측면에서 어떤 시퀀스 타입을 문자열로 변환할 때는 신경을 써야 한다.

시퀀스 타입을 문자열로 변환

시퀀스 타입 객체가 가진 항목들이 모두 문자열이라면 join 메소드를 사용하여 시퀀스 객체를 문자열로 변환시킬 수 있다(join 메소드에 대한 설명은 문자열의 메소드를 참고하자).

```
>>> mylist=['3.14', '2.22', '0.12']
>>> ''.join(mylist)
'3.142.220.12'
```

만약 시퀀스 타입 객체가 가진 항목 중에 문자열이 아닌 항목이 있는 경우라면 다음과 같이 제어문을 사용하는 방법이 있다. 아직 제어문을 배우지는 않았지만 이런 방법이 있다 정도로 알아두자.

```
>>> mylist=[3.14, 2.22, 0.12]
>>> ''.join(mylist)                     #리스트의 타입들이 문자열이 아니므로 에러 발생
Traceback (most recent call last):
  File "<pyshell#149>", line 1, in <module>
    ''.join(mylist)
TypeError: sequence item 0: expected str instance, float found

>>> ''.join([str(i) for i in mylist])   #mylist의 내부 객체를 모두 문자열로 변환한
                                        #리스트를 생성
'3.142.220.12'
```

그런데 이렇게 리스트의 항목들을 구분 문자 없이 문자열로 연결해 놓으면 원래 리스트의 모양을 알 수가 없다. 이렇게 그냥 문자열로 연결하기 보단 구분 문자를 사용하여 구분해 놓는 편이 좋을 듯 싶다.

---

[3] eval 함수는 이스케이프 시퀀스를 다룰 때 잠시 언급했었는데 참고하자.

```
>>> '/'.join([str(i) for i in mylist])         #'/'슬래쉬로 리스트의 원래 항목
들을 구분 지었다.
'3.14/2.22/0.12'                                # [3.14, 2.22, 0.12]
```

이젠 결과로 반환된 문자열만 보고도 원래의 리스트의 항목을 정확하게 알 수 있고 구분자를 사용하여 원래 리스트로 변환(split 메소드)할 수도 있다.

문자열 타입을 시퀀스 타입으로 변환

역시 중복되는 이야기이므로 간단히 설명하고 넘어가겠다. 위에서 설명한 join은 문자열의 메소드로서 인수로 받은 시퀀스 객체의 항목들을 구분 문자와 함께 문자열로 연결해주는 기능을 한다. 이와 반대되는 기능을 하는 문자열의 메소드 split은 시퀀스 타입의 객체를 구분자를 기준으로 나누어 리스트로 만든다.

```
>>> '3.14/2.22/0.12'.split('/')
['3.14', '2.22', '0.12']
```

이렇게 문자열 메소드인 join과 split을 사용하여 문자열과 시퀀스 객체 간의 데이터 변환을 할 수 있다. join과 split 메소드는 매우 활용도가 높아 앞으로도 많이 등장할 것이므로 눈여겨 살펴보자.

패킹과 언패킹

시퀀스 타입 데이터는 항목들이 묶여 있는 형태다. 각 항목들을 다음과 같이 풀 수도 있다.

```
>>> a,b,c,d,e, f = 'python'          #언패킹(unpacking)
>>> a
'p'
>>> b
'y'
>>> c
't'
>>> d
'h'
>>> e
'o'
>>> f
'n'
```

이 때 시퀀스 객체의 항목의 개수와 풀어 넣을 변수의 개수가 같아야 한다.

이번에는 반대로 개별적인 객체를 묶어보자.

```
>>> t = a,b,c,d,e,f                  #패킹(packing)
>>> t
('p', 'y', 't', 'h', 'o', 'n')
```

이렇게 패킹을 한 결과는 튜플 형태가 된다.

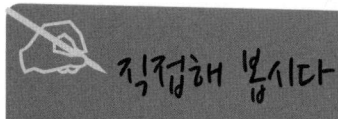

시퀀스 타입에 대한 내용을 복습하고 연습해보도록 합시다.

1 아스키 코드표를 참고하여 이스케이프 시퀀스만으로 문자열 "python!"을 출력하는 코드를 만들어 보자.

> **HINT** 알파벳 'a'는 아스키 코드값 97에 해당하고 8진수로 141, 16진수로 61이다. 따라서 'a'는 '\x61' 또는 '\141'로 표현할 수 있다.

2 1번 문제의 이스케이프 시퀀스로만 이루어진 문자열에는 어떻게 분할(slicing) 연산이 이루어지는지 실험해보자(예를 들어 분할 연산으로 짝수 번째 항만 나타내보자).

3 파이썬 문서를 참고하여 문자열의 메소드 replace의 사용법에 대해 알아보자. 그리고 예제 코드를 만들어 보자.

4 본문에서 리스트의 끝에 항목을 추가하는 방법은 여러 가지가 있었다. 이 중에서 + 연산을 사용하는 방법을 제외하고 리스트가 가진 메소드를 사용하는 방법으로 리스트 mylist = [[1,2,3,4,5]]에 객체 77을 추가하여 mylist가 [[1,2,3,4,5,77]]이 되도록 하자.

> **HINT** 리스트의 메소드 append와 insert를 이용하자.

5 score는 과목, 점수 쌍의 리스트를 항목으로 갖는 리스트다. 아직 score 리스트는 미완성이지만 다음과 같이 추가해 나가고 있다.

```
score =[['math', 89], ['english']]
```

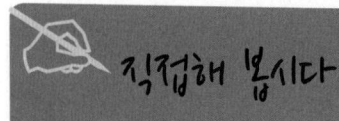

math의 점수와 동일한 형식으로 english 점수에 90점을 추가하는 연산을 하여라.

> HINT 4번 문제를 참고하자.

6 문자열 "python"을 리스트, 튜플 타입으로 변환해보자. 또 반대로도 변환해보자.

> HINT 타입 간에 변환하는 방법은 변환하고자 하는 타입명을 사용한다. 문자열로 변환할 때는 join 메소드를 이용해보자.

7 변수 a에 1을 대입하고 b에 2를 대입한 후 이 둘을 합하여 출력하는 파이썬 코드를 윈도우 커맨드 창에서 직접 실행해보자.

> HINT 파이썬 파일을 만들지 않고도 윈도우 커맨드창에서 -c 옵션을 사용하면 파이썬 코드를 바로 실행시킬 수 있다.

8 첫째 항의 값이 'python', 둘째 항의 값이 '3.5.1'인 네임드 튜플을 만들어 보자. 이 때 첫째 항의 이름을 name, 둘 째 항의 이름을 version으로 한다.

> HINT collections 모듈의 namedtuple 함수를 사용한다.

9 윈도우 커맨드 라인에서 print('\xff')를 직접 실행시켜 보자. 에러의 원인을 파악한 후 에러가 발생하지 않도록 하자.

> HINT 아스키 코드는 1부터 127까지다.

10 9번에서 에러가 발생하지는 않았지만 원하는 결과가 출력되지 않을 수도 있다. 왜 그런지 설명해보자.

11 elephant는 8개의 문자로 이루어진 문자열이다. 이 문자열의 처음부터 시작하여 끝에서 3번째 문자까지만 분할하여 출력해보자.

> **HINT** 분할 연산을 사용하여 가능한 모든 방법으로 해본다 이 때 –1은 항목의 끝을 나타낼 수 있음을 기억하자.

12 확장 분할을 사용하여 11번 문제의 결과를 뒤집어 출력해 보자.

> **HINT** 확장 분할에서는 추가되는 옵션의 값이 음수일 때 문자열을 거꾸로 분할하여 출력할 수 있다.

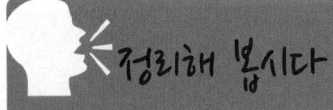

해답은 파이썬의 신 네이버 카페(cafe.naver.com/godofpython)에서 제공됩니다.

1. 시퀀스 타입의 항목의 색인은 (   )부터 시작한다. 그리고 (항목의 개수 - 1)까지의 인덱스를 가진다.

2. 문자열 중에 특수한 표현을 하는 문자를 가리켜 (   )라고 한다.

3. (   ) 연산자를 사용하면 시퀀스 데이터 내부에 어떤 객체가 있는지 체크해볼 수 있다.

4. 출력될 문자열이 현재 시간과 같이 시시각각 달라져야 한다면 (   )을 사용하면 된다.

5. 시퀀스는 항목들을 가진다. 그리고 항목은 개별적인 객체다. 따라서 각 항목은 다양한 타입의 객체가 될 수 있다. 하지만 문자열은 그렇지 않다. 문자열의 항목은 언제나 '문자'다.

6. 지금까지 배운 mutable 객체에는 어떤 것들이 있고 immutable 객체에는 어떤 것들이 있는지 적어보자.

7. 리스트에 iterable 객체의 항목들을 추가하는 두 가지 방법은 (   ) 메소드를 사용하는 방법과 (   ) 연산자를 사용하는 방법이 있다.

정리해 봅시다

8 얕은 복사와 깊은 복사의 공통점은 가장 바깥쪽에 있는 컨테이너(mutable)를 새로 생성한다는 것이다. 이 점은 (=) 대입 연산과의 주요한 차이점이다. 주의할 점은 가장 바깥에 있는 객체가 문자열이나 튜플 같은 (   ) 컨테이너 객체라면 얕은 복사와 깊은 복사 그리고 (=) 대입 연산 모두 이 최외각 컨테이너를 참조하도록 복사가 된다.

9 join 함수의 인수로 사용되는 시퀀스 타입 객체의 모든 항목은 (   ) 또는 (   )이어야 한다.

6장
매핑 타입

철수는 영어 공부를 하면서 모르는 단어가 나오면 항상 '철수의 단어노트'에 기록해 둔다. 기록 방식은 다음 그림과 같이 단어와 단어의 뜻을 콜론(:)을 중심으로 좌우에 배치하는 형식을 따른다.

```
과일
{apple: 사과, banana: 바나나, orange: 오렌지...}

동물
{monkey: 원숭이, bear: 곰, cat: 고양이...}
```

그리고 자신이 기록한 단어의 개수를 세기 위해서 단어와 콜론(:) 그리고 단어의 뜻을 합쳐서 한 개의 항목으로 하기로 했다. 항목들은 콤마(,)로 구분하고 카테고리별로 중괄호({})를 사용하여 묶어두기로 하였다.

그러던 어느 날 파이썬을 공부하던 철수는 놀라운 사실을 발견한다. '철수의 단어노트'의 형식이 마치 파이썬에 내장된 매핑(mapping) 타입과 흡사하기 때문이었다. 매핑 타입이 어떻길래 '철수의 단어노트'의 형식과 비슷한 것일까?

데이터를 다룰 때 매핑이란 두 데이터 사이에 연관을 맺는 것을 말한다. 예를 들자면 '철수의 단어노트'에서 단어와 그 뜻을 연관짓는 것도 매핑이라 볼 수 있다. 이와 비슷하게 파이썬에서는 매핑을 사용하여 서로 다른 두 객체를 연관지을 수 있다. 그리고 이렇게 연관된 객체들을 담은 객체 타입을 매핑 타입이라고 한다.

사전

파이썬에 내장된 매핑 타입은 사전dictionary 타입뿐이다. 사전dict의 형태는 마치 영한사전에서 영어단어와 그 뜻이 연결되어 하나의 항목을 이루는 것처럼 key와 이에 연결되는 value가 하나의 항목을 이루는 모습이다. 여기서 사전의 key는 시퀀스 타입 객체의 색인index과 같은 기능을 한다고 생각하면 이해하기 쉬울 것이다.

앞서 다룬 시퀀스 타입들은 모두 색인 연산이 가능하므로 색인을 알면 항목에 접근할 수 있었다. 그러나 색인은 저장된 순서를 의미하는 것 외에 실질적으로 어떤 의미를 갖고 있는 것은 아니었다. 예를 들어 각 나라별 인구수를 리스트에 저장했다면 이 리스트에서 정보를 얻기 위해서는 인구수가 저장된 위치의 색인을 나라별로 알아두어야 할 것이다. 따라서 이 리스트를 사용하기 위해서는 다음처럼 나라별 색인을 표로 만들어 따로 제공해야 할지도 모른다.

```
>>> popul_list=[1367485511, 1251695580, 321369867, 255997670, 204260231]
```

```
China : 0
India : 1
America : 2
Indonesia : 3
Brazil : 4
..
..
```

만약 색인에 대한 나라 이름이 제공되지 않는다면 이 리스트의 활용은 제한적일 수밖에 없을 것이다.

아무튼 이 리스트를 사용하기 위해서 추가로 정보를 제공하는 것이 꽤 번거로워 보인다. 그리고 나라별 색인을 정하는 방법은 어떤 공식적인 기준이 없기 때문에 범용적이지 못하다.

그래서 이런 문제들을 해결하고자 위 리스트를 좀 개선해보았다.

```
>>> popul_list=[['China', 1367485388], ['Inda', 1251695584], ['America',
513949445], ['Indonesia', 321368864], ['Brazil', 255993674]]    #리스트의 리
스트
...
...
                        #India의 인구를 찾고 싶다면 어떻게 할까...?
>>> popul_list[0]
['China', 1367485388]
>>> popul_list[1]
['Inda', 1251695584]
```

번거롭게 추가 정보를 제공할 필요는 없어졌지만 역시 특정 나라의 인구 정보를 찾기 위해서는 색인 연산을 통해 하나씩 출력해보는 수밖에 없을 것 같다. 이럴 바에는 차라리 앞의 방식처럼 추가 정보를 따로 제공하는 것이 더 확실해 보인다. 아무튼 이것도 저것도 마음에 들지는 않는다.

그러면 사전의 키 값을 나라 이름으로 하여 인구수에 매핑해보는 건 어떨까? '철수의 단어노트'처럼 말이다. 아직 사전 타입에 대해 자세히 공부를 하지는 않았지만 괜찮은 방법으로 보인다. 나라의 영문 이름은 공식적으로 지정된 고유명사이므로 키 값으로 사용하면 언제나 동일한 키 값으로 알고자 하는 나라의 인구수를 참조할 수 있을 것이다.

이 문제를 해결하기 위해 사전이 어떻게 생긴 녀석인지를 먼저 알아보도록 하자.

사전의 생성

사전의 모습은 { key : value }와 같이 key와 value를 중괄호로 감싼 형태다. 앞에서 예로 든 나라 이름과 인구수를 각각 key와 value로 하여 사전을 생성하고자 하면 다음과 같이 하면 된다.

```
>>> poppul_dict = {'China': 1367485388, 'India': 1251695584, 'Indonesia':
321368864, 'America': 513949445, 'Brazil': 255993674}
```

파이썬의 사전 타입은 '철수의 단어노트'와 형식이 거의 동일하다. 그리고 사전에서 key값으로 연관된 value를 찾는 방식도 철수의 단어노트에서 단어의 뜻을 찾는 방식과 유사하다. 다음은 철수의 단어노트에서 파이썬의 사전 타입으로 변환하는 과정이다.

```
과일
{apple: 사과, banana: 바나나, orange: 오렌지 ...}

동물
{monkey: 원숭이, bear: 곰, cat: 고양이 ...}
```

'철수의 단어노트'에서 'bear'를 찾으려고 한다. 유력한 카테고리를 먼저 선택한 후에 카테고리 내에서 'bear'에 해당하는 단어가 있는지 찾는다. 찾았다면 해당하는 단어의 뜻을 살펴본다.

이번에는 철수의 단어노트를 파이썬의 사전 타입으로 변환해보자.

```
>>> 과일={'apple':'사과', 'banana':'바나나', 'orange':'오렌지'}
>>> 동물={'monkey':'원숭이','bear':'곰', 'cat':'고양이'}

>>> 과일
{'orange': '오렌지', 'apple': '사과', 'banana': '바나나'}
>>> 동물
{'monkey': '원숭이', 'cat': '고양이', 'bear': '곰'}
```

그리고 'bear'를 찾고 그 뜻을 알아보자.

```
>>> 과일['bear']                #과일에서 'bear'를 찾는다.
Traceback (most recent call last):
  File "<pyshell#4>", line 1, in <module>
    과일['bear']
KeyError: 'bear'                #'bear'란 key는 과일에 없으므로 에러
>>> 동물['bear']                #동물에서 'bear'를 찾는다.
'곰'                            #'bear'라는 key는 동물에 있고 value는 '곰'이다.
```

6장_ 매핑 타입   175

앞에서 언급한 것처럼 사전은 이렇게 key를 이용한 색인 연산이 가능하다.

이번엔 앞에서 생성한 사전 poppul_dict을 가지고 색인 연산을 연습해보자.

```
>>> poppul_dict['Brazil']        #나라이름(key)를 알면 그 나라의 인구수를 알 수 있다.
255993674
>>> poppul_dict['China']
1367485388
```

이렇게 사전은 key와 이에 매핑이 되는 value 객체를 하나의 항목으로 만들기 때문에 영한사전, 국어사전같이 key(단어)에 연결된 value(뜻) 형태의 데이터를 작성하고자 할 때 유용하다.

사전의 특징

순서 없는 항목들

사전은 앞에서 다룬 시퀀스 타입과는 뚜렷하게 구별되는 특징을 가지고 있다. 바로 사전의 항목들이 순서를 가지지 않는다는 점인데 사전을 시퀀스 타입에서 다루지 않는 이유이기도 하다.

다음은 이런 사전의 특징을 잘 보여주는 예다.

```
>>> poppul_dict = {'China': 1367485388, 'India': 1251695584, 'Indonesia':
321368864, 'America': 513949445, 'Brazil': 255993674}
>>> print(poppul_dict)
{'China': 1367485388, 'Brazil': 255993674, 'Indonesia': 321368864,
'India': 1251695584, 'America': 513949445}
>>>
```

사전을 출력하면 사전을 생성할 당시의 항목의 순서는 지켜지지 않을 수 있다. 한 번 파이썬 쉘을 재실행하여 직접 코드를 다시 실행해보면 출력된 항목의 순서가 매번 달라질 수 있다는 것을 알 수 있다.

```
>>> poppul_dict = {'China': 1367485388, 'India': 1251695584, 'Indonesia':
321368864, 'America': 513949445, 'Brazil': 255993674}
>>> print(poppul_dict)
{'Indonesia': 321368864, 'China': 1367485388, 'Brazil': 255993674,
'India': 1251695584, 'America': 513949445}          #항목들의 순서가 없다.
```

이런 특징으로 사전에 속한 항목들을 순서대로 정렬하는 방법은 존재하지 않는다. 사전 형태로 직접적인 정렬을 가능하지 않지만 타입을 변경하면 가능한데 이에 관한 내용은 나중에 살펴볼 것이다.

키값은 고유한 값

하나의 사전 객체 내에서 동일한 키 값이 존재할 수 없다.

```
>>> my_dict={'a':1, 'a':2}
>>> my_dict
{'a': 2}           #동일한 key가 있다면 입력 순서를 기준으로 마지막에 입력된 값만 남는다.
```

이 특징은 사전의 key가 시퀀스 타입의 색인과 비슷한 기능을 하기 때문이라고 생각하면 이해하기 쉬울 수 있다. 시퀀스 타입도 색인 번호 하나당 하나의 객체가 연결되기 때문이다.

key는 변경 불가능한 객체로

사전 타입의 설계상의 이유로 사전의 key는 immutable 객체여야 한다는 제약이 있다. 정확히 말하면 key는 hashable 객체가 돼야 하는데 hashable 객체에 대해서는 자세히 알 필요는 없고 숫자나 문자열 또는 튜플과 같이 변경이 불가능한^{immutable} 객체라고 알아두자.

```
>>> a=77
>>> b=[1,2,3]
>>> c="python"
>>> dict_test={a:b, b:c, c:a}
```

```
Traceback (most recent call last):
  File "<pyshell#18>", line 1, in <module>
    dict_test={a:b, b:c, c:a}
TypeError: unhashable type: 'list'
```

리스트는 변경이 가능한 mutable 객체이므로 사전의 key로 사용할 수 없다. 한 번 위 코드에서 리스트에 해당하는 b가 가리키는 객체를 튜플로 변환해서 사전을 다시 생성해보자.

```
>>> dict_test={a:b, tuple(b):c, c:a}
>>> print(dict_test)
{'python': 77, 77: [1, 2, 3], (1, 2, 3): 'python'}
```

튜플은 알다시피 immutable 객체로 사전의 key로 적합하다.

사전의 연산

색인 연산

사전에서 key를 이용한 색인 연산을 할 수 있다.

```
>>> poppul_dict = {'China': 1367485388, 'India': 1251695584, 'Indonesia': 321368864, 'America': 513949445, 'Brazil': 255993674}

>>> print(poppul_dict['China'])  #'China'라는 key에 해당하는 value(인구수)를 출력
1367485388

>>> poppul_dict['China']=13674854000    #key의 색인 연산을 통해 value 수정
>>> print(poppul_dict['China'])
13674854000
```

사전의 색인은 key를 사용한다는 것 뿐이지 리스트 같은 시퀀스 타입의 색인 연산과 방식은 동일하다. 그러나 key값을 사용자가 임의로 지정할 수 있다는 점이 시퀀스의 색인과는 다른 점인데 다음 코드는 이를 잘 설명해준다.

```
>>> poppul_dict['Korea']=51529338    #색인 연산으로 key값이 'Korea'인 항목을 생성
>>> print(poppul_dict)
{'China': 13674854000, 'Indonesia': 321368864, 'Korea': 51529338,
'India': 1251695684, 'Brazil': 255993674, 'America': 513949445}
```

만약 리스트였다면 다음처럼 색인 연산을 통해서 새로운 값을 추가할 수 없다.

```
>>> mylist=[1,2,3,4]
>>> mylist[4]=5
Traceback (most recent call last):
  File "<pyshell#59>", line 1, in <module>
    mylist[4]=5
IndexError: list assignment index out of range
```

사전은 시퀀스 타입과 달리 항목에 일련의 순서가 없기 때문에 이렇게 key를 이용한 색인 연산을 사용하여 항목의 수정뿐만 아니라 추가까지도 할 수 있다. 하지만 이런 장점이 되는 특징의 한 켠에는 제한적인 특징이 있기 마련이다. 바로 시퀀스 타입에서 사용하는 분할 연산을 지원하지 않는다는 것이다. 이렇게 사전의 항목에는 순서가 없기 때문에 분할 연산slicing을 할 수 없다는 점도 잘 알아두도록 하자.

update 메소드

사전에 항목을 추가하는 방법에는 색인 연산 외에 update 메소드를 사용하는 방법도 있다.

```
>>> poppul_dict={'China': 13674854000, 'Indonesia': 321368864, 'Korea':
51529338, 'India': 1251695684, 'Brazil': 255993674, 'America': 513949445}
>>> poppul_dict.update({'Korea':51529777,'Japan':127103388})
>>> print(poppul_dict)
{'China': 13674854000, 'Indonesia': 321368864, 'Korea': 51529777,
'India': 1251695684, 'Japan': 127103388, 'Brazil': 255993674, 'America':
513949445}
            #key가 'Korea'에 해당하는 항목은 수정 'Japan'에 해당하는 항목은 추가됨
            #사전에 항목이 추가될 때는 순서는 고려되지 않은 채 추가된다.
```

update 메소드도 색인 연산처럼 항목의 추가뿐 아니라 수정을 하는 기능도 가지고 있다. [ ] 색인 연산을 통한 = 대입 연산이나 update 메소드의 사용이나 추가되는 key와 동일한 key를 사전에서 갖고 있지 않다면 항목을 추가하고 만약 동일한 key를 이미 갖고 있다면 항목을 수정하는 동작을 한다는 점을 기억해 두자.

setdefault 메소드

사전에 항목을 추가하는 또 다른 방법으로 setdefault 메소드를 사용할 수도 있다. 이 메소드는 update 메소드와는 약간 차이가 있다. 우선 다음 코드를 보자.

```
>>> my_dict
{'c': 3, 'd': 4, 'a': 1, 'b': 2}
>>> my_dict.setdefault('a', 100)      #사전에 'a'라는 key가 있다면 key에 해당하는
                                      #value 반환
1
>>> my_dict.setdefault('e', 100)      #사전에 'e'라는 key가 없으면 'e':100이라는
                                      #항목을 추가
100
>>> my_dict
{'c': 3, 'e': 100, 'd': 4, 'a': 1, 'b': 2}     #'e':100 항목이 추가됨
```

setdefault는 항목을 추가하는 기능은 있지만 항목을 수정하는 기능은 없다. 사용법은 setdefault의 첫 번째 인수로 추가하고자 하는 key를 전달하는데 이미 사전에 해당 key가 있다면 key에 해당하는 value를 반환할 뿐이다. 해당 key가 없다면 첫 번째 인수를 key로하고 두 번째 인수를 value로 하는 항목을 추가한다.

사전 항목의 삭제

삭제를 할 때 del 키워드를 사용하는 점은 시퀀스 타입과 동일하다.

```
>>> poppul_dict
{'China': 100, 'Indonesia': 321368864, 'Korea': 51529338, 'India':
1251695584, 'Japan': 127103411, 'Brazil': 255993674, 'America':
513949445}
>>> del poppul_dict['Japan']          #key값 'Japan'인 항목을 삭제
>>> print(poppul_dict)
{'China': 100, 'Indonesia': 321368864, 'Korea': 51529338, 'India':
1251695584, 'Brazil': 255993674, 'America': 513949445}
```

key의 존재 여부 확인

key값이 존재하는지 여부에만 관심이 있는 경우가 있다.

예를 들어 사전에 항목을 추가하려는데 사전에 이미 동일한 key가 존재한다면 기존의 항목을 그대로 보존해야 한다고 하자. update 메소드의 동작은 이미 동일한 key가 사전에 존재하면 이 항목을 수정하는 동작을 하기 때문에 원하는 동작에 맞지 않는다. 항목을 수정하는 동작만 제외한다면 딱 좋은 선택이 될 것인데 참 아쉽다.

이런 경우는 key가 사전에 이미 존재하는지 여부에 따라서 update의 호출을 제어하면 된다. 제어문에 대해서는 다음 장에서 설명하므로 미리 참고하거나 이 부분을 나중에 읽도록 하자. 따라서 여기서는 문법적인 설명은 넘어가기로 하겠다.

```
>>> dict_test = {'first':7, 'second':77, 'third':777}
>>> x={'first':0,'end':100}             #추가하려는 사전의 정의

>>> for my_key in x:                    #추가하려는 사전의 key를 하나씩 꺼내어
                                        #my_key 변수에 저장
        if my_key not in dict_test:     #만약 dict_test에 추가하려는 항목의 key와
                                        #동일한 key가 없다면
            dict_test.update({my_key:x[my_key]})    #항목을 추가

>>> print(dict_test)
{'third': 777, 'end': 100, 'second': 77, 'first': 7}
```

in 연산은 특정 항목이 사전에 있는지를 알고자 할 때 사용하면 된다.

```
>>> print(dict_test)
{'third': 777, 'end': 100, 'second': 77, 'first': 7}
>>> 'fourth' in dict_test
False
>>> 'fourth' not in dict_test
True
>>> 'first' in dict_test
True
>>> 'first' not in dict_test
False
```

6장_ 매핑 타입

not in 연산자는 특정 값이 없는지에 대한 연산이므로 in 연산과는 반대의 결과를 가져온다.

사실 in 연산자는 사전에서만 사용되는 연산자가 아니다. 이전에 다룬 시퀀스 타입의 객체들도 in 연산자를 사용할 수 있다.

```
>>> mylist = [1,2,3,4]
>>> 1 in mylist
True
>>> 10 in mylist
False
>>> 'py' in 'python'
True
```

in은 제어문의 구문을 이루는 데 사용하기도 한다. 더 자세한 내용은 8장 제어문을 참고하도록 하자.

사실 위 예는 in 연산자의 사용법에 대해서 설명하기 위한 것이다. 이미 setdefault 메소드가 비슷한 일을 할 수 있다는 것을 앞에서 다루었다.

사전을 리스트로 변환

타입 변환을 사용하여 사전을 리스트로 변경하면 다음처럼 key 목록의 리스트를 얻을 수 있다.

```
>>> print(poppul_dict)
{'China': 13674854000, 'Indonesia': 321368864, 'Korea': 51529777,
'India': 1251695584, 'Japan': 127103388, 'Brazil': 255993674, 'America':
513949445}
>>> list(poppul_dict)
['China', 'Indonesia', 'Korea', 'India', 'Japan', 'Brazil', 'America']
#key 목록이 리스트의 항목들로
```

그런데 앞의 코드를 보면 사전에서 리스트로 변환될 때 value에 대한 정보는 사라진다는 것을 보여준다. 두 타입 간 항목의 형식이 다르기 때문에 어쩔 수 없는 결과일 것이다. 물론 사전에서 변환된 리스트의 각 항목을 key와 value를 항목으로 갖는 리스트나 튜플로 변환하게 설계될 수도 있었을 것이지만 그렇지 않은 게 아쉽다. 아무튼 사전의 정보를 모두 리스트에 담으려면 다른 방법을 모색해야 한다. 이 문제의 해결 방법은 잠시 후에 알아보겠다.

리스트를 사전으로 변환

반대로 리스트를 사전으로 변환할 수도 있다. 그런데 리스트와 사전의 구조를 비교해 보면 어떻게 리스트에서 사전으로 변경이 가능한 것인지 의문이 든다. 사전에서는 한 항목이 두 개의 객체로 구성되는 반면에 리스트는 한 항목이 하나의 객체로 구성되기 때문이다.

그림에서 보듯이 사전에서 리스트로 변환할 때 key만 취하는 것처럼 둘에서 하나를 취하는 것은 간단한 일이다.

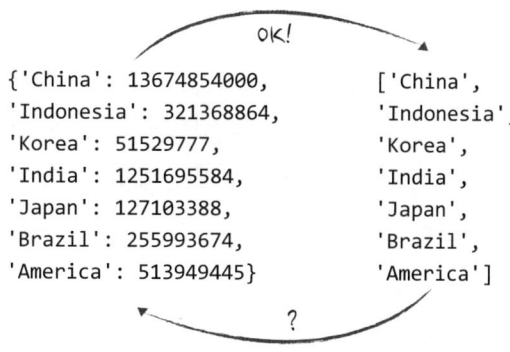

하지만 리스트에서 사전으로 변환하려면 하나에서 둘을 취해야 하므로 얼핏 보기에는 납득이 가지 않을 수 있다.

```
>>> country = ['China', 'Indonesia', 'Korea', 'India', 'Japan', 'Brazil',
'America']
>>> dict(country)
Traceback (most recent call last):
  File "<pyshell#137>", line 1, in <module>
    dict(country)
ValueError: dictionary update sequence element #0 has length 5; 2 is
required
```

물론 위 코드처럼 가능하지도 않다.

이 문제를 해결하기 위해 생각의 폭을 좀 넓힐 필요가 있다. 이 문제를 일종의 퀴즈 문제라 생각하고 다음 해설을 읽어보자.

지금까지 공부해온 데이터 타입들은 숫자 타입을 제외하고는 하나의 객체가 결코 하나라고만 볼 수 없었다. 무슨 말이냐면 하나의 객체가 2개 이상의 객체를 포함할 수도 있기 때문이다. 예를 들어 시퀀스 타입의 문자열은 여러 문자로 구성될 수 있고 리스트와 튜플도 다른 객체들의 모임으로 구성될 수 있었다.

```
>>> mystr = 'ab'                    #2개의 문자 객체로 구성된 문자열
>>> mylist = [1, 2]                 #2개의 숫자 객체로 구성된 리스트
>>> mytuple = ('ab', [1,2])         #문자열과 리스트로 구성된 튜플
```

이런 사실을 숙지하고 다시 하나에서 둘로 변환하는 문제로 돌아가보자. 하나가 둘로 구성되었다면 하나에서 둘로 변환하는 문제는 쉽게 해결될 수 있다. 그리고 다음처럼 직관적으로 적용된다.

```
>>> poppul_list = [['China', 13674854000], ['Indonesia', 321368864],
['Korea', 51529777], ['India', 1251695584], ['Japan', 127103388],
['Brazil', 255993674], ['America', 513949445]]
>>> dict(poppul_list)   #두 개의 객체로 구성된 항목들을 가진 리스트는 사전으로 변환가능
{'China': 13674854000, 'Brazil': 255993674, 'India': 1251695584,
'America': 513949445, 'Indonesia': 321368864, 'Korea': 51529777, 'Japan':
127103388}
```

이렇게 리스트에서 사전으로 변환하기 위해서는 리스트의 항목들은 두 개의 객체로 구성된 객체여야 한다.[1]

심지어 문자열도 2개의 문자로 이루어졌다면 사전의 항목으로 변환될 수 있다.

```
>>> test = ['ab','cd']
>>> dict(test)
{'c': 'd', 'a': 'b'}
```

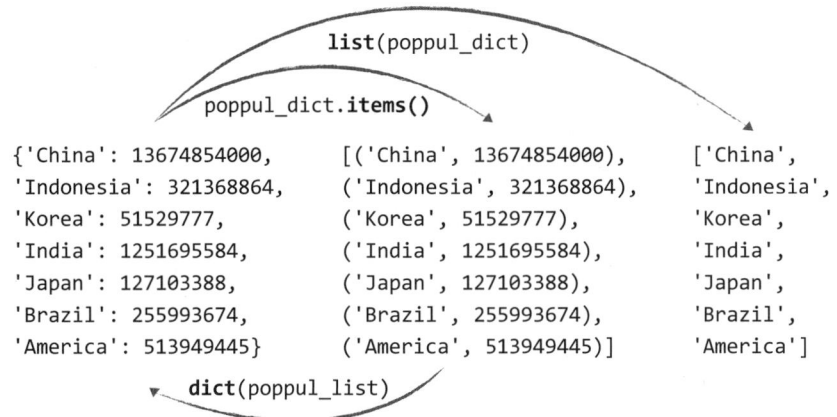

그렇다면 이쯤에서 사전에서 리스트로 타입 변환이 될 때 왜 key값만 리스트에 담는지 의문이 들 수도 있겠다. 사전으로 변환되는 리스트 형식에 맞게 변환되면 편할 텐데 말이다. 이런 문제는 설계상의 문제다. 완벽한 언어가 없는 것처럼 완벽한 정답은 없을 것이다. 그렇다고 이 설계가 잘못된 것은 아니다. 오랜 경험을 토대로 key만 얻는 방식이 좀 더 효율적인 경우가 많기 때문일 수도 있다.

그래도 만약 key와 value를 모두 리스트에 저장하고 싶다면 못할 것도 없다. 간단하게 사전의 items() 메소드를 사용하면 사전으로 변환하기 위한 리스트 형식으로 변환할 수 있다.

---

[1] 이 때도 key로 변환될 객체는 mutable 객체면 안 된다는 점은 꼭 기억하자.

```
>>> poppul_dict
{'China': 13674854000, 'Brazil': 255993674, 'India': 1251695584,
'America': 513949445, 'Indonesia': 321368864, 'Korea': 51529777, 'Japan':
127103388}
>>> poppul_dict.items()
dict_items([('China', 13674854000), ('Brazil', 255993674), ('India',
1251695584), ('America', 513949445), ('Indonesia', 321368864), ('Korea',
51529777), ('Japan', 127103388)])
```

Dictionary view object

잠시 쉬어가는 의미에서 view object에 대해 언급하겠다. 반드시 알고 있어야 하는 것은 아니지만 파이썬 2.x 버전에 대하여 파이썬 3.x 버전이 좀 더 효율적으로 동작한다는 것에 대한 한 예라고 생각하자.

앞선 코드에서 items 메소드를 호출한 결과는 단순한 리스트 객체가 아닌 듯 보인다. 이 객체는 view object의 한 종류로 파이썬 버전 3.x에서 사전의 items 메소드의 호출 결과로 반환되는 객체다.

```
>>> poppul_dict={'China': 13674854000, 'Brazil': 255993674, 'India':
1251695584, 'America': 513949445, 'Indonesia': 321368864, 'Korea':
51529777, 'Japan': 127103388}

>>> poppul_dict.items()
[('Brazil', 255993674), ('Korea', 51529777), ('Indonesia', 321368864),
('India', 1251695584), ('China', 13674854000L), ('Japan', 127103388),
('America', 513949445)]                    #파이썬 버전 2.x

>>> poppul_dict.items()
dict_items([('China', 13674854000), ('America', 513949445), ('India',
1251695584), ('Indonesia', 321368864), ('Korea', 51529777), ('Japan',
127103388), ('Brazil', 255993674)])        #파이썬 버전 3.x
```

반면에 파이썬 버전 2.x에서 items 메소드의 호출 결과로 반환되는 객체는 리스트다.

그렇다면 각 버전의 items 메소드가 반환하는 객체는 어떤 차이가 있을까?

```
poppul_dict=
{
  'China': 13674854000,
  'Brazil': 255993674,
  'India': 1251695584,
  'America': 513949445,
  'Indonesia': 321368864,
  'Korea': 51529777,
  'Japan': 127103388
}
...
```

2.x 버전 →
```
[
  ('China', 13674854000),
  ('Brazil', 255993674),
  ('India', 1251695584),
  ('America', 513949445)
  ('Indonesia', 321368864),
  ('Korea', 51529777),
  ('Japan', 127103388)
]
```

poppul_dict.items()

3.x 버전 → View Object

우선 2.x 버전의 경우를 살펴보자. items 메소드의 호출 결과로 반환되는 리스트는 사전 형태로 변환 가능한 리스트 형식을 가진다. 이 리스트는 items 메소드의 주체가 되는 사전을 토대로 만들어졌지만 일단 만들어진 이후부터는 두 객체 간에 어떤 연관도 없게 된다. 쉽게 말해 사전의 내용이 바뀌어도 리스트의 값에 영향을 미치지 않는다.

```
#python 버전 2.x
>>> py2 = my_dict.items()        #py2는 my_dict에서 만들어짐
>>> print(py2)
[('Brazil', 255993674), ('Korea', 51529777), ('Indonesia', 321368864),
('India', 1251695584), ('China', 13674854000L), ('Japan', 127103388),
('America', 513949445)]
>>> my_dict.clear()              #my_dict의 모든 항목이 지워져도
>>> print(py2)                   #py2에 영향을 안 미침
[('Brazil', 255993674), ('Korea', 51529777), ('Indonesia', 321368864),
('India', 1251695584), ('China', 13674854000L), ('Japan', 127103388),
('America', 513949445)]
```

그러나 3.x버전의 경우는 좀 다르다. items 메소드의 호출 결과로 반환되는 view object는 사전의 내용이 바뀌면 그 영향을 받게 된다.

```
#python 버전 3.x
>>> py3 = my_dict.items()
>>> print(py3)
dict_items([('China', 13674854000), ('Brazil', 255993674), ('America', 513949445), ('India', 1251695584), ('Indonesia', 321368864), ('Japan', 127103388), ('Korea', 51529777)])  #view object
>>> my_dict.clear()
>>> print(py3)
dict_items([])          #my_dict의 변경이 그대로 py3(view obejct)에 반영됨
```

이는 마치 view object가 외부에서 사방이 막힌 투명한 유리상자 안에 있는 사전의 내용을 바라보는 모습으로 비유할 수 있다.

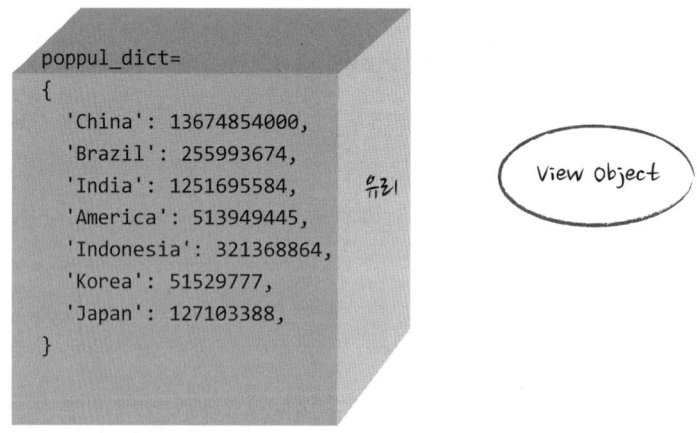

다시 말해 view object로는 사전의 정보를 유리 밖에서 볼 수 있지만 사전의 어떠한 내용도 변경 할 수는 없다. 이런 제한적인 접근 방식으로 인해 view object가 가진 메소드도 제한적이고 연산도 제한적이다.

```
#python 버전 3.x    view object의 연산
>>> dict_1 = {'a':1,'b':2}
>>> dict_2 = {'b':3,'c':4}
>>> view_obj1 = dict_1.items()
>>> view_obj2 = dict_2.items()
>>> view_obj1 | view_obj2                    #합집합
{('a', 1), ('c', 4), ('b', 3), ('b', 2)}
>>> view_obj1 & view_obj2                    #교집합
set()
```

```
>>> view_obj1 - view_obj2                           #차집합
{('a', 1), ('b', 2)}
>>> view_obj1 ^ view_obj2                           #합집합 - 교집합
{('a', 1), ('c', 4), ('b', 3), ('b', 2)}
>>> dict(view_obj1 | view_obj2)                     #합집합을 사전으로 변환
{'b': 2, 'c': 4, 'a': 1}
```

위 연산들은 다음에 다루게 될 set 타입에 적용되는 연산들이다. 마치 중고등학교 때 배운 집합을 연상케 하는 연산들이다. 위 연산들에 대한 더 자세한 설명은 set 타입에서 다루겠다.[2]

view object의 가장 중요한 특징은 사전의 값을 새로 복사하지 않기 때문에 객체 생성 시간이 매우 짧다는 것이다. 다음 코드는 2.x 버전과 3.x 버전의 items() 메소드의 수행 속도에 대한 실험을 보여준다. timeit에 대해서는 18장을 참고하고 여기서는 측정된 시간에만 관심을 갖자.

```
#python 2.x버전
>>> from timeit import timeit
>>> timeit("my_dict.items()","my_dict = {'a':1, 'b':2, 'c':3, 'd':4}")
0.7640929973976469         #my_dict.items()를 백만 번 실행한 결과 약 0.76초

#python 3.x버전
>>> timeit("my_dict.items()","my_dict = {'a':1, 'b':2, 'c':3, 'd':4}")
0.2889127674498013         #약 0.28초
```

환경에 따라서 결과 시간은 다르겠지만 약 2~3배 정도 view object의 생성 속도가 빠르게 나왔다. 사전을 리스트로 변환한 후 사용할 기능이 view object를 가지고도 수행할 수 있는 기능이라면 view object는 성능을 위한 좋은 선택이 될 것이다. 그렇다면 view object를 가지고 할 수 있는 일들을 알아보자.

view object의 기능

1. 사전의 항목의 개수를 알 수 있다.

2. iter 함수를 이용하여 사전의 항목에 대한 반복자를 얻을 수 있다(iter에 대한 더 자세한 내용은 18장을 참고하자).

---

[2] view object는 set 타입은 아니지만 set 타입의 특징을 지녔다. 따라서 set 타입과의 연산도 가능하다.

3. in 연산자를 통해서 사전의 특정 항목의 존재 여부를 (key, value) 형태로 판단할 수 있다.[3]

 참고

파이썬 2.x 버전에서도 view object 객체를 사용할 수 있다. 이 객체를 반환하는 함수의 이름은 viewitems, viewkeys, viewvalues로서 3.x 버전의 items, keys, values 메소드와 대응된다. 2.x 버전에서 items, keys, values의 기능은 단순히 사전을 리스트로 변경시키는 기능을 하는 메소드였다. 결국 3.x 버전에서는 이 기능을 하는 메소드는 사라진 것이다.
이런 변화의 이유에는 여러 가지가 있겠지만 전반적으로 성능을 위한 결정이다. 그리고 3.x 버전에서 사전을 리스트로 변환하고 싶다면 제어문에서 다룰 리스트 내포 문법을 사용하거나 view object를 list 함수의 인수로 넘겨주면 된다.

```
>>> print(my_dict)
{'China': 13674854000, 'Brazil': 255993674, 'America': 513949445, 'India': 1251695584, 'Indonesia': 321368864, 'Japan': 127103388, 'Korea': 51529777}
>>> [(k,v) for k,v in my_dict.items()]                #리스트 내포
[('China', 13674854000), ('Brazil', 255993674), ('America', 513949445),
('India', 1251695584), ('Indonesia', 321368864), ('Japan', 127103388),
('Korea', 51529777)]
>>> list(my_dict.items())                             #list(view object)
[('China', 13674854000), ('Brazil', 255993674), ('America', 513949445),
('India', 1251695584), ('Indonesia', 321368864), ('Japan', 127103388),
('Korea', 51529777)]
```

사전의 메소드는 그렇게 많지는 않고 그중 중요한 몇 가지는 이미 앞에서 다루었다. 나머지 메소드는 직접 파이썬 문서를 참고하면 어렵지 않게 익힐 수 있을 것이다.

---

[3] 여기서는 설명의 편의상 view object 중에서 items( ) 메소드의 결과인 dict_items에 대해서만 다루었다. dict_keys, dict_values도 view object로서 각각 keys( ), values( ) 메소드의 결과로 반환되는 객체 타입임을 알아두자.

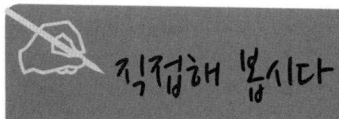

매핑 타입인 사전에 대한 복습과 점검을 해보겠습니다.

1. 자신의 지인의 연락처를 사전 형식으로 저장해보자. 그리고 색인 연산으로 연락처를 검색해보자(이 때 key는 이름, value는 전화번호로 할 수 있겠다).

2. 1번에서 만든 사전에서 몇몇 연락처를 삭제해보고 다시 추가해보자.

   HINT 삭제를 할 때 del 구문을 사용하고 추가할 때는 update 또는 setdefault 메소드를 사용할 수 있겠다.

3. 색인 연산으로 1에서 만든 연락처에 있는 이름과 중복되는 이름을 가진 사람의 연락처를 추가로 입력하려고 기존 연락처가 지워지는 문제가 있다. 연락처를 추가는 하되 중복되는 경우는 추가가 안 되도록 하려면 어떤 방법을 사용해야 할까? 이 방법으로 직접 중복되는 이름으로 연락처를 추가해보자.

   HINT setdefalut메소드 사용

4. 3번에서 좀 더 개선된 방법으로 동명이인의 경우를 구분하기 위하여 여러 정보를 가진 key값으로 대체해보자(key값으로 어떤 타입의 객체를 사용해야 할까?).

   HINT key값은 immutable 객체

5. 앞서 만든 주소록 사전을 리스트로 변환해보자. 이 때 key와 value가 모두 포함되도록 하자.

   HINT items메소드 사용

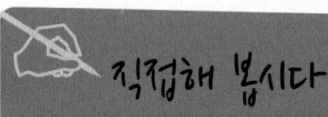

6   파이썬 2.x 버전과 파이썬 3.x 버전 각각에서 사전의 key 메소드와 values 메소드의 성능 비교를 해보자.

그리고 성능의 차이가 무엇 때문인지 생각해보자.

> **HINT** 18장 참고 timeit 함수를 사용

정리해 봅시다

> 해답은 파이썬의 신 네이버 카페(cafe.naver.com/godofpython)에서 제공됩니다.

1. 사전은 리스트처럼 색인 연산이 가능한가? 만약 그렇다면 리스트와 어떤 차이점을 가지고 있나?

2. 사전의 항목들을 특정 기준에 따라서 정렬할 수 있는가?

3. 사전에 항목을 추가하는 방법에는 어떤 것들이 있는지 정리해보고 각 방법들의 특징 또한 정리해보자.

4. 기본적인 타입 변환 방법으로 사전에서 리스트로 타입을 변경하면 value 값은 사라지고 key값만 리스트로 변경된다. value값까지 리스트에 포함시키고 싶다면 (   ) 메소드를 사용하면 된다.

5. 사전의 key로는 반드시 숫자나, 튜플 같은 (   ) 객체를 사용해야 한다.

6. 우리가 배운 타입 중에서 immutable 객체에는 어떤 것들이 있는가?

7. 리스트는 색인 연산으로 항목을 추가할 수 없지만 사전은 색인 연산으로 항목을 추가할 수 있다. 이 밖에 사전에 항목을 추가하는 방법은 어떤 것이 있었는지 체크해보자.

7장
셋 타입

학창시절 수학시간을 떠올려보자. 아마 가장 먼저 접했던 단원이 집합이었던 기억이 난다. 이번에 배울 셋 타입은 수학시간에 배운 집합을 떠올리면 쉽게 이해할 수 있을 것이다.

철수는 캐릭터가 그려져 있는 스티커를 모으는 것이 취미다. 총 100가지 캐릭터에 대한 스티커를 모으고 있는데 100가지를 모두 모으면 상품을 준다고 한다. 각각의 캐릭터에는 번호가 부여되어 있어서 스티커를 지칭할 땐 스티커에 그려진 캐릭터의 번호를 매겨서 부른다. 캐릭터는 1번부터 100번까지 100개의 캐릭터가 존재하기 때문에 스티커도 1번 스티커부터 100번까지가 있다.

다음은 철수가 현재까지 모아둔 스티커를 보여주는 그림이다.

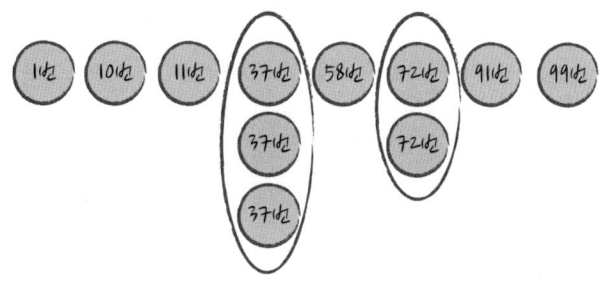

총 11개의 스티커를 모은 철수는 스티커를 위와 같이 정리하고 난 후에야 8종류의 스티커를 모았다는 것을 알았다. 즉, 현재 철수가 가지고 있는 스티커의 종류는 1, 10, 11, 37, 58, 72, 91, 99번의 총 8종류를 모은 상태다. 중복된 스티커로 인해서 모은 스티커의 총 개수와 종류의 개수가 일치하지 않는다는 것을 알게 된 철수는 스티커를 위 그림처럼 모두 책상 위에 펼쳐 놓기로 했다. 그런데 100개를 모으기에도 시간이 너무 걸리고 스티커가 많아질수록 책상의 공간도 좁아질 것 같아 보였다. 그래서 이 문제를 해결해보려고 파이썬을 활용해보기로 하였다.

앞으로 모으게 될 스티커의 번호를 추가하려면 추가가 가능한 자료구조여야 한다. 유력한 타입은 리스트와 사전인데 사전은 형태상 맞지 않는 듯 하여 리스트를 사용해 보기로 하였다.

```
>>> my_card=[1,10,11,37,58,72,91,99]        #현재까지 모아 놓은 스티커 8종류
```

우선 위 코드처럼 my_card에 8종류의 카드를 저장해 놓았다. 그리고 몇 일 뒤 추가적으로 7번, 55번, 99번의 카드를 얻게 되었다. 카드를 모아놓기 전에 리스트에 얻은 카드 번호를 추가하였다.

```
>>> my_card.extend([7,55,99])              #7,55,99번을 리스트에 추가
>>> my_card.sort()                         #리스트를 크기 순으로 정렬
>>> print(my_card)
[1, 7, 10, 11, 37, 55, 58, 72, 91, 99, 99]  #99가 두 번 중복됨. 11항목, 10종류
```

리스트가 중복된 데이터의 입력을 허용한다는 특성을 알지 못했던 철수는 다시금 고민에 빠지게 된다. 리스트도 항목의 개수가 스티커의 종류의 수를 의미하지는 않기 때문이다. 모아놓은 스티커 번호의 존재 여부만을 정리할 수 있는 방법을 모색하던 중 셋set 타입을 이용하면 이 문제를 해결할 수 있다는 힌트를 얻게 된다.

셋

셋set 타입은 우리가 중고등학교 때 배운 집합과 비슷한 녀석이다. 잘 기억해보면 집합은 동일한 값이 중복되지 않았었다. 이런 점은 철수의 문제를 해결해 줄 것 같다. 이제부터 셋 타입의 특성들을 살펴보면서 철수의 문제를 해결해보자.

set의 생성

다음 코드처럼 생성 방법이 수학시간에 배운 집합과 거의 동일하다.

```
>>> my_set = {2,4,6,8,10}          #짝수의 집합을 나타내는 set
>>> print(my_set)
{8, 10, 2, 4, 6}
```

set의 특징

set 타입도 사전과 마찬가지로 항목 간에 순서가 없다는 특징을 지닌다. 역시 셋 타입이 시퀀스 타입과 구별되는 특징이다. 앞선 코드에서 set을 생성했을 때 입력된 항목들의 순서와 출력된 항목들의 순서가 동일하지 않다는 것을 확인할 수 있다.

그리고 set 타입은 중복을 허용하지 않는다는 특징이 있다. 다음처럼 동일한 값을 지닌 데이터를 여러 번 중복하여 입력해보면 무슨 뜻인지 알 수 있을 것이다.

```
>>> {1,1,1,1,2,2,2,3,4,4,4,4,5,5,5,}
{1, 2, 3, 4, 5}
```

이 특성도 사전과 비슷하다고 볼 수 있다. 사전도 동일한 값을 지닌 key의 중복을 허용하지 않는 특성이 있기 때문이다. 그리고 사전의 key는 변경 불가능한 객체여야 한다고 앞장에서 설명했었다(key값은 hashable 객체여야 하고 이것은 변경 불가능한 객체로 생각하자고 앞장에서 설명했다). 그리고 이런 특성은 나중에 key의 값이 수정이 되면 중복될 가능성이 있을 수 있기 때문이라고도 설명했었다. 이런 맥락에서 set 타입의 항목도 변경 불가능한 객체여야 한다는 것을 짐작할 수 있다.

```
>>> {[1,2]:1}
Traceback (most recent call last):
  File "<pyshell#33>", line 1, in <module>
    {[1,2]:1}
TypeError: unhashable type: 'list'        #key는 hashable 객체여야 한다.
>>> {[1,2],3,4}
Traceback (most recent call last):
  File "<pyshell#34>", line 1, in <module>
    {[1,2],3,4}
TypeError: unhashable type: 'list'        #set의 항목은 hashable 객체여야 한다.
```

사전과 유사한 측면을 많이 갖고 있다는 점을 기억해 두자.

Set의 연산

기본 연산

흥미롭게도 중고등학교 때 배운 집합의 연산을 set에도 그대로 적용할 수 있다. 다음 밴다이어그램을 보며 기억을 더듬어 보자.

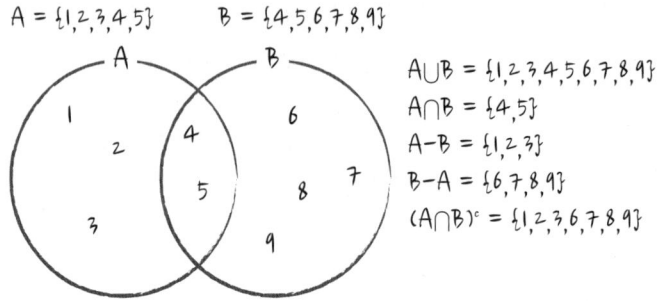

집합의 연산에는 합집합, 교집합, 차집합, 여집합이 있다는 것을 잘 알 것이다(이 연산에 관한 내용은 기초적이기 내용이기 때문에 여기서는 설명을 생략한다).

비록 연산기호는 완전히 동일하지 않지만 set 타입 객체로 집합을 표현하여 위 연산을 수행할 수 있다.

```
>>> A={1,2,3,4,5}
>>> B={4,5,6,7,8,9}
>>> A|B                    #합집합
{1, 2, 3, 4, 5, 6, 7, 8, 9}
>>> A&B                    #교집합
{4, 5}
>>> A-B                    #차집합
{1, 2, 3}
>>> B-A                    #차집합
{8, 9, 6, 7}
>>> A^B                    #교집합의 여집합
{1, 2, 3, 6, 7, 8, 9}
```

항목의 추가

이쯤에서 다시 철수가 고심하는 문제로 돌아가자. 리스트는 동일한 객체를 중복하여 지닐 수 있는 특성을 가졌기 때문에 모아 놓은 카드의 종류보다 항목이 많아질 수 있었다. set 타입이 이런 중복을 허용하지 않는 다는 특징은 철수의 고심을 해결해줄 수 있을 것 같다. set의 항목의 추가는 다음처럼 add 메소드를 사용하면 된다.

```
>>> my_card={1,10,11,37,58,72,91,99}
>>> my_card.add(7)
>>> my_card.add(55)
>>> my_card.add(99)
>>> print(my_card)
{1, 99, 37, 7, 72, 10, 11, 55, 58, 91}          #7, 55는 추가되었고, 99는 중복
                                                #되므로 추가되지 않음
```

위 코드에서 99가 추가되지만 이미 **my_card**에 있는 항목이다. 이 경우 리스트 타입과 달리 99가 중복으로 추가되지 않는다. 이제부터는 **set** 타입 객체를 사용하면 추가되는 카드의 넘버가 중복될 걱정은 없을 것이다.

그런데 **add** 메소드를 사용하여 여러 항목을 한 번에 추가하지 못한다. 그렇다고 위 코드처럼 하나씩 추가하는 것은 번거롭다. 이럴 땐 다음 코드처럼 항목들을 묶어서 한 번에 추가하는 방법을 사용하는 것도 괜찮아 보인다.

```
>>> my_card.union([7,55,99])     #union 메소드는 iterable 객체[1]를 인수로 받는다.
{1, 99, 37, 7, 72, 10, 11, 55, 58, 91}
```

항목의 삭제

셋 타입은 색인 연산이 지원되지 않으므로 리스트나 사전 같이 **del** 연산자를 사용할 수는 없다. 항목의 삭제를 위해서 셋 타입은 두 개의 메소드를 제공한다.

```
>>> my_set = {1,2,3,4}
>>> my_set.remove(4)                    #4와 동일한 값을 가진 항목을 지운다.
>>> print(my_set)
{1, 2, 3}
>>> my_set.remove(4)                    #항목에 없는 객체를 지우려 할 경우
Traceback (most recent call last):
  File "<pyshell#201>", line 1, in <module>
    my_set.remove(4)
KeyError: 4                             #KeyError 발생
```

---

[1] iterable 객체(반복 가능한 객체)는 앞서 배운 시퀀스 타입 객체들과 사전, set 등을 포함한다.

remove(객체) 메소드는 인수로 전달되는 객체와 동일한 값을 지닌 항목을 삭제한다. 만약 동일한 값을 지닌 항목이 존재하지 않을 경우엔 KeyError가 발생된다.

다음은 위 코드와 동일한 코드지만 항목을 삭제하는 메소드를 discard로 바꾼 것이다.

```
>>> my_set={1,2,3,4}
>>> my_set.discard(4)        #4와 동일한 값을 가진 항목을 지운다.
>>> print(my_set)
{1, 2, 3}
>>> my_set.discard(4)        #항목에 없는 객체를 지우려고 할 경우
                             #아무런 일도 안 일어남
>>> print(my_set)
{1, 2, 3}
```

따지자면 두 메소드의 차이는 에러의 발생 유무다. 어짜피 결과는 동일한데 왜 이런 차이를 둔 것일까? 때로는 에러를 발생시켜 수행동작을 좀 더 가시적으로 만들 필요가 있을 수도 있기 때문이다. 예를 들어 remove 메소드를 사용하여 항목에 없는 객체를 지우려고 할 경우 에러가 발생하도록 하면 이에 따른 추가적인 행동을 하는 코드를 더 작성할 수도 있다. 이에 대한 내용은 나중에 예외 공부하면서 더 자세하게 다룰 것이다.

항목의 존재 여부

앞에서 다룬 사전이나 시퀀스 타입에서처럼 in 연산자를 사용하면 된다. 사용 방법은 동일하므로 예제 코드만 제시하고 넘어가겠다.

```
>>> 1 in {1,2,3,4}
True
>>> 5 in {1,2,3,4}
False
```

set을 리스트로

앞에서 중복된 항목을 갖지 않는 set의 특성으로 철수의 문제는 해결되는 듯 보였다. 그런데 set의 또 다른 특성인 순서를 가지지 않는다는 성질로 인해서 set 객체는 정렬될 수가 없다는 문제점이 있다. 앞서 철수가 만든 my_card 객체 내의 카드넘버들의 입력된 순서와 출력된 순서가 다르다는 것을 보면 알 수 있을 것이다. 이 문제를 해결하는 가장 간단한 방법은 내장 함수인 sorted를 사용하는 것이다.

```
>>> print(my_card)
{1, 99, 37, 7, 72, 10, 11, 55, 58, 91}  #set 타입은 순서가 없으므로 정렬을 할 수 없다.
>>> sorted(my_card)        #sorted 함수는 iterable 객체를 정렬하여 리스트로 반환한다.
[1, 7, 10, 11, 37, 55, 58, 72, 91, 99]
```

앞의 예처럼 sorted 함수로 정렬을 하거나 또 다른 방법으로는 직접 리스트와 같은 다른 타입으로 변환을 한 뒤 정렬을 하면 된다. 이미 앞에서 여러 타입들 간에 변환에 대해서 다루어 왔기 때문에 익숙할 것이라 생각한다. 아쉽게도 셋 타입 자체를 정렬할 방법은 없기 때문에 이렇게 타입 변환을 이용하는 것이다.

다음은 이와 동일한 작업을 타입 변환을 이용하여 수행한 코드다.

```
>>> my_card
{1, 99, 37, 7, 72, 10, 11, 55, 58, 91}
>>> card_list = list(my_card)              #셋을 리스트로 변경
>>> card_list.sort()                        #위에서 변경된 리스트를 정렬
>>> print(card_list)                        #정렬된 리스트를 출력
[1, 7, 10, 11, 37, 55, 58, 72, 91, 99]      #정렬된 모습
```

참고로 위 두 방법의 실행 속도는 거의 동일하다.

리스트를 셋으로

지금까지 철수가 고심하던 문제를 꼭 셋으로 풀 필요는 없었다. 타입 간의 변환을 이용하면 타입들의 특성을 일시적으로 얻을 수도 있기 때문이다. 예를 들어 리스트를 셋으로 변환할 때는 중복된 값들은 알아서 제거되고 하나만 남기 때문에 중복된 값의 제거를 목적으로 셋으로의 변환을 사용할 수도 있다.

```
>>> my_card=[1,10,11,37,37,37,58,72,72,91,99]
>>> card_set = set(my_card)           #set으로 변환
>>> print(card_set)
{1, 99, 37, 72, 10, 11, 58, 91}  #my_card의 중복된 항목들이 제거되고 하나만 남은 모습
>>> my_card = list(card_set)  #리스트로 변환했지만 set의 특성이 입혀져서 정렬이 안 된 상태
>>> my_card.sort()        #정렬, 또는 sorted 함수로 리스트로 변환과 동시에 정렬도 가능
>>> print(my_card)
[1, 10, 11, 37, 58, 72, 91, 99]
```

위 코드처럼 리스트를 셋으로 변환하게 되면 정렬 상태가 흐트러질 수 있다는 것도 기억하자.

참고로 다음은 셋과 튜플 간에 변환에 대한 코드다.

```
>>> my_set = {1,3,5,7,9}
>>> my_tuple = tuple(my_set)          #셋을 튜플로
>>> print(my_tuple)
(9, 3, 5, 1, 7)
>>> my_set2 = set(my_tuple)           #튜플을 다시 셋으로
>>> print(my_set2)
{9, 3, 5, 1, 7}
```

셋 타입의 메소드 역시 앞에서 소개한 정도가 주요한 메소드들이다. 몇 개 존재하지는 않는데 직접 파이썬 문서를 참고하여 어떤 것들이 있는지 정리해보길 바란다.

None 타입

지금까지 여러 타입들에 대해서 공부해 왔다. 모든 타입의 데이터들은 형태를 가지고 값을 가진다. 그리고 이런 데이터들의 연산의 결과 역시 특정 타입의 데이터일 것이다. 하지만 가끔은 아무런 값도 가지지 않을 수 있다.

예를 들어 리스트는 빈 리스트([ ]), 사전은 빈 사전({ }) 등으로 표현할 수 있다. 이렇게 빈 리스트와 빈 사전은 분명 둘 다 아무런 값도 가지지 않았지만 서로 다르다. type 함수로 빈 리스트의 타입을 검사한다면 list 타입으로 나올 것이고 빈 사전의 경우는 dict 타입으로 나올 것이다. 하지만 이 둘은 아무런 데이터도 가지고 있지 않다는 측면에서 보면 같다고 볼 수 있다. 그렇다면 이 두 표현에 대해서 동일하게 처리하고 싶을 경우는 어떻게 하면 될까?

이런 경우 아무런 데이터도 가지지 않는다의 의미를 가진 None이라는 객체를 대신 사용할 수 있다. 이 객체의 타입은 None 타입으로 아무 값도 가지고 있지 않음을 나타낸다. 나중에 배울 함수가 반환하는 값이 없을 때 None을 반환하도록 정해져 있다. None 역시 객체지만 아무것도 없다는 의미에서 bool값으로 변환하면 False가 된다. None은 어떤 의미 있는 행동을 하는 객체라기보다는 일종의 약속으로 값이 없다는 것을 알려주는 역할을 한다. C 언어의 null을 생각하면 될 것이다.

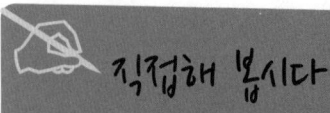

set 타입에 대한 복습과 간단한 연습문제들을 풀어보겠습니다

1. 아래 밴다이어그램 그림에서 A 영역과 B 영역에 들어갈 숫자들을 파이썬의 set 타입의 연산을 이용하여 구하라. 단 x, y, z의 원소는 다음과 같다.

   x={1,2,3,4,5,6,8}
   y={4,5,6,9,10,11}
   z={4,6,8,9,7,10,12}

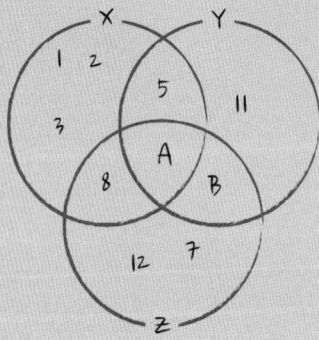

> **HINT** 합집합, 교집합, 차집합, 교집합의 여집합에 대한 연산 기호는 차례대로 |, &, -, ^ 이다.

2. 위 문제에서 제시된 집합에서 x와 y의 교집합 중 z에는 없는 원소를 파이썬 연산을 사용하여 구하여라. 그리고 x와 y집합 각각에서 이 공통 원소를 제거해보도록 하자.

> **HINT** 1번 문제 참고

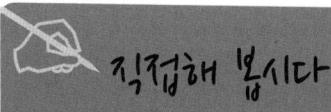

3 다음 리스트에서 중복된 항목을 없애보자(set 타입의 특성을 이용하도록 하자).

[1,2,3,4,5,6,7,8,9,10,2,4,7,9,1]

4 다음 리스트에서 중복된 항목을 없앤 후 오름차순으로 정렬해보라.

[9,5,3,7,2,1,2,3,9,6,7,6,7,4,1,]

> **HINT** set 타입의 특성을 이용한다.

5 파이썬을 이용하여 다음 세 문자열에서 공통된 문자만 출력해보자(set 타입의 교집합을 이용하도록 한다).

"python is simple", "apple is delicious", "programming"

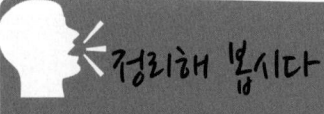
정리해 봅시다

> 해답은 파이썬의 신 네이버 카페(cafe.naver.com/godofpython)에서 제공됩니다.

1 셋 타입은 우리가 수학시간에 배운 집합과 매우 유사한 녀석이다. 합집합, 교집합, 차집합, 교집합의 여집합에 대한 연산은 순서대로 (   )로 할 수 있다.

2 사전과 셋 타입의 유사한 점은 사전은 (   )이 중복될 수 없고, 셋 타입은 (   )이 중복될 수 없다는 점이다.

3 셋 타입과 사전의 차이점은 셋 타입은 (   ) 연산이 안 된다는 점이다.

4 셋 타입의 remove 메소드와 discard 메소드의 차이점은 지울 항목이 없는 경우 (   ) 여부의 차이다.

5 타입 변환을 이용하여 리스트를 셋으로 변환하면 중복된 값들은 제거된다.

6 set 타입 객체 역시 시퀀스 타입 객체와 마찬가지로 항목의 존재 여부를 (   ) 연산자를 사용하여 판단할 수 있다.

3부
기본 문법

8장_ 제어문

9장_ 함수

10장_ 모듈과 패키지

11장_ 클래스

12장_ 파일 다루기

13장_ 예외

8장
제어문

프로그램이 컴퓨터에서 실행되는 것은 프로그램의 코드가 작성된 순서대로 해석되어 수행되는 것이다. 지금까지 배운 내용만 놓고 보면 프로그램의 이러한 실행 흐름에 이견이 없을 것이다.

하지만 항상 코드의 수행 흐름이 정해진 대로 흘러가야 되는 것은 아니다. 이것은 상황에 따라서 특정 코드를 선택하거나 선택하지 않거나 또는 반복해야 하는 문제일 수도 있다. 이렇게 선택 또는 반복을 위해서 우리는 제어문을 사용해야 한다. 다시 말해 제어문의 사용은 프로그램의 흐름을 변화시킬 수 있다.

이번 장에서는 코드의 선택 또는 반복의 문제가 발생하는 예들을 알아보고 제어문의 종류와 사용법에 대해서 알아볼 것이다.

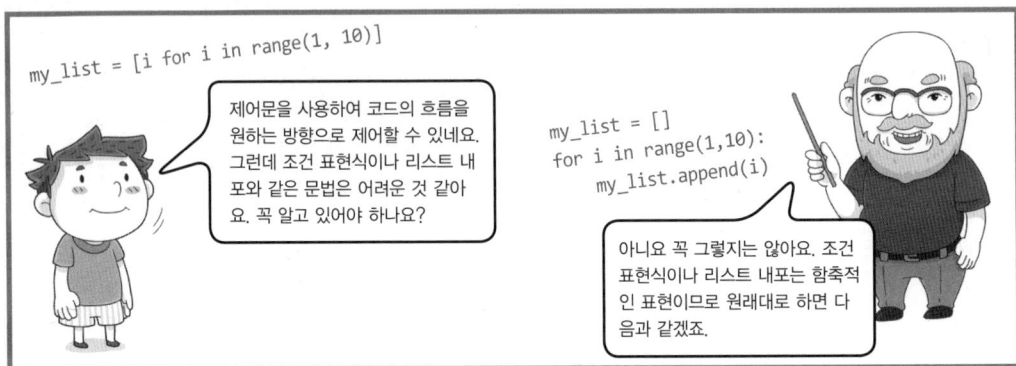

if문(조건문)

우리가 일상에서 어떤 결정을 할 때는 일반적으로 조건에 따라서 선택을 한다. 간단한 예를 들면 목이 마르면 물을 마신다든가 내일 비가 안 오면 놀이공원에 가려고 하는데 비가 오면 취소하고 영화를 보러 간다든가 하는 결정을 종종 한다. 물론 실제 세계에선 어떤 행동을 선택하는 원인은 매우 복합적이겠지만 단순화한다면 이렇다는 것이다. 이런 행동들은 사람이 살아가는 동안에 이루어지는 일들이다.

프로그래밍 언어로 작성된 코드는 순차적으로 실행된다. 지금까지 배운 내용만 놓고 보면 우리가 작성했던 코드는 위에서 아래로 순차적으로 모든 코드가 한 번만 수행된다는 것에는 이견이 없을 것이다. 프로그래밍 언어로 작성된 코드를 프로그램의 삶을 표현한 것이라고 생각하면 인간의 삶과 마찬가지로 코드의 흐름 중에 행동의 변화가 필요할 수도 있다. 그런데 사람이 살아가는 중에 자신이 정해놓은 삶의 흐름에 벗어난 행동을 선택하는 일은 조건이 없는 경우도 있겠지만 프로그램의 세계에서는 코드의 정해진 흐름을 벗어나기 위해서는 반드시 조건에 의한 판단이 필요하다.

이렇게 프로그램 내에서 조건에 따른 행동의 변화에 대한 예는 일상에서 얼마든지 관찰된다. 엘리베이터는 항상 버튼이 눌려진 층에서 멈춘다. 엘리베이터는 모든 층을 지날 때 버튼이 눌렸는지에 대한 조건을 검사한 후에 만약 눌려졌다면 그 층에서 멈추는 동작을 하는 것이다.

더 간단한 예로 불을 켜기 위한 스위치도 조건으로 볼 수 있다. 스위치가 ON에 있다면 불이 켜지고 OFF에 있다면 불이 꺼진다.

다음 코드는 불을 켜는 동작을 파이썬으로 흉내내본 것이다.

```
>>> switch=0       # switch의 값이 1이면 ON, 0이면 OFF를 의미한다.
>>> if switch ==1: #switch ==1은 False이므로 if문에 수반된 코드 블록은 실행되지 않는다.
        print("ON")
```

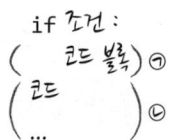

if문은 조건식이 반환하는 값에 따라서 코드 블록을 실행할지 말지를 결정한다. 스위치 문제는 조건에서 스위치가 ON이면 True를 반환하여 수반된 코드 블록을 실행하게 된다. 이러한 그림에서 ㉠에 해당하는 코드 블록이다. 만약 조건식이 반환하는 값이 False라면 코드 블록 ㉠은 수행되지 않고 ㉡으로 바로 건너뛰게 된다.

이렇게 if문은 코드의 순차적인 흐름에 변화를 줄 수 있는 제어문의 한 종류다.

조건식

if문을 이해하기 위해 우선 if문에 사용되는 조건식에 대해서 살펴보자.

조건식에는 식이나 함수 또는 데이터 값을 지닌 변수가 올 수 있다. 연산식이든 함수든 결과로 데이터가 반환되므로 궁극적으로 조건식은 데이터 또는 표현식이라고 볼 수 있다. 이 값은 참 또는 거짓의 두 가지 값으로 나뉘는데 이 값에 따라 수반되는 코드 블록의 실행 여부가 결정된다. 일반적으로 조건의 참과 거짓은 bool 타입의 True와 False로 나타낸다.

```
>>> if True:
        print("Hello")          #조건식이 True이므로 실행됨

Hello
>>> if False:
        print("???")            #조건식이 False이므로 실행되지 않음
```

하지만 반드시 조건식의 값으로 bool 타입만 와야 되는 것은 아니다. 모든 데이터는 bool 타입으로 변환될 수 있기 때문이다. 다시 말해 조건의 데이터 타입은 bool 타입으로 변환된 후에 판단된다.

```
>>> if "Python":                #bool("python")은 True다.
        print("Light ON")

Light ON
>>> if 0 :                      #bool(0)은 False다.
        print("???")
                                #아무것도 출력되지 않음
```

여러 타입의 객체들을 bool 타입으로 변환시켜보면 True가 되는 값은 숫자 0과 None 그리고 빈 객체를 제외한 모든 데이터들이다.

```
>>> bool(0)
False
>>> bool(None)
False
>>> bool([])          #빈 리스트
False
>>> bool(())          #빈 튜플
False
>>> bool('')          #빈 문자열
False
>>> bool(' ')         #공백문자
True
>>> bool((0))         #숫자0
False
>>> bool((0,))        #항목 1개의 튜플
True
```

조건식에 대해서 어느 정도 파악이 되었다면 조건문을 더 깊이 공부해보자.

if~elif문

앞선 스위치의 예에서는 스위치가 ON인 경우에 대한 조건만 존재했었다. 그래서 스위치가 OFF일 때는 단순히 if문에 수반되는 코드 블록이 실행되지 않을 뿐이었다. 스위치의 현재 상태를 모두 검사하고 각 상태에 따라 수행할 코드가 따로 있다면 스위치가 OFF인 경우에 대한 판단도 있어야 한다. 그렇다면 다음과 같이 코드를 작성해야 할까?

```
>>> switch = 0
>>> if switch==1:
       print("ON")
>>> if switch==0:
       print("OFF")

OFF
```

이 방법이 틀린 것은 아니지만 두 조건문이 따로 존재한다는 것이 마음에 걸린다. 이렇게 조건들이 서로 이율배반적인 상황에서는 하나의 조건이 맞으면 다른 조건을 검사할 필요가 없기 때문이다. 하지만 이와 같은 코드는 스위치가 "ON"에 있든 "OFF"에 있든 상관없이 두 조건을 항상 다 검사한다.

이렇게 조건이 이율배반적인 상황이라면 다음 코드처럼 elif문을 사용하는 것이 좋다.

```
>>> switch=0
>>> if switch == 1:
        print("ON")
elif switch == 0:                    #elif문으로 추가적인 조건을 가질 수 있다.
        print("OFF")
OFF
```

이 코드는 if문의 조건이 거짓이므로 다음 조건을 검사하기 위해 elif문의 조건을 검사한다. 그리고 elif문의 조건이 참이므로 코드 블록을 실행하여 OFF를 출력한다. 반대로 if문의 조건이 참이라면 다음 elif문의 조건을 검사하지 않는다. 다음 예처럼 비록 다음 elif문의 조건이 참일지라도 말이다.

```
>>> switch=1
>>> if switch == 1:
        print("ON")
elif switch == 1:                    #두 조건이 모두 참이지만 elif문의 조건은 검사하지 않는다.
        print("ON")                  #당연히 elif에 수반된 코드 블록도 실행되지 않는다.
ON
```

이 문제를 좀 더 일반화해서 설명해보겠다.

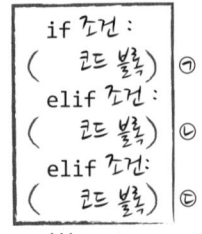

이 그림은 3개의 조건을 가진 조건문의 구조를 나타낸 것이다. 이 구문에서 실행되는 코드 블록은 어떤 경우라도 한 개를 초과할 수가 없다.

먼저 3가지 조건이 모두 False라면 당연히 ㉠, ㉡, ㉢ 중 어느 코드도 실행되지 않는다.

만약 True인 조건이 있다면 True가 몇 개가 되든 상관없이 순서상 가장 먼저 True로 검사되는 조건에 수반되는 코드 블록만 실행된다. 따라서 조건을 만들 때는 이런 점에 주의하도록 하자.

else문

조건은 스위치의 경우처럼 아주 간단한 비교식일 수도 있지만 표현하기 복잡한 경우도 있을 수 있다. 예를 들어 number라는 변수가 지닌 숫자가 0이나 100인 경우엔 'Hello'를 출력하고 이외의 숫자인 경우 'good-bye'를 출력하는 코드를 작성해보자.

```
>>> number=99
>>> if number==0 or number==100:
        print('Hello')
elif number<0 or 0<number<100 or 100<number:
        print('good-bye')

good-bye
```

위 코드에서 number가 200, 300인 경우는 'hi'를 출력하기로 코드를 수정하면 elif문은 더욱 복잡해진다.

```
>>> number=99
>>> if number==0 or number==100:
        print('Hello')
elif number==200 or number==300:
        print('hi')
elif number<0 or 0<number<100 or 100<number<200 or 200<number<300 or 300<number:
        print('good-bye')

good-bye
```

이런 경우 나머지에 해당하는 조건들을 일일이 표현할 필요 없이 다음처럼 else문을 사용하여 표현할 수 있다.

```
>>> if number==0 or number==100:
        print('Hello')
elif number==200 or number==300:
        print('hi')
else:
        print('good-bye')

good-bye
```

else문은 조건문의 마지막에 선택적으로 사용되어 앞에서 어떤 조건에도 충족되지 않은 경우에 수행될 코드를 작성한다.

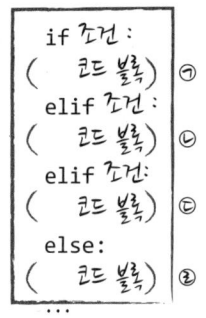

else문은 if나 elif와 달리 조건이 없이 단독으로 쓰인다. 수반되는 코드 블록을 실행할지 말지에 대한 조건판단이 없기 때문에 코드의 흐름이 else까지 왔다면 else문에 수반되는 코드 블록은 반드시 실행되게 되어 있다. 바로 위 그림의 ㉣에 해당하는 코드 블록이다. 또 else문에 수반된 코드 블록이 실행된다는 것은 앞의 조건문에서 True가 되는 조건식이 없었다는 의미가 된다.

종합해보면 위 그림의 경우 ㉠, ㉡, ㉢, ㉣ 중에서 반드시 하나의 코드 블록만 실행되게 된다.

일반적으로 다른 프로그래밍 언어에도 else문이 존재한다. else문은 보통 조건문에서만 쓰이지만 파이썬에서는 좀 더 확장되어 융통성 있게 사용된다. 이에 대한 내용은 다른 제어문에서 다시 다룰 것이다.

조건이 포함된 표현식

조건 표현식

만약 C 언어에 익숙한 분들이라면 3항 연산자라고 들어봤을 것이다. if~else문을 마치 암호처럼 표현한 형태로 다음과 같다.

```
#C 언어 코드
x > y ? x:y;
```

조건식 ? A : B의 형태로 조건식이 참이면 A가 실행되고, 거짓이면 B가 실행된다. 따라서 위 코드는 x와 y 중에 큰 값이 선택된다. 그런데 왜 이런 표현을 쓰는 것일까? 물론 여러 줄의 코드를 한줄로 간편하게 쓸 수 있다는 장점도 있지만 if문(statement)을 표현식expression으로 바꾸어 쓸 수 있기 때문이다. 즉, 위 3항 연산자는 반환하는 값이 있기 때문에 수식 같은 곳에 그대로 사용될 수가 있는 것이다.

파이썬에서도 이렇게 if문을 표현식으로 바꿔 표현할 수 있는데 이를 조건 표현식conditional expression이라고 하고 기본 문법은 다음과 같다.

```
A if 조건식 else B
```

해석하자면 조건식이 먼저 판단된 후 조건식이 True면 A를 수행하고 조건식이 False면 B를 수행하라는 의미를 가진다. C 언어의 암호 같은 표현에 비교하면 좀 더 사람의 언어에 가까워 보인다.

한번 스위치 문제를 조건 표현식으로 바꿔보자.

```
>>> switch = 0
>>> print("ON") if switch == 1 else print("OFF")
OFF
```

조건식이 False이기 때문에 B에 해당하는 print("OFF")가 실행된다. 물론 이때 A는 실행되지 않는다. 이 표현식은 if문으로 작성하면 다음과 같다.

```
if 조건식:
    A
else:
    B
```

이미 앞에서 다루었던 코드다.

```
>>> switch=0
>>> if switch == 1:
        print("ON")
else switch == 0:
        print("OFF")

OFF
```

그럼 조건 표현식은 어떤 때 사용할까? 위 내용을 보면 분명 코드의 길이가 짧아지는 효과가 있다. 그리고 C 언어의 3항 연산자와 마찬가지로 조건문을 표현식으로 사용할 수 있게 해준다. 우선 표현식expression과 구문statement의 차이는 '미리 알아두기'를 참고하자.

우리가 이 장에서 다루는 조건문, 반복문은 구문에 속한다. 구문은 값을 반환할 수 없기 때문에 변수로 참조할 방법이 없지만 표현식은 값으로 환산할 수 있는 식이므로 다음 코드처럼 변수로 참조가 가능하다.

```
>>> x=1; y=77
>>> result = x if x>y else y
>>> print(result)
77
```

위 코드에서 조건 표현식은 x와 y를 비교하여 큰 수를 반환한다. 그리고 바로 변수 **result**에 할당한다. 이렇게 표현식이 들어갈 수 있는 부분이라면 조건문을 조건 표현식으로 바꾸어 직접 코드를 작성할 수 있기 때문에 코드의 길이를 줄여주어 코드를 깔끔하게 하는 효과와 더불어 코드의 전반적인 가독성도 높여주므로 큰 의미를 지닌다. 코드의 표현도 좀 더 자유롭기 때문에 때에 따라서는 매우 복잡한 형태의 코드를 아주 간단하게 바꿀 수도 있다. 이에 대한 더 자세한 예는 리스트 내포^{list comprehension}에서 다루도록 하겠다.

중첩된 조건 표현식

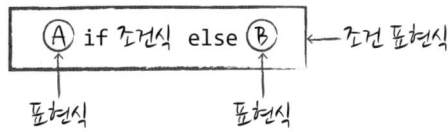

조건 표현식도 표현식의 일종이므로 표현식 A나 표현식 B자리에 조건 표현식이 들어가면 중첩된 형태가 된다.

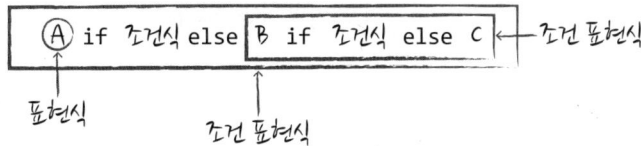

그럼 왜 중첩된 형태의 조건 표현식을 사용할까? elif를 조건 표현식에 사용할 수 없기 때문이다. 실제로 조건문에서도 elif를 사용하지 않고 if else만으로도 조건을 늘릴 수 있다.

```
>>> button = 2
>>> if button ==1:                        #조건 1
        print("button1")
else:
        if button == 2:                   #조건 2
                print("button2")
        else:
                print("other button")

button2
```

그리고 다음은 위 코드를 조건 표현식으로 표현한 코드다.

```
>>> button = 2
>>> print("button1") if button == 1 else print("button2") if button==2 else print("other button")
button2
```

for문

이번에는 제어문 중에 사용빈도가 가장 많은 for문에 대해서 살펴보겠다. 우선 다음 코드를 보자.

```
#코드1-1
>>> my_list=[0,1,2,3,4,5,6,7,8,9,10]
>>> sum(my_list)
55
```

총 2줄인 위 코드는 2줄이 순차적으로 모두 수행된다. 그리고 딱 한 번만 수행된다. 사실 위 코드는 다음과 같이 바꾸어 표현할 수도 있다.

```
#코드2-1
>>> total=0
>>> total+=1
>>> total+=2
>>> total+=3
>>> total+=4
>>> total+=5
>>> total+=6
>>> total+=7
>>> total+=8
>>> total+=9
>>> total+=10
>>> print(total)
55
```

표현 방식은 다르지만 1부터 10까지의 합을 구하는 코드라는 점에서는 동일하다. 이 코드도 순차적으로 딱 한 번만 수행된다.

이번에는 수를 더 늘려서 1부터 1000까지의 합을 구하는 코드를 만들어 보자.

```
#코드1-2
>>> my_list=[1,2,3,4,5,6,7,8,9,10,11,12,..............,551,.............,999,1000]
>>> sum(my_list)
500500
```

```
#코드2-2
>>> total=0
>>> total+=1
>>> total+=2
...
...
...
>>> total+=999
>>> total+=1000
>>> print(total)
500500
```

코드 1-2와 코드 2-2는 문제없이 동작한다. 그런데 1부터 1000까지의 숫자에 대한 경우를 일일이 코드로 작성해야 한다. 10정도까지의 합은 몰라도 1000까지 합이라니 정말 아찔하다. 과연 프로그래머들은 이런 식으로 코드를 작성하는 것일까? 물론 그렇지 않다. 그렇다면 어떤 방법으로 코드를 작성하면 좋을까?

이 방법을 배우기 전에 위 코드를 먼저 분석해볼 필요가 있다. 코드 2-2를 잘 보면 반복적인 동작이 있다. 먼저 total에 값을 더하는 동작이다. 그리고 total에 더해지는 값들을 1씩 증가시키는 작업이다. 이런 반복적인 동작은 마치 지폐를 세는 동작이나 망치로 못을 박는 동작과 같은 것이다. (지폐를 세라! 지폐뭉치의 마지막 장까지. 또는 망치로 못을 박아라! 못이 다 박힐 때까지) 이런 동작은 어떤 조건이 충족될 때까지 계속 반복되는 성질을 지녔다.

다시 위 코드의 경우로 돌아가서 이 코드에서 반복되는 동작을 파악해보자. 우선, 여기서 반복되는 동작은 total에 더해지는 값이 1000이 될 때까지만 수행된다고 볼 수 있다(0부터 1씩 증가되는 값을 계속해서 더해가라! 더해지는 값이 1000이 될 때까지). 이런 표현을 코드로 작성하려면 반복을 위한 제어문인 for문을 사용하면 된다.

C 언어의 for문에 익숙해져 있다면 파이썬의 for문은 다소 낯설 수도 있다. 하지만 익숙해지고 나면 얼마나 강력한지 실감하게 될 것이다.

전통적인 C 언어에서 for문은 반복을 위한 제어문이다. 보통 몇 번을 반복할지를 정하는데 C 언어에선 블록에 있는 코드를 10번을 반복하기 위해서 다음과 같은 구조로 for문을 작성한다.

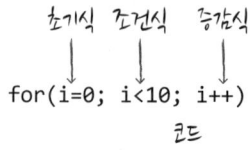

동작의 순서대로 해석하면 'i=0'은 초기식으로 한 번만 실행된다. 'i<10'은 조건식으로 이 조건이 참이면 {코드}가 수행된다. i++는 i의 값을 1 증가시키라는 의미인데 {코드}가 모두 실행된 후에 실행된다. 그리고 다시 조건식을 검사하고 {코드}를 실행하게 된다. 이렇게 코드를 반복적으로 실행하다가 i의 값이 10이 되는 순간 조건식이 거짓이 되어 {코드}를 실행하지 않고 for문을 빠져나가서 다음 코드가 실행된다. 아마 어렵지 않게 이해할 수 있을 것이라 믿는다.

그런데 파이썬에서 for문은 초기식, 조건식, 증감식이 존재하지 않는다. 위 코드를 파이썬으로 표현하면 다음과 같다.

```
for i in [0,1,2,3,4,5,6,7,8,9]:
    코드
```

파이썬의 for문에 초기식, 조건식, 증감식이 존재하지 않는 이유는 반복을 위해서 사용되는 데이터타입의 기능으로 이런 식들을 대체할 수 있기 때문이다. 위 예에서 사용된 데이터 타입은 리스트다.

이에 대한 설명에 앞서 우선 파이썬의 for문이 어떻게 동작하는지를 알아보겠다.

for문은 in 연산자와 같이 사용되는데 다음 그림처럼 동작한다. 한 번 C 언어의 for문과도 비교해보자.

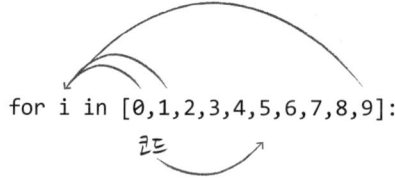

먼저 리스트의 첫 번째 항목을 i가 참조한다. 그 다음 코드가 실행되고 실행을 마치면 리스트의 다음 항목인 두 번째 항목을 i가 참조한다. 다시 코드가 실행되고 실행을 마친 후 마찬가지로 i가 리스트의 다음 항목을 참조한다. 이런 방식으로 마지막 항목까지 모두 순회한 후 더 이상 순회할 항목이 없다면 위 코드를 벗어나 다음 코드를 실행한다.

C 언어와 비교해보면 구조는 다르지만 리스트를 사용하여 동일한 동작을 수행을 하였다. 분석해보면 C 언어의 for문에서 초기식의 초기값에 해당하는 값이 리스트의 첫 번째 항목의 값이 된다. 그리고 증감식은 리스트의 색인을 하나씩 증가시키는 것이 되고 조건식은 리스트의 마지막 항목을 벗어나기 전까지를 뜻한다고 볼 수 있다.

파이썬의 for문은 마치 영어 문장과 같은 느낌도 준다.

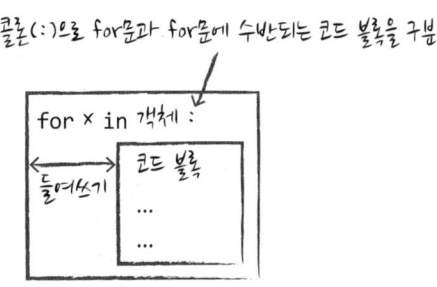

위 그림을 해석해보면 객체 내의 어떤 항목 x에 대해서 코드 블록을 수행하라는 의미다. 코드 블록은 C 언어의 {코드}에 해당한다. 파이썬은 들여쓰기로 C 언어의 { }를 대신한다는 것은 '미리 알아두기'에서 이미 설명했다. 이렇게 파이썬의 for문은 C 언어에 비해서 복잡하지도 않고 해석하기도 쉽다.

이제 for문에서 순회를 위해서 사용될 객체에 대한 이해가 필요하다. for문에서 순회를 위해서 사용될 객체는 iterable 객체인데 순회를 위한 메소드들을 갖고 있는 객체라고 보면 된다. 앞에서 살펴본 시퀀스 타입과 사전, 셋 모두 iterable 객체이므로 for문에 사용될 수 있다. 이렇게 파이썬의 iterable 객체는 C 언어의 초기식, 조건식, 증감식의 기능을 가진 녀석이라 볼 수 있다.

지금까지 파이썬의 for문에 대해서 간략하게 살펴보았다. if문과 마찬가지로 문법 구조가 심플하고 어렵지 않기 때문에 이제부터 살펴볼 몇몇 예를 통해 빠르게 익숙해져 보자.

range를 이용한 for문

```
for i in range(0,10):
    블록
```

range(0,10)은 0부터 9까지의 시퀀스를 생성하는 객체다. range는 iterable 객체이므로 for문에 사용될 수 있다.

> **참고**
>
> range는 파이썬 2.x 버전에서는 함수였지만 3.x 버전에서는 클래스로 바뀌었다. 이 둘의 사용 용도는 차이점은 없지만 동작하는 방식은 다음과 같은 차이를 가진다.
>
> 2.x 버전의 range를 사용하면 큰 범위를 수를 다룰 때 범위에 비례해서 메모리 사용이 증가하는데 반해 3.x 버전에서는 메모리 사용량이 범위의 크기에 관계없이 일정하다. 이는 먼저 모두 생성하고 사용하느냐 아니면 필요할 때마다 필요한 항목만 생성하는가에 대한 차이라고 볼 수 있다. 기존 2.x 버전에서의 range(0, 1000)을 호출하면 0부터 999까지의 수를 가진 리스트가 생성된다. 한 번 반환된 객체가 메모리를 얼마나 차지하는지 측정해보자.
>
> ```
> >>> import sys              #sys 모듈에 있는 getsizeof 함수로 데이터의 크기를 측정
> >>> sys.getsizeof(range(0,1000))   #2.x 버전의 range(0,1000)
> 4036                        #4036Byte의 메모리를 사용
> ```
>
> 4,036Byte의 엄청난 메모리를 사용하게 된다! 1000개의 항목이 메모리에 생겼으니 당연한 결과다. 다음은 3.x 버전에서 동일하게 측정한 코드다.
>
> ```
> >>> import sys
> >>> sys.getsizeof(range(0,99999))
> 24
> >>> sys.getsizeof(range(0,10))
> 24
> >>> sys.getsizeof(range(0,1000))
> 24
> ```
>
> 범위에 상관없이 24Byte를 차지하는 것을 볼 수 있다. 파이썬 버전 3.x에서 range(a,b)라 하면 a에서 b-1까지의 숫자 시퀀스를 생성할 수 있는 iterable 객체가 생성된다. for문과 함께 쓰이면 이 객체는 요청되는 항목을 그 때마다 계산하여 반환해준다. 메모리에 리스트로 저장된 항목을 바로 얻는 방식보다 이렇게 필요할 때마다 계산하여 항목을 얻는 방식이 항목을 얻는 데는 시간이 좀 더 걸릴 수 있지만 계산하는 데 그렇게 큰 시간이 걸리는 것은 아니다. 그리고 아주 큰 범위의 숫자를 지닌 리스트라면 오히려 리스트의 생성과 메모리에 저장하는 데 드는 비용은 무시할 수 없을 만큼 클 수 있다. 아무튼 range 함수의 변화에서 3.x 버전에서는 아주 약간의 속도를 포기하더라도 메모리의 사용 측면을 더 깊게 생각하는 것 같아 보인다.
>
> ```
> >>> list(range(0,1000))   #그래도 가능하면 이런 사용은 자제하길 바란다.
> ```
>
> 물론 range 객체는 리스트로 타입 변환이 가능하므로 위와 같은 방식으로 2.x 버전처럼 사용할 수도 있다.

```
>>> for i in range(0,10):
        print(i)          #코드 블록 10번 반복

0
1
2
3
4
5
```

```
6
7
8
9
```

위 코드는 range를 사용한 for문의 아주 기본적인 형태다. 이를 응용하면 1부터 1000까지 합에 대한 코드를 쉽게 작성할 수 있다.

```
>>> total=0
>>> for i in range(0,1001):
        total+=i              #1000번 반복

>>> print(total)
500500
```

for문에서는 range가 표현하는 숫자의 범위만큼만 반복을 하기 때문에 단순히 일정 반복이 필요한 경우에 range를 사용할 수도 있다.

```
>>> for i in range(0,5):       #코드를 5번 반복하려고 한다
        print("I love python!") #코드

I love python!                 #1
I love python!                 #2
I love python!                 #3
I love python!                 #4
I love python!                 #5
```

시퀀스 객체를 이용한 순회

시퀀스 타입의 각 항목들을 하나씩 출력하려면 어떻게 할까? for문을 알기 전에 이런 의문이 들었다면 직접 색인 연산을 이용하여 모든 색인에 대해서 출력하는 코드를 작성했을지도 모른다. 하지만 for문을 공부한 지금은 이런 문제를 쉽게 해결할 수 있을 것이다.

```
>>> for x in [1,2,3,4,5,6,7]:
        print(x)

1
2
3
4
5
6
7
>>> for s in "python":
        print(s)

p
y
t
h
o
n
>>> for t in ('a','b','c',1,2,3):
        print(t)

a
b
c
1
2
3
```

사전을 이용한 순회

사전은 시퀀스 타입은 아니지만 **iterable** 타입이다. 그래서 사전의 key를 순회할 수 있는데 다음은 for문을 이용하여 사전의 항목을 하나씩 출력해보는 예다.

```
>>> my_dict = {'a':1, 'b':2, 'c':3, 'd':4}
>>> for k in my_dict:
        print(k)

a
c
d
b
```

사전을 순회하면 key가 순회되지만 다음처럼 value 또는 항목을 순회할 수도 있다.

```
#value의 순회
>>> for v in my_dict.values():      #values() 메소드는 view object를 반환한다.
        print(v)

2
3
4
1
```

view object도 iterable 객체이므로 순회가 가능하다. view object에 대해서 기억이 가물가물하다면 6장으로 돌아가서 다시 읽어보자.

```
# 항목의 순회-1
>>> for k in my_dict:
        print(k, my_dict[k])

b 2
c 3
d 4
a 1

#항목의 순회-2
>>> for k, v in my_dict.items():
        print(k, v)

b 2
c 3
d 4
a 1
```

for문의 중첩

이번에는 for문 내부에 for문이 들어가는 형태를 살펴볼 것이다. 한 번 아주 간단한 형태로 for문을 중첩시켜 보자.

```
>>> for x in range(1,3):
        for y in range(1,4):
            print(x,y)

1 1
1 2
1 3
2 1
2 2
2 3
```

얼핏 봐도 구구단의 형식과 동일하게 출력이 된다는 것을 알 수 있다. 실제로 range의 범위를 range(1, 10)까지 하면 구구단을 출력할 수도 있다.

```
>>> for x in range(1,10):
        for y in range(1,10):
            print(x,'x',y,'=',x*y)
```

for문을 제대로 공부했다면 for문의 중첩을 직접 따져봄으로써 그 원리를 쉽게 파악할 수 있다. 그래도 노파심에 위 코드를 간단하게 분석하려 한다.

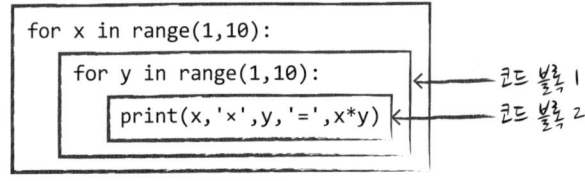

들여쓰기가 되어 있는 2개의 코드 블록을 찾을 수 있다. 코드 블록 1은 첫 번째(외부) for문에 수반되는 코드지만 하나의 독립된 for문으로 볼 수 있다. 외부 for문의 순회에 의해서 x가 참조하는 항목이 하나씩 증가할 때마다 내부의 독립된 for문의 1회의 순회를 한다. 쉽게 말해서 외부 for문의 반복 객체가 가진 항목의 개수만큼 내부 for문에 의한 순회가 이루어지는 것이다.

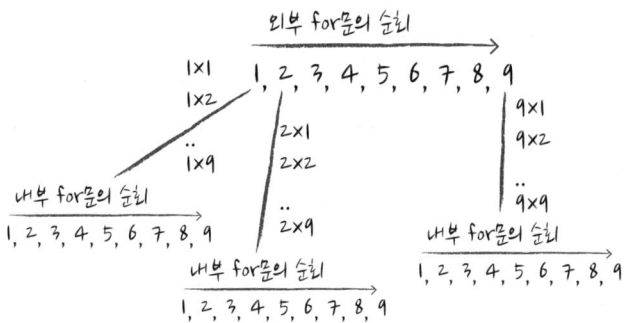

따라서 구구단의 경우는 외부 for문은 1부터 9단까지를 정하는 동작이고 내부 for문은 각 단의 곱셈과 이를 출력을 하는 동작을 한다.

구구단을 출력하는 문제는 파이썬의 중첩 for문에서 매우 단순한 종류에 속한다. 이번에는 좀 더 심화된 형태를 살펴보도록 하자.

심화된 중첩 for문

철수는 파일 디렉토리와 디렉토리에 포함된 파일들의 목록을 출력하는 프로그램을 만들려고 한다. 우여곡절 끝에 자신의 D 드라이브에 있는 폴더와 파일 정보를 리스트에 담는 데는 성공하였다. 그런데 담겨 있는 정보를 한 번에 보기 좋게 출력하기가 힘들어 보였다. 다음은 철수가 얻은 리스트다.

```
>>> my_dir1 = ['a.txt','b.dox','c.jpg','d.avi']
>>> my_dir2 = ['e.au', 'f.kor', 'g.txt', 'h.bat']
>>> my_dir3 = ['i.py', 'j.pyc', 'k.py']
```

my_dir1, my_dir2, my_dir3는 디렉토리 이름이다. 그리고 각각 디렉토리에 존재하는 파일 목록이 리스트의 항목으로 저장되었다. 디렉토리가 몇 개 안 된다면 각 디렉토리 별로 for문을 사용해서 리스트의 항목들을 출력하는 방법도 복잡하지 않겠지만 디렉토리가 많아지면 꽤 번거로울 듯 보인다.

```
>>> for f in my_dir1:          #my_dir1
        print(f)

a.txt
b.dox
```

```
c.jpg
d.avi
...
>>> for f in my_dir2:          #my_dir2
        print(f)

e.au
f.kor
g.txt
h.bat
```

이렇게 동일한 구조의 리스트라면 리스트를 중첩시켜서 다음과 같이 for문의 중첩을 이용해 한 번에 파일들을 출력할 수가 있다.

```
>>> D = [my_dir1, my_dir2, my_dir3]
>>> for d in D:
        for f in d:       #구구단의 경우와는 달리 순회할 객체가 외부 for문에 의존적이다.
            print(f)

a.txt
b.dox
c.jpg
d.avi
e.au
f.kor
g.txt
h.bat
i.py
j.pyc
k.py
```

for~break

특정 조건하에서 제어문을 강제적으로 종료하고 싶을 경우가 있다. 예를 들어 100원짜리 동전이 필요해서 동전통에서 100원을 꺼내는 경우를 생각해보자. 동전통에는 많은 동전이 들어 있지만 100원만 필요하므로 모든 동전을 체크할 필요는 없을 것이다. 따라서 100원을 꺼냈다면 더 이상 동전통을 체크하는 것은 무의미한 것이다. 이를 코드로 표현하면 다음처럼 표현할 수도 있다.

```
>>> coin_box = [500, 500, 500, 50, 10, 100, 100, 10, 100, 50]
>>> for c in coin_box:
        if c==100:
                print("100원짜리 동전")
                break                           #for 루프를 빠져나간다.
        else:
                print("100원짜리 동전 아님")

100원짜리 동전 아님
100원짜리 동전 아님
100원짜리 동전 아님
100원짜리 동전 아님
100원짜리 동전 아님
100원짜리 동전
```

coin_box는 항목의 개수가 10개인 리스트므로 위 for문은 10번의 순회가 이루어져야 한다. 하지만 리스트의 6번째 항목에서 c==100인 조건이 만족되고 break가 실행되어 루프를 빠져나간다.

for~continue

for 루프 중에 continue를 만나면 for문의 나머지 코드 블록의 수행을 건너뛰고 다음 항목을 순회한다. 일종의 skip 버튼이라고 생각하면 이해하기 쉽다.

앞의 100원짜리 동전 찾기 예를 continue를 추가하여 수정할 수도 있다. 100원짜리 동전이 아닌 경우엔 skip을 하면 되기 때문이다.

```
>>> coin_box = [500, 500, 500, 50, 10, 100, 100, 10, 100, 50]
>>> for c in coin_box:
        if c!=100:                  #100원짜리 동전이 아니라면
                continue            #skip
        print("100원 있음")         #위 if문의 조건이 False라면 수행됨
        break                       #위 if문의 조건이 False라면 수행되어 루프를 완전 끝냄

100원 있음
```

for~else

C 언어와 달리 파이썬에서 else문은 if 조건문 외에 다른 제어문과도 같이 사용될 수 있다. 이 때 else의 문법적인 의미는 크게 다르지 않다. C 언어에 익숙하다면 좀 생소할 수 있지만 크게 어려운 내용은 아니므로 간단한 예를 통해 살펴보자.

```
>>> for s in "python":
        print(s)
else:
        print("end")

p
y
t
h
o
n
end
```

조건문에서의 else는 조건문의 마지막에 오기 때문에 앞의 조건들이 모두 False 인 경우에만 실행된다고 했다. 다시 말해서 앞의 조건들이 모두 False이라면 순차적 인 코드의 흐름에 따라서 else문은 실행될 수밖에 없는 것이다.

같은 이치로 else문이 for문과 같이 사용되면 for문이 모두 수행된 후에 자연스 레 else 이하 코드가 실행되게 된다.

그런데 조건문에서 True인 조건이 하나라도 존재한다면 else와 else에 수반된 코드 블록은 실행되지 않는다. 그렇다면 for문에서는 어떤 경우에 else문을 건너 뛰게 될까?

조건문과 같은 이치로 따져보면 for 루프가 모두 수행되기 전에 루프가 종료될 경 우에 해당된다. 앞에서 배운 break를 사용하여 이런 상황을 만들 수 있다.

```
>>> for s in "python":
        if s=='o':
                break            #for 루프를 종료함
        print(s)
else:
        print("end")
```

```
p
y
t
h
```

 문자 중에 'o'가 있다면 for문을 도중에 벗어나도록 조건을 추가하였다. 'python'에 'o'가 있으므로 for문은 반복을 완전히 마치지 않고 코드를 벗어난다. for문이 완전히 수행되지 않았으므로 else에 수반된 코드는 건너 뛰고 'end'는 출력되지 않는다.

리스트 생성 표현

리스트 내포

여기에서는 리스트를 생성하는 새로운 문법을 소개한다. 리스트 내포^{list comprehension}는 심플하고 강력한 파이썬 다운 문법이다. 리스트 내포의 기본 구조는 다음과 같다.

[expr for x in 반복가능객체]

이 문법은 복잡해 보이지만 매우 직관적이다. 보다시피 리스트를 표현하기 위한 [ ](대괄호) 내부에 표현식(expr)과 for문이 결합된 문법이다. 한 줄에 이어서 쓰기 때문에 들여쓰기 규칙은 없다. 물론 콜론(:)도 없다는 것을 볼 수 있다.

다음 코드는 단순히 리스트의 항목들에 표현식을 직접 넣어 리스트를 생성한다.

```
>>> a=1
>>> b=2
>>> c=3
>>> [a, b, c, a*b,(a,b)]           #[표현식,표현식,...]
[1, 2, 3, 2, (1, 2)]
```

여기에 for문이 추가된다고 달라지는 것이 없다. 다음 코드는 리스트 생성 표현에 for문이 추가된 예다.

```
>>> [x for x in range(1,10)]
[1, 2, 3, 4, 5, 6, 7, 8, 9]
```

이렇게 리스트를 생성할 때 for문을 리스트 생성 표현([ ])에 결합하여 사용한 것을 리스트 내포라고 한다. 리스트 내포는 함축적인 표현이며 다음과 같은 일반적인 코드로 작성하는 것과 결과는 동일하다.

```
>>> my_list=[]
>>> for x in range(1,10):
        my_list.append(x)
>>> print(my_list)
[1, 2, 3, 4, 5, 6, 7, 8, 9]
```

하지만 두 코드를 비교해보면 리스트 내포가 얼마나 심플하면서도 가독성이 높은 표현인지 느낄 수 있을 것이다(사실 익숙해지기 전에는 이런 표현이 눈에 잘 안 들어올 수도 있다). 이는 파이썬 언어가 추구하는 철학이기도 하다.

리스트 내포 확장

리스트 내포를 사용할 때 데이터를 좀 더 섬세하게 다루기 위해 if문을 추가할 수 있다. 기본 문법은 다음과 같다.

[expr for x in 반복가능객체 if 조건식]

이렇게 리스트 내포에 조건문을 추가하는 것을 여과기를 달아 놓은 것이라고 표현하기도 한다. 이런의미에서 위 표현을 리스트 여과기라고도 한다. 그렇다면 여과기가 어떻게 동작하는지 예를 통해서 알아보겠다.

다음은 위 문법을 토대로 1부터 9까지 숫자 중에 짝수의 리스트를 만드는 예다.

```
>>> [x for x in range(1,10) if x%2==0]    #if 조건문 없이 range(2,10,2)로
                                          #같은 결과를 얻을 수도 있다.
[2, 4, 6, 8]
```

예제

```
info = [1,2,8,22,3,5,20,6,99,22,76]
```
위 리스트 info의 항목이 짝수면 그 항목을 '짝'으로 바꾸고 홀수면 그 항목을 '홀'로 바꾸자.

이 문제를 리스트 내포를 이용해서 푸는 것은 어려워 보인다. 리스트 내포에 사용되는 if문은 단순히 여과기의 역할만 하기 때문이다.

하지만 표현식을 조건 표현식으로 바꾸면 쉽게 해결된다.

```
>>> info = [1,2,8,22,3,5,20,6,99,22,76]
>>> info = ['짝' if x%2==0 else '홀' for x in info]     #조건 표현식을 사용
>>> print(info)
['홀', '짝', '짝', '짝', '홀', '홀', '짝', '짝', '홀', '짝', '짝']
```

지금까지 충실히 따라왔다면 쉽게 이해할 수 있을 것이므로 자세한 설명은 생략한다. 이해가 잘 안 되면 조건 표현식부터 다시 살펴보길 바란다.

중첩 리스트 내포

리스트 내포에서도 for문의 중첩이 가능하다. 앞에서 언급한 것처럼 리스트 내포는 들여쓰기 규칙이 없고 (:)콜론도 없으므로 단순히 for문을 이어 쓰는 것으로 중첩을 나타낸다.

[expr for x in 반복가능객체 if 조건식
　　　for y in 반복가능객체 if 조건식

이 부분도 쉽게 이해할 수 있는 내용이므로 일반적인 for문의 중첩과의 비교를 통해서 설명을 하도록 하겠다. 다음 코드는 일반적인 for문의 아주 기본적인 형태다.

```
>>> for x in range(1,10):
        for y in range(1,10):
            print(x,y)
```

이 코드를 응용하면 구구단을 출력할 수 있다는 것은 지금까지 내용을 충실히 공부했다면 쉽게 파악할 수 있을 것이라 본다.

이번에는 리스트 내포로 앞 코드의 출력 항목들을 리스트로 저장하려 한다. 이 때 `print(x,y)`에 해당하는 부분은 표현식으로 나타낼 부분이다. `print`는 함수로서 본래적 기능은 출력을 하는 함수다. 기능 자체가 값을 반환하는 함수가 아닌 출력하는 함수이므로 `print`문 대신에 항목을 표현할 표현식으로 바꾸는 것이 바람직하다.

> **참고**
>
> 모든 함수는 값을 반환한다. print 함수의 경우는 None을 반환한다. 이에 대해서는 나중에 함수 파트에서 자세히 설명한다.

```
>>> [(x,y) for x in range(1, 10) for y in range(1,10)]
[(1, 1), (1, 2), (1, 3), (1, 4), (1, 5), (1, 6), (1, 7), (1, 8), (1, 9), (2, 1), (2, 2), (2, 3), (2, 4), (2, 5), (2, 6), (2, 7), (2, 8), (2, 9), (3, 1), (3, 2), (3, 3), (3, 4), (3, 5), (3, 6), (3, 7), (3, 8), (3, 9), (4, 1), (4, 2), (4, 3), (4, 4), (4, 5), (4, 6), (4, 7), (4, 8), (4, 9), (5, 1), (5, 2), (5, 3), (5, 4), (5, 5), (5, 6), (5, 7), (5, 8), (5, 9), (6, 1), (6, 2), (6, 3), (6, 4), (6, 5), (6, 6), (6, 7), (6, 8), (6, 9), (7, 1), (7, 2), (7, 3), (7, 4), (7, 5), (7, 6), (7, 7), (7, 8), (7, 9), (8, 1), (8, 2), (8, 3), (8, 4), (8, 5), (8, 6), (8, 7), (8, 8), (8, 9), (9, 1), (9, 2), (9, 3), (9, 4), (9, 5), (9, 6), (9, 7), (9, 8), (9, 9)]
```

`(x,y)`는 표현식으로 튜플 타입의 항목을 표현한다.

while문

while문도 for문처럼 반복을 위한 제어문이지만 for문과는 분명한 차이점을 가지고 있다. 앞에서 C 언어의 경우 for문은 조건식이 존재한다고 했었는데 while문 역시 조건식이 반복을 계속할지 판단하는 근거가 된다. 반면에 파이썬의 for문은 조건식이 존재하지 않는다. 그럼에도 파이썬의 while문에는 조건식이 존재하는데 이런 특징으로 C 언어의 for문이나 while문과 비슷하게 사용할 수도 있다.

우선 파이썬의 while문의 형태를 살펴보자.

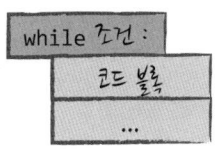

while문의 해석은 간단하다. 주어진 조건이 True일 동안은 루프를 지속하라는 의미가 된다. while의 사전적 의미를 상기해보자. 간단하게 조건을 True로 하면 일명 '무한루프'에 빠진다.

```
>>> while True:
        print("forever")
forever
...             #종료하고 싶다면 ctrl+c를 누르자
```

물론 for문처럼 반복할 횟수를 정할 수도 있다.

```
>>> count=5                 #초기식
>>> while count:            #조건식
        print(count)
        count-=1            #증감식

5
4
3
2
1
```

위 코드에서는 C 언어 for문의 초기식, 조건식, 증감식과 비슷한 코드가 보인다. count=5는 초기식, count는 조건식, count-=1은 증감식이라 볼 수 있는데 이 형식을 for문으로 변환하려면 초기식, 조건식, 증감식을 보고 적당한 반복 가능한 객체를 직접 만들어야 할 것이다. 앞에서 설명한 것처럼 파이썬에서는 초기식, 조건식, 증감식을 iterable 객체가 대신하기 때문이다.

```
>>> for x in range(5,0,-1):
        print(x)

5
4
3
2
1
```

물론 while문에서 for문으로 변환에 있어서 정답은 없다. range 객체가 아니더라도 [5,4,3,2,1]과 같은 항목을 가진 iterable 객체면 상관은 없다.

이번에는 for문을 while로 변환하는 경우를 생각해보자. 이 작업은 실용적인 측면에서는 의미 없는 일 일지도 모른다. 하지만 for문의 동작을 이해하는 데 도움을 줄 수는 있다.

```
>>> my_list=[1,2,3,4,5]
>>> it = iter(my_list)
>>> while it:
        print(it.__next__())

1
2
3
4
5
Traceback (most recent call last):
  File "<pyshell#334>", line 2, in <module>
    print(it.__next__())
StopIteration
```

여기에 반복자^{iterator}라는 녀석이 나온다. 설명하자면 반복자는 iterable 객체의 항목에 대한 참조를 가지고 있는 녀석이다. 내장 함수 iter는 반복 가능한 객체의 반복자를 생성해준다. 이 녀석이 가지고 있는 __next__() 메소드는 다음 항목으로 참조를 바꾸기 위한 메소드로 for문의 반복을 위한 핵심인 되는 녀석이라고 볼 수 있다. 위 코드는 while문을 가지고 for문의 동작을 흉내낸 것인데 그럴 듯 해 보인다. 이 코드를 보면 파이썬의 for문은 반복 가능한 객체에 특화된 형태의 제어문이라는 걸 확인할 수 있다.[1]

기타 문법

혹시 리스트 내포를 문법을 공부하면서 사전이나 튜플 또는 셋 타입에 대해서도 동일하게 적용되지 않을까 하는 생각을 했을지 모르겠다. 그렇다면 한번 직접 가능한지 실험해보자.

```
>>> set_comp = {x for x in range(1, 10)}
>>> set_comp
{1, 2, 3, 4, 5, 6, 7, 8, 9}

>>> dict_comp = {x : x**2 for x in range(1, 10)}
>>> dict_comp
{1: 1, 2: 4, 3: 9, 4: 16, 5: 25, 6: 36, 7: 49, 8: 64, 9: 81}

>>> tuple_comp = (x for x in range(1, 10))
>>> tuple_comp
<generator object <genexpr> at 0x0305A3F0>
```

위 코드는 리스트 내포 문법에서 [ ] 대신 { }와 ( )를 사용해본 결과다. 우선 집합 타입과 사전 타입에 대해서는 이 문법이 적용된다 보여진다. 하지만 튜플의 경우는 제너레이터generator라는 객체가 생성되었다. 제너레이터가 어떤 것인지에 관한 내용은 '9장. 함수'에서 다룰 것이다. 여기서는 집합과 사전도 리스트 내포처럼 동일한 문법이 적용된다는 것을 기억해두자(이 문법들을 셋 내포 또는 사전 내포 그리고 제너레이터 내포라고 불러도 좋다. 중요한 건 명칭이 아니므로 여기서는 이 정도로까지만 다루겠다).

---

[1] iter 함수에 대한 내용은 18장을 참고하도록 하자.

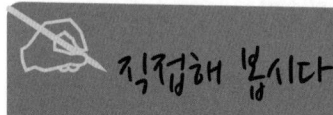

제어문 if, for, while에 대한 복습을 위해 응용문제들을 풀어보도록 합시다.

1 mylist = [1,2,3,4,5,6,7,8,9,10,'python'], mylist를 for문으로 순회하면서 각 항목을 검사하여 짝수면 '짝수', 홀수면 '홀수'를 출력하는 프로그램을 작성하자. 이 때 입력받은 데이터가 숫자가 아니라면 '숫자 아님'이라고 출력하자.

   HINT if~elif~else문을 사용한다.

2 1번에서 만든 코드를 조건 표현식을 사용하는 코드로 바꿔보자.

   HINT 조건 표현식 역시 표현식이다.

3 1부터 1000까지의 홀수의 합을 구하는 방법을 연구해보자.

   HINT range를 사용하면 쉽게 해결 가능하다.

4 문자열 "python"의 문자들을 하나씩 출력하되 대문자로 변환하여 출력해보자. 단, 문자가 'y'인 경우에는 소문자 그대로 출력하도록 한다.

   HINT 문자열 역시 iterable 객체로 for문의 순회에 사용될 수 있다.

5 사전{'a' : 1, 'b' : 2, 'c' : 3, 'd' : 4}의 key와 value를 다음과 같이 출력해보자.

   {a : 1}
   {b : 2}
   {c : 3}
   {d : 4}

   HINT for문을 사용한다. 그리고 사전의 특성상 출력 순서는 바뀔 수 있다.

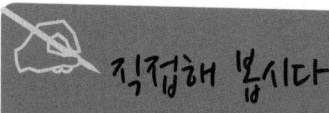

6 본문의 '심화된 중첩 for문'의 예제의 출력 결과는 파일이 어떤 디렉토리에 속하는지에 대한 구분이 되지 않는다는 것이다. eval 함수를 이용하여 탐색기 형식처럼 디렉토리 구조를 파악할 수 있도록 출력해보자.

> **HINT** 디렉토리 이름을 문자열로 하여 출력할 수 있다. eval 함수를 사용하면 이 문자열의 이름을 변수로 평가할 수 있을 것이다.

7 어떤 유명한 학원에 입학하기 위해서는 배치고사를 90점 이상 맞아야 한다고 한다. 점수가 80점 이상 90점 미만이면 재시험의 기회가 주어진다. 하지만 80점 미만이라면 점수에 상관없이 입학을 할 수가 없다. 다음에 학생이름과 배치고사 점수가 주어져 있다. 세 개의 리스트에 입학된 학생, 재시험을 치를 학생, 입학을 못하는 학생별로 각각 저장하는 프로그램을 작성하여라.

김철수 : 80
윤기섭 : 96
민경환 : 82
전지광 : 90
백억조 : 74
오재민 : 79
이상기 : 81

> **HINT** 3개의 리스트와 3개의 조건이 필요할 것이다.

8 원의 반지름의 길이를 입력하면 원의 둘레와 넓이를 계산해주는 코드를 작성해보자. 단 반지름의 길이 대신 "end"를 입력하면 프로그램이 종료되도록 한다(원주율은 3.14로 한다).

> **HINT** input 함수를 사용하여 반지름의 길이를 입력받도록 한다. 이 때 입력 받은 수는 문자열이 되므로 타입 변환이 필요하다.

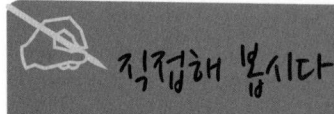

9 리스트 내포를 사용하여 1부터 100까지 숫자 중 2와 3의 공배수 중 4의 배수가 아닌 수들의 리스트를 만들어 보자.

> HINT 리스트 내포 확장(리스트 여과기)을 이용한다.

10 range(1,20)을 순회하여 3으로 나누었을 때 나머지가 1이면 'A'로 2면 'B'로 0이면 'C'로 바꾸어서 리스트로 만들어라. 이 때 리스트 내포를 사용하여 코드를 작성하자.

11 리스트 내포를 이용하여 구구단을 출력하는 코드를 만들어 보자.

> HINT 본문 참고

12 1부터 1000까지의 합을 while문으로 작성해보자(반복자를 사용하는 방법으로도 이 문제를 해결해보자).

> HINT 본문 참고

13 테트리스라는 게임은 도형을 끼워 맞춰서 빈칸 없이 줄을 채우면 해당 줄이 삭제되는 게임이다. 예를들어 다음과 같은 리스트가 있다고 가정해보자.

screen_db=[[0,0,0,0,0,0,0,0,0], [0,0,0,0,0,0,0,0,0], [1,1,1,1,1,1,1,1,1],
[0,1,1,1,1,1,1,1,0], [1,1,1,1,1,1,1,1,1], [1,0,1,1,1,1,0,1,0],
[0,1,1,1,1,1,1,0,1]]

이 리스트는 테트리스에서 화면에 채워진 도형을 나타낸다. 1은 채워진 칸, 0은 빈칸을 뜻하고 위 리스트를 화면에 출력하면 다음과 같다.

직접해 봅시다

```
000000000
000000000
111111111
011111110
111111111
101111010
011111101
```

1) screen_db를 화면에 출력하는 코드를 만들어 보자.

2) 이 때 for문을 사용하여 1로 꽉 채워진 행을 지우는 코드를 만들어 보도록 하자.

> **HINT** for else문을 사용하면 편리하다. 행이 지워지면 지워진 행은 그 위에 있던 행들로 메꿔진다.

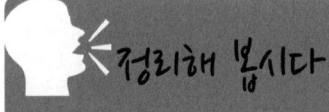

해답은 파이썬의 신 네이버 카페(cafe.naver.com/godofpython)에서 제공됩니다.

1 (   )문은 for ~ else 또는 while ~ else 형태로 쓰일 수 있다. 이 때는 for문이나 while문 내 루틴이 도중에 중단되지 않고 모두 실행된 경우에 수행될 코드가 작성된다.

2 (   )와 for문을 사용하여 특정코드를 원하는 만큼 반복할 수 있다.

3 시퀀스 타입, 사전, 셋을 포함한 모든 (   ) 타입의 객체를 for문의 순회를 위해 사용할 수 있다. 이 때 사전의 경우는 기본적으로 key값에 대해서 순회를 한다.

4 리스트 내포(list comprehension)는 (   )과 (   )을 리스트 생성 표현에 동시에 사용할 수 있게 한다.

5 for문의 중첩이 가능한 것처럼 리스트 내포 표현에도 for문이 중첩될 수 있다.

6 while문은 for문과 동일한 방식으로도 사용할 수 있다. 예를 들어 for문으로 작성한 코드를 반복자(iterator)를 사용하여 while문으로 바꿀 수 있다.

9장
함수

우리가 프로그래밍을 한다는 것은 프로그램 언어로 코드를 작성하는 것이라 할 수 있다. 그리고 작성된 코드를 실행하면 코드는 하나의 흐름을 가지고 실행된다. 이 실행 흐름은 일반적으로 작성되어 있는 코드의 순서대로 흘러간다. 이런 흐름 중간중간에 함수의 호출로 코드의 흐름을 대체할 수 있다. 함수도 코드로 이루어졌고 흐름을 갖고 있기 때문이다.

그렇다면 이제부터 함수가 무엇인지 그리고 왜 함수를 사용하는지에 대해서 알아보고 함수를 사용하는 데 있어서 알아야 할 내용들을 살펴보겠다.

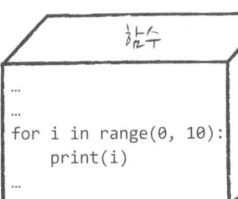  

함수란?

우리는 일상에서 반복적인 일련의 작업들을 자주 한다. 영한사전에서 영어 단어를 찾는 경우의 예를 들어보자.

사전에서 'banana'를 찾는 과정

1. 찾으려는 단어의 문자열을 파악한다.

2. 영한 사전을 펼친다.

3. 찾으려는 단어와 펼쳐진 사전의 문자열을 비교하여 앞으로 넘길지 뒤로 넘길지 또는 동일한 단어가 있는지 판단한다.

4. 동일한 단어가 있다면 뜻을 출력한 뒤 작업을 끝내고, 그렇지 않다면 3번으로 간다.

이런 일련의 작업 과정은 찾으려는 단어가 "python"으로 바뀌어도 1번부터 4번까지 정해 놓은 순서와 규칙은 바뀌지 않는다. 프로그램의 코드에서 이렇게 순서와 규칙이 바뀌지 않는 일련의 패턴을 가진 작업은 반복되는 경우가 많다. 프로그램이 실행되는 동안에도 딱 한 번만 수행되는 작업이 있는가 하면, 사전에서 단어를 찾는 것처럼 셀 수 없을 정도로 반복되는 작업도 있다. 그런데 동일한 작업들을 필요할 때마다 일일이 코드로 작성한다면 소스코드 내에는 동일한 코드가 여러 번 반복되게 된다. 이런 경우 반복되는 코드를 함수로 정의해 두면 간단하게 이름으로 함수를 호출하여 그 처리를 대신 할 수 있다.

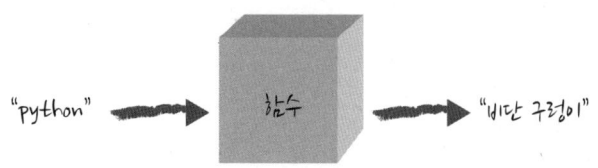

반복적인 작업들을 함수로 만들어 사용하면 다음과 같은 몇 가지 장점이 생긴다.

함수의 호출로 처리 과정을 대신하므로 코드의 길이가 짧아진다.

호출되는 함수 이름으로 함수가 어떤 처리를 하는지 대략 알 수 있다. 더불어 코드의 가독성이 좋아진다.

자신이 필요한 기능의 처리를 하는 함수를 미리 누군가 만들어 놓았다면 처리 과정을 새로 만들 필요 없이 그대로 또는 필요한 수정만 하여 사용할 수 있다.

이러한 특성으로 함수를 부품으로 비유하기도 한다.

함수의 정의

모든 함수의 정의는 `def`로 시작한다. `def`로 시작하면 반드시 다음과 같은 형식의 코드가 작성되어야 한다. 나중에 클래스에 대해서 배울테지만 클래스의 정의는 `class`로 시작된다. 역시 클래스를 만들기 위해 지켜져야 할 형식이 있는 것이다.

def 함수 이름(인수, 인수, ...):
코드

모든 프로그래밍 언어마다 함수나 클래스를 정의하는 방식은 다르지만 구조는 비슷하다. 하나의 언어를 어느 정도 배우면 다른 언어를 배우기가 용이한데 바로 이런 형식의 유사성에서 비롯된다. 아무튼 `def`는 파이썬만의 약속된 키워드다. 반드시 기억하길 바란다. 이제 세부적으로 이 구조를 살펴보겠다.

예약어 `def` 다음에는 함수의 이름을 써줘야 한다. 이 이름은 사용자가 임의로 만든 이름이다. 주의할 점은 함수 이름으로 파이썬에서 예약된 키워드(예를 들어 `for`, `class`와 같은)를 사용하면 안 된다는 것이다. 함수 이름이 하는 역할은 함수에 작성된 코드, 즉 처리 루틴을 대표한다. 곧 설명하겠지만 함수를 호출할 때는 함수 이름으로 호출한다. 이 때 호출되는 코드는 메모리 상에 존재하는데 바로 함수 이름이 호출될 코드의 메모리의 주소를 가리킨다. 이런 측면에서 함수 이름을 변수라고 생각할 수 있고 함수 이름을 지을 때 변수명명 규칙$^{Naming Rule}$을 따른다.

함수의 호출과 인수

이제 함수를 만들어 보고 함수를 호출하는 방법을 알아보자.

인수에 대해서는 나중에 배우기로 하고 우선은 인수 없는 함수를 하나 만들어 보자. 다음 예제는 `func_name`이라는 인수 없는 함수를 정의한다. 그리고 콜론(:)을 기준으로 하여 코드를 작성해 나가면 된다. 함수의 코드는 반드시 들여쓰기를 해야한다. 들여쓰기에 대해서는 2장의 '미리 알아두기'를 참고하도록 하자.

```
>>> def func_name():
        print('call func')        #들여쓰기

>>> func_name                     #함수 이름은 메모리 상의 함수 객체의 위치를 참조한다.
<function func_name at 0x02E68930>
>>> func_name()                   #함수의 호출을 위해서 ()를 사용한다.
call func
```

위 예처럼 단순히 함수 이름은 코드가 있는 메모리의 위치를 나타낼 뿐이다. 함수를 호출하려면 함수 이름 뒤에 소괄호(())가 붙어야 한다. 이것은 함수를 호출하겠다는 약속이다. 만약 인수가 있다면 인수도 써주면 된다.

이제 인수가 무엇인지 공부하면 함수를 정의하는 방법에 대해서 다 공부하는 것이다. 그런데 인수의 개념은 어렵지는 않지만 형식은 좀 복잡해보일 수 있다. 이제부터 설명할 인수에 대한 내용이 꽤 많다고 느낄 수도 있겠다. 하지만 이 내용을 다 알려고 할 필요는 없다. 인수가 어떤 것인지에 대한 개념만 확실히 이해하고 나머지 형식에 대한 부분은 한 번 훑고 넘어가면 된다. 그리고 나중에 필요할 때 다시 찾아서 보다 보면 금새 익숙해지기 때문이다. 그만큼 함수의 사용은 빈번하다. 억지로 외우려고 하지 않아도 나중에는 밥 먹듯이 사용하므로 처음부터 힘을 뺄 필요는 없다.

그렇다면 인수가 무엇이고 함수에서 어떤 역할을 하는 것일까? 앞에서 예로 든 함수는 인수가 없었는데 인수가 없는 함수와 인수를 가진 함수는 어떤 차이점이 있을까?

인수는 간단히 말해서 함수 외부의 데이터를 참조하기 위해 사용하는 변수다. 이 말을 곰곰이 되새겨보면 함수는 마치 캡슐처럼 외부와 경계가 있다는 말로 들린다. 그렇다. 함수의 내부는 외부와 경계 지어졌다. 사실 이 경계가 완벽하게 서로 막혀 있는 상태는 아니지만 함수의 외부와 내부는 분명 특별한 규칙을 가지고 나뉘어진다. 이 규칙에 관한 것은 나중에 영역^{Scope}을 공부하면서 좀 더 자세히 살펴볼 것이다.

어쨌은 이렇게 나뉘어진 두 영역을 사이로 인수는 외부의 데이터를 내부로 나르는 역할을 한다. 일종의 중개를 하는 셈이다.

따라서 함수가 외부의 데이터를 사용하지 않는다면 중개하는 녀석이 필요 없을 것이고, 그 반대의 경우에는 중개 역할을 하는 인수가 필요할 수 있다.[1]

아직 인수에 대해서 감이 안잡힐 것이다. 이제부터 인수에 대해서 좀 더 구체적으로 설명하겠다.

인수는 형식인수^{parameter}와 실인수^{argument}로 구분할 수 있다. 앞에서 인수가 중개자의 역할을 한다고 했는데 형식인수는 함수 쪽의 중개자고 실인수는 함수 외부쪽 중개자라고 생각하는 편이 인수를 이해하는 데 편리할 것이다. 여기서 함수쪽 중개자(형식인수)의 역할은 함수 외부의 데이터를 내부로 들여오는 역할을 할 것이다. 그런데 알다시피 데이터를 사용하려면 변수의 도움이 필요하다. 따라서 함수쪽 중개자는 변수가 될 것이다. 마찬가지로 외부의 중개자(실인수)의 경우도 변수일 수 있다. 하지만 함수쪽 중개자가 외부 중개자의 도움 없이 직접 데이터를 가지고 내부로 들어갈 수도 있을 것이다. 따라서 실인수는 항상 변수인 것은 아니고 값일 수도 있다. 이런 설명이 막연하다고 생각할지도 모르겠지만 앞으로의 내용을 공부한 후 다시 돌아와서 이 내용이 의미를 다시금 음미해보길 바란다.

이제 형식인수는 함수쪽 중개자, 실인수는 함수 외부의 중개자 또는 데이터로 생각하면서 설명을 이해하길 바란다(인수에 대해 공부하면서 당분간 이 비유는 계속해서 쓰일 것이다).

다음 그림처럼 형식인수는 함수의 정의에서 결정된다(몇 명의 중개자를 둘지 또는 나중에 정하겠지만 중개(거래) 방식을 정할 수도 있다). 실인수는 함수호출 시 전달되는 인수를 말한다(함수 외부의 변수 또는 데이터 값 그 자체가 될 수 있다).

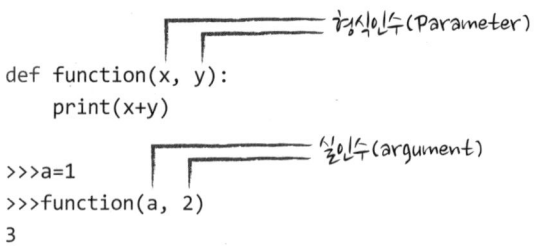

---

[1] "필요하다"가 아니라 "필요할 수 있다"라고 하는 이유에 대한 추가 설명이 필요할 듯 싶다. 앞에서 함수와 함수의 외부의 경계가 완전히 막혀있지는 않다는 것은 중개 역할을 하는 인수 없이도 외부의 데이터를 사용하는 방법이 있다는 뜻이었다. 따라서 "필요할 수도 있다"고 표현하였다. 인수 없이 외부의 데이터를 사용하는 방법에 대해서는 나중에 스코핑룰을 공부하면서 살펴볼 것이다.

흔히 이 둘을 구분하지 않고 인수라고 사용하지만, 명확한 뜻의 전달을 위해 앞으로 가능하면 구분하여 사용하겠다.

아래 그림처럼 함수를 호출하면 실인수가 형식인수에 순서대로 전달된다(함수의 중개자 x는 외부의 변수 outer로부터 값(77)을 전달받는다. 또 다른 함수의 중개자 y는 데이터 100을 직접 함수로 내부로 가져온다. 그리고 이런 중개가 이루어지는 시점은 함수가 호출될 때다).

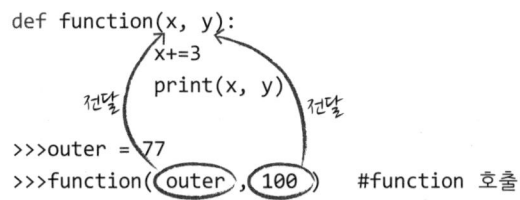

함수는 형식에 맞게 호출되어야 하는데 함수의 중개자(실인수의 개수에 맞게)는 반드시 모든 외부 중개자와 거래가 이루어져야 한다. 만약 거래를 하지 않는 중개자(형식인수)가 있거나 반대로 외부 중개자(실인수)가 더 많은 경우에는 에러가 발생할 것이다.

이번에는 앞의 내용을 비유 없이 형식적으로 설명해보겠다.

함수 외부의 데이터가 함수 내부로 전달되는 방식은 '형식인수=실인수'의 할당(참조 방식)이 된다. 위 예에서는 x=outer, y=100이 되는데 이런 식으로 함수 내부의 형식인수 x, y를 사용하여 함수 외부의 값 outer, 100을 각각 참조할 수 있는 것이다. 나중에 다루겠지만, 함수 내부 영역과 함수 외부 영역은 서로 독립된 다른 영역이다. 그래서 인수를 매개로 하여 외부의 값이나 변수를 전달받아 사용하는 것이다. 그리고 정의된 형식인수의 수에 맞게 실인수가 전달되어야 한다.

인수의 전달 방식

함수의 형식인수^{parameter}에 실인수^{argument}를 전달하는 방식은 여러 가지가 있다. 앞에서 설명한 내용은 일반적인 방식이지만, 파이썬에서는 다양한 형태의 인수 전달 방식을 제공한다(앞선 설명에서 중개자들 간에 거래 방식이라는 표현을 했던것을 기억하자.) 이 내용은 수학 공식 같은 내용이므로 약간은 지루하게 느껴질 수 있다. 하지만 외울 필요는 없다. 앞에서 말했다시피 지속적으로 프로그래밍 공부를 한다면 자연적으로 체득될 내용이므로 나중에 함수를 사용하다가 필요한 경우 "이런 것을 예전에 봤던 기억이 나!"라고 생각들 정도로만 눈에 익혀 놓자. 그리고 그때 가서 다시 찾아보면 된다.

이제부터 인수들이 전달되는 방식(거래 방식)에 대해서 살펴보겠다. 구체적으로 실인수가 어떻게 형식인수에게 전달되는지에 대한 것이다. 실인수가 전달되는 시기, 실인수를 형식인수에 전달하는 방법 등에 초점을 맞춰서 읽어보길 바란다.

기본값을 가진 형식인수

다음 예제를 보고 어떻게 인수가 전달되는지 살펴보자.

```
>>> def progression(n, step=1):  # step은 parameter, 값 1은 default argument
        x=1
        while x <= n:
                print(x)
                x += step

>>> progression(10)              #step에 값(실인수)을 전달하지 않은 경우  step=1
1
2
3
4
5
6
7
8
9
10
```

progression 함수는 두 개의 인수(parameter)를 갖는다. 그런데 함수의 정의에서 step 인수에 미리 값을 할당하였다. 이렇게 함수 호출 전(중개자들 간에 거래가 이루어지기 전)에 미리 값을 전달할 수 있다.

그리고 함수를 호출할 때 한 개의 인수(argument)만 전달했다. 그럼에도 함수는 제대로 호출되는데, 함수를 정의할 때 step 인수(parameter)에 1(argument)을 이미 할당했기 때문이다. 이렇게 형식인수에 기본값을 정한 경우, 함수 호출 시 이 형식인수에 값을 전달하는 것은 선택사항이다(이 내용을 비유를 통해 다시 설명해보자. 함수의 중개자 step은 외부 중개자가 안 나타날 경우 자신이 원래 지니고 있는 값 1

을 함수 내부로 가져온다. 물론 다음 코드처럼 외부 중개가자 나타나면 새로운 값을 받는다).

```
>>> progression(10,2)          #형식인수에 값을 전달하는 경우 step = 2
1
3
5
7
9
```

자주 사용될 거라 예상되는 값을 디폴트 인수^{default argument}로 지정하면 함수 사용 시 편의성을 제공해준다. 단 디폴트 인수를 정의할 때는 인수(parameter) 간의 순서에 주의해야 한다.

```
>>> def progression(step=1, n):          #잘못된 인수의 순서
        x=1
        while x <= n:
                print(x)
                x += step
SyntaxError: non-default argument follows default argument
```

n같이 기본값을 갖지 않는 인수는 step=1과 같이 기본값을 갖는 인수 뒤쪽에 위치할 수 없다. 설명하자면 n에 인수(argument)를 전달하기 위해서는 순서상 step에 먼저 인수를 전달해야 하므로 기본값을 사용한 의미가 없게 된다. 그래서 문법적으로 불가능하게 막아놓았다.

키워드 인수

키워드 인수^{keyword argument}는 함수를 호출할 때 형식인수(parameter) 이름을 명시하여 값을 직접 전달하는 방식을 말한다(뭔가 어렵게 느낀다면 다음과 같은 설명은 어떤가? 외부 중개자(변수 또는 데이터)가 함수의 중개자의 이름을 지목하여 거래를 하는 방식이다. 그렇다면 원래의 인수 전달 방식은 어땠는가? 원래의 인수 전달 방식은 함수의 중개자의 이름을 몰라도 된다. 그냥 동일한 위치에 있는 중개자끼리 거래할 뿐이었다.

```
>>> def kwFunc(year,month,day):
        print("오늘은 %d년 %d월 %d일 입니다." % (year, month, day))

>>> kwFunc(2015, 8, 15)                    #일반적인 인수 전달 방법(동일한 위치로 전달)
오늘은 2015년 8월 15일 입니다.

>>> kwFunc(day=15,year=2015,month=8)       #키워드 인수 인수 전달 방법(형식인수 이름 =
                                           #값(실인수))
오늘은 2015년 8월 15일 입니다.
```

함수를 호출할 때 키워드 인수를 사용하면 함수에 정의된 형식인수의 위치에 상관없이 실인수를 전달할 수 있다. 주의할 점은 키워드 인수를 사용하려면 함수 정의에 있는 형식인수(parameter) 이름을 알고 있어야 한다.

위치인수

위치인수 positional argument 는 바로 앞에서 설명했다. 즉 형식 인수의 위치에 맞게 실인수가 전달되는 방식이다. 이렇게 위치를 통한 인수의 전달은 가장 기본적인 인수 전달 방식이다.

다음은 앞의 예제를 연장하여 키워드 인수와 위치인수를 섞어 사용하여 함수를 호출한 코드다.

```
>>> kwFunc(day=15,year=2015,7)
SyntaxError: positional argument follows keyword argument.
```

3번째로 전달된 실인수 7은 위치인수이므로, 자신의 위치(3번째)에 해당하는 형식인수 day에 값을 전달하려 한다. 그런데 앞에서 이미 키워드 인수를 사용하여 형식인수 day에 값을 전달했으므로 형식인수 day에 중복으로 값이 전달되는 꼴이다. 결국 하나의 형식인수는 값을 받지 못하게 될 것이다. 이렇게 위치인수가 키워드 인수의 뒤쪽에 오는 경우 이런 문제들이 발생하기 쉽다. 따라서 파이썬은 이런 문제를 차단하기 위해 키워드 인수는 항상 위치인수보다 뒤쪽에 나오도록 정해놓았다. 바꿔 말해서 함수를 호출할 때 위치인수는 반드시 키워드 인수보다 앞에 나와야 한다.

가변인수를 받는 형식인수

가변인수$^{variable\ argument}$는 함수에 전달할 인수의 개수가 미정인 상태의 인수(argument)를 말한다. 말이 뭔가 애매모호하다. 좀 쉽게 이해할 수 있도록 이번에도 중개자를 등장시켜 설명해보겠다.

지금까지의 함수의 중개자는 부지런하지만 융통성이 없었다. 예를 들어 거래가 있는지 없는지 정확하게 정해지지 않은 경우는 없어야 했다. 따라서 함수가 정의되고 중개자가 일을 하기로 했다면 함수가 호출될 때마자 그 거래는 반드시 이루어져야 했다. 그러다보니 외부 데이터가 불규칙하게 들어오는 경우에는 함수를 만들기가 힘들어졌다.

이런 문제로 외부에서 데이터를 불규칙하게 받아들여야 할 경우에는 좀 성격이 다른 중개자 그룹을 쓰기로 했다. 이 새로운 중개자 그룹의 특징은 좀 게을러서 함수가 호출될 때까지 거래에 나서지 않는다. 그리고 만약 외부 중개자들이 한 명도 나타나지 않으면 이 중개자 그룹 역시 나타나지 않는다. 만약 외부 중개자들이 나타나면 외부 중개자들이 도착한 후에야 비로서 뒤늦게 나타나지만 외부 중개자가 몇 명이든 상관없이 동일한 수만큼의 중개자가 나타나서 거래를 하는 것이 특징이다. 이렇게 이 중개자 그룹은 게으르지만 융통성이 있다.

지금까지 가변인수를 전달받을 수 있는 형식인수(parameter)를 중개자 그룹으로 비유하여 설명하였다. 이 설명이 정말 이상하다 생각되더라도 조금이라도 이해를 하는데 도움이 되었으면 한다.

이 게이르지만 융통성 있는 중개자 그룹은 * 또는 **를 형식인수 앞에 붙여서 만들 수 있다.

*를 붙이면 이 중개자 그룹은 외부에서 전달받은 데이터를 튜플 타입으로 저장한다. **를 붙이면 사전타입으로 저장한다. 이 때는 (키=값)의 형태로 인수를 전달해야 한다.

다음 예들을 보자.

튜플형 인수

```
>>> def argsfunc(*args):              #*args 튜플 형태
        i=0
        for x in args:
                i+=1
        print("인수의 개수 : %d" % i)
        print(args)

>>> argsfunc(1,2,(3,4,5))             #인수 3개 전달
인수의 개수 : 3
(1, 2, (3, 4, 5))                     #전달된 인수들이 args에 튜플로 묶여서 저장됨

>>> argsfunc(1,[7,55],"test",{'a':1,'b':100})   #인수 4개 전달
인수의 개수 : 4
(1, [7, 55], 'test', {'a': 1, 'b': 100})

>>> a=1;b=(3,6,9);c={'x':0,'y':99}
>>> argsfunc(a,b,c)                   #인수 3개 전달
인수의 개수 : 3
(1, (3, 6, 9), {'x': 0, 'y': 99})
```

사전형 인수

```
>>> def dictsfunc(**dicts):           #**dicts 사전 형태
        i=0
        for x in dicts.keys():
                i+=1
        print("인수의 개수 : %d" % i)
        print(dicts)


>>> dictsfunc(a=1,b=2,c=3)            #인수 전달 방법(키워드 인수 형태)
인수의 개수 : 3
{'a': 1, 'c': 3, 'b': 2}

>>> dictsfunc(**{'a':1,'b':2,'c':3})  #인수 전달 방법(사전 형태)
```

앞의 설명을 이해했다면 위 예들은 쉽게 이해할 수 있을 것이다.

함수의 인수 정의 순서

함수가 필요로 하는 외부의 데이터는 인수를 통해 다양한 방식으로 전달될 수 있고 지금까지 그 방식에 대해서 설명했었다. 그런데 이런 다양한 방식을 하나의 함수에서 혼합에서 사용할 때 문제가 발생할 소지가 있다. 바로 함수를 정의할 때 형식인수의 순서가 문제가 된다. 예를 들어 아래와 같은 인수의 순서로 함수를 정의했다면 다음과 같이 에러가 발생한다.

```
>>> def recommandable(*args,a):
        print(a,args)


>>> recommandable(1,2,3,4)
Traceback (most recent call last):
  File "<pyshell#33>", line 1, in <module>
    recommandable(1,2,3,4)
TypeError: recommandable() missing 1 required keyword-only argument: 'a'
```

args는 가변인수이므로 a에 전달해야 할 값까지 args가 다 잡아먹어 버린다(이 원인은 전달되는 인수의 마지막 값이 a에 전달될 값인지 args에 전달될 값인지 지정된 것이 아니므로 확인할 수 없는 문제기 때문이다). 이번에도 비유를 하여 설명해보자. 인수에 값이 전달되는 것은 왼쪽부터 정의된 순서대로 이루어진다. 그리고 중개자 그룹은 자신의 거래시점에서 외부 중개자를 모두 파악해서 가능한 모든 거래를 한다. 이렇게 융통성이 지나쳐서 명확하지 지정이 안 된 경우라면 a의 거래까지 중개자 그룹이 가로챈다. 이런 문제로 융통성은 없지만 정해진 거래만 하는 중개자 a는 중개자 그룹보다 먼저 거래가 이루어져야 한다(인수를 사용하여 a에게 명확하게 전달됨을 명시(키워드 인수 사용)하여 위 문제를 해결할 수도 있지만 일반적이지 않다). 이 문제의 해결은 다음처럼 a를 *args보다 앞쪽에 위치시킴으로써 깔끔하게 해결할 수 있다.

```
>>> def recommandable(a,*args):
        print(a,args)

>>> recommandable(1,2,3,4)
1 (2, 3, 4)
```

이런 문제들로 함수를 정의할 때는 권장되는 인수의 순서를 지키는 것이 좋다. 다음은 권장되는 순서에 대한 예제다.

```
>>> def recomandable(a,*args,**dicts): #단순한 형태 -> 복잡한 형태로 기억해 두자
        print(a,args,dicts)
```

return

return은 함수 내부에서 사용되는 키워드다. return이 수행되면 특정 값을 호출원으로 돌려주면서 함수가 종료된다. 이를 흔히 함수가 값을 반환(리턴)한다고 말한다. 지금까지 제시한 예에서는 함수에 return이 없었는데, return이 없다면 함수 종료 시 기본적으로 None 객체를 반환한다. 다시 말해, 파이썬에서 함수는 언제나 값을 반환한다.

```
>>> def rtTest():
        x=1

>>> print(rtTest())
None
```

앞에서 사전의 예와 같이 영어 단어를 찾는 작업을 함수라고 하면 "python"은 실인수, "비단구렁이"는 반환값이라고 볼 수 있다.

이러한 그림처럼 함수의 실인수와 반환값은 반대되는 개념으로 생각할 수 있다. 실인수는 함수 외부에서 함수 내부로 전달되는 반면에 반환값은 함수 내부에서 함수 외부(호출원)로 전달되는 값이기 때문이다. 다음 예를 보자.

```
>>> def returnTest(a,b,c,d):
        print(a+b)
        return b+c              #b+c를 계산하여 호출원으로 돌려줌
        print(c+d)              #수행되지 않는 코드
>>> returnTest(1,2,3,4)
3
5
```

예제의 결과 3, 5 두 개의 결과가 출력된다. 그러나 실제로 화면에 출력되어야 되는 것은 3뿐이어야 한다. return은 값을 반환하는 작업을 하지 출력을 하는 기능은 없다. 그런데 출력이 된 이유는 편의를 위한 대화형 인터프리터인 파이썬 쉘(코딩 환경)의 특징이다. 실제로는 출력되지 않아야 한다. 다음과 같이 파이썬 쉘에서 단순히 값을 가진 변수를 쓰면 그 값이 확인되어 출력되는 이유와 마찬가지다.

```
>>> value=77
>>> value               #변수를 쓰면
77                      #값을 확인해준다.
```

따라서 3은 출력되고 5라는 값은 반환된다고 해석해야 한다. 다음 예를 보면 쉽게 이해할 수 있다.

```
>>> value = returnTest(1,2,3,4)
3
>>> value
5
```

returnTest(1,2,3,4)는 5를 반환하므로, returnTest(1,2,3,4)는 5라는 값을 가진 변수와 동등하게 사용된다. 따라서 value로 함수가 반환한 객체를 전달받을 수 있다. 쉽게 말해서 표현식^{expresstion}으로 생각되는 모든 표현은 파이썬 쉘이 체크해서 그 값을 자동으로 출력해준다.

> **생각해 봅시다**
>
> 반환값에 있어서 일반적인 프로그래밍 언어는 1개의 값만 반환하는데 반해, 파이썬은 여러 값을 묶어서 반환할 수도 있다. 이는 파이썬의 기본 데이타 타입에 여러 개의 값을 담을 수 있는 튜플형이 존재하기 때문이다. 사실 파이썬도 다른 언어들처럼 하나의 값(튜플형 객체 하나)을 반환하는 것이지만 튜플의 특성으로 여러 개의 값을 튜플에 담아서 반환할 수 있기 때문에 여러 개의 값을 반환한다고 이해할 수 있는 것이다.
>
> ```
> >>> def returnTuple(x,y,z):
>         return x,y,z    # x, y, z의 3개의 객체를 반환하는 것처럼 보이지만
>                         # x, y, z는 (x, y, z)이므로, 실제론 1개의 객체를 반환하는 것이다.
> ```

영역과 이름공간

함수 내부와 외부는 구분되기 때문에 데이터를 함수 외부에서 내부로 반입하기 위해서 사용하는 인수에 대해서 공부했었다. 지금부터는 이렇게 구분되는 함수의 내부 영역과 외부 영역에 초점을 맞춰 공부해볼 것이다.

파이썬에서 코드를 작성할 때 함수를 기준으로 두 영역^{Scope}으로 구분할 수 있다. 함수 정의의 내부인 지역 영역^{Local Scope}과 함수 정의의 바깥인 전역 영역^{Global Scope}으로 말이다. 이 두 영역은 서로 간에 계층적으로 분리된 독립된 영역인데 앞에서 언급했듯이 함수가 인수를 사용하는 이유도 이렇게 영역 간에 분리가 되어 있기 때문이다.

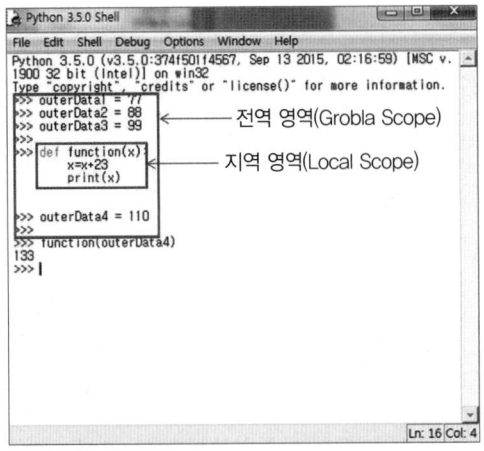

파이썬 쉘에서의 영역 구분

위 코드에서 function 함수를 기준으로 지역 영역과 전역 영역을 구분해 보았다.

그런데 코드 내에서 정의되는 변수들은 영역의 영향을 받는다. 그리고 마치 사람이 어느 나라에서 태어났는지가 국적을 결정짓는 요인이 되는 것처럼 변수도 정의되는 영역에 따라서 저장되는 곳이 달라게 된다.

이렇게 정의되는 변수들이 저장되는 공간을 이름공간[namespace]이라고 하는데 영역들마다 이름공간을 따로 가진다. 즉 지역 영역은 지역 이름공간[Local namespace], 전역 영역은 전역 이름공간[Global namespace]을 가지고 있다. 따라서 지역 영역에서 정의된 지역변수[Local Variable]는 지역 이름공간에 저장되며 전역 영역에서 정의된 전역변수[Global Variable]는 전역 이름공간에 저장되는 것이다.[2]

그렇다면 이름공간에 변수들은 어떻게 저장되는 것일까?

이름공간은 내장 데이터 타입인 사전[dictionary]으로 구현된다. 따라서 변수들이 저장되는 방식은 단순히 사전에 값을 저장하는 것과 같다. 변수 이름은 사전의 `key`가 되고 변수가 지닌 값은 `key`에 대응하는 `value`가 되는 것이다.

그리고 각 영역에 속한 이름공간은 `locals` 함수로 얻을 수 있다. 다시 말해 `locals` 함수는 각 영역의 이름공간을 사전 형식으로 반환한다. 다음은 앞 그림의 전역 이름공간을 출력하는 것이다.

```
>>> global_namespace = locals()
>>> print(global_namespace)
{'outerData3': 99, 'function': <function function at 0x02D3E3D8>,
'__builtins__': <module 'builtins' (built-in)>, '__doc__': None,
'outerData1': 77, '__name__': '__main__', '__package__': None, '__loader__': <class '_frozen_importlib.BuiltinImporter'>, 'global_namespace': {...}, 'outerData2': 88, '__spec__': None, 'outerData4': 110}

>>> global_namespace['outerData1']
77
>>> global_namespace['outerData2']
88
>>> global_namespace['outerData3']
99
>>> global_namespace['function']
<function function at 0x02D3E3D8>
>>> global_namespace['outerData4']
110
```

---

[2] 이름공간 또는 영문 그대로 네임스페이스라고도 한다.

이 결과를 보면 사용자가 정의한 변수 외에도 '__builtins__' 또는 '__doc__', '__name__', '__package__'와 같은 변수들도 전역 이름공간에 포함되어 있음을 알 수 있다. 이 변수들은 파이썬 프로그램에 기본적으로 포함되는 변수들로 당장 이 변수들의 의미를 알 필요는 없다.

우리가 주목해야 하는 것은 각 영역에서 사용자가 정의한 변수들이 각 이름공간(사전)에 저장된다는 것이다. 이렇게 전역 이름공간에 저장된 변수는 전역 영역에서 바로 참조하여 사용할 수 있다.

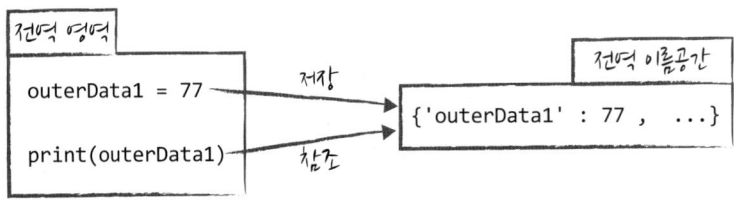

그리고 우리가 선언하지 않은 변수를 사용할 때 'NameError'가 발생하는데 바로 사용할 변수의 이름이 이름공간에 없기 때문이다.

앞의 코드처럼 `locals` 함수로부터 얻어진 이름공간(사전)을 직접 다룰 수도 있다. 이 말을 바꿔말하면 다음과 같이 변수 선언을 이름공간에 직접할 수도 있다는 뜻이다(수정도 할 수 있다).

```
>>> locals()['myvar']=100
>>> print(myvar)
100
```

이렇게 우리가 변수를 선언하면 이름공간에 저장되고 변수를 사용할 때는 그 영역에 해당하는 이름공간에서 변수 이름을 찾는다는 것을 기억해 두자.

마지막으로 이름 공간에 대해서 짤막하게 부연 설명을 해보겠다.

파이썬 코드에서 함수를 기준으로 코드 영역들이 구분되고 각 영역들은 자신만의 이름공간을 가진다. 여기서는 함수를 기준으로 나누었지만 나중에 배울 클래스나 모듈도 자신만의 이름공간을 가진다. 클래스나 모듈의 경우는 그 자체를 이름공간으로 이해할 수도 있는데 함수, 모듈, 클래스의 공통점은 자신만의 코드 영역을 갖는다는 것이다. 아직은 좀 헷갈릴 수 있겠지만 파이썬의 모든 객체는 이름공간으로 바라볼 수도 있다는 것을 설명하는 것이다.

 함수 내부에 여러 변수들을 선언해 보고 locals 함수를 호출하여 함수 내부의 이름공간을 출력하는 프로그램을 작성해보자. 또 인수를 가진 함수의 이름공간을 출력해보고 인수가 이름공간에 포함되는지 안되는지 살펴본 후 결과에 대해서 생각해보도록 하자.

> **참고**
> 이름공간의 정보를 출력하는 함수는 locals 말고도 dir, globals가 있다. 각각의 기능은 좀 다르다. 각 영역에서 이 함수들을 호출하면 어떤 기능을 하는지 쉽게 알 수 있을 것이므로 직접 실험해보도록 하자.

내장 함수와 내장 영역

드디어 내장 함수^{built-in function}가 무엇인지 소개할 시간이 되었다. 뭐가 '드디어'라고 하는 분들은 지금까지 아무런 정의도 없이 사용해왔던 함수들을 다시 떠올려보자. 방금 사용했던 `locals` 같은 함수 그리고 지금까지 밥먹듯이 사용했던 `print` 함수는 어디로부터 온 것일까? 바로 이런 함수들이 파이썬 내장 함수다. 마치 배터리가 분리되지 않는 휴대폰처럼 처음부터 내장되어 있으므로 휴대폰을 분해하기 전까지 어떻게 생겼는지 모른다. 분해할 필요도 없고 우리는 그냥 쓰면 되는 것이다. 마찬가지로 내장 함수들도 처음부터 내장되어 있었으므로 그냥 쓰는 것이다.

이런 내장 함수에게도 자신들이 정의되어 있는 영역이 있다. 이 영역을 내장 영역^{built-in scope}이라 부른다. 이렇게 파이썬은 크게 3개의 영역(함수의 지역 영역, 전역 영역, 내장 영역)으로 나눌 수 있다.

내장 영역도 함수의 지역 또는 전역 영역처럼 이름공간을 가진다. 그런데 내장 영역은 사용자가 코드를 작성하는 영역이 아니다. 따라서 이름공간의 정보를 얻기 위해서는 `locals` 함수를 호출하는 방법을 사용할 수 없다. 그렇다면 어떻게 내장 영역의 이름공간을 얻을 수 있을까?

앞에서 전역 이름공간에 기본적으로 포함된 변수들이 있었다는 것을 기억할 것이다. 이 중에 `__builtins__`라는 이름의 변수가 있었다. `__builtins__`는 파이썬에 내장된 코드 집합이며 내장 영역으로 이해할 수 있다. 이 코드 집합에는 파이썬 내장 함수들의 정의도 포함되어 있다. 모든 파이썬 프로그램은 시작과 동시에 `__builtins__`의 내부를 참조할 수 있도록 처리된다. 따라서 우리는 언제나 바로 내장 함수를 사용할 수 있었던 것이다.

__builtins__ 역시 이름공간이다. __builtins__에 어떤 변수들이 정의되어 있는지 알고 싶다면 dir 함수를 사용한다. dir 함수는 인수로 전달되는 이름공간을 리스트 형태로 반환해준다.

dir(__builtins__)

이렇게 반환된 리스트를 출력해보고 내장 이름공간에는 어떤 이름들이 있는지 살펴보자.

그런데 한 가지 의문점이 들 것이다. 앞에서는 분명 영역들이 구분된다고 했는데 내장 영역의 변수에 바로 접근이 가능하다는 말이 좀 모순되게 들린다. 분명 함수가 인수를 사용하는 이유도 이렇게 구분된 영역 때문인데 어떻게 내장 영역에 바로 접근이 가능한 것일까? 생각해보면 함수 내부와 외부에서 내장 함수 locals를 바로 호출했었기 때문에 뭔가 혼란스럽기도 하다.

이 문제를 이해하기 위해서는 스코핑룰에 대한 공부가 필요하다. 그리고 파이썬에서 어떻게 변수가 데이터를 참조하는지에 대해서도 다시 상기시킬 필요가 있다. 이 두 가지 중 한 가지의 이해만 부족하더라도 오류에 빠져서 헤어나오지 못할 수 있기 때문이다. 지금부터 스코핑룰에 대해 소개를 하고 몇 가지 주의할 점에 대해서도 소개하겠다.

스코핑룰

지금까지 살펴본 지역^{Local}, 전역^{Global}, 내장^{Built-in} 영역은 서로 계층적으로 분리된 영역이었다. 이런 이유로 함수는 인수를 통해서 외부(전역)의 데이터를 사용할 수 있었는데 사실 다른 영역의 변수를 인수의 도움 없이 바로 참조할 수도 있다. 지금까지 내장 영역의 함수들(print 함수 등)을 지역 또는 전역 영역에서 그대로 참조하여 사용했던 것을 보면 어떤 의미인지 경험적으로는 이해될 것이다. 이렇게 한 영역에서 다른 영역의 변수를 참조하는 것은 정해진 규칙을 따른다. 이 규칙을 스코핑룰^{Scoping rule}이라고 하는데 파이썬뿐만 아니라 모든 언어는 그 언어만의 스코핑룰을 가지고 있다. 지금부터 파이썬의 스코핑룰에 대해서 알아볼 것이다.

우선 다음 예제 코드를 살펴보고 왜 이런 결과가 나오는지 곰곰히 생각해보자.

```
>>> global_var = 77
>>> def function():
        print(global_var)

>>> function()
77
```

설명하자면 **global_var**는 전역 영역에서 정의되었지만 함수의 지역 영역에서 사용되고 있다. 분명 지금까지 함수 외부의 데이터를 함수 내부에서 사용하기 위해 인수라는 것을 사용한다고 했었는데 위 예는 인수 없이 바로 외부의 변수를 사용한 것이다. 그렇다면 지금까지 왜 인수를 사용해 온 것인가 하는 회의를 느끼는가? 속단하기는 이르다.

설명을 더 해나가기 앞서 한 가지 예를 더 들어보겠다. **global_var**는 전역에 정의된 변수로 전역 이름공간에 저장되어 있다. 하지만 이름공간은 영역별로 존재하기 때문에 다음과 같은 경우도 가능할 것이다.

```
>>> global_var = 77
>>> def function():
        global_var = 100
        print(global_var)

>>> function()
100
```

앞선 예와 동일하지만 지역 영역에 변수 **global_var**가 동일한 이름으로 정의되어 있다. 이런 경우 **global_var**라는 변수는 각 영역의 이름공간에 따로 만들어지고 분명히 이 둘은 서로 구분된다. 따라서 이 함수가 출력하는 변수는 앞선 예제와는 달리 지역변수 **global_var**이다. 단지 이름이 동일한 지역변수가 전역변수를 가려버린 꼴이다. 이 예제의 경우에서 함수 외부의 **globla_var**를 함수 내부에서 사용하고 싶다면 인수를 사용해서 외부의 **global_var**를 전달해야 할 것이다.

앞의 두 예제의 결과를 이해하려면 스코핑룰을 알아야 한다. 다음은 파이썬의 스코핑룰을 간략하게 그림으로 나타낸 것이다.

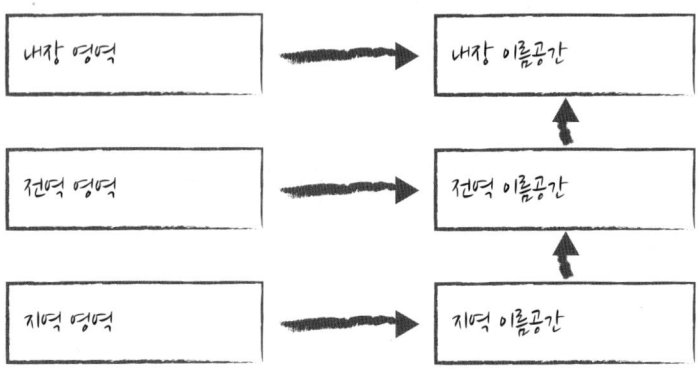

위 그림에서 화살표를 일방통행 도로로 생각하자. 각 영역에서 변수를 사용하면 이 일방통행의 화살표를 순서대로 따라가면서 이름공간에서 변수의 이름을 찾아간다. 예를 들어 우리가 사용하는 `print` 함수를 전역 또는 지역 영역에서 사용하면 화살표를 따라가다가 내장 이름공간에 등록되어 있는 `print`라는 이름을 찾게 되는 것이다. 또한 앞의 예에서는 지역 영역에 `global_var`가 없는 경우 화살표를 따라가다 `global_var`라는 이름을 전역 이름공간에서 찾을 수 있었던 것이다.

좀 더 이해를 돕기 위해서 한 가지 더 예시를 들어보겠다. 설명을 보기 전에 다음 예가 무엇을 말하는 것인지 직접 파악해보자.

```
>>> print = "Hi"
>>> print("hello")
Traceback (most recent call last):
  File "<pyshell#22>", line 1, in <module>
    print("hello")
TypeError: 'str' object is not callable
```

위 코드는 내장 이름공간에 있는 이름과 동일한 이름이 전역 또는 지역에 쓰일 경우 어떤 문제가 생기는지 잘 보여준다. 이렇게 이름공간은 계층적 구조를 가지며 검색 순서상 앞쪽에 있는 이름공간에 있는 변수 이름은 뒤쪽에 있는 영역의 이름공간의 변수 이름을 가릴 수 있다. 따라서 변수 이름을 정의할 때는 다른 영역에서 이미 사용하고 있는 이름인지 주의해야 할 것이다.

함수 내 변수 사용 시 주의할 점

스코핑룰은 아주 단순한 규칙이지만 함수 내에서 전역변수를 사용할 때는 스코핑룰과 관련해서 주의할 점이 있다. 먼저 이에 대한 예제 코드를 제시하겠다.

```
>>> global_var = 77
>>> def myfunc():
        global_var += 1
        print(global_var)


>>> myfunc()            #어떤 결과가 나올지 직접 함수를 호출해보자.
....
```

myfunc 함수를 호출하면 에러가 발생할 것이다. 에러의 원인은 global_var라는 변수에 값이 할당되기 전에 사용되었기 때문이다. 할당되기 전에 사용되었다니? 무슨 말인지 아리송할 것이다.

사실 이 에러의 원인을 좀 자세히 분석하여 설명하고 싶지만 오히려 혼동을 주는 것 같아 분석은 하지 않을 생각이다. 대신 함수 내에서 변수를 사용하는 데 있어서 중요한 지침을 드리려 한다.

- 지침: 함수 내에서 전역변수를 사용하고 싶다면 global 키워드로 전역변수를 명시하도록 하자(global 키워드에 대한 내용은 잠시 후 설명한다. 내용이 이해가 되지 않는다면 먼저 설명을 보고 다시 와도 될 것이다). 만약 global 키워드로 명시하지 않고 전역변수를 사용하려면 절대로 전역변수가 좌변값(lvalue)이 되어서는 안 된다(lvaue를 쉽게 설명하면 =, +=, -= 등의 연산자에서 왼쪽에 놓여지는 변수를 말한다).

사실 이 문제는 파이썬이 동적 타이핑 언어라는 특징 때문에 발생한다. 동적 타이핑 언어의 특성상 좌변에 놓이는 변수는 무조건 새로 생성되는 변수로 취급되기 때문이다. 분석을 하지 않기로 해놓고 분석을 시작했다. 이왕 이렇게 된 거 더 분석해보자.

앞의 예제에서 global_var += 1은 global_var = global_var+1을 뜻한다. 일반적으로 C 언어같이 정적 타이핑 언어에 익숙하다면 이 식을 다음과 같이 잘못 해석할 수 있다.

- 잘못된 해석: global_var는 전역변수로서 global_var += 1의 결과는 77+1로 78이 되어 global_var는 78의 값을 갖게 된다.
- 옳은 해석: =를 기준으로 좌변에 변수명이 정의되었고 global_var는 myfunc 함수의 지역 영역의 이름공간에 등록되는 과정 중에 있다. 이름공간에 등록되는 과정에서 global_var에 값이 할당되어야 하는데 우변에 global_var는 자기 자신으로 아직 값이 할당되지 않은 상태다. 따라서 이 식은 값이 할당되기 전에 global_var를 사용하려 하였으므로 에러가 발생한다.

결론을 내리면 파이썬에서는 한 영역에서 동일한 이름을 가진 두 영역의 변수를 동시에 사용할 수 없다. 하지만 C 언어와 같은 정적 타이핑 언어에서는 위와 코드는 문제없이 실행된다. 이유가 어찌됐든 이해가 안 되는 부분이 있더라도 지금 당장 너무 깊게 고민하지 말길 바란다. 어느 정도 다양한 언어에 대한 경험이 쌓인 후에 다시 이 부분을 읽어보면 무엇을 의미하는지 이해될 것이다.

여러 영역에서 동일한 이름의 변수를 사용하는 것은 좋은 프로그래밍 습관은 아니다. 그리고 위 코드는 다음과 같이 수정되어야 한다.

```
>>> global_var = 77
>>> def myfunc():
        global global_var
        global_var+=1
        print(global_var)

>>> myfunc()
78
```

global

앞에서 이미 global 키워드를 살펴보았다. 충분한 설명이 없었기에 좀 더 보충 설명을 하겠다.

함수 내에서 전역변수를 사용하려면 global 키워드로 전역변수를 명시해주면 된다. 그러면 함수 내에서 이렇게 명시된 변수명과 동일한 이름을 가진 지역변수를 생성할 수 없게 된다. 다음 예제를 보자.

```
>>> var = 77
>>> def func():
        global var                  #var는 전역변수!
        var=100                     #전역 이름공간에 var = 100을 등록한다.
        print(locals())             #지역 이름공간을 출력

>>> func()
{}                                  #지역 이름공간에 아무런 변수도 없다.
>>> print(var)
100
```

이렇게 global로 선언된 변수는 무조건 전역변수가 되고 var=100은 전역 이름공간에 등록된다. 따라서 원래 전역 이름공간에 있던 var=77가 var=100으로 바뀌는 것이다.

 생각해 봅시다

앞에서 본 예제들에서 알 수 있듯이 함수 내부에서 사용되는 임의의 변수 이름 'x'가 있다면 그 'x'는 언제나 하나의 영역에만 속해 있다.

다시 말해 파이썬은 함수 내부에서는 이름이 동일한 전역변수와 지역변수를 같이 사용할 수는 없는데, 이 특징은 파이썬의 언어적 특징이다.

예를 들어 C++의 경우는 함수 내부에서 전역변수 'x'를 사용하다가 중간에 지역변수 'x'도 선언하여 사용할 수도 있다. 단 지역변수 'x'를 선언하기 전까지는 전역변수를 사용하지만 지역변수 'x'를 선언한 순간 전역변수 'x'는 지역변수 'x'에 의해 가려진다.

따라서 C++ 언어 문법에 익숙하다면 이런 차이점을 이해하고 있어야 한다.

중첩 함수

다음과 같이 함수의 정의 내부에 또 다른 함수의 정의가 있을 수 있다.

```
>>> def func1():
        def func2():
            pass
```

함수를 정의할 때 함수 내에서 다른 함수의 기능을 사용하려면 그냥 다른 함수를 호출하면 될텐데 앞의 코드처럼 중첩해서 정의된 함수는 어떤 의미가 있는 것일까? 사실 이를 설명하는 것이 간단한 문제일 수도 있지만 한편으로는 그렇게 간단한 문제는 아니기도 하다. 우선 간단한 문제로 바라보고 중첩 함수의 의미를 살펴보겠다.

마트로시카라는 인형을 본 적이 있을지 모르겠다. 보통 나무로 만들어진 이 인형은 그 속에 자신과 똑같은 모양의 사이즈는 자신보다 작은 인형이 들어 있다. 역시 안에 있는 인형 속에도 똑같은 모양의 인형이 들어 있고 사이즈만 작을 뿐이다. 마트로시카는 이렇게 인형 안에 인형이 들어는 구조가 반복된다. 물론 완벽한 비유는 아닐테지만 중첩 함수는 마트로시카처럼 함수 속에 함수가 정의되어 있다. 이제부터 마트로시카 인형과 비교하면서 중첩 함수를 살펴보도록 하겠다.

우리가 지금까지 만든 함수들은 전역 영역에 정의되었다. 그러므로 함수의 외부 영역은 전역 영역이었다. 마트로시카에 비유하자면 지금까지 만든 함수는 가장 외곽에 있는 인형인 셈이고 전역 영역은 인형의 외부 공간인 셈이다.

이번에는 함수 내부에서 정의된 함수로 초점을 바꿔보자. 함수 내부에 정의된 함수의 외부 영역은 자신을 둘러싼 함수의 지역 영역이 된다. 마트로시카로 치자면 자신과 자신을 담은 인형 사이의 공간일 것이다. 이런 식으로 마트로시카는 자신을 둘러싼 인형과 자신 사이의 공간을 외부 영역으로 갖고 이런 구조는 내부의 어떤 인형을 기준으로 해도 동일하게 적용된다(나중에 설명하겠지만 이 영역들 사이에서는 안쪽에서 바깥쪽 영역으로 스코핑룰이 적용된다). 이 구조를 먼저 머리속에 새겨 놓자. 그리고 함수가 아무리 중첩되더라도 함수가 동작하는 원리 역시 변하지 않는다는 것을 기억하자. 몇 가지 주의점에 대해서는 나중에 살펴보도록 하고 중첩 함수의 예를 먼저 살펴보겠다.

```
>>> def outter():
        def inner():
                print("inner")
        inner()                    #inner 함수 호출

>>> outter()
inner
```

함수를 호출한다는 것은 함수에 정의된 코드의 흐름을 수행한다는 것이다. 이렇게 outter 함수를 호출하면 그 내부 코드가 수행된다. 호출된 outter 함수의 내부 흐름만 놓고 보면 다음과 같다.

```
>>> def inner():
        print("inner")
>>> inner()
inner
```

이렇게 가장 바깥 함수를 없앤 것은 마치 마트로시카의 가장 바깥에 있는 인형만 제거한 것과 같다. 필자가 무엇을 설명하는지 파악했으리라 믿는다.

이번에는 인형과 인형 사이의 공간에 대한 이야기를 하겠다. 우리는 앞서 스코핑룰에 대해서 배웠다. 파이썬의 스코핑룰은 지역, 전역, 내장 영역순으로 변수 이름을 찾는데 이 방식을 가리켜 LGB룰이라고도 한다. 명칭은 중요하지 않다. 우리는 이제 함수가 중첩됐을 때 어떻게 스코핑룰이 적용되는지에 관심을 가져야 한다. 다시 말해 이것은 함수의 Local 영역에서 스코핑룰이 어떻게 적용되는가 하는 문제다.

인형들 사이의 공간, 다시 말해 각각의 함수의 지역 영역들 역시 계층적으로 독립된 영역들이다. 그리고 스코핑룰은 가장 안쪽의 함수의 지역 영역으로부터 시작된다.

```
>>> def outter():
        a=1                         #outter 함수의 지역변수
        def inner1():
                b=2                 #inner1 함수의 지역변수
                def inner2():
                        c=3         #inner2 함수의 지역변수
                        print(a,b,c,)
                inner2()
        inner1()
>>> outter()
1 2 3
```

들여쓰기에 주의해서 앞의 코드를 해석해보자. outter 함수의 호출은 inner1 함수를 호출하고 inner1 함수의 호출은 inner2 함수를 호출한다. 그리고 inner2 함수는 세개의 변수 a, b, c를 출력하는데 이 세 변수는 각각 outter, inner1, inner2의 지역변수다. 이런 결과가 나온 이유는 중첩된 함수에서도 변수 이름을 검색할 때 안쪽에서 바깥 방향으로 순서대로 검색해 나가기 때문이다. 이렇게 중첩 함수의 스코핑룰도 자신을 감싸고 있는 외부 영역쪽으로 일방통행이다.

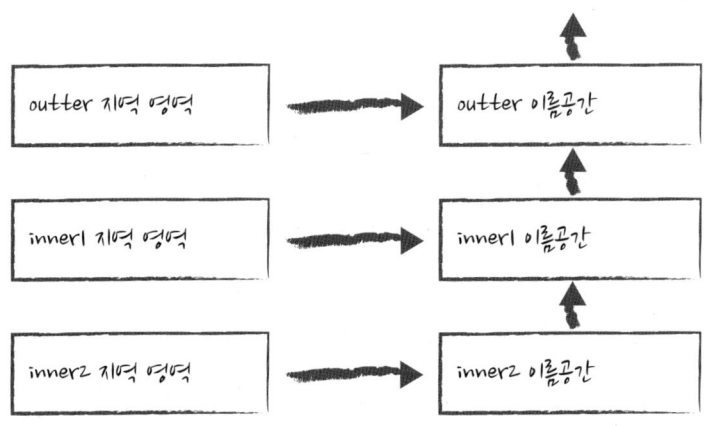

함수가 전역변수를 사용할 때 전역변수가 외부에 노출되는 것이 부담스럽다면 함수를 함수로 감싸보자. 그러면 전역 영역과 함수 사이에 자신을 감싸는 함수의 지역영역이 추가되고 스코핑룰에 따라서 이 영역의 이름공간을 전역 이름공간 대신 사용할 수 있다.

하지만 이렇게 함수를 중첩시켜 사용할 때 주의할 점이 있다. 이 것은 앞서 global 키워드를 설명하기 전에 함수 내에서 전역변수를 사용할 때 생기는 문제점과 동일한 문제이다. 이 문제점에 대해서는 앞선 설명을 다시 참고하도록 하자.

아무튼 앞선 내용의 결론은 함수 내에서 전역 영역의 변수를 사용하고자 하면 global 키워드로 전역 영역의 변수 이름을 명시하자는 것이었다. 마찬가지로 함수 내부에서 정의된 함수에서도 global 키워드를 사용하여 전역변수를 사용할 수 있다.

```
>>> global_var = 77            #전역변수 global_var
>>> def outter():
        global_var = 100       #outter 함수의 지역변수 global_var
        def inner():
```

```
                global global_var          #전역변수 global_var 사용
                global_var +=1
                print(global_var)
        inner()                            #inner 함수 호출

>>> outter()                               #outter 함수의 호출은 다시 inner 함수를
                                           #호출함
78
```

그런데 inner 함수에서 전역변수 global_var 대신 outter 함수의 지역변수인 global_var를 사용하려면 어떻게 할까? global global_var를 삭제한다면 에러가 발생한다는 것은 이미 앞에서 설명했다(값이 할당되지 않은 변수를 사용하게 되므로 에러 발생). 이 경우 global 대신 nonlocal 키워드를 사용하면 자신을 감싼 함수의 지역변수를 사용할 수 있다. 동작 방식은 global 키워드와 동일한다.

```
>>> global_var = 77
>>> def outter():
        global_var = 100
        def inner():
                nonlocal global_var
                global_var +=1
                print(global_var)
        inner()

>>> outter()
101
```

global 키워드와 nonlocal의 차이점이라면 global 키워드로 명시된 변수는 전역 영역의 변수임을 보장하지만 nonlocal 키워드의 경우는 함수의 외부 영역과 전역 영역 사이의 지역 영역 중에 한 영역에 있는 변수다. 예를 들어 함수가 여러 번 중첩된 경우 가장 안쪽에 있는 함수에서 nonlocal 키워드로 명시한 변수는 스코핑 룰에 따라서 가장 먼저 검색되는 영역의 변수가 되는 것이다.

어쨌든 핵심은 nonlocal 키워드와 global 키워드는 함수에서 외부의 변수를 사용하기 위한 것이다.

인수전달 vs global

이쯤에서 인수를 사용하는 방식과 global 키워드를 사용하는 방식의 차이점이 무엇일까 의문이 들지 모르겠다. 단지 형식적인 차이만 있다면 굳이 길게 설명할 필요는 없을 것이다. 하지만 이 두 방식은 분명히 차이점이 존재한다.

우선 인수 전달 방식에 대해서 설명하기 전에 파이썬의 변수에 데이터(값)를 대입하는 것은 참조방식으로 동작한다는 사실을 이해하고 있어야 한다. 이미 3장에서 '변수'를 설명하면서 참조방식이 어떻게 동작하는지 설명했었다. 모두 이해했으리라 생각하고 설명을 해 나가겠지만 만약 이해가 안 되더라도 인수 전달 방식과 global 키워드 사용 방식이 어떤 차이점이 있는지 결론만이라도 꼭 기억하고 넘어가길 바란다.

아무튼 파이썬의 변수가 참조 방식으로 동작한다. 그리고 실인수가 형식인수에 전달될 때도 역시 참조 방식을 통해서 데이터가 전달된다. 다음 예를 보자.

```
>>> outData = 77
>>> def func(param):
        param = param+23
        print(param)

>>> func(outData)
100
>>> outData
77
```

func 함수의 호출로 전역변수 outerData는 func 함수의 인수 param에 전달된다. 이 때 내부적으로 param = outData의 동작이 이루어진다. 그리고 그림으로 다음과 같이 간단히 표현할 수 있다.

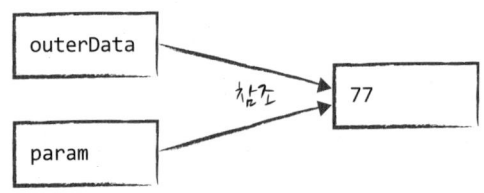

그리고 param = param+23에서 우변이 먼저 계산된다. 따라서 param+23은 100이 되고 param = 100이 수행된다. 수행 결과는 다음과 같다.

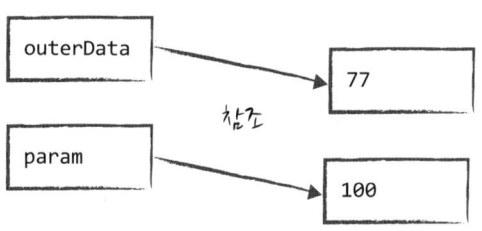

여기서 중요한 점은 전역변수 outData의 값이 변하지 않았다는 것이다. 분명 내부에서는 전역변수 outData를 전달받았는데 말이다. 이렇게 파이썬에서 인수에 의한 전달은 위와 같은 형태로 동작한다.

이번에는 `global` 키워드를 사용하여 전역변수 outData를 함수 내부에서 사용해보겠다.

```
>>> outData = 77
>>> def func():
        global outData
        outData = outData + 23
        print(outData)

>>> func()
100
>>> outData
100                     #차이점!
```

앞선 예와 달리 전역변수 outData의 값이 같이 변하였다. `global` 키워드가 어떻게 동작하는지는 이미 앞서 설명했으므로 길게 설명하지는 않겠다. 핵심은 `global` 선언된 변수 이름은 전역 이름공간의 것을 사용하거나 생성 시 전역 이름공간에 생성되기 때문이다(지역 이름공간에는 절대로 생성되지 않는다).

> **참고**
>
> 사실 이런 동적 타이핑 언어의 참조 방식은 프로그래머들에게 혼동을 줄 수도 있다. 다음은 이에 대한 간단한 예다.
>
> ```
> >>> outData = [77]
> >>> def func(param):
>     param[0] = param[0] + 23
>     print(param)
> ```

9장_ 함수 **277**

```
>>> func(outData)
[100]
>>> outData
[100]                    #전역변수도 변화됨
```

이렇게 인수에 리스트를 전달했다면 리스트의 항목을 변경했을 때 전역변수도 동일하게 변경된다. 다음 그림은 위 코드에서 함수의 인수에 outData를 전달했을 때의 모습을 나타낸 것이다.

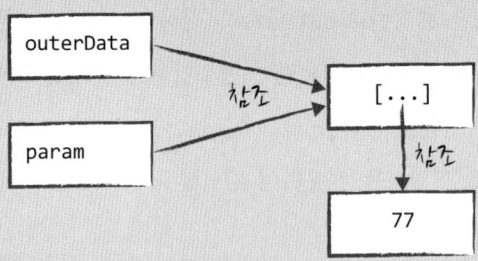

이렇게 리스트의 각 항목도 내부적으로 참조방식으로 동작한다. 그리고 위 코드에서 함수를 실행했을 때 다음과 같은 모습이 된다.

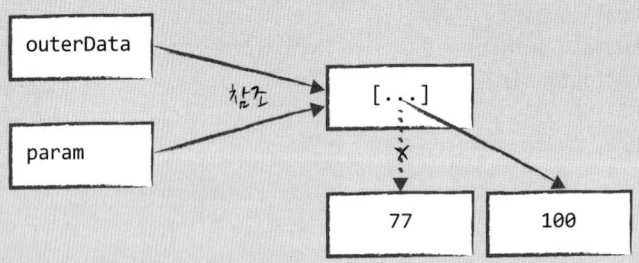

이런 점을 응용하여 외부 변수를 변경시키고자 할 때 global 선언 대신 리스트에 담아서 함수에 전달하기도 한다. 좀 어려운 내용일 수도 있는데 참고적으로 알아두자.

람다 표현식

일반적인 프로그래밍 언어에서의 함수는 수학의 함수와는 좀 다르게 바라봐야 한다. 수식 외에도 제어문과 같은 코드들이 포함될 수 있기 때문이다.

이번에 소개할 파이썬의 람다^{Lambda} 표현식은 함수로 취급되지만 수학에서 말하는 함수에 가깝다는 특징이 있다. 특징으로 람다 표현식은 반복문이나 조건문 같은 제어문은 포함될 수 없고 한줄짜리 표현식만으로 이루어진다. 또한 이름에서 알 수 있듯이 람다 표현식은 함수처럼 정의와 호출이 분리되어 있지 않고 람다 표현식 자체를

호출한다(많은 언어들에서 람다 표현식을 지원한다. 하지만 프로그래밍 언어들마다 차이점이 있을 수 있으므로 앞의 설명이 일반적인 람다 표현식을 의미하는 것은 아니다).

람다 표현식의 정의하려면 `lambda` 키워드를 사용한다.

lambda 인수 : 표현식

보시다시피 람다 표현식은 함수와 달리 이름을 정해주지 않으므로 함수처럼 이름으로 호출할 수 없다. 따라서 람다 표현식을 호출하려면 식 자체를 호출한다. 다음은 함수와 람다 표현식을 비교한 예제다.

```
>>> def func(x):              #함수의 정의
        return x**2

>>> func(3)                   #함수의 호출
9

>>> (lambda x : x**2)(3)      #람다 표현식의 정의와 호출
9
```

이렇게 람다 표현식은 따로 정의를 두지도 않고 이름도 가지고 있지 않다. 이런 의미에서 람다 표현식을 익명함수라고도 한다.

람다 표현식 자체가 함수 이름을 대신하므로 다음과 같이 사용할 수도 있다.

```
>>> lambda_func = lambda x : x**2
>>> lambda_func(3)
9
```

람다 표현식은 함수처럼 입력을 받아서 출력을 할 수 있으면서도 따로 정의 없이 사용할 수 있다는 점으로 인해 수식 연산에 그대로 사용할 수 있다. 또한 콜백(callback) 함수를 만들 때 간단한 수식의 경우 람다함수를 사용하는 것이 간단하고 가독성도 높다. 콜백함수란 사용자가 직접 호출하는 함수가 아닌 특정 조건하에서 호출되는 함수다. 일반적으로 다른 함수의 인수로 전달되어 함수 내에서 특정 조건이 발생할 때마다 호출된다. 다음은 람다 표현식을 콜백함수로 사용하는 예다.

```
>>> mylist = [9,1,7,3,4,2,5,6,8]
>>> mylist.sort(key=lambda x:x)
>>> mylist
[1, 2, 3, 4, 5, 6, 7, 8, 9]
>>> mylist.sort(key=lambda x:-x)        #설명 참고
>>> mylist
[9, 8, 7, 6, 5, 4, 3, 2, 1]
>>> mylist.sort(key=lambda x:x%3)
>>> mylist
[9, 6, 3, 7, 4, 1, 8, 5, 2]
>>> mylist.sort(key=lambda x:x%2)
>>> mylist
[6, 4, 8, 2, 9, 3, 7, 1, 5]
```

위 코드를 이해하려면 리스트의 sort 메소드가 어떻게 동작하는지 이해하고 있어야 한다. 리스트의 sort 메소드는 리스트를 특정 기준에 따라서 정렬한다. 기본적으로 오름차순으로 정렬하지만 콜백함수를 sort 메소드의 key 인수에 등록하면 정렬 방식을 바꿀 수 있다. 이 함수는 반드시 정렬할 리스트의 항목을 하나씩 인수로 입력받아 새로운 값을 반환하는 형식이어야 한다. 이렇게 반환된 새로운 값들은 원래의 항목을 대표하는 값이 되어 오름차순 정렬에 사용된다.

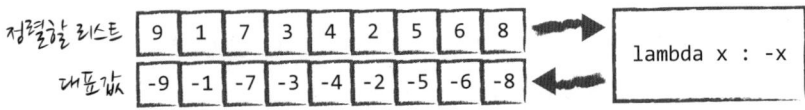

다음은 대표값이 오름차순으로 정렬된 후의 모습이다.

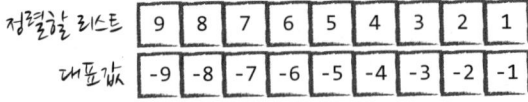

함수를 직접 정의하여 콜백함수로 넘겨줘도 된다. 하지만 위 예제와 같이 단순한 식이라면 굳이 함수를 정의하는 것보다는 람다 표현식을 사용하는 것이 심플해 보인다.

마지막으로 절차적인 코드 작성 방법과 람다 표현식을 사용한 함수형 프로그래밍의 예를 살펴보도록 하겠다.

다음 인수로 전달된 옵션에 따라서 전달될 문자열을 대문자로 바꿀지 소문자로 바꿀지 결정하는 함수를 작성한 것이다.

```
>>> def func(string, option=0):
    if option:
            s = string.upper()
            print(s)
    else:
            s = string.lower()
            print(s)
```

option으로 전달된 값이 0이면 string을 소문자로 바꾸고 0이 아니면 대문자로 바꾼다. 이 함수에서 제어문을 제거하여 마치 수학의 함수처럼 데이터와 그 연산만으로 만들 수 있을까?

```
>>> def func(string, option=0):
    print(option and (lambda s:s.upper())(string) or (lambda s:s.lower())(string))
```

위 코드의 흐름은 마치 수학공식처럼 데이터의 입력과 연산으로 이루어졌고 제어문은 존재하지 않는다. 이런 함수형 프로그래밍은 코드를 마치 f(x)= 3x와 같은 수학적인 수식처럼 만든다. 수치 처리를 하는 분야라면 이런 함수형 프로그래밍은 위력을 발휘한다. 일반적으로 명령형 프로그래밍은 흐름을 조건이나 상태에 따라서 다양하게 제어되고 코드의 흐름이 바뀔 수 있으므로 수학공식과 같이 동일한 입력값에 대해 한결된 답을 도출한다는 보장을 할 수 없기 때문이다.

지금까지 람다 표현식에 대한 살펴보았는데 너무 깊게 생각할 필요는 없다. 함수형 프로그래밍에 대한 고민도 접어두자. 단지 람다 표현식은 이런 거구나 하고 이해했다면 목표는 달성한 것이다.

지금까지 공부한 내용이 '함수'에 대한 기본적인 내용이라면 이제부터는 함수를 기본으로 하는 확장된 내용에 대해서 소개할 것이다. 우선 여기까지 잘 따라왔다면 잠시 심호흡을 해도 좋다. 그리고 충분히 준비가 됐다면 과감히 한걸음 앞으로 나가자!

pass

어떤 함수를 만들 필요는 있으나 함수의 구현을 잠시 나중으로 미루는 경우가 있다. 이런 경우 함수 내에 pass를 적어주면 된다. pass는 실제로도 아무런 동작도 하지 않는다. 물론 pass 대신 의미 없는 코드나 자신이 정한 특정 코드를 넣을 수도 있을 것이다. 하지만 pass를 적어 놓으면 누가 보더라도 아직 구현되지 않은 함수임을 쉽게 알 수 있을 것이다.

```
def func():
    pass
```

정보가 새고 있어요

함수가 종료되면 지역변수는 최종적으로 가지고 있던 값을 유지하지 않다는 것을 경험적으로 알고 있을 것이다.

```
>>> def func():
        var = 77
        var +=1
        print(var)
```

위 함수를 호출할 때마다 언제나 78이란 결과가 나온다. 즉 var는 func 함수 호출 시 언제나 77이란 값부터 다시 시작된다. 하지만 이 함수는 var 변수를 시작과 동시에 매번 77로 초기화하기 때문에 var 변수가 함수의 이전 호출이 종료되기 직전의 값을 유지하고 있는지 확인할 수는 없다. 그렇다면 이를 확인하기 위한 테스트 코드를 작성해보도록 하겠다.

아래 코드는 함수가 종료된 후에도 지역변수가 값을 유지하고 있는지 의도적으로 확인하는 코드다.

```
>>> n=3
>>> def func():
        if n:                    #n의 값이 0이아니면
            total=n
        print(total)
```

```
>>> func()
3                      #total의 값 3을 출력, func 함수 종료
>>> n=0                #함수 내 조건문의 조건을 맞추기 위함
>>> func()             #앞서 func 호출 시 지역변수 total에 할당된 3이 그대로 있을까?
Traceback (most recent call last):
  File "<pyshell#510>", line 1, in <module>
    func()
  File "<pyshell#507>", line 4, in func
    print(total)
UnboundLocalError: local variable 'total' referenced before assignment
```

만약 함수가 종료된 후에도 지역변수가 지닌 값이 유지된다면 두 번째 func 함수의 호출 시 에러 대신 3이 출력되어야만 한다.

하지만 이 실험은 함수의 특징을 알지 못하는 데서 비롯된 실험이다. 함수는 호출될 때마다 새로운 환경을 만들기 때문이다. 즉 앞 코드에서 첫 번째 호출한 func와 두 번째 호출한 func는 서로 다른 지역 영역을 가지고 있다. 이런 이유로 지역 네임스페이스도 각각 따로 만들어지기 때문에 두 호출이 지역변수를 공유할 수 없다.

실험이 실패할 수밖에 없는 특징 한 가지를 더 언급하면 함수가 종료되면 모든 지역변수는 함수의 종료와 함께 소멸된다는 것이다. 이 특징은 프로그램을 하나의 함수로 바라보면 이해하기 쉽다. 즉 프로그램이 종료되면 이 프로그램에서 사용되던 메모리 상에 있는 데이터들은 더이상 쓸모가 없기 때문에 소멸되는 것과 같은 이치다.

따라서 함수를 반복해서 호출할 때 특정 변수의 최종값을 유지시키고 싶다면 지역변수 대신 다음처럼 전역변수를 사용해야 할 것이다.

```
>>> total=0
>>> def mysum():
        global total
        total+=1
        print(total)

>>> mysum()
1
>>> mysum()
2
>>> mysum()
3
...
```

이런 사용은 아직은 그리 문제는 없어 보인다. 그러던 중 같은 모듈에 yoursum이라는 함수가 새로 정의되었다고 하자.

```
>>> total=0
>>> def yoursum():
        global total
        total+=3
        print(total)
>>> yoursum()
3
>>> yoursum()
6
>>> mysum()
7
>>> mysum()
8
>>> yoursum()
11
>>> mysum()
12
```

각 함수가 서로 의도치 않게 total이라는 변수를 같이 사용하게 된다면 어떻게 될까? 예를 들어 비슷한 이름의 전역 변수를 혼동하는 경우라고 해보자. 이런 경우 예상치 않은 오작동의 원인이 되기도 하는데 차라리 에러가 발생하면 수정이라도 하지만 이 코드에서 각 함수들은 정상적으로 동작하기 때문에 오작동의 원인을 찾기 힘들 수도 있다.

각각의 함수의 입장에서 보면 서로의 정보가 새는 것이고 이 정보는 전역변수에 있는 변수이므로 앞으로도 안전하지 않은 상태라고 볼 수 있다.

클로저

위 문제를 해결하기 위해서는 우선 클로저^{closure}를 이용할 것이다. 클로저라는 이름도 생소하고 뭔가 새로운 내용이라고 생각될 수도 있겠다. 하지만 지금까지 함수를 실행할 때마다 클로저는 계속 존재해 왔었다.

클로저란 함수와 함수가 정의된 환경을 아우르는 말이다. 이것은 마치 사람이 태어난 순간부터 자신과 자신에게 영향을 미치는 주변 환경을 묶어서 생각하는 것과 같다. 여기서 말하는 주변환경은 자신의 가족, 태어난 나라, 옆집에 사는 아저씨 등이 될 수 있겠다. 같은 맥락으로 함수가 정의되면 함수를 둘러싼 환경이 결정된다. 이것은 함수의 전역 영역 또는 함수가 중첩된 경우라면 자신을 둘러싼 함수의 지역 영역까지 포함되는 환경이다.

여기서 클로저를 설명하기 위해 한 가지 상황을 가정해보겠다. 우리는 한국에서 태어났지만 만약 미국으로 이민을 간다면 우리를 둘러싼 환경은 변화될 것이다. 옆집 아저씨도 바뀔 것이고 현재 살고 있는 나라도 바뀔 것이다. 하지만 함수와 클로저를 이해할 때는 이런 관점으로 이해하면 안 된다. 즉 이민이라기보다는 잠시 유학 정도의 개념으로 바라봐야 한다. 그리고 현재 미국에 있더라도 항상 한국을 기준으로 생각한다. 예를 들어 현재 미국에서 살고 있지만 옆집 아저씨는 항상 한국의 옆집 아저씨인 것이다.

이 비유를 함수의 경우로 바꿔 말해보자. 함수는 자신이 어디에서 실행되든 상관없이 자신이 정의된 환경을 기준으로 주변환경을 바라본다. 그리고 이것은 클로저를 이해하는 데 중요한 단서가 된다. 좀 추상적인 설명이 있지만 몇 가지 예들을 살펴보면 쉽게 이해할 수 있을 것이라 생각한다. 이제부터 몇 가지 예를 제시하겠다.

아직 모듈이 무엇인지 배우지는 않았지만 클로저를 이해하기 위해서 모듈에 대한 기본 개념을 잠시 설명하겠다. 모듈은 파이썬 코드가 작성된 파일이다. 지금까지 우리가 만든 모든 코드는 하나의 모듈로 이해할 수 있다. 우리가 지금까지 봐왔듯이 모듈에는 전역변수나 함수의 정의가 있을 수 있다.

여기에 A와 B라는 두 개의 모듈(A.py와 B.py)이 있고 A 모듈에 a, B 모듈에는 b라는 함수가 정의되어 있다고 가정해보자. 또 A와 B 각각에 동일한 이름 var라는 전역변수가 정의되어 있고 하자.

이 때 두 함수 a와 b의 코드는 동일하다.

```
A.py

var = 77
def a():
  print(var)
```

```
B.py

var = 100
def b():
  print(var)
```

이렇게 두 파일이 존재할 때 모듈 A에서 모듈 B의 함수 b를 사용하려면 B 모듈을 불러들이면 된다.[3] 그리고 A 모듈과 B 모듈의 코드는 다음과 같다.

예제 9-1 모듈 B

```
#B.py
var = 77
def b():
    print(var)
```

예제 9-2 모듈 A

```
#A.py
import B              #B 모듈을 불러들임
var = 100
def a():
    print(var)

B.b()                 #B 모듈의 b 함수를 사용함. 결과 77
a()                   #a 함수를 사용함. 결과 100
```

이제 위 두 파일을 동일한 폴더에 넣고 A.py를 실행시킬 것이다. 이 때 주목해야 할 부분은 a와 b 두 함수가 출력하는 결과다. A 모듈을 직접 실행해보고 출력 결과를 확인해보자. 그리고 결과가 의미하는 것에 대해서 생각해보자.

결과는 b 함수의 호출 결과는 77, a 함수의 호출 결과는 100이 된다.

두 함수의 코드는 `print(var)`로 동일한데 출력 결과가 다른 이유는 함수의 전역 영역은 그 함수가 정의된 모듈의 전역 영역이기 때문이다. 앞서 미국으로 잠시 유학을 가는 비유를 떠올려보자. 이 비유처럼 B 모듈에서 정의된 b 함수가 A 모듈로 잠시 유학을 와 있어도 b 함수는 자신이 정의된 B 모듈의 환경을 기준으로 동작하는 것이다.

이렇게 외부의 함수를 불러들이면 그 함수는 자신이 정의된 환경에 대한 정보까지 같이 묶여서 불러들여진다. 그리고 이렇게 함수와 함수에 대한 정보를 아우른 것이 클로저다.

---

[3] 앞서 문자열 포맷팅을 다룰 때 현재 시간에 대한 정보를 얻는 함수를 사용하기 위해 time 모듈을 불러들인 적이 있었다. 참고하자.

한 가지 예를 더 들어보겠다. 이 예는 어떤 함수 내에 정의된 함수의 클로저에 대한 것이다. 우선 다음 코드를 보자.

```
>>> var = 0
>>> def outter():
        var = 77
        def inner():
                nonlocal var
                var+=1
                print(var)
        return inner

>>> clsr = outter()
```

outter 함수 내에 inner 함수가 정의되어 있다. 그리고 outter 함수는 inner 함수를 반환한다.

여기서 함수를 반환한다는 것에 주목해보자.

이전 예에서는 A 모듈에서 B 모듈을 불러들였었다. 이것은 B 모듈의 b 함수를 사용하기 위해서였다.

같은 맥락으로 outter 함수가 inner 함수를 반환하는 것은 외부(전역 영역)에서 inner 함수를 사용하기 위함으로 볼 수 있다.

그리고 클로저 역시 앞선 예에서 모듈을 불러들이는 경우와 같은 맥락으로 이해할 수 있다. 즉 반환된 inner 함수를 사용할 때 inner 함수가 사용하는 var 변수는 outter 함수의 지역변수 var인 것이다. 그리고 실행 결과는 다음과 같다.

```
>>> clsr()
78
>>> clsr()
79
```

이렇게 함수는 다른 모듈에서 불러들이거나, 반환되거나 또는 인수로 전달될 때 자신이 정의된 환경에 대한 정보도 고스란히 같이 가지고 간다. 그리고 이것이 바로 클로저의 개념이다.

마지막으로 한 가지 예를 더 들어보겠다. 이것은 두 번째 예를 확장하였고 함수의 특성을 이해하기 위한 예이기도 하다.

다음과 같이 앞서 정의한 outter 함수를 두 번 호출하여 두 개의 클로저를 만들어 보자.

```
>>> clsr1 = outter()
>>> clsr2 = outter()
>>> clsr1()
78
>>> clsr1()
79
>>> clsr2()
78
>>> clsr2()
79
```

실행 결과를 보면 두 개의 클로저 clsr1과 clsr2는 각각 서로 영향을 주지 않고 독립적으로 동작하는 것을 알 수 있다. 이렇게 되는 이유는 같은 함수라도 호출될 때마다 함수의 지역 이름공간이 새롭게 만들어지기 때문이다. 따라서 outter 함수가 호출될 때마다 반환된 inner 함수의 클로저는 서로 같지 않다. 즉, 함수는 동일하지만 outter 함수의 지역 이름공간(inner 함수의 외부 영역)이 서로 달라지는 것이다.

한 가지 더 보충 설명하자면 이렇게 클로저로 묶여서 반환된 outter의 지역변수 var는 outer 함수가 종료된 후에도 소멸되지 않고 있다는 것이다.

지금까지 클로저를 이해하기 위한 세 가지 예를 들었는데 이제 원점으로 돌아가서 우리가 해결하고자 하는 문제를 충분히 해결할 수 있을 것이다(동일한 전역 영역을 갖는 두 함수가 동일한 전역변수 total을 쓰기 때문에 발생하는 문제). 더 이상의 설명은 필요 없을 듯 하니 코드를 먼저 제시하겠다. 단 코드를 보기 전에 직접 이 문제를 해결해보자.

```
>>> def outter():
        total = 0
        def inner():
             nonlocal total
             total+=1
             print(total)
        return inner

>>> mysum = outter()
```

```
>>> mysum()
1
>>> mysum()
2
>>> mysum()
3
>>> yoursum = outter()
>>> yoursum()
1
>>> yoursum()
2
>>> mysum()
4
```

장식자

프로그래밍 기법들이 발전해 오면서 자주 발생하는 문제에 대한 해결책이 되는 다양한 패턴들이 제시되어 왔다. 이런 패턴들은 완벽한 정답은 아니지만 최적화되고 권장되는 해결책을 제시해준다. 장식자^{decorator} 패턴도 소프트웨어 디자인 패턴의 한 가지로 파이썬에서는 언어적 차원에서 이를 사용하기 쉽게 문법을 제공해준다. 이에 대한 내용은 앞에서 공부한 클로저와 연결되므로 앞 절을 꼭 이해하고 읽기를 권한다.

장식을 한다는 말은 원래의 것에 어떤 것을 더해서 꾸민다는 뜻으로 해석할 수 있다. 예를 들어 단순히 값을 출력하는 함수에 출력한 날짜와 시간 정보를 추가하고 싶다면 다음 코드처럼 원래의 함수를 재정의해야 할 것이다.

```
>>> import datetime                              #현재 시간을 출력하는 함수를 사용하기
                                                 #위해 datetime 모듈 import
>>> def print_hi():                              #원래의 함수
      print("hello python")
>>> print_hi()
hello python

>>> def print_hi():                              #print_hi 함수의 재정의
      print('Today',datetime.date.today())       #새로 추가됨
      print("hello python")
>>> print_hi()
Today 2016-02-22
hello python
```

여기에 또 파이썬의 현재 버전을 출력하는 기능을 추가하고 싶다면 또 다음처럼 재정의해야 할 것이다.

```
>>> def print_hi():
        print('Today',datetime.date.today())
        print('python v 3.5.1')              #새로 추가됨
        print("hello python")

>>> print_hi()
Today 2016-02-22
python v 3.5.1
hello python
```

날짜와 파이썬의 버전의 출력하는 기능이 너무 멋진 기능이라고 한다. 이번엔 이 기능들을 요구하는 함수들이 많아졌을 경우를 생각해보자.

```
        print('Today',datetime.date.today())
        print('python v 3.5.1')
        print("python is easy")
```

이 멋진 기능이 추가될 함수들의 정의에는 모두 위와 같이 해당 코드가 중복될 것이다. 간단한 기능이므로 이 정도의 코드 추가는 큰일이 아니지만 복잡한 코드를 가진 기능이라면 어떨까? 함수마다 코드가 중복된다는 것이 꺼려진다면 장식자를 사용하는 방법이 있다.

장식자는 다른 함수를 꾸며주는 역할을 하는 함수다. 꾸며준다는 것은 기능을 추가한다는 의미로 볼 수 있겠다. 어떤 함수가 장식자를 통과하면 장식자에 정의된 기능이 추가되고 새로운 함수가 반환된다. 이렇게 장식자는 마치 네일샵이나 자동차 튜닝샵과 같은 역할을 한다.

장식자는 다음과 같은 메커니즘으로 동작한다.

- 장식자는 기능을 추가할 함수를 인수로 받는다(마치 네일샵에 들어가는 것처럼).
- 그리고 장식자의 내부에 추가될 기능을 함수로 정의한다.

- 인수로 받은 함수를 내부에 정의된 함수에서 적절히 호출한다.
- 내부 함수를 반환한다. 이는 클로저로서 새로운 함수로 탄생된다.

```
>>> def deco1(func):                              #deco1 장식자
        def new_func():                           #장식자 내부에 정의된 함수
            print('Today',datetime.date.today())
            func()                                #인수로 받은 함수의 호출
        return new_func                           #내부 함수 반환

>>> print_hi1 = deco1(print_hi)                   #클로저 생성
>>> print_hi1()
Today 2016-02-22
hello python
```

장식자가 내부 함수를 반환할 때 내부 함수는 자신이 정의된 환경을 고스란히 반영한다. 앞서 클로저를 다룰 때 이미 설명하였으므로 쉽게 이해할 수 있을 것이다. 그리고 장식자가 호출될 때마다 내부 환경은 독립적으로 새롭게 만들어지므로 장식자가 반환하는 클로저도 독립적인 환경을 갖게 된다.[4] 다음은 이에 대한 증명이다.

```
>>> def mydeco(func):                             #장식자 정의
        total = 0
        def new_func():
            nonlocal total
            total+=1
            print(total,'번 호출')
            func()
        return new_func
>>> def print_hi():                               #장식할 함수
        print("Hello Python")

>>> func1 = mydeco(print_hi)                      #장식할 함수를 장식자에 전달. 클로저 반환
>>> func2 = mydeco(print_hi)                      #         "          "
>>> func1()
1 번 호출
Hello Python
>>> func1()
2 번 호출
Hello Python
```

---

[4] 물론 전역(global) 영역과 내장(built-in) 영역은 공유된다.

```
>>> func2()
1 번 호출
Hello Python
```

위 예는 클로저에서 이미 다룬 내용이 반복되므로 충분히 이해할 수 있으리라 본다. 이번에는 장식자를 좀 더 편하게 사용하는 문법을 배워보도록 하겠다.

앞의 코드처럼 장식자를 사용하는 것이 좀 어렵다 느낀다면 파이썬의 장식자 문법(@장식자 함수명)을 사용하면 이런 걱정을 해결해준다.

```
>>> import datetime
>>> def deco1(func):
        def new_func():
                print('Today',datetime.date.today())
                func()
        return new_func

>>> @deco1                          #deco1 장식자로 다음 함수를 장식해라
def print_hi():
        print("Hello python")

>>> print_hi()
Today 2016-02-22                    #장식
Hello python
>>> @deco1                          #마찬가지
def print_easy():
        print("Python is easy")

>>> print_easy()
Today 2016-02-22                    #장식
Python is easy
```

다음과 같이 하나의 함수에 여러 개의 장식을 달 수도 있다.

```
>>> import datetime
>>> def deco1(func):
        def new_func():
                print('Today',datetime.date.today())
                func()
        return new_func
```

```
>>> def deco2(func):
        def new_func():
                print('Python ver 3.5.1')
                func()
        return new_func

>>> @deco1
@deco2
def print_hi():
        print("Hello Python")

>>> print_hi()
Today 2016-02-22                                    #장식1
Python ver 3.5.1                                    #장식2
Hello Python
```

`print_hi`는 deco2 장식자에 전달된 후 새롭게 꾸며진다. 새로운 함수는 또 다시 deco1 장식자에 전달된다. 마치 미용실에 갔다가 네일샵에 간 것처럼 말이다. 순서만 차이가 있을 뿐이다.

이 내용도 클로저와 장식자와의 관계를 제대로 이해했다면 어렵지 않게 이해할 수 있는 내용이다.

이번에는 장식자 함수에 전달될 함수에 인수가 있는 경우에는 어떻게 해야 할지 생각해보자. 너무나도 당연한 이야기지만 장식자 내부에서 정의된 함수는 장식자에 인수로 전달되는 함수의 새로운 버전인 셈이다. 따라서 장식자의 내부 함수의 시그니처signiture는 장식자로 전달되는 함수의 시그니처와 같아야 한다.[5] 역시 예제 코드를 제시해본다.

```
>>> import datetime
>>> def deco(func):
        def new_func(name, age):
                print('Today',datetime.date.today())
                func(name, age)
        return new_func
>>> @deco
def print_hi(name,age):
        print('이름:',name,'나이:',age)
```

---

[5] 여기서 함수의 signiture는 함수에 선언된 인수의 모습(개수, 종류, 순서)을 의미한다.

```
>>> print_hi('철수',19)
Today 2016-02-22
이름: 철수 나이: 19
```

다음은 장식자 문법을 사용하지 않은 코드다. 클로저에 대한 이해 차원에서 잘 알아두자.

```
>>> import datetime
>>> def deco(func):
        def new_func(name, age):
            print('Today',datetime.date.today())
            func(name, age)
        return new_func

>>> def print_hi(name,age):
        print('이름:',name,'나이:',age)

>>> print_hi1 = deco(print_hi)
>>> print_hi1('철수',19)
Today 2016-02-22
이름: 철수 나이: 19
```

그런데 이 방법은 뭔가 찜찜하다. 장식자에 전달되어 꾸며질 함수의 시그니처는 다양할 수 있기 때문이다. 그렇다면 다양한 시그니처를 허용할 수 있도록 장식자의 내부 함수를 수정해야 한다. 앞서 가변인수에 대한 내용을 떠올려보자. 가변인수의 융통성은 이 문제를 해결할 수 있을 것 같다는 생각이 든다.

```
>>> import datetime
>>> def deco(func):
        def new_func(*args, **kargs):
            print('Tdday', datetime.date.today())
            func(*args, **kargs)
        return new_func
>>> @deco
    def print_hi(name, age):
        print('이름:', name, '나이:', age)
>>> print_hi('철수',19)
Tdday 2016-06-01
이름: 철수 나이: 19
```

이 코드에서 가변인수의 순서에 주의하자. 이제 인수의 순서만 주의한다면 어떤 함수라도 이 장식자에 전달될 수 있다. 인수의 전달 순서에 관한 내용은 이미 함수의 앞부분에서 다룬 내용이므로 따로 설명하지는 않겠다.

지금까지는 중첩 함수와 클로저에 관련된 주제를 다루었다. 이젠 주제를 바꾸어 제너레이터에 대한 것을 다룰 것이다.

제너레이터 함수

우리는 제어문의 for문에서 반복을 위한 객체에 대해서 살펴본 적이 있다. 이런 객체로는 iterable 객체인 리스트나 튜플, 문자열, 사전, 셋 타입 등이 있다. 여기서 잠시 iterable 객체가 for문에서 사용되는 메커니즘을 짚고 넘어가보기로 하겠다.

```
>>> a=[1,2,3,4,5]
>>> it=iter(a)            #반복자(iterator) it 생성
>>> it.__next__()
1
>>> it.__next__()
2
>>> it.__next__()
3
```

우리는 이미 while문으로도 for문의 메커니즘을 흉내낸 적이 있었다. 이 때 반복자를 이용하였는데 반복자는 반복 가능한 객체를 내장 함수 iter에 전달하여 만들 수 있었다. 그리고 반복자를 사용해서 반복 가능한 객체의 항목들을 순회하는 것이다. 앞의 코드를 보면 __next__ 메소드가 어떤 역할을 하는지 충분히 이해할 수 있을 것이라고 믿는다.

이번에 다루게 될 제너레이터generator는 반복자iterator와 비슷한 녀석이다. 제너레이터는 함수를 통해서 만들어지는데 제너레이터를 만드는 함수는 함수 내에 yield라는 키워드가 있는 함수다. 먼저 제너레이터를 만드는 함수의 코드를 살펴보자.

```
>>> def my_gen():
        n=0
        while n<=10:
            yield  n
            n+=1

>>> a = my_gen()
>>> type(a)
<class 'generator'>
>>> a.__next__()            #next(a)와 같다
0
>>> a.__next__()
1
>>> a.__next__()
2
```

함수 내부에 yield라는 키워드가 사용되면 이 함수는 제너레이터 함수generator function가 된다. 이 함수를 실행하면 제너레이터 객체를 반환하는데 반복자처럼 __next__ 메소드를 가지고 있는 녀석이다. 그리고 __next__ 메소드가 호출될 때 마다 제너레이터 함수의 코드가 실행된다.

> **참고**
>
> 제너레이터는 __next__, __iter__ 메소드를 가지고 있다. 이는 반복자 프로토콜(iterator protocol)을 만족하므로 제너레이터도 반복자라고 할 수 있다. 반복자 프로토콜이란 반복자가 되기 위한 조건이다. 단 함수를 통해서 생성된 반복자를 특별히 제너레이터라고 부르기로 한다.

그렇다면 yield가 어떤 기능을 하길래 제너레이터 함수를 만드는 데 필요한 것일까? yield의 동작 방식은 return처럼 값을 반환하는 역할을 하지만 함수를 종료시키지는 않는다. 대신 값의 반환과 동시에 함수의 실행은 잠시 멈춘다. 여기서 '잠시'는 다음 __next__ 메소드가 호출될 때까지다. yield 키워드 자체가 코드를 반복해주는 기능은 없으므로 위 코드처럼 yield는 보통 반복문while의 내부에 놓이게 된다.

코루틴 함수

이번에는 앞서 살펴본 제너레이터의 한 종류인 코루틴coroutine 함수를 만들어 볼 것이다. 코루틴 함수가 무엇인지 알아보기 전에 먼저 몇 가지 기본적으로 알고 있어야 할 내용을 언급하고 코루틴을 설명하겠다.

우리는 함수가 호출되면 메인이 되는 코드의 흐름이 잠시 멈춘다는 것을 경험으로 알고 있을 것이다.

```
>>> def sub_routine():        #함수 정의
        while True:
            pass              #무한 반복

>>> sub_routine()             #함수 호출
                              #코드의 흐름이 멈춤
```

위 코드를 실행하면 sub_routine 함수가 호출되고 이 함수가 끝나기 전까지 메인이 되는 코드의 흐름은 멈추게 된다. 여기서 메인이 되는 코드의 흐름을 메인 루틴main routine이라고 하는데 프로그램에서 주축이 되는 코드들의 묶음이다. 메인 루틴에서 sub_routine 함수가 호출된 후 메인 루틴이 멈춘걸 보면 알 수 있듯이 메인 루틴은 코드의 수행 권한을 sub_routine 함수에게 넘겨준 상태다. 무슨 일이 있어도 sub_routine이 종료되어야 메인 루틴의 코드가 다시 수행될 수 있다.

이러한 흐름의 관계를 그림으로 나타내면 다음과 같다.

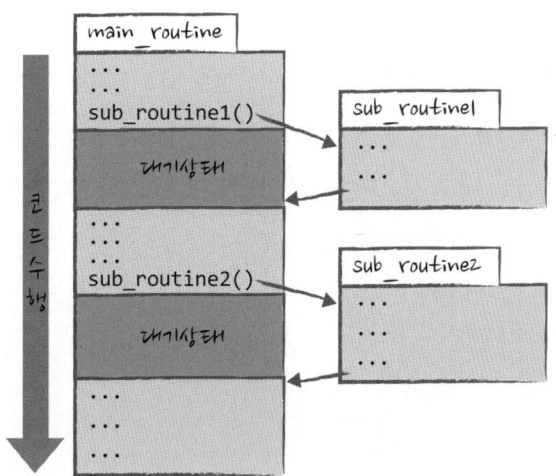

서브 루틴sub routine은 메인 루틴에서 호출되는 함수들을 말한다. 위 그림처럼 메인 루틴과 서브 루틴은 동시에 실행되지 않는다. 즉 서브 루틴이 호출된 시점부터 종료되는 시점까지는 메인 루틴은 대기 상태에 들어가고 서브 루틴이 종료되면 메인 루틴은 다시 코드를 수행해 나간다.

그런데 이번에 배울 코루틴이란 녀석은 좀 다르게 동작한다.

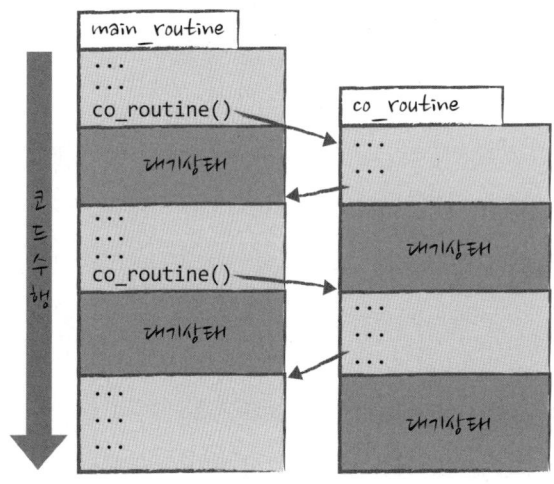

코루틴은 서브 루틴과 달리 대기상태가 존재한다. 다시 말하면 함수가 종료되지 않은 채 수행권한을 메인 루틴에 넘길 수 있다. 그리고 마치 메인 루틴처럼 대기상태를 가진다. 코루틴의 입장에서 생각해보면 메인 루틴을 호출한 후 대기상태가 된 것이다. 프로그램을 실행하면 메인 루틴이 먼저 실행된다는 것만 제외하면 메인 루틴과 코루틴은 상호 간 호출을 하므로 동등한 입장이라고 볼 수도 있다. 코루틴이라고 불리는 이유도 이런 의미에서라고 볼 수 있다.

그런데 앞에서 다루었던 제너레이터라는 녀석도 코루틴처럼 대기상태가 존재하는 녀석이다. `yield` 키워드를 사용하여 대기상태를 만들었던 것을 기억할 것이다. 따라서 코루틴 함수는 `yield`를 사용하여 만들 수 있다. 제너레이터와 코루틴을 같은 것으로 볼 수도 있지만 여기서는 이 둘은 구분하기로 한다. 범주로 보자면 제너레이터의 특수화 버전이 코루틴이라고 이해할 수도 있겠다. 우선 다음 코드를 보자.

```
>>> def co_routine():                #코루틴 함수 정의
        total=0
        while True:
            n=(yield)                #(yield) 표현식, send 메소드로 값을 전달받는다.
            total+=n
            print('total =', total)
>>> a= co_routine()
>>> a.__next__()
>>> a.send(1)
total = 1
>>> a.send(1)
total = 2
>>> a.send(3)
total = 5
>>> type(a)
<class 'generator'>                  #코루틴은 제너레이터?
```

코루틴 역시 제너레이터의 일종이지만 좀 특수하게 동작된다. 그리고 이런 특수성으로 인해서 일반적인 제너레이터 함수가 반환하는 제너레이터 객체와 코루틴 함수가 반환하는 코루틴 객체는 차이점이 있다. 차이점은 __next__ 메소드의 사용에 대한 부분인데 코루틴 객체의 경우 제너레이터 객체와 달리 __next__ 메소드를 처음 한 번만 호출한다. 그리고 두 번째 호출부터는 send 메소드를 사용한다. 이 두 메소드의 차이점을 이해한다면 코루틴 객체가 제너레이터 객체와 어떤 차이점을 가지고 있는지 이해할 수 있을 것이다. 그렇다면 두 메소드의 차이점은 무엇인가?

이 두 메소드는 기본적인 동작은 같다(기본 동작은 yield문을 만날 때까지 함수를 실행하도록 한다). 하지만 send 메소드는 데이터를 코루틴 함수에 전달하는 기능을 추가적으로 가지고 있다. 앞의 코드를 보면 알겠지만 (yield)의 형태로 소괄호가 되어있다. 이렇게 소괄호가 된 (yield)는 외부로부터 데이터를 전달받는 표현식의 의미가 추가된다. 그리고 send 메소드를 통해서 전달된 데이터는 (yield) 표현식에 전달되는 것이다.

이제 앞의 코드를 분석할 수 있을 것이다. 처음에 __next__ 메소드를 호출하는 이유는 첫 번째 코루틴 호출에는 (yield)문 전까지만 코드가 실행되기 때문이다. 그 다음 send 메소드를 호출할 때 데이터를 전달하면 (yield) 표현식은 전달된 데이터를 의미한다. 따라서 지역변수 n에 다시 데이터가 전달되는 것이다.

그런데 앞 예제의 (yield)는 단순히 표현식으로 yield가 데이터를 외부로 반환하지는 않고 있다. 다음과 같이 yield 다음에 반환할 데이터를 써주면 외부로부터 데이터를 입력받는 기능과 외부로 데이터를 반환하는 기능 두 가지를 모두 가진다.

```
>>> def co_roution():
        total = 0
        while True:
                n = (yield total)
                total+= n
>>> a = co_roution()
>>> a.__next__()
0
>>> a.send(10)
10
>>> a.send(3)
13
>>> a.send(8)
21
```

여기까지 내용을 종합해보면 코루틴은 외부로부터 데이터를 전달받는 기능이 추가된 제너레이터라고 볼 수 있다.

이렇게 코루틴은 상태 정보를 서로 호출할 때마다 주고받을 수 있다는 측면에서 제너레이터와 구분된다. 한 번 다음 예제를 보고 코루틴에 대해서 더 깊게 생각해보길 바란다.

```
#3,6,9 예제
>>> import time                     #sleep 함수를 가진 모듈을 불러들임
>>> def coroutineA():
      n=0
      while True:
              n=(yield n)
              time.sleep(1)         #sleep 함수는 일정시간 코드의 실행을 멈춘다.
              if n%10==3 or n%10==6 or n%10==9:
                      print('A : nothing')
              else:
                      print('A :',n)
              n+=1
>>> n=0
>>> A=coroutineA()
```

```
>>> A.__next__()
0
>>> while True:
    n=A.send(n)
    time.sleep(1)
    if n%10==3 or n%10==6 or n%10==9:
            print('B : nothing')
    else:
            print('B :',n)
    n+=1
```

위 코드는 우리가 일상적으로 하던 놀이인 3, 6, 9 게임의 코루틴을 사용해서 표현한 것이다. 물론 사람이 입력하는 부분이 없이 컴퓨터 A, B가 1초 간격으로 사이 좋게 주거니 받거니 하고 있다(여기서 A는 코루틴에서 처리되고 B는 메인 루틴에서 처리된다). 다음은 위 코드의 실행 결과 일부다.

```
A : 0
B : 1
A : 2
B : nothing
A : 4
B : 5
A : nothing
B : 7
A : 8
B : nothing
A : 10
B : 11
A : 12
B : nothing
A : 14
B : 15
A : nothing
B : 17
A : 18
...
```

복잡해보일 수도 있지만 그렇게 어려운 코드는 아니므로 간단히 분석하기로 한다.

`import time`은 `sleep` 함수를 사용하기 위해 `time` 모듈을 불러들이는 처리를 한다. `sleep(n)`은 n초 동안 프로그램의 실행을 멈추는 작업을 한다. `sleep(1)`은 결과 화면이 천천히 흘러가기 위함이다.

코루틴 함수 coroutineA가 정의되어 있고 메인 루틴에 while 루프가 있다. 우리가 주목해야 할 부분은 while문에서 coroutineA를 호출하는 부분이다. 앞으로 돌아가서 메인 루틴에서 코루틴을 호출하는 그림을 참고하고 이 부분이 어떻게 동작하는지 그림을 그려보자.

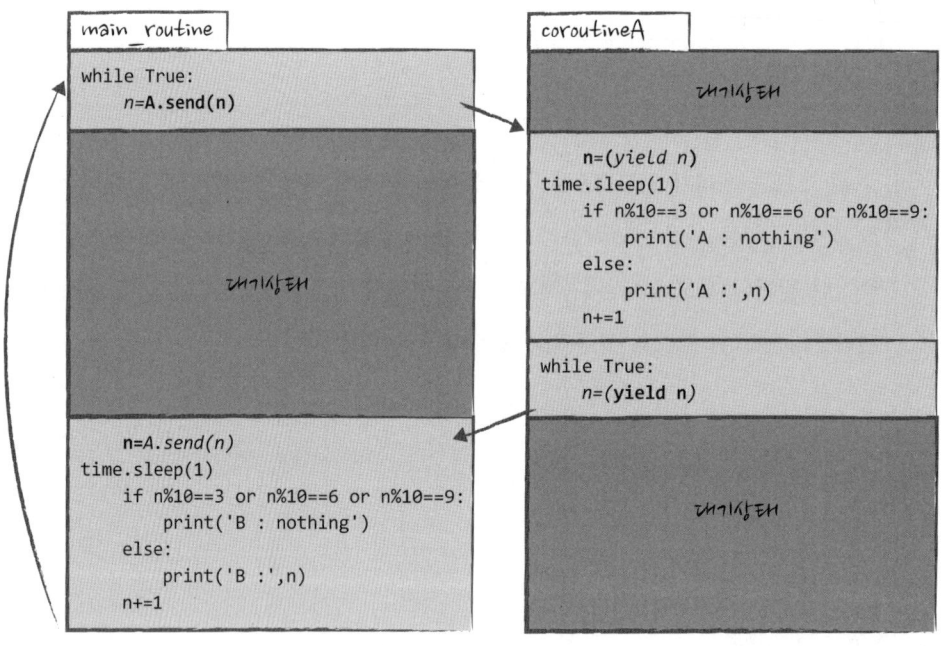

이 그림만 보면 '닭이 먼저인가 달걀이 먼저인가'라는 말이 떠오른다. 어떤 쪽이 메인 루틴인지에 대한 정보가 없다면 코드의 흐름만으로는 메인 루틴을 판단하기 힘들 수 있다. 다시 말해서 서로 간에 동등하게 호출을 하고 있다는 말이다. 양쪽 루틴은 n값을 1식 증가시킨 후 서로에게 전달을 하는데 만약 A에서 증가 값을 2로 바꾼다면 B의 결과에 영향을 미치고 이것은 다시 A의 결과에 영향을 미치게 된다. 결국 상호 간 동등하게 호출을 하므로 각 루틴의 상태에 지속적으로 영향을 주고 있다는 것을 알 수 있다.

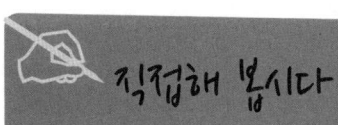

지금까지 배운 함수에 대한 내용을 연습문제를 풀면서 복습해 보겠습니다.

1. 알파벳 문자열을 인수로 넣으면 문자열을 모두 대문자로 바꾸는 함수를 만들어 보자.

   HINT 이미 문자열의 메소드 중에 문자열을 대문자로 만드는 메소드는 있다. 이 메소드를 이용해보자.

2. 함수 func는 한 개 또는 두 개의 숫자 인수를 받을 수 있다. 하나의 수를 받으면 해당 숫자에 10을 곱해서 반환해준다. 단 두 개의 숫자를 인수로 받으면 첫 번째 인수에서 두 번째 인수를 곱해서 반환해준다. func 함수를 설계해보자.

   HINT 디폴트 인수를 이용할 수 있겠다.

3. 다음에 정의된 함수 myfunc는 숫자들을 인수로 받아서 10배를 한 후 모두 더한 값을 출력해주는 함수다.

```
>>> def myfunc(*numbers):
        total=0
        for i in numbers:
                total+=i*10
        print(total)
```

이 함수는 기본적으로 각각의 숫자에 항상 10을 곱하여 더한다. 숫자에 곱하는 수를 10이 아닌 사용자가 직접 함수를 호출할 때 정하려고 한다. 함수를 호출할 때 배수를 정하도록 위 함수를 수정해보도록 하자.

HINT 함수의 정의에서 인수를 추가할 때 인수의 종류에 따른 순서에 주의하도록 하자.

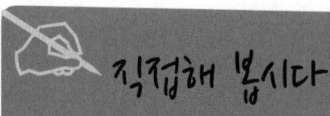

4 두 수를 인수로 받아서 두 수의 합과 차를 동시에 반환하는 함수를 만들어 보자.

> HINT 튜플의 성질을 이용한다.

5 아래 정의된 함수 func를 호출하면 예외가 발생한다.

```
>>> g = 99
>>> def func():
        g+=1
```

func 함수의 설계 목적이 함수가 호출될 때마다 전역 영역에 있는 변수 g에 1을 더하는 것이라고 한다. 원래의 목적에 맞게 동작하도록 위 함수의 정의를 수정하도록 해보자.

> HINT global 키워드 사용

6 두 전역변수 a, b는 각각 10과 20의 값을 가지고 있다. func 함수를 호출했을 때 전역변수 a와 b의 값이 서로 바뀌도록 해보자.

> HINT global 키워드 사용

7 6번에서 만든 함수가 호출될 때 아무런 것도 안 하는 것처럼 보인다. 따라서 이 함수가 호출될때 'a와 b의 값이 교환 되었습니다.'라는 메시지가 출력되도록 만들어보자. 단, 이 함수의 내부를 알 수 없는 상태라 가정하여 재정의가 힘든 상황이라고 한다.

> HINT 장식자를 이용하여 이 문제를 해결할 수 있을 것이다.

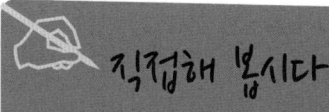

8 range 객체와 동일한 기능을 하는 제너레이터 객체를 만들고 이를 이용하여 구구단을 출력하는 함수를 만들어보자.

> **HINT** yield를 사용한다.

9 8번에서 만든 함수에 장식자를 이용해서 구구단의 출력 전에 구구단의 시작을 알리는 문구를 넣고 구구단의 끝에는 끝을 알리는 문구를 넣어라.

> **HINT** 장식자를 사용하도록 한다.

10 게임을 만드는 데 메인 루틴에서 주인공에 관련된 처리를 하는 코드를 작성하고 코루틴은 적에 관련된 코드를 작성하려고 한다. 현재 구현을 하려는 내용은 주인공이 적에게 데미지를 주면 적의 남은 에너지가 출력되도록 하는 것이다. 이 코드를 구현하여라.

> **HINT** 적의 에너지는 코루틴 객체를 만들 때 직접 초기화할 수 있고, 적의 에너지가 0이하로 내려가면 코루틴을 종료하고 적이 죽었다는 메시지를 출력하도록 한다. 또한 주인공에 대한 처리는 while문 안에서 이루어지고 input 함수를 호출하여 적에게 줄 데미지를 직접 입력하도록 하여라. 이 때 input 함수로 입력된 데이터는 문자열이므로 숫자로 타입 변환을 한다. 그리고 적이 죽었다면 while문을 빠져나오도록 하자.

정리해 봅시다

> 해답은 파이썬의 신 네이버 카페(cafe.naver.com/godofpython)에서 제공됩니다.

1. 함수를 정의할 때 인수의 순서를 주의해야 하는데 바람직한 인수의 정의 순서에 대해서 생각해보자.

2. 함수의 인수는 (   )와 (   )로 구분할 수 있다. 글의 맥락에 따라서 이 둘을 구분하지 않고 인수라고 부른다.

3. 함수에서 여러 개 데이터를 동시에 반환할 수 있다. 이 때 반환값은 (   )이다.

4. 함수에서 변수를 사용할 때는 (   )에 따라 (   ), (   ), (   ) 순서로 이름공간을 검색해 나간다.

5. 파이썬에서는 한 영역에서 동일한 이름을 가진 두 영역의 변수를 같이 사용할 수 없다.

6. 함수가 중첩될 때 내부 함수에서 외부 함수의 지역변수를 사용하고 싶다면 그 변수를 (   )로 선언하면 된다. 이때 스코핑룰에 따라서 안쪽 함수에서 바깥쪽 방향으로 변수 이름을 찾아간다.

7. 인수전달 방법과 global의 사용의 차이점에 대해서 설명해보자.

8. 파이썬의 람다 표현식은 (   )으로만 이루어진 한 줄 짜리 이름없는 함수다.

9. 함수의 구현을 아직 정해지 못했을 때 구현될 코드 대신 (   ) 적어두면 편리하다.

정리해 봅시다

10 함수를 호출할 때마다 호출된 함수를 위한 (   )은 새롭게 생성된다. 함수가 종료되면 함수 내에서 정의된 지역변수들은 소멸한다.

11 클로저(closure)란 (   )와 (   )을 아우르는 것이다.

12 함수에 새로운 기능을 추가하기 위해 (   )를 사용할 수 있다.

13 코루틴은 (   )의 한 종류로 (   )와의 차이점은 (   ) 메소드를 사용한다는 것이다. (   ) 메소드와 __next__ 메소드의 차이점을 서술하여라.

10장
모듈과 패키지

지금까지 알게 모르게 모듈에 대한 내용을 다루어왔고 모듈을 직접 모듈을 불러들여서 사용하기도 했었다. 지금부터 모듈과 패키지가 어떤 것인지 자세히 알아보고 그 특징들에 대해서 공부해보자.

들어가기에 앞서

지금까지 모듈이라는 것을 간간히 사용해 왔었다. time 모듈을 불러들여서 sleep 함수나 localdate 함수를 사용하기도 했고 클로저를 공부했을 때 두 개의 파일(모듈)에 함수를 각각 정의해 놓고 두 함수가 서로 다른 전역 영역(이름공간)을 가진다는 것을 확인한 적도 있었다. 아마 모듈이 어떤 것인지 대략 짐작을 하고 있을 것이다. 생각대로 모듈은 그리 거창한 개념은 아니다. 쉽게 말해서는 파이썬 파일이라고 생각하면 된다. 지금까지 우리가 파이썬 쉘에서 코드를 작성했지만 파이썬 쉘을 하나의 모듈로 생각할 수도 있다. 하지만 파이썬 쉘에서 작성된 코드는 파일로 저장할 수는 없었다. 우선 파이썬 쉘에서 작성한 코드를 파이썬 파일로 옮겨보도록 하자.

다음 코드를 파이썬 쉘에서 실행하면 다음과 같은 모습이 된다

```
>>> a=10
>>> b=77
>>> print(a+b)
87                      #결과 출력
```

이 코드를 하나의 파일로 만들고 파일을 실행하여 콘솔에서 87이 출력되도록 해보겠다. 먼저 파이썬 쉘에서 [File] ▶ [New File]을 선택하면 IDLE 에디터가 실행된다. 여기에 위 코드를 다음 그림처럼 복사한다. 이 때 >>>(파이썬 쉘 프롬프트)는 삭제해야 한다. 참고로 파이썬 IDLE 에디터 대신 다른 개발 환경을 사용해도 된다.[1]

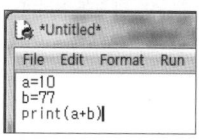

[File] ▶ [Save]로 파일을 저장한다. 여기서는 C:\gop\ch10 폴더에 test.py 이름으로 파일을 저장하겠다. 그리고 윈도우 탐색기에서 해당 폴더를 Shift키를 누른 채로 마우스 오른쪽 클릭을 하여 [여기서 명령창 열기]를 실행하자(또는 명령창을 직접 띄어 해당 폴더로 이동하자). 명령창이 열렸다면 다음과 같이 실행해보자.

---

[1] 1장의 '파이썬 개발 환경의 선택'을 참고하길 바란다.

> **참고**
> IDLE 에디터에서 F5키를 눌러 에디터에 작성된 파이썬 스크립트를 파이썬 쉘에서 실행시킬 수도 있다. 자세한 내용은 1장의 '파이썬 개발 환경의 선택'을 참고하자).

```
C:\gop\ch10>python test.py
87

C:\gop\ch10>
```

이렇게 python 인터프리터를 실행하고 바로 뒤에는 실행할 파일명을 적어주면 해당 파일이 실행된다. 파이썬 파일은 exe 같은 확장자가 붙은 윈도우 실행 파일이 아니기 때문에 직접 실행시킬 수는 없다. 파이썬 파일(**test.py**)을 실행시킨다는 의미는 파이썬 인터프리터(**python.exe**)가 해석하는 과정을 포함한다. 따라서 위와 같은 명령이 필요한 것이다. 앞으로도 이런 식으로 자신이 만든 코드를 파일에 저장하여 파이썬 스크립트를 실행시킬 수 있다.

자, 이제 별 의미는 없는 프로그램이지만 처음으로 파이썬으로 프로그램을 만들고 실행해보았다. 참 간단해 보이지만 이 과정에는 꼭 알고 넘어가야 할 중요한 개념들이 있다. 이제부터 이런 개념들에 대해서 살펴보겠다.

> **참고**
> 앞으로 파이썬 쉘에서 실습하는 예제는 반드시 ctrl+F6키를 눌러 파이썬 쉘을 새롭게 시작하도록 하자. 하나의 모듈을 만들어 수정을 해나가면서 실습할텐데 수정된 결과를 반영하기 위해 이런 작업이 필요하다. 한 번 불러들인 모듈은 파이썬 쉘이 재실행되기 전까지 새롭게 갱신이 되거나 삭제될 수 없기 때문이다.
> ctrl+F6키를 누르면 다음 표시와 함께 파이썬 쉘이 새롭게 시작된다.

모듈이란?

우리가 사용하는 스마트폰을 보면 다양한 기능들을 갖추고 있다. 사진을 찍을 수 있게 디지털 카메라도 있고 정보를 표시하는 액정도 있고 GPS센서 같은 다양한 센서도 내장되어 있다. 사실 애초에 휴대폰의 본래 목적은 전화통화를 위한 것이지 사진을 찍거나 인터넷을 하는 등의 기능은 굳이 필요한 것이 아니다. 그러나 스마트폰이라는 기기는 전화통화 이외에 다양한 기능들을 합쳐 놓았는데, 이런 각각의 기능들은 독립적으로 작동될 수 있는 것들이다. 여기서 카메라 같은 독립적인 기능을 가진 것을 모듈이라고 한다.

모듈이라는 개념은 프로그램에서도 비슷하게 적용된다. 파이썬에서 모듈이라 하면, 쉽게 말해 앞에서 만든 test.py와 같은 것이다. 하나의 파이썬 파일은 모듈로서 파이썬 인터프리터에 의해 해석되어 실행되는 코드 집합으로 하나의 프로그램으로서 동작할 수 있다. 물론 모듈을 항상 실행 용도로만 만드는 것은 아니다. 어떤 모듈에는 단순하게 함수 정의들만 있을 수 있고, 다른 모듈에서 특정 함수를 사용하기 위해 이 모듈을 불러들일 수도 있다. time 모듈의 sleep 함수를 사용했던 것을 기억해보자. 아무튼 핵심은 파이썬에서는 파이썬 코드가 작성된 py 확장자가 있는 파일이 모듈이라는 것이다.

import문으로 모듈을 불러들여보자

파이썬의 모듈은 위에서 작성한 test.py처럼 하나의 프로그램으로 동작하기도 하지만 스마트폰처럼 다양한 모듈을 끌어다 붙일 수도 있다. 이제부터 파이썬으로 스마트폰을 간단하게 흉내면서 외부 모듈을 사용하는 방법에 대해서 알아보겠다.

먼저 스마트폰 프로그램을 만들기 위해 전화통화 기능을 가진 모듈과 카메라 기능을 갖는 모듈이 필요하다. 전화통화의 기능을 가진 모듈은 phone_base.py, 카메라 모듈은 camera_base.py로 만들자. 이 때 반드시 두 모듈을 동일한 폴더에 저장하도록 한다.

예제 10-1 기본 카메라 모듈

```
#camera_base.py
def photo():
    print("Take a photo")

photo()
```

같은 방법으로 phone_base.py로 만들어 보자.

예제 10-2 기본 전화 모듈

```
#phone_base.py
def makeacall():
    print("Make a Call")

makeacall()
```

이러한 두 모듈은 다음과 같이 각각 하나의 독립된 프로그램으로 실행될 수 있다.

```
c:\gop\ch10>python camera_base.py
Take photo

c:\gop\ch10>python phone_base.py
Make a Call
```

이렇게 두 개의 모듈은 준비되었다.

이제 스마트폰의 메인이 되는 smart_base.py라는 모듈을 만들자. smart_base.py는 메인 모듈로서 스마트폰 프로그램의 실행을 위한 모듈이다. 그냥 스마트폰 프로그램의 뼈대(메인 루틴)라고 생각하면 된다. 이제 스마트폰 모듈에 camera_base 모듈과 phone_base 모듈을 불러들이는 작업을 해볼 것이다. 모듈을 불러들이려면 모듈 이름을 알아야 하는데 모듈 이름은 확장자를 뺀 파일 이름이다. 다음처럼 import문 다음에 모듈 이름을 적어주면 모듈을 불러들일 수 있다.

예제 10-3 기본 스마트폰 모듈

```
#smart_base.py
import camera_base          #camera_base.py를 불러들임
import phone_base
```

이제 smart_base.py를 실행시켜 보겠다.

```
c:\gop\ch10>python smart_base.py
Take photo
Make a Call
```

import로 불러들인 두 모듈의 기능이 실행되었다. 이것은 모듈이 불려지는 과정에서 코드가 실행되었기 때문인데 지금 단계에서 불러온 모듈의 기능을 실행하는 것은 의도하지 않은 일이다. 스마트폰 프로그램은 원할 때만 카메라와 전화기의 기능을 사용할 수 있어야 하기 때문이다(이 문제에 대해서는 나중에 해결할 것이므로 당분간은 무시하도록 하자). 어쨌든 모듈을 import 하면 해당 모듈의 코드가 전부 읽혀지고 실행된다는 것을 알 수 있다.

불러들인 모듈에 정의된 함수 사용하기

모듈을 불러들였으면 불러들인 모듈에 정의된 함수나 변수 등을 사용할 수 있다. 하지만 반드시 명심하고 있어야 할 사항이 있는데, 외부 모듈은 자신만의 이름공간을 가진다는 것이다. 따라서 모듈을 불러들였다고 모듈에 있는 함수를 그대로 사용할 수 없다. 우선 외부 모듈의 이름공간에 접근하는 방법을 알아야 한다.

외부 모듈의 이름공간에 접근하기 위해서는 모듈의 이름을 먼저 명시해줘야 한다. 그리고 접근지정자(.)를 통해서 그 모듈에 정의된 함수나 변수에 접근할 수 있다.[2]

다음은 불러들인 모듈의 기능을 사용하는 새로운 **smart_base_1.py** 모듈의 코드다.

예제 10-4 불러들인 모듈들의 기능이 실행되는 스마트폰 모듈

```
#smart_base_1.py
import camera_base
import phone_base
print("-----")
camera_base.photo()         #모듈에 정의된 함수에 접근하기 위해서는 (.)을 이용한다.
phone_base.makeacall()
phone_base.makeacall()
```

```
c:\gop\ch10>python smart_base_1.py
Take photo
Make a Call
-----
Take photo
Make a Call
Make a Call
```

---

[2] 앞에서 우리는 time 모듈의 sleep 함수를 time.sleep(1)과 같이 사용했었다는 것을 기억하자.

여기까지 모듈의 기본적인 사용법을 공부해 보았다. 마지막으로 스마트폰 프로그램을 나름대로 완성해보도록 하겠다. 완성된 코드를 실행해보자.

예제 10-5 불러들인 모듈들의 기능의 선택적 실행이 가능한 스마트폰 모듈

```python
#smart_base_2.py
import camera_base
import phone_base
print("-----")
while True:
    choice = input('what do you want? :')
    if choice == '0':
       break
    if choice=='1':
        camera_base.photo()
    elif choice=='2':
        phone_base.makeacall()
    elif choice=='3':
        print('나중에 구현될 기능')
print("프로그램이 종료되었습니다.")
```

```
c:\gop\ch10>python smart_base_2.py
Take photo
Make a Call
-----
what do you want? :1
Take photo
what do you want? :2
Make a Call
what do you want? :3
나중에 구현될 기능
what do you want? :
```

1번을 선택하면 사진이 찍히고 2번을 선택하면 전화를 건다. 0번을 선택하면 프로그램이 종료된다. 아직 다른 기능은 구현이 안 되었지만 원할 때마다 기능에 맞는 숫자만 입력하면 그 기능이 실행된다.

> **C 언어와 비교**
>
> C 언어는 main 함수가 메인 루틴이다. 그리고 외부에서 필요한 기능을 가져오려면 헤더 파일이란 것을 불러들이는데 main 함수의 바깥에서 불러들여야 한다. 이 때 main 함수의 바깥 영역에는 함수의 정의만 있을 수 있고 실행 코드는 작성될 수 없다.
>
> 반면에 파이썬은 모듈에 함수의 정의와 실행 코드를 모듈 내에서 섞어서 작성할 수 있다. 또한 모듈에서 모듈을 불러들일 수 있다. 따라서 외부 모듈을 불러들일 때 그 모듈에 실행 코드가 작성되어 있다면 해당 코드가 실행이 된다. 단 모듈마다 이름공간은 따로 만들어진다.
>
> 따라서 모듈을 독립적으로 실행할 때와 특정 모듈에서 불러들일 때 실행 코드의 실행 유무를 제어하기 위해 제어문을 사용하는데 이 방법은 잠시후 살펴볼 것이다.

모듈 사용의 필요성

photo 함수나 makeacall 함수를 따로 모듈에 두어 불러들일 필요 없이 지금까지 파이선 쉘에서 함수를 만들고 사용했던 것처럼 실행 모듈에서 직접 정의하고 사용하는게 편하다고 생각할 수도 있겠다. 다음 코드는 두 함수를 실행 모듈에서 정의하고 사용한 코드다.

예제 10-6 모듈을 불러들이지 않고 모듈들의 기능을 스마트폰 모듈에서 직접 구현

```
#smart_all_in_one.py
def makeacall():
    print("Make a Call")

def photo():
    print("Take a photo")

while True:
    choice = input('what do you want? :')
    if choice == '0':
       break
    if choice=='1':
        photo()
    elif choice=='2':
        makeacall()
    elif choice=='3':
        print('나중에 구현될 기능')
print("프로그램이 종료되었습니다.")
```

물론 위와 같이 코드를 작성할 수도 있고 문제는 없다. 위 코드야 너무나도 간단하기 때문에 모듈들을 import 해서 사용하는 것보다 훨씬 번거롭지도 않고 쉬워 보인다. 그런데 만약 photo 함수와 makeacall 함수 정의의 코드의 길이가 100라인이 넘어간다고 하면 어떨까? 아마 함수의 정의와 메인 루틴(위 코드에선 while문)을 한 눈에 구분하기 쉽지는 않을 것이다. 또는 사용될 함수의 종류가 수십 가지가 된다면 더욱 그럴 것이다. 이런 경우에 기능 단위로 모듈로 만들어 놓고 import문으로 모듈을 불러들이면 메인이 되는 모듈의 코드를 심플하고 파악하기도 쉽게 만들 수 있다.

또한 예를 들어 카메라의 기능을 필요로 하는 태블릿 pc를 만든다고 할 때 camera_base 모듈을 그대로 import 해서 사용할 수도 있을 것이다. 이렇게 재활용을 한다는 측면에서도 모듈의 사용은 유용하다.

```
#tablet.py
import camera_base, speaker_base      #두 모듈을 콤마(,)로 구분하여 한번에 불러
                                      #들일 수 있다.
```

결론을 내리자면 처음부터 카메라 기능이 붙어 있는 스마트폰이나 태블릿 PC를 만드는 것보다 기존에 설계된 카메라 모듈을 재사용하는 것이 생산성이나 유지보수 측면에서도 경제적일 것이다. 이렇게 복잡한 것을 단순하게 쪼개어 프로그램 작성의 효율을 높이는 것이 모듈화의 핵심이라고 할 수 있다..

어쨌든 파이썬의 모듈은 그 자체로도 프로그램으로서 기능을 할 수도 있지만 보통은 스마트폰의 camera_base나 phone_base 모듈처럼 다른 모듈에 기능을 더하기 위해서 불려진다고 생각하면 된다. 어떤 모듈은 함수나 변수 또는 나중에 배울 클래스만 정의해 놓아서 그 자체로 실행하면 아무런 행동도 하지 않는 모듈도 있다. 따라서 파이썬에서는 모듈을 구별할 때는 그냥 py 확장자를 가진 파일이라고 생각하자.

그런데 camera_base.py 모듈은 import문으로 다른 모듈에 의해 불려졌을 때 사진을 찍는 기능을 한 번 사용하면서 불려졌었다. 그 이유는 모듈이 불려질 때도 독립적으로 실행시킬 때와 마찬가지로 코드가 전체적으로 한 번 수행이 되기 때문이다. 물론 스마트폰 모듈에서 camera_base나 phone_base의 기능을 사용하는 데는 지장은 없지만 깔끔해 보이지는 않는다. 그렇다면 이번에는 camera나 phone 모듈이 다른 모듈에 의해서 불려질 때 사진을 찍거나 전화를 거는 기능이 실행되지 않도록 해보자. 이 작업을 하기 전에 __name__ 변수에 대해 이해가 필요하다.

모듈은 __name__ 변수를 가진다

사용자가 모듈 내에서 정의하지 않아도 파이썬 프로그램을 실행할 때 모듈 내에 자동으로 만들어지는 변수들이 있다. 그중 __name__ 변수는 해당 모듈의 이름이 저장되는 변수다. __name__의 존재를 확인하기 위해 camera.py와 phone.py에 __name__ 변수를 출력하는 코드를 넣어보겠다. 앞의 예제를 연장한 것이므로 해당 코드만 추가하면 된다.

예제 10-7 __name__ 변수 확인을 위한 카메라 모듈

```
#camera.py
def photo():
    print("Take photo")

photo()
print("camera.py's module name is", __name__)        #추가(모듈의 이름을 출력)
```

예제 10-8 __name__ 변수 확인을 위한 전화 모듈

```
#phone.py
def makeacall():
    print("Make a Call")

makeacall()
print("phone.py's module name is", __name__)        #추가(모듈의 이름을 출력)
```

그리고 다음은 smart.py에서 camera, phone 모듈을 불러들여서 실행한 모습이다.

예제 10-9 __name__ 변수 확인을 위한 스마트폰 모듈

```
#smart.py
import camera
import phone
print("smart.py's module name is",__name__)         #추가(모듈의 이름을 출력)
print("-----")
while True:
    choice = input('what do you want? :')
    if choice == '0':
       break
    if choice=='1':
        camera.photo()
    elif choice=='2':
        phone.makeacall()
    elif choice=='3':
        print('나중에 구현될 기능')
print("프로그램이 종료되었습니다.")
```

```
C:\gop\ch10\name_test>python smart.py
Take photo
camera.py's module name is camera
Make a Call
phone.py's module name is phone
smart.py's module name is __main__
-----
what do you want? :
```

실행 결과로 출력된 내용을 잘 살펴보자. 각 모듈의 __name__ 변수는 서로 다른 값(문자열)을 가지고 있다. camera.py와 phone.py 모듈의 __name__ 변수는 각각 자신의 모듈 이름이 저장되어 있고, smart.py 모듈의 __name__ 변수는 '__main__'이라는 문자열이 저장되어 있다.

그러면 왜 smart 모듈의 __name__ 변수는 자신의 모듈 이름이 아닌 '__main__'이라는 값을 가지고 있는 것인가? 이것은 파이썬 인터프리터가 직접 실행되는 모듈과 불러들인 모듈을 구별할 필요가 있기 때문이다. 즉, 프로그램의 메인 흐름은 직접 실행되는 모듈이어야 하므로 파이썬 내부적으로 항상 동일한 이름('__main__')을 붙여 놓은 것이다. 이것은 C 언어의 메인 루틴에 해당하는 함수의 이름이 main으로 정해진 것을 생각하면 쉽게 이해할 수 있을 것이다.

아무튼 직접 실행되는 모듈의 변수 __name__은 항상 '__main__'이라는 값을 갖기로 약속되었다.

그러면 camera.py를 직접 실행해보자.

```
C:\gop\ch10\name_test>python camera.py
Take photo
camera.py's module name is __main__
```

직접 실행되었기 때문에 이번에는 __name__ 변수가 자신의 모듈 이름 대신 '__main__'이라는 값을 갖는 것을 알 수 있다.

이렇게 __name__ 변수가 참조하는 문자열이 상황에 따라 달라지는 것을 이용하면 실행되는 코드를 상황에 따라 선택할 수도 있다. 즉 앞에서 모듈을 불러들일 때 항상 실행되던 코드를 상황에 따라서 실행되거나 실행되지 않도록 제어할 수 있다는 의미다. camera 모듈과 phone 모듈 그리고 smart 모듈을 다음과 같이 수정해보자.

예제 10-10 camera_mod 모듈의 __name__ 변수를 이용한 제어

```
#camera_mod.py
def photo():
    print("Take a photo")
if __name__ == '__main__':      #직접 실행된 경우에만 True
    photo()                      #import 될 때는 실행되지 않는 코드
```

예제 10-11 phone_mod 모듈의 __name__ 변수를 이용한 제어

```
#phone_mod.py
def makeacall():
    print("Make a Call")

if __name__ == '__main__':
    makeacall()                #import 될 때는 실행되지 않는 코드
```

예제 10-12 smart_mod 모듈의 __name__ 변수를 이용한 제어

```
#smart_mod.py
import camera_mod
import phone_mod

def smart_on():
    while True:
        choice = input('what do you want? :')
        if choice == '0':
           break
        if choice=='1':
            camera_mod.photo()
        elif choice=='2':
            phone_mod.makeacall()
        elif choice=='3':
            print('나중에 구현될 기능')
    print("프로그램이 종료되었습니다.")

if __name__ == '__main__':
    smart_on()                #import 될 때는 실행되지 않는 코드
```

```
C:\gop\ch10\name_test>python smart_mod.py
what do you want? :1
Take a photo
what do you want? :2
Make a Call
what do you want? :3
나중에 구현될 기능
what do you want? :0
프로그램이 종료되었습니다.

C:\gop\ch10\name_test>
```

이젠 모듈을 불러들일 때 불러들인 모듈에 있는 실행 코드가 실행되지 않는다. 이렇게 모듈에 작성된 실행 코드는 제어문을 사용하여 상황에 맞게 실행 여부를 제어해 놓는 것이 좋다.

어느 정도 모듈에 대해서 감이 잡혔고 직접 모듈을 만들어 사용할 수 있을 것이다. 이제부터 모듈의 특성을 하나씩 살펴보겠다.

모듈은 독립적인 이름공간을 갖는다

이미 모듈이 자신만의 이름공간을 갖는다는 것을 잘 알고 있을 것이다. 앞서 함수의 클로저를 다루면서도 언급된 내용이고 방금 설명한 __name__ 변수가 모듈마다 다른 값을 갖는다는 것만 봐도 이름공간이 따로 존재한다는 것이 증명된 셈이다. 그리고 각 모듈의 이름공간에 접근하기 위해서는 모듈 이름을 명시하여 접근한다는 것까지 설명했었다.

이미 여러 번 언급한 내용이므로 여기서는 복습도 할겸 어떻게 모듈의 이름공간이 독립적으로 존재하는지 예를 들어 확인해보겠다.

우선 두 개의 모듈을 만들고 두 모듈에 똑같은 이름으로 변수를 정의하고 이 변수를 출력하는 함수를 만들 것이다. 그리고 한 모듈에서 다른 모듈을 불러들인 후 모듈을 실행할 것이다. 이 때 실행모듈에서 각각의 모듈에 정의된 함수와 변수에 어떻게 접근할 수 있는지 살펴볼 것이다. 우선 두 모듈의 코드를 먼저 제시하겠다. 모듈을 만들 때는 반드시 동일한 폴더에 넣어두도록 하자(동일한 폴더에 넣어야 하는 이유는 나중에 다시 설명하겠다).

예제 10-13 모듈의 이름공간을 테스트하기 위한 sample 모듈

```
#sample.py
x=77
def sample_func():
    print('x is', x)
```

예제 10-14 모듈의 이름공간을 테스트하기 위한 main 모듈

```
#main.py
import sample
x=222
def main_func():
    print('x is', x)
```

```
sample.sample_func()
main_func()
```

main 모듈에서 sample 모듈을 불러들인 후 각각의 모듈에 정의되어 있는 함수를 호출하였다. 이 두 함수는 x라는 변수를 출력하는 코드를 가진다. 그리고 x는 두 모듈에 각각 정의되었다. 과연 이 두 함수가 출력하는 x는 어느 모듈에 있는 x일까? 다음은 main 모듈을 실행한 결과다.

```
C:\gop\ch10\namespace_test>python main.py
x is 77
x is 222
```

결과를 보면 알겠지만 두 함수가 출력하는 x는 함수가 실행되는 모듈에 있는 x가 아닌 함수가 정의되어 있는 모듈의 x를 사용한다는 것을 알 수 있다. 즉, 함수의 전역 영역은 그 함수가 정의된 모듈인 것이다.

지금까지 여러 차례 언급한 내용을 확인한 것이므로 쉽게 이해할 것이라 믿는다. 결론을 내리면 모듈은 자신만의 독립된 이름공간을 갖는다. 그리고 모듈 이름 그 자체가 이름공간을 대표한다.

이번에는 모듈로부터 함수 이름을 직접 불러들여 보겠다. 언제나 모듈은 독립된 이름공간을 갖는다는 사실을 염두에 두고 공부해 나가길 바란다.

모듈 사용을 위해 알아둘 것들

from 사용하기

어떤 모듈에서 import를 사용하여 외부의 모듈을 불러왔다면 외부 모듈 이름을 명시하고 접근지정자(.)를 사용하여 불러온 모듈의 이름공간에 있는 이름(함수명 또는 변수)에 접근할 수 있었다. 이렇게 모듈 이름으로 접근이 가능한 이유는 import로 불러온 모듈의 이름이 전역 이름공간에 등록되기 때문이다.

이번에는 앞의 예제의 main 모듈을 수정하여 직접 함수를 불러들여 보겠다. 이 때는 from을 사용하는데 코드는 다음과 같다.

예제 10-15 from 사용하기

```
#main_from.py
from sample import sample_func    #(from) 모듈 이름으로부터 (import) 함수를 직접
                                  #불러들임
x=222
def main_func():
        print('x is', x)

sample_func()                     #모듈 이름을 명시하지 않고 직접 사용할 수 있다.
main_func()
```

모듈 이름으로 직접 함수를 불러들였을 때는 `sample_func`가 main 모듈에 등록된다. 그리고 직접 `sample_func` 함수를 실행할 수 있게 된다.

그런데 한 가지 이상한 점이 있다. `sample_func`가 순수한 함수 이름이라면 어떻게 sample 모듈에 정의된 함수인지 알 수 있는 것일까? 이 코드를 실행하여도 문제 없이 실행되는 것을 보면 납득이 안 될지도 모르겠다. 하지만 복잡하게 생각할 필요도 없다.

위 예에서 `sampl_func`는 사실 `sample.sample_func`를 대신하는 이름이다.

굳이 이런 것을 알지 않더라도 직관적으로 모듈을 불러들여서 사용할 수 있겠지만 알아두어 나쁠 것은 없기에 간단히 언급하고 넘어가는 것이다. 어쨌든 이런 식으로 `from`을 사용하면 함수 이름을 직접적으로 사용할 수는 있지만 파이썬이 추구하는 철학은 가능하면 모듈 이름을 직접 명시하길 권한다. 모듈 이름을 직접 명시하게 되면 좀 복잡할지는 모르지만 `sample_func`가 어느 모듈에 있는 함수인지 정확히 파악할 수 있기 때문이다.

*로 import 하기

'*'는 일종의 와일드 카드라 생각하면 된다. from문과 같이 사용하여 모듈에 있는 모든 식별자(함수 이름, 변수 이름)를 불러온다. 다음은 사용 예다.

```
>>> from time import *       #와일드카드(*)로 time 모듈에 있는 모든 식별자를 불러온다.
>>> sleep(3)                 #time 모듈에 있는 sleep 함수 사용
>>> localtime()[0]           #time 모듈에 있는 localtime 함수 사용
2016
>>> localtime()[1]
6
>>> localtime()[2]
2
```

여러 모듈 한번에 import 하기

특별한 설명은 필요 없으므로 간단히 예제만 설명하고 넘어가겠다.

```
>>> import sys, os, math                #3개의 모듈을 불러온다.
>>> sys.path
['', 'C:\\python35\\Lib\\idlelib', 'C:\\python35\\python35.zip', 'C:\\
python35\\DLLs', 'C:\\python35\\lib', 'C:\\python35', 'C:\\python35\\
lib\\site-packages']
>>> os.getcwd()
'C:\\python35'
```

import 다음에 불러올 모듈명을 콤마(,)로 구분하여 나열한다.

as로 별명 붙이기

모듈명 대신 다른 이름으로 모듈을 사용하고 싶을 때 사용한다.

```
>>> import sample as sp
>>> sp.sample_func()         #sample 대신 sp로 사용
x is 77
```

　모듈 이름이 너무 흔하거나 혼동이 있을 경우 as를 사용하여 다른 이름으로 사용할 수 있다. 또는 같은 역할을 하는 여러 모듈들 중에 상황에 따라서 하나를 선택해야 할 때 as를 사용하여 모듈의 이름을 통일해 놓으면 코드 작성이 편리해진다. 다음은 이에 대한 예시다.

```
file=open('text.txt','r')          #문서를 연다.
...
...
if text=="korean":                 #text는 file이 어떤 언어로 작성된 파일인지에
                                   #대한 정보를 가진 변수
    import kor_to_eng as trans     #한글 파일이라면 영어로 번역할 모듈을 trans란
                                   #이름으로 불러들임
elif text=="english":
    import eng_to_kor as trans     #영문 파일이라면 한글로 번역할 모듈을 trans란
                                   #이름으로 불러들임
tans.translate(file)               #translate 함수는 영한 또는 한영 번역을 하는
                                   #함수다.
```

eng_to_kor.py는 영문을 한글로 번역하는 기능을 가진 모듈이고, kor__to_eng.py는 한글을 영문으로 번역하는데 필요한 기능을 가진 모듈이다. 조건(번역할 텍스트의 언어)에 따라서 각 모듈을 trans라는 동일한이름으로 불러올 수 있다.

이 때 각 모듈에서 번역 기능을 하는 함수 이름은 translate로 동일하므로 영한, 한영 번역이 문제없이 동작한다.

가상적으로 작성한 코드지만 어렵지 않으므로 충분히 이해하고 응용할 수 있을 것이다.

명령행 인수 전달

가끔은 프로그램을 실행시키면서 동시에 프로그램에 값을 전달하고 싶은 경우가 있을 것이다. (물론 프로그램 실행 중에 값을 받을 수도 있겠지만...) 모듈을 실행할 때 실행될 모듈 다음에 전달할 값들을 공백으로 구분해서 적어주기만 하면 된다. 이렇게 전달되는 데이터들은 sys 모듈에 정의되어 있는 argv 리스트에 자동으로 저장된다. 다음과 같은 argv_example.py 파일을 만들어 테스트를 해보자.

예제 10-16 명령행 인수 전달 테스트

```
#argv_example.py
import sys
print(sys.argv)      #명령행에 전달된 값들을 출력
```

```
C:\gop\ch10\argv_test>python argv_example.py
['argv_example.py']

C:\gop\ch10\argv_test>python argv_example.py first
['argv_example.py', 'first']

C:\gop\ch10\argv_test>python argv_example.py first 1000
['argv_example.py', 'first', '1000']
```

모듈 이름은 argv 리스트의 0번째 항목으로 저장된다. 나머지 출력 결과를 보면 전달된 데이터들이 차례대로 리스트에 저장된다는 것을 확인할 수 있다.

모듈의 검색

파이썬 인터프리터는 기본적으로 모듈이 실행되면 현재 실행되는 폴더에서 불러들일 모듈들을 찾는다. 그래서 지금까지 실행할 모듈과 실행할 모듈에서 불러올 모듈을 같은 폴더에 저장했던 것이다. 만약 모듈들이 서로 다른 위치에 있다면 모듈이 제대로 import 되지 않을 수 있기 때문이다.

그런데 항상 동일한 폴더에 불러들일 모듈이 있을 필요는 없다. 예를 들면 파이썬 표준 모듈들(sys, time, ...) 등은 실행할 모듈과 동일한 폴더에 없더라도 얼마든지 import 하여 사용할 수 있었기 때문이다. 이것은 경험적으로 충분히 알고 있는 사실이다.

이런 사실은 파이썬 인터프리터가 표준 모듈들의 위치를 어딘가에 기록해 놓고 참조하고 있다는 뜻으로 해석할 수 있겠다. 정확히 말하면 파이썬 인터프리터는 sys 모듈의 path를 참조하여 불러들이는 모듈들이 있는지를 검사한다.[3]

```
>>> import sys
>>> sys.path
['', 'C:\\Python35\\Lib\\idlelib', 'C:\\Python35\\lib\\site-packages\\
cython-0.24-py3.5-win32.egg', 'C:\\Python35\\python35.zip', 'C:\\
Python35\\DLLs', 'C:\\Python35\\lib', 'C:\\Python35', 'C:\\Python35\\
lib\\site-packages']
```

파이썬 인터프리터는 import 된 모듈 이름을 sys.path의 첫 번째 항목에 해당하는 경로부터 차례대로 검색해 나간다. 리스트의 첫 번째 항목은 공백 문자인데 이

---

[3] sys.path에 등록된 경로들은 사용자의 환경에 따라서 달라질 수 있다.

는 현재 실행되는 모듈이 있는 경로를 나타낸다. 우리가 동일한 폴더에 있는 모듈을 불러들일 수 있던 것도 이 때문이다. 나머지 위치들은 표준 모듈 또는 사용자가 설치한 모듈들이 위치하는 경로다.

파이썬 인터프리터가 모듈을 찾는 경로는 리스트로 되어 있으므로 append 메소드를 사용하여 직접 리스트에 경로를 추가할 수도 있다. 단 이렇게 추가하는 것은 일시적인 것이므로 해당 프로그램이 종료되면 추가했던 경로는 리스트에서 사라진다.

만약 영구적으로 경로를 등록해 놓고 싶다면 윈도우 시스템 환경변수에 PYTHONPATH라는 이름의 변수를 만들고 값에 경로를 등록하면 된다.

__pycache__

이미 알아챈 분들도 계시겠지만 앞서 만들었던 스마트폰 프로그램을 실행했을 때 동일한 폴더에 __pycache__ 폴더가 생성되었다. 이 폴더에는 모듈의 컴파일된 바이트 코드가 생성되어 있다. 이렇게 컴파일된 바이트 코드는 pyc 확장자를 가진 파일로 저장된다. 직접 폴더에 들어가서 확인해보자. 그럼 이 폴더는 언제 생긴 것일까?

모듈은 import 될 때 바이트 코드로 컴파일된다. 그리고 이 파일이 저장되는 곳이 바로 __pycache__다. 물론 모든 경우에 다 생기는 것은 아니다. 곧 설명하겠지만 모듈이 zip 파일로 압축되었거나 메인으로 실행되는 모듈일 경우에는 이 파일이 생기지 않는다.

우선 pyc 확장자를 가진 파일은 모듈로 똑같이 import 되거나 실행될 수 있다. 컴파일이 되어 있기 때문에 파이썬 가상 머신[PVM]에 의해서 바로 수행되므로 빠른 성능을 낼 수 있다. 직접 컴파일을 해서 사용하고 싶다면 py_compile 내장 모듈을 사용하면 된다. 다음은 바이트 코드로 컴파일하는 예제다.

```
>>> import py_compile
>>> py_compile.compile('C:/gop/ch10/smart.py')
'C:/gop/ch10\\__pycache__\\smart.cpython-35.pyc'
```

zip 파일로 모듈 압축하여 사용하기

이번에는 경로명에 zip 파일을 사용하는 방법에 대해서 알아보자.

파이썬에서는 zip 파일의 확장자까지 포함하여 디렉토리 이름처럼 경로명에 사용할 수 있다. 예를 들어 camera.py, phone.py가 smart.zip으로 압축되어 C 드라이브의 루트 디렉토리에 저장되어 있다고 하자. 이 때 압축된 두 모듈은 다음과 같이 불러들일 수 있다.

```
#smart.py
import sys
sys.path.append('C:/smart.zip')
import camera
import phone
```

또는 zip 파일이 sys.path에 등록된 경로에 존재하면 다음과 같이 해도 된다.

```
#smart.py
import sys
sys.path.append('smart.zip')
import camera
import phone
```

단 이렇게 모듈이 zip 파일로 압축된 상태로는 컴파일이 안 되므로 참고하자.

패키지란?

패키지package란 모듈의 유기적인 사용을 위해 모듈들을 모아둔 특별한 폴더를 말한다. 폴더를 패키지로 만들면 계층적인 구조를 가질 수 있는데 우리가 폴더 내에 폴더를 두는 것과 동일한 구조로 패키지도 계층을 가질 수 있다.

앞서 모듈을 다룰 때 스마트폰 프로그램을 실행하기 위한 세 개의 모듈을 같은 폴더에 넣어서 사용했었다. 이 세 모듈은 같은 폴더에 있다는 점 빼고는 서로 어떤 연관도 없다. 비유하자면 어떤 소속된 단체나 기관이 없는 떠돌이 모듈인 셈이다. 그런데 동일한 이름을 가진 떠돌이 모듈 간에는 경로가 다르다는 것 빼고는 구분할 수 있는 방법이 없으므로 이런 모듈들이 import 될 때는 sys.path의 경로상에서 먼저 검색되는 녀석이 불려진다. 앞서 스마트폰 프로그램은 세 개의 모듈을 동일한 폴더(첫 번째로 검색되는 경로)에 넣어 놨기 때문에 별 탈 없이 사용할 수 있었지만 외부의 다른 모듈에서 camera.py 모듈을 사용하려고 import 할 때 문제가 발생할 수도 있다. 문제의 원인은 우연히 camera.py와 똑같은 이름을 가진 모듈이 sys.path에 등록되어 있는 경로의 어딘가에 또 존재할 경우인데 이런 경우 먼저 검색되는 camera.py가 사용된다. 어떤 camera.py가 import 될지는 운에 맡겨야 할 것이다.

따라서 이런 떠돌이들을 어딘가에 소속시켜 준다면 같은 이름을 가진 모듈들을 소속에 따라서 구분할 수 있을 것이다. 이런 소속의 역할을 하는 것이 패키지다. 물론 동일한 패키지 이름이 있을 수도 있겠지만 확률적으로 본다면 동일한 모듈 이름을 갖는 것보다 훨씬 적은 확률일 것이다.

패키지를 만드는 방법은 아주 간단하다. 패키지로 만들 폴더에 __init__.py 파일을 만들어 넣어주기만 하면 된다. 그러면 __init__.py가 저장된 폴더가 패키지로 인식된다.

__init__.py는 내용이 없는 빈 파일이어도 좋다. 앞서 만든 스마트폰 프로그램에서 import 될 모듈들(camera.py, phon.py)을 하나의 패키지로 묶어보겠다. 다음은 해당 모듈들이 있는 폴더의 구조를 나타낸 것이다.

```
----C:\gop\ch10----
    smart2.py
    ----smtpkg2----
        __init__.py
        phone.py
        camera.py
```

폴더의 구조는 위와 같고 스마트폰 모듈의 새로운 버전 smart2.py를 만들었다. smart2.py 모듈은 smtpkg2 패키지를 사용한다.

예제 10-17 패키지에 속해 있는 모듈을 불러오는 기본적인 방법 1

```
#smart2.py
import smtpkg2.camera
import smtpkg2.phone

def smart_on():
    while True:
        choice = input('what do you want? :')
        if choice == '0':
            break
```

```
        if choice=='1':
            smtpkg2.camera.photo()
        elif choice=='2':
            smtpkg2.phone.makeacall()
        elif choice=='3':
            print('나중에 구현될 기능')
    print("프로그램이 종료되었습니다.")

if __name__ == '__main__':
    smart_on()
```

smtpkg2 패키지에 속해 있는 camera 모듈과 phone 모듈을 불러들이는 방법은 패키지명을 모듈명 앞에 추가해주면 된다(smtpkg2.camera). 소속(패키지)이 생겼으므로 앞서 말한 이름 충돌 문제는 해결될 것이다.

이번에는 앞의 패키지의 구조를 좀 변경해보자. 카메라 기능과 전화기 기능은 나중에 확장될 필요가 있다. 확장되면서 관련된 여러 모듈이 추가될 수도 있으므로 각각의 기능을 하위 패키지로 만들면 관리하면 편리할 것이다. 수정된 패키지의 이름을 smtpkg3이라 하고 이 패키지를 사용하는 모듈을 smart3.py라고 하자. 다음은 새로운 패키지의 구조다.

```
----C:\gop\ch10----
    smart3.py
    ----smtpkg3----
        __init__.py
        ----camera----
            __init__.py
            camera.py
        ----phone----
            __init__.py
            phone.py
```

패키지 내에 이렇게 또 다른 패키지들이 포함될 수 있다. 그리고 내부의 패키지들 역시 `__init__.py` 파일을 포함하고 있어야 한다.

다음은 smtpkg3 패키지를 사용하는 smart3.py 모듈의 코드다.

예제 10-18 패키지에 속해 있는 모듈을 불러오는 기본적인 방법 2

```
#smart3.py
import smtpkg3.camera.camera
import smtpkg3.phone.phone
```

```python
def smart_on():
    while True:
        choice = input('what do you want? :')
        if choice == '0':
           break
        if choice=='1':
            smtpkg3.camera.camera.photo()
        elif choice=='2':
            smtpkg3.phone.phone.makeacall()
        elif choice=='3':
            print('나중에 구현될 기능')
    print("프로그램이 종료되었습니다.")

if __name__ == '__main__':
    smart_on()
```

smtpkg3가 최상위 패키지고 하위 패키지 camera 내에 camera 모듈이 있다. camera 모듈에 접근하려면 패키지 구조를 모두 명시해주면 된다(smtpkg3.camera.camera).

패키지로부터 모듈을 불러들여보자

앞선 예제에서는 패키지에 포함된 모듈을 import 하는 기본적인 방법을 사용했다. 여기서는 몇 가지 추가적인 방법을 설명하겠다. 이 추가적인 방법은 모두 from을 사용한다.

모듈에서 from을 사용했을 때는 "from 모듈 import 식별자"의 형태였다. 패키지에서도 "from 패키지...모듈 이름 import 식별자"의 형태로 사용할 수 있다.

다음은 이 방식으로 모듈을 불러들여 사용하는 새로운 smart3_1.py의 코드다.

예제 10-19 from을 사용하여 패키지의 모듈 불러오는 방법 1

```python
#smart3_1.py
from smtpkg3.camera.camera import photo          #바뀐 부분
from smtpkg3.phone.phone import makeacall        #바뀐 부분

def smart_on():
    while True:
        choice = input('what do you want? :')
        if choice == '0':
           break
        if choice=='1':
```

```
                photo()                          #바뀐 부분
            elif choice=='2':
                makeacall()                      #바뀐 부분
            elif choice=='3':
                print('나중에 구현될 기능')
        print("프로그램이 종료되었습니다.")

if __name__ == '__main__':
    smart_on()
```

from을 사용하는 방식은 "from 패키지 import 모듈 이름"의 형태로 사용할 수도 있다. 다음은 이 방식을 사용하는 코드다.

예제 10-20 from을 사용하여 패키지의 모듈 불러오는 방법 2

```
#smart3_2.py
from smtpkg3.camera import camera             #바뀐 부분
from smtpkg3.phone import phone               #바뀐 부분

def smart_on():
    while True:
        choice = input('what do you want? :')
        if choice == '0':
            break
        if choice=='1':
            camera.photo()                     #바뀐 부분
        elif choice=='2':
            phone.makeacall()                  #바뀐 부분
        elif choice=='3':
            print('나중에 구현될 기능')
        print("프로그램이 종료되었습니다.")

if __name__ == '__main__':
    smart_on()
```

앞의 두 방법에서 import문 다음에 '*'를 사용하여 모든 식별자를 불러들일 수 있다.

다음은 모듈 내에 모든 식별자들을 불러들이는 방법이다.

```
from smtpkg3.camera.camera import *
from smtpkg3.phone.phone import *
```

smart3_1.py의 코드에서 import문을 위와 같이 바꿔보자. 추가 수정사항 없이 제대로 동작할 것이다.

그렇다면 패키지로부터 '*'를 사용하여 모든 식별자(모듈 또는 하위 패키지)를 불러들이는 방법도 가능하지 않을까?

우선 smtpkg3와 동일한 구조의 패키지 smtpkg4를 만들어 실습하겠다.

smart3_2.py를 복사하여 smtpkg4.py를 새로 만들고 다음과 같이 '*'를 사용하도록 수정해보고 실행해보자(사용 패키지를 smtpkg4로 수정한다).

예제 10-21 *를 사용하여 모듈 불러오기 테스트

```
#smart4.py
from smtpkg4.camera import *          #수정
from smtpkg4.phone import *           #수정

def smart_on():
    while True:
        choice = input('what do you want? :')
        if choice == '0':
            break
        if choice=='1':                #에러 발생 위치
            camera.photo()
        elif choice=='2':
            phone.makeacall()
        elif choice=='3':
            print('나중에 구현될 기능')
    print("프로그램이 종료되었습니다.")

if __name__ == '__main__':
    smart_on()
```

처음에는 실행이 잘 되는 것처럼 보이지만 다음과 같이 불러들인 모듈을 사용하는 부분(1을 입력해보자)에서 문제가 발생한다.

```
C:\gop\ch10>python smart4.py
what do you want? :1
Traceback (most recent call last):
  File "smart4.py", line 19, in <module>
    smart_on()
  File "smart4.py", line 11, in smart_on
    camera.photo()
NameError: name 'camera' is not defined
```

에러의 원인은 camera라는 모듈이 제대로 불러들여지지 않았기 때문에 발생한 것이다.

왜 모듈이 제대로 불러들여지지 않았는지 아직 알 수는 없지만 모듈을 불러들이지 못해서 발생하는 에러는 다음과 같은 경우에도 발생한다.

예제 10-22 패키지까지만 불러오기 테스트

```
#smart4_1.py
import smtpkg4.camera           #camera 패키지까지만 import (smart3.py와 코드를
                                #비교해보자.)
import smtpkg4.phone             #      "            "

def smart_on():
    while True:
        choice = input('what do you want? :')
        if choice == '0':
            break
        if choice=='1':
            smtpkg4.camera.camera.photo()
        elif choice=='2':
            smtpkg4.phone.phone.makeacall()
        elif choice=='3':
            print('나중에 구현될 기능')
    print("프로그램이 종료되었습니다.")

if __name__ == '__main__':
    smart_on()
```

```
C:\gop\ch10>python smart4_1.py
what do you want? :1
Traceback (most recent call last):
  File "smart4_1.py", line 19, in <module>
    smart_on()
  File "smart4_1.py", line 11, in smart_on
    smtpkg4.camera.camera.photo()
AttributeError: module 'smtpkg4.camera' has no attribute 'camera'
```

이러한 두 에러의 원인은 공통적으로 패키지가 자신이 가지고 있는 하위 패키지 또는 모듈을 인식하지 못하는 데 있다. 즉 모듈을 import 할 때 모듈명까지 모두 명시하여 불러들인 경우는 제대로 불러오지만 패키지까지만 불러들였을 때 패키지가 자신이 가지고 있는 모듈을 인식하지 못하는 것이다.

이제부터 이 두 에러의 원인을 살펴보고 해결해보도록 하겠다.

패키지의 초기화를 위한 __init__.py

__init__.py는 패키지의 초기화를 담당한다. 설명을 위해서 패키지를 모듈들이 소속되는 기관으로 비유해 보겠다.

어떤 기관이 있다면 그 기관에서는 기관에 속해 있는 사람들의 정보를 가지고 있을 것이다. 대학교의 경우 학생명부에 그 대학교에 다니는 학생의 이름 정보를 저장해 놓는다. 만약 학생명부가 없다면 대학교에 학생의 정보를 요구해도 알 길이 없을 것이다.

마찬가지로 패키지도 자신이 가지고 있는 패키지 또는 모듈 정보를 어딘가에 등록시켜 놔야 한다. 바로 모든 패키지에 공통적으로 포함되어 있어야 할 __init__.py 파일이 학생명부와 같은 역할을 한다.

__init__.py에 패키지 또는 모듈을 등록을 하는 방법은 모듈에서 다른 모듈을 불러들이는 방법과 동일하다. __init__.py도 모듈이기 때문이다.

smtpkg4와 동일한 구조의 smtpkg5 패키지를 만들고 이 패키지를 사용할 smart5.py 모듈을 만들자. 그리고 다음과 같이 해당 모듈들을 수정해보자.

예제 10-23 smtpkg5의 __init__.py에 하위 패키지 등록

```
#C:\gop\ch10\smtpkg5\__init__.py
from smtpkg5 import camera      #smtpkg5의 하위 패키지 camera를 등록
from smtpkg5 import phone       #smtpkg5의 하위 패키지 phone을 등록
```

예제 10-24 camera 패키지의 __init__.py에 하위 모듈 등록

```
#C:\gop\ch10\smtpkg5\camera\__init__.py
from smtpkg5.camera import camera
```

예제 10-25 phone 패키지의 __init__.py에 하위 모듈 등록

```
#C:\gop\ch10\smtpkg5\phone\__init__.py
from smtpkg5.phone import phone
```

예제 10-26 최상위 패키지만 불러오기 테스트

```
#C:\gop\ch10\smart5.py
import smtpkg5                  #최상위 패키지만 불러들임
```

```python
def smart_on():
    while True:
        choice = input('what do you want? :')
        if choice == '0':
            break
        if choice=='1':
            smtpkg5.camera.camera.photo()     #내부 패키지에 접근 가능
        elif choice=='2':
            smtpkg5.phone.phone.makeacall()
        elif choice=='3':
            print('나중에 구현될 기능')

    print("프로그램이 종료되었습니다.")

if __name__ == '__main__':
    smart_on()
```

좀 복잡해보일 수도 있지만 패키지의 이름공간을 생성하는 것과 패키지에 포함된 하위 모듈 또는 하위 패키지를 패키지의 이름공간에 등록하는 두 가지 작업이 핵심이다.

`import` 또는 `from~import~` 구문으로 패키지 또는 모듈을 불러오면 `import`문에 명시된 모든 패키지의 `__init__.py`는 자동으로 실행된다. 이렇게 실행된 `__init__.py`는 자신만의 이름공간을 만드는데 이것은 바로 패키지의 이름공간을 의미한다. 이 이름공간에는 `__init__.py`의 코드가 실행되면서 `import` 하는 모듈 또는 패키지 이름이 등록된다.

모듈을 제대로 공부했다면 여기까지는 충분히 이해할 수 있을 것이다.

이제 앞의 코드를 분석해보자.

`import smtpkg5`는 smtpkg5 패키지의 이름공간을 만든다. 이 이름공간의 실체는 smtpkg5 폴더 내에 `__init__.py`의 이름공간이다. `__init.py`의 코드가 실행되어 두 개의 패키지(camera, phone)를 불러온다. 불러온 패키지 이름은 smtpkg5의 이름공간에 등록되고 동시에 해당 패키지(camera, phone)의 `__init__.py`가 실행된다. 이렇게 연쇄적으로 각 패키지의 이름공간이 생성된다.

이제 smart5.py 모듈을 실행해보자. 문제없이 실행될 것이다. 또한 앞서 두 가지 문제가 해결되었을 것이다. 각 패키지의 이름공간에 해당 패키지에 속하는 하위 패키지 또는 모듈의 이름이 모두 등록되었기 때문이다. 직접 코드를 수정하여 확인해보길 바란다.

그런데 '*'를 사용하여 패키지에 포함된 하위 패키지 또는 모듈들을 불러오는 것은 사실 해당 패키지의 이름공간을 그대로 불러오는 것이다. 따라서 '*'의 사용은 모듈, 패키지 이름 외에도 필요 없는 이름들까지 불러오게 된다. 이 경우 __all__ 리스트에 불러올 이름을 정해 놓으면 정해진 이름만 불러올 수 있다.

패키지 사용을 위해 알아둘 것들

*와 __all__

패키지에 포함된 하위 패키지와 모듈을 불러올 때 '*'를 사용하면 해당 패키지의 이름공간의 모든 이름들을 모두 불러온다. 필요 없는 이름들까지 불러올 수 있으므로 __all__을 정의해서 필요한 이름만 불러오도록 만들 수 있다. 다음은 앞서 만든 패키지 smtpkg5를 사용하는 새로운 모듈이다.

예제 10-27 *를 사용하여 하위 식별자 불러들이기 테스트

```python
#smart5_1.py
from smtpkg5 import *          #'*'사용

def smart_on():
    while True:
        choice = input('what do you want? :')
        if choice == '0':
            break
        if choice=='1':
            camera.camera.photo()
        elif choice=='2':
            phone.phone.makeacall()
        elif choice=='3':
            print('나중에 구현될 기능')
    print("프로그램이 종료되었습니다.")

if __name__ == '__main__':
    smart_on()
```

'*'를 사용하여 smpkg5의 이름공간을 불러오고 있다. 이 코드는 제대로 실행되지만 앞서 말한대로 이름공간의 모든 이름이 필요한 것은 아니므로 해당 패키지의 __init__.py를 다음과 같이 수정해보도록 하겠다.

예제 10-28 __all__ 변수를 사용하여 불러들일 식별자 제어

```
#C:\gop\ch10\smtpkg5\__init__.py
from smtpkg5 import camera
from smtpkg5 import phone

__all__ = ['camera', 'phone']              #추가
```

여전히 잘 동작할 것이다. 그렇다면 __all__에 있는 'phone'을 삭제해보자. 아마 사진을 찍는 기능은 제대로 동작하지만 전화를 받는 기능을 사용하려면 에러가 발생할 것이다. __all__에 등록되어 있는 패키지 이름만 불려졌기 때문이다.

상대적 import

패키지는 계층적인 구조를 가진다. 이런 계층적 구조로 인해서 패키지에 포함(소속)된 모든 모듈과 하위 패키지들의 위치는 최상위 패키지를 기준으로 명시되어 불러들여져야 한다. 이것은 마치 파이썬 대학교 파이썬학과 97학번 ㅇㅇㅇ라고 하는 것과 같다. 여기서 파이썬 대학교는 최상위 패키지라고 생각할 수 있다.

지금까지의 예제 코드들을 살펴보면 패키지 내에 있는 모듈(__init__.py)에서 같은 패키지 내에 있는 다른 모듈이나 패키지를 불러올 때 최상위 패키지 이름부터 모든 경로를 명시한다는 것을 알 수 있다.

이와 달리 모든 경로를 명시하지 않고 불러올 모듈의 상대적 위치를 표시하는 방법이 있다. 하나의 마침표(.)는 현재 자신이 속해 있는 패키지를 나타내고 두개의 마침표(..)는 상위 패키지를 나타낸다. 이런식으로 마침표의 개수에 따라서 불러올 모듈의 상대적인 위치를 지정할 수 있다.

그렇다면 패키지 smpkg5에서 import문을 모두 상대적 import로 바꿔보도록 하겠다. 우선 smpkg5를 복사해서 smpkg6를 만든 후 수정하도록 하겠다. 그리고 smart5.py를 복사해서 smart6.py를 만들자. 그리고 다음과 같이 수정을 하고 나머지는 수정 없이 그대로 사용한다.

예제 10-29 smtpkg6 패키지의 __init__.py의 상대적 import

```
#C:\gop\ch10\smtpkg6\__init__.py
from . import camera
from . import phone
```

예제 10-30 camera 패키지의 __init__.py의 상대적 import

```
#C:\gop\ch10\smtpkg6\camera\__init__.py
from . import camera
```

예제 10-31 phone 패키지의 __init__.py의 상대적 import

```
C:\gop\ch10\smtpkg6\phone\__init__.py
from . import phone
```

기존에는 최상위 패키지로부터 해당 패키지까지 모두 명시하였는데 (.) 하나로 대신한다.

smart6.py를 실행해보자. 문제없이 실행됨을 확일할 수 있을 것이다.

마침표(..) 두 개를 사용하는 예는 가상으로 간단히 예시를 들어보겠다.

```
----C:\gop\ch10----
        smart6.py
    ----smtpkg6----
        __init__.py
        ----camera----
            __init__.py
            camera.py
        ----phone----
            __init__.py
            phone.py
        ----subcam----
            __init__.py
            subcam.py
```

camera 모듈에 추가적인 모듈을 사용할 필요가 있고 이 모듈은 smtpkg6 패키지의 하위 패키지인 subcam 패키지에 있는 subcam.py 모듈이라고 한다. 이 때 camera.py에서 subcam.py 모듈을 불러오는 방법은 다음과 같다.

```
from ..subcam import subcam
```

(..)은 상위 패키지를 의미하고 ..subcam은 상위 패키지의 subcam 패키지를 뜻한다.

패키지 실행을 위해(__main__.py)

패키지의 실행은 일반적으로 패키지에 포함된 모듈들을 테스트하는 목적으로 사용한다. 패키지를 실행하는 방법은 패키지 안에 __main__.py 모듈을 넣어주면 된다. 그리고 __main__.py 모듈에 테스트 코드를 작성하면 된다.

실습해 오던대로 패키지 smtpkg6를 복사해서 smtpkg7을 만들자. 그리고 패키지 smtpkg7에 __main__.py를 만들어 놓자. 패키지의 구조는 다음과 같다.

```
----C:\gop\ch10----
    ----smtpkg7----
        __init__.py
        __main__.py
        ----camera----
            __init__.py
            camera.py
        ----phone----
            __init__.py
            phone.py
```

__main__.py에 들어갈 테스트 코드는 기존 smart6.py의 코드를 그대로 사용하겠다.

예제 10-32 패키지의 테스트를 위한 __main__.py

```python
#__main__.py
from smtpkg7 import *

def smart_on():
    while True:
        choice = input('what do you want? :')
        if choice == '0':
            break
        if choice=='1':
            camera.camera.photo()
        elif choice=='2':
            phone.phone.makeacall()
        elif choice=='3':
            print('나중에 구현될 기능')
    print("프로그램이 종료되었습니다.")

if __name__ == '__main__':
    smart_on()
```

그리고 다음과 같이 -m 옵션을 주면 패키지를 실행시킬 수 있다. 이 때 실행되는 코드는 __main__.py의 코드가 된다.

```
C:\gop\ch10>python -m smtpkg7
what do you want? :1
Take photo
what do you want? :2
Make a Call
what do you want? :3
나중에 구현될 기능
what do you want? :0
프로그램이 종료되었습니다.
```

-m 옵션을 주면 파이썬 파일을 확장자명 없이 모듈 이름만으로 실행시킬 수 있다. 여기서 -m 옵션과 함께 패키지 이름만 전달했지만 사실은 다음과 동일한 명령이다.

```
C:\gop\ch10>python -m smtpkg7.__main__
what do you want? :1
Take photo
what do you want? :
```

패키지에 있는 __main__.py를 확장자 이름 없이 실행했다. 어쨌든 패키지를 실행하면 자동으로 패키지 내에 있는 __main__.py가 실행된다는 것이다.

> **참고**
>
> 패키지가 아닌 폴더에 __main__.py 파일을 넣고 위와 같이 실행시킬 수도 있다. 단, 이 때 -m 옵션은 빼야 한다.
> -m 옵션을 주면 모듈인 경우 확장자(.py)를 뺀 모듈명으로 모듈을 실행시킬 수 있다. 또는 앞서 설명한 것처럼 패키지 이름으로 실행시킬 경우 패키지 내부에 __main__.py가 실행된다. 이 때 -m 옵션은 폴더 또는 패키지의 계층구조를 기억하도록 하는 의미도 지니고 있다. 즉, smtpkg7이 최상위 패키지라는 것을 기억하기 때문에 패키지 내에서 모듈들 간에 import가 제대로 수행될 수 있는 것이다. 만약 패키지를 실행시킬 때 -m 옵션을 주지 않는다면 최상위 패키지의 정보 없이 단순히 __main__.py를 실행시키는 것이므로 패키지 내부의 import 관계에 따라서 문제가 발생할 수 있다.

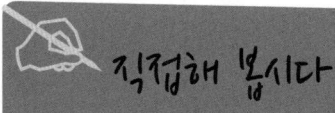

지금까지 모듈과 패키지에 대해 공부한 내용을 토대로 연습문제를 풀어보겠습니다.

1. 스마트폰 프로그램이 사용하는 **phone.py** 모듈에는 전화를 받는 기능의 함수가 없었다. 이 기능을 보완하여 스마트폰 프로그램을 수정해보자.

   HINT 이 함수도 photo나 makeacall 함수처럼 문자열 출력으로 실제 기능을 대신한다.

2. 모듈의 사용이 가져다 주는 이점을 적어보자.

   HINT 본문 참고

3. 파이썬 쉘 상에서 __name__ 변수가 가진 값을 확인해보자. 어떤 값이 출력되었는가? 그리고 이 값이 의미하는 바를 설명해보자.

   HINT 본문 참고

4. 명령행으로 전달되는 수들을 모두 더하는 모듈을 만들어 보자.

   HINT sys 모듈의 argv 리스트를 이용한다.

5. C 드라이브에 **ex**라는 폴더가 있다. 그리고 이 폴더에 **a001.py**라는 모듈이 있다.

   ```
   #a001.py
   print("test complete")
   ```

   파이썬 쉘에서 이 모듈을 불러들여보자.

   HINT sys 모듈의 path에 불러올 모듈이 있는 위치가 등록될 필요가 있다.

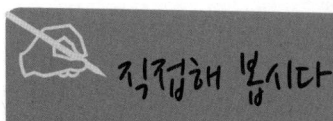

6 다음과 같은 폴더 구조로 파이썬 파일들이 존재한다고 한다.

```
----C:\test----
    ----mypackage----
        __init__.py
        ----a----
            __init__.py
            a.py
        ----b----
            __init__.py
            b.py
```

그리고 a.py와 b.py의 코드가 다음과 같다.

```
#a.py
print('a')
```

```
#b.py
print('b')
```

이 때 파이썬 쉘에서 `mypackage` 패키지를 불러들일 때 결과가 다음과 같도록 각각의 `__init__.py` 모듈을 완성하여라.

```
>>> import mypackage
a
b
```

7 간단한 것이라도 좋으니 기능을 가진 여러 모듈들을 만들어 패키지로 묶어보자. (본문에서 실습한 내용을 그대로 다시 따라해 봐도 된다. 직접 해보는 것이 중요하므로)

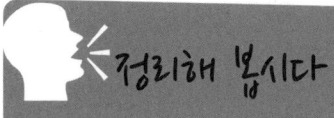

해답은 파이썬의 신 네이버 카페(cafe.naver.com/godofpython)에서 제공됩니다.

1. 어떤 모듈에서 다른 모듈을 불러올 때 두 모듈의 (   )은 서로 따로 만들어진다. 따라서 불러들인 모듈의 함수나 변수 같은 식별자에 접근하기 위해서는 모듈 이름을 명시하여 사용하는 것이다. 이것은 해당 모듈의 변수 (   )의 값이 다른 것으로 확인할 수 있다.

2. 모듈이 메인으로 실행되는지 다른 모듈에서 불려지는지에 따라서 실행될 코드를 제어하고 싶다면 (   ) 변수를 이용할 수 있다. 이 때 모듈이 직접 실행될 때는 (   ) 변수의 값은 (   )이고 다른 모듈에서 불려질 때 (   ) 변수의 값은 (   )이다.

3. 함수가 실행될 때 함수의 전역 영역은 함수가 (실행되는, 정의되어 있는) 모듈이다.

4. 패키지와 폴더의 차이점은 폴더 내에 (   ) 파일이 있고 없고의 차이다.

5. 패키지의 이름공간은 (   )의 이름공간과 같다.

6. 리스트 타입 변수 (   )에 '*'를 사용하여 불러올 모듈과 패키지 이름을 정할 수 있다.

7. 상대적인 import는 같은 (   ) 내에서만 가능하다.

8. 파이썬 패키지를 직접 실행시키려면 패키지 내에 __main__.py를 만들고 실행시킬 코드를 넣어두면 된다. 그리고 패키지를 실행할 때 (   ) 옵션을 주어야 한다.

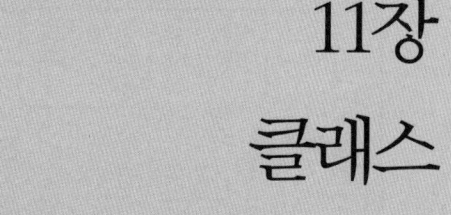

11장
클래스

우리는 이미 클래스를 알게 모르게 사용해왔다. 예를 들어 파이썬의 기본 데이터 타입은 클래스를 기반으로 설계된다. 이 말을 바꿔 말하면 클래스로 사용자가 직접 데이터 타입을 설계할 수 있다는 것이다. 또한 파이썬은 모든 데이터가 객체로 다루어지는데 여기서 말하는 객체는 클래스로부터 만들어진다. 따라서 클래스를 이해는 것은 파이썬을 이해하는 데 있어서도 도움이 되고 중요한 부분이라 할 수 있다.

클래스의 목표는 심플하지만 공부하는 데 있어서 생소한 개념과 용어가 자주 등장할 것이다. 클래스와 객체에 대한 내용은 이해를 하는 것이 중요하기 때문에 용어를 외우지 말고 이해하는 데 중점을 두어 가볍게 공부하길 바란다. 용어는 개념이 머리 속에 들어오면 자연스럽게 익숙해질 것이다.

객체지향

프로그래밍에 어느 정도 관심이 있는 사람에게 '객체지향$^{object\ oriented}$'은 생소한 용어가 아니다. 물론 이 책에서 처음 보는 용어일 수도 있겠지만 객체지향은 현 시점에서 많이 사용되고 있는 프로그래밍 스타일이다.

객체지향 프로그래밍이란 데이터 중심적인 프로그래밍 기법으로 지금까지 우리가 해온 절차적 프로그래밍 방식과는 차이가 있다. 객체지향은 데이터와 이에 관련된 행위를 캡슐화한 객체^{object}라는 개념을 토대로 프로그래밍을 하는 것이다. '미리 알아두기'에서 객체에 대해서 살짝 살펴본 적이 있으므로 기억이 가물가물하다면 잠시 앞으로 돌아가서 가볍게 읽어보도록 하자.

'미리 알아두기'에서 살펴본 내용은 객체의 표면적인 모습이었다. 즉 객체를 데이터와 함수의 집합으로 바라보았다. 사실 객체라는 개념은 현실 세계의 사물을 데이터와 이에 관련된 행동이라는 두 가지 측면으로 단순하게 바라본다(여기서 데이터의 특성을 속성^{attribute}이라고 부른다. 행동은 함수를 말하는데 객체가 가지고 있는 함수를 메소드^{method}라고 부른다. 문장으로 따지면 속성은 주어고 메소드는 서술어라고 볼 수 있다).

예를 들어 노트북이라는 객체가 있다면 노트북의 속성은 색, 제조날짜, 모니터 크기, 배터리의 현재 용량 등이 될 수 있다. 그리고 노트북을 켰을 때 배터리가 닳거나 전기 코드를 연결해서 배터리가 충전되는 상태 등은 메소드로 나타낼 수 있다. 우리가 작성하는 코드들은 크게 데이터와 함수, 제어문으로 이루어져 있기 때문에 데이터와 그에 관련된 행동(함수)으로 묶을 수 있을 것이다. 이렇게 특성을 가진 데이터들을 관련 있는 함수와 함께 묶어서 다루는 기법을 객체지향 프로그래밍이라고 한다.

객체지향 프로그래밍은 분명 현재 주목을 받고 있는 프로그래밍 패러다임이기는 하지만 기존의 절차적 프로그래밍 스타일이 안 좋은 방식이라는 것은 아니다. 'Hello Python'을 출력하는 간단한 프로그램을 만들 때 객체를 만드는 공을 들일 필요는 없기 때문이다. 때로는 두 가지 스타일을 적절하게 섞어서 사용하는 것이 좋을 수도 있다. 보통 소프트웨어의 규모가 커질수록 절차적 프로그래밍보다는 객체지향적 프로그래밍 방식이 선호된다. 이는 객체지향 방식으로 잘 설계된 코드는 유지보수가 용이하고 재사용성도 증가되며 프로그래머의 실수도 줄여주기 때문이다.

예를 들어 절차적 프로그래밍에서는 데이터와 함수는 서로 관련 여부를 떠나 개별적으로 정의되고 각각 따로 관리를 해줘야 한다. 따라서 노트북을 켰을 때 배터리를 소모시키는 함수와 노트북의 현재 배터리 용량에 대한 데이터를 저장하는 변수를 프로그래머는 항상 각각 따로 신경 쓰고 있어야 한다. 또한 언제라도 다른 곳에서 배터리 정보를 가진 변수에 쉽게 접근이 가능하기 때문에 정보가 변질될 가능성도 높다. 간단한 코드라면 상관이 없겠지만 코드가 길어질수록 다루게 되는 데이터와 함수가 많아지고 이를 관리하기가 힘들어지게 될 것이다.

반면에 데이터와 관련 함수를 가지고 있는 노트북 객체를 이용한다면 객체를 통해 내부의 데이터와 함수에 간단하게 접근할 수 있으므로 노트북에 관련된 데이터나 함수를 관리하는 데 크게 신경을 쓸 필요가 없다. 게다가 노트북이라는 객체를 다른 코드에서 재사용할 수도 있다. 이렇게 데이터와 함수가 객체라는 개념 속에서 캡슐화 Encapsulation가 되어 있다는 것은 프로그래머로 하여금 큰 숲을 바라보게 해준다.

사실 객체지향이라는 주제를 다루려면 책 한 권으로도 모자를 것이다. 게다가 클래스를 설계하는 방법에 대한 것도 하나의 큰 주제가 된다. 그만큼 클래스를 어떻게 설계하느냐 하는 것은 쉬운 일은 아니고 많은 공부와 경험도 필요하다. 객체지향이 이 책의 주제는 아니므로 여기까지만 언급하도록 하겠다.

클래스

클래스class는 객체를 만들기 위한 틀이다. 틀이라는 것은 꽤 추상적인 개념이다. 예를 들어 현실세계의 집의 모양과 특성은 매우 다양하다. 아파트, 주택, 초가집 이외에도 여러 종류의 주택이 있을 수 있고 같은 종류의 집이라도 모양은 천차만별이다. 또 동일한 모양의 아파트라도 동수가 다르기 때문에 구별될 수 있고 동일한 모양으로 지어진 주택도 최소한 다른 주소를 가지고 있다. 이런 다양한 차이점이 있음에도 불구하고 우리는 어떤 종류의 집을 보든 집이라고 인식할 수가 있다. 이것은 우리의 인식에는 집이라는 추상화된 틀을 가지고 있기 때문이다.

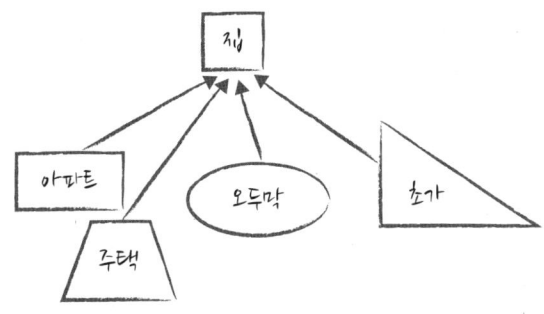

프로그래밍 관점에서 집같이 추상화된 틀을 클래스라고 하는데 클래스를 통해서 객체를 생성할 수가 있다. 흔히 클래스를 '청사진'에 비유도 하는데 집의 예를 보면 이해할 수 있지 않을까 싶다.

클래스 맛보기

클래스는 객체들이 가지고 있는 공통적인 속성과 행동을 가지고 있다. 집을 예로 들면 공통적으로 가지고 있는 속성으로 '지어진 년도', '평수', '주소', '가격' 등의 속성을 가지고 있을 것이다. 그리고 행동이라는 측면을 살펴보자면 집의 가격이 오르거나 내리는 것을 예로 들 수 있다(혹시 속성과 행동을 결정하는 기준에 대해서 의문을 가질 수 있을 텐데 이 부분은 정해진 방법은 없다. 단지 객체지향은 데이터를 중심으로 생각하는 스타일이기 때문에 클래스를 잘 설계하기 위해서는 사물을 속성과 그에 관련된 행동으로 데이터화하는 습관을 들여야 한다).

다음 코드는 House라는 클래스를 만들어본 것이다. 코드를 이해하기 위해서는 몇 가지 알아야 할 것들이 있다. 당장 모든 것을 설명하기는 힘들다. 그래서 여기서는 코드와 관련하여 클래스를 큰 틀에서 대략적으로 살펴볼 것이다. 모르는 내용이 있더라도 다시 설명하므로 목차를 읽듯이 가볍게 읽어 보자. 코드를 아직 이해하지 못해도 괜찮으므로 일단 직접 작성해보고 실행해보자.

예제 11-1 House 클래스

```
#C:\gop\ch11\House.py
class House(object):                    #House 클래스 정의
    def __init__(self, year, acreages, address, price):
        self.year = year
        self.acreages = acreages
        self.address = address
        self.price = price
```

```
        def change_price(self, rate):
            self.price = self.price * rate
        def show_info(self):
            print("""This houes is built in {},
            acreages : {},
            address : {},
            price : {} """
            .format(self.year, self.acreages, self.address, self.price))

    if __name__ == "__main__":
        house_A = House(1999, 100, "seoul", 777777777)    #객체 house_A 생성
        house_A.show_info()                                #객체를 통한 메소드 사용
```

클래스를 정의하는 방법은 다음과 같다.

함수를 정의할 때 def를 사용하는 것처럼 클래스를 정의할 때는 class 키워드를 사용한다. 그 다음 만들 클래스의 이름을 적어주고 괄호(())를 해준다. 괄호 안에는 상속받을 클래스명을 적어주는데 아무것도 적지 않으면 기본적으로 object라는 클래스를 상속한다(상속inheritance에 관해서는 나중에 다시 다루겠다. 일단은 신경 쓰지 않아도 된다). 여기까지 적었으면 콜론(:)을 경계로 클래스의 몸체가 되는 코드 블록을 작성하면 된다.

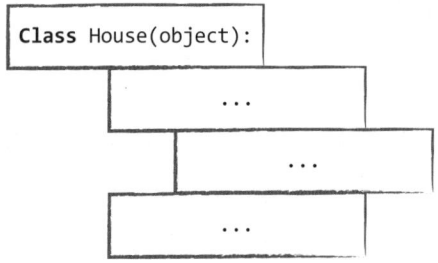

일단 클래스의 정의가 끝나면 객체를 생성할 준비가 된 것이다. 객체를 생성하는 방법은 클래스명을 적어준 뒤에 뒤에 괄호를 적어준다(클래스도 객체고 이 객체는 함수처럼 호출이 가능한 객체다). 괄호 안에 들어갈 내용은 클래스 내부에서 정의된 __init__ 메소드의 인수를 의미한다. 만약 __init__ 메소드가 정의되지 않았다면 빈 괄호를 써주면 되고 정의되었다면 self를 제외한 나머지 인수를 전달하면 된다.

```
house_A = House(1999, 100, "seoul", 777777777)      #객체 A 생성
```

이렇게 __init__ 메소드는 객체의 속성을 초기화하는 데 필요한 메소드다. self에 대한 내용은 뒤에서 자세히 설명하겠다.

다음 그림은 House 클래스와 앞의 코드로부터 생성된 객체의 모습이다.

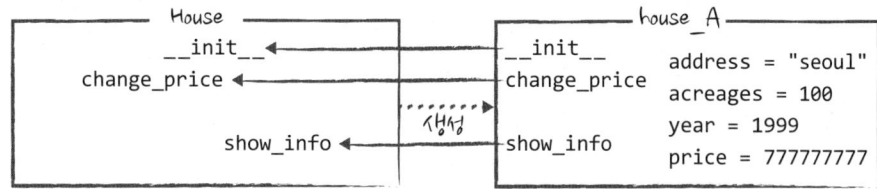

위 그림처럼 클래스와 클래스로부터 생성된 객체는 각각 자신만의 이름공간을 가진다. 그런데 클래스로부터 생성된 객체는 클래스에 정의되어 있는 메소드를 공유한다.

위 그림에서 추가적으로 house_B라는 House 클래스의 객체를 생성했다고 하자. 그러면 house_A와 house_B 모두 House 클래스에 정의된 메소드를 공유한다. 이렇게 메소드를 공유할 수 있는 이유는 행위는 속성처럼 변하는 것이 아니기 때문이다. 그래서 불필요하게 같은 메소드를 객체별로 가질 필요는 없는 것이다.

반면에 속성값은 객체마다 고유해야 하므로 속성값을 갖는 변수는 객체마다 따로 정의되어야 한다. 속성은 __init__ 메소드의 호출로 인해서 초기화된다.[1] 인스턴스에 대해서는 나중에 다시 설명하겠다.

메소드들을 정의할 때 첫 번째 인수로 self를 반드시 써줘야 한다. self에는 메소드를 호출하는 객체 자신이 자동으로 전달된다. 위 그림처럼 메소드는 클래스의 것을 사용하기 때문이다. 따라서 메소드에 객체를 전달해서 어떤 객체가 메소드를 호출했는지 알 수 있고 이 객체의 속성에 접근할 수 있는 것이다. 이것은 하나의 메소드를 여러 객체들이 공유하기 위한 방편이다. 더 자세한 이야기는 뒤로 미루도록 하겠다.

객체가 속성이나 메소드에 접근하는 방법은 이름공간에 접근하는 것과 동일하게 속성 접근 연산자(.)를 사용한다.

---

[1] 보통 초기화라고 하지만 정의된다고 하는 표현이 더 정확하다. 그림에서 보듯이 클래스 내에서 속성(인스턴스 속성)에 대한 변수를 미리 정의하고 있지 않은 것은 파이썬이 C++와 같은 정적 타이핑 언어와는 다른 점이다. 단, 클래스 속성은 클래스 내에서 정의된다.

```
house_A.show_info()                          #객체를 통한 메소드 사용
```

생성된 객체의 이름공간에는 자신을 생성한 클래스의 이름공간을 참조하는 __class__라는 변수를 가지고 있다. 다음 코드는 직접 House 클래스의 이름공간에 접근하여 메소드를 직접 호출한 것이다. 이때는 인수로 객체 자신을 넘겨줬는데 이것이 바로 self에 전달된다.

```
house_A.__class__.show_info(house_A)         #클래스의 이름공간에서 메소드를 호출
```

이 두 가지 방법의 차이점은 나중에 자연스레 이해될 테지만 중요한 건 아니므로 이런 것이 있다 정도로 넘어가도 된다.

클래스를 정의하고 사용하는 방법에 대해서 간략하게 살펴보았다. 분명 이해하기 어려운 부분도 있겠지만 이 내용들은 다시 자세히 다룰 내용들이므로 가볍게 읽고 넘어가자.

> **속성**
>
> C++나 자바의 경우 속성(attribute)과 메소드(method)를 구분하지만 파이썬에서는 일반적으로 속성과 메소드를 구별하지 않고 속성이라고 부르기도 한다. 메소드를 속성이라고 부르는 이유는 메소드도 기본적으로 데이터(메소드 정보를 나타내는 문자열 값)를 지닌 객체(object)기 때문이다(파이썬은 모든 것을 객체로 다룬다). 이 책에서는 설명의 편의상 속성와 메소드를 구분하지만 혹시 메소드를 가리켜 속성이라고 해도 너무 당황하지는 말자.

객체

객체의 생성

객체Object를 생성하려면 클래스가 반드시 정의되어 있어야 한다. 함수를 호출하기 위해서 함수를 정의해야 하는 것과 비슷한 이치라고 볼 수 있다. 다음 코드는 아주 간단한 클래스를 정의한다.

```
>>> class House():                    #이름이 House 클래스를 정의
        pass                          #내용이 없음
```

이름이 "House"인 클래스를 만들었다. 내용이 없는 빈 클래스지만 클래스라면 비어 있더라도 다음과 같이 언제라도 객체를 생성 수 있다. 함수를 호출할 때 "함수이름()"으로 호출하는 것과 비슷하게 객체를 생성할 때는 "클래스명()"으로 하면 되는데 이에 대한 좀 더 세부적인 내용은 나중에 다시 살펴보겠다.

```
>>> House()                                      #House 클래스의 인스턴스 생성
<__main__.House object at 0x02D248D0>            #객체가 생성된 메모리의 주소를 반환
>>> House()
<__main__.House object at 0x02D61610>            #객체 생성
```

'`__main__`' 모듈에 정의된 클래스인 House의 객체가 메모리 `0x02D248D0`, `0x02D61610`에 각각 생성되었음을 의미한다.

객체와 인스턴스

객체를 생성하면 이렇게 메모리에 객체의 실체가 만들어진다. 이 때 메모리 상에 만들어진 객체(object)의 실체를 인스턴스(instance)라고 한다. 그리고 객체가 메모리 상에 생성되는 것을 인스턴스화(instantiation)라고 한다.

사실 객체와 인스턴스는 의미가 혼동될 수 있다. 객체가 메모리에 만들어진 것이 인스턴스라니 아리송하게 들리기도 한다. 객체는 일반적이고 좀 더 추상적인 개념으로 사용된다. 예를 들어 "House 클래스의 객체를 생성한다."라는 말에서 객체의 의미가 그렇다. 또는 특정한 객체를 지칭할 때도 객체라고 할 수 있다.

반면에 인스턴스는 단수적인 표현으로 메모리상에 존재하는 객체의 실체를 가리킨다. 보통은 인스턴스를 객체라고 할 수는 있지만 일반적인 의미의 객체를 가리켜 인스턴스라고 하지는 않는다.

현재 우리는 두 개의 House 클래스의 인스턴스를 생성하였다. 그런데 인스턴스를 제대로 사용하려면 다음과 같이 생성된 인스턴스를 참조하는 변수가 있어야 할 것이다.

```
>>> house_A = House()                 #인스턴스의 주소를 변수 house_A가 참조
>>> house_B = House()
```

house_A와 house_B는 House 클래스의 인스턴스다. 그리고 객체 house_A, 객체 house_B라고 부를 수도 있다. House 클래스와 인스턴스 house_A, house_B의 관계는 다음과 같다(House 클래스로부 생성된 두 객체 house_A, house_B).

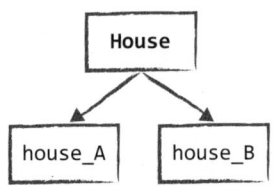

객체의 초기화(__init__와 self)

객체 house_A와 house_B는 집에 대한 정보인 '지어진 년도', '평수', '주소', '가격' 등의 속성과 관련 메소드를 가져야 하지만 아직 어떤 속성이나 메소드도 가지고 있지 않다. 객체가 어떤 모습인지는 전적으로 클래스에게 달려 있기 때문에 클래스의 정의에서 어떤 조치가 취해져야 한다. 바로 __init__ 메소드에 객체의 속성을 정의하는 작업을 해야 한다. __init__ 메소드는 클래스의 인스턴스가 생성된 직후에 자동으로 호출되는 메소드다. 이때 __init__ 메소드를 호출하는 주체는 생성된 인스턴스다. __init__ 메소드는 인스턴스가 생성될 때 호출되기 때문에 생성자^{constructor}라고도 불리지만 이 책에서는 그냥 __init__ 메소드라고 하겠다.

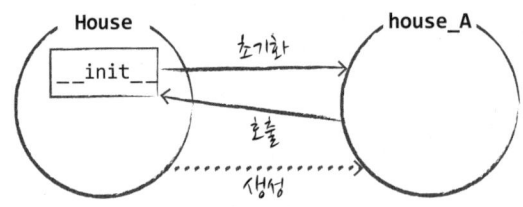

 생성자

이 책에서 __init__ 메소드를 생성자(constructor)라고 하지 않는 이유는 전통적인 객체지향 언어에서의 생성자의 특성보다는 일반적인 메소드적 특성이 강하기 때문이다. 일반적으로 생성자(constructor)는 객체가 생성될 때 딱 한 번만 호출된다. 말 그대로 객체 생성 시에만 관여하는 메소드다.

반면에 __init__는 원한다면 재호출할 수도 있고 심지어 __init__ 없이 객체를 생성할 수도 있다(__new__ 메소드 사용). C++ 언어라면 아무런 생성자가 정의되지 않은 경우 자동으로 디폴트 생성자를 호출하지만 파이썬은 __init__가 정의되지 않았다면 단순히 없다고 봐야 한다. C++에 익숙하다면 혼동될 수 있으므로 참고적으로 언급하는 것이다.

그렇다면 이번에는 __init__ 메소드에 전달되는 self의 의미를 알아보자.

다음 코드는 이 장에서 처음에 살펴보았던 House 클래스의 __init__ 메소드의 정의를 보여준다.

```
#House.py
class  House(object):                                    #클래스 정의
    def __init__(self, year, acreages, address, price):
        self.year = year
        self.acreages = acreages
        self.address = address
        self.price = price
```

__init__ 메소드는 일반 함수와 모습은 똑같지만 정체 모를 self를 첫 번째 인수로 사용하고 있다.[2]

혹시 C++나 Java를 공부했다면 this라는 키워드를 알고 있을 것이다. self는 바로 this와 같은 역할을 한다. 쉽게 말해 현재 메소드를 호출한 객체(인스턴스)가 self다. 물론 C++나 Java에서는 명시적으로 메소드에 this를 전달하지는 않지만 메소드 호출 규약에 따라서 내부적으로 전달된다. 이렇게 this가 메소드에 전달되는 이유는 동일한 클래스로부터 생성된 객체들은 메소드를 공유하므로 호출된 메소드가 자신을 호출한 인스턴스를 식별할 필요가 있기 때문이다. 예를 들어 house_A 객체의 집값을 올리려면 집 값을 올리는 메소드가 house_A 객체의 집 값에 접근해야지 house_B 객체의 집값에 접근하면 안 되기 때문이다. 파이썬에서 self를 전달하는 이유도 이런 이유에서다.

일단 self에 전달되는 값은 인스턴스라는 것을 알았다. 이젠 다음 코드의 의미를 이해할 수 있을 것이다.

```
    self.year = year
```

---

[2] self는 키워드가 아닌 변수므로 다른 이름도 가능하지만 self라고 하는 것은 파이썬 프로그래머들에게 있어서 관례로 되어 있다. 그러므로 다른 언어에 익숙해져 있다고 this라고 쓰지 말자.

파이썬에서 모든 객체는 자신만의 이름공간을 가지고 객체의 이름으로 이름공간에 접근할 수 있다.³ 따라서 앞의 코드는 현재 __init__ 메소드에 전달된 객체(self)의 이름공간에 year이라는 변수를 등록하고 초기화한다. 초기화되는 값은 __init__ 메소드의 인수 year에 전달되는 값이다.

파이썬에서 객체의 초기화는 간단히 말해서 객체(self)의 이름공간에 속성을 등록하고 속성값을 초기화하는 것이라고 볼 수 있다.

속성

인스턴스 속성

클래스는 객체의 청사진이라고 해놓았지만 막상 객체를 생성해 놓고 보니 클래스와 객체가 완전히 동일한 모습은 아니었다.⁴

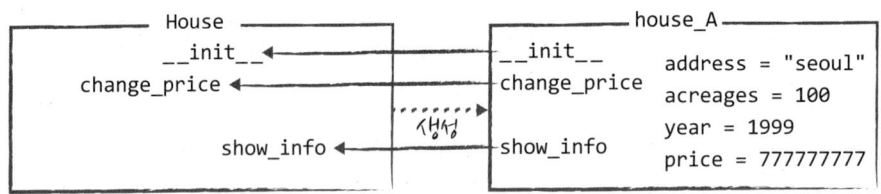

House 클래스와 House_A 객체의 이름공간을 비교해보면 대략 위와 같은 모습이다. 여기에서 클래스에는 존재하지 않지만 객체에는 존재하는 녀석들이 있는데 이 녀석들이 바로 인스턴스 속성 instance attribute이다.

인스턴스 속성은 self를 통해서 객체의 이름공간에 직접 등록된 속성이기 때문에 클래스의 이름공간에는 이 속성들이 등록되어 있지 않다(C++에서는 속성에 대한 변수가 클래스에 미리 마련되어 고정되어 있지만 파이썬은 동적 타이핑 언어이므로 언제라도 속성을 추가할 수 있다).

House 클래스 코드를 파이썬 쉘에서 불러와서 클래스와 객체의 속성을 확인해 보자.

---

3 모듈, 클래스, 함수들도 객체이므로 자신만의 이름공간을 가진다.

4 파이썬에서는 클래스도 객체다. 이 말은 클래스도 자신만의 이름공간을 가지고 있다는 뜻이다.

```
>>> import sys
>>> sys.path.append("C:/gop/ch11/")        #모듈이 있는 경로 등록
>>> from House import House
>>> house_A = House(1999, 1000, "Seoul", 777777777)
>>> house_A.address                         #house_A 객체의 address 속성에 접근
'Seoul'                                     #house_A 객체에 있는 address 속성값
>>> House.address                           #House 클래스에 있는 address 속성
Traceback (most recent call last):
  File "<pyshell#8>", line 1, in <module>
    House.address
AttributeError: type object 'House' has no attribute 'address'
#House 클래스에는 없는 address 속성
```

다음 코드처럼 객체 house_A의 이름공간에 직접 속성을 추가하거나 수정할 수도 있다.

```
>>> house_A.country = "Korea"               #country 속성 추가
>>> house_A.address = "Busan"               #address 속성 수정
>>> house_A.country
'Korea'
>>> house_A.address
'Busan'
```

이름공간이라는 관점에서 바라보면 객체의 속성이 어떻게 추가되고 수정되는지 쉽게 이해할 수 있을 것이다.

생성된 인스턴스의 이름공간은 다른 인스턴스에 대해서 독립적이라는 것에 이의는 없을 것이다. 따라서 객체의 속성들의 값은 그 객체만의 것이다. 이를 확인하기 위해 House 클래스의 또 다른 객체 house_B를 생성한 후 객체 house_A의 속성값과 비교해보자.

```
>>> house_B = House(2016, 125, "Daegu", 100000000)    #객체 house_B 생성
>>> house_B.year
2016
>>> house_A.year
1999
>>> house_B.address
'Daegu'
>>> house_A.address
'Busan'
```

11장_ 클래스 **359**

같은 사람이라도 키나 몸무게가 사람마다 각자 자신만의 수치를 가지고 있는 것처럼 같은 클래스로부터 생성된 객체도 자신만의 속성값을 갖는다. 이런 특징은 객체들이 자신만의 독립된 이름공간을 갖는다는 것으로 설명할 수 있다.

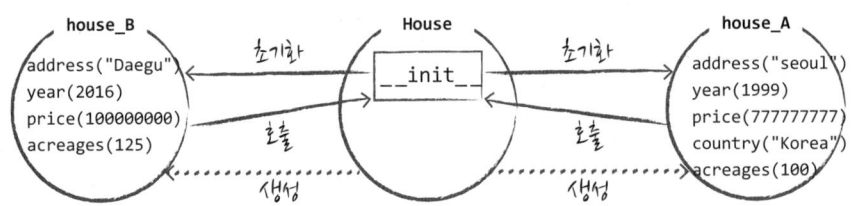

클래스 속성

클래스 속성 class attribute 을 설명하기 위해 한 가지 예를 들어보겠다. 땅을 사서 집을 짓고 도시를 건설하는 컴퓨터 게임이 있다고 생각해보자. 이 게임 속에 "Python Factory"라는 집을 짓는 회사가 있다고 하자. 이 회사가 짓는 집을 위해 House 클래스를 정의하고 이 클래스를 토대로 다양한 집들을 짓도록 설계하였다. 그리고 지어진 집에는 회사의 이름 "Python Factory"를 집의 어딘가에 새겨 넣는다고 한다. 그래서 이 회사가 만든 집들은 빠짐없이 "Python Factory"라는 문구를 모두 갖고 있어야 한다. 이때 이 회사가 사용하는 House 클래스는 다음과 같다고 한다.

예제 11-2 Company 변수를 인스턴스 속성으로 사용

```
#python_House.py
class House(object):
    def __init__(self, year, acreages, address, price):
        self.year = year
        self.acreages = acreages
        self.address = address
        self.price = price
        self.Company = "Python Factory"          #Company 인스턴스 속성 추가
```

아직은 별 문제없어 보이고 동작도 잘 될 것이다.

그런데 회사가 만든 집이 1000개가 넘어가면 이를 기념하기 위해 회사 이름 뒤에 회사의 창립연도가 추가되도록 설계하려고 한다("Python Factory Since 1991"). 앞의 코드를 보면 Company 속성은 객체마다 독립적으로 가진 속성이므로 1000개의 객체를 모두 수정해야 할 것 같다. 이미 결정은 났고 게임 속에서 이 회사가 1000개

의 집을 짓는 순간 1000개의 객체의 Company 속성을 수정하는 루틴을 추가하였다. 게임은 문제없지만 이 작업은 부하가 많이 걸리는 작업이라 집이 1000개가 되는 순간 컴퓨터가 느려지는 문제가 생겼다. 더 큰 문제는 게임 속에서 이 회사의 이름은 언제든지 바꿀 수 있도록 설계된 것이다. 회사 이름이 바뀔 때마다 객체의 모든 속성을 변경하는 작업은 부하가 많이 걸리기 때문에 회사 이름 속성 Company를 인스턴스 속성으로 하는 것은 적합하지 않는다고 판단되었다.

이런 와중에 한 가지 해결 방법이 제시되었다. 사실 이 회사는 객체지향적인 설계에 그렇게 익숙하지 않았기 때문에 기존에 해오던 방식인 전역변수를 사용하기로 한 것이다.

예제 11-3 Company 변수를 전역변수로 사용

```
#python_House.py
Company = "Python Factory"              #전역변수 Compayny
class House(object):
    def __init__(self, year, acreages, address, price):
        self.year = year
        self.acreages = acreages
        self.address = address
        self.price = price
    def show_Company(self):
        print(Company)
```

클래스는 수정되었고 전역변수 Company도 추가되었다. show_company 메소드로 회사 이름을 출력할 수도 있다. 하지만 Company의 문자열을 수정할 때는 좀 고민을 해봐야 할 듯 싶다.

몇 가지 생각할 수 있는 방법이 있다.

첫 번째로 직접 Company 변수를 직접 수정해주는 일이다. 객체지향적 설계와 동떨어지긴 했지만 잘 동작한다. 하지만 House 클래스를 재사용해서 이와 비슷한 Car라는 클래스를 같은 게임 내에서 설계한다면 Company라는 전역변수를 공유할 수밖에 없다. 공유하기 싫다면 Car 클래스의 show_Company 메소드가 사용하는 Company 변수를 Company_1과 같이 다른 이름으로 바꿔야 한다. 이 장의 시작 부분에서 말한 데이터와 행동이 분리되었을 경우 발생하는 애로사항이 생긴다.

두 번째 방법으로 global 키워드를 사용하면 메소드에서 전역변수를 참조하여 수정할 수 있다. 이 방법도 겉으로 보기에는 문제가 없어 보이지만 역시 객체가 객체 외부의 데이터에 직접 접근하기 때문에 캡슐화 측면에서 제대로 된 설계가 아니다. 게다가 전역변수는 언제라도 내용이 변질될 우려가 있다. 역시 직접 수정하는 방법의 문제점을 벗어나지는 않는다.

어쨌든 객체지향적 설계에 있어서 전역변수를 함부로 사용하는 것은 바람직하지 않다. 이 게임 내에서 House 클래스를 재사용할 일이 많아지게 되면 그럴 때마다 전역변수가 추가될 수밖에 없고 Company_1, Company_2, Company_3,……, Company_177, …과 같이 전역변수가 추가되다 보면 더 이상 전역변수를 관리하기가 힘들어지게 될 것이다. 결국 모든 클래스에서 전역변수를 사용하지 않도록 할 필요가 생겼다.

우리는 이 문제를 클래스 속성을 사용함으로써 해결할 수 있다. 클래스 속성은 동일한 클래스로부터 만들어진 객체들이 공유할 수 있는 속성이다. 즉, price처럼 각각의 객체마다 자신만의 값을 지닌 속성이 아닌 모든 객체가 언제나 동일한 값으로 가지고 있어야 할 속성을 말한다. 바로 Company 속성이 그러하다. 클래스 속성을 정의하려면 그냥 클래스 내에서 정의해주면 된다. 그러면 클래스의 이름공간에 등록이 된다.

예제 11-4 Company 변수를 클래스 속성으로 사용

```
#python_House.py
class House(object):
    Company = "Python Factory"           #클래스 속성
    def __init__(self, year, acreages, address, price):
        self.year = year
        self.acreages = acreages
        self.address = address
        self.price = price
    def show_Company(self):
        print(House.Company)              #(Fully qualified name) 명시된 이름 사용
```

이 때 클래스 속성 Company를 메소드 내에서 사용하기 위해서는 앞의 코드처럼 Company가 정의된 이름공간[5]을 모두 명시한 이름$^{Fully\ qualified\ name}$을 사용해야 한다. 만약 이렇게 하지 않으면 클래스의 이름공간을 검사하지 않고 전역 영역의 이름공간을 검사한다. 클래스 속성(Company)이 메소드와 동일한 이름공간에 정의되어 있음에도 불구하고 이렇게 하는 이유는 메소드가 클래스 내에서 스코핑룰을 따르지 않기 때문이다. 이 부분은 C++ 같은 전통적인 객체지향 언어와도 다른 점으로 메소드 내에서 속성(인스턴스 속성 또는 클래스 속성)을 사용할 때 이름공간을 명시하지 않고 사용하면 생기는 문제점을 차단하기 위한 조치라고도 볼 수 있다(예를 들어 Company = "Nothing"이라고 할 때 클래스 속성 Company의 값을 변경시키는 것이 아니고 단순히 메소드의 지역변수 Company가 생기는 문제). 이것은 파이썬 언어의 특징(동적 타이핑) 때문이라서 익숙해지는 수밖에 없다.

객체의 인스턴스에서 클래스 속성에 직접 접근할 수도 있다. 이 때는 인스턴스의 네임스페이스에 동일한 이름이 없다면 스코핑룰에 따라 클래스의 네임스페이스를 살펴본다. 이런 룰에 따라서 모든 인스턴스가 공통적으로 공유할 수 있는 속성이 되는 것이다.

더 자세한 이야기는 뒤에서 다시 하겠다.

> **메소드(class attribute)**
> 앞에서 클래스 속성이 모든 객체가 동일하게 공유하는 속성이라고 했다. 사실 메소드도 모든 객체가 동일하게 공유하기 때문에 클래스 속성(class method)이라고 볼 수 있을 것이다. 그런데 메소드는 기능에 따라서 인스턴스 메소드(static method), 클래스 메소드(class method), 스태틱 메소드(static method)의 3가지로 나뉜다. 좀 용어가 어지럽지만 간단하게 속성은 어디(이름공간)에 속하느냐에 대한 기준으로 이름 짓고 메소드는 누가 사용하느냐에 기준으로 이름을 짓는다고 생각하면 쉽게 이해할 수 있을 것이다.

---

[5] 여기서는 클래스 이름을 말한다.

메소드

인스턴스 메소드

이미 메소드의 사용에 대해서는 어느 정도 익숙해져 있을 것이다. 내장 자료형을 사용할 때도 메소드는 자주 사용해왔기 때문이다. 그리고 이 장에서 지금까지 `__init__` 메소드와 `show_Company` 메소드도 만들어 보았다. 메소드를 정의할 때 `self`를 첫 번째 인수로 넣어주기만 하면 되므로 그렇게 어렵지는 않았다. 그럼 이번에는 지금까지 만든 House 클래스의 메소드들을 종합하여 기존 House.py 모듈에 새로운 House2 클래스를 정의해보겠다.

예제 11-5 House2 클래스

```python
#House.py
class House2(object):                    #House2 클래스 정의
    Company = "Python Factory"           #클래스 속성
    def __init__(self, year, acreages, address, price):
        self.year = year
        self.acreages = acreages
        self.address = address
        self.price = price
    def show_Company(self):
        print(House2.Company)
    def change_price(self, rate):
        self.price = self.price * rate
    def show_info(self):
        print("""This houes was built by {} in {},
        acreages : {},
        address : {},
        price : {} """
        .format(House2.Company, self.year, self.acreages, self.address, self.price))
```

메소드는 첫 번째 인수로 `self`를 갖는다. 그리고 메소드가 호출될 때 `self`에는 이 메소드를 호출한 객체의 인스턴스가 자동으로 전달될 것이다. 그런데 사실 모든 메소드가 `self`를 첫 번째 인수로 갖는 것은 아니고 `self`를 갖는 메소드가 가장 일반적으로 사용하는 메소드라서 편의상 그렇게 설명한 것이다. 구분하자면 `self`를 첫 번째 인수로 하는 메소드를 인스턴스 메소드 instance method 라고 한다. 이름처럼 인스턴스가 사용하는 메소드라서 인스턴스 메소드인 것이다. 인스턴스 메소드가 호출되면 `self`에 전달받은 인스턴스를 통해서 인스턴스의 상태를 확인하거나 조작할 수 있다.

다음은 House 클래스의 객체를 생성해서 인스턴스 메소드를 호출하는 예제 코드다.

```
>>> import sys
>>> sys.path.append("C:/gop/ch11")              #House.py의 경로 등록
>>> from House import House2
>>> house_A = House2(1999, 100, "Jongrogu Pyung-Chang dong", 777777777)
>>> house_A.show_info()
This houes was built by Python Factory in 1999,
        acreages : 100,
        address : Jongrogu Pyung-Chang dong,
        price : 777777777                       #처음 가격
>>> house_A.change_price(1.5)                   #가격을 1.5배 올림
>>> house_A.show_info()
This houes was built by Python Factory in 1999,
        acreages : 100,
        address : Jongrogu Pyung-Chang dong,
        price : 1166666665.5                    #객체 house_A의 가격이 오름
```

우선 import 할 모듈이 저장된 경로를 인터프리터가 인식할 수 있게 sys.path 에 등록한다. House 모듈에서 House2 클래스를 import 한 후 House2의 객체를 생성하는데 House2의 __init__ 메소드의 인수에 맞춰서 값을 전달하는 것을 잊지 말자. 객체 house_A가 생성되었고 속성 접근 연산자(.)를 통해서 인스턴스 메소드를 호출할 수 있다. 인스턴스에 속성 연산자를 사용하여 show_info 메소드를 호출해보자. 그리고 change_price 메소드를 호출하여 price 속성을 변경시켜 본다. 그리고 다시 show_info 메소드를 호출하여 변화된 pirce 속성의 값을 확인해보자.

self는 왜 자동으로 전달되는가?

사실 파이썬의 모든 메커니즘을 파헤치는 것은 오히려 C 언어를 공부하는 것보다 어렵다고 본다. 그만큼 많은 개념들과 장치들을 덧붙여 포장해 놓은 언어이기 때문이다. 인간에게 쉽게 설계된 언어일수록 중간 포장 과정은 점점 복잡해질 수밖에 없는 것이다. 그리고 우리가 프로그래밍을 하는 목적은 이런 내부적인 메커니즘을 공부하는 것이 아니라 외부적인 목표를 위한 것이다.

예를 들어 우리가 for문을 사용하면서 어떻게 for문으로 반복을 할 수 있는가를 파헤치는 것은 시간낭비다. 마찬가지로 self가 왜 자동으로 전달되는지 굳이 이해하

지 않아도 된다. 그냥 있는 그대로 자연스럽게 이해하고 사용하는데 어려움이 없다면 되는 것이다. 그리고 이것이 파이썬 언어의 철학이기도 하다.

그래도 self가 어떻게 전달되는지 간단하게라도 이해하면 부수적으로 이해되는 몇 가지 내용들이 있으므로 잠시 짚고 넘어가 보려고 한다. 어려운 내용은 아니므로 참고하자.

먼저 클래스의 내부에서 정의된 메소드의 정체에 대해서 알아야 한다. 클래스의 메소드를 다음과 같이 클래스 외부에서 정의해보겠다.

```
>>> def func1(self,a):
        self.a = a

>>> def func2(self,b):
        self.b = b

>>> class Test():
        f1 = func1                        #외부에 정의된 함수를 참조
        f2 = func2                        #외부에 정의된 함수를 참조
        def show_attr(self):
            print("(a:{},b:{})".format(self.a,self.b))

>>> inst = Test()
>>> inst.f1(1)
>>> inst.f2(2)
>>> inst.show_attr()
(a:1,b:2)

>>> func1(inst,77)                        #클래스 외부의 함수를 직접 호출할 때는
                                          #self에 인스턴스를 전달함
>>> func2(inst,99)
>>> inst.show_attr()
(a:77,b:99)
```

아마 클래스가 이렇게 단순한 구조였나 하고 놀랄 수도 있겠다. 메소드의 실제 정의를 클래스의 외부에 놓았는데도 아무런 문제가 없다. 단순히 클래스 내부에서 외부의 함수를 참조하여 메소드를 만든 것이다.

실제로 클래스 내부의 메소드들은 클래스의 외부에 정의된 함수처럼 행동한다. 다음 코드를 보면 좀 더 확실히 이해할 수 있을 것이다.

```
>>> class Test2():
    var = 777
    def method1(self):
        print(var)

>>> inst = Test2()
>>> inst.method1()
Traceback (most recent call last):
    File "<pyshell#92>", line 1, in <module>
        inst.method1()
    File "<pyshell#89>", line 4, in method1
        print(var)
NameError: name 'var' is not defined
```

분명 클래스 Test2의 내부에서 정의된 method1 메소드가 클래스 속성 var를 알지 못한다. 앞에서 설명한 것처럼 method1은 클래스의 외부에서 정의된 것으로 생각하면 에러의 원인을 이해할 수 있을 것이다(혹시 함수가 전역 영역을 결정할 때는 함수가 정의된 곳을 기준으로 한다는 사실을 잊었다면 지금이라도 꼭 기억해 두도록 하자. 정말 중요한 사실이다). 즉, method1은 자신의 지역에서 var를 찾고 없다면 다음으로 클래스 내부가 아닌 전역 영역에서 var를 찾는다. 다음 코드는 이 사실을 보여준다.

```
>>> class Test2():
    var = 777
    def method1(self):
        print(var)

>>> var = 123456
>>>
>>> inst = Test2()
>>> inst.method1()
123456
```

method1에 의해서 출력되는 var는 클래스 외부의 var임을 알 수 있다. 이런 이유로 메소드 내부에서 클래스에 속한 다른 속성이나 메소드를 접근하고 싶다면 반드시 클래스 이름(클래스의 이름공간)을 명시하여 접근해야 하는 것이다. 나중에 상속을 배우면서 이 부분에 대해서 다시 한 번 언급할 것이다.

그렇다면 이 사실과 메소드를 호출할 때 **self**가 자동으로 전달되는 것과 무슨 상관이 있는 것인가?

이제부터 그 상관관계를 설명할 텐데 앞의 내용에 대한 이해가 필요하므로 이해가 안 된다면 꼭 이해한 후에 다음 설명을 읽길 권한다.

메소드는 두 가지 방법으로 호출될 수 있다. **self**를 직접 전달하는 방법과 **self**를 전달하지 않고 호출하는 방법이다. 앞의 코드에서도 두 방법을 모두 사용했었는데 아마 스치듯 지나갔을 테니 다시 코드를 살펴보도록 하겠다.

```
>>> def func1(self,a):
        self.a = a

>>> def func2(self,b):
        self.b = b

>>> class Test():
        f1 = func1                  #f1과 func1은 동일한 함수를 가리키는 변수
        f2 = func2
        def show_attr(self):
            print("(a:{},b:{})".format(self.a,self.b))

>>> inst = Test()
>>> inst.f1(1)                      #self를 전달하지 않음
>>> inst.f2(2)                      #self를 전달하지 않음
>>> inst.show_attr()
(a:1,b:2)

>>> func1(inst,77)                  #self를 전달
>>> func2(inst,99)                  #self를 전달
>>> inst.show_attr()
(a:77,b:99)
```

Test 클래스의 이름공간에 **f1**과 **f2** 그리고 **show_attr**가 등록되어 있다. 클래스의 이름을 명시하여 **f1**에 접근하는 것은 **func1** 함수를 직접 사용하는 것과 동일한 의미다. 따라서 함수의 정의에 맞게 인수를 전달해야 한다. 즉 **self**에도 값을 전달해야 된다.

Test.f1(inst, 77)

반면에 클래스가 아닌 인스턴스를 통해서 f1에 접근하여 호출할 때는 self를 전달하지 않는다.

```
inst.f1(77)
```

이 둘의 차이를 이해하려면 바운드 메소드bound method에 대해 알아야 한다. 말 그대로 바운드는 묶여있음을 의미한다. 즉 인스턴스를 통해서 메소드에 접근하면 묶인 메소드라는 새로운 객체가 생성된다.

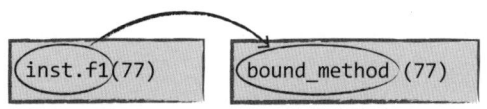

이 객체 내부에서 자동으로 메소드에 인스턴스를 전달하도록 구현되어 있다. 따라서 self의 전달 없이 나머지 인수들만 전달하면 되는 것이다.

반면에 클래스 이름을 명시하여 직접 호출하는 경우에는 단순히 함수를 호출한다고 이해하면 된다. 파이썬 2.x 버전에서는 이 경우에도 unbound_method라는 새로운 객체로 둘러 쌓아서 처리하지만 이것을 구별하는 것은 크게 의미 없는 일이다. 파이썬 3.x에서는 unbound_method는 사라졌고 그냥 함수function로 취급된다. 좀 더 정확이 이야기하자면 클래스 외부에 정의되어 있는 함수처럼 취급된다. 따라서 이 때는 self를 직접 전달해야 하는 것이다.

클래스 메소드

클래스 메소드class method의 기본 개념은 클래스 속성에 대해 동작하는 메소드다. 인스턴스 메소드와 달리 호출의 주체가 클래스가 되고 첫 번째 인수로 클래스가 자동으로 전달된다. 설령 첫 번째 인수로 인스턴스가 전달되더라도 해당 인스턴스의 타입(클래스)으로 자동으로 바뀌어 전달된다. 이런 특성으로 인해 클래스 메소드에서 인스턴스의 속성에 직접적으로 접근할 수는 없다. 즉 클래스 메소드는 클래스가 사용하는 메소드인 것이다.

다음은 클래스 메소드를 정의하는 방법이다.

```
>>> class Test():
    def __init__(self, a, b):
        self.a = a
        self.b = b
    @classmethod                          #classmethod 장식자
    def cls_method(cls, a, b, c):
        cls.a = a
        cls.b = b
        cls.c = c

>>> test_A = Test(1,2)                   #인스턴스 test_A의 이름공간에 a, b 등록
>>> test_A.cls_method(3,4,5)             #클래스의 이름공간에 a, b, c 등록
>>> test_A.a
1
>>> test_A.b
2
>>> test_A.c                             #Test 클래스의 네임스페이스의 c
5
```

클래스 메소드를 정의하고 싶다면 메소드를 정의하기 전에 `@classmethod` 장식자를 써주기만 하면 된다.[6] 이제 `cls_method`를 클래스 메소드로 만들었다. 이 메소드를 사용하면 첫 번째 인수(`cls`)에 클래스가 전달된다. `cls`도 `self`와 마찬가지로 관례적인 표현임에 주의하자.

위 코드의 결과 Test 클래스와 인스턴스 test_A의 이름공간은 다음과 같은 모습이 된다.

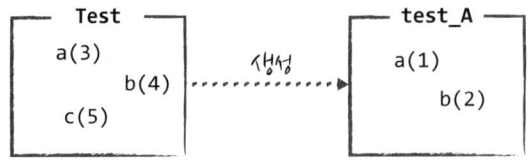

Test 클래스와 test_A 인스턴스의 이름공간은 따로 존재하므로 동일한 이름의 속성이 존재할 수도 있다. 파이썬에서는 클래스도 객체이기 때문이다. 단지 개념상으론 Test는 클래스이고 test_A는 이 클래스로부터 생성된 객체인 것이다. 이런 맥락에서 클래스 메소드의 존재의 이유를 이해할 수 있을 것이다.

---

6 장식자는 이미 함수에서 배웠다. 메소드도 함수이므로 장식자를 가질 수 있다.

> **클래스 내부에서의 스코핑룰**
>
> 클래스와 인스턴스의 이름공간 사이에 스코핑룰(Scoping rule)이 존재한다. 이름을 찾는 방향은 인스턴스에서 클래스를 가리킨다. 예를 들어 인스턴스에 원하는 이름이 없다면 클래스를 살펴본다. 만약 클래스에도 찾는 이름이 없다면 AttributeError를 발생시킨다.
>
> 주의할 것이 있는데 메소드 내부에서의 스코핑룰에 관한 것이다. 메소드는 개념적으로는 클래스 내부에 있지만 클래스의 속성에 접근하기 위해서는 이름공간(클래스)을 명시한 이름(Fully qualified name)을 사용해야 한다. 그렇지 않으면 다음과 같은 결과를 얻게 된다.
>
> ```
> >>> var = 77
> >>> class what():
>         var=100
>         def print_var(cls):
>                 print(var)
>
> >>> what_A = what()
> >>> what_A.print_var()
> 77
> ```

스태틱 메소드

스태틱 메소드^{static method}는 클래스 내부에서 정의된 일반 함수라고 생각하자. 단지 클래스나 인스턴스를 통해서 접근할 수 있을 뿐이지 클래스나 인스턴스와 관련 있는 행동을 하도록 설계된 메소드가 아니다. 따라서 `self`나 `cls` 같은 첫 번째 인수를 넘겨주는 규칙도 없다. 스태틱 메소드를 정의하려면 `@staticmethod` 장식자만 함수 정의 전에 써주면 된다.

```
>>> class Container_x():
    @staticmethod
    def func_first():
        print ("about Algorithm")
    @staticmethod
    def func_second():
        print ("about English")
    @staticmethod
    def func_third():
        print ("about Python")

>>> Container_x.func_first()                #클래스로부터 호출
about Algorithm
>>> A = Container_x()
>>> A.func_first()                          #객체로부터 호출
about Algorithm
```

코드를 보면 느끼겠지만 별로 유용한 것 같지도 않아 보인다. 그냥 함수 세 개를 만들어서 사용하는 것과 별 차이도 안 느껴진다. 오히려 더 복잡하게 느껴진다. 하지만 함수를 (.) 속성 접근 연산을 통해서 접근한다는 점은 가끔은 유용하게 쓰일 때도 있다.

우선 (.) 속성 연산을 함수로 바꿔 표현할 수 있는 방법을 소개하겠다. `getattr` 내장 함수를 사용하면 되는데 다음과 같이 두 인수로 객체와 그 메소드를 전달하면 된다.

```
>>> mylist = []
>>> mylist_append = getattr(mylist, "append")
>>> mylist_append(10)
>>> print(mylist)
[10]
```

메소드를 전달할 때 문자열로 하는 점에 주의하자. 이렇게 (.) 연산자 없이 특정 객체의 메소드에 접근하게 해주고 또 이것을 객체로 반환해준다. 사용을 위해서는 이렇게 반환된 객체를 호출하기만 하면 된다.

이번에는 위 내용을 응용하여 인수로 전달된 데이터에 따라서 적절할 함수를 호출하도록 하는 함수를 만들어 보겠다. 이를 함수 선택기라고 이름 붙이겠다.

함수를 선택하는 방법은 `getattr` 함수에 전달될 두번째 인수에 의해서 정해지도록 할 것이다. 따라서 선택될 함수들이 모듈처럼 (.) 연산을 통해서 접근할 수 있는 곳에 정의되어야 할 것이다. 모듈을 사용해도 되지만 여기서는 모듈 대신 클래스를 선택하겠다. 그리고 이 클래스는 단순히 함수를 담아 놓는 컨테이너의 역할만 할 것이므로 선택될 함수는 스태틱 메소드로 선언한다.

```
>>> class Container_x():              #선택될 함수를 담는 클래스 정의
    @staticmethod
    def func_first():
        print ("about Algorithm")
    @staticmethod
    def func_second():
        print ("about English")
    @staticmethod
    def func_third():
```

```
        print ("about Python")
>>> list1=["first"]
>>> list2=["second"]
>>> list3=["third"]
>>> def func_selector(data):                    #함수 선택기 정의
    sel_func = getattr(Container_x , "func_{}".format(data[0]))
    return sel_func()

>>> func_selector(list1)                        #데이터의 내용에 따라 함수가 선택됨
about Algorithm
>>> func_selector(list2)
about English
>>> func_selector(list3)
about Python
```

위 코드에서 `func_selector`에 전달되는 데이터는 모두 리스트지만 전달되는 데이터의 0번째 항목에 따라 데이터를 분석하는 데 사용할 함수를 정할 수 있다. 위 코드의 응용 범위는 다양하다. 예를 들어 문서(파일)의 형식에 따라서 해석하는 방법이 다를 때 해석 방법을 정할 수 있다(구체적으로 프로그래밍을 위한 간단한 에디터 프로그램이 있다고 하자. 이 때 사용자가 어떤 프로그래밍 언어를 사용할지 선택하면 선택된 언어에 따라서 그에 맞게 문법을 체크해 주던가 구문 하이라이트를 하는 함수를 이런 방법으로 선택할 수 있을 것이다).

우리는 간단히 문서(파일)의 앞에 문서의 형식에 대한 정보만 넘겨주면 `func_selector` 함수가 알아서 문서를 분석할 함수를 선택하게 된다(이 때 0번째 항목이 클래스에 정의되지 않은 함수라면 `AttributeError`가 발생하겠지만 이에 대한 처리는 나중에 예외를 공부한 후 별도로 코드를 직접 작성해보길 바란다).

사실 클래스 메소드와 정적 메소드의 차이점은 첫 번째 인수(`cls`)의 유무라고 볼 수 있다. 클래스메소드는 첫 번째 인수를 통해서 클래스의 속성에 접근할 수 있다. 그런데 정적 메소드 내에서도 직접 클래스명을 명시하여 클래스 속성에 접근할 수도 있을 것이다. 사실 파이썬에서 이 두 함수의 경계는 애매모호하다. 같다고 볼 수도 없지만 다르다고 볼 수도 없기 때문이다. 이 뿐만 아니라 파이썬으로 클래스를 다루다 보면 클래스에 관한 문법은 꽤 느슨해 보인다(다음에 다룰 주제만 보더라도 그렇다). 그만큼 융통성 있기도 하지만 의도하지 않은 동작이 허용되어 정상적으로 동작하는 것처럼 보일 수도 있다. 그냥 그렇다는 이야기지 장점도 많으므로 너무 부정적으로 바라볼 필요는 없다.

> **함수적 프로그래밍**
> 우리가 일반적으로 생각하는 방식으로 함수 선택기를 정의한다면 if문이나 for문 같은 제어문을 사용해야 할 것이다. 그런데 앞에서 만든 함수 선택기는 제어문이 존재하지 않는다. 단지 함수가 반환하는 객체를 다른 함수의 입력으로 전달하고 있다. 이렇게 함수 자체를 데이터로 보기 때문에 함수에 입력되는 데이터에 따라서 함수의 기능이 달라지기도 한다. 이런 프로그래밍 스타일을 함수적 프로그래밍, 또는 기능적 프로그래밍이라고도 한다. 함수적 프로그래밍은 절차적 프로그래밍이나 객체지향과는 또 다른 프로그래밍 스타일이다.

속성 접근 지정자

객체지향적 설계의 목적 중 하나가 데이터(정보)의 은닉이다. 쉽게 말해 객체라는 캡슐에 데이터와 행동을 집어 넣고 정해진 행동으로만 데이터를 다루겠다는 의미다. 따라서 외부로부터 데이터에 대한 직접적인 접근을 열어두는 것은 올바른 객체지향적인 설계는 아니라고 볼 수 있다.

그래서 지금까지 만들어온 파이썬의 클래스는 정보 은닉이라는 관점에서는 제대로 된 객체가 아니다. 인스턴스를 통해서 속성에 바로 접근할 수 있기 때문이다. 얼마든지 외부에서 데이터를 직접 조작할 수가 있다.

```
#House.py
class  House2(object):                      #House2 클래스 정의
    Company = "Python Factory"              #클래스 속성
    def __init__(self, year, acreages, address, price):
        self.year = year
        self.acreages = acreages
        self.address = address
        self.price = price
    def show_Company(self):
        print(House2.Company)
    def change_price(self, rate):
        self.price = self.price * rate
    def show_info(self):
        print("""This houes was built by {} in {},
        acreages : {},
        address : {},
        price : {} """
        .format(House2.Company, self.year, self.acreages, self.address, self.price))
```

앞서 만든 House2 클래스의 4가지 인스턴스 속성은 다음과 같이 객체를 통해서 직접 접근될 수 있다.

```
>>> import sys
>>> sys.path.append("C:/gop/ch11")
>>> from House import House2
>>> house_A = House2(1999, 200, "Seoul", 777777777)
>>> house_A.price = 30                    #price 속성에 직접 접근
>>> house_A.show_info()
This houes was built by Python Factory in 1999,
       acreages : 200,
       address : Seoul,
       price : 30
```

위 코드처럼 house_A의 가격을 30(원)으로 만드는 것은 메소드를 호출하여 바꾼 것이 아니므로 바람직하지 않다. change_price 메소드를 호출하여 가격을 변경할 수도 있기 때문에 직접 속성에 접근하여 가격을 바꾸는 것은 일관성 있는 코드의 작성도 아니다. 속성에 직접 접근하는 것을 막고 일관성 있는 코드를 위해 속성에 대한 접근 규칙을 적용할 수 있다.

접근을 제어하기 위해서 객체지향 언어들은 접근 지정자[access modifier]라는 것을 두고 있다. 예를 들어 C++나 Java 같은 언어는 외부에서의 접근을 허용하지 않겠다는 의미의 'private'라는 접근 지정을 해 놓으면 해당 속성과 메소드를 외부에서 직접 접근할 수 없다. 그리고 이런 접근 제한은 엄격이 지켜진다.

파이썬에서도 속성의 이름을 __ 두 개의 언더라인[double under-bar]으로 시작하면 외부에서의 접근을 제한할 수 있다. 다음은 House2클래스의 모든 속성 이름 앞에 (__)을 추가하여 House3 클래스를 새롭게 정의한 것이다.

예제 11-6 속성에 private 접근 지정자 사용

```
#House.py
class  House3(object):                    #House2 클래스 정의
    Company = "Python Factory"            #클래스 속성
    def __init__(self, year, acreages, address, price):
        self.__year = year
        self.__acreages = acreages
        self.__address = address
        self.__price = price
```

```
    def show_Company(self):
        print(House3.Company)
    def change_price(self, rate):
        self.__price = self.__price * rate
    def show_info(self):
        print("""This houes was built by {} in {},
        acreages : {},
        address : {},
        price : {} """
        .format(House3.Company, self.__year, self.__acreages, self.__address, self.__price))
```

그리고 앞에서 했던 대로 동일하게 실행해보자.

```
>>> import sys
>>> sys.path.append("C:/gop/ch11")
>>> from House import House3
>>> house_A = House3(1999, 200, "Seoul", 777777777)
>>> house_A.__price = 30
>>> house_A.show_info()
This houes was built by Python Factory in 1999,
        acreages : 200,
        address : Seoul,
        price : 777777777
```

　__price 속성에 직접 접근해서 값을 30(원)으로 바꾸는데 성공한 듯 보이지만 집에 대한 정보를 출력해보면 가격은 변하지 않았다. 분명 __price 속성에 직접 접근하여 값을 바꿀 때 아무런 에러 메시지도 없었는데 실제로는 인스턴스 속성 __price의 값은 바뀌어 있지 않았다. 에러가 출력되지 않은 것이 석연치는 않지만 우선 인스턴스 이름을 통해서 직접 값을 변경하지는 못한다는 것은 알았다.

　그렇다면 왜 에러가 발생하지 않을 것일까? 그것은 __price라는 인스턴스 속성이 새로 생겼기 때문이다. 분명 __price라는 인스턴스 속성이 클래스 정의에 정의되어 있는데 새로 생겼다니 좀 어처구니 없게 들릴 수도 있겠지만 거짓말을 하는 것이 아니다. 즉 이 클래스로부터 생성된 객체는 애초부터 __price 속성을 갖고 있지 않았다. __로 시작하는 이름의 속성은 객체가 생성될 때 다른 이름으로 바뀌었기 때문이다. 이렇게 속성의 이름을 바꾸는 트릭으로 속성에 접근을 제한하는 것처럼 보이는 것뿐이다.

여기서 트릭이라고 하는 이유는 바뀐 이름을 알면 접근이 가능하기 때문이다. 이 름이 어떻게 바뀌는지 다음 코드를 보면 알 수 있다.

```
>>> import sys
>>> sys.path.append("C:/gop/ch11")
>>> from House import House3
>>> house_A = House3(1999, 200, "Seoul", 777777777)
>>> house_A._House3__price = 30
>>> house_A.show_info()
This houes was built by Python Factory in 1999,
        acreages : 200,
        address : Seoul,
        price : 30
```

__price는 인터프리터에 의해 해석될 때 _House3__price로 변환된다. 생성된 객체의 이름공간을 보면 인터프리터가 __로 시작되는 속성들의 이름을 어떤 식으로 바꿔 놓았는지 알 수 있을 것이다.

```
>>> dir(house_A)
['Company', '_House3__acreages', '_House3__address', '_House3__price',
'_House3__year', '__class__', '__delattr__', '__dict__', '__dir__',
'__doc__', '__eq__', '__format__', '__ge__', '__getattribute__', '__
gt__', '__hash__', '__init__', '__le__', '__lt__', '__module__', '__
ne__', '__new__', '__reduce__', '__reduce_ex__', '__repr__', '__
setattr__', '__sizeof__', '__str__', '__subclasshook__', '__weakref__',
'change_price', 'show_Company', 'show_info']
```

결국 파이썬은 속성을 진짜 숨기는 것이 아니라 네임맹글링^{name mangling}이라는 트릭을 사용하는 것이다.[7] 따라서 접근 제한이라는 말보다는 트릭이라는 말이 어울리고 정보 은닉에도 한계가 있다.

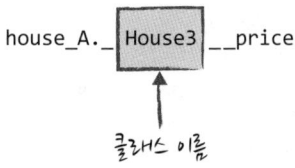

---

7 네임맹글링이란 변수의 이름을 일정한 규칙을 가지고 내부적으로 변경하는 것을 말한다. 구체적으로 속성 이름을 __(double under-bar)으로 시작하는 경우 네임맹글링이 적용된다.

이것은 마음만 먹으면 객체 내부를 직접 들여다 보고 조작할 수 있다는 의미가 된다. 그러나 사실상 어떤 언어든 완벽한 정보 은닉은 힘들기 때문에 복잡한 문법적 장치를 마련하기보다는 파이썬은 자신만의 철학에 따라서 간결함을 추구하는 것이라고 볼 수 있다.

프로퍼티

순수하게 속성값을 읽거나 값을 재설정하고 싶을 때 메소드를 사용할 수 있다. 이런 메소드는 단순히 속성값을 반환하고 속성에 값을 대입하는 기능을 하는 메소드다. 이런 getter, setter 메소드를 정의하여 속성에 접근하는 방식은 속성이 외부로부터 차단된 상태여야 의미가 있다(여기서 getter, setter는 속성의 값을 얻고, 값을 설정하는 기능을 하는 메소드를 통칭한다). 그래서 다음 코드는 메소드를 제외한 속성의 이름을 __로 시작하였다.

```
>>> class Ticket():
    def __init__(self, distance):
        self.__distance = distance
    def get_distance(self):
        return "{} m(meter) ".format(self.__distance)
    def set_distance(self, distance):
        self.__distance = distance
    def get_fare(self):
        return "{} \(Won) ".format(self.__distance * 13)

>>> person_A = Ticket(15000)
>>> print(person_A.get_distance())
15000 m(meter)
>>> print(person_A.get_fare())
195000 \(Won)
>>> person_A.set_distance(30000)
>>> print(person_A.get_fare())
390000 \(Won)
```

Ticket 클래스는 교통수단을 이용하기 위한 티켓에 대한 정보를 가진 클래스다. 티켓을 발권하면 거리에 대한 정보가 기록되고 거리에 따라서 운임이 결정된다.

person_A라는 사람이 15000(미터)를 가기 위해 티켓을 발권했다. 티켓을 발권하면서 거리에 대한 정보를 입력하면 티켓 객체가 생성된다. 거리정보는 생성된 티켓마다의 고유의 속성이 된다. 그리고 이 객체를 통해서 거리에 대한 정보와 요금에 대한 정보를 얻을 수 있다. 그런데 person_A가 set_distance 메소드를 호출하여 가고자 하는 거리를 30000(미터)로 변경하였다. get_fare 메소드를 호출해보면 요금 역시 변경되었음을 알 수 있다.

getter, setter 메소드를 정의하여 속성값을 변경하거나 읽는 방식이 특별히 문제는 없지만 그렇게 좋아 보이는 방식은 아니다. 속성값을 읽고 설정하는 것은 변수에 값을 대입하는 것처럼 보여야 더 자연스러울 것이다.

파이썬은 이를 위해서 프로퍼티^{property}를 제공한다. 프로퍼티란 쉽게 말하면 getter, setter 메소드를 마치 변수처럼 사용하는 것이다. 프로퍼티의 사용은 속성값에 접근하는 더 자연스러운 방법이다. 예를 들어 위 코드에서 get_distance()를 distance라고 표현할 수 있다면 훨씬 코드가 자연스러워 보인다. 메소드를 프로퍼티로 만드는 방법은 단순히 @property 장식자를 붙이면 된다. 위 코드에 적용해 보겠다.

```
>>> class Ticket():
        def __init__(self, distance):
            self.__distance = distance
        @property
        def distance(self):
            return "{} m(meter) ".format(self.__distance)
        def set_distance(self, distance):
            self.__distance = distance
        @property
        def fare(self):
            return "{} \(Won) ".format(self.__distance * 13)
>>> person_A = Ticket(15000)
>>> print(person_A.distance)
15000 m(meter)
>>> print(person_A.fare)
195000 \(Won)
```

마치 인스턴스 person_A의 속성에 distance라는 속성에 직접 접근하는 것처럼 보인다. 그렇다면 실제 distance라는 속성을 만들어 사용하는 것과 어떤 차이가 있을까? 바로 다음과 같이 distance에 값을 설정해보면 그 차이를 알 수 있다.

```
>>> person_A.distance=222                    #distance는 읽기전용
Traceback (most recent call last):
    File "<pyshell#257>", line 1, in <module>
        person_A.distance=222
AttributeError: can't set attribute
```

프로퍼티는 기본적으로 읽기전용이다. 이것은 직접 속성을 두어서 속성에 접근하는 것과 다른 의미를 갖는다. 직접 속성을 두어 접근하는 것은 속성에 대해 읽기/쓰기가 모두 가능하기 때문이다.

그런데 프로퍼티에 쓰기 속성을 설정하고 싶다면 set_distance도 프로퍼티로 설정해야 한다. 이 때는 다음과 같은 장식자를 추가하면 된다.

```
>>> class Ticket():
    def __init__(self, distance):
        self.__distance = distance
    @property
    def distance(self):
        return "{} m(meter) ".format(self.__distance)
    @distance.setter
    def distance(self, distance):
        self.__distance = distance
    @property
    def fare(self):
        return "{} \\(Won) ".format(self.__distance * 13)
>>> person_A = Ticket(15000)
>>> print(person_A.distance)
15000 m(meter)
>>> person_A.distance = 200000          #수정(쓰기) 가능
>>> print(person_A.distance)
200000 m(meter)
```

먼저 동일한 속성에 대한 프로퍼티므로 메소드 이름을 동일하게 'distance'로 바꿔준다. 그리고 '@프로퍼티이름.setter' 장식자를 붙여 주면 된다. 그러면 해당

프로퍼티의 쓰기 속성이 설정될 것이다. 반면에 `fare` 프로퍼티는 여전히 읽기전용으로 두는 것이 합당하다. `fare` 프로퍼티는 실제로 인스턴스의 속성이 아닌 계산된 값을 돌려주기 때문이다.

상속

실 세계에서 상속inheritance은 보통 자식이 부모로부터 재산을 물려받는 것을 의미한다. 재산이 자식에게 상속이 되면 재산은 자식에게로 가기 때문에 물리의 법칙에 따라서 부모는 더 이상 재산을 가지고 있는 것이 아니다. 반면에 자식은 원래 가지고 있던 자신의 재산에 상속된 재산만큼 재산이 불어난다. 하지만 클래스의 상속에 대해서는 조금은 다른 시각으로 바라볼 필요가 있다.

이에 대한 설명에 앞서서 용어를 정리하고 넘어가도록 하겠다.

상속이 되는 클래스를 부모(상위)클래스라고 하고 상속을 받는 클래스를 자식(하위)클래스라고 한다. 또는 영어로 부모클래스를 `base class` 또는 `super class`라고 하고 자식클래스를 `sub class` 또는 `derived class`라고 한다.

클래스에서 정의된 속성과 메소드를 재산에 비유할 수는 있겠지만 상속을 단순히 자식에게 '준다'라는 개념으로 생각하면 이해하기 힘들 수 있다. 자식이 부모의 것을 '사용할 수 있다'라고 이해하는 것이 더 자연스러울 것이다. 예를 들어 자식 클래스에서 동일한 이름으로 정의된 속성과 메소드가 있다면 부모의 것을 사용하지 않기 때문이다. 이런 경우가 언제인지는 차차 알아보기로 하고 여기서는 상속이라는 개념에 집중하겠다.

한 클래스가 다른 클래스를 상속받으려면 클래스를 정의할 때 클래스 이름 다음 괄호 안에 부모로 할 클래스 이름을 적어주기만 하면 된다. 이 때 부모 클래스는 미리 정의되어 있어야 한다.

```
>>> class Parent():
        def __init__(self, money):
            self.money = money
        def show_money(self):
            print(self.money)
```

```
class Child(Parent):
```

```
>>> class Child(Parent):          #Child 클래스는 Parent 클래스를 상속받는다.
        pass
```

Child 클래스가 Parent 클래스를 상속받았다. 그러면 Parent에서 정의된 속성과 메소드가 Child 클래스로 상속될 것이다. 이 때 상속의 의미를 앞에서 설명한 것처럼 '준다'라는 의미로 받아들이지 말고 부모의 것을 '사용한다'라고 생각하자. 객체의 속성이나 메소드에 접근할 때는 객체 자기자신의 이름공간부터 시작해서 자신을 만든 클래스 그리고 부모클래스가 있다면 부모클래스로 거슬러 올라가면서 각각의 이름공간에서 이름을 찾는데 먼저 보이는 녀석이 호출되게 되어 있기 때문이다(이것은 마치 함수에서 살펴본 스코핑룰과 같다). 앞서 설명했듯이 자식이 해당 이름을 가지고 있을 때는 부모의 것을 사용하지 않는다는 것을 반대로 해석해서 자식에게서 없다면 부모의 것을 사용한다는 설명으로 쉽게 이해할 수 있을 것이다. 다음 코드에서 개체 son이 호출하는 __init__ 메소드와 show_money 메소드는 부모의 것이다.[8]

```
>>> son = Child(250)
>>> son.show_money()
250
```

메소드 오버라이딩

앞의 예에서는 자식에게 아무런 메소드가 없었기 때문에 부모의 메소드가 호출되었다. 그런데 Child 메소드에 부모의 클래스에서 정의된 메소드와 동일한 이름으로 메소드를 정의된 경우를 가정해보자. 즉 자식이 부모 클래스에서 정의된 메소드와 동일한 이름의 메소드를 가지고 있다면 이 메소드 호출 시 자식의 것이 사용된다. 이것을 메소드 재정의 또는 메소드 오버라이딩overriding이라고 한다. 메소드 오버라이딩method

---

[8] 사실 이 부분은 생성자를 통해 객체를 초기화하는 C++ 언어와는 문법적으로 꽤 혼동이 되는 부분이기는 하지만 C++에 대한 지식이 없다면 문제될 것이 없으므로 있는 그대로 이해하면 된다.

overriding을 하는 이유는 보통 원래의 메소드의 기능에 추가적인 기능을 덧붙이기 위한 것이지만 완전하게 새로운 메소드로 재정의하기 위함이기도 하다. 그렇다면 상속에 대한 또 다른 예제를 살펴보면서 메소드 오버라이딩이 왜 필요한지를 살펴보도록 하자.

한 가지 예를 들어 보겠다. 클래스 재사용을 위해서 이미 만들어진 클래스를 상속했을 때 메소드 재정의를 하는 경우가 있다. 즉 아무리 기존 클래스를 재사용한다고 하더라도 메소드의 기능이 조금 또는 많이 바뀔 수 있기 때문이다. 이런 경우 기존 메소드를 일부 수정 또는 완전 새롭게 바꿔야 한다. 그렇다면 왜 새로운 이름으로 메소드를 정의하지 않고 기존 클래스에 있는 이름과 동일하게 만드는 것일까? 메소드의 이름이 동일하다는 것은 예를 들어 다음과 같은 경우다. 최초에 만들어진 '총'이란 클래스가 있다면 '쏜다'라는 메소드가 있을 것이다. 총을 만드는 기술이 발전하면서 새로운 '총'들이 나오지만 모두 기존의 '총'의 개념에서 크게 벗어나지 않는다. 즉, 새로운 총이 만들어져도 '쏜다'라는 행동은 변함이 없을 것이다. 또는 '장전한다'라는 메소드도 있어야할 것이다. 또한 총의 기본 골격도 크게 달라지지 않는다. 이런 경우 기존의 '총'을 상속받아서 새로운 종류의 'new총'이라는 클래스를 만들 수 있을 것이다. 결국 이렇게 상속받는 이유는 총의 기본틀을 대부분 그대로 또는 조금만 수정해서 사용할 필요가 있기 때문이다. 물론 이 때 새롭게 'new총' 클래스를 만드는 것보다 기존 '총' 클래스를 상속받아 재사용하는 것이 비용이 적게 든다는 판단이 전제되어야 할 것이다.

'총' 클래스를 상속했다면 '쏜다'라는 메소드도 역시 상속이 될 것이다. 하지만 '쏜다'라는 메커니즘은 기존의 총과 다를 수 있다(예를 들어 최근에는 화약이 아닌 자기장을 이용한 방식의 총도 개발되었다). 이 경우 '쏜다'라는 메커니즘이 달라졌으므로 자식 클래스에서 동일한 이름으로 '쏜다' 메소드를 재정의해야 할 것이다. 반대로 기존의 '쏜다' 메소드를 그대로 사용한다면 자식 클래스는 '쏜다'라는 메소드를 재정의하지 않고 부모의 것을 그대로 사용해도 될 것이다. 어쨌든 메소드의 재정의는 상속 관계의 클래스 간에 동일한 메소드 이름으로 내부 메커니즘은 다른 경우를 위한 것이다.[9]

---

9 이것은 다형성(polymorphism)의 토대가 된다. 그리고 곧 다루겠지만 파이썬은 덕 타이핑(Duck Typing)이란 방법으로 다형성을 다룬다.

참고로 다른 클래스를 상속을 하는 것은 기존의 클래스를 수정하여 사용하는 것이 비용 측면에서 또는 프로그램 설계(유지보수) 측면에서 유리하다는 판단이 있어야 한다. 만약 그렇지 않다면 클래스를 새롭게 만들어야 할 것이다.

한 가지 예를 들어보면서 좀 더 구체적으로 살펴보겠다. 다음은 은행계좌를 클래스로 표현한 것이다. 클래스를 설명하는 고전적인 예제이지만 상속을 아주 잘 표현하는 예제이므로 잘 알아두길 바란다.

```
>>> class Account():
        def __init__(self, money):
            self.balance = money
        def deposit(self, money):
            self.balance += money

        def withdraw(self, money):
            self.balance -= money
        def show_Account(self):
            print("balance : {} 원".format(self.balance))
```

이 클래스의 __init__ 메소드를 보면 객체를 생성할 때 balance라는 속성을 만든다는 것을 알 수 있다. balance는 계좌의 잔고를 나타내는 속성이다. 그리고 3개의 메소드가 있는데 각각 예금과 출금을 하는 메소드와 계좌의 상태를 보여주는 메소드다. 특징이라면 모두 balance 속성을 다루는 메소드다. 어려운 것은 없으므로 클래스를 사용해보겠다.

```
>>> my_account = Account(100)          #계좌 생성(100원 입금)
>>> my_account.show_Account()          #계좌의 상태 출력
balance : 100 원
>>> my_account.deposit(200)            #입금 200원
>>> my_account.show_Account()          #계좌의 상태 출력
balance : 300 원
>>> my_account.withdraw(150)           #출금 150원
>>> my_account.show_Account()          #계좌의 상태 출력
balance : 150 원
```

이 클래스는 큰 문제없이 사용된다. 그리고 현재는 하나의 계좌(my_account)만 생성되어 있지만 이 클래스로부터 수많은 고객의 계정을 만들 수 있다. 그런데 수요

가 많아지면서 고객의 요구가 다양해졌다고 한다. 이로인해 다양한 종류의 계좌를 설계할 필요가 생겼다. 새로운 종류의 계좌에 대한 클래스들을 새롭게 설계할 수도 있겠지만 앞에서 설계한 `Account` 클래스의 기능은 재활용이 가능하다고 판단이 되어 `Account` 클래스를 상속하기로 했다. 예를 들어서 입금과 출금을 하는 메소드와 계좌의 정보를 보여주는 메소드는 기본적으로 비슷하기 때문이다.

첫 번째로 설계할 새로운 계좌는 예금에 대한 이자를 더해주고 출금에 대한 수수료가 붙는 계좌다.

```
>>> class Yellow_Account(Account):
        def deposit(self, money):
            self.balance += money*1.07
        def withdraw(self, money):
            self.balance -= money + 10
```

앞서 설명대로 `Yellow_Account` 클래스는 `Account`를 상속한다. 이 클래스의 특징은 입금과 출금 시에 이자와 수수료가 붙는 것인데 부모클래스의 `deposit`와 `withdraw` 메소드는 동일한 이름의 메소드로 재정의하여 이 기능들을 구현하였다. 그리고 나머지 `__init__` 메소드와 `show_Account` 메소드는 그대로 부모클래스의 것을 사용할 것이므로 정의하지 않는다.

여기서 부모클래스에서 정의한 메소드와 동일한 이름으로 자식클래스에서 메소드를 재정의한 것을 메소드 오버라이딩 또는 메소드 재정의라고 하는데 재정의된 메소드는 부모클래스의 메소드를 가리게 된다. 따라서 이 클래스로부터 생성된 객체는 재정의된 메소드를 사용하게 된다. 다음은 `Yello_Account`를 사용하는 코드다.

```
>>> my_account = Yellow_Account(100)    #객체 생성(부모클래스(Account)의
                                        #__init__ 사용
>>> my_account.deposit(200)             #입금 200원(재정의된 메소드 사용)
>>> my_account.show_Account()           #부모클래스(Account)의 show_Account 사용
balance : 314.0 원
>>> my_account.withdraw(150)            #출금 150원(재정의된 메소드 사용)
>>> my_account.show_Account()
balance : 154.0 원
```

재정의된 deposit, withdraw 메소드는 이자율과 수수료를 계산하는 코드를 가졌다. 위 코드의 출력 결과를 보면 Yellow_Account로부터 생성된 객체가 어떻게 동작하는지 알 수 있을 것이다.

다음으로 Yellow_Accout보다 이자율이 더 높은 Blue_Accuont라는 클래스를 설계해보자. 이 계좌의 특징은 이자율이 높은 대신 출금 수수료가 비싸다는 특징을 가진 계좌다.

```
>>> class Blue_Account(Account):
    def deposit(self, money):
        self.balance += money*1.17
    def withdraw(self, money):
        self.balance -= money+50
```

Blue_Account 클래스 또한 deposit와 withdraw 메소드를 재정의했다. 한 번 객체를 생성하고 재정의된 메소드를 호출하여 Yellow_Account 클래스의 객체와 출력 결과를 비교해보자.

```
>>> my_account = Blue_Account(100)
>>> my_account.deposit(200)          #입금 200원
>>> my_account.show_Account()
balance : 334.0 원
>>> my_account.withdraw(150)         #출금 150원
>>> my_account.show_Account()
balance : 134.0 원
```

같은 금액의 입금에 대한 이자가 Yellow_account 계좌보다 더 높게 나왔다. 그런데 같은 금액의 출금이지만 수수료가 훨씬 많아서 최종 잔고는 Yellow_account 계좌보다 더 적다. 어쨌든 핵심은 메소드 재정의를 이해하는 것이다. 대략적인 감은 잡았을 것이라 믿겠다.

이번에는 메소드를 재정의할 때 부모 메소드의 기능을 수정하지 않고 그대로 사용하면서 추가적인 기능만 덧붙이는 방법을 살펴보겠다. 이 방식은 부모클래스에서 정의된 메소드가 어떻게 구현되었는지 알지 않아도 된다. 단순히 재정의할 메소드 내에서 부모의 메소드를 호출해주기만 하면 된다. 그렇다면 앞에서 설계된 두 클래스

Yellow_Account와 Blue_Account에서 재정의되지 않았던 나머지 두 메소드 __init__와 show_Account를 기능을 추가하는 방식으로 재정의해보겠다.

```
>>> class Blue_Account(Account):
    def __init__(self, name, money):
        Account.__init__(self, money)      #부모클래스의 __init__ 메소드 호출
        self.name = name                   #새로운 속성 추가
    def deposit(self, money):
        self.balance += money*1.17
    def withdraw(self, money):
        self.balance += money+50
    def show_Account(self):
        Account.show_Account(self)         #부모클래스의 show_Account 메소드 호출
        print("Account owner : {}".format(self.name))   #새로운 기능 추가
```

이렇게 상위 클래스의 메소드를 하위 클래스에서 호출할 때는 클래스 이름을 명시하여 호출해줘야 한다. 그리고 첫 번째 인수로 self를 넘겨주는 것을 잊지 말아야 한다. 왜 self를 넘겨줘야 되는지 이해가 안 된다면 클래스 장의 'self는 왜 자동으로 전달되는가?'에 대한 부분을 참고하길 바란다. 다음은 새롭게 수정한 Blue_Account 클래스를 사용하는 코드다.

```
>>> my_account = Blue_Account("Kisup Yun", 100)     #새롭게 추가된 속성 초기화
>>> my_account.show_Account()
balance : 100 원
Account owner : Kisup Yun                           #새롭게 추가된 기능
```

앞서 상속을 하는 이유를 재활용을 하기 위함이라고 했다. 여기서 한 가지 이유를 더 추가하자면 새롭게 수정된 Blue_Accout처럼 기존의 클래스를 구체화를 하기 위함이라고 할 수 있다. 앞서 예제처럼 구체화는 메소드 재정의를 통해서 이루어진다. 구체화를 하는 이유는 다양한 계좌를 설계할 때 Account와 같이 공통적인 기능을 가진 부모 클래스를 상속받으면 다양한 종류의 계좌 객체를 일괄적으로 관리할 수 있기 때문이다. 아직은 이 설명이 아리송할 수 있겠지만 C++ 같은 언어에서는 메소드 재정의는 다형성^{polymorphism}을 구현하는 열쇠이기도 하다. 다형성에 대한 것은 나중에 다룰 주제인 '덕 타이핑$^{duck\ typing}$'에서 다시 다루겠다.

11장_ 클래스 **387**

부모 클래스의 메소드를 호출하는 방법

자식 클래스의 메소드에서 부모 클래스의 메소드를 호출해야 할 경우가 있다. 앞서 제시된 예처럼 부모 메소드의 기능을 수정하지 않고 추가만 할 경우가 이런 경우에 해당한다. 여기서는 부모 클래스의 메소드를 호출하는 두 가지 방법을 소개하겠다.

부모 클래스를 명시하여 호출

앞서 예에서도 이 방법을 사용했다. 다시 예제를 살펴보자.

```
>>> class Account():
        def __init__(self, money):
            self.balance = money
        def deposit(self, money):
            self.balance += money
        def withdraw(self, money):
            self.balance -= money
        def show_Account(self):
            print("balance : {} 원".format(self.balance))

>>> class Blue_Account(Account):
        def __init__(self, name, money):
            Account.__init__(self, money)       #부모클래스의 __init__ 메소드 호출
            self.name = name                     #새로운 속성 추가
        def deposit(self, money):
            self.balance += money*1.17
        def withdraw(self, money):
            self.balance += money+50
        def show_Account(self):
            Account.show_Account(self)           #부모클래스의 show_Account 메소드 호출
            print("Account owner : {}".format(self.name))   #새로운 기능 추가
>>> myaccount = Blue_Account("my", 100)
>>> myaccount.deposit(200)
>>> myaccount.show_Account()
balance : 334.0 원
Account owner : my
```

Blue_Account 클래스는 Account 클래스를 상속받고 __init__ 메소드와 show__Account 메소드를 재정의하면서 부모 클래스를 호출한다. 이 장의 'self 는 왜 자동으로 전달되는가?'에서 클래스의 이름공간에서 메소드를 직접 접근하는 경우와 클래스의 인스턴스의 이름공간에서 메소드를 접근하는 방법의 차이점을 설명

했다. 차이점은 클래스의 이름으로 메소드를 호출할 때는 self를 직접 전달해야 한다는 것이었다. 반면에 클래스의 인스턴스가 메소드를 호출할 때 self를 직접 전달하지 않았는데 이유는 self의 전달을 내부적으로 처리하는 묶인 메소드를 호출하는 것이기 때문이었다. 어쨌든 이 방법은 그렇게 직관적으로 보이지 않기 때문에 실수하기 쉬워보인다.

super를 사용

이번에는 좀 더 직관적인 방법을 소개하겠다. super 함수를 사용하는 것이다. 이 함수가 반환하는 것이 무엇인지 정확히 이해할 필요는 없다. 단 이 함수가 반환한 객체를 통해서 부모클래스의 속성에 접근할 수 있다는 것만 알아두자. 그런데 이 방법은 앞서 방법처럼 클래스 이름(이름공간)을 명시하여 메소드를 호출하는 방법과는 차이점이 있다. 차이점을 설명하기 앞서 앞의 예제를 super를 사용하는 방법으로 바꿔보자.

```
>>> class Account():
    def __init__(self, money):
        self.balance = money
    def deposit(self, money):
        self.balance += money
    def withdraw(self, money):
        self.balance -= money
    def show_Account(self):
        print("balance : {} 원".format(self.balance))


>>> class Blue_Account(Account):
    def __init__(self, name, money):
        super().__init__(money)          #부모클래스의 __init__ 메소드 호출
        self.name = name                 #새로운 속성 추가
    def deposit(self, money):
        self.balance += money*1.17
    def withdraw(self, money):
        self.balance += money+50
    def show_Account(self):
        super().show_Account()           #부모클래스의 show_Account 메소드 호출
        print("Account owner : {}".format(self.name))   #새로운 기능 추가

>>> myaccount = Blue_Account("my", 100)
>>> myaccount.deposit(200)
>>> myaccount.show_Account()
balance : 334.0 원
Account owner : my
```

작성된 코드를 비교해보면 super를 사용하여 부모 클래스의 메소드를 호출할 때 self를 전달하지 않아도 된다. 어쨌든 방법만 다를 뿐이지 부모의 클래스의 메소드를 정상적으로 호출한다.

그런데 이 두 방법은 중대한 차이점이 있다. 설명을 위해서 간단한 예를 들어보겠다.

```
>>> class A():
        def metho(self):
            print("A's method")


>>> class B(A):
        def metho(self):
            print("B's method")


>>> class C(B):
        def metho(self):
            B.metho(self)
            super().metho()

>>> test = C()
>>> test.metho()
B's method
B's method
```

이렇게 A, B, C 세 개의 클래스가 있고 B는 A를, C는 B를 각각 상속한다. 이런 상속 단계는 얼마든지 깊어질 수 있다. 여기서 C 클래스의 인스턴스를 생성한 후 metho 메소드를 호출하였다. 이 때 B 클래스의 메소드가 두 번 호출되었음을 확인할 수 있다.

이번에는 C 클래스를 다음과 같이 수정한 후 동일한 작업을 해보도록 하자.

```
>>> class A():
        def metho(self):
            print("A's method")


>>> class B(A):
        def metho(self):
            print("B's method")
```

```
>>> class C(B):
        def metho(self):
            A.metho(self)
            super().metho()


>>> test = C()
>>> test.metho()
A's method
B's method
```

결과가 예상대로인가?

C 클래스의 `metho` 메소드에서 부모클래스의 메소드를 호출하는 두 가지 방법을 모두 사용했다. 클래스 이름(A 또는 B)을 직접 명시하는 경우는 해당 클래스의 메소드를 호출한다. 사실 클래스의 이름을 명시하여 메소드를 호출하는 방법은 다음과 같이 상속관계가 아니라도 사용할 수 있는 방법이다.

```
>>> class F():
        def metho(self):
            print("F's method")


>>> class G():
        def metho(self):
            F.metho(self)


>>> test = G()
>>> test.metho()
F's method
```

하지만 `super`를 사용하면 자신의 부모의 이름공간부터 시작하여 거슬러 올라가면서 메소드나 속성을 검사해 나간다. 그리고 먼저 검색되는 메소드나 속성이 선택되어 사용되는 것이다.

덕 타이핑

앞에서 다형성에 대해 언급을 했지만 파이썬에서는 덕 타이핑duck typing이라는 방법으로 다형성을 구현한다. 다형성이면 다형성이지 굳이 덕 타이핑이라고 하는 이유는 동적 타이핑dynamic typing 언어가 가지는 특색 때문이다. 다른 객체지향 언어를 다룬 적이 없다면 이 둘의 차이를 설명하는 것은 크게 의미가 없기 때문에 깊게 설명하지 않겠다.

우선 덕 타이핑이라는 말 뜻에 대해서 잠시 생각해보자.

오리duck는 '꽥꽥'하고 운다. 따라서 '꽥꽥'하고 울면 오리다! 그러므로 어떤 동물이 '꽥꽥'이라고 울었다면 이 동물은 오리다? 이 문장의 논리에 동의하는가?

상식적으로 단지 '꽥꽥'이라고 울었다고 오리라고 볼 수 있는 것은 아니다. 만약 그렇다면 사람이 '꽥꽥'하고 울어도 오리인가? 하지만 덕 타이핑은 '꽥꽥'이라고 울면 오리라고 말한다. 여기서 '꽥꽥'이 의미하는 것은 메소드다. 그리고 '꽥꽥'이라는 메소드를 가졌다면 오리라고 판단한다. 말이 안 되는 것 같지만 이것은 동적 타이핑 언어의 특징이다.

정적 타이핑 언어에서는 다형성을 말할 때는 동일한 타입인지를 먼저 체크한 후 타입이 맞다면 메소드를 실행한다. 그러나 덕 타이핑은 타입을 보지 않는다. 다시 말해 동일한 이름의 메소드가 있다면 어떤 타입(어떤 클래스의 인스턴스든 상관없이)이든 해당 메소드를 호출할 수 있다. 오리의 예와 같이 메소드에 따라서 타입을 결정한다고 하여 덕 타이핑이라고 이름 붙여진 것이다(사실 정적 타입 언어(타입을 체크하는 언어)를 접해보지 않았다면 이 설명은 이해할 수 없을지 모른다. 그리고 덕 타이핑은 너무 당연한 것이라고 생각할 수도 있겠다).

예를 들어 앞에서 예로 든 `Yellow_Account`와 `Blue_Account` 클래스의 객체들 만들어 동일한 함수를 통해서 두 종류 계좌의 정보를 출력해보겠다.

```
>>> account1 = Yellow_Account('Kisup Yun', 100)
>>> account2 = Yellow_Account('Paul', 100)
>>> account3 = Blue_Account('Ji Kwang', 230)
>>> account4 = Blue_Account('Chul Su', 170)
>>> account_list =[account1, account2, account3, account4]
```

다음은 덕 타이핑을 테스트하기 위한 함수를 나타낸다.

```
>>> def check_account(account):
    account.show_Account()
```

이 함수에 앞에서 생성한 서로 다른 클래스의 인스턴스를 인수로 집어 넣어보겠다.

```
>>> check_account(account1)
*Yellow_Account* owner : Kisup Yun
balance : 100 원
>>> check_account(account2)
*Yellow_Account* owner : Paul
balance : 100 원
>>> check_account(account3)
*Blue_Account* owner : Ji Kwang
balance : 230 원
>>> check_account(account4)
*Blue_Account* owner : Chul Su
balance : 170 원
```

이렇게 일괄된 표현(코드)으로 여러 타입의 객체가 각각 자신에게 맞는 행동을 결정한다. 이것이 다형성의 목적이다. 그리고 파이썬에서는 다형성을 덕 타이핑으로 구현하는 것이다.

위 코드는 다형성에 맞는 코드지만 덕 타이핑은 좀 더 유연하다. 비교하자면 C++에서는 동일한 부모를 가진 클래스의 객체라면 위와 같은 코드를 짤 수 있지만 그렇지 않다면 동일한 메소드를 가졌더라도 이런 코드는 성립하지 않는다. 하지만 파이썬은 show_Account 메소드를 가진 객체라면 언제나 실행된다.

```
>>> class Duck():
    def show_Account(self):
        print("It's Duck Account")

>>> account100 = Duck()
>>> check_account(account100)
It's Duck Account
```

마지막으로 게임에서 아이템item을 선택하는 예를 덕 타이핑을 통해서 간단히 구현해보겠다. 먼저 Dwarf 클래스에서 아이템을 선택하는 메소드를 만들어보았다. name이라는 프로퍼티와 use라는 이름을 가진 메소드를 가진 객체라면 Dwarf 클래스의 아이템으로 선택될 수 있을 것이다.

```
>>> class Dwarf():
    def __init__(self, name, item):
        self.__name = name
        self.__item = item
    def choose_item(self, item):
        print("{} Dwarf choose {}".format(self.__name, item.name))
        self.__item = item
    def use_item(self):
        self.__item.use()          #선택된 아이템의 use 메소드를 사용(덕 타이핑)
```

그리고 아이템으로 Sword 클래스를 설계했다.

```
>>> class Sword():
    def __init__(self, name, power):
        self.__name = name +" Sword"
        self.__power =  power
    def use(self):                  #use 메소드 구현
        print("use {} **power : {}**".format(self.__name, self.__power))
    @property
    def name(self):
        return self.__name
```

위 두 클래스는 다음과 같이 사용할 수 있다.

```
>>> my_Dwarf = Dwarf("kisup", None)           #캐릭터 생성
>>> silver_sword = Sword("Silver", 10)        #무기 생성
>>> my_Dwarf.choose_item(silver_sword)        #캐릭터가 무기를 선택
kisup Dwarf choose Silver Sword
>>> my_Dwarf.use_item()                       #캐릭터가 무기를 사용(덕 타이핑)
use Silver Sword **power : 10**
```

덕 타이핑을 이용하면 동일한 표현으로 다양한 아이템을 사용하게끔 할 수 있을 것이다. 그렇다면 이번에는 Hammer라는 타입의 무기를 만들어서 캐릭터의 무기를 교체해보겠다.

```
>>> class Hammer():
    def __init__(self, name, power):
        self.__name = name+" Hammer"
        self.__power =  power
    def use(self):                              #use 메소드 구현
        print("use {} **power : {}**".format(self.__name, self.__power))
    @property
    def name(self):
        return self.__name


>>> silver_hammer = Hammer('silver', 12)       #무기 생성
>>> my_Dwarf.choose_item(silver_hammer)        #캐릭터가 무기를 선택
kisup Dwarf choose silver Hammer
>>> my_Dwarf.use_item()                        #캐릭터가 무기를 사용
use silver Hammer **power : 12**
```

마지막으로 Food라는 클래스를 만들어서 무기 대신 선택시켜보자.

```
>>> class Food():
    def __init__(self, name, energy):
        self.__name = name
        self.__energy =  energy
    def use(self):
        print("eat {} **energy : {}** ".format(self.__name, self.__energy))
    @property
    def name(self):
        return self.__name


>>> hamburger = Food("Hamburger", 50)
>>> my_Dwarf.choose_item(hamburger)
kisup Dwarf choose Hamburger
>>> my_Dwarf.use_item()
eat Hamburger **energy : 50**
```

덕 타이핑을 이용하면 Food뿐 아니라 어떠한 클래스의 객체라도 use 메소드가 구현되어 있다면 my_Dwarf가 사용할 수 있다. 이렇게 파이썬은 덕 타이핑으로 다형성을 간단하게 구현하지만 C++나 자바와 같은 언어에서 다형성을 구현하는 방법은 타입 체크를 하기 때문에 이렇게 간단하지 않다는 점을 알아두자.

> **C++에서의 상속과 인스턴스의 초기화**
>
> 상속이라는 개념은 속성과 메소드를 물려주는 것이라기보다는 자신의 이름공간에 없을 경우 부모의 것을 사용한다는 보조적인 의미가 크다. 그리고 C++에서는 부모의 인스턴스와 자식 인스턴스가 따로 생성되어 이 의미를 구현한다. 따라서 부모클래스의 생성자가 자동으로 호출되어 인스턴스가 생성된다. C++에서는 이렇게 문법적으로 상속에 따른 초기화에 관한 장치들이 마련되어 있다.
>
> 반면에 파이썬에서는 자식의 인스턴스가 생성될 때 부모클래스의 인스턴스가 생성되지 않는다. 대신 단순히 부모 클래스의 이름공간을 연결해줄 뿐이다. 그리고 자식클래스부터 시작해서 부모클래스로 메소드를 검색해나간다. 그리고 최초로 검색되는 __init__ 메소드만 호출이 된다. 따라서 파이썬에서 상속을 다룰 때 필요하다면 부모클래스의 __init__ 메소드를 자식의 __init__ 메소드에서 직접 호출해야 한다(물론 C++에서도 부모클래스의 디폴트 생성자가 아닌 다른 생성자라면 직접 호출할 수도 있다. 어쨌든 C++에서는 파이썬과 달리 부모클래스의 인스턴스가 자동으로 생성되므로 부모클래스의 인스턴스의 초기화가 반드시 수행된다).

연산자 오버로딩

설명에 앞서 메소드 오버라이딩(재정의)과 혼동이 될 수 있으므로 잠시 용어를 정리하고 넘어가겠다. 오버라이딩^{overriding}은 상속관계에서 부모클래스의 메소드를 자식클래스에서 재정의한 것이다. 오버라이딩은 상속관계에서 일어난다는 것을 명심하길 바란다.

오버로딩^{overloading}은 중복을 허용한다는 의미로 사용된다. C++의 경우는 함수를 중복해서 정의할 수 있는데 이는 동일한 이름의 함수가 인수의 개수나 타입에 따라서 구별될 수 있기 때문에 가능한 것이다. 하지만 파이썬에서는 함수의 오버로딩은 허용되지 않는다(C 언어도 오버로딩을 허용하지 않는다).

그런데 파이썬에서는 내장된 연산자의 오버로딩은 가능하다. 내장된 연산자는 미리 정해진 기능의 연산을 위한 기호지만 사용자 클래스에서 이 연산자의 의미를 다르게 정의할 수 있다. 즉, 동일한 기호를 타입에 따라 다른 의미로 사용할 수 있기 때문에 연산자 오버로딩$^{operator\ overloading}$이라고 한다.

예를 들어 1+1은 '숫자+숫자'의 연산으로서 수학의 덧셈 연산이 수행된다. 'hello'+'python'의 연산은 문자열+문자열로서 문자열을 연결하는 연산이 수행된다. 기능은 달라도 두 연산은 동일한 기호인 '+'를 사용하였다. 즉 타입에 따라서 '+'가 다르게 동작한 것이다.

같은 맥락으로 사용자 클래스도 '+' 기호를 사용하는 연산을 정의할 수 있다. 이렇게 연산자를 오버로딩하면 동일한 '+' 연산자를 타입에 따라 특유의 연산을 하도록 정의할 수 있다.

그러면 지금부터 사용자 클래스의 연산자 오버로딩을 하는 방법을 살펴보도록 하겠다. 특정 타입(클래스)에서 연산자 오버로딩을 하는 방법은 연산 기호에 해당하는 특수한 메소드를 정의해주면 된다.[10]

'+' 연산에 해당하는 메소드 이름은 __add__다. 그렇다면 앞서 예제에서 캐릭터가 무기를 선택하는 것을 '+' 연산으로 가능하도록 연산자 오버로딩을 해보겠다.

```
>>> class Dwarf():
        def __init__(self, name, item):
            self.__name = name
            self.__item = item
        def choose_item(self, item):
            print("{} Dwarf choose {}".format(self.__name, item.name))
            self.__item = item
        def use_item(self):
            self.__item.use()
        def __add__(self, item):
            print("{} Dwarf choose {}".format(self.__name, item.name))
            self.__item = item

>>> class Sword():
        def __init__(self, name, power):
            self.__name = name +" Sword"
            self.__power =  power
        def use(self):                          #use 메소드 구현
            print("use {} **power : {}**".format(self.__name, self.__power))
        @property
        def name(self):
```

---

[10] 연산자와 이에 대응되는 메소드의 이름은 파이썬 문서에서 Language Reference의 3.3.7. Emulating numeric types에 정리되어 있으니 참고하길 바란다.

```
            return self.__name
>>> silver_sword = Sword("Silver", 10)
>>> my_Dwarf = Dwarf("Kisup", None)


>>> my_Dwarf + silver_sword         # my_Dwarf.__add__(silver_sword)와 동일
Kisup Dwarf choose Silver Sword
>>> my_Dwarf.use_item()
use Silver Sword **power : 10**
```

__add__라는 특수 메소드를 정의하여 Dwarf 클래스에 대한 '+' 연산을 정의하였다. 이 연산은 원래 Dwarf 클래스가 갖고 있던 메소드인 choose_item 메소드와 동일하고 메소드 이름만 __add__로 바뀌었을 뿐이다. 이 메소드는 특수 메소드로 '+' 연산을 정의한다. 그러면 어떤 식으로 '+'가 사용되는지 코드를 잘 살펴보자. '+' 연산을 사용할 때 __add__ 메소드의 주체가 되는 객체는 '+' 연산의 왼편에 놓이고 __add__ 메소드의 인수로 전달된 객체는 '+' 연산의 오른편에 놓인다. 이렇게 피연산자가 될 객체의 개수와 객체가 연산자를 기준으로 놓이는 순서는 반드시 지켜져야 한다. '+' 연산의 경우는 피연산자가 2개여야 하므로 위와 같이 사용되지만 피연산자가 하나인 경우도 있을 것이다. 예를 들어 + 부호 연산(__pos__)은 피연산자의 개수가 하나이므로 인수는 self만 가진다. 반면에 앞에서 예로든 + 덧셈 연산(__add__)은 피연산자가 두 개이므로 인수로 self 이외에 피연산자가 될 객체를 받는 것이다.

이번에는 Dwarf 클래스의 use_weapon 메소드의 이름을 __pos__로 바꿔보자. 그러면 다음과 같이 실행할 수 있다.

```
>>> my_Dwarf = Dwarf("Kisup", None)
>>> silver_sword = Sword("Silver", 10)
>>> my_Dwarf + silver_sword
Dwarf choose Silver Sword
>>> +my_Dwarf
use Silver Sword **power : 10**
```

이런 연산자의 사용은 가급적이면 원래의 의미와 비슷한 의미로 사용하는 것이 좋을 것이다.

연산자 오버로딩에 있어서 꼭 주의할 점은 앞서 언급했듯이 피연산자가 두 개인 연산에서는 피연산자의 순서에 주의해야 한다.

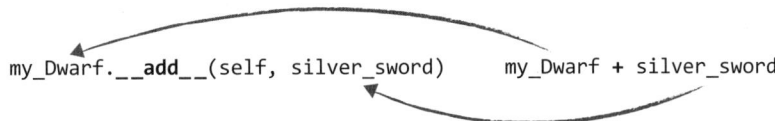

두 피연산자가 서로 동일한 타입의 객체라면 피연산자의 순서는 상관이 없겠지만 다른 타입의 객체라면 연산을 할 때 정의된 순서대로 써줘야 한다. 만약 피연산자의 순서를 반대로 하여 연산을 하고 싶다면 연산자 오버로딩을 할 때 원래의 메소드의 이름에 r을 붙인 메소드를 하나 더 정의해주면 된다(__add__의 피연자의 순서를 바꾼 연산에 대한 메소드는 __radd__다).

예를 들어 Dwarf 클래스의 객체와 Sword 객체를 순서에 상관없이 더하기 위해 메소드를 __radd__ 메소드를 추가할 수 있을 것이다.

```
>>> class Dwarf():
        def __init__(self, name, item):
            self.__name = name
            self.__item = item
        def choose_item(self, item):
            print("{} Dwarf choose {}".format(self.__name, item.name))
            self.__item = item
        def use_item(self):
            self.__item.use()
        def __add__(self, item):
            print("{} Dwarf choose {}".format(self.__name, item.name))
            self.__item = item
        def __radd__(self, item):
            print("{} Dwarf choose {}".format(self.__name, item.name))
            self.__item = item

>>> class Sword():
        def __init__(self, name, power):
            self.__name = name +" Sword"
            self.__power =  power
        def use(self):                              #use 메소드 구현
            print("use {} **power : {}**".format(self.__name, self.__power))
        @property
        def name(self):
```

```
            return self.__name

>>> my_Dwarf = Dwarf("Kisup", None)
>>> silver_sword = Sword("Silver", 10)
>>> my_Dwarf + silver_sword
Kisup Dwarf choose Silver Sword
>>> silver_sword + my_Dwarf          #피연산 객체의 순서를 바꿔도 OK
Kisup Dwarf choose Silver Sword
>>>
```

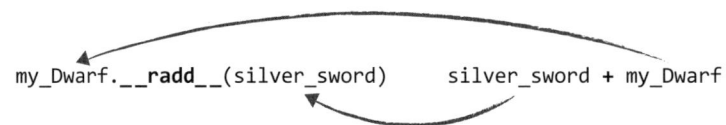

여기서 한 가지 팁을 주면 `__add__`와 `__radd__`의 내부의 코드는 동일하므로 `__radd__` 메소드를 다음과 같이 정의해도 동일한 의미를 갖는다.

```
    def __radd__(self, weapon):
        self.__add__(weapon)
```

파이썬 문서를 참고하여 다른 연산자들에 대해서도 연산이 정의된 클래스를 만들어보자.

생각보다 많은 내용을 다룬 것 같다. 만약 클래스를 처음 접한다면 내용들이 버거울 수도 있었으리라 생각이 든다. 그렇다면 클래스를 왜 사용하는지와 속성, 메소드, 상속에 대한 개념만이라도 잡아두길 바란다. 그 정도면 이 책을 읽는 데 부족함은 없을 것이다.

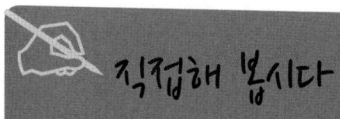

지금까지 배운 클래스에 대한 내용을 연습문제를 통해서 정리해보겠습니다.

1-1 파이썬 고등학교에서는 학생에 대한 클래스를 만들어 학생들을 관리하려고 한다. 예를 들어 학생의 이름, 나이, 학년 등이 객체의 속성이 될 수 있을 것이다. 한 번 학생 클래스를 만들어 보자.

HINT 학생이 가진 속성과 메소드는 어떤 것들이 있을 수 있을까?

1-2 학생 클래스의 클래스 속성은 어떤 것으로 하면 될지 생각해보고 클래스 속성을 추가하도록 하자.

HINT 클래스 속성은 모든 학생들이 공유하는 속성이어야 한다.

1-3 교육청에서는 학교마다 클래스로 관리해오던 학생에 대한 정보를 통합하여 관리하려고 한다. 그런데 학교마다 만들어 놓은 클래스의 형태가 천차만별이기 때문에 관리하는 것이 쉽지 않을 듯 보인다. 이런 문제로 교육청에서는 학생 클래스가 다음에 제시되는 클래스를 반드시 상속하도록 지침을 내렸다.

```
class Student():
    def __init__(self, name, grade, s_class, number, score, etc):
    #이름, 학년, 반, 번호, 성적, 기타
        self.name = name
        self.grade = grade
        self.s_class = s_class
        self.name = number
        self.score=score
    def up_grade(self):      #한 학년 높임. 단, 3학년을 초과하면 grade는
                             #'graduation'
        pass
    def down_grade(self):    #한 학년 낮춤
        pass
    def show_info(self):     #학생정보출력(출력 형식은 학교, 학년, 반...,
                             #기타 순서로)
        pass
```

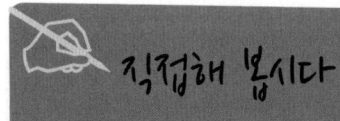

이러한 클래스를 상속하여 파이썬 고등학교의 학생 클래스를 만들어 보자. 이 때 상속받은 클래스의 메소드를 모두 재정의하도록 하자. 구현 내용은 주석을 참고하자.

1-4 Student 클래스를 상속받는 클래스에 학교 이름과 교장 이름에 대한 클래스 속성을 추가해보자. 그리고 교장이 바뀔 경우 교장 이름을 바꾸는 클래스 메소드도 정의해보자.

> **HINT** 클래스 메소드는 @classmethod 장식자를 사용하여 만들 수 있다.

1-5 프로퍼티를 사용하여 인스턴스 속성 name을 읽기전용으로 바꿔보자.

> **HINT** 먼저 프로퍼티로 만들 속성에 private 접근지정자를 지정해야 한다. 그리고 name mangling에 의해서 해당 속성이 어떤 이름으로 변하는지 관찰해야 한다(상속관계에서는 해당 속성이 부모클래스에서 정의되어 있는 경우와 자식클래스에 있는 경우가 다른 이름으로 변환된다는 것에 주목하자.

2 리스트를 상속받는 클래스를 만들고 연산자 오버로딩을 사용하여 리스트 간에 빼기 연산을 정의해보자. 빼기 연산의 결과는 set 타입의 빼기 연산(차집합)과 동일하도록 만들어 보자.

> **HINT** __sub__ 메소드를 정의하면 된다.

3 덕 타이핑에서 소개한 예제를 참고하여 Elf라는 클래스를 만든 후 Sword, Hammer 클래스의 객체를 사용을 해보자. 그 다음 Elf가 사용할 수 있도록 Car라는 클래스도 정의한 후 사용해보자

> **HINT** Car 클래스는 name 속성이 있어야 하고 use라는 메소드를 정의해야 할 것이다.

정리해 봅시다

해답은 파이썬의 신 네이버 카페(cafe.naver.com/godofpython)에서 제공됩니다.

1. 클래스의 메소드를 정의할 첫 번째 인수로 (   )로 하는데 메소드를 호출할 때 (   )에는 메소드를 호출한 객체의 인스턴스가 자동으로 전달된다. 이렇게 하는 이유는 (   ) 때문이다. 즉 호출된 메소드가 자신을 호출한 객체를 식별할 필요가 있기 때문이다.

2. 객체를 생성할 때 객체의 속성을 지정하고 초기화를 담당하는 위해 클래스에 (   ) 메소드를 정의할 수 있다.

3. 모든 객체는 자신만의 (   )을 갖는다. 따라서 객체가 갖고 있는 속성도 객체만의 고유한 것이다.

4. 클래스 속성을 메소드 내에서 사용하려면 클래스 속성 앞에 (   )을 반드시 명시해야 한다. 마찬가지로 메소드 내에서 인스턴스 속성을 사용하려면 속성 앞에 (   )를 명시해야 한다.

5. 인스턴스 메소드, 클래스 메소드, 스태틱 메소드 각각의 특징이 무엇인지 간략하게 적어보고 각 메소드를 정의할 때의 차이점도 적어보자.

6. 외부로부터 객체의 속성에 대한 접근을 막고 싶다면 __(double underbar)를 속성 이름 앞에 붙이면 된다. __로 시작하는 이름을 가진 속성은 코드가 실행될 때 (   )을 통해서 새로운 이름으로 변경된다.

7. 상속관계에서 (   )를 사용하여 부모클래스의 메소드를 호출할 수 있다.

정리해 봅시다

8 (   )은 파이썬에서 다형성을 구현하는 방법이다.

9 (   )을 통해서 내장 연산자를 사용자가 정의한 클래스의 객체에서 사용할 수 있다.

12장
파일 다루기

컴퓨터에서는 데이터를 기록하기 위해 파일을 사용한다. 데이터의 종류는 다양하기 때문에 데이터를 저장할 때도 주의를 기울여야 한다. 이 장에서는 텍스트 파일 위주로 데이터를 저장하는 방법을 소개하지만 파이썬에서는 다양한 데이터를 파일로 저장할 수 있도록 pickle과 같은 모듈도 제공해준다. 이제부터 어떻게 데이터를 파일로 저장하는지 차근차근 알아보도록 하겠다.

파일

파이썬으로 파일을 다루는 일은 매우 즐거운 일이다. 특히 C 언어로 파일을 다룬 경험이 있었다면 더욱 그럴 것이다. 그만큼 쉽고 간단하기 때문인데 파일에 문자열을 쓰는 예를 살펴보자.

```
>>> f = open('C:/gop/ch12/python.txt', 'w')      #파일 열기
>>> f.write('파이썬')                              #파일에 문자열 쓰기
3                                                 #쓰여진 문자의 개수 반환
>>> f.close()                                     #파일 닫기
```

단 3줄이면 파일에 파일에 문자열을 쓰는 작업이 이루어진다. 너무 쉽고 직관적이기 때문에 어떤 문자열이든 입력해보고 싶을 것이다. 이 코드만 조금 더 응용하면 특정 스크립트가 실행된 시간에 대한 기록을 담은 로그 파일이나 단어장을 만들 수도 있다. 물론 좀 더 세부적으로 알아야 할 사항들이 있지만 지금까지 공부를 충실히 해왔다면 별 어려움 없이 응용할 수 있을 것이다.

앞으로 위 코드를 분석을 하면서 살을 덧붙여 나갈 것이다.

우선 위 코드를 대략적으로 설명하겠다. 먼저 파일을 다루는 시작점은 내장 함수 open의 사용이다. open 함수는 파일에 대한 정보를 지닌 파일 객체를 반환한다. 그리고 반환된 파일 객체를 통해서 파일을 읽거나 파일에 데이터를 쓸 수 있다. open 함수는 8개의 인수를 가졌지만 첫 번째 인수를 제외하고는 모두 기본값을 갖는 디폴트 인수다. 너무 많다고 걱정할 필요는 없다. 나중에 자세히 배우겠지만 8개의 인수 중에 우리는 2개의 인수만 관심을 가지면 될 것이다.

코드의 둘째 줄은 파일에 내용을 쓰는 것이다. 앞에서 open 함수가 반환한 파일 객체는 write 메소드를 가지고 있다. 이 메소드를 사용하면 해당 파일에 데이터를 쓸 수 있다. 물론 파일 객체는 이 외의 다양한 메소드들을 가지고 있다. 이에 대한 내용도 살펴볼 것이다.

마지막으로 파일에 대한 작업을 마치면 파일 객체의 close 메소드를 꼭 호출해야 한다. 이 작업에 대해서는 당연하게 여기자. 다 작성된 문서를 저장하고 닫는 작업으로 생각하면 된다.

이렇게 파일을 다루는 큰 틀을 살펴보았는데 이제부터 좀 더 세부적으로 내용을 살펴보도록 할 것이다.

파일 경로 정하기

open 함수를 호출하면 파일 객체가 반환되는데 파일 객체를 통해서 파일에 데이터를 쓰거나 파일에 쓰여진 데이터를 읽을 수 있다. 파일을 생성하거나 열기 위해서는 생성될 파일 또는 열려고 하는 파일의 경로가 open 함수의 첫 번째 인수로 전달되어야 한다. 경로는 파일 이름과 함께 문자열로 전달되어야 하는데 한 가지 주의사항이 있다. 바로 경로를 나타내는 표현이 운영체제마다 다르다는 것이다. 예를 들어 윈도우 운영체제는 디렉토리 구분을 '\\'를 사용하지만 리눅스에서는 '/'를 사용한다. 따라서 파이썬 프로그램이 여러 운영체제에서 작동하기 위해서는 표현을 통일 시킬 필요가 있다. 간단히 윈도우 운영체제에서도 '/'를 사용하면 별 문제없이 동작하므로 가능하면 '\\' 대신 '/'를 사용하도록 하자.

파일 열기 모드

open 함수의 두 번째 인수를 통해 파일을 '어떻게' 열 것인가를 결정한다. 만약 생략된다면 기본으로 읽기 모드^{mode}로 열리는데 이제부터 모드의 종류와 의미에 대해서 살펴보도록 하겠다.

   open 함수의 두 번째 인수에 전달할 수 있는 값은 'r', 'w', 'a', 'x'의 네 가지 종류가 있다.

표 12-1 파일 열기 모드

모드	설명
'r'	읽기(read) 모드로 파일을 연다. 파일에 쓸 수는 없고 내용을 읽을 수만 있다. 만약 파일이 없다면 에러가 발생한다.
'w'	쓰기(write) 모드로 파일을 여는데 파일이 없다면 새로 파일을 만든다. 만약 파일이 있다면 덮어쓰게 되므로 주의해야 한다. 이 때는 파일을 읽을 수 없다.
'a'	추가(append) 모드로 리스트 메소드의 append를 생각하면 쉽게 이해될 것이다. 즉 파일을 열어서 기존에 있던 내용에 추가해서 쓸 수 있다. 만약 기존 파일이 없다면 새로 파일을 만든다.
'x'	한정적(exclusive) 생성 모드로 파일을 생성한다. 'w' 모드로 파일을 생성하는 것과 동일하지만 만약 이미 같은 이름의 파일이 존재한다면 기존 파일을 덮어 쓰지 않고 FileExistsError를 낸다는 점이 'w' 모드와 다른 점이다.

이 모드들에는 몇 가지 추가적인 옵션이 있을 수 있는데 이에 대해서 설명하기 전에 네 가지 모드를 실험해보도록 하겠다. 먼저 'C:\gop\ch12\TestMode.txt' 파일을 만들어 'python is simple'이라고 입력하고 저장해 놓자. 이제 이 파일을 파이썬에서 3가지 모드로 열 것이다. 각 모드로 파일을 조작할 때 직접 TestMode.txt 파일이 어떻게 변했는지 확인하도록 하자.

```
>>> f= open('C:\gop\ch12\TestMode.txt', 'w')        #쓰기 모드
>>> f.write('python')
6
>>> f.close()
```

위 코드를 실행시킨 결과 텍스트 파일의 내용이 'python'으로 바뀐다. 이전에 쓰여진 내용에 상관없이 새로 쓰여진다.

```
>>> f= open('C:\gop\ch12\TestMode.txt', 'r')        #읽기 모드
>>> f.read()
'python'
>>> f.close()
```

쓸 수는 없고 읽을 수만 있으므로 read 메소드로 문자열을 읽을 수 있다. 파일의 내용은 변화 없다.

```
>>> f= open('C:\gop\ch12\TestMode.txt', 'a')        #추가 모드
>>> f.write(" is simple")
10
>>> f.close()
```

write 메소드를 사용하였지만 'w' 모드로 열었을 때와 달리 기존 내용에 추가하여 문자열이 쓰여진다.

```
f= open('C:\gop\ch12\TestMode.txt', 'x')           #한정적 파일 생성 모드
Traceback (most recent call last):
  File "<pyshell#17>", line 1, in <module>
    f= open('C:\gop\ch12\TestMode.txt', 'x')
FileExistsError: [Errno 17] File exists: 'C:\\gop\\ch12\\TestMode.txt'
```

이미 해당 폴더에 동일한 이름의 파일이 존재하기 때문에 새로 파일을 생성하지 않고 에러가 발생한다. 만약 파일을 생성하려는 곳에 동일한 파일 이름이 없다면 'w' 모드로 파일을 생성하는 것처럼 파일이 생성될 것이다.

여기까지 4가지 모드를 사용해봤는데 파일 객체의 write 메소드와 read 메소드를 사용하여 문자열을 파일에 쓰거나 파일에서 문자열을 읽었다. 모드에 대한 설명을 마친 후 파일 객체의 메소드에 대해서는 더 자세히 살펴보겠다. 이 두 메소드의 기능에 대한 것은 우선은 짐작하는 정도만으로도 내용을 이해하는 데 충분할 것이다.

이번에는 앞에서 살펴본 4가지 모드에 추가적으로 붙을 수 있는 옵션에 대해서 알아보도록 하겠다. 각각의 모드에 추가적으로 't'나 'b' 또는 '+'가 붙을 수 있다. 역시 간단히 설명부터 하겠다.

표 12-2 파일 열기 추가 모드

모드	설명
't'	't' 모드는 파일을 텍스트 모드로 연다. 'b' 모드와 같이 사용할 수 없는데 이 둘은 파일의 형식을 의미하는 것이기 때문이다.
'b'	'b' 모드는 파일을 열 때 이진(binary) 모드로 연다.
'+'	앞에서 지정한 모드로 파일을 연 후 추가적인 모드가 더해진다. 예를 들어 'r+'는 우선 'r' 모드로 파일을 연 후 쓰기 모드가 더해진다. 'w+' 모드는 'w' 모드로 파일을 연 후 읽기 모드가 더해진다.

파일을 열 때 'r', 'w', 'a', 'x' 모드에 더해서 추가적으로 't' 아니면 'b' 모드에 대해서 명시하는 것이 좋다. 't' 모드와 'b' 모드는 열고자 하는 파일의 종류를 나타내는데 만약 명시하지 않는다면 기본적으로 't' 모드가 된다.

이 모드들을 조합할 수 있는 가지 수는 총 4×2×2가지가 된다. 텍스트와 바이너리의 차이는 이 주제가 끝난 다음에 설명할 것이다. 여기서는 우선 텍스트 모드는 윈도우 운영체제에서 문자열을 저장하기 위한 모드라는 것만 알아두자. 여기에서는 텍스트 모드만 다룰 것이다. 따라서 총 8가지의 열기 모드에 대해서 공부만 하면 된다.

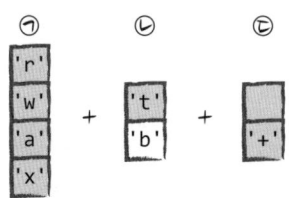

㉠은 파일을 어떻게 여는지에 대한 모드다.
㉡은 파일의 종류를 나타내는 모드다.
㉢ '+'는 어떤 모드로 열었든지 읽기 쓰기가 모두 가능하게 한다.

그런데 앞에서 4가지 파일 열기 모드에 대해서는 살펴보았다. 이 때 ㉡에 해당하는 모드는 명시하지 않았었지만 디폴트로 't' 모드가 붙은 것과 마찬가지였다. 즉 'r'은 'rt', 'w'는 'wt', 'a'는 'at', 'x'는 'xt'와 같은 의미다. 따라서 + 모드가 추가적으로 붙는 상황 4가지만 살펴보면 된다(참고로 각 모드들이 조합되는 순서는 상관이 없다).

앞에서 실습하면서 만들어 놓은 'TestMode.txt'를 가지고 열기 모드를 하나씩 실습해보겠다.

'r+'

이 모드는 텍스트 읽기 모드로 파일을 연 후에 쓰기 모드를 추가한다. 파일을 열 때는 읽기(r) 모드로 여므로 파일의 내용('python is simple')은 그대로다. 이렇게 열고 난 후 쓰기 모드가 추가되므로 파일에 쓸 수 있다. 아래 몇가지 코드를 작성했는데 각각 열고자 하는 파일의 내용은 모두 'python is simple'임을 가정한다.

```
>>> f= open('C:\gop\ch12\TestMode.txt', 'r+')
>>> f.read()                               #파일 읽기
'python is simple'
>>> f.close()
```

읽기 모드로 읽을 때와 동일하고 파일의 내용은 변화가 없다.

```
>>> f= open('C:\gop\ch12\TestMode.txt', 'r+')
>>> f.write("ABCD")                        #파일에 쓰기
4
>>> f.close()
```

단순히 쓰기만 한 경우다. 기존 내용 위에 쓴 내용이 덮어 쓰였다. 따라서 파일의 내용은 'ABCDon is simple'로 변한다. 이렇게 읽기와 쓰기를 같이 하는 것은 의도한 것이 아니면 주의해야 한다.

마지막으로 다음 두 경우를 비교해보자.

```
>>> f= open('C:\gop\ch12\TestMode.txt', 'r+')
>>> f.write("ABCD")
4
>>> f.read()                    #파일 전체를 읽는다.
'on is simple'
>>> f.close()                   #코드 실행 후 파일의 내용 'ABCDon is simple'
```

```
>>> f= open('C:\gop\ch12\TestMode.txt', 'r+')
>>> f.write("ABCD")
4
>>> f.read(6)                   #6byte를 읽는다.
'python'
>>> f.close()                   #코드 실행 후 파일의 내용 'python is simpleABCD'
```

이 두 코드는 사실상 차이점이 read 메소드를 호출할 때 인수를 전달하느냐 안하느냐의 차이인데 코드 실행의 결과 파일의 내용은 다르다. 사실 이 문제는 파일에 쓰기와 읽기를 동시에 사용할 때 일어나는 현상으로 마치 버그와 같아 보인다. 그러면 이 문제가 왜 발생했고 어떻게 해결해야 할까?

혹시 파일 포인터$^{File\ Pointer}$라고 들어본 적이 있을지 모르겠다. 잘 모르겠다면 우리가 원고지에 글씨를 쓰는 것을 생각해보자. 원고지의 첫칸부터 한 칸씩 연필로 내용을 써나가다고 하자. 이렇게 써나갈 때 연필의 위치가 현재 쓰고 있는 칸 또는 쓰려고 하는 칸을 가리키고 있고 이것은 마치 파일포인터와 같다고 볼 수 있다.

텍스트 파일을 원고지라고 생각해보자. open 함수로 텍스트 파일을 열면 파일 포인터는 텍스트 파일의 제일 처음을 가리킨다. 즉 아무런 내용이 없다면 원고지의 첫칸을 가리킬 것이고 이미 어떤 내용이 있더라도 역시 원고지의 첫칸을 가리킬 것이다. 이 상태에서 우리가 읽기나 쓰기 메소드를 호출하면 파일 포인터^{FP}가 가리키는 위치부터 시작해서 읽거나 쓰기를 해나간다. 그리고 읽은 만큼 또는 쓰기를 한 만큼 파일 포인터는 이동하게 된다.

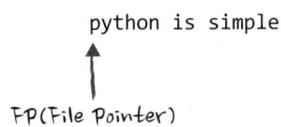

따라서 파일을 연후 바로 write 메소드를 호출하여 'ABCD'를 쓴다면 원고지의 시작부터 'ABCD'가 써지는 것이다. 이 때 파일 포인터는 5칸 이동한다(4칸에 문자를 쓴 후 다음 칸에 위치).

여기까지 이해했다면 왜 앞서 예에서 'ABCD'가 문자열의 뒷부분에 추가되었는지 궁금할 것이다. 설명하기 앞서 다음 과정을 따라서 해보길 바란다. 우선 앞서 예에서 사용했던 TestMode.text에 'python is simple'이라고 저장해 놓자. 그리고 이 파일을 open 함수를 사용하여 열어보자. 열었다면 write 메소드를 호출하여 'ABCD'를 쓰는 작업까지 해보자.

```
>>> f= open('C:\gop\ch12\TestMode.txt', 'r+')
>>> f.write("ABCD")
```

앞서 이미 했던 작업이므로 별 문제는 없다. 문제는 지금부터다. 이 상태에서 TestMode.txt 파일을 열어서 내용이 바뀌었는지 확인하길 바란다. 확인해보면 파일의 내용이 여전히 'python is simple'임을 알 수 있을 것이다. 이유를 간단히 설명하자면 우리가 쓰려는 데이터 'ABCD'는 현재 출력 버퍼에 있는 상태이기 때문이다. 그리고 출력 버퍼를 비우지 않은 상태에서 읽기를 하면 파일 포인터가 이동하면서 문제가 발생할 수가 있는 것이다.[1]

어쨌든 이런 이유로 아직까지는 원하는 위치에서 읽기/쓰기를 할 수는 없다. 이런 문제가 발생하지 않기 위한 지침은 조만간 다시 설명할 것이다.[2]

---

1 출력 버퍼를 비운다는 것은 실제로 파일에 쓰기가 이루어지는 것이다.
2 곧 배우게 될 seek 메소드를 사용하면 정확한 위치로 FP를 이동하여 읽기/쓰기를 할 수 있다.

'w+'

텍스트 쓰기 모드로 파일을 연 후 읽기 모드까지 추가한 것으로 해석한다. 쓰기 모드로 열었으므로 언제나 새로운 파일이 생성된다.

'a+'

append 모드로 파일을 연 후 읽기 모드를 추가한다. FP가 문자열의 끝을 가리키므로 당장 읽을 수 있는 문자는 없다.

사실 지금까지 내용은 가볍게 읽고 넘어가도 된다. 파일을 조작하기 위한 강력한 파일 객체의 메소드들이 있기 때문에 앞으로 파일을 다루는 몇 가지 예제들만 살펴봐도 어렵지 않게 응용할 수 있을 것이다.

파일 객체

파일 객체가 가진 메소드는 매우 직관적이다. 여기서는 앞에서 등장한 read와 write와 함께 핵심이 되는 메소드 몇 가지를 살펴볼 것이다. 그 전에 파일 객체가 어떤 방식으로 사용될 수 있는지 예를 들어 보도록 하겠다.

우선 TestFile.txt라는 텍스트 파일을 만들고 다음 내용을 추가하자.

```
Beautiful is better than ugly.
Explicit is better than implicit.
Simple is better than complex.
Complex is better than complicated.
Flat is better than nested.
```

그리고 아래처럼 실행해보자.

```
>>> f= open('C:\gop\ch12\TestFile.txt', 'r')
>>> for line in f:                              #파일 객체는 순회 가능한 객체다.
        print(line,end='')                      #end를 설정하지 않으면 기본으로
                                                #'\n'을 갖는다.


Beautiful is better than ugly.
Explicit is better than implicit.
```

```
Simple is better than complex.
Complex is better than complicated.
Flat is better than nested.
>>> f.close()
```

f는 파일 객체로서 리스트처럼 for문에 사용될 수 있다. 즉 파일의 내용은 줄 단위로 항목이 되어 순회^{loop}가 가능하다. 파일의 내용을 리스트로 반환할 수도 있는데 **readlines** 메소드를 사용하면 된다.

```
>>> f= open('C:\gop\ch12\TestFile.txt', 'r')
>>> f.readlines()
['Beautiful is better than ugly.\n', 'Explicit is better than
implicit.\n', 'Simple is better than complex.\n', 'Complex is better than
complicated.\n', 'Flat is better than nested.']
>>> f.close()
```

텍스트 문서상에서 줄이 바뀌는 위치에 개행문자 '\n'가 있다는 것에 주의하자.

반대로 리스트를 파일에 저장할 수도 있다. 이때는 **writelines** 메소드를 사용한다.

```
>>> s = ['Beautiful!\n', 'Explicit!\n', 'Simple!\n', 'Complex!\n',
'Flat\n']
>>> f = open("C:/gop/ch12/List2File.txt", 'w')
>>> f.writelines(s)
>>> f.close()
```

그런데 만약 각 항목의 끝에 개행문자가 없다면 다음과 같이 **write** 메소드를 사용하는 방법이 있다.

```
>>> s = ['Beautiful!', 'Explicit!', 'Simple!', 'Complex!', 'Flat']
>>> f = open("C:/gop/ch12/List2File.txt", 'w')
>>> f.write('\n'.join(s))        #줄바꿈을 위해 리스트의 항목 사이에 '\n'을 추가해준다.
>>> f.close()
```

개행문자 '\n'을 항목 사이에 넣기 위해서 join 메소드를 사용한 것에 주목하자.

정리하면 readlines 메소드는 리스트를 반환하고 writelines 메소드는 리스트를 인수로 받아 줄단위로 쓴다. 단, 리스트의 항목의 마지막에 개행문자가 없을 때는 join 메소드로 항목사이에 개행문자를 넣어서 문자열을 만든 후에 write 메소드를 사용하는 방법이 있다.

어쨌든 파일의 내용은 줄 단위(개행문자)로 리스트의 항목이 된다고 생각할 수 있다.

그런데 readlines로 리스트로 파일의 내용을 얻어왔을 때 각 항목별로 끝에 '\n'이 붙어 있다. 하지만 우리가 파일을 열었을 때는 개행문자가 보이는 대신 실제로 줄바꿈이 되어 있다. 반대로 문자열로 읽어올 때는 줄바꿈을 의미하는 개행문자로 표시된다. 따라서 문자열을 파일에 저장할 때 줄바꿈을 원하는 위치에 개행문자를 적어주면 자동으로 줄을 바꿔준다.

앞의 예제에서 print 함수의 인수 end에 공백문자 ' '를 전달했었다. 이것은 print 함수가 기본적으로 출력 후에 줄을 바꾸기 때문에 만약 end에 공백문자를 전달하지 않는다면 줄바꿈이 두 번 일어나기 때문이다(end는 출력 후 마지막에 추가될 문자열인데 기본값으로 개행문자 '\n'을 갖고 있기 때문이다). 또는 다음처럼 strip 함수를 사용하면 된다(strip 함수는 문자열의 양끝에 있는 개행문자와 공백을 없애준다).

```
>>> f = open("C:/gop/ch12/List2File.txt", 'r')
>>> for line in f:
        print(line.strip())

Beautiful is better than ugly.
Explicit is better than implicit.
Simple is better than complex.
Complex is better than complicated.
Flat is better than nested.
```

그리고 마지막으로 문자열을 특정한 기준에 따라서 줄바꿈하여 파일에 저장하고 싶을 경우 문자열을 다음과 같이 바꾸면 된다.

```
>>> s='Beautiful!/Explicit!/Simple!/Complex!'
>>> '\n'.join(s.split('/'))              #'/'를 기준으로 하여 줄바꿈문자를 넣는다.
'Beautiful!\nExplicit!\nSimple!\nComplex!'
```

이미 문자열을 다룰 때 설명한 메소드들이므로 기억이 안나면 내장 데이터 타입의 문자열을 참고하자. 이렇게 바뀐 문자열을 write 메소드로 파일에 쓰기만 하면 된다.

파일의 임의접근

지금까지 파일에 내용을 쓸 때는 파일의 시작부터 차례대로 써나갔다. 비유하자면 원고지의 첫칸부터 써나가기 시작했지만 다시 앞으로 가서 수정하거나 읽을 수는 없었던 것이다. 좀 더 자유롭게 파일 읽기/쓰기를 위해서 파일에 임의 접근할 필요가 있다.

임의 접근을 위해서는 앞서 언급했던 FP^{File Pointer}가 가리키는 위치를 변경하면 된다. FP를 변경을 하려면 seek 메소드를 사용한다. 그리고 현재 FP가 파일 내에서 어느 위치를 가리키는지를 알려면 tell 메소드를 사용한다. 우선 이 두 메소드를 사용하는 간단한 예제를 보자.

```
>>> f = open("C:/gop/ch12/seektell.txt", 'w+')
>>> f.write("ABCDEFGHIJ")
10                          #10개의 문자를 파일에 쓴 후 쓴 문자의 개수를 반환
>>> f.flush()               #쓰기 버퍼 비움(쓰기 버퍼에 있는 데이터가 실제 파일에 쓰여짐)
>>> f.tell()
10                          #현재 FP의 위치
```

파일을 원고지로 비유해서 설명해 나가겠다. 파일(원고지)에는 10개의 문자가 쓰여지고 FP의 위치는 마지막 문자 다음인 10번째 칸을 가리킨다(원고지는 0칸부터 시작한다. 따라서 위 문자열은 0칸부터 9칸까지 차지하고 있다. 시퀀스 타입의 색인이 0부터 시작하는 것과 같다).

이제 4번째 칸의 위치에 있는 문자를 읽어보겠다.

```
>>> f.seek(4, 0)              #원고지 처음으로부터 4번째 칸으로 FP 이동
4
>>> f.tell()                  #현재 위치 출력
4
>>> f.read(1)                 #현재의 위치에서 1칸 읽음
'E'
>>> f.tell()
5                             읽은 후 FP 위치는 다음으로 이동
```

seek 메소드는 두 개의 인수를 받는다. 첫 번째 인수는 기준으로부터 몇 번째 칸으로 이동할지 결정하는 인수다. 그리고 여기서 이동을 시작하는 기준은 두 번째 인수로 정한다.

기준은 세 가지 경우를 정할 수 있다. 원고지의 시작(0), 현재 FP 위치(1) 그리고 원고지에서 마지막 문자의 위치(2)다. 기준을 만들려면 각각 0, 1, 2라는 값을 두 번째 인수로 전달하면 된다.[3] 처음으로부터 4번째 칸으로 이동해서 1칸을 읽으면 'E'라는 문자를 읽을 수 있다.

이제 현재 위치에서 '***' 문자를 넣어보겠다. 이 때 쓰기를 하기 전에 반드시 seek 메소드로 FP가 가리키는 위치를 지정해줘야 한다. 물론 tell 메소드를 호출하여 FP의 위치가 5임을 확인했지만 seek 메소드를 FP를 이동해주지 않으면 문자열의 마지막 위체에 쓰여지는 것을 확인할 수 있을 것이다. 직접 확인해보기 바란다. 우선 이유는 나중에 설명하고 다음 예를 보자.

```
>>> f.seek(0, 1)              #FP 현재 위치로 이동
5
>>> f.write("***")            #현재 위치(5)부터 '***'쓰기
3
>>> f.tell()
8                             #쓰기를 마친 후 FP 위치
>>> f.close()
```

이제 파일을 닫고 텍스트 파일의 내용을 확인해보자. 파일의 내용이 "ABCDE***IJ"인 것을 확인할 수 있을 것이다.

---

[3] 또는 os 모듈의 SEEK_SET, SEEK_CUR, SEEK_END를 사용해도 된다. 이 변수들도 어차피 0, 1, 2라는 값을 가진 변수다.

앞의 예에서 두 번째 쓰기를 하기 전에 seek 메소드를 반드시 사용해야 한다고 했는데 이것은 꼭 기억해 두도록 하자. 좀 더 정확히 정리하면 읽기 다음에 쓰기를 할 경우 seek 메소드의 호출이 선행되어야 하고 쓰기 다음에 읽기를 할 경우에는 flush 메소드를 호출하여 쓰기 버퍼를 비워주도록 한다.

사실 왜 그런지 설명하는 것은 큰 의미가 없고 파이썬의 파일 I/O의 설계상 파일에 읽기/쓰기 모드를 혼합해서 사용할 때는 이렇게 하기로 되어 있기 때문이다.

> with ~ as ~:
> with문을 사용하여 파일을 다음과 같이 파일을 열고 사용할 수 있다.
>
> ```
> with open(file) as f:
>     f.read()
> ```
>
> with문을 벗어나면 자동으로 파일 객체의 close 메소드가 호출된다. 구체적으로 with문을 벗어날 때 파일 객체(f)의 __exit__ 메소드가 자동으로 호출되고 이 메소드는 파일을 닫는 작업이 정의되어 있기 때문이다. 파일 객체뿐만아니라 with문에 사용자가 정의한 클래스를 사용할 수도 있다. with문에 사용할 클래스에는 __enter__ 메소드와 __exit__ 메소드를 정의해 놓는다. 그러면 with문이 수행될 때 해당 객체의 __enter__ 메소드가 호출되고 with문을 벗어날 때 __exit__ 메소드가 호출된다.
>
> ```
> >>> class myclass():
>         def __enter__(self):
>             print("enter")
>         def __exit__(self, exc_type, exc_val, exc_tb):
>             print("exit")
>
> >>> with myclass() as c:
>         pass
>
> enter
> exit
> ```
>
> 더 자세한 내용은 파이썬 문서에서 "context manager"를 검색해보길 바란다.

텍스트와 바이너리의 차이점

우리는 컴퓨터를 다루면서 다양한 종류의 파일들을 사용한다. 이런 파일들은 모두가 2진(binary) 데이터로 이루어져 있다. 컴퓨터가 읽을 수 있는 데이터들은 모두 일련의 2진수로 이루어져 있으므로 너무 당연한 것이다. 단순히 메모장에 알파벳을 입력하더라도 2진 데이터, 즉 바이너리 데이터로 변환되어 저장되는 것이다. 그리고 메모장 같은 프로그램은 저장된 2진 데이터를 대응되는 문자로 변환하여 우리에게 보여준다. 따라서 텍스트 파일도 바이너리 파일의 일종이라고 볼 수 있다. 그렇다면 텍스트와 바이너리를 왜 구분하는 것일까?

사실 텍스트 파일과 바이너리 파일은 모두 2진 데이터로 이루어져 있는데 구분하려고 하니 혼동이 될 수 있다. 그래서 이 둘을 따로 생각하기보다는 텍스트를 바이너리의 특수한 형태라고 생각하는 것이 좋을 것이다. 그리고 이 특수성은 윈도우 운영체제에서만 해당된다.

간단히 정리하면 윈도우 운영체제에서는 텍스트 모드로 파일을 저장할 때 개행문자 '\n'을 '\r\n'으로 변환해서 저장한다. 그리고 텍스트 모드로 파일을 열면 '\r\n'는 '\n'으로 바꾼다. 반면 바이너리 모드로 저장하거나 열면 이러한 변환 없이 그대로 저장되고 열린다. 다음은 텍스트 모드로 파일에 개행문자 하나만 저장하는 코드인데 윈도우 탐색기에서 생성된 파일의 용량을 확인해보자.[4]

```
>>> f = open("C:/gop/ch12/linefeed.txt", 'w')
>>> f.write('\n')
1
>>> f.close()
```

위 코드 실행 후 생성된 linefeed.txt 파일의 용량이 2byte인 것을 알 수 있을 것이다('\n'만 저장되었다면 1byte가 되어야 하는데 '\n\r'로 저장되어 2byte인 것이다).

이번에는 'wb' 모드로도 위와 동일한 작업을 해보자.

```
>>> f = open("C:/gop/ch12/linefeed.txt", 'wb')
>>> f.write(b'\n') #바이너리 모드로 저장하려면 b를 문자열 표현(리터럴) 앞에 붙여줘야 한다.
1
>>> f.close()
```

---

[4] 개행문자는 아스키 코드값 10에 해당한다. 즉 파일에 저장될 때 1byte의 아스키코드 값으로 변환되어 저장된다.

위 코드에서 주의할 점은 주석으로 달아놓았다. 이 내용은 나중에 다시 살펴볼 것이므로 여기서는 넘어가겠다. 코드를 실행한 후 생성된 `linefeed.txt` 파일의 용량이 `1byte`인 것을 확인할 수 있을 것이다.

이렇게 두 가지 열기 모드에 따른 차이점으로 인해 파일을 열 때는 파일의 종류에 따라 텍스트 모드 또는 바이너리 모드를 정해줘야 한다. 만약 바이너리 파일을 텍스트 모드로 열어서 저장하면 '\n'이 '\r\n'으로 바뀌어 저장되므로 파일이 손상될 수 있기 때문이다. 그래서 윈도우 운영체제에서는 텍스트와 바이너리를 구분하는 것이다.

반면에 리눅스 운영체제는 모든 파일을 바이너리로 취급하므로 신경 쓸 필요가 없다.

Pickle

한 번 리스트나 튜플과 같은 타입의 데이터를 저장하고 싶은 경우를 가정해보자. 이렇게 문자열 이외의 데이터를 저장하려면 어떻게 해야 할까? 파이썬에서 제공하는 `pickle` 모듈을 사용하면 손쉽게 이를 해결할 수 있다. `pickle`은 파이썬의 모든 종류의 데이터를 간편하게 저장하고 간편하게 읽어올 수 있다. 사용법은 매우 간단하다. 우선 간단히 데이터를 저장하고 읽어와 보겠다.

```
>>> import pickle
>>> f = open("C:/gop/ch12/pickle", 'wb') #pickle이란 이름을 가진 파일을 새로 만든다.
>>> mylist = ["test", "pickle", 1,2,3,4]
>>> pickle.dump(mylist, f)
>>> f.close()
```

파일을 여는 동작은 문자열을 저장할 때와 비슷하다. 단 텍스트 모드가 아닌 이진 binary 모드로 파일을 열어야 하므로 주의하도록 하자.

파일을 열었다면 불러들인 `pickle` 모듈의 `dump` 메소드를 저장할 데이터와 저장될 파일을 인수로 하여 호출해주면 된다. 그리고 파일을 닫아주면 해당 데이터가 저장이 된다.

이번에는 파일에 저장된 데이터를 불러와보자.

```
>>> f = open("C:/gop/ch12/pickle", 'rb')
>>> pickle.load(f)
['test', 'pickle', 1, 2, 3, 4]
```

불러올 때 주의할 점은 읽기 모드로 열어야 한다는 것이다. 그리고 `pickle`의 `load` 메소드를 읽어올 파일을 인수로하여 호출해주면 저장된 데이터가 반환된다.

유니코드

인코딩과 디코딩

문자를 사용할 때 대체로 아스키^{ASCII} 문자 집합^{Character Set}을 기본으로 사용한다. 그리고 아스키 코드는 우리가 일반적으로 사용하는 문자(알파벳이나 기호, 제어문자) 하나하나에 0부터 127까지 붙여준 번호를 말하는데 문자가 파일에 저장될 때는 문자에 대응되는 아스키 코드 값의 이진 데이터로 변환되어 저장된다(아스키 코드는 0부터 127까지의 제한된 값을 가지므로 있기 때문에 많은 문자들을 표현할 수 없다는 단점이 있다). 이렇게 문자를 어떤 규칙에 따라서 이진화하여 저장하는 것을 인코딩^{encoding}이라고 한다. 그리고 이렇게 저장된 이진 데이터를 다시 문자로 바꾸는 작업을 디코딩^{decoding}이라고 한다(문자뿐만 아니라 예를 들어 우리가 컴퓨터 화면을 녹화하여 파일로 저장하는 것도 인코딩이고 이 파일을 재생하는 것은 디코딩이다).

확장문자열과 유니코드

문자를 표현할 때 확장문자열^{escape sequence}을 이용해보자. 다음과 같이 확장문자열에 아스키 코드를 사용하여 문자를 출력할 수 있다(확장문자열에 관해서는 내장 데이터 타입의 문자열을 참고하길 바란다).

```
>>> print('\x41\x42\x43\x44\x45')
ABCDE
>>> '\x41' == 'A'
True
```

아스키 코드값 65는 알파벳 'A'에 해당한다. 여기서 65는 16진수로 41과 같으므로 '\x41'은 아스키 코드 65에 해당하는 문자를 표현한다. 이렇게 아스키 코드를 이용해서 A부터 E까지의 문자열을 출력했다. 하나의 확장문자열은 1바이트[byte]의 아스키 코드값을 의미하므로 출력한 문자열은 5byte의 크기를 가진다. 따라서 위 문자열을 파일로 저장한다면 5바이트의 크기를 가진 파일이 생성될 것이다(아스키 코드는 0x00부터 0x7f까지 표현하고 십진수로 0부터 127까지, 2진수로 0b00000000부터 0b01111111까지 표현한다. 하지만 컴퓨터는 바이트[byte] 단위로 데이터를 읽기 때문에 모든 아스키 문자는 1byte인 것이다).

아스키 문자 집합(character set)은 겨우 127개의 문자를 표현하기 때문에 세계의 많은 언어를 표현하는 데는 한계가 있을 수밖에 없다. 이런 필요에 의해서 여러 언어를 표현할 수 있는 다양한 문자 집합(character set)이 생겨났다. 그런데 이런 문자 집합들이 언어들마다 따로따로 생기다 보니 문자 집합들 간에 문자의 코드 값이 중복되어 호환이 되지 않는 문제점이 생기게 되었다. 결국 이런 문제점을 해결하고자 유니코드[Unicode]라는 문자 집합이 생겨나게 되었다.

유니코드는 보통 하나의 문자를 2바이트로 표현한다. 2바이트로 표현할 수 있는 문자는 65536개의 문자로 세계의 대부분의 문자들을 표현할 수 있다(물론 유니코드는 이보다 더 많은 문자를 표현할 수 있고 2바이트가 초과되는 문자도 있다).

유니코드 문자 집합은 총 17개의 평면으로 구성되어 있는데 각 평면마다 65536개의 문자를 표현하는 코드 포인트들로 구성되어 있다(모든 평면이 꽉 찬 건 아니지만 이런 방식으로 얼마나 많은 문자를 표현할 수 있는지 짐작이 갈 것이다). 코드 포인트는 아스키 코드와 비슷하다고 생각할 수 있는데 각 문자에 대응되는 값이라고 생각하면 된다. 여기서는 모든 평면을 다 살펴보지는 않고 이 중에 제일 첫 번째 평면인 기본 다국어 평면을 살펴볼 것이다. 다른 평면들도 코드 포인트만 다르지 모습은 똑같기 때문이다. 그리고 대부분의 문자는 기본 다국어 평면만으로도 충분히 표현할 수 있기 때문이다.

다음 그림은 유니코드의 기본 다국어 평면을 간략하게 나타낸 것이다. 이 평면은 16×16 크기로 이루어져 있고 각각의 칸은 0부터 255까지 256개의 문자를 가질 수 있다.

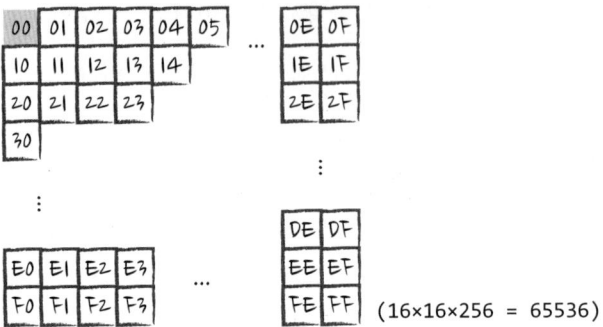

(16×16×256 = 65536)

각각의 칸에 어떤 문자들이 있는지는 위키백과(https://ko.wikipedia.org/wiki/분류:유니코드_목록)를 참고하길 바란다.

유니코드 코드 포인트 역시 아스키 코드와 마찬가지로 16진수로 표현한다. 기본 다국어 평면이라면 모든 문자가 4자리의 16진수로 표현되어 2byte의 크기를 갖는데 표현 방식은 U+xxxx와 같다. U+ 다음에 오는 두 자리는 문자가 속한 칸의 위치를 뜻하고 다음 두 자리는 문자에 해당하는 코드값을 의미한다. 예를 들어 기본 다국어 평면에서 00번에 있는 문자들 중에 4E 번째 문자의 코드 포인트는 U+004E가 되고 문자 'N'에 해당한다(직접 위키백과를 참조하여 확인해보자).

이것을 파이썬에서 나타내는 것은 간단하다. 파이썬 3.x는 기본적으로 유니코드를 지원하기 때문이다. 즉 아스키 문자를 확장문자열로 표현하는 것처럼 확장문자열로 유니코드의 코드 포인트를 써서 유니코드 문자를 표현할 수 있다.

```
>>> print('\u004E')          #유니코드 코드 포인트 U+004E에 해당하는 문자를 출력
N
```

단 확장문자열로 아스키 문자를 표현할 때는 코드값 앞에 'x'를 붙이지만 유니코드를 표현할 때는 소문자 'u'를 붙인다는 점과 자리수도 4자리가 된다는 것 주의하자.

유니코드 평면은 16진수로 0x0~0xFF개의 칸을 가졌고 각각의 칸에 있는 문자의 범위도 0x0~0xFF가 된다. 0xFF는 십진수로 256이고 1byte를 뜻하고 따라서 유니코드의 기본 다국어 평면에 속한 문자의 크기는 모두 2byte가 된다(만약 U+FFFF 범위를 넘어가는 문자를 쓰게 되면 유니코드 문자는 3byte 이상이 될 것이다).

그런데 앞에서 유니코드로 나타낸 문자 알파벳 'N'은 아스키 문자 집합에도 있는 문자다.

```
>>> print('\x4E')
N
```

그리고 아스키 코드값이 0x4E로 유니코드의 문자의 위치(4E)와 일치한다. 사실 유니코드는 기본 다국어 평면의 00번째 칸의 0~127까지의 문자를 아스키 문자로 하고 있다. 이렇게 유니코드 문자 집합을 사용해도 아스키 문자를 사용할 수 있지만 같은 문자라도 아스키 코드로 표현하면 1byte, 유니코드를 사용하면 2byte로 서로 다른 크기를 가지게 된다.

유니코드 인코딩, 디코딩

모든 문자는 파일에 저장되려면 인코딩 과정이 필요하다. 예를 들어 아스키 문자 'N'을 파일에 저장하려면 대응되는 아스키 코드 값 0x4E로 인코딩되어 저장되는 것이다.

그런데 인코딩 방식은 ASCII 외에도 여러 가지가 있다. 왜냐하면 인코딩 방식은 사용하는 문자 집합에 따라서 달라지기 때문이다. 이렇게 문자 집합과 인코딩을 비슷한 의미로도 이해할 수 있는데 엄밀히 말하면 그렇지는 않다. 같은 문자 집합이라도 여러 인코딩 방식이 있을 수도 있기 때문이다.

한글 윈도우를 사용한다면 기본적으로 문자 집합 'cp949'가 사용된다. 보통 코드 페이지 'cp949'라고 하는데, 한글 윈도우 사용자는 파이썬에서 파일을 만들어 문자열을 저장하면 'cp949' 인코딩을 자동적으로 사용하는 것이다. 그런데 'cp949' 인코딩은 유니코드와 완벽하게 호환되지는 않는다. 유니코드의 문자는 cp949보다 훨씬 더 많기 때문이다. 그래도 ASCII나 한글처럼 공통된 문자 집합에 대해서는 유니코드 문자도 'cp949'로 인코딩이 가능할 수 있다(예를 들어 '\u004e'를 'cp949' 인코딩을 하면 'x4e'로 자동 변환된다). 변환이 안되는 나머지 유니코드에 대해서는 다음과 같이 에러가 발생한다.

```
>>> f = open("C:/gop/ch12/unicode.txt", 'w')
>>> f.write('\u007f')         #ASCII 문자 집합의 문자와 동일한 문자를 유니코드로 표현
1
>>> f.write('\u0080')          # ASCII 문자 집합이 아닌 문자를 유니코드로 표현
Traceback (most recent call last):
  File "<pyshell#3>", line 1, in <module>
    f.write('\u0080')
UnicodeEncodeError: 'cp949' codec can't encode character '\x80' in position 0: illegal multibyte sequence
>>> f.close()
```

에러 메시지가 지금까지의 설명을 정리해준다.

따라서 아스키 문자 또는 한글처럼 여러 문자 집합에서 공통으로 호환되는 문자들을 사용할 때는 인코딩 방식을 굳이 신경 쓰지 않아도 되지만 호환되지 않는 문자를 사용하기 위해서는 그에 맞는 인코딩 방식을 꼭 알아야 한다. 그렇다면 유니코드 인코딩에는 어떤 것들이 사용되는지 알아보도록 하겠다.

유니코드 문자의 인코딩 방식은 몇 가지가 있는데 가장 많이 사용하는 것은 UTF-8과 UTF-16이다. 나머지 방식은 거의 사용할 일이 없으므로 이 책에서는 다루지 않겠다.

UTF-16은 기본적인 유니코드 인코딩 방식이다. 기본 다국어 평면만을 사용한다면 UTF-16 인코딩 결과는 이진 데이터의 용량이 하나의 문자당 2byte가 된다. 여기에 추가적으로 UTF-16 인코딩임을 표시하는 BOM$^{Byte\ Order\ Mark}$이 포함(2byte)될 수 있다.

반면에 UTF-8은 가장 널리 쓰이는 유니코드 인코딩인데 아스키 코드는 1byte로 인코딩되고 한글의 경우는 보통 3byte로 인코딩된다. 이렇게 UTF-8 인코딩은 코드 포인트에 따라서 인코딩 용량이 1byte의 배수로 동적으로 바뀌는 특색을 지녔다. 그래서 UTF-8 인코딩을 가변길이 인코딩이라고 하기도 한다.

다음은 유니코드 문자열 '파이썬'을 두 가지 방식으로 인코딩해본 것이다. '파이썬'은 세 문자로 이루어져 있고 기본 다국어 평면에서 찾을 수 있다. 따라서 UTF-16 인코딩을 했다면 (6+2)byte의 용량이 될 것이다. 그리고 인코딩 방식을 지정하려면 문자열의 endcode 메소드를 호출하면 된다. 우선 코드를 보자.

```
>>> python = '\ud30c\uc774\uc36c'
>>> python
'파이썬'
>>> f = open("C:/gop/ch12/unicode_16.txt", 'wb')      #'b' 모드를 추가한다는
                                                      #것에 주의
>>> f.write(python.encode('utf-16'))
8
>>> f.close()
>>> f = open("C:/gop/ch12/unicode_8.txt", 'wb')
>>> f.write(python.encode('utf-8'))
9
>>> f.close()
```

위 코드를 실행하면 문자열 '파이썬'을 두 가지 인코딩 방식(utf-8, utf-16)으로 인코딩하여 각각 파일(unicode_8.txt, unicode_16.txt)에 저장한다. 인코딩에 따라 파일의 용량이 어떻게 달라졌는지 두 파일을 확인해보자. 분명 생성된 두 텍스트 파일에는 '파이썬'이라는 동일한 내용을 담고 있지만 파일의 크기는 각각 **8byte(unicode_16.txt), 9byte(unicode_8.txt)**로 다르다는 것을 확인할 수 있을 것이다. 이 사실은 내부적으로 저장된 모습이 다르다는 것을 말해준다.

여기서 파일을 쓰기 모드로 열 때 **'b'** 모드를 추가하였다. 텍스트 모드가 아닌 **'b'** 모드를 한 이유는 인코딩이 된 데이터를 파일에 저장하는 것이기 때문이다. 앞서도 말했지만 인코딩이라는 것은 문자와 같은 어떤 표현을 컴퓨터에 저장하기 위해서 2진데이터로 바꾸는 것이다.

그렇다면 지금까지 특별한 인코딩 지정 없이 어떻게 문자열을 저장했었을까? 앞서 언급했지만 윈도우는 기본적으로 'cp949' 문자 집합을 사용한다고 했다. 문자 집합 자체를 인코딩 방식이라고 볼 수 있으므로 자동적으로 'cp949 인코딩 방식으로 처리하는 것이다. 그리고 윈도우 상에서 텍스트 파일을 열 때 또는 저장할 때의 개행문자가 특별하게 변환되는 특징 때문에 텍스트 모드가 존재하는 것이지 유닉스와 같은 시스템은 애초에 텍스트 파일도 바이너리 모드로 저장하고 읽는다는 것을 알아두자.

다음 코드를 보면 두 인코딩 방식의 차이점을 확실히 확인할 수 있다.

```
>>> python = '\ud30c\uc774\uc36c'
>>> python
'파이썬'
>>> python.encode('utf-16')
b'\xff\xfe\x0c\xd3t\xc7l\xc3'        #'\xff\xfe'는 BOM(byte order mark)
>>> python.encode('utf-8')
b'\xed\x8c\x8c\xec\x9d\xb4\xec\x8d\xac'
```

얼핏봐도 인코딩 결과가 다르다는 것을 알 수 있다. 그리고 문자열 표현(리터럴) 앞에 붙은 b는 바이너리 데이터임을 말해준다. 이렇게 b가 붙은 문자열은 bytes 문자열로 나중에 더 자세히 다루므로 여기서는 그냥 넘어가자.

앞에서 살펴본 것처럼 같은 유니코드 문자라도 어떤 방식으로 인코딩되었느냐에 따라 2진(binary)값은 달라질 수 있다. 따라서 파일의 용량도 달라질 수 있다. 문자열 '파이썬'을 인코딩할 때 utf-16 방식이 utf-8 인코딩보다 용량이 더 준 것만 봐도 알 수 있다.

그런데 대게는 utf-8 인코딩 방식이 utf-16보다 더 선호된다. utf-16은 문자당 변환되는 이진(binary) 데이터가 2바이트로 고정되어 있기 때문인데 utf-8은 어떤 문자를 사용하느냐에 따라서 문자당 변환되는 이진 데이터의 크기가 1byte에서 4byte까지 동적이기 때문이다. 이것은 유니코드의 코드 포인트에 의존하는데 다음 코드를 보면 확실히 알 수 있다.

```
>>> list('\u004e'.encode('utf-16'))
[255, 254, 78, 0]                    #리스트의 한 항목당 1byte다.((2+2)byte)
>>> list('\u004e'.encode('utf-8'))
[78]
```

b가 앞에 붙어 있는 문자열 표현은 이진 데이터를 뜻하고 위 코드처럼 리스트로 변환이 가능하다. 더 자세한 내용은 다음 주제인 bytes 타입에서 다룰 것이다.

위 코드는 유니코드 문자 'N'을 두 가지 방식(utf-16, utf-8)으로 인코딩한 것이다. 유니코드라도 아스키 문자 집합에 속한 문자라면 utf-8 인코딩 방식은 코드 포인트의 앞에 00을 빼버린다(유니코드에서 모든 아스키 문자는 U+00으로 시작된다). 다시 말해서 아스키 문자만 사용한다면 utf-8 인코딩은 모든 문자를 1byte로 만든다. 그런데 '파이썬'을 인코딩했을 때처럼 각 문자당 3byte가 되는 한글의 코드 포인트는 U+AC보다 높은 값을 가진다. 이 때는 오히려 1byte가 늘어나게 되는데 왜 그런지에 대해 깊게 파해 칠 필요는 없다. 단지 한글을 많이 사용한다면 utf-16이 유리할 것이고 영어를 포함한 아스키 문자를 많이 사용한다면 utf-8이 유리할 것이라고 정도면 알아두며 된다. 이 외에도 utf-8 인코딩이 선호되는 여러 이유가 있기 때문에 유니코드를 사용할 때는 보통 utf-8을 사용한다고 보면 된다.

특정 방식으로 인코딩된 이진 데이터를 제대로 읽기 위해서는 디코딩이 필요하다. 인코딩의 역 과정이라고 생각하면 되므로 방식은 매우 간단하다. 주의할 점은 인코딩 방식과 동일한 방식으로 디코딩을 해야 한다는 것이다.

```
>>> byte_obj = 'Hello Python, 안녕 파이썬'.encode('utf-8')
>>> print(byte_obj)
b'Hello Python, \xec\x95\x88\xeb\x85\x95 \xed\x8c\x8c\xec\x9d\xb4\xec\x8d\xac'
>>> byte_obj.decode('utf-8')         #디코딩 형식은 인코딩 방식과 같아야 한다.
'Hello Python, 안녕 파이썬'
```

바이트 타입

앞에서 갑자기 등장한 바이트 타입에 대해서 소개하려 한다. bytes 타입은 내장 타입에서 다루지는 않았지만 파이썬의 내장 데이터 타입이다. 단지 여러 사전 지식 없이는 설명의 어려움이 있어 이제야 소개를 한다. 파이썬 2.x 버전과 3.x 버전은 bytes 타입을 다루는데 좀 차이가 있는데 여기서는 3.x 버전을 기준으로 설명하고 차이점에 대해서는 다시 언급하겠다.

이 타입의 리터럴은 문자열 표현에 b가 붙어 있는 형식이다. 어떻게 보면 문자열 같기도 한데 사실 bytes 타입은 정수의 연속열sequence을 표현한다. 따옴표 내부는 정수값이 연속적으로 연결된 형태고 각각의 정수값은 0~255까지의 범위를 지닌다. 그렇다면 정수값을 지닌 리스트를 가지고 bytes 타입을 만들어 보겠다.

```
>>> bytes([237, 140, 140, 236, 157, 180, 236, 141, 172])
b'\xed\x8c\x8c\xec\x9d\xb4\xec\x8d\xac'
```

'\xed'는 확장 문자열로 아스키 코드의 237을 나타낸다. 그 다음 '\x8c'는 140을 의미하고 이런 식으로 바이트 객체는 확장문자열을 가지고 정수의 연속열을 표현한다. 이렇게 정수를 두 자리 16진수의 형태로 표현하므로 각 항목은 가장 작은 수 '\00'에서 가장 큰수 '\ff'까지 표현할 수 있을 것이다. 즉, 각 항목은 0부터 255까지 표현할 수 있는데 모든 항목이 확장문자열로 표현되는 것은 아니다. 다음은 bytes 타입 객체가 정수를 표현하는 모든 방법을 나타낸다.

```
>>> bytes(range(0,256))             #0~255까지 정수의 bytes 타입 표현
b'\x00\x01\x02\x03\x04\x05\x06\x07\x08\t\n\x0b\x0c\r\x0e\x0f\x10\x11\x12\
x13\x14\x15\x16\x17\x18\x19\x1a\x1b\x1c\x1d\x1e\x1f
!"#$%&\'()*+,-./0123456789:;<=>?@ABCDEFGHIJKLMNOPQRSTUVWXYZ[\\]^_`abcdefg
hijklmnopqrstuvwxyz{|}~
\x7f\x80\x81\x82\x83\x84\x85\x86\x87\x88\x89\x8a\x8b\x8c\x8d\x8e\x8f\x90\
x91\x92\x93\x94\x95\x96\x97\x98\x99\x9a\x9b\x9c\x9d\x9e\x9f\xa0\xa1\xa2\
xa3\xa4\xa5\xa6\xa7\xa8\xa9\xaa\xab\xac\xad\xae\xaf\xb0\xb1\xb2\xb3\xb4\
xb5\xb6\xb7\xb8\xb9\xba\xbb\xbc\xbd\xbe\xbf\xc0\xc1\xc2\xc3\xc4\xc5\xc6\
xc7\xc8\xc9\xca\xcb\xcc\xcd\xce\xcf\xd0\xd1\xd2\xd3\xd4\xd5\xd6\xd7\xd8\
xd9\xda\xdb\xdc\xdd\xde\xdf\xe0\xe1\xe2\xe3\xe4\xe5\xe6\xe7\xe8\xe9\xea\
xeb\xec\xed\xee\xef\xf0\xf1\xf2\xf3\xf4\xf5\xf6\xf7\xf8\xf9\xfa\xfb\xfc\
xfd\xfe\xff'
```

바이트 객체는 대부분의 정수를 아스키 코드의 확장문자열로 표현하지만 위 결과에서 진하게 표시된 부분에 해당하는 정수(아스키 코드값)는 그냥 아스키 문자로 표현한다. 이것은 가독성을 위한 방편이라고 생각된다.

```
>>> bytes([65,66,67,89,69,128,129,130,10,13,63])
b'ABCYE\x80\x81\x82\n\r?'        #몇몇 정수는 해당 아스키 코드값을 갖는 문자
                                  (A,B,C,Y,E,\n,\r,?)로 표현
```

바이트 객체는 이렇게 하나의 확장 문자 또는 아스키 문자를 사용하여 1byte 내에서 수를 표현하기 때문에 때문에 이진 데이터를 표현할 수 있다. 따라서 바이트 객체를 파일에 저장한다면 다음 그림과 같은 모습이 된다.

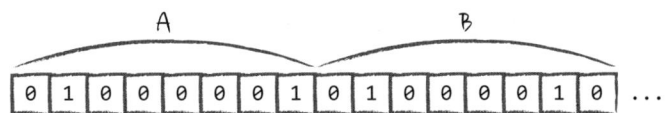

이렇게 길고도 읽기도 어려운 이진 데이터를 아스키 문자 또는 확장문자열로 표현할 수 있으므로 얼마나 읽기 편리한가?

그런데 얼핏 보면 bytes 문자열과 일반적인 문자열은 별 차이가 없어 보이기도 하다. 하지만 바이트 객체는 문자열을 표현하기 위한 것이라기보다는 이진 데이터를 표현하기 위한 것이라는 점을 기억해두기 바란다.

몇 가지 차이점을 짚어보자면 다음과 같다.

첫째, 문자열에서 'A'라는 표현은 '\x41'로 대체할 수 있다. 또는 유니코드 '\u0041'을 사용할 수도 있다. 하지만 bytes 객체에서 65를 표현할 때 'A'라는 표현으로 고정되어 있다.

둘째, 문자열은 유니코드 같은 문자 집합의 문자를 직접 사용할 수도 있고 (예: '★') 문자의 코드값이 255를 넘어갈 수도 있다.(예를 들어 '\Ud30c') 따라서 하나의 문자가 항상 1byte 내에서 표현되는 것은 아니다. 그러나 바이트 객체는 한 항목의 수를 표현할 때 '\xff', 즉 255가 넘어가지 않기 때문에 각각의 숫자를 1byte 내로만 표현이 가능하다. 비유하자면 바이트 타입은 확장문자열과 특정 아스키 문자들을 사용한 256진수 표기법으로 생각할 수 있다.

바이트 객체는 각 항목이 1바이트를 표현하기 위해 이렇게 정해진 표현을 사용한다. 사실 bytes는 2.x 버전에서는 문자열과 서로 호환이 가능했지만 3.x 버전에서는 두 타입을 엄밀히 다른 타입으로 구분하여 서로 간에 암묵적인 변환이 가능하지 않게 되었다.

```
#파이썬 3.x
>>> python = bytes([237, 140, 140, 236, 157, 180, 236, 141, 172])
>>> print(python)
b'\xed\x8c\x8c\xec\x9d\xb4\xec\x8d\xac'
>>> python.decode('utf-8')
'파이썬'

#파이썬 2.x
>>> print(python)
파이썬
```

파이썬 2.x 버전에서 바이트 객체를 출력하면 기본적으로 utf-8 방식으로 디코딩하여 출력한다. 여기서 출력은 print 함수의 인수로 전달되는 경우나 파일에 쓰기를 하는 경우를 말한다.

하지만 파이썬 3.x 버전에서는 bytes 객체는 그냥 bytes 객체로 바라본다. bytes 객체는 문자열이 인코딩된 것일 수도 있겠지만 아닐 수도 있기 때문이다. 따라서 파이썬 3.x 버전에서는 문자열을 파일에 저장할 때는 텍스트 모드로, bytes 문자열을 저장할 때는 바이너리 모드로 지정해서 저장하지 않으면 에러를 출력한다.

인코딩을 지정하여 파일에 저장하기

문자열을 파일에 저장한다면 인코딩 과정을 거쳐야 한다. 앞에서 다룬 바이트 타입은 그 자체가 이진 데이터이기 때문에 그대로 저장될 수 있지만 'A'와 같은 문자열들은 이진 데이터로 변환하기 위해서는 인코딩 과정이 필요하다. 그리고 같은 문자라도 인코딩 방식에 따라서 변환되는 이진 데이터의 값이 달라질 수도 있다는 것까지는 이해할 것이다.

그러면 파이썬에서 파일에 문자열을 저장하는 것은 어떤 인코딩 과정을 거치는 것일까?

파이썬에서 파일에 문자열을 저장할 때는 기본적으로 코드 페이지 cp949를 사용한다. 이것은 한글 윈도우 운영체제에 해당되는 사항이고 운영체제에 따라서 기본 인코딩 방식은 다르다. 인코딩 방식은 다음과 같이 파일 객체를 살펴보면 알 수 있다.

```
>>> f = open("C:/gop/ch12/text.txt", 'w')
>>> f
<_io.TextIOWrapper name='C:/gop/ch12/text.txt' mode='w' encoding='cp949'>
```

유니코드에서 아스키 문자 집합이나 한글 또는 몇몇 호환되는 문자에 한해서는 cp949 방식의 인코딩이 아무런 문제가 없다. 다음은 유니코드 문자들을 윈도우 기본 인코딩 'cp949'로 파일에 저장하는 예들이다.

```
>>> f = open("C:/gop/ch12/text.txt", 'w')
>>> f.write('\u0041\n')              #유니코드 영문(ASCII 문자) 사용(cp949와 호환)
2
>>> f.write('\ud30c\uc774\uc36c\n')  #유니코드 한글 사용(cp949와 호환)
4
>>> f.write('\u2126\n')              #유니코드 문자 사용(cp949와 호환되는 문자)
1
>>> f.close()
```

다음은 생성된 텍스트 파일의 내용이다.

A

파이썬

Ω

정상적으로 파일에 출력되었음을 확인할 수 있다. 하지만 불특정 유니코드를 다수 사용한다면 운에 맡겨야 할지도 모른다. 예를 들어 다음 예에서처럼 유니코드 문자 '\u266B'는 cp949 방식으로 인코딩을 할 수 없다.

```
>>> f = open("C:/gop/ch12/text.txt", 'a')
>>> f.write('\u266B')
Traceback (most recent call last):
  File "<pyshell#130>", line 1, in <module>
    f.write('\u266B')
UnicodeEncodeError: 'cp949' codec can't encode character '\u266b' in
position 0: illegal multibyte sequence
```

이런 문제로 파이썬에서 유니코드를 포함한 문자열을 파일에 저장할 땐 인코딩 방식을 바꿀 필요가 있다. 인코딩 방식은 codecs 모듈의 open 함수를 사용하여 지정할 수 있다. 그렇다면 앞에서 인코딩에 실패했던 문자 '\u266B'를 인코딩을 지정하여 제대로 저장해보자.

```
>>> import codecs
>>> f = codecs.open('C:/gop/ch12/text.txt', 'a', 'utf-8')
>>> f.write('\u266B')
>>> f.close()
```

cdoecs.open 함수의 세 번째 인수로 인코딩방식을 문자열로 전달하면 이 파일에 쓰여지는 문자열을 utf-8 인코딩 방식으로 쓰게 된다.

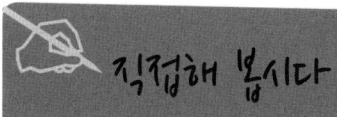

파일과 문자열을 다루는 것은 생각보다 복잡할 수 있습니다. 이 장에서 공부한 내용을 연습 문제를 풀면서 정리해 봅시다.

1. 텍스트 파일의 단어 수를 세는 스크립트를 만들어 보자. 실행 방식은 텍스트 파일 이름을 명령행 인수로 받도록 하자(예: python myscript.py mytext.txt).

   > **HINT** python myscript.py mytext.txt, sys 모듈의 argv를 이용

2. 철수는 부모님의 과일가게를 돕기 위해서 과일에 대한 가격과 재고에 대한 데이터를 텍스트 파일에 저장해 놓는 스크립트를 만들려고 한다. 이 파일에는 과일에 대한 정보가 다음과 같이 담겨 있다.

   apple|500|27

   banana|300|20

   각각 apple, 500원, 27개와 banana, 300원, 20개라는 뜻이다.
   스크립트를 실행하면 사용자의 입력을 받도록 하자. 예를 들어 500원짜리 apple이 10개가 들어왔다면 다음처럼 입력하도록 한다.

   입력: apple 500 10

   banana 300원짜리가 5개 팔렸다면 다음처럼 입력하도록 하자.

   입력: banana 300 -5

   이 두 입력의 결과 파일에 저장되어 있는 내용은 다음과 같이 변한다.

   apple|500|37

   banana|300|15

   > **HINT** split 메소드를 호출하여 정보를 나누기 전에 strip 메소드를 먼저 호출하여 개행문자나 공백을 제거하자

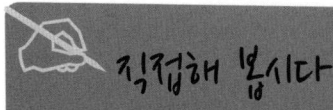

3   2번에서 만든 스크립트에 다음과 같은 메뉴를 추가해보자.

   a를 선택하면 전체 물품을 출력, b를 선택하면 기존 물품의 수량 변동, c를 선택하면 새로운 물품을 등록

4   11장 클래스를 참고하여 사용자 클래스의 객체를 파일로 저장해보자. 그리고 다시 불러와서 객체를 사용해보도록 하자.

   > **HINT** pickle 모듈 사용

5   문자열 "puthon"을 두 가지 인코딩 방식(utf-8, utf-16)으로 파일에 저장해보자.

   > **HINT** 바이너리 모드로 파일을 연 경우는 문자열을 인코딩해서 저장하거나 문자열을 바이트 문자열로 변환해서 저장해야 한다. 텍스트 모드로 파일을 연 경우는 그대로 저장하면 된다.

6   기본 다국어 평면에 있는 유니코드는 모두 2byte의 크기를 가진다. 5번에서 utf-16으로 인코딩하여 저장한 파일의 크기가 12byte가 아니라면 왜 그런지 원인을 설명하라.

   > **HINT** 본문 참고

7   메모리 상에 저장된 어떤 데이터를 8bit 단위로 끊어서 10진수로 바꾸어 보니 순서대로 236, 130, 172, 235, 158, 145였다. 이 데이터의 인코딩 방식이 'utf-8'이었다면 이 데이터가 의미하는 문자열은 무엇인가?

   > **HINT** 바이트 타입의 특성을 다시 살펴보자.

정리해 봅시다

해답은 파이썬의 신 네이버 카페(cafe.naver.com/godofpython)에서 제공됩니다.

1. 쓰기 다음에 읽기를 하려면 (   ) 메소드의 호출이 선행되어야 하고 읽기 다음에 쓰기를 하려면 (   ) 메소드를 호출하여 정확한 FP의 위치를 지정해야 한다.

2. 윈도우 운영체제에서 텍스트 모드로 파일을 저장할 때 개행문자 '\n'은 (   )로 변환되고 반대로 텍스트 모드로 파일을 열 때는 (   )은 '\n'으로 바뀐다.

3. 특정 문자나 표현을 파일에 저장하기 위해 이진화하는 것을 (   )이라 하고 이렇게 이진화된 파일을 다시 문자나 특정 표현으로 바꾸는 것을 (   )이라고 한다.

4. 파이썬에서는 모든 데이터가 객체로 되어 있다. 그리고 우리는 간편하게 (   ) 모듈을 사용하여 파이썬에서 표현되는 객체를 파일로 저장할 수 있다.

5. 유니코드 문자 집합은 총 (   )의 평면으로 구성되어 있고, 각 평면은 16x16x (   ) = 65536개의 문자를 포함할 수 있다. 이 중 가장 첫 번째 평면은 (   ) 평면으로 이 평면에 속하는 유니코드 문자의 크기는 모두 (   )다.

6. 영문을 인코딩할 때는 (   ) 방식이 유리하고 한글을 인코딩할 때는 (   ) 방식이 유리하다.

7. (   ) 타입은 이진(binary) 데이터를 표현하기 위한 타입으로 이 타입의 객체는 리스트로 변환될 수 있다. 이렇게 변환된 리스트의 각 항목은 숫자로 표현되는데 (   )의 범위를 갖는다.

정리해 봅시다

8 파이썬 3.x 버전에서 bytes 타입 객체를 파일에 저장할 때 반드시 (   )로 저장해야 한다.

9 open 함수로 파일을 열때 기본 인코딩은 'cp949'다. 만약 기본 인코딩을 바꾸고 싶다면 (   ) 모듈의 open 함수를 사용하면 된다. 또는 문자열을 파일에 저장할 때 인코딩된 이진 데이터로 써주면 된다.

13장
예외

문법적 오류가 없고 논리적으로 아무리 잘 만든 코드라도 코드의 흐름이 항상 정해진 대로 흘러가는 것은 아니다. 즉, 코드의 결함으로 인해 발생하는 문법적 또는 논리적인 에러를 제외하더라도 의도하지 않은 내부적 또는 외부적인 상황이 발생할 수 있기 때문이다. 예를 들면 open 함수를 사용해서 특정 파일을 읽기 모드로 열려고 할 때를 가정해보자. 열려는 파일이 그 위치에 있다면 코드의 흐름이 문제없이 흘러가겠지만 파일이 없다면 문제가 발생할 것이다. 이런 문제는 코드를 수정한다고 해결할 수 있는 문제가 아니다. 이런 경우 인터프리터는 예외(except)를 발생시키고 코드의 흐름은 멈추게 된다.

정리하자면 단순한 코드 결함으로 발생하는 예외는 코드를 수정함으로써 예외가 발생하는 원인을 해결할 수 있겠지만 코드의 수정으로 해결할 수 없는 요인으로 인한 예외는 적절하게 처리해 줄 필요가 있다. 여기서 적절하다는 말의 의미는 자연스러운 종료가 될 수도 있겠고 코드의 흐름이 어떤 방향으로든 계속 이어져 나가도록 하는 것일 수도 있겠다.

이 장에서는 예외를 어떻게 처리하는지에 대한 기본 문법과 예외의 종류 그리고 추가적인 문법을 살펴볼 것이다. 그리고 예외는 클래스로 정의되어 있으므로 상속이 가능한데 내장된 예외를 상속하여 사용자가 예외를 정의하는 방법에 대해서도 알아볼 것이다.

예외를 언제 사용해야 할지 잘 모르겠어요.

먼저 가장 쉬운 예로 파일을 열 때겠죠. 파일이 없다면 어떻게 될까요? 더 이상 작업을 진행할 수 없겠죠? 이런 경우 예외를 잡아서 처리해줘야 해요.

예외는 이렇게 프로그램의 실행시간에 발생 예측이 가능합니다. 예측이 가능하기 때문에 예외에 대한 처리 코드를 만들어서 처리할 수 있는 것이구요.

사용자 예외를 만들 수도 있고 의도적으로 예외를 발생시킬 수도 있어요. 예를 들어 input 함수로 입력받을 때 원하는 문자만 입력받고 싶다면 어떻게 할까 생각해보세요.

아 그럼, 원치 않는 문자가 입력되었을 때 예외를 의도적으로 발생시켜서 다시 입력을 받도록 하면 되겠네요.

맞아요. 예외는 이렇게 어떤 의도된 행동을 위해서 발생시키기도 하죠.

try~except

예외^{excption}가 발생하는 상황은 다양하기 때문에 예외에는 여러 종류가 있고 각각 고유한 이름을 가진다. 이런 예외의 이름들을 사용하여 해당 예외를 잡아내서 처리할 수가 있다. 예를 들어 파일을 읽기 모드로 열 때 읽어들일 파일이 존재하지 않으면 `FileNotFoundError`라는 이름을 가진 예외가 발생한다. 그리고 다음은 이 예외를 처리하는 방법에 대한 예제 코드다(이번 장은 파이썬 쉘을 사용하지 말고 자신의 개발 환경에서 직접 파이썬 파일을 만들어 실행해보자).

예제 13-1 열려는 파일이 없는 경우 예외 처리

```python
#Error1.py
try:
    f = open("C:/hellopython.txt", 'r')
except FileNotFoundError:
    print("no file")
print("next code...")   #FileNotFoundError 예외가 발생해도 처리됨
```

해당 경로에 파일이 없다면 에러를 출력하는 대신 다음과 같이 'no file'이란 메시지를 출력한다.

no file

next code...

이렇게 예외를 사용자가 원하는 대로 처리하기 위해서는 `try~except` 구문을 사용한다. `try~except` 구문은 마치 `if` 구문과 비슷한 모양을 갖는다. 사용방법은 특정 예외에 대해서 사용자가 특별한 처리를 하고 싶을 때 예외가 발생할 거라 예상되는 코드를 `try~except`문 사이에 넣어주기만 하면 된다. 그리고 `except`문 다음에 해당 예외의 이름을 써주면 된다. 만약 어떤 예외도 지정하지 않는다면 모든 예외를 다 잡아내게 된다.

위 코드는 `FileNotFoundError`가 발생한 경우에도 "no file"이라는 문구를 출력한 후 종료 처리를 하지 않고 계속 코드가 실행되도록 하였다. 물론 `except`문 내의 코드에서 실행을 중지하는 코드를 작성할 수도 있을 것이다. 예외 발생 시 특정 처리와 함께 코드를 중지시키고 싶다면 프로그램 종료를 위한 함수를 호출하면 되는데 다음은 이에 대한 코드다.

예제 13-2 예외가 발생했을 때 프로그램 종료하기 1

```
#Error2.py
import sys
try:
    f=open("c:/hellopython.txt", 'r')
except FileNotFoundError:
    print("no file")
    sys.exit(0)              #코드 종료(인수 0은 정상 종료를 의미)

print("next code...")        #예외 발생 시 처리되지 않는 코드`
```

`FileNotFoundError`가 발생하면 에러 처리와 함께 코드는 종료된다.

no file

`sys` 모듈에서 불러온 `exit` 함수는 코드를 종료시키는 함수인데 사실 이 함수는 `SystemExit`라는 예외를 발생시켜서 프로그램을 종료시킨다. 여기에선 함수가 예외를 발생시키는 역할을 하지만 사용자가 예외를 의도적으로 발생시킬 수도 있다. 방법은 특정 예외를 발생시키고 싶을 땐 `raise` 키워드 다음에 특정 예외의 이름을 써주기만 하면 된다. 즉 `sys.exit(0)`은 `raise SystemExit`로 대신할 수 있다.

예제 13-3 raise문으로 예외 발생시키기

```
#Error3.py
try:
    f=open("c:/hellopython.txt", 'r')
except FileNotFoundError:
    print("no file")
    raise SystemExit         #프로그램 종료

print("next code...")
```

모든 예외는 클래스로서 `BaseException`을 상속받는 계층적 구조를 가지고 있다. 다음은 파이썬 문서에 정리되어 있는 예외의 계층 구조를 보여준다.[1]

---

1 예외에 대한 자세한 설명은 파이썬 공식문서([Library Reference] ▶ [5. Built-in Exceptions])를 참조하길 바란다.

```
BaseException
 +-- SystemExit
 +-- KeyboardInterrupt
 +-- GeneratorExit
 +-- Exception
      +-- StopIteration
      +-- StopAsyncIteration
      +-- ArithmeticError
      |    +-- FloatingPointError
      |    +-- OverflowError
      |    +-- ZeroDivisionError
      +-- AssertionError
      +-- AttributeError
      +-- BufferError
      +-- EOFError
      +-- ImportError
      +-- LookupError
      |    +-- IndexError
      |    +-- KeyError
      +-- MemoryError
      +-- NameError
      |    +-- UnboundLocalError
      +-- OSError
      |    +-- BlockingIOError
      |    +-- ChildProcessError
      |    +-- ConnectionError
      |    |    +-- BrokenPipeError
      |    |    +-- ConnectionAbortedError
      |    |    +-- ConnectionRefusedError
      |    |    +-- ConnectionResetError
      |    +-- FileExistsError
      |    +-- **FileNotFoundError**
      |    +-- InterruptedError
      |    +-- IsADirectoryError
      |    +-- NotADirectoryError
      |    +-- PermissionError
      |    +-- ProcessLookupError
      |    +-- TimeoutError
      +-- ReferenceError
      +-- RuntimeError
      |    +-- NotImplementedError
      |    +-- RecursionError
      +-- SyntaxError
      |    +-- IndentationError
      |         +-- TabError
      +-- SystemError
      +-- TypeError
      +-- ValueError
```

```
          |       +-- UnicodeError
          |            +-- UnicodeDecodeError
          |            +-- UnicodeEncodeError
          |            +-- UnicodeTranslateError
          +-- Warning
               +-- DeprecationWarning
               +-- PendingDeprecationWarning
               +-- RuntimeWarning
               +-- SyntaxWarning
               +-- UserWarning
               +-- FutureWarning
               +-- ImportWarning
               +-- UnicodeWarning
               +-- BytesWarning
               +-- ResourceWarning
```

위 계층 구조에서 `FileNotFoundError`를 찾아보면 `BaseException`-`OSError`-`FileNotFoundError`의 상속관계를 가진다는 것을 알 수 있다. 즉 `FileNotFoundError`는 `OSError`를 상속받은 클래스로 앞서 예제들에서 잡고자 하는 예외를 `OSError`로 바꿔도 `FileNotFoundError`를 잡을 수 있다. 이렇게 계층적으로 상위에 있는 예외 클래스는 하위에 있는 예외를 포함한다.

그리고 사용자가 예외를 정의하고 싶다면 `Exception` 클래스를 상속받는 클래스를 정의하면 된다. 이 내용은 나중에 더 자세히 살펴보도록 할 것이다.

try~except else

파이썬에서 `else`문은 융통성 있게 쓰인다. 기본적으로 `if~else`문에서 조건에 따라 실행할 코드를 작성할 때 쓰이지만 `for` 루프를 정상적으로 끝내고 루프를 빠져나간 경우나 또는 `try~except`문에 둘러 쌓인 코드가 정상적으로 수행되었을 경우에만 수행될 코드를 `else`문을 사용하여 작성할 수 있다. 다음은 이에 대한 예제다.

예제 13-4 try~except문에서 else 사용하기

```python
#Error4.py
import time

total=0
try:
    while total<5:
        print("doing something")
        total+=1
        time.sleep(1)
except KeyboardInterrupt:
    print("exception...")
else:
    print("no exception...")
print("next...")
```

이 코드는 while 루프를 돌면서 "doing something"을 total의 값이 5가 되기 전까지 출력한다. total의 값이 5가 되면 while 루프가 정상적으로 종료되어 else문의 코드가 수행된다. 만약 while 루프의 수행 도중에 Ctrl+C키를 눌러서 키보드 인터럽트를 발생시키면 esle문의 코드는 수행되지 않고 다음 코드로 넘어간다.

한 가지 예를 더 살펴보도록 하겠다. 앞에서 파일을 읽기 모드로 열었을 경우 파일이 있을 때는 정상적으로 파일이 열릴 것이고 만약 파일이 없다면 예외를 발생시켰었다. 그렇다면 파일이 정상적으로 열렸을 때 파일에 대한 처리를 하는 코드를 else문에 작성하면 될 것이다. 이렇게 하면 예외가 발생했을 때는 else문의 코드는 실행되지 않기 때문이다.

예제 13-5 파일이 열렸을 때만 수행되는 코드 작성하기

```python
#Error5.py
import sys
try:
    f = open("C:/hellopython.txt", 'r')
except FileNotFoundError:
    print("no file")
else:
    print(f.read())        #파일이 열렸을 때만 실행되는 코드
    f.close()              #파일이 열렸을 때만 실행되는 코드

print("next code...")
```

다음은 사전에서 키에 매핑된 값을 검색을 위해 예외를 사용한 예다.

예제 13-6 예외 발생 여부에 따른 코드 선택

```
#Error6.py
dic = {'apple':2, 'banana':10, 'fineapple':5}

while True:
    data = input(">")
    try:
        dic[data]
    except KeyError:
        print('There is no data.')
    else:
        print("{} : {}개".format(data, dic[data]))
    print("continue...")
```

이 코드는 예외 처리를 통해서 KeyError가 발생했을 때 간단한 메시지만 출력하고 계속적으로 루프가 수행되도록 한다.

```
c:\gop\ch13>python Error6.py
>apple
apple : 2개
continue...
>orange
There is no data.
continue...
>
```

여러 예외 사용하기

같은 코드 내에서라도 예외의 원인은 다양할 수 있기 때문에 예외에 따라 처리 방법이 달라질 필요가 있을 수 있다. 다음은 앞서 예제에 Ctrl+C 키를 눌러 KeyboardInterrupt가 발생하는 상황에 대한 처리를 추가한 코드다.

예제 13-7 여러 예외 처리하기

```
#Error6_1.py
dic = {'apple':2, 'banana':10, 'fineapple':5}

while True:
    data = input(">")
```

```
try:
    dic[data]
except KeyError:
    print('There is no data.')
except KeyboardInterrupt:
    break
else:
    print("{} : {}개".format(data, dic[data]))
print("continue...")
```

위 코드는 except문을 하나 더 추가하여 KeyboardInterrupt에 대한 처리를 한다. 이렇게 elif 구문처럼 except문을 여러 번 사용하여 발생하는 예외에 따른 처리를 추가할 수 있다.

만약 여러 예외에 대해서 동일한 처리를 하고 싶다면 다음처럼 except 뒤에 처리하고자 하는 예외를 튜플로 묶어서 전달하면 된다.

```
except(KeyboardInterrupt, ValueError, KeyError):
```

항상 실행되어야 할 코드

앞에서 else문을 사용하여 예외의 발생 여부에 따라서 선택적으로 코드를 실행하도록 하였다. 그런데 예외의 발생 여부에 상관없이 항상 실행되어야 할 코드도 있게 마련이다. 예를 들어 파일을 열어서 작업 중에 예외가 발생했다면 파일을 정상적으로 닫아 줄 필요가 있다. 이렇게 파일을 연 후에 반드시 닫아야 하는 것처럼 반드시 수행되어야 하는 동작을 finally문에 작성해주면 예외가 발생하여도 항상 실행되도록 할 수 있다. 다음 예제는 파일을 연 후에 파일의 내용을 줄 단위로 출력하다가 "end"라는 문자열이 있는 줄이 있다면 StopIteration을 발생시켜 for 루프를 종료한다.

예제 13-8 try~except문에서 항상 실행되어야 하는 코드 작성하기

```
#Error7.py
import time
import sys

try:
    f = open("C:/gop/ch13/song.txt")
```

```
except FileNotFoundError:
    print("no file")
    sys.exit(0)

else:
    try:
        for line in f:
            if 'end' in line:      #파일에서 읽어들인 라인에 'end'라는 단어가 있다면
                raise SystemExit   #프로그램 종료
            print(line, end='')
            time.sleep(0.5)
    except KeyboardInterrupt:
        print("KeyboardInterrupt")
    finally:                       #반드시 실행되어야 할 코드(finally)
        print("file close")        #
        f.close()                  #파일을 닫는다.
```

코드를 보면 파일을 읽다가 'end'가 있는 라인을 만나면 SystemExit 예외를 발생시킨다. 즉, 바로 프로그램을 종료하는 것이다. 이런 경우 프로그램이 종료가 되기 전에 finally문의 코드가 먼저 실행된 후 종료가 되는 것이다.

위 코드를 제대로 실험하기 위해서는 "text.txt" 파일의 내용에 문자열 "end"가 있는 경우와 없는 경우로 나누어서 실행해봐야 할 것이다. 그리고 각각의 경우에 finally 내에 작성된 코드가 실행되는지 살펴보도록 하자. 결론을 말하자면 "file close"는 finally문에 의해 예외의 발생 여부에 상관없이 출력될 것이다.

예외에 대한 정보 얻기

try~except문으로 예외를 잡아냈을 때 어떤 예외가 발생했는지 알 필요가 있다. 물론 except문에 한 가지 예외만 지정한 경우는 당연히 해당 예외만 잡아내겠지만 하나의 except문에 여러 예외를 동시에 지정한 경우는 지금까지 공부한 내용만 가지고는 어떤 예외가 발생했는지 알 방법이 없을 것이다. 해결책으로 예외별로 except문을 따로 사용할 수도 있겠지만 잡아낼 예외들에 대해 처리할 코드가 동일하다면 코드만 길어지고 보기도 안 좋을 것이다. 이런 경우 except문을 예외마다 따로 두지 않고 다음 예제처럼 발생한 예외의 인스턴스를 as 구문으로 받아내어 발생한 예외의 정보를 얻어낼 수 있다.

예제 13-9 as문으로 발생한 예외 정보 얻기

```
#Error8.py
while True:
    try:
        data = input("?>")
        print(10/int(data))
    except(ZeroDivisionError, ValueError, KeyboardInterrupt) as e:
        print(e)
        if isinstance(e, KeyboardInterrupt):
            print("KeboardInterrupt")
            break
print("bye~")
```

위 코드는 3가지 예외 상황에 대해서 처리를 하고 있다. 각각 0을 입력하거나 숫자가 아닌 문자를 입력하는 경우 그리고 Ctrl+C키를 누른 경우에 발생하는 예외들이다. 예외가 발생하면 as문 다음에 선언된 변수(e)에 발생한 예외의 인스턴스 객체가 전달된다. 이 인스턴스 객체는 예외가 발생했을 때의 정보를 가지고 있다. 단순히 예외의 인스턴스를 print 함수의 인수로 넘겨주는 것만으로도 예외 발생 상황에 대한 간단한 메시지를 얻을 수 있다(예외 객체의 __str__ 메소드의 반환 값을 출력한다).

사용자 정의 예외

파이썬 3.x 버전의 예외 계층도를 살펴보면 종료에 관련된 3가지 예외를 제외한 예외들은 Exception 클래스를 상속한다는 것을 알 수 있다.

```
BaseException
 +-- SystemExit
 +-- KeyboardInterrupt
 +-- GeneratorExit
 +-- Exception
```

사용자 정의 예외 역시 Exception을 상속하여 정의된다. 다음은 사용자 정의 예외를 만드는 예다.

예제 13-10 사용자 예외 정의하기

```
#Error9.py
class Myexcept(Exception):
    def __init__(self, num, data):          #두 개의 인수(num, data)를 받음
        self.args = (num, data)
        self.num = num
        self.data = data
    def __str__(self):
        return "{} is greater than {}".format(self.args[1], self.args[0])
#예외 정보


if __name__ == "__main__":
    while True:
        try:
            data = input("?>")
            if int(data)>100:
                raise Myexcept(100, data)     #예외 인스턴스 생성
            print(data)
        except Myexcept as e:
            print("exception", e)
```

Myexcept 클래스는 두 개의 인수를 받는 클래스다. raise문으로 Myexcept 예외를 발생시킬 때 인수를 전달하여 예외 인스턴스를 생성할 수 있다. 이렇게 생성된 인스턴스는 생성된 위치를 둘러싸고 있는 try~except문에 지정된 예외가 있다면 as 구문 다음에 전달될 수 있다. 그리고 __str__ 메소드가 반환하는 문자열은 예외 인스턴스를 출력할 때 출력되는 문자열이다.

이제 while 루프에서 Myexcept가 어떻게 사용되는지 코드를 실행해보자.

```
c:\gop\ch13>python Error9.py
?>99
99
?>100
100
?>101
exception 101 is greater than 100
```

사용자가 입력한 숫자가 100을 넘어가면 예외를 발생시키고 이 예외의 인스턴스 객체를 출력한다. 예외 인스턴스 생성될 때 전달된 인수 정보를 갖고 있으므로 출력된 내용도 상황에 따라서 바뀐다.

실습 위주의 프로그래밍이라면 예외 처리의 중요성을 크게 느끼지 못할 수도 있다. 하지만 귀찮더라도 예외를 처리하는 코드를 작성하는 습관은 중요하다.

또한 예외가 발생할 가능성이 항상 존재하는 상황에서는 예외 처리는 필수다. 예로 들면 네트워크 프로그래밍에서 컴퓨터 간에 통신을 하는 경우 한쪽에서 보내는 데이터에 오류가 생기거나 상대방과의 연결이 물리적인 상황에 의해서 끊기는 경우 등 예측 못할 예외들은 반드시 처리 대상이 되어야 한다. 특히 서버의 경우 이런 처리를 소홀히 한다면 아주 사소한 예외의 발생이 서버의 종료와 같은 치명적인 결과를 가져올 수 있기 때문이다.

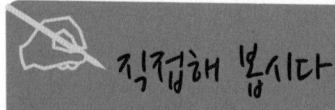

연습문제를 풀면서 예외에 대한 기본적인 내용을 복습해봅시다.

1. 1부터 10까지 1초의 간격을 두고 출력하는 스크립트를 작성해보자. 이 스크립트를 KeyboardInterrupt를 발생시켜 도중에 종료시킬 때만 "exit"가 출력된 후 종료되도록 만들어 보자.

   HINT try~except문을 사용한다.

2. 1번에서 작성한 스크립트를 실행했을 때 10까지 모두 출력된 경우에만 "complete"라고 출력되도록 스크립트를 수정해보자.

   HINT try~except~else문을 사용한다.

3. 2번에서 작성한 스크립트에서 10까지 모두 출력된 경우와 KeyboardInterrupt가 발생된 경우나 모두 "Goodbye Python"이란 문구를 출력하도록 코드를 수정해보자.

   HINT try~except~else~finally문을 사용한다.

4. input 함수로 데이터를 입력 받았을 때 해당 문자에 'p'라는 문자가 있다면 예외를 발생하도록 스크립트를 만들어 보자. 이 때 발생되는 예외를 직접 정의하여 예외 발생 시 "There is 'p'."라고 출력하도록 하자.

   HINT Exception 클래스를 상속받아서 사용자 예외를 만들 수 있다. 이 예외가 발생할 때 출력될 내용은 __str__ 메소드가 반환하는 값이다.

정리해 봅시다

해답은 파이썬의 신 네이버 카페(cafe.naver.com/godofpython)에서 제공됩니다.

1. 프로그램을 종료하려면 sys.(   )(0)을 호출하거나 raise문으로 (   ) 예외를 발생시키면 된다.

2. (   )문을 사용하면 try~except문에서 예외가 발생하지 않은 경우에 수행할 코드를 작성할 수 있다.

3. try~except 구문에서 예외의 발생 여부에 상관없이 항상 실행되어야 할 동작은 (   )문을 사용하여 해결할 수 있다.

4. (   )문으로 발생한 예외의 인스턴스 객체를 얻을 수 있다.

5. 사용자 정의 예외 클래스는 (   ) 클래스를 상속받아서 만들 수 있다.

4부
파이썬의 활용

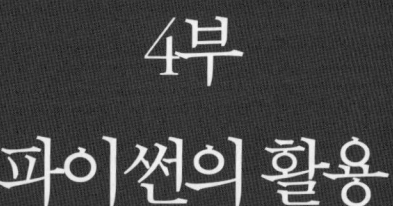

14장_ GUI

15장_ 멀티쓰레드 프로그래밍

16장_ 네트워크 프로그래밍

17장_ 데이터베이스

18장_ 주요 표준 라이브러리

14장
GUI

컴퓨터를 켜고 특정 프로그램을 실행시키고 익숙한 인터페이스를 통해서 원하는 작업을 하는 것은 GUI(Graphical User Interface)가 있기에 가능한 것이다. 검은 화면의 콘솔에서 명령어를 직접 입력하는 것은 어떤 이에게는 매력적일 수 있겠으나 GUI가 가지는 편리함과 매력은 결코 무시할 수 없다. GUI가 어떤 것인지 아리송하다면 지금 당장 컴퓨터를 켜고 아무 프로그램이나 실행시켜 보자. 이때 창이 뜨고 내부에 버튼, 메뉴, 스크롤 바 등 눈으로 보이는 모든 것이 GUI의 요소인 것이다. 그런데 GUI 프로그래밍은 결코 만만한 영역이 아니다. 순수하게 윈도우에서 제공하는 API를 가지고 윈도우 GUI 프로그래밍을 하기에는 공부할 것이 너무 많다. 그래도 지금은 GUI 프로그래밍을 편리하게 해주는 도구들이 많이 나와 있어서 예전보다 편리하게 GUI 프로그래밍을 할 수 있다. 예를 들어 Qt, wxWiget, tcl/tk 같은 툴킷을 가지고 GUI 프로그래밍이 가능하다. 그리고 이런 툴킷들을 사용하기 위해서는 이를 지원하는 언어를 공부해야 한다. Qt나 wxWiget은 C/C+ 등을 알아야 하고 tcl/tk는 tcl이란 언어를 사용한다.

파이썬 역시 이런 툴킷을 사용하도록 하기 위해 파이썬 바인딩을 제공하는데, 각각 PyQt, wxPython, tkinter이다(파이썬 바인딩이란 간단히 말해 파이썬으로 사용할 수 있게끔 제공되는 API다. 여기서는 모듈이라고 생각하자).

이 중에서 우리는 tkinter를 간단히 다루어 볼 것이다. tkinter는 파이썬에서 기본적으로 포함되고 아주 심플하며 사용법도 어렵지 않다. 예제 몇 번만 따라서 해보면 간단한 GUI 프로그램도 만들 수 있다. tkinter가 다른 툴킷에 비해 훨씬 심플하고 익히기도 쉬우며 지금 원하는 프로그램을 만들기에는 충분할 것이다.

이 책에서 설명하지 않는 내용들을 더 알고 싶다면 파이썬 문서에서 [Library Reference] ▶ [25. Graphical User Interfaces with Tk]를 참고하길 바란다. 파이썬 문서 외에 tkinter에 관한 사이트들은 https://docs.python.org/3/library/tkinter.html에 정리되어 있으므로 참고하길 바란다.

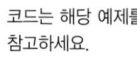

tkinter를 사용할 때 클래스를 사용하는 방법이 궁금해요.

코드는 해당 예제를 참고하세요.

아차! 설명을 안하고 넘어갈 뻔 했군요. 크게 어려운 내용은 아니니 간단한 예를 들어 설명해 보도록 하겠어요. 본문에 있는 예제 중 gui_11_1.py를 클래스를 사용하는 방법으로 바꿔보도록 하죠.

우선 기존에 만들어진 변수나 함수들이 클래스의 속성과 메소드로 바뀌게 됩니다. 클래스를 사용하는 이유에 대해서는 배웠으니 왜 이런 작업을 하는지는 잘 알고 있겠죠?

예를 들어 예제의 frame과 button, label은 속성으로 만들고 callback 함수는 메소드로 만들면 됩니다. 그리고 클래스를 생성할 때 tkinter.Tk의 인스턴스를 전달해주기만 하면 되죠. 이건 root 윈도우인 건 아시죠? 이젠 설명은 끝났습니다. 두 코드를 비교해보죠. 너무 간단하죠?

```
#gui_11_1.py
import tkinter

def callback():
    root.title("Hello Python")

root = tkinter.Tk()
frame = tkinter.Frame(root, padx =100, pady=50)
frame.pack()

button = tkinter.Button(frame, text = 'click')
button.pack()

label  = tkinter.Label(frame, text = 'click')
label.pack()

button.bind("<ButtonPress-1>",lambda e: callback())
button.bind("<Double-1>",lambda e: root.title("Mouse Double click"))
button.bind("<ButtonPress-3>",lambda e: root.title("Mouse Right click"))
label.bind("<Double-2>", lambda e: root.title("tkinter Label event"))

root.mainloop()
```

```
#gui_11_1.py
import tkinter

class MyApp():
    def __init__(self, master):
        self.master = master
        self.frame = tkinter.Frame(master, padx = 100, pady = 50)
        self.frame.pack()

        self.button = tkinter.Button(self.frame, text = 'click')
        self.button.pack()

        self.label = tkinter.Label(self.frame, text = 'click')
        self.label.pack()
        self.button.bind("<ButtonPress-1>",lambda e: self.callback())
        self.button.bind("<Double-1>",lambda e: root.title("Mouse Double click"))
        self.button.bind("<ButtonPress-3>",lambda e: root.title("Mouse Right click"))
        self.label.bind("<Double-2>", lambda e: root.title("tkinter Label event"))

    def callback(self):
        self.master.title("Hello Python")

root = tkinter.Tk()
myapp = MyApp(root)
root.mainloop()
```

tkinter

tkinter는 tcl/tk의 파이썬 바인딩이다. tcl/tk는 tcl과 tk를 같이 묶어서 부르는 것인데 여기서 tcl은 스크립트 언어이고 tk는 GUI 툴킷^{tool kit}을 말한다. 툴킷을 사용하는 것은 마치 필요한 부품만 골라서 사용하는 것과 같다.

우리는 tkinter를 사용하여 tcl 언어를 공부하지 않고도 파이썬으로 tk 툴킷을 사용할 수가 있다. 여기에서는 tkinter의 모든 것을 다 설명하지는 않지만 많이 사용하는 기능을 소개할 것이다.

tkinter를 사용하기 위한 준비는 모듈을 import 하는 것으로부터 시작된다. 2.x 버전과 3.x 버전은 이름 첫 글자의 대소문자가 다르므로 주의하도록 한다.

```
#파이썬 버전 2.x
>>> import Tkinter

#파이썬 버전 3.x
>>> import tkinter
```

제대로 실행되는지 버전별로 각각 Tkinter._test(), tkinter._test()를 실행해보길 바란다. 작은 테스트 창이 뜨면 제대로 import 된 것이다. 모듈을 불러올 때는 위와 같이 모듈명만 불러와서 모듈의 기능을 사용할 때 모듈을 명시하여 사용하는 것이 바람직하다. 우선 아무것도 없는 창을 띄어보도록 할 것인데 앞으로 모듈을 불러들이는 코드는 생략하도록 하겠다.

```
>>> root = tkinter.Tk()          #윈도우 창 생성
```

위 코드 실행 후 작은 윈도우가 화면에 띄어졌을 것이다. 이렇게 간단하게 Tk 클래스의 인스턴스를 생성하면 윈도우를 만들 수 있다. 모든 GUI의 기본은 윈도우 창이다 윈도우 창은 GUI에 필요한 부품들을 포함할 수 있다. 여기서 부품(widget)은 버튼, 체크박스, 텍스트 창, 메뉴 등과 같이 것들이라고 생각하면 된다. 이런 부품들 역시 클래스로 정의되어 있고 다음과 같이 해당 클래스의 인스턴스를 생성하면 부품이 만들어진다.

```
>>> bt = tkinter.Button()         #버튼 생성
```

그런데 이렇게 버튼이 만들어졌다고 바로 윈도우 창에 포함되는 것이 아니다. 윈도우 창은 모든 부품을 포함할 수 있는 최상위에 존재하는 부품이므로 생성한 즉시 화면에 생겼지만 윈도우에 포함될 하위 부품들은 반드시 배치관리자를 호출하여 윈도우 내부에 적절히 위치시킬 수 있다.

```
>>> bt.grid()         #배치관리자는 grid, pack, place의 세 가지 종류가 있다.
```

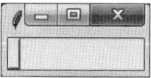

아마 위와 같이 버튼의 크기에 맞게 윈도우 창의 크기가 변했을 것이다. 이렇게 기본적으로 부품에 맞게 윈도우의 크기가 변경된다. 윈도우의 크기를 사용자가 직접 설정하고 싶다면 root 객체의 geometry 메소드를 호출하면 된다. 사용법은 다음과 같다.

```
>>> root.geometry("100x100")     #root.geometry("{}x{}".format(100,100))
```

결과는 100x100 크기로 윈도우가 변경된다.

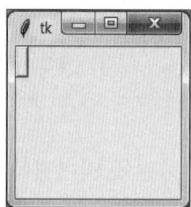

하지만 직접 마우스로 창의 크기를 바꿀 수 있다. 이대로 창의 가로와 세로의 크기를 고정시키고 싶다면 다음과 같이 해보자.

```
>>> root.minsize(100,100)        #창의 가로와 세로의 최소값을 설정
>>> root.maxsize(100,100)        #창의 가로와 세로의 최대값을 설정
```

현재 창은 **100x100**의 사이즈로 고정되어 변경되지 않는다.

그런데 앞에 코드는 몇 가지 문제점이 있다. 첫째로 버튼에 아무런 정보도 없으므로 버튼을 누르면 어떤 동작을 하는지 알 수가 없다. 둘째로 버튼의 위치가 정확히 정해지지 않았는 것이다. 이런 설정들은 부품을 생성할 때 적절하게 초기화를 시켜줌으로서 가능하다. 그리고 배치관리자를 호출하면서 부품을 적절하게 위치시키면 된다(자세한 이야기는 차차하겠다).

다음 코드는 앞에서 언급한 문제를 해결한다.

```
>>> root = tkinter.Tk()
>>> bt = tkinter.Button(root, text = 'Quit')
>>> bt.grid(row = 2, column=2)
```

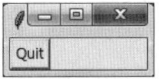

부품 Button의 인스턴스를 생성할 때 여러 옵션을 같이 전달할 수 있다. 첫 번째로 전달되는 인수는 자신이 포함될 상위 부품을 나타낸다. 여기서 root가 전달됐으므로 윈도우 창 내에 버튼이 포함되게 된다. **text** 옵션은 버튼에 보여질 텍스트를 설정한다(이 외에도 다양한 옵션들이 있고 앞으로 차근차근 살펴볼 것이다). 그런데 여기까지는 버튼의 속성을 초기화만 한 것이지 아직 버튼을 윈도우 창에 위치 시킨 것은 아니다. **bt** 버튼을 윈도우 창에 위치시키기 위해서는 배치관리자를 사용해야 한다. 앞으로 부품들이 가지고 있는 **grid, pack, place** 메소드들을 배치관리자라고 할 것이다.

배치관리자는 각각의 특색이 있는데 일반적으로 **grid**가 가장 유용하고 많이 사용된다. **grid**는 부품의 크기에 맞게 윈도우에 격자를 생성해준다. 격자는 행^{row}과 열^{column}로 이루어져 있고 앞 코드에서 버튼의 행과 열을 각각 2로 설정하였다. 버튼은 2행 2열에 배치되었지만 행과 열의 크기는 부품의 크기에 맞게 유동적이기 때문에 버

튼이 앞과 같이 왼쪽 위에 붙어 있다. 하지만 여러 부품들을 배치해보면 부품들은 부품의 크기에 맞게 상대적으로 위치가 설정될 것이다. 이에 대해서 좀 더 자세한 예를 들어보겠다.

```
>>> root = tkinter.Tk()
>>> lb00 = tkinter.Label(root, text = 'label00')
>>> lb00.grid(row=0,column=0)
>>> lb01 = tkinter.Label(root, text = 'label01')
>>> lb01.grid(row=0,column=1)
>>> lb02 = tkinter.Label(root, text = 'label02')
>>> lb02.grid(row=0,column=2)
>>> lb12 = tkinter.Label(root, text = 'label12')
>>> lb12.grid(row=1,column=2)
>>> lb22 = tkinter.Label(root, text = 'label22')
>>> lb22.grid(row=2,column=2)
>>> lb31 = tkinter.Label(root, text = 'label31')
>>> lb31.grid(row=3,column=1)
```

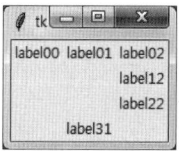

위 코드에서는 Label이라는 새로운 부품을 사용한다. Label은 이름표의 역할을 하는 부품이다. Label의 인스턴스를 생성할 때 전달하는 옵션 'text'는 라벨의 이름을 결정한다. 라벨의 이름에는 자신이 배치될 행과 열을 명시하였고 이렇게 생성된 라벨 객체는 배치관리자 grid를 호출하여 윈도우 창에 배치된다. grid에 전달되는 옵션에는 부품을 위치시킬 행과 열을 나타내는 row와 column 옵션이 있다. 부품이 위치하는 격자의 모습은 실제로 보이지는 않지만 배치될 부품의 크기에 맞게 유동적으로 조정된다. 위 예에서 추가적으로 다른 크기의 라벨을 하나 더 생성하여 배치하고 이에 따라 부품들의 배치가 어떻게 변하는지 체크해보도록 하자.

```
>>> lb10 = tkinter.Label(root, text = 'lbel10lbel10lbel10\
nlbel10lbel10lbel10')
>>> lb10.grid(row=1,column=0)
```

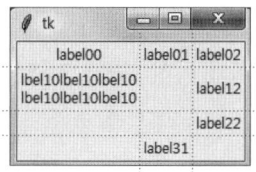

그림상에 격자에 맞춰 가상의 선을 그어보았는데 grid 배치관리자가 어떻게 동작하는지 쉽게 이해할 수 있을 것이다. 즉, 새롭게 생성된 라벨의 크기에 맞게 격자의 크기가 상대적으로 조정된다.

앞으로 다루게 될 주제는 크게 부품의 생성과 초기화, 배치관리자를 통한 적절한 배치, 아직 소개하지는 않았지만 이벤트 처리, 이렇게 세 가지로 나눌 수 있다. 이번 장은 눈으로 바로 확인하면서 흥미롭게 실습할 수 있는 주제인 만큼 직접 모든 코드를 작성하고 분석하길 바란다. 그리고 모든 부품들은 객체지향 설계에 적합하게 설계되었다. 코딩 스타일도 이에 맞게 하는 것이 좋은데 우선은 부품에 대한 이해를 돕는 차원에서 객체지향 스타일은 나중에 소개하겠다.

부품(widget)-1

부품widget이 있기 전에 부품을 포함할 수 있는 컨테이너container가 있어야 한다. 앞에서 Tk 클래스의 인스턴스를 생성하여 윈도우를 만들었었다. 윈도우 창은 기본적으로 사각형의 프레임Frame이라고 생각할 수 있다. 부품들은 프레임에 포함될 수 있기 때문에 앞의 예처럼 윈도우 창에 바로 포함시킬 수 있었던 것이다. 하지만 일반적으로 다음 그림과 같이 부품들을 윈도우에 바로 포함시키지 않고 새로운 프레임을 만들어서 부품들을 포함시키는 것이 부품들을 관리하는 측면에서 편리하다.

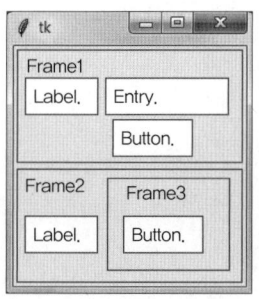

각각의 부품들은 포함 관계에 따라서 부모parent와 자식child 관계가 형성되고 모든 부품들은 자신의 부모나 자식이 어떤 부품인지 알고 있다. 그리고 모든 부품들은 destroy 메소드를 가지고 있고 이 메소드를 호출해서 자기 자신을 제거할 수 있다. 부품들이 제거될 때는 자신을 기준으로 자식 부품들도 모두 같이 제거된다. 예를 들어 위 그림에서 Frame2의 destroy 메소드를 호출하면 다음과 같은 모양이 된다.

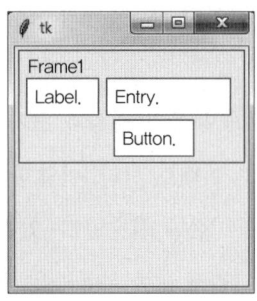

그리고 만약 윈도우 창, 즉 Tk 클래스의 인스턴스의 destroy 메소드를 호출하면 해당 윈도우 창은 닫힌다.

그리고 마지막으로 모든 부품들은 크기, 모양, 색과 같은 부품에 맞는 옵션을 지정할 수 있다. 이런 옵션들은 부품을 생성할 때 인수로 전달하거나 생성 후에도 변경할 수 있다.

앞으로 실습을 하기 전에 알아두어야 할 사항이 있다. 파이썬 쉘에서 코드를 실행하는 것과 같은 코드를 모듈로 실행시키는 것이 동작이 다를 수가 있다. 이 차이점을 굳이 신경 쓸 필요는 없지만 기억은 해두자. 아무튼 이제부터는 필요한 경우를 제외하고는 직접 스크립트 파일을 작성하여 실습하기로 한다.

그리고 배치관리자는 나중에 자세히 공부할 것이므로 앞으로 다루게 될 예제 코드의 배치관리자가 어떻게 동작하는지는 당분간 무시하도록 하자. 우선 배치관리자를 호출하면 해당 부품이 배치되는 것이라는 정도만 기억해두자.

Frame

Frame은 부품을 배치할 수 있는 틀이다. 그 자체로 어떤 기능을 가진 것은 아니지만 일반적으로 부품들을 그룹화하는 용도로 사용한다. 그런데 윈도우 창도 Frame처럼 다른 부품들을 포함할 수 있다. 하지만 앞서 언급한 것처럼 다른 부품들을 윈도우에 직접 포함시키기보다는 따로 부품을 포함시킬 프레임을 만들어 부품을 그룹화하는 것이 일반적이다.

우선 프레임을 생성하기 전에 어떤 옵션이 있어야 할지 상상해보자. 먼저 만들 프레임의 가로와 세로 길이를 정해야 할 것이다. 그리고 프레임의 종류도 있을 것이고 색상도 있었으면 좋을 것 같다. 다음은 간단한 프레임을 만드는 코드다.

예제 14-1 창에 Frame 넣기

```
#gui_01.py
import tkinter

root = tkinter.Tk()
frame = tkinter.Frame(root, height = 100, width = 100, relief = 'sunken', bd = 2, bg = '#D9E5FF')
frame.pack()           #배치관리자 pack 호출
root.mainloop()        #root와 그에 포함된 자식부품들의 상태를 계속해서 갱신한다.
```

Tk 클래스의 인스턴스 객체 `root`는 생성된 윈도우다. 이 객체의 `mainloop`를 호출하는 것은 Tk 객체 자신과 자신의 내부에 배치된 부품들을 계속해서 화면에 그려주는 역할을 한다. 앞서 파이썬 쉘을 사용했을 때는 이 메소드를 호출하지 않았다. 이 외에도 여러 차이점이 존재하지만 특별히 알 필요는 없고 코드의 마지막에 `mainloop`를 반드시 호출해줘야 한다는 것은 잊지 말자.

부품의 인스턴스를 초기화할 때 사용하는 옵션들은 부품들마다 차이가 있지만 대부분의 부품들에게 공통적이다.

표 14-1 Frame의 옵션

옵션	설명	비고
height	세로 픽셀	ex) '10c'(cm), '10i'(inches), '10m'(10milimeters), '10p'(pixel)
width	가로 픽셀	
bd(borderwidth)	테두리의 두께	
relief	양각	'flat', 'groove', 'raised', 'ridge', 'sunken'
bg(background)	색 지정	'white', 'black', 'red', 'green', 'yellow', ... 또는 색상 코드 값

예를 들어 Frame에게 있는 속성 height나 width는 Button이나 Label 같은 부품도 가지고 있는 속성이다. 그런데 text라는 속성은 Frame에게는 없고 Button이나 Label은 가지고 있는 속성이다.

이런 속성들을 모두 부품별로 굳이 외우고 있을 필요는 없다. 사용하지 못하는 속성을 써 넣었다면 스크립트 실행 시 에러를 발생시킬 것이고 시행착오가 생길 때마다 부품별 속성들이 머리 속에서 정리될 것이기 때문이다. 우선 상식적으로 생각하자. 위에서 정리한 속성 외에도 더 많은 속성들이 존재하지만 자주 사용하는 속성들은 정해져 있다. 여기에서 설명하는 정도만으로도 Frame을 사용하는 데는 충분할 것이다.

Button

이번에는 윈도우 창에 버튼을 달아보겠다. 버튼의 주요한 기능은 버튼이 눌렸을 때 목적에 맞는 동작을 수행하는 것이다. 그렇다면 이런 기능을 넣기 위해 어떤 옵션이 사용되는지 알아보자.

예제 14-2 Button을 클릭했을 때 Button의 색 바꾸기

```
#gui_02.py
import tkinter

def change_bg():
    btn.configure(background='green')

root = tkinter.Tk()
root.geometry("{}x{}".format(100,100))
frame_up = tkinter.Frame(root,height = 60, width = 90, background = 'blue')
```

```
frame_down = tkinter.Frame(root, height = 30, width = 90)
frame_up.pack()
frame_down.pack()

btn = tkinter.Button(frame_down, text = 'click', command = change_bg, \
                     foreground='white', background='black', \
                     activeforeground = 'blue', \
                     activebackground = '#FF007F')
btn.pack()

root.mainloop()
```

버튼 역시 많은 옵션을 가지고 있지만 여기서는 주요한 옵션만 설명하겠다.

표 14-2 Button의 옵션

옵션	설명	비고
text	버튼의 라벨문자열	
command	버튼이 눌러졌을 때 실행할 함수 지정	
foreground	라벨 문자의 색	'white', 'black', 'red', 'green', 'yellow', … 또는 RGB 색상 코드값. 색상 코드는 Red, Green, Blue 에 해당하는 색을 #rgb, #rrggbb, #rrrgggbbb의 형태로 나타낸다. 여기서 rr은 붉은색을 두 자리 16 진수로 표현한다. 나머지 gg, bb도 각각 초록과 파 란색을 이렇게 표현하는데 이렇게 표현된 색을 모 두 혼합하여 색을 나타낸다.
bg(backgroud)	버튼 배경색 지정	
activeforeground	버튼이 눌려졌을 때 버튼의 라벨색	
activebackground	버튼이 눌려졌을 때 버튼의 배경색	

버튼이 눌렸을 때 수행할 동작을 정의한 콜백함수를 만들고 함수의 이름을 command 옵션에 전달하면 함수의 기능을 수행하는 버튼을 만들 수 있다. 위 코드에 서 만든 버튼은 command 옵션에 함수 이름 change_bf를 전달받아 버튼이 눌려졌 을 때 자신의 배경색을 바꾸는 기능을 한다. 이때 command에 전달되는 콜백함수는 인수를 가질 수 없다는 점을 주의하자.

이렇게 Button뿐만 아니라 모든 부품들은 생성된 후 자신의 속성을 변경할 수 있다. 예제 코드에서 버튼이 눌릴 때 버튼 배경색을 configure 메소드를 호출해서 변경하였다. 이 때 configure 메소드에 인수로 변경하고자 하는 옵션들을 지정해주면 된다. 그리고 다른 방법으로 다음 코드와 같이 키워드를 이용할 수도 있다.

```
>>> import tkinter
>>> btn = tkinter.Button(text = 'test', background = 'black')
>>> btn.pack()
>>> btn.configure(text = 'buttn_test',background='yellow')    #configrue를 사용
>>> btn['text'] = 'Hello Python'                              #키워드를 사용
>>> btn['background'] = 'green'                               #      "
```

그런데 이 코드는 어떤 윈도우창도 Frame도 만들지 않고 바로 버튼을 만들었다. 사실 모든 부품의 첫 번째 인수는 디폴트 인수로 기본값 None을 가지고 있는데 이렇게 None이 전달되었을 때 어떤 윈도우도 생성되어 있지 않다면 자동으로 윈도우가 생성된다. 그리고 배치관리자를 호출하면 생성된 윈도우에 버튼이 자동으로 배치가 된다. 나중에 부품들을 사용자 클래스를 정의하여 만들 때 이런 특성을 활용할 것이다.

Label

Button과 더불어 많이 사용되는 부품인 Label의 옵션에는 `text`, `width`, `height`, `background`, `foreground` 등이 있다. 앞서 부품들과 유사하지만 않지만 한 가지 중요한 옵션을 소개하려고 한다. 바로 `textvariable`이라는 옵션인데 사실 이 옵션은 앞서 살펴본 Button도 가질 수 있는 옵션이다. 그리고 이 옵션에 사용되는 값은 `tkinter` 내에서 정의된 특수한 타입이다. 설명에 앞서 다음 코드를 실행해보자.

예제 14-3 Button이 클릭될 때마다 값 증가시키기

```
#gui_03.py
import tkinter
def increase():
    number.set(number.get()+1)

root = tkinter.Tk()
```

```
frame = tkinter.Frame(root)
frame.pack()
number = tkinter.IntVar(value = 0)
button = tkinter.Button(frame, text = 'increase', command = increase)
button.pack()
label = tkinter.Label(frame, text = 'start', textvariable = number)
label.pack()
root.mainloop()
```

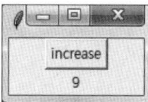

하나의 Button과 하나의 Label이 윈도우 창에 배치되어 있다. 버튼을 누르면 라벨에 쓰여 있는 수가 1씩 증가하는 것을 볼 수 있다. 그런데 버튼이 눌릴 때 Label의 속성을 직접 바꾸는 것도 아닌데 number가 가리키는 객체의 set 함수를 호출하는 것만으로도 Label의 text 속성이 갱신되고 있다. 이 동작을 이해하기 위해서 제어변수 control variable라는 녀석을 좀 살펴볼 필요가 있다.

예제 코드에서 tkinter.IntVar는 정수값을 속성으로 가질 수 있는 클래스다. 그런데 이 클래스의 인스턴스는 단순히 속성값을 가질 뿐만 아니라 자신의 값이 갱신되었을 때 갱신된 값을 다른 부품들에게 자동으로 알려주는 기능도 가지고 있다. 이 때 이러한 기능을 하는 변수를 제어변수라고 한다.

부품들은 제어변수를 정해진 옵션을 통해서 참조할 수 있다. 예제 코드에서는 Label의 옵션 textvariable에 IntVar의 인스턴스인 제어변수 number를 지정함으로서 제어변수에 저장된 정수의 값이 갱신될 때마다 Label의 text 속성의 값이 자동으로 변경되었던 것이다. 이런 제어변수를 만들 수 있는 클래스에는 StringVar, IntVar, DoubleVar, BooleanVar가 있다.

제어변수는 set 메소드로 값을 입력하거나 get 메소드로 값을 얻을 수 있다. set 메소드로 값을 변경하면 이 제어변수를 옵션으로 참조하는 부품들에게 제어변수가 가진 값이 전달되고 갱신된다.

Entry

Entry는 텍스트를 입력할 수 있는 창인데 쉽게 생각해서 `ID`나 `Password` 입력처럼 간단한 한 줄 입력을 받는 부품이다. 입력된 텍스트의 값은 앞에서 설명한 제어변수 `StringVar()`로 다루면 적당할 것이다. `Entry`가 가지고 있는 특색 있는 옵션에는 `show`가 있는데 암호를 입력할 때 입력 문자를 가려주는 '*'(히든 문자)를 지정하는 옵션이다. `Entry`는 단순한 기능을 하는 부품이므로 지금까지 내용을 종합해서 간단한 로그인 창의 모습을 만들어 보겠다.

예제 14-4 로그인 창

```python
#gui_04.py
import tkinter

def reset():
    text_id.set('')
    text_pw.set('')

root = tkinter.Tk()
root.title("login")                             #title_bar 설정
root.geometry('200x100')                        #윈도우 사이즈 설정
text_id = tkinter.StringVar(value='')
text_pw = tkinter.StringVar(value='')
frame = tkinter.Frame(root)
frame.pack()
button = tkinter.Button(frame, text = 'reset', command = reset)
button.grid(row=0, column=0, columnspan = 2)
label = tkinter.Label(frame, text = 'ID')
label.grid(row = 1, column = 0)
entry_id = tkinter.Entry(frame, textvariable = text_id)
entry_id.grid(row = 1, column = 1)
label = tkinter.Label(frame, text = 'PW')
label.grid(row = 2, column = 0)
entry_pw = tkinter.Entry(frame, textvariable = text_pw, show='*')
entry_pw.grid(row = 2, column = 1)
root.mainloop()
```

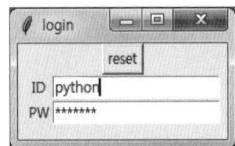

앞에서 이미 예로 든 코드의 내용을 크게 벗어나지 않으므로 긴 설명은 필요 없을 것이다. 지금까지 내용을 소화했다면 아직 배우지 않은 새로운 부품들을 공부하는 데 크게 어려움이 없을 것이다.

Canvas

Canvas는 그래픽 작업을 위한 틀이 되는 부품이다. Canvas는 그래픽 작업을 위한 유용하고 다양한 메소드들을 가지고 있는데 이번에는 Canvas가 가지는 옵션보다는 메소드 위주로 다룰 것이다. 그렇다면 지금까지의 부품들의 메소드는 왜 다루지 않았는가? 다시 강조하지만 언제나 그렇듯 모든 것을 다 알려고 할 필요는 없다. 여기서는 tkinter의 기본적이고 주요한 내용만 다루고 나머지 부분들을 어떻게 공부해야 할지에 대한 공부 방법을 익히는 데 초점을 둘 것이다.

다시 주제로 돌아가서 Canvas를 프레임에 넣고 Canvas의 메소드를 사용하여 그림을 그려볼 것이다. 이번에는 파이썬 쉘에서 실습해볼 것이다.

```
>>> import tkinter
>>> root =  tkinter.Tk()
>>> frame = tkinter.Frame(root)
>>> frame.pack()
>>> cvs = tkinter.Canvas(frame, width = 200, height = 150)
>>> cvs.pack()
```

위 코드는 앞으로 실습을 위해 항상 먼저 수행되어야할 코드이므로 별 언급이 없더라도 위 코드의 실행이 선행되어야 할 것이다. 이 코드를 실행하면 빈 Canvas가 윈도우 창에 배치될 것이다. 그리고 생성된 캔버스의 그리기 관련 메소드를 호출하면 그림을 그릴 수 있다.

그리기 관련 메소드들의 이름은 create로 시작하므로 파이썬 쉘의 자동완성을 이용하여 쉽게 찾아볼 수 있을 것이다. 그러면 이제부터 그리기 메소드를 하나씩 사용해보겠다.

표 14-3 Canvas의 메소드

메소드(method)	그려지는 아이템
create_line	선
create_rectangle	직각 사각형
create_text	문자열
creat_oval	타원
creat_polygon	다각형
creat_bitmap	비트맵 객체
create_image	이미지
creat_window	부품(widget)을 위치시킬 윈도우 생성

create_line

단순하게 직선을 그린다. 선이 시작되는 좌표 (x1, y1)과 선이 끝나는 좌표 (x2, y2)를 차례대로 인수에 넘겨주면 선이 그려진다. 또는 (x1, y1, x2, y2)의 튜플 형태로 하나의 인수로 하여 전달해도 괜찮다. 앞으로 그려질 모든 아이템에 해당하는 내용이다.

```
>>> cvs.create_line(0, 0, 200, 150)
1                                    #tagOrID
```

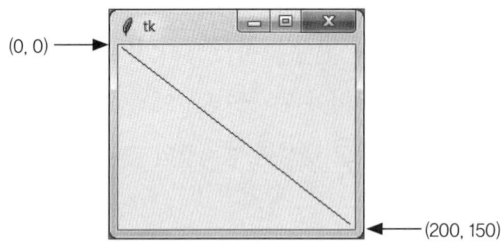

이렇게 Canvas에 그려지는 그림들을 아이템item이라고 하겠다. 그려진 아이템들은 **tagOrID**라는 자신만의 고유번호를 부여받는다. 위 코드에서 **create_line**가 호출된 후 반환되는 숫자가 바로 아이템에게 부여된 **tagOrID**인데 이 숫자(변수에 대입하여 사용하는 것도 좋을 것이다)를 기억하고 있다면 아이템을 조작할 수 있다. 예를 들어 아이템을 움직이던가 하는 일이다.

```
>>> cvs.move(1, 50, 0)              #tagOrID가 1인 아이템을 (50, 0)만큼 이동
```

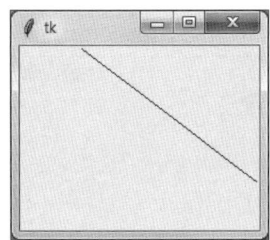

만약 특정 아이템을 지우고 싶다면 cvs.delete(tagOrID), 캔버스를 깨끗하게 지우고 싶다면 cvs.delete('all')을 하면 된다(여기서 cvs는 임의의 캔버스다).

선을 그릴 때 다양한 옵션을 줄 수 있지만, 여기서는 선의 굵기와 선에 화살표를 추가하는 옵션만 간단히 알아보고 넘어가겠다.

```
>>> cvs.create_line(0, 0, 200, 150, arrow = tkinter.LAST)
2
```

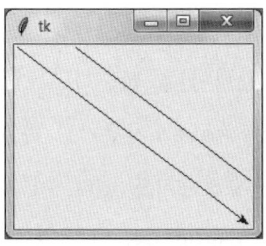

하나의 선을 더 그렸는데 arrow 옵션으로 화살표를 추가하였다. arrow 옵션에는 화살표가 어디에 위치하는지에 따라서 tkinter.FIRST, tkinter.LAST, tkinter.BOTH의 3가지 옵션을 줄 수 있다. 기본 화살표는 위 그림과 같은 모양인데 화살표의 모양을 편집할 수도 있다. arrowshape 옵션을 주면 되는데 앞에서 생성된 아이템의 화살표 모양을 수정해보겠다.

```
>>> cvs.itemconfig(2, arrow=tkinter.BOTH, arrowshape = (15, 20, 7))
```

기존의 아이템을 수정하려면 `itemconfig` 메소드를 사용하면 된다. 이 메소드에 수정할 아이템의 `tagOrID`값을 첫 번째 인수로 넘겨준 후 원하는 옵션을 추가 수정할 수 있다.

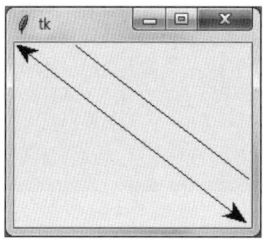

`arrowshape` 옵션에 튜플로 전달된 3개의 숫자는 각각 화살표의 특정 부위의 길이를 의미한다.

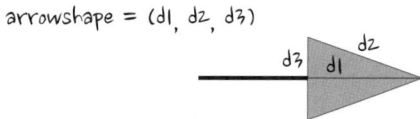

`fill` 옵션에 색상 코드값을 지정하여 선의 색을 입힐 수도 있는데 한 번 직접 선의 색도 바꿔보자.

지금까지 우리는 `Canvas` 안에 선을 단순히 그려(`create_line`)만 놓은 것이 아니라 그려진 선을 움직이거나(`move`) 지우기도 하고(`delete`) 선의 속성값을 변경(`itemconfig`)하여 모양을 수정하기도 했다. 이 세가지 메소드들은 공통적으로 `Canvas`에 그려지는 `item`들의 `tagOrID`를 첫 번째 인수로 받는다. 유용한 메소드들이므로 꼭 기억해 놓자.

create_rectangle

이 메소드는 테두리가 있는 직각사각형을 그리는데 앞에서 라인을 그릴 때처럼 2개의 좌표를 인수로 전달받는다. 새로 캔버스를 만들고 사각형을 그려보겠다. 또는 앞서 그린 아이템들을 모두 지운 후(`cvs.delete('all')`) 계속해서 실습을 진행해도 된다.

```
>>> cvs.delete("all")          #앞서 아이템들 모두 지움
```

```
>>> myrect =  cvs.create_rectangle(50,50,100,100)
```

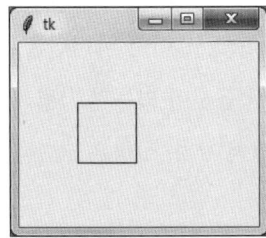

itemconfig 메소드를 사용하여 이 사각형에 몇 가지 옵션을 넣어보자.

```
>>> cvs.itemconfig(myrect, fill='blue', outline = 'pink', activefill =
'green', activeoutline='red', width = 4)
```

fill과 outline 옵션으로 사각형의 내부와 테두리의 기본 색을 지정할 수 있다. 마우스 커서가 사각형 위에 올라왔을 때 사각형의 색이 바뀌게 할 수도 있다. 바로 activefill, activeoutline 옵션을 사용하면 되는데 앞의 옵션 fill과 outline 에 대응되는 옵션이다. 확인을 위해 한 번 마우스 커서를 사각형 위에 올려보자.

create_text

create_line 메소드로 선을 그렸고 create_rectangle 메소드로 사각형을 그렸으니 create_text는 당연히 문자열을 그릴 것이다.

```
>>> cvs.create_text(100,75, text='python')
1
```

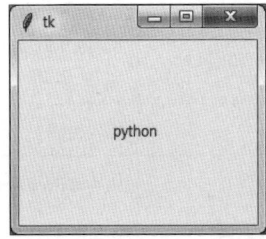

create_text의 처음 두 인수는 문자열의 중심이 위치할 좌표를 나타낸다. 캔버스의 크기가 200×150이므로 (100, 75)는 캔버스의 중심을 나타내고 text 옵션은 나타낼 문자열을 전달받는다. 이렇게 문자열 'python'이 캔버스의 중앙에 표시되었다. 이쯤이면 앞으로 나올 메소드들도 어떤 아이템을 그릴지 이름을 보면 판단할 수 있으리라 생각된다. 그리고 어떤 옵션이 있는지 가볍게 살펴보면 된다.

이번에는 문자열에 폰트를 입혀 보자. 설명은 코드를 먼저 제시하고 나중에 하겠다.

```
>>> myfont = tkinter.font.Font(family = 'Hevetica', size=20,
weight='bold', overstrike=1, underline=1, slant = 'italic', )
#myfont 폰트 객체 생성
>>> cvs.itemconfig(1, fill = 'blue', activefill='red', font = myfont)
```

위 코드를 설명하기에 앞서 tkinter에서 글자의 폰트를 설정하는 Font 클래스에 대해서 알아야 한다. Button이나 Label과 같은 부품을 만들 때도 이 Font 클래스의 인스턴스(앞으로는 폰트 객체라고 하겠다.)를 font 옵션의 값으로 받아서 글자 모양을 설정할 수 있다. Font 클래스는 tkinter.font 모듈에 있고 앞의 코드처럼 폰트객체를 생성할 수 있다. 이 때 폰트의 모양을 위한 몇 가지 옵션이 있는데 정리하고 넘어가자.

표 14-4 Font의 옵션

옵션	설명	
family	폰트 family 이름을 적어준다.	tkinter.font.families( )로 사용 가능한 폰트 이름을 알 수 있다.
size	폰트의 크기	양의 정수
weight	폰트의 굵기	0 또는 1(0은 효과 없음, 1은 효과 있음, 이하 동일)
overstrike	문자열 위에 선을 긋는다.	0 또는 1

옵션	설명	
underline	문자열 아래 선을 긋는다.	0 또는 1
slant	문자열의 기울기	'roman'은 기울이지 않음, 'italic'은 문자열 기울임

위 옵션들을 사용하여 폰트 객체를 만든 후 text 옵션을 사용하는 부품 또는 아이템의 font 옵션에 이 객체를 전달하면 설정된 글자 모양이 적용된다. Button이나 Label 그리고 Entry도 문자열을 사용하므로 폰트 객체를 font 옵션에 지정해서 글자의 모양을 정할 수 있다.

나머지 옵션 fill과 activefill은 이미 앞에서도 다루었던 옵션이므로 길게 설명하지 않겠다.

create_oval

oval은 타원을 뜻하므로 create_oval은 타원을 그리는 메소드라는 것을 짐작할 수 있다. create_circle이라는 메소드는 존재하지 않는데 이유는 원은 타원에 속하기 때문이다. 따라서 create_oval 메소드로 원도 그릴 수 있다.

create_oval 메소드의 동작은 우선 보이지 않는 직사각형을 만든다. 그리고 이렇게 만들어진 가상의 직사각형의 4개의 변에 접하도록 타원이 생성된다. 이 때 타원의 중심은 이 직사각형의 중심이 된다. 생성되는 모양만 다를 뿐 옵션은 create_rectangle 메소드와 별반 다르지 않다.

```
>>> coord1 = (50,25,150,125)
>>> coord2 = (0,50,200,100)
>>> cvs.create_oval(coord1, activefill='green', activeoutline='blue', width=3)
1
>>> cvs.create_oval(coord2, fill='yellow', activeoutline='red')
2
```

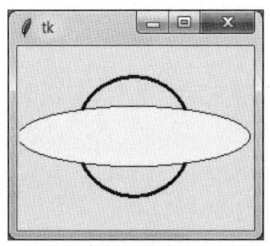

지금까지 아이템을 만들 때 좌표를 직접 전달했지만 좌표를 튜플 또는 리스트에 담아서 전달하는 것이 편리할 것이다. 앞으로는 가능하면 튜플이나 리스트에 좌표를 담아서 하나의 인수로 전달하도록 하겠다.

create_polygon

polygon이라는 이름으로 유추해 볼 때 다각형을 그리는 메소드임을 알 수 있을 것이다. 이 메소드도 create_rectangle과 거의 동일하다고 볼 수 있다. 단 다각형이니만큼 모든 꼭지점을 모두 인수로 전달해야 한다. 사각형만 하더라도 x좌표와 y좌표를 가진 4쌍의 좌표쌍을 인수로 전달해야 하므로 가능하면 리스트에 담아서 전달하는 것이 좋을 것이다. 다음은 4쌍의 좌표쌍으로 polygon을 그린 것이다.

```
>>> pts = [50, 50, 100, 50, 50, 100, 100, 100 ]
>>> cvs.create_polygon(pts)
1
```

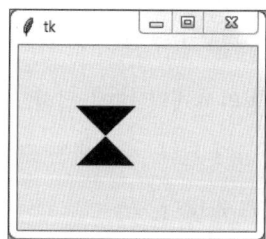

주의할 점은 전달되는 좌표 순서대로 연결하여 그린다는 점이다. 그래서 4개의 꼭지점을 전달했지만 4각형이 아닌 2개의 삼각형이 맞닿은 모양이 그려졌다. 이렇게 좌표의 순서를 주의해야 하기도 하지만 이를 이용해서 복잡한 도형을 그릴 수도 있다. 예를 들어 별 모양 도형을 그려보자.

```
>>> pts = [100,50, 35,95, 115,95, 50,50, 75,125]      #5쌍의 좌표
>>> cvs.create_polygon(pts)
1
```

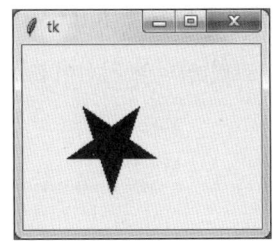

별 모양을 그리기 위해서 10개의 꼭지점이 필요하지만 5개의 꼭지점만으로도 그릴 수 있다. 이런 테크닉이 중요한 것은 아니고 단지 create_polygon 메소드의 특성을 설명하기 위한 예일 뿐이다.

위에서 그린 별은 모서리가 너무 뾰족한 것 같아서 마음이 좀 불편하다면 옵션을 주어서 모서리를 동그랗게 만들 수 있으니 걱정하지 말자.

```
>>> cvs.itemconfig(1, joinstyle = 'round', outline = 'black', width = 3)
```

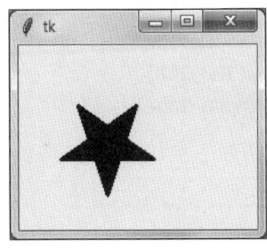

joinstyle 옵션은 라인의 연결되는 모서리의 모양을 결정하는 옵션이다. 세 가지 값을 가질 수 있는데 뾰족한 모양(miter), 잘린 모양(bevel), 둥근 모양(round)의 세 가지 값을 가질 수 있다. 선이 좀 두꺼워야 제대로 보이므로 선의 두께도 두껍게 해주었다.

create_window

부품을 윈도우에 추가하고 싶다면 별도의 Frame을 생성하여 Canvas 외부에 부품을 위치시켜야겠지만 Canvas 내부에도 다른 부품들을 위치시킬 수 있다. 그런데 일반적인 배치관리자를 사용하면 Canvas가 부품에 맞게 크기가 변경되기 때문에 문제가 발생한다. 이 때 create_window 메소드를 사용하면 이런 문제없이 부품을 위치시킬 수 있다. 다음 예는 Canvas 내에 Label, Button의 두 개의 부품을 배치하는 예제다. 추가적으로 Button을 누르면 임의의 직선이 Canvas에 그려진다.

예제 14-5 Canvas 내부에 부품 넣기

```
#gui_05.py
import tkinter
import random

def randxy():
    a = random.randint(1,250)
    return a
def click():
    cvs.create_line(randxy(),randxy(),randxy(),randxy())

root = tkinter.Tk()
cvs = tkinter.Canvas(root,width=250,height=250)
cvs.pack()

button = tkinter.Button(text='click', command = click)  #방법 1
cvs.create_window(150,200, window=button)               #

label = tkinter.Label(text = "Hellow")                  #방법 2
label_w = cvs.create_window(100,200)                    #
cvs.itemconfigure(label_w,window=label)                 #

root.mainloop()
```

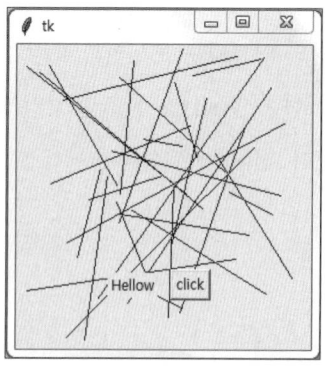

create_window 메소드를 호출할 때 'window' 옵션에 배치시킬 부품의 인스턴스를 전달하는 것으로 간단하게 부품을 배치할 수 있다. 또한 방법 2와 같이 Canvas의 itemconfigure 메소드로 나중에 추가적으로 부품을 배치할 수도 있다. 주의할 점은 하나의 create_window를 호출하여 배치할 수 있는 부품은 1개로 제한된다.

480

이 때 Frame을 위치시킨다면 다시 이 Frame에 여러 부품을 포함시킬 수 있으므로 제한사항이 별 문제가 되는 것은 아니다.

이러한 Canvas 내에 window는 별 쓸모없이 보일지 모르겠지만 Canvas를 Frame처럼 사용하면 자유로운 형식의 자신만의 배치관리를 할 수도 있다. 왜냐하면 tkinter의 배치관리자는 단순하고 사용 방법은 쉬운 대신 정해진 형식이 있기 때문이다. 이 부분은 나중에 tkniter를 어느 정도 공부하고 스스로 연구해보길 바란다.

create_arc

역시 arc(호)를 그리는 메소드다. 호의 특성상 호의 각도에 대한 정보가 있어야 한다. 옵션 start와 extent로 호가 그려지는 각도의 범위를 나타낼 수 있다. 다음은 캔버스에 0°에서 270°까지의 범위를 갖는 호를 그린다.

```
>>> coord = (100,100,200,150)
>>> cvs.create_arc(coord, start=0, extent=270, fill='blue')
1                            #tagOrID
```

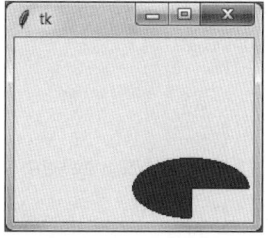

이번에는 호가 그려지는 좌표를 튜플 형태로 인수에 전달했다. 좌표의 의미는 creat_oval 메소드의 경우와 동일하므로 참고하자.

Canvas에서 이미지 다루기

지금까지 Canvas에 직접 그림을 그렸지만 외부의 이미지를 불러올 수도 있다. 하지만 기본적으로 불러들일 수 있는 이미지 형식(format)은 매우 제한적이다. bitmap 파일로는 xbm, Image 파일로는 gif, png, pgm, ppm 형식의 파일을 불러들일 수 있는데 더 많은 형식의 파일을 다루려면 PIL^{Pillow}라는 외부 모듈을 사용하는 방법이 있다. Pillow는 이미지 처리를 위한 풍부한 기능들을 가진 모듈로 tkinter를 지원한다. Pillow에 대해 알아보기 전에 간단히 캔버스 이미지를 다루는 방법을 알아보도록 하자.

create_bitmap

tkinter에서 기본적으로 다룰 수 있는 비트맵 이미지는 xbm 확장자를 가진 파일이다. 비트맵 이미지하면 보통 bmp 확장자를 가진 파일이라 생각되지만 xbm은 유닉스의 윈도우 시스템에서 커서나 아이콘을 나타내가 위해 사용되던 비트맵 형식이다. 이 형식은 흑과 백의 2진 데이터로 이루어져 있다. 지금 이 시점에서는 xbm 형식을 사용하는 것이 유용해 보이지는 않는데 xbm 형식을 기본 비트맵 형식으로 하는 이유는 Tcl/Tk의 탄생 배경이 유닉스의 x-winodw에서 시작되었기 때문이다. PIL을 사용하여 지원되는 이미지를 확장할 수 있지만 우선 tkinter에 내장되어 있는 비트맵 이미지를 Canvas에 그려보면서 어떻게 비트맵을 그리는지 알아보도록 하겠다.

예제 14-6 Canvas에 기본 비트맵 이미지 그리기

```
#gui_06.py
import tkinter

root = tkinter.Tk()
cvs = tkinter.Canvas(root, width = 220, height = 50)
cvs.pack()
builtin_bitmap = ['error', 'gray12', 'gray25', 'gray50', 'gray75',
'hourglass', 'info', 'questhead', 'question', 'warning']
for i in range(0,len(builtin_bitmap)):
    cvs.create_bitmap(20*i+20,30, bitmap = builtin_bitmap[i])
root.mainloop()
```

create_bitmap 메소드의 bitmap 옵션에 10개의 내장된 비트맵 이미지를 리스트에 담아 for 루프를 통해서 그렸다. xbm 파일은 순수 아스키 문자 데이터이므로 일반적인 이미지 파일보다 용량은 크지만 embedded 시스템에서 유용하게 사용될

수 있다. 하지만 일반적으로는 xbm 파일 형식을 외부에서 불러올 일은 그렇게 많지는 않다.

다음은 외부에 준비된 비트맵 이미지 python.xbm를 Canvas에 그려 넣는 예제다.

예제 14-7 비트맵(xbm) 파일 불러오기

```
#gui_07.py
import tkinter

root = tkinter.Tk()
cvs = tkinter.Canvas(root, width = 100, height=100)
cvs.pack()
cvs.create_bitmap(50,50, bitmap = "@C:/gop/ch14/python.xbm")
root.mainloop()
```

주의할 점은 외부의 비트맵 이미지를 사용할 때는 파일의 경로 앞에 '@'가 붙도록 해야 한다는 점이다. 그리고 create_bitmap 메소드에 전달되는 좌표는 비트맵의 중심 좌표다.

이렇게 create_bitmap 메소드를 사용해서 비트맵을 직접 Canvas에 넣을 수도 있지만 다음과 같이 BitmapImage 객체로 만들어 다른 부품에 포함시킬 수도 있다. BitmapImage 객체를 포함할 수 있는 부품은 Label이나 Button처럼 image 옵션을 가지고 있는 부품들이다.

예제 14-7.1 Canvas가 아닌 다른 부품에 비트맵(xbm) 이미지 넣어보기

```
#gui_07_1.py
import tkinter

root = tkinter.Tk()
img = tkinter.BitmapImage(file = 'C:/gop/ch14/python.xbm')
button = tkinter.Button(root, image = img)            #버튼에 그림을 넣음
button.pack()
root.mainloop()
```

xbm은 사실 아스키데이터의 배열이다. 직접 배열을 만들어 비트맵을 생성할 수도 있는데 이 부분은 주제에 벗어나는 내용이지만 간략하게 소개하겠다.

예제 14-7.2 바이트(byte) 데이터 형식의 배열로 비트맵 그리기

```
#gui_07_2.py
import tkinter

SMILE = """
#define smileywe_width 16
#define smiley_height 16
static unsigned char smiley_bits[] = {
0xc0, 0x07, 0x30, 0x18, 0x08, 0x20, 0x04, 0x40, 0x44, 0x44, 0x02, 0x80,
0x02, 0x80, 0x02, 0x80, 0x22, 0x88, 0x62, 0x8c, 0xc4, 0x47, 0x04, 0x40,
0x08, 0x20, 0x30, 0x18, 0xc0, 0x07, 0x00, 0x00};
"""
root = tkinter.Tk()
cvs = tkinter.Canvas(root, width=50,height=30)
cvs.pack()
img = tkinter.BitmapImage(data = SMILE)
cvs.create_image(25,15,image = img)
root.mainloop()
```

SMILE은 C 언어 코드를 문자열로 가지고 있다. 이 코드는 웃는 모양의 2진 비트맵 데이터를 나타내는 C 언어 코드로 BitmpaImage 메소드의 data 옵션에 전달하여 BitmapImage 객체로 만든 것이다(xmb에 대해 더 관심이 있다면 http://fileformats.archiveteam.org/wiki/XBM을 참조하길 바란다). 이렇게 변환된 객체를 image 옵션을 가진 부품에 전달하면 된다. 앞의 코드에서는 BitmapImage 객체를 만들어 Canvas의 create_image 메소드에 전달했는데 이 메소드는 이제 곧 살펴볼 것이다.

지금까지 비트맵 이미지를 다루는데 사용되는 bitmap, image, data의 세 가지 옵션이 각각 어떤 차이점을 가지고 사용되었는지 정리해보고 넘어가도록 하자.

create_image

이 메소드는 옵션으로 image를 가지고 있다. 앞에 create_bitmap 메소드에 대해서 잘 이해했다면 이 메소드를 사용하는 방법에 대해 이미 짐작하고 있을 것이다.

그런데 한 가지 추가적으로 알아야 할 사항이 image 옵션에는 BitmapImage 뿐 아니라 PhotoImage 객체도 전달받을 수 있다. PhotoImage 객체는 비트맵이 아닌 다른 형식의 이미지, 예를 들어 png, gif, png, pgm, ppm 형식의 이미지를 PhotoImage 메소드에 전달하여 만든 객체다. 중요한 것은 BitmapImage나 PhotoImage나 모두 image 옵션에 전달할 수 있다는 것이다. 따라서 앞에서 create_bitmap 메소드를 사용하여 외부 비트맵을 직접 불러오는 코드를 create_image 메소드를 사용하는 코드로 다음과 같이 바꿀 수 있다.

예제 14-8 create_image 메소드로 비트맵(xbm) 이미지 불러오기

```
#gui_08.py
import tkinter

root = tkinter.Tk()
cvs = tkinter.Canvas(root, width = 100, height = 100)
cvs.pack()
img = tkinter.BitmapImage(file = "C:/gop/ch14/python.xbm")
cvs.create_image(50, 50, image = img)
root.mainloop()
```

PhotoImage 클래스를 사용하면 비트맵 말고도 다른 형식의 이미지를 불러오는 것이 가능하다. 직접 PhotoImage 클래스를 사용하여 gif, png, pgm, ppm 형식의 이미지를 Canvas에 불러와 보자.

PIL(Pillow)

이미지를 깊게 다루고 싶다면 Pillow는 필수다. 이 라이브러리는 파이썬에 포함되지는 않으므로 직접 설치해야 한다. 다행히도 파이썬은 외부 라이브러리를 쉽게 설치하기 위한 여러 도구들을 가지고 있다. 이 중에 파이썬에 기본적으로 포함되어 있는 pip을 사용하여 간단하게 Pillow를 설치해 보겠다.

```
c:\>pip install Pillow
Collecting Pillow
  Downloading Pillow-3.4.2-cp35-cp35m-win_amd64.whl (1.5MB)
    100% |################################| 1.5MB 63kB/s
Installing collected packages: Pillow
Successfully installed Pillow-3.4.2
```

커맨드 창에서 pip install Pillow 명령으로 설치가 된다. 이젠 import PIL 로 Pillow 라이브러리를 사용할 수 있다. 너무 간단하게 설치되어서 허탈할지도 모르겠다.

여기에서는 아주 기초적인 Pillow의 사용 예와 tkinter를 위한 모듈인 ImageTk 모듈에 대해서 설명한다(Pillow에 대한 더 많은 정보는 http://pillow.readthedocs.org/en/latest/index.html에서 얻을 수 있다).

자 이제 Pillow가 무엇인지 알아볼 것이다. 우선 어떤 이미지도 좋으니 특정 폴더에 몇 개의 이미지를 넣어보자.

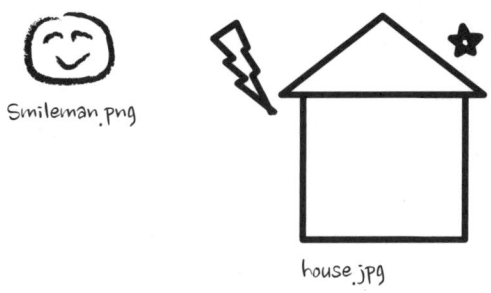

이렇게 두 개의 형식이 다른 이미지 파일이 준비되어 있다. 먼저 파이썬 쉘에서 PIL의 Image 모듈을 불러온 후 다음 코드를 실행해보자.

```
>>> from PIL import Image
>>> smileman = Image.open("C:/gop/ch14/smileman.png")
>>> smileman.size
(101, 80)
>>> smileman = smileman.crop((15,10,80,75)) #좌표를 전달할 때는 튜플 또는 리스트로
>>> smileman.save("C:/gop/ch14/new_smileman.jpg", 'jpeg')
>>>
```

파일을 open 함수로 여는 것 같이 Image 모듈의 open 함수로 이미지를 불러들이면 이미지에 대한 정보를 가진 객체가 생성된다. 이 객체를 통해서 이미지에 대

한 정보를 얻거나 조작을 할 수 있다. 이미지의 크기는 size 속성을 통해서 얻을 수 있다. 그림판으로 대충 그려진 이미지이므로 가로 세로의 사이즈가 다르다. 그래서 crop 메소드로 그림이 그려진 곳만 65×65크기로 잘라낸 후 save 메소드로 새로운 이미지 파일로 저장하였다. 이 때 이미지의 형식을 바꿀 수 있는데 첫 번째 인수로 이미지의 경로를 포함한 파일명, 두 번째 인수로 이미지 형식을 지정한다. 여기까지 이미지를 열고 원하는 처리를 하고 다시 저장하는 작업을 하였다. PIL 라이브러리를 사용하면 이 밖에도 다양한 이미지 처리를 할 수 있는데 몇 가지만 더 예를 들어 보겠다. 앞에서 새로 만들어진 이미지를 다시 불러와 보자.

```
>>> from PIL import Image
>>> smileman = Image.open("C:/gop/ch14/new_smileman.jpg")
>>> temp = smileman.resize((smileman.width*2, smileman.height*2))
>>> temp = temp.rotate(180)
>>> temp.save("C:/Image/new_smileman2.jpg")
```

new_smileman2.png

이번에는 resize와 rotate 메소드를 사용하였다. resize는 말그대로 이미지의 사이즈를 재설정한다. 이 때 재설정할 사이즈는 리스트나 튜플 형태로 전달하면 된다. rotate는 회전시킬 각도를 인수로 받는다. 그리고 이렇게 처리한 이미지를 저장하면 이미지 편집이 끝난다.

이번에는 smileman을 house.jpg의 집 안에 넣어볼 것이다.

```
>>> from PIL import Image
>>> smileman = Image.open("C:/gop/ch14/new_smileman.jpg")
>>> house = Image.open("C:/gop/ch14/house.jpg")
>>> house.size
(231, 178)
>>> house.paste(smileman, (110, 75))
>>> house.show()
>>> house.save("C:/gop/ch14/smile_house.jpg")
```

이 코드에서 Paste와 show 메소드를 주목해서 보자. 이미지 객체의 Paste 메소드로 외부 이미지를 합칠 수 있다. 이때 첫 번째 인수로 외부 이미지 객체, 두 번째 인수로 외부 이미지 객체가 위치할 위치를 리스트나 튜플 형태로 전달받는다. 그리고 show 메소드는 OS의 기본 이미지 뷰어를 실행시켜 이미지 객체의 현재 상태를 보여준다.

이렇게 지금까지 아주 기본적인 PIL의 Image 모듈의 기능들을 살펴보았다. 이런 기능을 tkinter와 접목해서 간단한 이미지 편집툴을 만들 수도 있을 것이다. 그렇다고 tkinter의 Canvas에 PIL의 Image 모듈을 사용하여 만든 이미지 객체를 곧바로 tkinter에서 불러들일 수 있는 것은 아니다. 앞에서 공부했듯이 tkinter에서 불러들이는 이미지는 PhotoImage, BitmapImage 객체로 만든 후에 Canvas에서 사용할 수 있었다. 다행히도 PIL 라이브러리는 ImageTk라는 모듈을 제공하여 tkinter를 지원한다.

즉, ImageTk.PhotoImage, ImageTk.BitmapImage는 tkinter.PhotoImage와 tkinter.BitmapImage에 대응되는 메소드로서 tkinter에서 다루지 못하는 다양한 이미지 형식을 지원한다. 직접 bmp 형식 또는 jpg 형식의 이미지로 직접 Canvas에 불러와보자. 다양한 형식의 이미지를 이젠 tkinter에서도 사용할 수 있게 되었다. 지금까지 Canvas에 대해서 꽤 장황하게 설명했는데 그만큼 Canvas는 유연하고 잘 만들어진 도구다. 단순히 여러 데이터를 그래픽으로 나타내거나 PIL의 지원을 받으면 그래픽 툴을 만들 수도 있을 것이다.

지금까지 주요 부품에 대해서 살펴보았는데 tkinter의 기본 부품은 약 20여 가지가 된다. 여기에 tix 확장 부품까지 더하면 50가지가 넘어가는 부품이 있다. 너무 많다고 그렇게 걱정할 필요는 없다. 지금까지 주요 부품을 사용하면서 느꼈겠지만 앞으로 배울 부품들도 지금까지 배운 부품들의 사용법에서 크게 벗어나지 않기 때문이다.

앞으로 몇 가지 주요한 부품들을 더 다루기 전에 잠시 주제를 전환하여 부품의 배치를 위한 배치관리자와 이벤트에 대해서 살펴보려 한다. 부품을 제대로 사용하기 위해서는 꼭 필요한 것들이다.

배치관리자

지금까지 부품들을 기능을 살펴보면서 부품을 어떻게 배치하는지에 대해서는 신경을 쓰지 못했다. 하지만 GUI는 사용자의 편의를 위한 것인만큼 부품을 적절하게 배치하는 것은 매우 중요한 문제다. 고맙게도 tkinter는 이런 부품의 배치를 관리해주는 배치관리자Layout manager를 제공한다. 배치관리자라고 하지만 모든 부품들이 가지고 있는 메소드임을 기억하자. 앞에서 grid 배치관리자에 대해서는 간단히 소개를 했고 pack이라는 배치관리자도 grid와 같이 간간히 사용했었다. 여기에 아직은 생소한 place라는 배치관리자도 있는데 여기에서는 활용도가 높은 pack과 grid에 대해서만 살펴본다. 그리고 하나의 부품 내에서는 하나의 배치관리자만 사용해야 한다는 점을 주의하길 바란다.

pack

pack 배치관리자는 배치가 어떻게 되는지 직관적이지는 않다. 아무런 옵션도 없이 사용하면 기본적으로 부품들이 수직으로 배치된다. 여기에 몇 가지 옵션을 추가하여 부품의 배치와 모양을 조정할 수 있다.

사용할 수 있는 옵션으로 after, anchor, before, expand, fill, in_, ipadx, ipady, padx, pady, side가 있는데 여기서는 몇 가지 옵션만 살펴볼 것이다. side는 부품이 배치될 위치를 지정하고, fill과 expand는 부품이 여분의 공간에 맞게 크기를 맞추도록 한다. 아무런 옵션도 없이 pack으로 배치하면 다음과 같이 부품이 수직으로 배치가 된다.

예제 14-9 배치관리자 pack의 기본 배치

```
#gui_09.py
import tkinter

root = tkinter.Tk()
frame = tkinter.Frame(root, background='red')
frame.pack()
button1 = tkinter.Button(frame, text = '--button1--')
button1.pack()                          #button1.pack(side = 'left')
button2 = tkinter.Button(frame, text = 'button2')
button2.pack()                          #button2.pack(fill='x')
button3 = tkinter.Button(frame, text = '****button3****')
button3.pack()
root.mainloop()
```

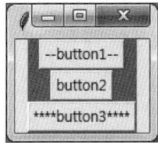

이번에는 위 코드에서 배치관리자의 옵션을 주석과 같이 바꿔 보면 부품의 배치가 다음처럼 바뀔 것이다.

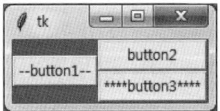

여기에 다시 button1의 배치관리자의 옵션에 fill='y'를 추가해보자.

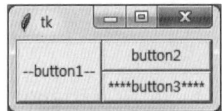

이제 마지막으로 button3의 생성과 배치관리자가 호출되는 시점을 button1의 생성 이전으로 해보자. 쉽게 말해 button3에 대한 코드 두 줄을 잘라내어 buton1 생성 앞쪽에 붙여 넣어 본다.

이렇게 동일한 코드라도 배치관리자(pack)가 호출되는 순서에 따라서 부품의 배치가 완전 달라질 수 있다. 이 말은 배치관리자 pack을 사용하면 바로 먼저 생성된 부품에 대해서 상대적으로 배치가 된다는 뜻이다. 우선 pack을 통해서 부품이 배치되는 위치는 side 옵션으로 정해진다. 이 옵션에 넣을 수 있는 값은 'top', 'bottom', 'right', 'left'가 있고 옵션값은 문자 그대로 배치될 위치를 뜻한다. 기본적으로 side 옵션을 주지 않으면 'top'이 디폴트값이 되어 TOP(위쪽)에 배치된다. 따라서 아무런 옵션도 전달하지 않으면 부품들이 수직으로 배치되는 것이다. 좀 더 구체적으로 첫 번째 그림에서 --button1--은 TOP에 배치된다. 이제 다음 부품이 배치될 공간은 TOP에 배치된 --button1--보다 상대적으로 아래에 위치하게 된다.

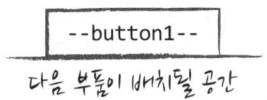

이번에는 두 번째 그림의 예를 들어보겠다. --button1--의 side 옵션이 'left'면 왼편에 생성되고 다음 부품이 배치될 공간은 상대적으로 오른쪽이 된다. 즉, 다음 그림과 같다.

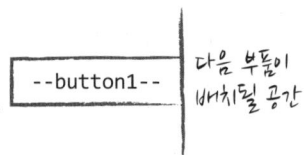

button2의 side 옵션이 정해지지 않으면 기본값인 'top'이 되고 위쪽에 배치된다. 즉, 다음 그림처럼 배치된다.

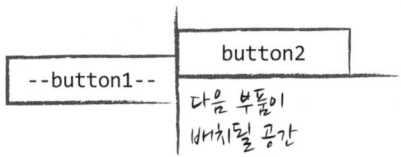

이렇게 마지막 부품이 어떤 방향에 배치되는지에 따라서 상대적으로 다음에 배치 공간이 정해지게 된다. 이젠 마지막 그림을 분석할 수 있을 것이다. 직접 분석해보길 바란다.

상대적인 배치공간이 생길 때는 보이지 않는 격자가 생긴다. 앞서 그림에선 선으로 그어서 이를 표현했는데 이렇게 생긴 격자에 따라서 부품이 차지하는 공간이 생긴다. 기본으로 이 공간을 부품들이 꽉 채우지는 않고 부품 자신의 기본 크기로 배치된다. 앞에서 실행한 4개의 결과 그림 중 2번째 그림과 비교하면 알겠지만 3번째 그림처럼 fill 옵션을 사용하면 이 공간을 채울지를 결정할 수 있다. fill 옵션에 넣을 수 있는 값은 4가지로 None, 'x', 'y', 'both'이다. 기본값은 None으로 아무런 일도 하지 않는 것이고 'x'가 설정되면 수평방향으로 공간을 꽉 채우고 'y'는 수직방향, 'both'는 수평, 수직 양방향으로 이 격자 내부를 꽉 채운다. 3번째 결과 그림은 Y로 설정했으므로 Button1이 수직으로 꽉 채워진 모습이다.

마지막으로 expand는 자신의 격자공간뿐 아니라 더 확장될 공간이 있다면 그 공간까지 채울지를 결정한다. True와 False로 이를 설정할 수 있다.

나머지 주요한 옵션으로 padx, pady는 격자공간의 모서리와 부품의 간격을 ipadx, ipady는 부품 내부에 내용과 부품의 간격을 설정한다. 이 4개의 옵션은 다음에 살펴볼 배치관리자 grid의 경우와 동일하게 동작하므로 grid를 공부하면서 살펴보겠다.

grid

가장 많이 사용하는 배치관리자로서 이 장의 도입부에서 grid가 부품을 배치하는지 방식은 대략 살펴보았다. 간단히 설명하면 바둑판 형식으로 행과 열을 가진 격자공간에 부품을 배치시킨다. 격자공간의 사이즈는 부품의 크기에 따라서 유동적으로 바뀌는데 이런 자동적인 변화는 GUI의 설계를 쉽고 편리하게 해준다. 주의할 점은 같은 Frame 내에서는 pack과 같이 사용할 수 없다는 것이다. 옵션으로는 column, columnspan, in_, ipadx, ipady, padx, pady, row, rowspan, sticky 등이 있다. 이장의 시작부분에서 row, column, columnspan, rowspan이 어떤 옵션인지는 살펴보았으므로 나머지 옵션에 대해서만 설명하겠다. 우선 다음 코드를 보자.

예제 14-10 배치관리자 grid 테스트

```
#gui_10.py
import tkinter

root = tkinter.Tk()
```

```
frame = tkinter.Frame(root)
frame.pack()
button1 = tkinter.Button(text = 'button1')
button1.grid(in_=frame , row = 0, column = 0)
button2 = tkinter.Button(frame, text = '-----button2----')
button2.grid( row=1, column = 1)
button3 = tkinter.Button(frame, text = 'button3')
button3.grid( row=2, column = 1)
root.mainloop()
```

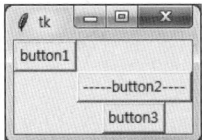

지금까지 부품을 생성할 때 부모가 될 부품의 인스턴스를 첫 번째 인수로 하여 부모를 지정해왔지만 button1처럼 부품을 미리 만들어 놓고서 배치관리자의 in_ 옵션으로 부모가 될 부품을 결정할 수도 있다. 부모가 될 부품을 결정하는 일은 상식적으론 배치관리자가 결정하는 것이 자연스러울 것 같지만 코딩을 할 때는 지금까지 해오던 방식이 자연스러울 것이다. 그리고 나중에 살펴보게 될 객체지향 코딩 스타일을 사용하면 그다지 많이 사용하는 옵션은 아니다. 아무튼 어느 쪽이든 좋으니 편리한 쪽을 사용하자.

표 14-5 배치관리자 grid의 옵션

옵션(grid)	설명	
in_	부모가 될 부품을 지정	부모 부품
padx	부품과 격자 사이(좌, 우)로 빈 공간을 설정	Pixel
pady	부품과 격자 사이(상, 하)로 빈 공간을 설정	
ipadx	부품 내부에서(좌, 우)의 빈 공간 설정	
ipady	부품 내부에서(상, 하)의 빈 공간 설정	
sticky	부품이 격자공간에서 어디에 위치할지를 결정한다.	tkinter 모듈의 E, W, S, N

앞의 예에서 button1에 대한 코드만 다음과 같이 수정해보자. padx, pady 옵션을 추가했는데 격자공간과 부품 간에 어떤 변화가 있는지 쉽게 확인할 수 있을 것이다.

```
button1  = tkinter.Button(text = 'button1')
button1.grid(in_=frame , row = 0, column = 0, padx=25, pady=10)
```

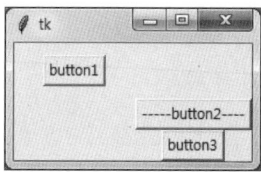

button1이 차지하는 격자 공간의 위아래로 10, 좌우로 각각 25픽셀의 빈 공간이 생겼다.

이번에는 ipadx와 ipady 옵션을 button1에 더 추가해보겠다.

```
button1  = tkinter.Button(text = 'button1')              #버튼 생성
button1.grid(in_=frame , row = 0, column = 0, padx=25, pady=10, ipadx=25, ipady=10)
```

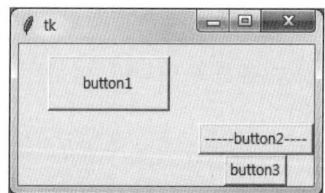

사실 ipadx, ipady는 배치관리자가 갖고 있을 만한 옵션은 아닌 듯 보인다. 이 옵션은 버튼 내부의 상, 하, 좌, 우에 빈 공간을 생성해주기 때문이다. 즉, "button1"이라는 문자열과 버튼 부품의 테두리 사이의 빈 공간을 생성하는데 이 설정은 버튼을 생성할 때 padx, pady 옵션으로 설정할 수도 있다.

```
button1  = tkinter.Button(text = 'button1', padx=25, pady=10)      #버튼 생성
button1.grid(in_=frame , row = 0, column = 0, padx=25, pady=10)
```

앞서 두 가지 button1을 생성하고 배치하는 코드를 비교해보자. 이렇게 padx, pady 옵션은 언제 사용되는가에 따라서 상대적인 의미를 가진다. 즉 버튼 생성시에 사용되면 버튼 내부의 빈 공간을, 배치관리자에서 사용되면 버튼과 격자공간 사이의

빈 공간을 설정하기 때문이다. 배치관리자의 ipadx, ipady 옵션의 'i'는 버튼 내부를 의미하는 'in'이라고 기억하자.

마지막으로 살펴볼 옵션은 sticky다. 이 옵션은 사용 방법에 따라서 두 가지 기능을 한다. pack 배치관리자의 side 옵션과 fill 옵션을 다시 기억해보길 바란다. side 옵션은 격자공간 내에서 부품을 어느 쪽에 배치할 것인가를 정하고 fill 옵션은 격자공간에 부품을 어떻게 채울 것인가를 정한다. 이 두 가지 기능은 grid 배치관리자에서는 sticky 옵션 하나로 대신한다. 다음은 앞의 예의 button3에 sticky 옵션을 추가한 것이다.

예제 14-10.1 배치관리자 grid의 sticky 옵션

```
#gui_10_1.py
import tkinter

root = tkinter.Tk()
frame = tkinter.Frame(root)
frame.pack()
button1 = tkinter.Button(text = 'button1', padx=25, pady=10)
button1.grid(in_=frame , row = 0, column = 0, padx=25, pady=10)
button2 = tkinter.Button(frame, text = '-----button2----')
button2.grid( row=1, column = 1)
button3 = tkinter.Button(frame, text = 'button3')
button3.grid( row=2, column = 1, sticky = 'w')
root.mainloop()
```

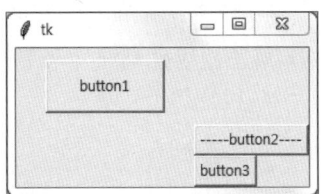

sticky 옵션에 넣을 수 있는 'e', 'w', 's', 'n'은 각각 East, West, South, North의 첫 문자다. 옵션을 넣는 방법은 이 방위들을 조합한 시퀀스 객체(문자열, 튜플 또는 리스트 형태)로 넣을 수 있다.

예를 들어 sticky = ('w', 'n')은 북서쪽(오른쪽 위) 방향에 부품을 위치시키고 sticky = 'we'는 동쪽과 서쪽은 반대되는 방위이므로 양방향으로 부품을 늘린다.

grid를 사용하면 부품의 배치를 크게 신경 쓰지 않고도 쉽게 가독성 있는 인터페이스를 만들어 주기 때문에 특별한 경우가 아니면 grid를 사용하길 권한다.

이벤트

GUI 프로그램은 사용자가 언제 버튼을 클릭할지 윈도우 창을 옮길지 예측을 할 수 없기 때문에 이러한 예측 못할 사건을 언제라도 바로 감지할 필요가 있다. 여기서 예측 못할 사건들을 이벤트^{Event}라고 하는데 대표적인 이벤트로는 마우스 클릭 및 이동, 키보드 입력 등이 있다.

하지만 기본적으로 이벤트에 대해서 아무런 동작도 정의되어 있지 않는다. 예를 들어 버튼을 생성해 놓고 클릭을 해도 때 아무런 반응도 하지 않기 때문이다. 이 때는 Button을 클릭했을 때 수행될 함수를 command 옵션을 통해서 정의할 수 있었다. 이런 방식으로 이벤트에 대한 동작을 정의할 수 있겠지만 버튼을 클릭했을 경우에 한해서만 동작하므로 아주 제한적이다. 왜냐하면 GUI 프로그램에서 행해질 수 이벤트는 키보드 입력만 하더라도 수십 가지가 될 수 있을 것이고, 마우스 이벤트만 하더라도 더블클릭, 마우스 움직임, 오른쪽 마우스 클릭 등 다양하기 때문이다.

고맙게도 tkinter는 이런 특정 이벤트와 특정 부품을 묶어주어 특정 부품에서 특정 이벤트가 발생했을 때 처리할 동작을 정의할 수 있다.

tkinter에서 이벤트를 처리하는 방식은 매우 심플하고 이해하기 쉽다. 지금부터 다양한 이벤트를 정의하고 처리하는 방법에 대해서 공부해보도록 할 것이다.

이벤트 묶기

이미 알다시피 Button의 command 옵션은 아주 심플하게 이벤트를 처리한다. 즉 버튼이 눌리면 처리할 프로시저(함수)를 지정하기만 하면 된다.

예제 14-11 Button의 이벤트

```
#gui_11.py
import tkinter

def callback():
    root.title("Hello Python")
```

```
root = tkinter.Tk()
frame = tkinter.Frame(root, padx =100, pady=50)
frame.pack()
button = tkinter.Button(frame, text = 'click', command =callback)
button.pack()
root.mainloop()
```

버튼이 눌리면 윈도우 타이틀바의 문자열이 "Hello Python"으로 바뀔 것이다. 이렇게 버튼은 그 특수성으로 인해 command 옵션이 제공되지만 다른 부품들의 경우는 다른 방식으로 이벤트를 처리해야 한다. 바로 bind 메소드를 사용하는 방식인데 이 방식은 Button의 command 옵션처럼 단순히 클릭 이벤트에만 국한된 것이 아니라 어떤 이벤트든 존재하는 이벤트라면 부품에 묶어줄 수 있다. 다음 코드는 bind 메소드를 사용하여 버튼과 라벨에 몇 가지 이벤트를 묶은 것이다.

예제 14-11.1 부품의 bind 메소드로 이벤트 묶기

```
#gui_11_1.py
import tkinter

def callback():
    root.title("Hello Python")

root = tkinter.Tk()
frame = tkinter.Frame(root, padx =100, pady=50)
frame.pack()

button = tkinter.Button(frame, text = 'click')
button.pack()

label  = tkinter.Label(frame, text = 'click')
label.pack()

button.bind("<ButtonPress-1>",lambda e: callback())
button.bind("<Double-1>",lambda e: root.title("Mouse Double click"))
button.bind("<ButtonPress-3>",lambda e: root.title("Mouse Right click"))
label.bind("<Double-2>", lambda e: root.title("tkinter Label event"))

root.mainloop()
```

bind 메소드에는 두 개의 인수가 필요하다 첫 번째 인수는 부품에 묶어줄 이벤트 이름 전달한다. 두 번째로 전달되는 인수는 이벤트 핸들러$^{event\ handler}$다. 이벤트 핸들러는 해당 이벤트가 발생했을 때 이벤트에 대한 정보를 전달받고 특정 프로시저를 실행한다. 이벤트 핸들러는 함수 또는 람다함수일 수 있다. 이 때 발생한 이벤트에 대한 정보가 람다함수의 첫 번째 인수로 전달된다. 위 코드에서 e에 해당하는 인수인데 이에 대한 설명은 잠시 후에 하고 위 코드를 우선 분석해보자.

이 코드는 `button`에 대해서는 `bind`를 3번 호출했고 `label`에 대해서는 1번 호출했다. `button`에 묶인 이벤트는 `"<ButtonPress-1>"`, `"<Double-1>"`, `"<ButtonPress-3>"`인데 이 이름은 Tk 문서에 있는 이벤트 이름이다. 몇 가지 주요한 이벤트를 정리하면 다음과 같다.

표 14-6 tkinter의 주요 이벤트

수식자(modifier)	이벤트 타입(type)	설명	비고
	ButtonPress-1	마우스 왼쪽 버튼 클릭	Button-1
	ButtonPress-2	마우스 중간 버튼 클릭	Button-2
	ButtonPress-3	마우스 오른쪽 버튼 클릭	Button-3
	MouseWheel	마우스 휠	
	Motion	마우스 포인터 움직임	
	Enter	마우스 포인터가 부품을 가리킬 때	
	Leave	마우스 포인터가 부품을 떠날 때	
	KeyPress	키보드의 키가 눌렸을 때	
	KeyRelease	눌렸던 키가 원 상태로 될 때	
Double		마우스 더블클릭	
Triple		마우스 세 번 연속 클릭	
Quadruple		마우스 네 번 연속 클릭	
Control		ctrl키를 누른 상태	
Alt		Alt키를 누른 상태	
Shift		Shift를 누른 상태	
	Configure	부품의 사이즈가 변할 때	

이벤트를 이름 지을 때는 "〈이벤트〉" 또는 "〈수식자-이벤트〉" 조합으로 만들 수 있다. 예를 들어 "<ButtonPress-1>"은 단순히 왼쪽 마우스 버튼이 눌려졌을 때를 의미하지만 "<Double-ButtonPress-1>"은 왼쪽 마우스 버튼을 더블클릭했을 때를 나타낸다. <"ButtonPress">라고 하면 마우스의 특정 버튼을 지칭하지 않았으므로 3가지 버튼(왼쪽, 중간, 오른쪽)에 대해서 모두 반응한다. 'ButtonPress'는 'Button'과 동일한 의미로 쓰일 수 있다.

KeyPress의 경우 특정 키를 선택하고 싶다면, 예를 들어 F9키의 경우 <"F9-KeyPress"> 또는 간단하게 <"F9">로 나타낼 수 있다.

이벤트 이름에 대한 정보는 다음 주소의 Tk 문서를 참조하도록 하자. 여기에서는 주요한 몇 가지 이름만 소개하도록 하겠다(http://www.tcl.tk/man/tcl8.5/TkCmd/bind.htm).

이제 다양한 이벤트에 반응하는 코드를 작성할 수 있게 되었다. 그런데 이벤트를 제대로 사용하기에는 뭔가 좀 부족해 보인다. 예를 들어 마우스를 움직일 때 마우스의 위치에 대한 좌표를 알고 싶다면 어떻게 할까? 마우스가 움직이는 이벤트는 "<Motion>"이므로 bind를 호출해서 처리할 수 있지만 이벤트에 대한 세부적인 정보를 알기 위해서는 이벤트 객체^{event object}를 사용해야 한다.

이벤트 객체

이벤트가 발생하면 그 순간의 여러 정보들이 이벤트 객체에 저장된다. 그리고 이벤트 객체는 이벤트 핸들러(함수, 람다함수)에 첫 번째 인수로 자동 전달된다. 예를 들어 마우스에 관한 이벤트라면 마우스를 클릭했을 때의 포인터의 좌표 정보, 키보드가 눌렸다면 어떤 키가 눌렸는지에 대한 정보, 어떤 부품에서 이벤트가 발생하였는지에 대한 정보까지 이벤트 객체를 통해서 알 수 있다. 이렇게 전달된 이벤트 객체를 가지고 이벤트 상황에 대한 다양한 처리를 할 수 있다. 예제를 다루기에 앞서 이벤트 객체의 속성을 간단하게 표로 정리해보았다.

표 14-7 이벤트 객체의 속성

이벤트 객체 속성	설명	비고
char	키보드에 서 눌린 Key	'a', 'b', '1'...
delta	마우스 휠을 움직일 때	-120(휠 다운), 120(휠 업)
height	Configure 이벤트에 반응 부품의 세로사이즈	

이벤트 객체 속성	설명	비고
keycode	키를 식별하는 숫자(대소문자 구분 없음)	
keysym	키보드에서 눌린 Key(특수 키 포함)	'F1', 'Contro_L', 'Space'...
keysym_num	keysym의 고유 숫자값	
num	눌린 마우스 버튼	
time	1/100초 단위로 이벤트가 발생한 시점	
type	발생한 이벤트 타입에 매칭된 숫자	
widget	이벤트가 발생한 부품의 위치 정보와 id	.은 루트 윈도우 창
width	Configure 이벤트에 반응 부품의 가로사이즈	
x	윈도우 창에서 마우스 포인터 x의 좌표값	
y	윈도우 창에서 마우스 포인터 y의 좌표값	
x_root	스크린을 기준으로 한 마우스 포인터 x좌표	
y_root	스크린을 기준으로 한 마우스 포인터 y좌표	

다음은 위 표의 주요한 이벤트 객체의 속성을 테스트하는 코드다.

예제 14-12 이벤트별 속성 테스트

```
#gui_12.py
import tkinter

def test(e):
        a = """
char   : {}\n
delta  : {}\n
height : {}\n
keycode: {}\n
keysym : {}\n
keysym_num : {}\n
num    : {}\n
time   : {}\n
widget : {}\n
width  : {}\n
x      : {}\n
y      : {}\n
x_root : {}\n
y_root : {}\n""".format(e.char,
                                e.delta,
                                e.height,
                                e.keycode,
```

```
                        e.keysym,
                        e.keysym_num,
                        e.num,
                        e.time,
                        e.widget,
                        e.width,
                        e.x,
                        e.y,
                        e.x_root,
                        e.y_root
                        )
        info.set(a)

root = tkinter.Tk()
info = tkinter.StringVar()

frame = tkinter.Frame(root, width = 500, height=500, padx=100)
frame.grid()


button = tkinter.Button(root, text = 'Test')
button.grid()
label_title = tkinter.Label(frame, text = "------------test Event-----------", justify = 'left')
label_title.grid()
label = tkinter.Label(frame, textvariable = info, justify = 'left')
label.grid()
print(id(label))
root.bind("<ButtonPress>", lambda e: test(e))
root.bind("<MouseWheel>", lambda e: test(e))
root.bind("<KeyPress>", test)
root.bind("<Motion>", test)
root.mainloop()
```

```
------------test Event-----------
   char       : ??
   delta      : 0
   height     : ??
   keycode    : ??
   keysym     : ??
   keysym_num : ??
```

이 예제를 실행하면 네 가지 이벤트(마우스 클릭, 마우스 휠, 키보드 입력, 마우스 이동)가 발생했을 때 이벤트 객체가 어떤 속성값을 갖게 되는지 확인할 수 있다. 그런데 잘 보면 이벤트에 따라서 의미가 없는 속성값도 있을 수 있다. 예를 들어 키보드 이벤트는 "char", "keycode" 등의 속성을 가지겠지만 마우스 이벤트에서는 의미가 없는 속성이다. 위 예에서 이런 의미 없는 값들은 "??"로 표시될 것이다.

다른 속성들은 이해하기 쉬우므로 widget 속성에 대한 설명만 간단히 하고 넘어가겠다.

```
widget    : .6803152.6963440
```

widget은 이벤트가 발생된 부품의 위치를 가지는 속성인데 이 값의 시작의 (.)은 root(윈도우 창)를 나타낸다. 위 코드를 실행하고 실험해보면 네 가지 이벤트 모두 root에만 묶여(bind) 있음에도 root의 모든 자식 부품에서 이벤트가 발생되는 것을 확인할 수 있을 것이다. 이는 모든 이벤트는 부모에서 자식으로 전파되는 성질을 가지고 있기 때문이다. 즉, root에 묶인 이벤트는 root의 모든 자식에게도 묶여 있음을 의미한다. 따라서 위 예에서 root의 자식인 frame, label, button에 대해서도 이벤트가 발생되는 것이다. 예를 들어 Motion 이벤트의 경우 마우스 포인터가 가리키는 부품에 따라서 widget의 값이 달라짐을 알 수 있다. 이 값은 루트(.)로 시작하여 자식과 그 자식의 자식 사이를 (.)으로 구분하여 이벤트가 발생된 부품을 나타낸다. 이 때 자식을 나타내는 숫자는 부품인스턴스의 id를 나타낸다. 코드 상에서 id(부품의 인스턴스)를 호출하면 동일함 값임을 알 수 있을 것이다. 앞의 코드를 수정하여 여러 이벤트에 대해서 속성값들이 어떻게 변하는지 살펴보도록 하자.

지금까지 tkinter의 핵심적인 주제들을 살펴보았다. 필요에 따라서 부품과 이벤트의 종류와 사용법을 익히고 살을 붙여나가면 될 것이다. 이제부터 많이 쓰이는 부품들의 사용에 대해서 좀 더 다룰 것이다.

부품(widget)-2

Checkbutton

이미 GUI 환경에 익숙하다면 체크 버튼(체크박스)을 많이 봐왔을 것이고 무엇을 의미하는지 잘 알고 있을 것이다. 일반적으로 어떤 동작을 선택 또는 해제하는 용도로 사용되는데 체크 버튼이 어떤 기능을 직접적으로 선택하거나 해제하는 기능을 가진 것은 아니다. 단지 체크박스는 설정된 두 값 중에 하나의 값을 가지고 있는 역할을 한다. 예를 들어 버튼이 체크되어 있을 때 1의 값을, 해제되어 있을 때 0의 값을 가진다고 하면 외부에서 이 값을 확인하여 제어문을 통해서 어떤 동작의 선택 여부를 결정할 수 있을 것이다.

이렇게 Checkbutton은 두 가지 상황에 대한 값을 가질 수 있도록 옵션 onvalue와 offvalue를 가지고 있다. onvalue는 체크가 되어 있을 때 offvalue는 체크가 해제되었을 때 Checkbutton이 가지는 값이다. 이렇게 Checkbutton은 두 옵션값 중에 하나의 값을 가지고 있고 이 값은 variable 옵션을 통해서 외부에서 제어변수를 통해 사용될 수 있다. 우선 다음 코드를 보자.

예제 14-13 Checkbutton의 제어변수 사용

```python
#gui_13.py
import tkinter

root = tkinter.Tk()
frame = tkinter.Frame(root)
frame.pack()

check_A = tkinter.IntVar()              #제어변수 check_A
check_B = tkinter.StringVar()           #제어변수 check_B

cb_A = tkinter.Checkbutton(frame, text='check Test1',variable=check_A,
onvalue=1, offvalue=0)
cb_A.grid(row = 0, column=0)
label_A = tkinter.Label(frame, textvariable = check_A)
label_A.grid(row = 1, column=0)

cb_B = tkinter.Checkbutton(frame, text='check Test2',variable=check_B,
onvalue="on", offvalue="off")
cb_B.grid(row = 0, column=1)
label_B = tkinter.Label(frame, textvariable = check_B)
label_B.grid(row = 1, column=1)

root.mainloop()
```

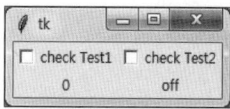

각 Checkbutton은 variable 옵션을 가지고 있다. 그리고 variable 옵션에는 각각 제어변수 check_A, check_B를 두어 Checkbutton의 상태에 따라서 체크 상태(onvalue, offvalue)에 대한 값을 전달한다. 이 때 외부에서 제어변수의 값을 직접 바꾼 경우에는 Checkbutton의 체크 상태가 바뀌는 것이 아니므로 주의하길 바란다. 이 점은 textvariable 옵션의 경우와는 다른 점이므로 직접 차이점을 비교해보도록 하자.

onvalue와 offvalue는 숫자 또는 문자와 같이 여러 타입의 값을 가질 수 있다. 위 예에서는 체크 상태에 따라서 라벨에 해당 값을 표시해준다. 또는 이 값을 이용한 제어문을 통해서 특정한 동작을 수행할지를 결정지을 수도 있을 것이다. 다음은 이에 대한 간단한 예다.

예제 14-14 Checkbutton의 상태에 따른 Label의 변화

```python
#gui_14
import tkinter

root = tkinter.Tk()
frame = tkinter.Frame(root)
frame.pack()

var1 = tkinter.StringVar()
var2 = tkinter.StringVar()
var3 = tkinter.StringVar()
var4 = tkinter.StringVar()
var5 = tkinter.StringVar()
var6 = tkinter.StringVar()
var7 = tkinter.StringVar()
var_result = tkinter.StringVar()
var_result.set('result')
vargroup = [var1,var2,var3,var4,var5,var6,var7]

for x in vargroup:
    x.set(0)

def result():
    global vargroup
    r=''
    for x in vargroup:
        if x.get()!='0':
            r = r+' '+x.get()
    var_result.set('I have checked' + r+ '.')
```

```
check1 = tkinter.Checkbutton(frame, text="Sun" ,variable = var1, onvalue
= "Sun")
check2 = tkinter.Checkbutton(frame, text="Mon" ,variable = var2, onvalue
= "Mon")
check3 = tkinter.Checkbutton(frame, text="Tue" ,variable = var3, onvalue
= "Tue")
check4 = tkinter.Checkbutton(frame, text="Wen" ,variable = var4, onvalue
= "Wen")
check5 = tkinter.Checkbutton(frame, text="Thu" ,variable = var5, onvalue
= "Thu")
check6 = tkinter.Checkbutton(frame, text="Fri" ,variable = var6, onvalue
= "Fri")
check7 = tkinter.Checkbutton(frame, text="Sat" ,variable = var7, onvalue
= "Sat")

checkgroup = [check1, check2, check3, check4, check5, check6, check7]

button = tkinter.Button(frame, text = "Result", command = result)
button.pack(side=tkinter.BOTTOM)

label = tkinter.Label(frame, textvariable=var_result, background='white')
label.pack()

for x in checkgroup:
    x.pack(side=tkinter.LEFT)

root.mainloop()
```

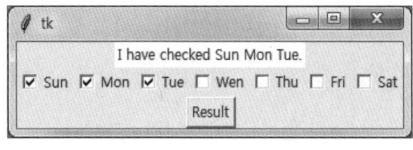

앞의 예는 체크된 요일만을 문장에 포함시킨다. 어렵지 않게 분석할 수 있으므로 혼동될 수 있는 한 가지 부분만 언급하고 넘어가겠다. 먼저 Checkbutton의 옵션에서 offvalue를 지정하지 않았다. 이렇게 offvalue 옵션을 지정하지 않으면 숫자 0을 기본값으로 갖는다. 마찬가지로 onvalue가 생략되면 기본값으로 1을 갖는다. 위 코드에서는 variable에 전달된 제어변수가 StringVar의 인스턴스이므로 생략된 offvalue의 기본값 0이 문자로 변환되어 제어변수에 전달된다. 이런 특성으로 인해 if제어문에서 제어변수를 검사할 때 왜 '0' 문자와 비교했는지 이해할 수 있을 것이다.

가끔 체크 상태를 강제로 설정할 필요가 있을 때 메소드들을 사용할 수 있다. `invoke`, `toggle`은 현재 Checkbutton의 상태를 변경한다. `select`는 체크 상태를 만들고 `deselect`는 체크 상태를 해제시킨다. 앞서 언급한 것처럼 직접 제어변수의 값을 변경하는 것으로 체크 상태를 변경할 수 없으므로 코드 상에서 체크 상태를 변경하고 싶다면 이런 메소드들을 사용해야 한다.

Radiobutton

앞의 예처럼 Checkbutton은 일반적으로 여러 선택지가 있고 선택의 개수에 제한을 두지 않을 때 사용한다. 이에 반해 Radiobutton은 여러 선택지 중 반드시 하나의 선택만 가능한 경우에 사용한다. 따라서 Radiobutton은 관련된 여러 선택들을 그룹화시킬 필요가 있다. 그리고 이렇게 Radiobutton들이 그룹화되면 그 그룹에서는 오직 하나의 Radiobutton만 선택될 수 있게 된다.

Radiobutton을 그룹화하는 방법을 공부하기에 앞서 앞의 예에서 7개의 요일에 대한 Checkbutton의 `variable` 옵션에 모두 같은 제어변수를 전달해보라. 예를 들어 `var1`을 동일하게 전달해서 코드를 실행해보자. 그러면 7개의 Checkbutton 중에 오직 하나의 요일만 선택할 수 있음을 알 수 있을 것이다. 재미있게도 Checkbutton들이 그룹화가 되어 Radiobutton처럼 동작한다. 이때 주의할 점은 `onvalue`의 값이 모두 다를 경우에만 오직 하나의 선택만 가능하다는 것이다. 그룹화가 된 Checkbutton들 중에서 동일한 `onvalue`값을 갖는 Checkbutton끼리는 항상 체크 상태가 동일하게 된다. 방금 Checkbutton의 예제를 수정한 코드(그룹화된 코드)에서 동일한 `onvalue`값을 갖는 Checkbutton을 만들어 실험해보면 이 의미를 알 수 있을 것이다.

Radiobutton의 성질을 잘 생각해보면 어짜피 그룹화된 버튼 중에 하나만 택하므로 `onvalue`와 `offvalue`를 구분지을 필요가 없을 것이다. 이렇게 Radiobutton에서는 `offvalue`가 의미가 없으므로 `value`라는 옵션으로 Checkbutton의 `onvalue`를 대신한다. 그리고 Checkbutton의 `variable` 옵션에 동일한 제어변수를 전달하는 것처럼 Radiobutton도 동일하게 그룹화를 하여 사용한다. 결국 Radiobutton과 Checkbutton은 비슷하게 동작한다. 여기에 한 가지 중요한 옵션 `command`가 존재한다. 이 옵션은 Button의 `command`와 동일하게 동작하는 옵션이다. 즉 Radiobutton의 특성상 체크가 된 순간에 어떤 동작을 바로 실행할 필요가 있기 때문이다.

정리하면 Radiobutton은 그룹화, value 옵션과 command 옵션을 기억하면 된다.

다음은 Checkbutton의 예제를 Radiobutton 버전으로 바꾼 것이다. 7개의 선택은 하나로 그룹화되었으므로 오직 하나의 Radiobutton만 선택할 수 있다.

예제 14-15 Radiobutton의 선택에 따른 Label의 변화

```python
#gui_15.py
import tkinter

root = tkinter.Tk()
frame = tkinter.Frame(root)
frame.pack()

def result():
    var_result.set('I have checked ' + var.get()+ '.')

var = tkinter.StringVar()
var.set("Nothing")
var_result = tkinter.StringVar()
var_result.set('result')

r1 = tkinter.Radiobutton(frame, text="Sun" ,variable = var, value = "Sun", command=result)
r2 = tkinter.Radiobutton(frame, text="Mon" ,variable = var, value = "Mon", command=result)
r3 = tkinter.Radiobutton(frame, text="Tue" ,variable = var, value = "Tue", command=result)
r4 = tkinter.Radiobutton(frame, text="Wen" ,variable = var, value = "Wen", command=result)
r5 = tkinter.Radiobutton(frame, text="Thu" ,variable = var, value = "Thu", command=result)
r6 = tkinter.Radiobutton(frame, text="Fri" ,variable = var, value = "Fri", command=result)
r7 = tkinter.Radiobutton(frame, text="Sat" ,variable = var, value = "Sat", command=result)

label = tkinter.Label(frame, textvariable=var_result, background='white')
label.pack()

radiogroup = [r1,r2,r3,r4,r5,r6,r7]

for x in radiogroup:
    x.pack(side=tkinter.LEFT)

root.mainloop()
```

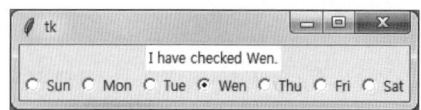

이 코드도 앞에서 Checkbutton을 그룹화한 코드와 별반 다르지 않다. 현재 모든 Radiobutton의 value 옵션의 값이 서로 다르다는 것에 주목하자. 이 Radiobutton 중에서 서로 같은 value의 값을 갖는 Radiobutton이 존재하도록 코드를 수정하고 실행해보자. Checkbutton 예제를 수정했을 때와 같이 동일한 value값을 갖는 Radiobutton은 항상 동일한 체크 상태를 가진다는 것을 알 수 있다. 결국 Checkbutton이나 Radiobutton이나 별반 다르지 않게 동작한다는 것을 알 수 있다. 결국 그룹화를 시켜서 하나만 체크할 수 있게 하거나 여러 선택지를 가능하게 하거나 사용자가 설정하기 나름이다. 여기서는 체크박스와 비교하여 설명하기 위한 것이므로 Radiobutton 본연의 특징대로 제대로 옵션값을 지정하도록 하자.

Radiobutton의 주요 메소드도 Checkbutton의 주요 메소드와 비슷하다. 차이점이 있다면 Radiobutton은 현재의 체크 상태에 상관없이 invoke와 select가 동일하게 동작한다는 것이다. 즉, 현재 상태에 상관없이 체크 상태를 만든다. 반면에 체크 상태를 해제하는 메소드는 deselect다. 이 때 아무런 라디오 버튼도 선택하지 않은 상태로 만들게 되면 모든 라디오 버튼이 체크된 상태로 표시된다.

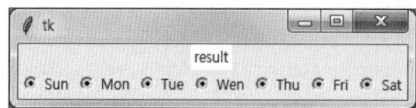

messagebox

경고창 또는 'Yes'나 'No' 등은 messagebox 모듈에 다양하게 준비되어 있다. 간단한 예제를 먼저 보도록 하자.

예제 14-16 messagebox 테스트

```
#gui_16.py
import tkinter                              #python 3.x
from tkinter import messagebox              #python 3.x
#import tkMessageBox as messagebox          #python 2.x
#import Tkinter as tkinter                  #python 2.x

root = tkinter.Tk()
```

```
if messagebox.askokcancel(title = "Hello python", detail = "Yes or No"):
    messagebox.showinfo(title = "OK", detail = "You have pressed 'Yes'")
else:
    messagebox.showwarning(title = "Warning", detail = "You have pressed 'No'")

root.mainloop()
```

messagebox 모듈은 파이썬 3.x 버전에서 위치와 이름이 바뀌었다. 자세한 내용은 위 코드의 주석을 참고하길 바란다. messagebox 모듈에는 8가지 메시지 창을 호출하는 함수가 존재한다. 함수의 이름은 메시지 박스의 종류에 맞게 이름지어졌다. 예를 들어 그림의 메시지박스를 호출하는 함수 이름이 왜 askokcancel인지는 쉽게 알 수 있을 것이다. 메시지박스를 호출하는 함수를 나열하면 askokcancel, askquestion, askretrycancel, askyesno, askyesnocancel, showerror, showinfo, showwarning가 있다. 이 함수들을 직접 호출하여 확인하길 바란다. 그리고 각각의 버튼이 눌려졌을 때 어떤 값을 반환하는지도 확인해보자. 제어문을 통해 반환값에 따른 다음 동작을 결정지을 수 있다.

이 함수들은 다음과 같은 옵션을 가진다.

표 14-8 함수의 옵션

옵션	설명	비고
title	타이틀 바의 내용 설정	문자열
detail	메시지 내용 설정	문자열
default	포커스를 가질 버튼을 설정한다.	'abort', 'retry', 'ignore', 'ok', 'cancel', 'no', 'yes'
icon	창에 표시될 아이콘을 설정한다.	Messagebox에 정의된 ERROR, INFO, QUESTION, WARNING
Parent	창이 뜰 부품을 설정	기본값은 root window창
type	버튼 타입 설정	abortretryignor, ok 등

메시지를 위한 적당한 함수를 선택하고 옵션 중에 `title`과 `detail`만 설정하면 충분할 것이다.

filedialog

메시지 박스는 기본적인 팝업(pop-up dialog) 대화상자다. `filedialog`도 팝업 대화상자인데 많은 프로그램에서 [`File`] 메뉴의 [`open`]을 선택하면 뜨는 창이 바로 `filedialog`의 한 종류다. `filedialog`의 기본 개념은 `messagebox`와 비슷하므로 쉽게 이해할 수 있을 것이다. 우선 예제를 살펴보도록 하자.

예제 14-7 filedialog에서 선택된 파일의 경로 표시하기

```
#gui_17.py
import tkinter                          #python 3.x
from tkinter import filedialog          #python 3.x
#import Tkinter as tkinter              #python 2.x
#import tkFileDialog as filedialog      #python 2.x

root = tkinter.Tk()
frame= tkinter.Frame(root,bg='green')
frame.pack()

def openfile():
    f = filedialog.askopenfile()        #파일 객체 반환
    filepath.set(f.name)                #파일 객체의 name 속성은 해당 파일의 경로
                                        #문자열이다.
    f.close()                           #함수가 종료되기 전에 파일을 닫는다.

filepath = tkinter.StringVar()
filepath.set("filepath")

button = tkinter.Button(frame, text='open', command = openfile)
button.grid(row=0, column=0)

label_path = tkinter.Label(frame, textvariable=filepath)
label_path.grid(row = 1, column=0)

root.mainloop()
```

버튼을 클릭하면 openfile 함수가 호출되고 filedialog 창이 뜰 것이다. 그리고 아무 파일을 선택해보자 위 그림처럼 파일의 경로가 Label에 표시될 것이다. 이렇게 askopenfile 함수는 선택된 파일의 정보를 가진 파일 객체를 반환하는데 이 것은 open 함수로 파일을 열었을 때 반환되는 객체와 동일하다. 그리고 위 코드는 파일 객체의 name 속성을 통해서 Label에 파일의 경로를 표시하였다. filedialog를 만드는 함수는 askopenfile 외에도 askopenfiles, askdirectory, askopenfilename, askopenfilenames, asksaveasfile, asksaveasfilename이 있다. 이름을 보면 이 함수들이 어떤 일을 하는지 대략 짐작이 갈 것이다.

이번에는 앞의 예에서 열었던 파일을 다른 이름으로 저장하는 코드를 작성해보겠다.

예제 14-17.1 filedialog에서 선택한 파일을 다른 이름으로 저장하기

```python
#gui_17_1.py
import tkinter                              #python 3.x
from tkinter import filedialog              #python 3.x
#import Tkinter as tkinter                  #python 2.x
#import tkFileDialog as filedialog          #python 2.x

root = tkinter.Tk()
frame= tkinter.Frame(root,bg='green')
frame.pack()

f=None                      #f는 openfile 함수에서 열게될 파일 객체를 참조할 변수
def openfile():
    global f
    f = filedialog.askopenfile("rb")
    filepath.set(f.name)

filepath = tkinter.StringVar()
filepath.set("filepath")

def saveasfile():
    global f
    a = f.read()             #기존 파일(f)의 내용을 읽는다.
    if a is None:            #빈 파일이라면
        return               #함수 종료
    else:
        save_f = filedialog.asksaveasfile("wb")
                             #새로운 파일을 만들어 파일 객체를 반환
        filepath.set(save_f.name)
```

```
        save_f.write(a)         #새 파일에 기존 파일의 내용 기록
    f.close()                   #기존 파일(f)을 닫는다.
    save_f.close()              #새로 만든 파일을 닫는다.

button_open = tkinter.Button(frame, text='open', command = openfile)
button_open.grid(row=0, column=0)

button_save_af = tkinter.Button(frame, text='save as file', command = 
saveasfile)
button_save_af.grid(row=0, column=1)

label_path = tkinter.Label(frame, textvariable=filepath)
label_path.grid(row = 1, column=0)

root.mainloop()
```

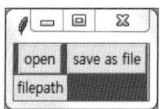

이 예제에서는 파일 객체(f)를 편의상 전역영역에 두었다는 점에 주의하자. 앞서 예제처럼 파일 객체를 함수 내부에서 생성하면 함수가 종료될 때 같이 사라지기 때문이다.

예제를 실행하여 직접 내용이 있는 텍스트 파일을 open 버튼을 사용해 열고 save as file 버튼을 사용해서 저장해보자. 그리고 제대로 저장되었는지 확인해보자. 여기서 asksaveasfile 함수는 저장되는 이름으로 파일을 새로 생성하고 쓰기 모드로 열어서 그 파일 객체를 반환해준다. 이렇게 반환된 파일 객체를 통해서 우리는 기존 파일의 내용을 직접 저장할 파일에 쓰는 코드를 작성해야 한다. 이런 세부적인 동작까지 filedialog가 알아서 해주지는 않기 때문이다.

이를 응용하면 메모장 같은 프로그램도 만들 수 있을 것 같다. 이를 위해서는 Text 부품이 필요한데 나중에 자세히 알아볼 것이다.

Menu

메뉴^{Menu}에 대해서 길게 설명하지 않아도 윈도우 창에서 메뉴가 어떤 기능을 하는지 잘 알고 있을 것이다. 일반적으로 메뉴에서 어떤 기능을 선택하는 것은 마치 버튼이 눌렸을 때 command에 전달된 함수가 호출되는 것과 비슷하다. 그렇다면 앞에서 다룬 filedialog 예제의 두 개의 버튼을 메뉴에 집어넣는 것을 목표로 하고 우선 메뉴를 만드는 기본 방법에 대해서 설명하도록 하겠다.

다음은 위 그림처럼 메뉴의 모양만 만든 코드다.

예제 14-18 메뉴바와 메뉴바에 Menu 넣기

```
#gui_18.py
import tkinter
from tkinter import messagebox

root = tkinter.Tk()
menubar = tkinter.Menu(root)
root['menu'] = menubar

menu_file = tkinter.Menu(menubar, tearoff = 0)
menu_edit = tkinter.Menu(menubar, tearoff = 0)
menu_help = tkinter.Menu(menubar, tearoff = 0)

menubar.add_cascade(menu = menu_file, label = "File")
menubar.add_cascade(menu = menu_edit, label = "Edit")
menubar.add_cascade(menu = menu_help, label = "Help")

root.mainloop()
```

모든 윈도우 창은 메뉴바를 가질 수 있다. 메뉴바는 메뉴들을 넣기 위한 틀인데 모든 창은 한 개의 메뉴바를 가질 수 있다. 메뉴바를 만드는 방법은 Menu 부품을 만들어서 메인 창의 menu 옵션에 전달하면 된다. 여기서는 Menu 부품이 메뉴바인 셈이다.

그런데 메뉴바에 넣을 메뉴 또한 Menu 부품이다. 단 여기서 만들 메뉴는 메뉴바의 자식이 된다. 메뉴를 메뉴바에 추가하는 방법은 메뉴바의 add_cascade 메소드로 만들 수 있다. 이 때 menu 옵션에 추가할 메뉴를 전달하고 label 옵션에 메뉴가 가질 이름을 정하면 된다. 이렇게 메뉴바와 메뉴로 위 그림과 같은 모양의 GUI를 만들 수 있다.

이렇게 큰 틀이 완성되었다면 이젠 메뉴의 add_command 메소드를 사용하여 항목(item)을 추가할 수 있다. 항목을 추가하는 메소드에 add_command라는 이름이 붙은 이유는 앞에서 설명한 것과 같이 버튼이 눌렸을 때 함수가 호출되는 것과 같은 동작을 하기 때문이다. 따라서 add_command 옵션에는 command 옵션이 있다. 그리고 label 옵션으로 항목의 이름을 정할 수 있다.

드롭다운 목록을 작성하기 전에 메뉴를 만드는 방법을 정리해보자. root창에 메뉴바를 추가하는 것과 메뉴바에 메뉴를 추가하는 둘 다 menu 옵션을 이용한다. 메뉴바나 메뉴나 Menu 부품이므로 쉽게 이해할 수 있을 것이다.

메뉴바를 root창에 추가할 때는 root창의 옵션을 이용하지만 메뉴를 메뉴바에 추가할 때는 메소드를 이용한다. root창은 하나의 메뉴바를 가지므로 옵션으로 바로 전달해도 문제없지만 메뉴바는 여러 메뉴를 가질 수 있기 때문에 메소드(add_cascade)를 사용한다. 이는 리스트에 항목을 추가할 때 append 메소드를 사용하는 것과 비슷하다고 이해해두자.

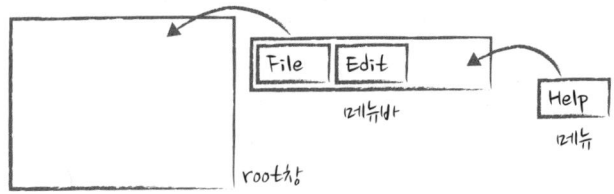

마지막으로 메뉴에 항목들을 추가해야 하는데 add_command 메소드를 사용하는 이유는 충분히 짐작될 것이다. 이제 앞의 예제에서 만든 [File] 메뉴에 3개의 항목 (open, save as, Exit)을 추가해 보겠다.

예제 14-18.1 Menu에 항목 추가하기

```
#gui_18_1.py
import tkinter
from tkinter import messagebox

root = tkinter.Tk()

menubar = tkinter.Menu(root)
root['menu'] = menubar

menu_file = tkinter.Menu(menubar, tearoff=0)
menu_edit = tkinter.Menu(menubar, tearoff=0)
menu_help = tkinter.Menu(menubar, tearoff=0)
```

```
menubar.add_cascade(menu=menu_file, label="File")
menubar.add_cascade(menu=menu_edit, label = "Edit")
menubar.add_cascade(menu=menu_help, label = "Help")
menu_file.add_command(label='open')                    #추가
menu_file.add_command(label='save as')                 #추가
menu_file.add_command(label='Exit')                    #추가

root.mainloop()
```

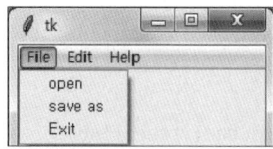

각각의 항목은 command 옵션을 추가하여 특정 동작을 하게 할 수 있다. filedialog의 예제를 참고하여 open과 save as에 해당하는 기능을 추가해보자.

예제 14-18.2 메뉴 항목에 기능 추가하기

```
#gui_18_2.py
import tkinter
from tkinter import filedialog

root = tkinter.Tk()
root.geometry("200x100")

f=None

filepath = tkinter.StringVar()
filepath.set("filepath")

def openfile():
    global f
    f = filedialog.askopenfile("rb")
    filepath.set(f.name)

def saveasfile():
    global f
    a = f.read()
    if a is None:
        return
    else:
        save_f = filedialog.asksaveasfile("wb")
```

```
            filepath.set(save_f.name)
            save_f.write(a)
        f.close()
        save_f.close()

    def exit():
        root.quit()

    label_path = tkinter.Label(root, textvariable=filepath)
    label_path.grid(row = 0, column=0)

    menubar = tkinter.Menu(root)
    root['menu'] = menubar

    menu_file = tkinter.Menu(menubar, tearoff=0)
    menu_edit = tkinter.Menu(menubar, tearoff=0)
    menu_help = tkinter.Menu(menubar, tearoff=0)
    menubar.add_cascade(menu=menu_file, label="File")
    menubar.add_cascade(menu=menu_edit, label = "Edit")
    menubar.add_cascade(menu=menu_help, label = "Help")
    menu_file.add_command(label='open', command = openfile)
    menu_file.add_command(label='save as', command = saveasfile)
    menu_file.add_command(label='Exit', command  = exit)

    root.mainloop()
```

command 옵션과 호출될 함수를 추가하였다. gui17_1.py의 기능을 추가한 것이므로 충분히 코드를 이해할 수 있을 것이다.

Text

텍스트Text는 말 그대로 메모장이나 에디터의 문자열을 입력할 수 있는 공간이다. 단순히 문자열을 입력할 수 있을 뿐만 아니라 텍스트 문서를 쉽게 다룰 수 있도록 다양한 기능들을 제공한다. 텍스트 부품에는 매우 유용한 기능들이 있다. 텍스트 부품으로 꽤 유용한 에디터를 직접 만들 수도 있을 것이다. 모든 기능을 설명하지는 않으나 이 장의 처음에 소개한 주소를 참조하면 다른 기능들에 대한 정보를 자세히 알 수 있다.

우선 Text 부품이 어떤 녀석인지 살펴보겠다.

텍스트 부품에는 textvariable 옵션이 있을 듯 보이지만 그렇지 않다. 이 옵션 대신 insert 메소드를 호출하여 직접 텍스트를 입력한다. 우선 텍스트 부품을 만들고 텍스트를 입력하는 간단한 코드를 먼저 살펴보도록 하겠다. 이번에는 파이썬 쉘에서 코드를 작성할 것이다.

```
>>> import tkinter
>>> root = tkinter.Tk()
>>> text = tkinter.Text(root, width = 35, height = 7)
>>> text.pack()
```

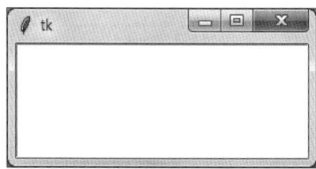

텍스트 부품을 생성하는 것도 다른 부품과 별반 다르지 않다. 단 옵션에 있는 width와 heigth로 텍스트 창의 크기를 결정하는데 각각 가로 문자의 개수와 세로 줄의 수를 의미한다.

이렇게 만들어진 텍스트 부품의 insert 메소드를 호출하여 내용을 삽입할 수 있다. insert 메소드는 두 개의 문자열 인수를 전달받는데 각각 텍스트를 입력할 위치와 입력할 텍스트를 뜻한다.

```
>>> text.insert('1.0', 'python is simple')
```

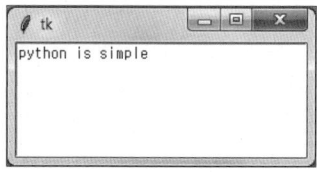

파일을 공부했을 때 파일을 원고지에 비유했던 것을 기억해보자. 역시 마찬가지로 텍스트창을 원고지로 생각하길 바란다.

첫번째 인수로 전달된 문자는 원고지에서 칸의 위치를 의미하는데 '1.0'은 원고지의 1째줄의 0번째 칸을 의미한다(여기서 텍스트의 줄은 1부터 시작하고 각 칸은 0부터 시작한다는 것에 주의하자).

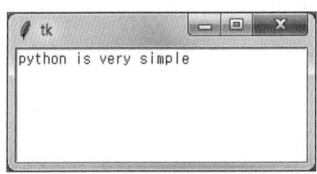

이렇게 각 칸의 위치는 "줄.칸" 형태로 insert 메소드의 첫 번째 인수로 전달된다. 그리고 두 번째 인수로 전달된 문자열을 해당 칸 앞에 삽입한다. 다음 코드를 실행해 보고 어떻게 삽입되는지 구체적으로 알아보겠다.

```
>>> text.insert('1.10', 'very ')
```

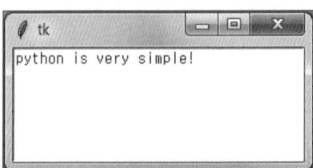

1줄 10째칸에 'very'라는 문자열을 삽입하는 코드다. 1줄 10째 칸에 해당하는 위치는 'simple'의 첫째 문자가 있는 칸이다. 따라서 삽입되는 위치는 이 칸의 바로 앞쪽에 삽입된다. 이번에는 텍스트의 내용 마지막에 '!'를 추가해보자.

```
>>> text.insert('end', '!')
```

텍스트의 마지막에 문자열을 추가하는 간단하다. 단순히 insert 메소드의 첫째 인수로 'end'를 전달하고 추가할 문자열을 두 번째 인수로 전달하면 된다.

이번에는 텍스트의 내용에서 특정 범위의 문자열을 삭제해볼 것이다. 문자열을 삭제하려면 delete 메소드를 사용하는데 이 때도 전달하는 위치에 대한 문자열을 전달하는데 앞서 설명한 내용과 동일하다. 우선 다음 코드를 보자.

```
>>> text.delete('1.10', '1.15')
```

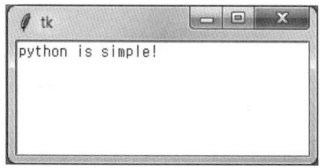

delete 메소드에 전달된 두 위치는 지울 범위다. 첫 번째로 인수로 전달된 위치부터 두 번째 인수로 전달된 인수의 앞문자까지 지운다. 어렵지 않게 이해할 수 있을 것이다.

이번에는 텍스트 부품에 쓰여 있는 내용을 읽는 방법이다.

```
>>> text.get('1.0', 'end')          #텍스트 전체의 내용을 얻는다.
'python is simple!\n'               #텍스트의 내용
```

get 메소드를 사용하여 텍스트의 내용을 얻을 수 있다. 이 때도 delete 메소드처럼 얻고자 하는 범위를 지정해야 한다.

지금까지 충실히 따라왔다면 메모장을 만들 수 있을 것이다. 먼저 텍스트창에 입력된 내용을 파일로 저장하고 다시 파일을 불러들일 수 있는 메모장을 만들어 보길 바란다. 여기에 앞서 언급한 tkinter에 관련된 문서를 참고하고 약간의 응용력만 덧붙이면 윈도우 기본 메모장보다 더 많은 기능을 가진 메모장을 만들 수 있을 것이다.

지금까지 tkinter의 기본적인 사용법을 공부했다. 이 내용은 tkinter의 기본적인 내용이었지만 지금까지 잘 따라왔다면 추가적인 부품 사용과 기능들을 스스로 익히는 데 어려움은 없을 것이다. 마지막으로 이 책에서는 소개하지 않았지만 좀더 세련된 모양의 부품을 만들고 싶다면 확장 부품에 관련된 내용을 공부해보길 바란다(https://docs.python.org/3/library/tkinter.tix.html 또는 https://docs.python.org/3/library/tkinter.html). 더 자세한 정보는 파이썬 문서를 참고하기 바란다.

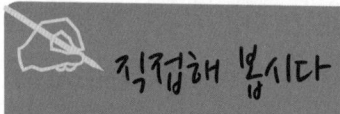

연습문제를 풀면서 직접 GUI 프로그램을 만들어 봅시다.

1. 윈도우 창에 두 개의 Entry 부품이 있고 각각은 창의 가로 사이즈와 세로 사이즈를 입력을 받아서 버튼을 누르면 윈도우의 사이즈가 변경되도록 해보자.

   HINT root 객체의 geometry 메소드를 사용하면 된다.

2. random 모듈을 사용하여 Button을 누르면 1부터 45까지의 6개의 난수가 Label에 표시되도록 하는 프로그램을 작성해보자.

   HINT textvariable 옵션에 난수를 가질 수 있는 제어변수를 지정하면 된다.

3. gui_4.py에 로그인의 기능을 추가해보자. 단 사용자의 ID와 패스워드를 위한 데이터베이스는 텍스트 파일을 사용하고 ID와 패스워드는 '/'를 구분자로 하여 다음과 같이 줄 단위로 저장된다.

   ID/password
   python/1234
   철수/7890

   로그인이 성공했다면 로그인 창의 다른 부품들을 모두 없앤 후 로그인 성공 메시지를 라벨로 출력하자.

   HINT 구분자를 사이로 아이디와 패스워드는 split 메소드를 사용하여 구해 보자.

4. 네 개의 Button과 하나의 Canvas를 가진 윈도우 창을 생성하여라. Cavas에는 45º에서 315º의 범위를 가진 호를 크기에 상관없이 그리고 각 버튼은 상, 하, 좌,

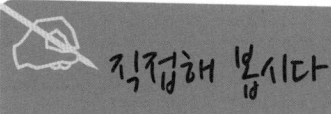

우라는 라벨을 가지도록 하자. 각 버튼이 눌리면 그려진 호가 버튼이 의미하는 방향을 10pixel만큼 움직이도록 하여라.

> HINT Canvas의 create_window 메소드로 버튼을 위치시켜보자.

5 지금까지 배운 내용들을 토대로 아주 단순한 그래픽 툴을 만들어 보자. 두 개의 Entry, 두 개의 Canvas를 만들고 하나의 Button을 만들자. Button을 누르면 각각의 Entry에 입력된 경로의 이미지를 각각의 Canvas에 불러들이고 두 이미지를 합쳐서 새로운 이미지로 만들어 새로운 이미지 파일로 저장하여라.

> HINT 더 많은 포맷을 지원하기 위해서 pillow 모듈을 사용해보자.

6 Motion 이벤트와 이벤트 객체의 속성 x, y를 사용하여 캔버스에 마우스를 누른 후 포인터를 움직이는 대로 선을 그리는 프로그램을 만들어보자.

> HINT create_line 메소드를 사용한다. Canvas 위에서 마우스를 누른 후 움직일 때마다 이전 (oldx,oldy) 좌표와 현재 (x,y) 좌표를 연결한다. 현재 (x,y) 좌표는 마우스가 움직이면 (oldx,oldy)가 되고 새로운 현재 (x,y) 좌표와 연결한다.

7 앞서 만든 이미지를 캔버스에 불러와서 합치는 프로그램을 Entry 대신 파일 다이얼로그를 사용하는 버전으로 바꿔보자.

> HINT 본문 파일 대화상자 참고

8 Text 부품을 가지고 파일 메뉴에 저장 및 다른 이름으로 저장 기능이 있는 메모장을 만들어 보자.

> HINT 본문 파일 대화상자 참고

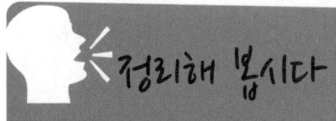

> 해답은 파이썬의 신 네이버 카페(cafe.naver.com/godofpython)에서 제공됩니다.

1. 버튼을 생성한 후 (　　) 옵션에 함수 이름을 전달하면 버튼이 눌렸을 때 해당 함수가 호출된다. 주의할 점은 이 때 함수는 인수가 없는 함수여야 한다.

2. `tkinter`에서 (　　)를 만들 수 있는 클래스에는 `StringVar`, `IntVar`, `DoubleVar`, `BooleanVar`가 있다.

3. 부품의 배치관리를 할 때 배치관리자를 사용하지 않고도 `canvas`를 만든 후에 (　　) 메소드를 사용하여 배치관리를 할 수도 있다.

4. 캔버스 위에 그림을 그리면 해당 그림의 `tagOrID`가 반환된다. 그림의 속성을 변경하고 싶다면 캔버스의 (　　) 메소드를 사용하는데 이 때 이 메소드에 속성을 변경하려는 기름의 `tagOrID`를 인수로 전달해줘야 한다. 이 밖에도 캔버스의 `move`, `delete` 메소드의 인수로 `tagOrID` 전달하여 해당 그림을 이동, 삭제할 수 있다.

5. 캔버스 위에서 다각형을 그리려면 (　　) 메소드를 사용한다. 만약 4각형을 그리고 싶다면 4개의 좌표쌍을 이 메소드의 첫 번째 인수로 전달해야 한다. 그리고 전달된 좌표쌍은 순서대로 연결된다.

6. 모든 부품들은 배치관리자인 (　　), (　　) 메소드를 호출하여 부품이 배치되는 위치를 설정할 수 있다. (　　) 메소드는 부품들이 코드상에서 배치되는 순서에 따라서 배치되는 모양이 달라질 수 있다. 반면에 (　　) 메소드는 배치되는 순서는 상관이 없다. 그리고 주의할 점은 하나의 부품 내에서 하나의 배치관리자만 사용될 수 있다.

정리해 봅시다

7 부품에서 발생하는 이벤트에 대한 처리를 하고 싶다면 해당 부품의 (   ) 메소드를 사용한다. 이 때 전달되는 두 인수는 각각 (   )과 (   )다.

★ 파이썬의신 네이버 카페에서 함께 공부해요.
cafe.naver.com/godofpython

15장
멀티쓰레드 프로그래밍

이번 장에서는 프로세스와 쓰레드가 무엇인지 설명하고 파이썬으로 쓰레드를 다루는 법을 알아볼 것이다. 그런데 프로세스와 쓰레드를 제대로 이해하려면 운영체제 내부에서 프로세스와 쓰레드가 어떻게 생성, 동작, 소멸하는지에 대한 조금은 깊은 이해가 필요하다. 따라서 이 책에서 이 주제를 깊게 다루는 것에는 한계가 있을 수밖에 없다는 점을 알아두었으면 한다. 하지만 아무것도 모르더라도 파이썬을 통해서 쓰레드를 다루는 경험은 나중에 좀 더 깊은 공부를 하기 위한 생각의 큰 틀을 만든다는 측면에서 긍정적인 학습이라 생각한다. 그렇다고 파이썬으로 만든 프로그램이 엉성하다는 뜻은 아니다. 오히려 더 안정적이고 완성도 높은 프로그램을 만들 수도 있다. 그만큼 파이썬은 쉽게 프로세스와 쓰레드를 다루게 해준다는 뜻과 동시에 굳이 우리가 몰라도 되는 부분을 대신 처리해준다고 할 수 있다.

사실 프로그램을 만들 때 쓰레드를 적절하게 생성하고 사용하는 일은 생각보다 많은 경험이 필요한 일이라는 생각이 든다. 그만큼 이론을 배우는 것과 달리 실제 적용이 만만하게 이루어지지는 않기 때문이다. 그렇다고 노력의 과정에서 언젠가 겪게 될 시행착오를 미리 겁먹을 필요는 없다. 오히려 앞으로 있을 시행착오를 지금의 노력의 결실로 생각하고 기뻐했으면 하고 필자가 조금이라도 그 노력에 도움이 되었다면 좋겠다.

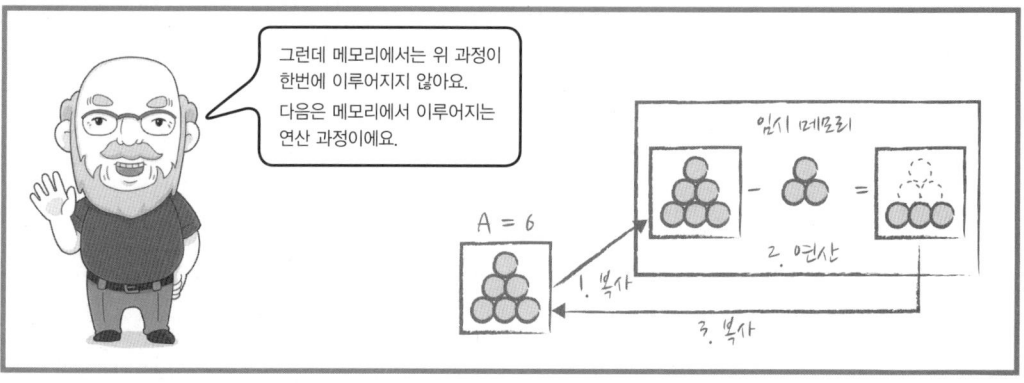

프로세스

윈도우 운영체제에서는 동시에 여러 작업을 하는 것은 흔한 일이다. 예를 들어 음악을 들으면서 문서 작성을 할 수도 있고 인터넷 브라우저를 실행하여 인터넷 서핑을 할 수도 있다. 이렇게 여러 작업을 동시에 하는 것을 멀티태스킹multi tasking이라고 한다. 우리가 사용하는 윈도우 운영체제는 멀티태스킹을 지원한다. 이 말은 여러 프로세스process를 동시에 생성할 수 있다는 의미가 된다. 그렇다면 프로세스는 무엇인가?

쉽게 말해서 실행되고 있는 프로그램을 프로세스라고 할 수 있다. 프로세스는 각각 자신의 독립된 실행흐름을 가지고 있다. 관점을 조금 바꿔 생각하면 프로세스들간에는 서로의 실행 흐름에 영향을 미치지 않는다는 의미가 된다.

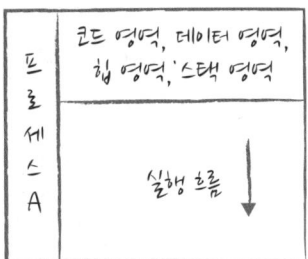 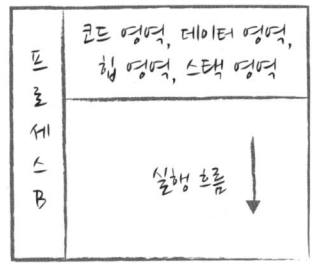

구체적으로 다음과 같은 이유로 프로세스는 독립적이다.

프로그램을 실행하면 프로그램은 하드디스크와 같은 저장매체에 저장되어 있는 실행 코드가 메모리로 적재된다. 그리고 프로그램에서 사용하는 데이터를 위한 변수들을 저장하는 데이터 영역과 스택stack, 그리고 프로그램 실행 중 메모리를 동적으로 할당하기 위한 힙heap 영역 등이 할당된다. 이런 영역들은 프로세스마다 독립적으로 존재한다. 또한 CPU 레지스터[1]가 사용하는 값들도 프로세스 간에 공유되지 않는다. 즉 프로세스는 이런 영역과 값들을 독립적으로 가지고 있다. 간단한 예로 문서 작성 프로그램을 통해서 음악을 듣는 프로그램의 상태 등을 변경시킬 수 없다는 것은 경험으로 알고 있을 것이다.

---

1 CPU를 위해 따로 존재하는 메모리

물론 프로세스 간에 통신을 하기 위한 IPC^{Interprocessor communication}의 기법들이 있지만 기본적으로 프로세스는 독립된 실행 단위라는 것이다.[2]

왜 프로세스는 독립적인가에 대해서 설명했지만 메모리 구조나 운영체제에 대한 지식이 없다면 그다지 쉽게 이해되지 않는 내용일 수도 있다. 잘 이해가 되지 않아도 괜찮다. 원리는 모르더라도 프로세스 간에 독립적이라는 사실은 컴퓨터를 조금이라도 사용한 분들이라면 경험적으로 충분히 파악할 수 있기 때문이다.

그렇다면 이쯤에서 어떻게 여러 개의 프로그램을 동시에 실행할 수 있는지에 대해서 궁금증을 가질 수도 있을 것이다. 지금부터 이에 대해서 간단히 설명하겠지만 이 책을 통해서 깊은 이해를 드리기는 한계가 있을 것이다. 단지 막연하게라도 이런 느낌이구나 정도로 이해할 정도면 진도를 나가는데 큰 무리는 없을 것이라 생각한다. 따라서 가볍게 읽어보길 바란다.

현재 CPU의 처리 속도는 과거에 비해서 엄청나게 발전했지만 그리 빠르지 않던 시절에는 하나의 프로그램만 실행한다는 것이 당연했다. 점차 CPU의 처리 속도가 빨라짐에 따라서 하나의 프로그램만 실행하기에는 CPU가 쉬고 있는 시간이 많아지기 시작하면서 이런 여분의 시간을 이용하여 또 다른 프로그램을 처리하면 어떨까 하는 아이디어로 멀티태스킹은 구현되었다. 구현 방법은 특별한 알고리즘에 의해서 시간을 나누어 실행 중인 프로세스들에게 분배하여 준다. 그리고 프로세스들은 자신에게 분배된 시간 동안만 CPU가 처리되게 된다.[3] 즉, CPU는 빠른 속도로 프로세스들을 바꾸어 가면서 주어진 할당 시간만큼만 프로세스를 처리해 나가는 것이다.

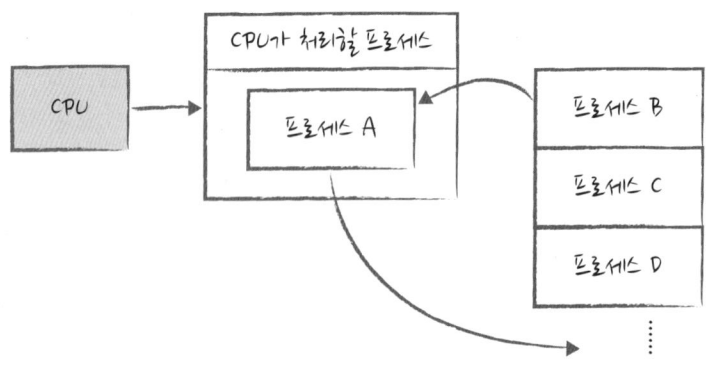

---

2 IPC 기법에는 대표적으로 소켓(socket)이나 파이프(pipe)를 이용한 데이터 교환 방법이 있다.
3 이런 멀티태스킹을 위한 알고리즘의 주체는 운영체제고 프로세스를 관리하는 주체 또한 운영체제라는 것을 알아두자.

그런데 상식적으로 생각해보면 프로세스 간에 전환을 하면서 처리시간을 할당하는 것이 그리 효율적인 것은 아닌 것 같다. 왜냐하면 프로세스들은 각자 자신이 사용하는 독립적인 메모리 영역[4]이 있고 CPU가 처리할 프로세스를 전환한다는 의미는 이 영역들을 전환한다는 것이기 때문이다(이를 컨텍스트 스위칭 context switching이라고 한다). 간단히 말해 프로세스의 전환은 꽤 큰 비용이 발생한다. 적절한 예가 될지는 모르겠지만 예를 들어 10가지의 분야에 대한 공부를 30초마다 바꾸어가면서 한다면 머리가 지끈지끈 아플 것이다. 뇌도 공부할 분야가 바뀔 때마다 필요한 사전지식을 상기시키는 데 필요한 처리를 하고 머리가 지끈거린다는 것은 큰 비용이 발생한다는 의미가 될 수 있다. 딱 들어맞는 예가 아니더라도 이런 느낌이구나라고 이해해줬으면 한다.

하지만 실제로 이러한 프로세스 간의 전환을 통해서 일반적으로 더 빠르게 프로세스들을 처리할 수 있다. 이는 우리가 사용하는 많은 프로그램에서 CPU를 사용하지 않고 멈춰 있는(CPU를 사용하지 않고 있는) 상태가 많을수록 더 그렇다.[5]

운영체제는 프로세스들에게 무조건 동등하게 시간을 나누어주는 것이 아니다. 특히 `blocked` 상태(일반적으로 입출력(I/O)) 상태에 진입한 프로세스에게는 `blocked` 상태가 끝날 때까지 CPU의 사용을 위한 시간을 할당해주지 않는다. 따라서 특정 프로세스가 입출력을 위해 멈춰 있는 상태라도 CPU는 다른 프로세스를 처리할 수 있다. 다음은 이에 대한 예를 설명한다.

```
>>> while True:
        print('python')
        input()                    #사용자의 입력을 기다림
```

while문 하나만 있는 프로그램이 있다고 가정해보자. 그리고 이 프로그램의 코드는 위와 같다고 한다. 즉 위 코드에서 while 루프를 하나의 프로세스로 보면 이 프로세스는 `input` 함수의 호출에 의해서 사용자 입력을 기다리는 상태로 멈춰 있고 사용자 입력을 얻기 전까지 더 이상 프로세스를 진행하지 않는다. 이렇게 입출력을 위해

---

[4] 앞에서 말한 코드 영역, 데이터 영역, 힙, 스택 등을 말한다. 여기에 레지스터 정보까지 포함된다.

[5] 이런 상태를 blocked 상태라고 한다. 일반적으로 컴퓨터로 자주 하는 문서 프로그램 또는 인터넷 브라우저의 사용은 blocked 상태가 빈번히 오랜 시간 발생한다.

서 멈춰 있는 상태(blocked)는 CPU 사용시간을 분배받기 위한 대기상태(ready)의 프로세스들과는 별도로 관리되어 시간 분배의 대상이 아닌 상태다.

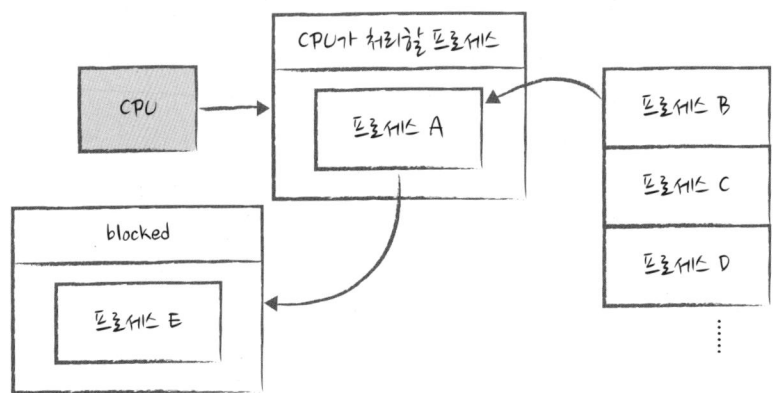

즉, 사용자 입력이 끝날 때까지 blocked 상태의 프로세스는 CPU를 사용할 시간은 할당되지 않는다.[6] 네트워크 프로그램에서 소켓이 클라이언트의 연결을 기다리는 경우도 마찬가지 예라고 볼 수 있다. 이 때 이 프로세스는 입력을 기다리는 상태로 멈춰 있지만 음악을 듣고 있던 상태라면 여전히 음악을 듣거나 인터넷 같은 다른 프로그램의 실행은 여전히 문제없이 계속된다. 그리고 이렇게 blocked 상태의 프로세스가 많을수록 CPU 사용을 위해 시간을 분배해주는 알고리즘은 더욱 효과적이게 된다.

쓰레드

지금까지 프로세스가 어떤 녀석인지 살펴보았는데 이 장의 주제인 쓰레드Thread를 이해하기 위한 것이었다. 사실 프로세스와 쓰레드는 하나의 실행 흐름이라는 측면에서 유사한 개념으로 볼 수 있는데 이 둘은 분명히 구분된다. 이제부터 프로세스와 쓰레드가 어떤 차이점을 가지고 있는지, 그리고 왜 쓰레드를 사용하는지에 대해 살펴볼 것이다. 우선 다음 그림을 토대로 쓰레드가 어떤 것인지 짐작해보자.

---

[6] 만약에 시간이 할당된다고 가정하더라도 CPU는 아무런 일도 하지 않을 것이다.

	코드 영역, 데이터 영역, 힙 영역		
프로세스	쓰레드 A	쓰레드 B	쓰레드 C
	스택 영역	스택 영역	스택 영역
	실행 흐름 ↓	실행 흐름 ↓	실행 흐름 ↓

위 그림을 해석해보자. 하나의 프로세스가 있고 그 안에 3개의 실행흐름이 있다. 각각을 쓰레드 A, 쓰레드 B, 쓰레드 C라고 하고 세 개의 쓰레드는 각각 자신만의 스택 영역을 가진다는 것까지 파악해 두자.[7] 쓰레드는 이렇게 프로세스 내에서 각각의 독립된 실행흐름을 가진다.[8]

그런데 이 책에서 지금까지 만든 파이썬 프로그램은 모두 하나의 실행 흐름만 가진 프로그램들이었다. 즉 프로그램의 코드는 순서대로 한 줄씩 실행되어 왔다. 예를 들어 10번째 줄의 코드가 실행되면서 동시에 17번째 줄이 실행되거나 A 함수의 코드가 실행됨과 동시에 B 함수의 코드가 동시에 실행되고 있다고 생각하는 독자는 아무도 없을 것이다. 하지만 쓰레드를 사용하면 이런 것이 가능하다.[9]

그렇다면 프로세스 내에서 이런 별도의 독립된 흐름이 왜 필요한 것일까? 이 문제에 대해 한 가지 예를 들어 보겠다.

아마 컴퓨터 게임을 안 해본 분은 없을 것이라 생각한다. 아무리 단순한 게임이라도 거의 모든 게임은 여러 실행 흐름이 있다. 특히 여러 사람이 접속하여 동시에 즐기는 온라인 게임이라면 게임 서버 입장에서는 접속한 사람 수에 비례해서 프로그램의 실행 흐름의 개수는 늘어나게 된다. 그렇다면 서버 프로그램의 실행흐름들이란 어떤 것일까?

게임을 즐기는 사람은 클라이언트 프로그램을 실행한다. 그리고 게임 서버는 각각의 클라이언트 프로그램으로부터 데이터를 전송받아서 다시 클라이언트들에게 현재

---

[7] 마치 함수처럼 각자의 지역변수를 가진다.

[8] 그리고 코드 영역, 데이터 영역, 힙 영역이 쓰레드 간에 공유되는데 이 점은 전역변수와 같은 데이터를 공유한다는 의미다.

[9] 사실은 아주 빠른 속도로 쓰레드를 바꿔가면서 실행하는 것이므로 엄밀히 말하면 CPU는 한 번에 하나의 흐름만을 처리하고 있음을 기억하자. 물론 CPU의 프로세서가 여러 개라면 실제로 여러 흐름들이 동시에 처리될 수 있다. 하지만 파이썬은 CPU의 프로세서의 수에 관계없이 언제나 하나의 쓰레드만 실행되도록 설계되었다.

게임에 접속된 플레이어들이 어떤 행동을 하는지에 대한 데이터를 전송해줄 것이다. 그리고 클라이언트들은 이 데이터를 토대로 다른 플레이어들에 대한 위치와 행동을 반영한다. 여기서 말하는 서버 프로그램의 실행 흐름들이란 접속된 클라이언트들로부터 데이터를 받아서 처리하는 것을 말한다. 이 때 클라이언트들로부터 데이터를 받는 코드를 각각의 독립적인 실행흐름으로 만들지 않고 하나의 실행 흐름 안에 둔다면 마치 다음 코드와 유사한 현상이 발생하게 된다.

```
>>> while True:
        input("Client A:")
        #데이터 처리
        input("Client B:")
        #데이터 처리
        input("Client C:")
        #데이터 처리
        input("Client D:")
        #데이터 처리
        input("Client E:")
        #데이터 처리
        input("Client F:")
        #데이터 처리

Client A:
```

while문은 하나의 실행 흐름이다. 그리고 이 흐름 안에서 6개의 입력을 받는 코드가 반복적으로 실행된다. 위 코드를 서버 프로그램이라고 생각하고 입력을 받는 각각의 부분을 클라이언트 프로그램에서 지속적으로 플레이어들 정보가 입력되는 것으로 생각해보자.[10]

순조롭게 클라이언트들로부터 정보 전송이 이루어진다면 이 서버는 제대로 동작할 것이지만 만약 이 중에 하나의 클라이언트라도 연결이 끊기는 상황이 된다면 어떻게 될까? 아마 전체 실행 흐름은 종료될 것이다. 그리고 다른 클라이언트들로부터 입력도 더 이상 받을 수 없게 된다. 물론 이런 경우엔 예외 처리로 넘길 수 있으므로 좀 다른 문제를 생각해보자. 클라이언트들로 받아야 하는 데이터가 많거나 클라이언트들의 개수가 많아지는 경우 또는 클라이언트와 서버 간의 네트워크 상태가 좋지 않을

---

[10] 단 여기에서는 각 클라이언트들로부터 정보 전송은 순서대로 이루어진다고 가정할 것이다.

때는 어떻게 될까? 각각의 클라이언트들로부터 데이터를 받고 처리하는 데 걸리는 시간이 0.1초라고 하면 A부터 Z까지의 클라이언트가 있다고 가정할 때 A가 데이터를 전송 받은 후 다시 A가 다음 데이터를 받는 데까지 걸리는 시간은 2.6초가 된다. 여기에 가끔씩 몇몇 클라이언트들로부터 데이터의 전송이 지연된다면 3초 또는 4초가 될 수도 있을 것이다. 우선 다음 코드를 실행해보자.

```
>>> while True:
        print("clientA")
        time.sleep(0.1)          #클라이언트 A
        print("clientB")
        time.sleep(0.1)          #클라이언트 B
        print("clientC")
        time.sleep(0.1)          #클라이언트 C
        print("clientD - 지연2초")
        time.sleep(2)            #클라이언트 D
        print("clientE")
        time.sleep(0.1)          #클라이언트 E
        print("clientF")
        time.sleep(0.1)          #클라이언트 F
        print("clientG")
        time.sleep(0.1)          #클라이언트 G
        print("clientH - 지연1초")
        time.sleep(1)            #클라이언트 H
```

특히 네트워크 상에서 데이터 전송의 지연이 있을 수 있기 때문에 이런 방식으로 서버 프로그램을 만드는 것은 문제가 있을 수 있다. 클라이언트의 수가 많을수록 더욱 그럴 것이다. 만약 위 코드를 쓰레드를 이용하여 클라이언트 하나당 하나의 독립된 흐름으로 만든다면 각각의 클라이언트로부터 데이터를 받고 처리하는 데 걸리는 시간이 다른 쓰레드에 영향을 주지 않게 된다(보통 규모가 큰 게임에서 수많은 클라이언트를 쓰레드보다는 이벤트 처리 방식으로 다룬다. 여기서는 설명의 편의상 온라인 게임의 예를 든 것이다).

threading 모듈

앞의 코드를 쓰레드로 전환하여 보겠다. 파이썬에서는 쓰레드를 위한 thread, threading 모듈을 지원한다. 하지만 thread 모듈은 일반적으로 사용하지 않으므로 논외로 하겠다. 더 자세한 내용은 파이썬 문서를 참조하길 바란다.

다시 한 번 쓰레드는 프로세스 내에서 독립된 실행흐름을 갖는 코드라는 것을 기억하자. threading 모듈을 사용하여 쓰레드를 만드는 방법은 세 가지가 있다. 함수를 사용하는 한 가지 방법과 클래스를 사용하는 두 가지 방법이 있는데, 우선 함수를 사용하는 방법을 알아보도록 하자.

함수를 사용하는 방법

다음은 앞의 코드에서 데이터를 입력받는 부분을 쓰레드로 처리해본 것이다. 실제로 게임 서버에서 데이터를 수신하는 부분의 구현은 좀 더 복잡하고 구현 방법도 다양할 수 있다. 여기에서는 어디까지나 설명을 위한 것이므로 쓰레드의 필요성에 대한 이해에 초점을 두었으면 한다.

예제 15-1 함수로 쓰레드 구현

```python
#thread_01.py
#실행을 멈추려면 ctrl+break
import threading
import time

def client_thread(clientname,sec):
    while True:
        print("{} - 지연 {} ".format(clientname, sec))
        time.sleep(sec)

clientA=threading.Thread(target = client_thread, args=("clientA", 0.1))
clientB=threading.Thread(target = client_thread, args=("clientB", 0.1))
clientC=threading.Thread(target = client_thread, args=("clientC", 2))
clientD=threading.Thread(target = client_thread, args=("clientD", 0.1))
clientE=threading.Thread(target = client_thread, args=("clientE", 0.1))
clientF=threading.Thread(target = client_thread, args=("clientF", 0.1))
clientG=threading.Thread(target = client_thread, args=("clientG", 0.1))
clientH=threading.Thread(target = client_thread, args=("clientH", 1))

clientA.start()
clientB.start()
clientC.start()
```

```
clientD.start()
clientE.start()
clientF.start()
clientG.start()
clientH.start()
```

이 코드에서 정의된 `client_thread` 함수는 클라이언트로부터 수신된 데이터를 처리하는 가상의 코드를 가진다. 이 함수의 코드는 다른 클라이언트에 대한 처리를 하는 데도 공통적으로 사용된다. 따라서 이 코드에서는 쓰레드를 만들 때 이 함수만 사용할 것이다.

`threading` 모듈에 있는 `Thread` 클래스의 인스턴스를 생성하는 것은 쓰레드 객체를 만드는 것이다. 이 때 인수로는 `target`에 쓰레드로 만들 함수 이름을 키워드 인수로 전달해 주어야 한다. 그리고 전달되는 함수가 가진 인수를 `args`에 튜플 형태의 키워드 인수로 전달한다. 이렇게 만들어진 인스턴스가 쓰레드가 된다.

쓰레드를 만들었다고 바로 실행되는 것은 아니다. 쓰레드의 `start` 메소드를 호출해야 쓰레드가 실행된다.

한번 앞의 코드를 실행해보고 쓰레드를 사용하기 전 코드와 비교해보자. `clientA`는 약 0.1초마다 데이터를 처리할 것이고 `clientC`는 약 2초마다 데이터를 처리한다. 이렇게 각각의 쓰레드가 데이터를 처리하는 시간이 다른 쓰레드에 영향을 미치지 않는다. 결과가 너무 빠르게 지나간다면 지연시간을 조금 더 늘려서 실행해보도록 하자.

위 코드에서는 쓰레드들이 전역변수를 사용하지는 않지만 쓰레드들이 필요에 의해서 전역변수를 공유하여 사용할 수도 있다(전역변수를 공유하는 것은 쓰레드의 특징이다). 이렇게 전역변수를 공유하여 사용할 때는 주의할 점이 있다. 바로 두 개 이상의 쓰레드들이 동시에 전역변수를 수정하는 경우가 그렇다. 이것이 왜 문제가 되는지는 나중에 다시 살펴볼 것이다. 우선 쓰레드를 생성하는 나머지 두 가지 방법을 마저 소개하도록 하겠다.

callable 객체를 사용하는 방법

클래스의 인스턴스 객체를 함수처럼 호출하는 방법이 있다. 다음과 같이 클래스 내부에 `__call__` 메소드를 정의해 놓는 것이다.[11]

---

[11] C++의 함수 객체를 알고 있다면 이해하기 쉬울 것이다.

```
>>> class test():
        def __call__(self):
            print("callable")

>>> obj = test()              #call 클래스의 인스턴스 생성
>>> obj()                     #인스턴스를 ()를 사용하여 호출
callable
>>> obj.__call__()            #__call__ 메소드 호출
callable
```

__call__ 메소드가 정의된 클래스의 인스턴스 객체를 callable 객체라고 한다. 말 그대로 함수처럼 호출이 가능하기 때문이다. 그리고 위 코드에서 생성된 인스턴스 obj를 함수처럼 호출하는데 실행되는 코드가 __call__ 메소드의 코드임을 알 수 있다.

callable 객체는 마치 함수처럼 사용할 수 있으므로 쓰레드를 생성할 때 Thread 클래스에 함수 이름 대신 callable 객체를 넘겨도 될 것이다. 다음은 이에 대한 코드다.

예제 15-2 callable 객체로 쓰레드 구현

```
#thread_02.py
import threading
import time

class client_thread():
    def __init__(self, clientname, sec):
        self.clientname = clientname
        self.sec = sec
    def __call__(self):
        while True:
            print("{} - 지연 {} ".format(self.clientname, self.sec))

            time.sleep(self.sec)

clientA = threading.Thread(target = client_thread("clientA", 0.1))
clientB = threading.Thread(target = client_thread("clientB", 0.1))
clientC = threading.Thread(target = client_thread("clientC", 2))
clientD = threading.Thread(target = client_thread("clientD", 0.1))
clientE = threading.Thread(target = client_thread("clientE", 0.1))
clientF = threading.Thread(target = client_thread("clientF", 0.1))
clientG = threading.Thread(target = client_thread("clientG", 0.1))
clientH = threading.Thread(target = client_thread("clientH", 1))
```

```
threading.Thread()

clientA.start()
clientB.start()
clientC.start()
clientD.start()
clientE.start()
clientF.start()
clientG.start()
clientH.start()
```

여기에서는 쓰레드를 생성할 때 args에 인수를 전달하지 않았지만 `__call__` 메소드에 전달할 인수가 있다면 함수의 경우와 마찬가지로 args에 튜플 형태로 인수를 전달해줘야 한다.

Thread 클래스를 상속하는 방법

이번에는 Thread 클래스를 상속받아 쓰레드를 생성하는 방법을 소개하겠다. 사용법은 두 단계로 요약해서 설명할 수 있다. 먼저 Thread 클래스를 상속받은 클래스에서 `__init__` 메소드를 정의하고자 하면 Thread 클래스의 `__init__` 메소드를 먼저 호출해줘야 한다.[12] 다음으로 run 메소드를 재정의(overriding)하여 쓰레드가 실행할 코드를 만들면 된다.

예제 15-3 Thread 클래스를 상속하는 클래스로 쓰레드 구현

```python
#thread_03.py
import threading
import time

class client_thread(threading.Thread):
    def __init__(self, clientname, sec):
        threading.Thread.__init__(self)
        self.clientname = clientname
        self.sec = sec
    def run(self):
        while True:
            print("{} - 지연 {} ".format(self.clientname, self.sec))
            time.sleep(self.sec)
```

---

[12] 클래스를 공부하면서 여러 차례 설명한 내용이므로 이유에 대한 설명은 생략한다.

```
clientA = client_thread("clientA", 0.1)
clientB = client_thread("clientB", 0.1)
clientC = client_thread("clientC", 2)
clientD = client_thread("clientD", 0.1)
clientE = client_thread("clientE", 0.1)
clientF = client_thread("clientF", 0.1)
clientG = client_thread("clientG", 0.1)
clientH = client_thread("clientH", 1)

clientA.start()
clientB.start()
clientC.start()
clientD.start()
clientE.start()
clientF.start()
clientG.start()
clientH.start()
```

나머지 부분은 앞서 설명한 방법들과 동일하므로 쉽게 이해될 것이다.

지금까지 쓰레드를 만들고 사용하는 방법에 대해서 공부했다. 그렇게 사용법은 어렵지 않지만 실제로 쓰레드를 사용하는 것을 만만하게 볼 수는 없다. 분명 쓰레드를 제대로 사용하는 것은 많은 이점이 있지만 상황에 따라서 아무 생각 없이 사용하는 쓰레드는 독이 될 수도 있기 때문이다. 이제부터 어떤 점들이 독이 되는지 알아보고 해결책에 대해서 살펴보려 한다.

동기화 문제

인터넷을 사용하다 보면 동기화라는 용어를 간혹 듣게 된다. 특히 최근에는 클라우드 서비스를 쉽게 이용할 수 있기 때문에 자주 사용하는 문서나 파일들을 클라우드 서버에 저장해 놓고 언제 어디서든지 사용하는 것은 흔한 일이다. 이런 서비스를 이용하다 보면 동기화라는 용어가 등장한다. "동기화 중" 또는 "동기화 완료"라는 문구를 본 적도 있을 것이다. 여기서 동기화란 클라우드 서버와 자신의 컴퓨터상의 파일을 일치시키는 것을 말한다. 즉, 양쪽 중 어느 한쪽을 수정했다면 다른 쪽에도 이 수정사항을 반영하여 양쪽이 지속적으로 동일한 상태를 유지하기 위해 동기화를 사용하는 것이다.

하지만 쓰레드에서 동기화란 용어는 조금은 다른 시각으로 이해할 필요가 있다. 동기화라는 용어는 사전적으로 "작업들의 실행 시간을 맞춘다" 또는 "작업들 간에 실행 시기를 조정한다"라는 의미를 가진다. 쓰레드에서 의미하는 동기화는 사전적인 의미에서 비롯된다. 그리고 앞에서 언급한 쓰레드의 사용에 있어서 독이 될 수 있는 경우가 바로 동기화를 제대로 하지 않았을 경우 발생하는 문제들이다.

그렇다면 쓰레드에서 동기화의 의미는 구체적으로 어떤 것일까?

사전적 의미를 빌리자면 쓰레드들 간에 실행 시간을 맞추는 것일 것이다. 좀 뜻이 애매한 구석이 있는데 이 의미는 두 가지로 해석될 필요가 있다.

첫째로 쓰레드들 간에 실행 순서를 맞춘다는 의미다. 항상 그런 것은 아니지만 간혹 쓰레드들 간에 실행 순서가 중요할 때가 있다. 좀 더 구체적인 예와 설명은 잠시 뒤로 미루겠다.

둘째로 쓰레드들이 공유하는 영역(데이터)에 동시 접근을 막는 것을 의미한다. 이것은 첫 번째 경우보다 의미가 좀 더 막연하다. 역시 구체적인 예와 설명은 잠시 뒤로 미루겠다.

동기화 문제는 그렇게 간단한 문제가 아니다. 동기화 문제로 발생하는 문제는 아무런 오류도 발생하지 않고 서서히 진행되거나 타입 에러나 인덱스 에러와 달리 구체적인 발생 시점을 알기도 쉽지 않다. 그렇다면 지금부터 동기화가 필요한 두 가지 예를 살펴보고 문제를 해결하는 방법을 알아보기로 하자.

쓰레드의 실행 순서

쓰레드의 실행 순서가 지켜져야 하는 경우는 조금만 생각해보면 쉽게 찾을 수 있다. 한 예로 온라인 상에서 1:1로 가위바위보를 하는 게임이 있다고 하자. 게임 서버가 있겠고 서버에서는 접속된 두 클라이언트로부터 가위바위보에 대한 데이터를 수신받을 것이다. 그리고 수신받은 데이터를 비교하여 누가 이겼는지 또는 비겼는지에 대한 연산을 할 것이다. 이 때 각각의 클라이언트들로 데이터를 수신받는 부분을 쓰레드로 만들 것이다.[13] 다음은 이에 대한 코드다. 단 여기에서 클라이언트로부터 데이터 수신을 받는 부분은 가상적으로 구현한다. 그리고 가위는 0, 바위는 1, 보는 2로 나타내기로 한다.

---

[13] 쓰레드로 만든 이유는 A와 B 클라이언트 중 어느 쪽이 먼저 데이터를 전송할지 모르기 때문이다. 물론 다른 방법으로 이 문제를 해결할 수 있을 것이다. 여기서는 다른 방법에 대한 것은 논외로 한다.

예제 15-4 쓰레드의 실행 순서 테스트

```
#thread_04.py
import threading, queue
import time
import random

data_from_client = {}        #두 클라이언트의 가위바위보의 데이터를 넣기 위한 사전이다.
#lockA = threading.Lock()

def client(name, inputdata, sec):
    time.sleep(sec)      #클라이언트로부터 데이터를 전송받을 때 걸리는 시간 대신 sleep 사용
    data_from_client[name] = inputdata          #전송받은 데이터를 사전에 저장

def result():
    #time.sleep(5)                          #동기화를 위한 지연 5초
    print("A :", data_from_client["A"])     #KeyError 발생
    print("B :", data_from_client["B"])


A = threading.Thread(target = client, args=("A",random.randint(0,2),random.randint(1,4)))
A.start()

B = threading.Thread(target = client, args=("B",random.randint(0,2),random.randint(1,4)))

B.start()

C = threading.Thread(target = result, args=())    #가위바위보 결과를 처리하는
                                                  #쓰레드 생성
C.start()
```

위 코드를 실행하면 바로 KeyError가 발생한다. 에러가 발생하는 부분은 두 클라이언트로부터 수신한 데이터를 가지고 결과를 출력하는 쓰레드다. 여기서 결과는 단순히 클라이언트로부터 수신 받은 데이터를 출력하는 것이다. 어쨌든 상관없다. 중요한 것은 KeyError가 발생한 것과 에러의 원인이 데이터가 사전에 제대로 등록되지 않았기 때문이라는 점이다. 왜 사전에 데이터가 제대로 등록되지 않았는지에 앞서 result 함수에서 #time.sleep(5)에 해당하는 부분의 주석을 제거하고 다시 실행해보자.

대략 5초 이상의 시간이 흐른 뒤에 에러 없이 사전의 값이 출력될 것이다. 그렇다면 5초 동안의 sleep은 어떤 의미를 가지는 것일까? 바로 클라이언트로부터 데이터

를 수신하는 두 쓰레드가 완전히 실행을 마칠 때까지 결과를 출력하는 쓰레드의 진행을 멈추기 위함이다. 두 쓰레드가 종료되기 전까지 멈춰 있어야 한다는 것은 다시 말해서 실행 순서가 나중이 되어야 한다는 뜻이다.

여기서 다시 앞에서 언급한 동기화에 대한 내용을 상기시켜보자. 그러면 위 상황과 sleep 함수의 목적을 동기화를 위한 것이라고 설명할 수가 있다.

이 코드는 아주 간단한 예지만 어떤 데이터를 생산하는 쓰레드와 이를 처리(소비)하는 쓰레드 간에는 이렇게 쓰레드의 실행 순서를 정해줘야 한다.

문제는 해결했지만 좀 더 해결해야 할 문제가 남아 있다. 사실 sleep 함수를 사용하여 실행 순서를 조율하는 것은 그다지 안정적이지 못하다. 위 예를 토대로 설명하자면 실제로 사용자의 입력을 기다리는 시간이 얼마나 걸릴지 알 수 없고 데이터가 전송되는 시간도 네트워크의 상황에 따라서 달라질 수 있기 때문이다. 또한 두 쓰레드가 생각보다 일찍 종료된다 해도 정해진 시간 동안 기다려야 하기 때문에 전혀 효율적이지 않다. 결국 어림짐작으로 쓰레드를 잠시 멈추는 일은 안정성이나 효율성 면에서 적절한 선택은 아니다.

이를 해결하기 위해서 특정 쓰레드가 종료될 때까지 흐름을 멈추도록 할 수 있다. 이를 위해서 result 함수의 time.sleep(sec)를 지우고 다음 코드를 추가해보자.

```
def result():
    A.join()          #A 쓰레드가 종료될 때까지 흐름을 멈춤(대기)
    B.join()          #B 쓰레드가 종료될 때까지 흐름을 멈춤(대기)
    print("A :", data_from_client["A"])
    print("B :", data_from_client["B"])
```

이렇게 특정 쓰레드의 인스턴스의 join 메소드를 호출하면 자신이 종료될 때까지 기다리라는 뜻이다. 따라서 위 코드는 A 또는 B 쓰레드 중 누가 먼저 종료되든 상관없이 두 쓰레드가 모두 종료될 때까지 기다린다. 그리고 결과를 출력한다.

쓰레드 간의 공유 데이터 접근

왜 쓰레드 간의 공유하는 데이터에 대한 동시접근을 막아야 하는가? 이것이 앞에서 언급한 동기화 문제의 두 번째 주제다. 본론에 들어가기 앞서 다음 설명을 읽어보자.

실세계의 경우는 여러 사람이 어떤 자원을 공유하더라도 크게 문제가 없다. 물론 공식적으로 공유하기로 한 자원에 한해서다. 예를 들어 빨대 두 개를 꽂아서 두 사람이 하나의 음료수를 동시에 마시면 음료수의 물리적인 양의 변화는 정확히 두 사람이 먹은 만큼 줄어든다. 실세계에서의 자원의 물리적 변화는 몇 명이 동시에 사용하든 상관없이 항상 물리의 법칙을 따르기 때문이다.

그렇다면 프로그램 상에서 데이터로 실세계를 표현하는 경우에는 어떨까? 음료의 양을 Q라고 하고 두 쓰레드 A, B가 음료를 마시는 처리를 하는 쓰레드라고 가정해 보겠다. 이를 코드로 작성하면 대략 다음과 같이 나타낼 수 있을 것이다.

예제 15-5 두 개의 쓰레드로 음료 마시기

```
#thread_05.py
import threading

Q=1000
def drink(max):
    global Q
    for i in range(0, max):
        Q-=1

A = threading.Thread(target = drink, args=(400,))
B = threading.Thread(target = drink, args=(550,))
A.start()
B.start()

A.join()            #A 쓰레드 종료 전까지 대기
B.join()            #B 쓰레드 종료 전까지 대기

print(Q)
```

이 코드를 여러 번 실행해보자. 아마 결과로 50의 값만 출력될 것이다. 그렇다면 이 코드는 문제가 없다고 생각하는가? 만약 문제가 된다면 어떤 것이 문제가 될까?

사실 이 코드는 문제점을 가지고 있다. 그리고 문제점을 파악하려면 컴퓨터 구조에 대한 지식이 필요하다. 특히 CPU의 연산이 어떻게 이루어지고 메모리에서는 어떤 일이 일어나는지에 대한 것을 이해해야 한다.

이에 대한 설명에 앞서 위 코드를 분석할 때 일반적으로 범할 수 있는 오류를 도출하는 과정을 보자.

- A 쓰레드와 B 쓰레드는 아주 빠른 속도로 번갈아 가면서 음료수를 마시기 시작한다. 정해진 양(A는 400, B는 550)을 다 마시면 각 쓰레드는 종료된다.
- 두 쓰레드는 실제로는 동시에 일어나지 않는다. 파이썬은 언제나 하나의 CPU가 동시에 하나의 쓰레드만 처리하도록 설계되었기 때문이다.
- 따라서 Q-=1 코드는 언제나 동시에 실행될 수 없고 데이터 Q에 대해서 정확히 정해진 횟수만큼 감소시킨다.

과연 위 분석은 오류가 없고 데이터 Q는 안전하다고 생각하는가? 물론 이렇게 계속해서 질문을 던지는 것(앞에서도 오류라고 언급했지만...)은 분명 잘못된 부분이 있다는 뜻이다.

힌트를 주자면 한 줄의 코드는 결코 한 번에 처리되는 단위가 아니라는 것이다. 즉 Q-=1은 메모리 상에서 여러 번에 걸쳐서 처리되고 그 과정에서 문제가 발생할 수 있다는 것이다.

그렇다면 어떤 부분에서 문제가 발생하는지 예를 들어 설명하겠다.

사실 컴퓨터가 데이터를 다루는 것은 실세계처럼 물리의 법칙을 따르지 않는다. 컴퓨터는 다음과 같이 음료수를 마신다(다음은 위 코드의 처리 과정을 가정한 예다).

① 현재 A 쓰레드가 처리되는 과정이고 Q=777이다. CPU는 Q가 가진 값을 복사해서 메모리에 임시변수를 만들어 저장한다. Q'=777이고 이 값에서 -1을 뺀다. 따라서 현재 Q=777, 임시변수 Q'=776이다.

② 임시변수 Q'의 값을 Q에 대입한다. 임시변수 Q'는 메모리에서 사라지고 Q의 값은 776이 된다.

한 가지 질문을 던지면서 설명을 마치겠다. 만약 ① 과정과 ② 과정 사이에 처리할 쓰레드가 B로 전환되어 Q=-1 코드를 수행을 해버린다면 Q의 값은 어떻게 될까?

이젠 좀 더 그럴듯한 예제로 이 문제를 증명해볼 차례다. 앞의 예에서는 몇 번을 실행하더라도 정확히 50이 나왔다(만약 50보다 큰 값이 출력되었다면 책을 덮고 복권을 사도 될 듯하다. 이것은 어디까지나 필자의 생각이다).

앞의 코드는 값을 감소시키는 반복 횟수가 얼마되지 않으므로 앞에서 언급한 문제가 발생할 확률은 희박하다. 따라서 이번에는 음료의 양도 늘리고 쓰레드에서 마시는 양도 늘려보겠다.

예제 15-5.1 두 쓰레드로 음료를 마실 때의 문제점 테스트

```
#thread_05_1.py
import threading

Q=100000
thread_list=[]

def drink(max):
    global Q
    for i in range(0, max):
        Q-=1

for i in range(0, 2):
    thread_inst = threading.Thread(target = drink, args=(50000,))
    thread_list.append(thread_inst)     #생성된 쓰레드를 thread_list에 저장
    thread_inst.start()                 #쓰레드 실행

for thread in thread_list:
    thread.join()                       #리스트 thread_list에 있는 쓰레드가 종료될 때까지 대기

print(Q)                                #Q의 값 출력
```

위 코드에서는 쓰레드를 생성하는 코드와 join 메소드를 호출하는 코드를 for문으로 해결한다. 즉 쓰레드가 생성될 때마다 리스트에 담아둔 후 다시 for문으로 리스트에 저장된 쓰레드의 join 메소드 호출을 한다. 어쨌든 이전 코드와 하는 일은 동일하다. 위 코드를 실행해보면 랜덤한 양의 정수가 출력된다(만약 0이 계속 출력된다면 Q의 값을 1000000, 인수로 전달될 값을 args = (500000,)으로 각각 10배씩 늘려보도록 하자. 이것도 0이 출력된다면 10배씩 더 늘려보도록 한다. 이 결과는 cpu의 성능에 따라서 달라질 수 있기 때문이다). 하지만 음료의 양과 두 쓰레드가 마시는 양을 계산해 보면 0이 나와야 정상이다. 양의 정수가 출력되었다는 것은 앞에서 언급한 문제가 발생했다는 것을 의미한다.

이런 문제는 게임을 만드는 데도 쉽게 발생할 수 있다. 비행기 게임에서 적 비행기를 폭파시키면 점수를 얻는다. 동시에 아이템을 먹을 때도 점수를 얻을 수 있다. 이 밖에도 점수를 얻는 행위는 다양할 것이다. 이렇게 동시에 동일한 데이터에 접근하는 경우 또한 앞서 문제가 발생할 수 있다. 제대로 처리하지 않는다면 점수는 제대로 기록되지 않을 것이다.

이렇게 동시에 데이터에 접근하는 경우를 경쟁 상태race condition라고 한다. 파이썬 3.x에서 이런 경쟁 상태로부터 생기는 문제를 해결하기 위해 사용하는 동기화 기법에는 Lock, RLock, Event, Condition, Semaphore, BoundedSemaphore가 있다. 이 중에 대표로 Lock을 사용하는 방법을 소개한다. 나머지에 대해서 궁금하다면 파이썬 문서의 threading 모듈을 참조하길 바란다.

락 객체 사용

앞서 예제의 동기화 문제를 해결하기 전에 해결 방법에 대해서 비유를 들어 설명하려 한다. 예를 들어 단 한 명만 들어갈 수 있는 공간이 있고 열쇠는 오직 한 개뿐이라고 가정하자. 그리고 누군가 열쇠를 가지고 들어가서 안에서 문을 잠근다(열쇠가 있어야 문을 잠글 수 있다고 가정하자). 이 상태는 Locked 상태다. 이렇게 잠긴 상태에서는 밖에서 아무도 들어올 수가 없다. 이제 들어간 사람이 일을 마치고 문을 열고 나온다. 이 때 열쇠를 문 앞에 놓는다. 이 상태는 문이 열려 있으므로 Unlocked 상태다. 밖에서 기다리는 사람 중 누군가가 열쇠를 재빨리 가지고 이 공간으로 들어간 뒤 열쇠로 문을 잠근다. 이제 다시 Locked 상태가 된다.

이 비유에서 한 명만 들어갈 수 있는 공간은 임계 영역critical section이라는 코드 영역을 비유한 것이다. 정확히 말하면 임계 영역은 앞의 예제처럼 두 쓰레드가 동시에 진입하면 문제가 발생할 수 있는 코드 영역(Q-=1)을 뜻한다. 그리고 락lock 객체를 사용하면 비유한 것처럼 임계 영역을 단 하나의 쓰레드만 접근할 수 있게 만들 수 있다.

Lock 객체를 사용하는 방법은 매우 간단하므로 먼저 앞선 예제의 경쟁 상태를 해결하는 코드를 먼저 제시하고 설명을 드리고자 한다.

예제 15-5.2 두 쓰레드로 음료를 마실 때의 문제점 해결

```
#thread_05_2.py
import threading

Q=100000
thread_list=[]
mylock = threading.Lock()          #Lock 객체 생성

def drink(max):
```

```
        global Q
        for i in range(0, max):
            mylock.acquire()            #락(Lock)을 획득
            Q-=1
            mylock.release()            #락(Lock)을 반납

    for i in range(0, 2):
        thread_inst = threading.Thread(target = drink, args=(50000,))
        thread_list.append(thread_inst)
        thread_inst.start()

    for thread in thread_list:
        thread.join()

    print(Q)
```

위 코드를 실행해보면 항상 0이 나오는 것을 확인할 수 있을 것이다. 코드 (Q-=1)에 락^{Lock}을 걸어놨기 때문에 해당 코드는 언제나 하나의 쓰레드에서만 처리되는 코드임이 보장된다.

락을 걸어서 이를 구현하는데 방법은 매우 쉽다. 임계 영역에 해당하는 코드가 시작되기 전에 락 객체의 **acquire** 메소드를 호출하고 코드가 끝난 다음에는 **release** 메소드를 호출해주면 된다. 그러면 락이 걸린 코드를 공유하는 쓰레드들은 이 코드에 절대로 동시에 진입 상태에 있을 수 없다. 이미 진입되어 있는 쓰레드가 락 객체의 **release** 메소드를 호출하면서 임계 영역을 빠져나와야 비로소 다른 쓰레드 중 하나가 락을 얻어 진입할 수 있는 것이다. 여기서 **Lock**은 앞의 비유에서 열쇠로 생각하면 될 것이다.

주의할 점은 임계 영역을 설정할 때는 코드의 범위를 최소화하는 것이 좋다. 코드의 범위가 넓어지면 쓰레드들이 임계 영역에 머무는 시간이 길어지므로 프로그램의 성능이 떨어질 수 있기 때문이다. 한 번 임계 영역을 화장실로 생각해보자. 화장실은 한 개인데 기다리는 사람 모두 변비에 걸려 모두가 화장실을 오래 사용한다면 어떻겠는가?

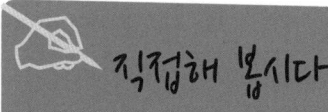

지금까지 쓰레드에 대해 간략하게 살펴보았습니다. 기본적인 쓰레드의 개념을 복습하고 연습문제를 풀어봅시다.

1 1초마다 'A'를 출력하고 1.5초마다 B를 출력하고 2초마다 'C'를 출력하는 프로그램을 만들어 보자.

2 쓰레드를 만드는 여러 가지 방법을 소개하였다. 이런 여러 방법들로 1번에서 만든 코드를 바꿔보자.

> **HINT** 함수를 사용하는 방법, 클래스를 사용하는 방법이 있다.

3 두 개의 쓰레드가 0부터 100 사이의 무작위 값을 50개씩 생산해 낸다. 생산해 낸 값은 전역에 선언된 리스트 total에 저장된다고 하자. 두 쓰레드가 작업을 마치고 종료하면 이 total에 있는 모든 항목을 더하는 스크립트를 작성해보자.

> **HINT** 두 개의 쓰레드는 전역영역에 선언된 리스트 total을 공유한다. total에 값을 추가할 때 두 쓰레드가 동시에 접근할 경우가 생길 수 있다. 동기화 의미를 되새겨보며 문제를 풀어보자.

4 A 쓰레드는 1부터 100 사이의 20개의 수를 생산해 내고 B 쓰레드는 1부터 100 사이에 30개의수를 생산해 낸다. 각각의 쓰레드가 생산해 낸 수들을 모두 더하는 스크립트를 만들어 보자(join 사용).

> **HINT** 우선 두 쓰레드가 모두 값을 생산한 후에 더하는 작업이 이루어져야 할 것이다. 역시 동기화의 의미를 되새겨보고 문제를 풀도록 하자.

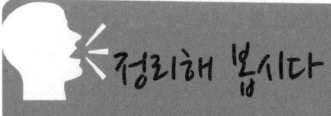

해답은 파이썬의 신 네이버 카페(cafe.naver.com/godofpython)에서 제공됩니다.

1. 프로세스와 쓰레드의 차이점을 메모리의 관점에서 설명해보자.

2. 파일 I/O가 빈번이 발생하는 프로그램과 복잡한 수학 연산을 하는 프로그램이 있다. 만약 두 프로그램이 쓰레드를 사용한다면 어느 쪽이 더 효율이 좋을까?

3. thread_01.py에서 sleep 함수로 지연하는 시간은 클라이언트로부터 데이터 수신을 위해서 대기하는 시간과 CPU가 연산에 사용하는 시간의 합이라고 가정한다. 이 때 CPU의 연산을 위한 시간은 극히 일부고 지연시간의 대부분은 데이터가 클라이언트로부터 서버로 전송되는 시간이라고 생각해야 한다. 왜 그런지 생각해보고 만약 지연시간이 CPU가 순수하게 연산을 하는 시간이라면 이 코드의 성능이 어떻게 달라질지 생각해보자.

4. threading 모듈의 Thread 클래스를 상속한 클래스로 쓰레드를 만들 수 있다. 이 때 Thread 클래스를 상속한 클래스는 (   ) 메소드를 재정의하여 쓰레드로 만들 코드를 작성해주면 된다.

5. 쓰레드에서 (   )란 쓰레드들 간에 실행 순서를 맞춘다는 의미와 쓰레드들이 공유하는 영역에 동시접근을 막는다는 의미를 가졌다.

6. 어떤 프로그램에서 A 쓰레드와 B 쓰레드가 있을 때 A 쓰레드가 먼저 시작되었다고 하자. 만약 B 쓰레드가 A 쓰레드가 종료되기 전에 시작되어서는 안 된다면 B 쓰레드를 시작하는 코드 앞에 A 쓰레드의 (   ) 메소드를 호출하는 코드가 있어야 한다.

정리해 봅시다

7 쓰레드들 간에 공유되는 자원이 있고 이 자원에 접근하여 자원을 변경하고자 하는 코드가 있다면 이 코드 영역을 가리켜 (   )이라고 한다. 이런 영역은 쓰레드들이 동시 접근할 경우 문제가 발생할 수 있기 때문에 동기화가 필요하다.

8 6번의 문제를 해결하기 위해 락 객체를 생성한 후 해당 코드 앞에 락 객체의 (   ) 메소드를 호출하고 해당 코드가 끝난 후 락 객체의 (   ) 메소드를 호출하도록 한다.

16장
네트워크 프로그래밍

네트워크가 정확히 무엇을 의미하는지 길게 설명하지 않아도 현대를 살아가는 사람에게 '네트워크'라는 단어는 익숙하다. 사람들 간의 관계를 네트워크로 비유하기도 하고 방송사들 간에 형성된 네트워크 등 여러 분야에 걸쳐 네트워크라는 말은 많이 사용된다. 이 장에서의 네트워크의 의미는 컴퓨터 같은 IT기기들 간에 정보의 교환을 위하여 만들어진 통신망을 의미한다. 좀 더 구체적으로 네트워크를 정의해보면 호스트(Host)들을 연결해 놓은 시스템을 의미한다. 앞으로 호스트라는 말을 자주 사용할 것이므로 호스트에 대해서 잠시 짚고 넘어가겠다. 호스트는 네트워크의 끝에 있는 기기들을 뜻하는데 컴퓨터, 스마트폰 등을 예로 들 수 있다. 요새는 스마트폰 하나로 집에 있는 기기들을 원격으로 관리할 수도 있는데 이렇게 네트워크에 연결된 모든 기기들을 호스트라고 한다. 그리고 호스트들 간에 데이터의 교환이 이루어지도록 하려면 네트워크 프로그래밍이 필요하다. 아마 네트워크 프로그래밍이 왜 필요한지는 쉽게 이해할 수 있을 것이다.

결국 네트워크가 호스트들을 연결해 놓은 시스템이라면 네트워크 프로그래밍은 호스트들 간에 데이터의 교환을 할 수 있도록 하는 프로그램을 만드는 것이라고 이해할 수 있다. 호스트 간에 데이터 교환을 하기 위해서는 어떤 방식으로 데이터를 교환할 것인지에 대한 규칙이 필요하다. 이것은 마치 우리가 인터넷상에서 물건을 주문하면 물건이 택배회사를 거쳐 집으로 배송되는 것과 같은 규칙이다. 만약 물건 주문자가 배송될 주소를 적지 않거나 택배회사가 택배를 받아서 배송하는 방식에 대한 규칙이 없다면 물건이 제대로 배송될 것이란 보장을 할 수 없을 것이다. 마찬가지로 네트워크 상에서 호스트 간에 데이터를 교환하기 위해서는 각각의 호스트가 구별될 수 있어야 하고 특정 호스트를 찾아서 데이터를 어떻게 전달할지에 대한 규칙이 있어야 할 것이다. 이러한 규칙을 프로토콜이라고 하는데 이 장에서는 이런 규칙들에 대해서 알아보고 호스트 간에 데이터를 전송하는 간단한 프로그램을 만들어 볼 것이다.[1]

---

[1] 네트워크 프로그래밍은 하나의 큰 주제이므로 이 장에서 모든 것을 다루는 것은 한계가 있다. 여기에서는 네트워크 프로그래밍에 대한 기본적인 내용은 설명하지만 더 깊게 공부하려면 관련 서적들을 참고해야 할 것이다.

    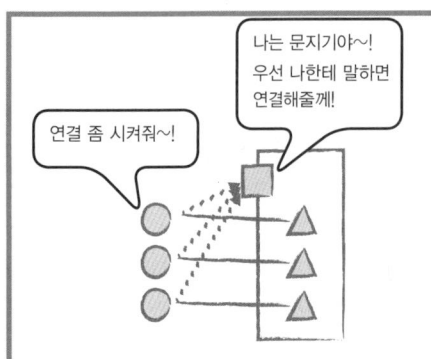   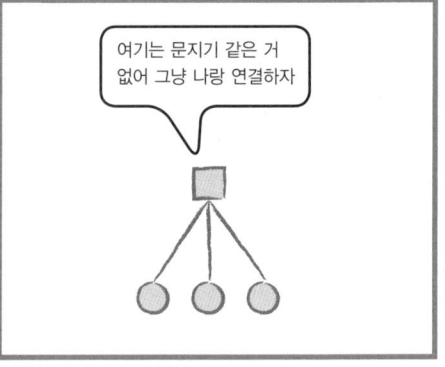

서버와 클라이언트

컴퓨터를 다루거나 인터넷을 사용하다 보면 네트워크와 더불어 서버와 클라이언트라는 말을 심심치 않게 듣게 된다. 예를 들어 게임 서버, 웹(http) 서버, ftp 서버, telnet 서버 등과 같이 어떤 특정 서비스를 제공하는 호스트(하드웨어) 또는 프로그램(소프트웨어)를 가리켜 서버라고 한다. 반면에 클라이언트는 이런 서비스를 제공받는 호스트 또는 프로그램을 의미한다.

온라인 게임 서버의 예를 들어보면 특정 게임을 하기 위해서는 그 게임의 클라이언트 프로그램을 자신의 컴퓨터 또는 스마트폰 같은 호스트에 설치해야 한다. 그리고 클라이언트 프로그램을 실행해서 온라인 게임서버에 접속하면 게임을 진행할 수 있다. 이 때 게임 서버에는 클라이언트의 요청을 처리하기 위한 서버 프로그램이 실행되고 있어야 한다. 그리고 서버 프로그램은 언제 있을지 모르는 클라이언트의 요청을 받기 위해 항시 대기상태로 있어야 한다. 반면에 게임 사용자는 자신이 원하는 시간에만 게임을 할 수 있고 서버가 클라이언트들에게 게임을 하라고 강제로 요청하지는 않는다. 단지 서버는 클라이언트의 요청에 응답을 할 뿐이다.

일반적으로 네트워크 프로그래밍은 이러한 컨셉을 따르고 이를 클라이언트/서버 모델이라고 한다. 이 장에서는 클라이언트/서버 모델에 기반한 간단한 네트워크 프로그램을 만들 것이다. 이를 위해서 먼저 소켓socket에 대해서 알고 있어야 한다.

소켓

소켓은 매우 광범위한 분야에서 쓰이는 용어다. 일반적으로 소켓이라 하면 전구를 꼽는 소켓이 떠오를 것이다. 또는 컴퓨터를 직접 조립해봤다면 메인보드에서 CPU를 꼽는 곳도 소켓이라고 하는 것을 알고 있을 것이다. 이렇게 일반적으로 어떤 장치를 연결하는 곳을 소켓이라고 하는데 같은 맥락으로 네트워크 상에도 소켓이라 하면 프로그램을 네트워크에 연결하기 위한 장치를 말한다. 이렇게 호스트의 프로그램을 소켓에 연결해서 네트워크 상에서 다른 호스트들과 정보를 주고받을 수 있는 것이다.[1]

---

[1] 여기서 소켓은 물리적 장치가 아닌 주소와 포트번호 쌍으로 구성되어 있는 소프트웨어적인 데이터구조다.

따라서 호스트의 특정 프로그램이 네트워크 상에서 데이터를 주고받기 위해서는 먼저 소켓을 만들어야 한다. 서버 프로그램이든 클라이언트 프로그램이든 마찬가지로 소켓이 있어야 서로 데이터를 교환할 수 있는 것이다. 그런데 전구나 CPU의 소켓에도 여러 규격이 있기 때문에 규격에 맞지 않는 전구나 CPU를 소켓에 꼽으려면 꼽을 수 없거나 제대로 동작하지 않을 것이다. 역시 우리가 공부할 소켓도 이러한 규격에 잘 맞게 만들어서 사용해야 한다.

전구나 CPU의 소켓 모양이 제각각이듯이 소켓을 만들 때도 어떤 방식으로 호스트들을 찾을 것인가, 그리고 어떤 방식으로 데이터를 전달할 것인가에 대한 규격을 정해야 한다. 정해진 규격이 없다면 마치 미국에 있는 "John"이란 친구에게 소포를 보낼 때 받는 사람 주소에 "John"이라고 쓰거나 길거리에 소포를 놔두는 것과 다름없다. 소포가 제대로 배송되려면 배송될 곳의 공식적인 주소를 알아야 하고 소포 배송을 취급하는 믿을 만한 업체를 통해서 배송을 해야 한다.

네트워크 상에서도 이 예가 비슷하게 적용된다. 호스트의 특정 프로그램이 다른 호스트의 프로그램과 데이터 교환을 하기 위해서는 호스트 간에 구별되는 공식적인 규격의 주소를 할당받고 있어야 한다. 또한 어떤 방식으로 데이터를 교환할 것인가에 대한 것도 정해져 있어야 한다. 그렇다면 이제 정해진 규격의 주소와 데이터가 어떤 방식으로 교환되는지에 대한 규격[2]에 대해서 살펴볼 차례다. 이 두 가지 프로토콜은 소켓의 종류를 결정하므로 네트워크 통신을 위한 기본이 되는 것이다.

주소 체계

IP[internet protocol]라고 하면 흔히 "IP 주소"라는 "xxx.xxx.xxx.xxx" 형태의 (.)로 구분된 4개의 숫자 조합을 떠올릴 것이다. 이 조합은 네트워크 상에서 호스트를 식별해주는 값이기 때문에 같은 네트워크 망 안에서는 다른 호스트의 IP 주소와 중복되면 안 될 것이고 전 세계의 공통적인 규격을 사용해야 한다. 현재 우리가 사용하는 IP 주소는 IPv4로서 8비트 크기(0~255) 4개의 숫자 조합으로 2의 32승(약 40억 개)의 주소를 만들 수 있다. 주소가 충분할 것 같지만 일반적으로 전 세계 인구수에 비춰 볼

---

[2] 이제부터는 프로토콜이라고 하겠다.

때 한 사람당 2개의 IT기기들을 사용한다 해도 이런 기기들에게 모두 IP 주소를 할당하기에는 부족하고 이미 고갈 상태라고 볼 수 있다. 이런 문제에 대한 대안으로 2의 128승의 주소를 할당할 수 있는 IPv6가 마련되어 있다.

```
>>> 2**32
4294967296                                    #IPv4의 할당 가능한 주소 개수
>>> 2**128
340282366920938463463374607431768211456       #IPv6의 할당 가능한 주소 개수
```

그럼에도 주소 체계^{Address Family}는 통일된 규격을 사용해야 하므로 공식적으로는 아직까지는 IPv4를 사용한다. 그래서 우리는 IPv4를 사용하는 소켓을 만들 것이다. 다음은 구글의 IP 주소를 검사한 것이다.

```
>>> import socket                             #socket 모듈
>>> socket.gethostbyname('google.com')        #gethotbyname 함수는 전달된 url의
                                              #IP 주소를 반환한다.
'203.252.15.152'                              #IPv4를 사용하고 있다.
```

우리는 IPv4를 기반으로 하는 소켓을 만들어 네트워크 프로그래밍을 할 것이지만 다음과 같이 소켓이 가질 수 있는 주소 체계는 여러 가지가 있다.

표 16-1 소켓의 주소체계

주소 체계(Address Family)	설명	비고
AF_UNIX	유닉스 프로토콜	호스트 내부(파일 기반 통신)
AF_INET	IPv4 인터넷 프로토콜	호스트 간의 통신(네트워크 기반 통신)
AF_INET6	IPv6 인터넷 프로토콜	호스트 간의 통신(네트워크 기반 통신)

물론 이 밖에도 다른 주소 체계들이 있지만 일반적이지 않으므로 이 책에서는 논외로 한다. 우리가 만들 소켓의 주소 체계 **AF_INET**을 우선 기억해두자. 그리고 호스트 간에 통신이 이루어지려면 동일한 주소 체계와 다음에 나오는 동일한 전송 프로토콜을 사용해야 된다는 것도 기억해두자.

데이터 전송 프로토콜

소켓이 가질 주소 체계를 선택했다면 이제 주소 체계와 호환되도록 데이터를 어떻게 전송해야 할지에 대해서 결정해야 한다. 주소 체계를 IP, 즉 IPv4나 IPv6를 사용한다면 전송 타입은 두 가지 선택지가 있을 수 있다. 이제부터 하나씩 살펴볼 것이다.

TCP

TCP^{Transmission Control Protocol}는 간단히 말해 전송 방식에 대한 프로토콜의 한 종류다. 인터넷 상에서 호스트 간에 데이터 교환 방법을 정하는데 TCP는 호스트 간에 1:1의 연결을 만들어 데이터 교환을 하는 방식이다. 즉 두 호스트 간에 1:1로 연결되어 양방향의 데이터 교환이 이루어지기 때문에 안정적인 데이터의 전송이 보장된다.[3]

참고로 TCP가 1:1 연결을 만들 때 상대 호스트의 IP 주소를 알아야 한다. 이 때 사용되는 것이 앞에서 설명한 IP다. 그리고 IP와 TCP를 같이 묶어서 TCP/IP라고 한다. TCP/IP는 네트워크 프로그래밍을 위한 핵심 프로토콜이라고 이해해두면 되겠다. 우리가 사용하는 인터넷 상의 대부분의 서비스는 TCP/IP에 기반한다. 예를 들어 인터넷을 웹 서비스를 위한 HTTP이나 파일 전송 서비스를 위한 프로토콜인 FTP 모두 TCP/IP에 기반한 응용 프로토콜이다.

이런 TCP 소켓을 만들기 위해서는 소켓을 생성할 때 `socket` 모듈에 정의된 `SOCK_STREAM`을 전달해주면 된다.

UDP

TCP와 달리 소켓 간에 1:1 연결이 아니므로 안정적이지는 않지만 데이터의 전송이 빠르다. 또한 보내는 데이터들이 보내는 순서대로 도착하지 않는 특성이 있는데 이것 또한 TCP와 달리 호스트간에 연결을 만들지 않고 데이터를 전송할 수 있기 때문이다. 이 때 큰 단위의 데이터는 여러 조각으로 나누어 보내지고 이렇게 보내진 데이터는 그때그때 전송되는 길이 달라질 수 있기 때문에 네트워크 망의 사정에 따라서 데이터의 도착순서가 보낸 순서와 일치하지 않을 수 있다.

---

[3] 따라서 TCP를 연결지향형 프로토콜이라고도 한다.

스타크래프트 같은 게임을 PC방이나 집의 로컬 네트워크 상에서 해본 적이 있다면 UDP를 이용한 멀티플레이를 해본 기억이 있을지도 모르겠다. 이렇게 데이터의 손실이 나더라도 크게 영양을 받지 않는 프로그램 또는 안정된 네트워크 망에서의 경우 UDP^{User Datagram Protocol}를 사용하기도 한다. UDP 소켓을 만들려면 소켓을 생성할 때 socket 모듈의 SOCK_DGRAM을 전달해주면 된다.

이 책에서는 UDP에 대해서는 다루지 않으므로 관심이 있다면 네트워크 프로그래밍에 관한 서적을 참고하길 바란다.

TCP/IP 소켓 생성

우리가 만들 소켓은 TCP/IP 소켓이다. 이미 TCP/IP 소켓을 만들기 위한 준비 단계는 마쳤으므로 실제로 파이썬으로 소켓을 만들기만 하면 된다. 소켓을 만들기 위해서는 socket 모듈이 필요하다. 그리고 socket 모듈에 있는 socket 클래스의 인스턴스를 생성하면 소켓이 생성되는데 이 때 앞에서 다룬 주소 체계와 전송 프로토콜을 지정해야 소켓의 종류가 결정된다.

```
#파이썬 쉘1
>>> from socket import *
>>> mysock = socket(AF_INET, SOCK_STREAM)         #주소 체계와 전송 타입을 지정
>>> mysock
<socket.socket fd=124, family=AddressFamily.AF_INET, type=SocketKind.SOCK_STREAM, proto=0>
```

파이썬 쉘에서 소켓을 생성하였다. 너무 간단하게 생성한 것 같으니 소켓이 어떤 정보를 가지고 있는지 간단히 살펴보도록 하겠다. 생성된 소켓의 정보를 살펴보면 fd, family, type, proto라는 4가지 정보를 가지고 있다.

우선 family와 type은 우리가 지금까지 살펴본 주소 체계와 전송 타입임을 이해할 수 있을 것이다. 즉, 생성된 소켓은 주소 체계로 AF_INET(IPv4를 사용)과 전송 타입으로 SOCK_STREAM(TCP를 사용)을 사용하는 소켓이다.

fd는 파일 디스크립터^{file descriptor}라는 것으로 신경 쓰지 않아도 되지만 굳이 설명하자면 소켓에게 부여된 고유 id라고 할 수 있다. 운영체제는 소켓이 생성되면 고유 id

인 파일 디스크립터를 붙여주어 소켓을 식별한다. 파일 디스크립터는 소켓마다 고유한 값을 가지므로 하나의 서버에 여러 클라이언트가 접속된 경우 연결된 소켓의 파일 디스크립터를 체크하여 클라이언트를 식별할 수도 있다. 짐작할지 모르겠지만 TCP 소켓이라면 1:1 연결이 이루어지므로 클라이언트가 접속할 때마다 서버는 해당 클라이언트를 위한 소켓을 만들어야 한다. 즉 100개의 클라이언트가 접속한 서버에는 100개[4]의 소켓이 있어야 하기 때문이다.

사실 소켓뿐만 아니라 오픈(open)한 파일도 파일 디스크립터를 가진다. 파일이든 소켓이든 fileno 메소드를 통해서 자신의 파일 디스크립터 값을 확인할 수 있다.

마지막으로 proto는 신경 쓸 필요 없는 정보이므로 여기까지만 알아두자.

TCP 서버와 클라이언트를 위한 준비

데이터를 주고받을 호스트 간에는 동일한 종류의 소켓이 준비되어 있어야 한다. 우리가 다루게 될 서버/클라이언트 모델에서도 서버와 클라이언트에 각각 소켓이 필요하다. 소켓을 만드는 방법은 이미 앞에서 배웠고 클라이언트와 서버 모두 동일한 방식으로 만들면 된다.

그런데 소켓만 준비되었다고 바로 통신을 할 수 있는 것은 아니다. 무엇이 필요한지에 대한 설명을 휴대전화에 비유해서 설명해보겠다. 특히 휴대전화와 TCP서버 소켓은 매우 유사하기 때문에 한번 비교를 통해서 이해해보자.

TCP 서버의 동작

우리가 이제 막 휴대전화를 구입했다고 가정해보자. 그냥 새 기계를 구입했기 때문에 전화번호는 할당되지 않았다. 지금 상태에서는 누구하고도 통화를 할 수가 없는 상태다. 따라서 전화를 사용하려면 휴대전화 매장이나 통신사로 가서 전화번호를 할당받아야 할 것이다.

---

4 사실 101개로 왜 한 개가 더 있는지 곧 알게 될 것이다.

소켓에도 마찬가지로 생성된 후 전화번호에 상응하는 주소값이 할당되어야 한다. 이 때 주소는 호스트 자신의 주소다.[5]

① 우리는 생성된 소켓의 bind 메소드로 주소와 포트번호를 소켓에 할당할 수 있다.

주소가 할당되었다면 휴대전화의 전원을 켜야 한다. 만약 전원이 켜지지 않은 상태라면 외부에서 걸려오는 전화를 받을 수가 없다.
② 이 때 휴대전화의 전원을 켜는 작업은 소켓의 listen 메소드를 호출하는 것에 비유할 수 있다.

휴대전화의 전원이 켜져 있으므로 외부에서 걸려오는 전화를 받을 수 있다. 하지만 전화벨이 울렸을 때 통화 버튼을 눌러야 통화를 할 수 있다
③ 이 동작은 소켓의 accept 메소드를 호출하는 것에 비유할 수 있다.

이제 통화가 시작되었으므로 서로 대화를 주고받을 수 있다. 마찬가지로 서버가 클라이언트에게
④ 데이터를 전송하는 동작은 소켓의 send 메소드, 데이터는 수신하는 것은 recv 메소드를 통해 이루어진다.

TCP 클라이언트의 동작

클라이언트의 동작은 서버의 동작보다 좀 더 단순하다. 역시 비교를 통해서 알아보겠다.

클라이언트가 서버의 휴대전화번호를 알고 있고 클라이언트로 사용할 전화기가 있다면 언제라도 서버에게 전화를 걸 수 있다. 이 때 서버는 요청을 받는 입장이고 클라이언트는 요청을 하는 입장이다. 서버의 휴대전화에 전화번호를 할당하고 전화기를 켜놓은 상태라면 요청을 받을 준비가 된 것이다. 여기까지가 서버 소켓의 `listen` 메소드가 호출된 상태라 볼 수 있다.

앞에서 준비된 휴대전화에 전화를 걸기 위해서 전화기가 준비되어 있어야 한다. 이 때 전화를 걸 때 사용할 전화기는 어떤 번호를 가진 전화기라도 상관없다. 예를 들어 A라는 사람의 휴대전화에 전화를 걸 때 집전화를 사용하든 휴대전화 또는 공중전화를 사용하든 상관없이 전화를 걸 수 있기 때문이다. 전화를 거는 전화기(전화번호)

---

[5] 주소값과 함께 포트번호도 알아야 하는데 포트에 관해서는 나중에 따로 설명하겠다.

가 바뀌더라도 통화를 하는 데 문제는 없다. 단지 우리는 A라는 사람의 전화번호만 알고 있다면 어떤 전화기로라도 연결할 수 있는 것이다.

이와 비슷하게 클라이언트 소켓은 굳이 bind 메소드를 통해서 주소를 할당할 필요는 없다. 실제로 클라이언트로 제작된 프로그램이 특수한 상황이 아니라면 어떤 IP 주소에서 실행될지 알 수 없기 때문에 서버로 접속을 시도하는 순간에 클라이언트의 IP 주소는 자동적으로 처리된다.

따라서 우리는 클라이언트 소켓을 생성한 후 바로 connect 메소드를 호출하여 미리 준비된 서버에 접속을 시도할 수 있다. 이 때 connect 메소드의 호출은 전화기로 전화를 거는 동작에 비유할 수 있다.

만약 A에게 전화를 걸었다면 A의 전화기가 꺼져 있거나 전화를 받지 않거나 또는 전화를 받는 세 가지 상황이 있을 수 있다. 이 세 가지 상황을 소켓의 경우로 바꿔서 생각해보면 각각 서버 소켓의 listen 메소드가 호출되지 않은 상황, listen 메소드는 호출되었지만 accept 메소드가 호출되지 않은 상황, accept 메소드가 호출된 상황으로 비유될 수 있다.

어찌되었건 서버의 accept 메소드가 호출되어 클라이언트의 접속을 받아들이면 서버와 클라이언트는 소켓 간에 1:1로 연결이 이루어진다. 연결이 되면 클라이언트도 서버 ④의 동작과 동일하게 send와 recv 메소드를 사용하여 서버와 통신할 수 있다.

끝으로 전화 통화 도중에 어느 쪽이라도 일방적으로 통화를 끝낼 수 있다. 소켓의 경우도 마찬가지로 close 메소드를 호출하면 서버나 클라이언트나 어느 쪽에서든 통신을 끊을 수 있다.

다음은 지금까지의 내용을 종합하여 소켓 생성과 소켓 간의 연결 그리고 연결의 종료까지의 흐름을 그림으로 나타낸 것이다.

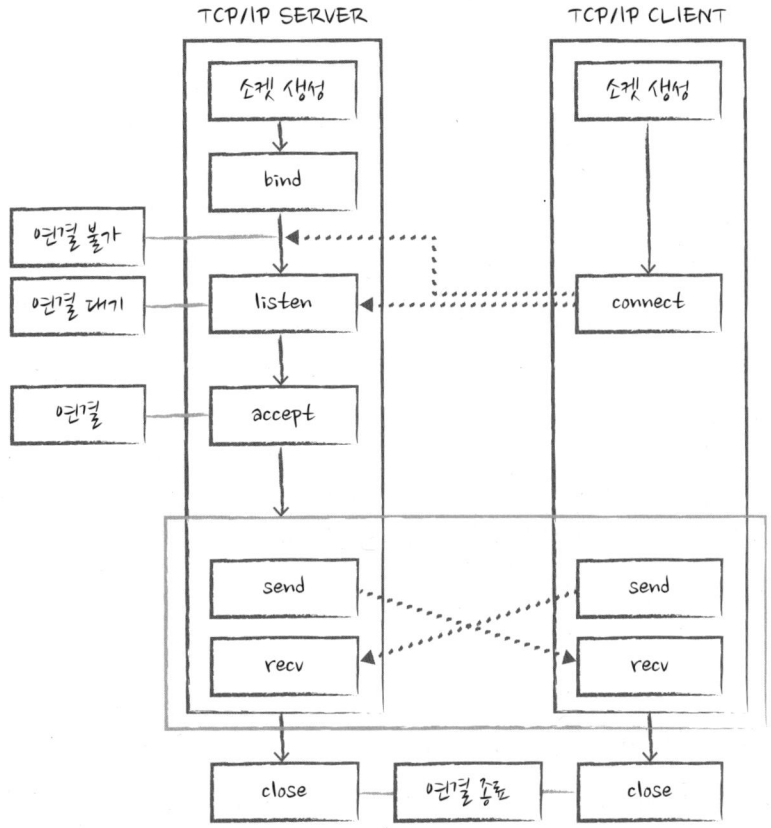

간단히 전화를 비유해서 다시 핵심만 짚어보자면 `listen` 메소드는 휴대전화의 전원을 키는 것과 같다. `accept` 메소드의 호출은 걸려온 전화를 받기 위해 통화 버튼을 누르는 것이다. `send`와 `recv`는 말하고 듣는 동작이다. `close` 메소드의 호출은 통화를 종료한다. 이렇게 전화의 경우와 비교해가면서 흐름을 이해한다면 어렵지 않게 소켓에 대해서 이해할 수 있을 것이다.

좀 더 설명할 개념들이 있지만 우선 지금까지의 내용을 종합하여 실제로 서버와 클라이언트 간에 통신을 실습해본 후 설명하겠다.

실습 환경 만들기

그런데 당장 문제가 되는 것은 실습을 위한 환경을 만드는 것이다. 서버/클라이언트 간의 통신을 실습하는 가장 이상적인 환경은 두 대의 컴퓨터가 자신만의 IP 주소를 갖고 인터넷에 직접 연결된 환경이다. 하지만 누구나 이런 환경을 구성하지 못할 수 있으므로 예상 가능한 두 가지 추가적인 환경에 대해서 언급하고 넘어가겠다.

첫 번째로 두 대의 컴퓨터가 동일한 라우터에 물려 있는 경우다.[6] 이런 경우 아래 그림처럼 공유기(게이트웨이)를 중심으로 하나의 네트워크 환경이 구성된 것이라고 생각할 수 있다.

여기서 게이트웨이는 단어 뜻 그대로 일종의 관문과도 같은 것이다. 외부의 컴퓨터가 공유기의 내부에 연결된 컴퓨터들에게 접근하거나 내부에서 외부의 컴퓨터에 접근하려면 공유기를 거쳐야 한다. 이렇게 공유기 외부에서는 공유기 내부 호스트들을 직접적으로 볼 수 없고 공유기만 외부에 노출된 상황이므로 공유기 내부의 호스트들의 IP 주소는 외부에서는 아무런 의미를 갖지 않는다. 하지만 공유기 내부의 호스트들간에는 이 IP 주소로 서로를 식별할 수 있다. 즉, 공유기를 중심으로 내부에 로컬 네트워크가 형성된 것이다.

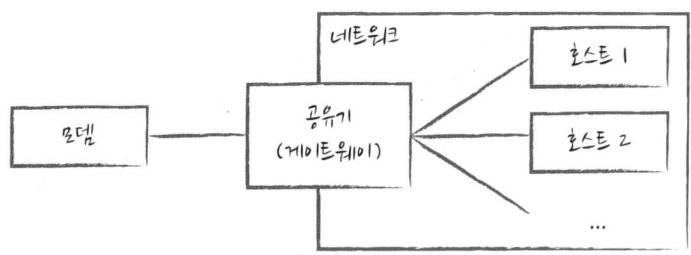

공유기 내부의 호스트들은 공유기가 할당해주는 가상 IP를 가지고 있다. 여기서 가상 IP를 이해하기 위해 잠시 공유기(또는 라우터)의 특성에 대해서 이야기하고 넘어가겠다. 공유기는 사실 2개의 IP 주소를 가지고 있는 녀석이다. 각각 외부에서 공유기에 접근할 때 공유기를 식별하는 IP 주소와 내부 호스트들이 공유기를 식별하는 IP 주소다. 두 주소값은 동일하지 않는데 위 그림처럼 모뎀에 직접 연결된 공유기라

---

[6] 여기서 라우터를 우리가 흔히 집에서 사용하는 IP 공유기 정도로 생각해도 되겠다.

면 모뎀이 할당하는 주소(일반적으로 통신사에서 할당해주는 IP 주소)가 공유기 외부의 네트워크 카드에 설정되고 내부 쪽의 일반적으로 (192.168.0.1)이라는 주소를 가진다. 공유기를 처음 사서 연결했을 때 컴퓨터에서 이 주소로 접속하여 공유기 설정을 해본 기억이 있다면 어느 정도 이해할 수 있을 것이다. 그리고 공유기에 연결된 로컬 호스트들은 게이트웨이의 주소값에서 마지막 자리수만 다른 192.168.0.xxx라는 주소를 갖게 된다. 바로 이렇게 할당된 IP 주소가 가상 IP 주소인 것이다. 이렇게 로컬 네트워크가 형성되어 가상의 IP를 통해서 로컬 네트워크 상의 다른 호스트들을 식별할 수 있는 것이다.

이제 실습할 두 대의 호스트의 가상 IP 주소를 알면 바로 실습을 할 수 있다. 윈도우 커맨트 창을 띄어서 `ipconfig` 명령을 각각의 호스트에서 실행해보자. 그러면 다음과 같은 정보를 얻을 수 있다.

```
IPv4 주소 . . . . . . . . . . . : 192.168.0.8
서브넷 마스크 . . . . . . . . . : 255.255.255.128
기본 게이트웨이 . . . . . . . . : 192.168.0.1
```

여기에서 IPv4 주소(192.168.0.8)가 바로 자신의 IP 주소인 것이다. 물론 가상 IP이고 게이트웨이의 주소값(마지막이 1로 끝난다)과 마지막 자리수만 다르다. 똑같은 방식으로 나머지 동일한 로컬네트워크 상의 호스트의 IP 주소를 확인하면 실습할 준비는 완료다.

두 번째는 실습할 컴퓨터 한 대만 달랑 있는 경우다. 이 경우 하나의 컴퓨터 내에서 서버 프로그램과 클라이언트 프로그램을 같이 구동한다. 인터넷에 연결되어 있다면 서버에 `bind` 되는 IP 주소로 자신의 IP 주소를 사용한다. 만약 인터넷 연결이 안 되어 있거나 심지어 네트워크 카드가 없더라도 루프백[loopback][7] 주소를 사용하여 실습을 할 수 있다.

하나의 컴퓨터 내에서 서버와 클라이언트를 같이 실행한다는 점이 이해가 잘 안 갈 수 있겠다. 바로 포트[port]라는 녀석이 존재하기 때문에 가능한 것인데 포트는 쉽게 말해서 채널과 같은 역할을 한다. 예를 들어 우리가 TV로 방송을 수신할 때 채널에 따라서 볼 수 있는 방송이 달라지는데 마찬가지로 데이터가 특정 주소로 전달된 후에 포트에 따라서 수신하는 소켓이 달라지게 된다.

---

[7] 호스트 자신을 가리키는 가상의 주소로 '127.0.0.1' 또는 'localhost'를 말한다.

서버 프로그램이나 클라이언트 프로그램이나 하나의 프로그램이므로 각각 자신만의 포트를 사용한다. 따라서 서버와 클라이언트가 같은 컴퓨터 내에서 실행되더라도 포트로 서로를 식별할 수 있다.[8]

참고로 포트 번호는 2byte 내에서 표현하는데, 0부터 65535번 사이의 값을 가질 수 있다. 기본적으로 시스템에서 사용되거나 예약된 포트를 제외하면 5000번부터 사용하면 된다.

끝으로 컴퓨터가 한 대만 있다면 어쩔 수 없겠지만 여건이 된다면 두 대 컴퓨터를 가지고 실습을 진행하는 것이 여러모로 흥미로울 것이다.

서버와 클라이언트의 연결

실습 환경이 준비됐다면 가볍게 파이썬 쉘에서 서버와 클라이언트의 메시지의 교환을 해보도록 하겠다. 우선 파이썬 쉘을 두 개를 띄워 보자. 컴퓨터 한 대에서 두 개의 쉘을 띄우든 컴퓨터 두 대를 이용하여 각각의 컴퓨터에서 쉘을 띄우든 앞에서 설정한 환경대로라면 상관없다. 각각의 쉘은 서로 독립적인 프로세스이므로 한 쪽은 서버로 다른 한쪽은 클라이언트의 역할을 할 수 있다. 우선 서버가 클라이언트의 연결을 기다리도록 listen 메소드까지 호출해보면 다음과 같다. 앞으로 실습하면서 IP 주소를 자신의 환경에 맞게 설정해야 하므로 주의하도록 하자.

파이썬 쉘 A(서버)

```
>>> from socket import *
>>> myip = '127.0.0.1'           #서버 IP 주소(자신의 환경에 맞게 바꿔보자!)
>>> myport = 62580               #클라이언트가 최초 연결할 포트
>>> address = (myip, myport)     #주소는 (IP, Port)쌍의 튜플 형태로
>>> sevsock = socket(AF_INET, SOCK_STREAM)    #소켓 생성
>>> sevsock.bind(address)        #소켓에 주소 전달
>>> sevsock.listen()             #외부에서 연결 요청 가능한 상태
>>>
```

---

[8] 포트가 없다면 하나의 채널만 있는 TV와 같다고 볼 수 있다.

이 코드는 앞에서 이미 자세히 설명한 내용이므로 굳이 길게 설명하지 않겠다. 단 IP 주소는 문자열로 전달해야 해야 하고 서버를 실행할 컴퓨터의 IP 주소를 사용하도록 하자. 그리고 컴퓨터 한대로 실습한다면 반드시 루프백 주소(myip='127.0.0.1'나 myip='localhost')로 변경하자. 예제는 루프백 주소를 사용하지만 실습을 할 때는 자신의 IP를 사용하길 바란다.

이제 서버에서는 62580 포트가 열려서 외부에서의 연결 요청에 귀를 기울이고 있다. 이제 다른 쉘에서 방금 만들어 놓은 서버 소켓에 연결해보도록 하겠다.

파이썬 쉘 B(클라이언트)

```
>>> from socket import *
>>> sevip = '127.0.0.1'           #서버가 될 컴퓨터의 IP 주소
>>> sevport = 62580               #연결할 서버의 포트 번호
>>> sevaddr = (sevip, sevport)    #주소는 (ip, port)의 튜플 형태로 사용한다.
>>> mysock = socket(AF_INET, SOCK_STREAM)
>>> mysock.connect(sevaddr)       #connect로 서버로 연결(인수로 주소 전달)
>>>
```

클라이언트라면 소켓을 만들어서 단순히 connect 메소드만 호출하면 서버에 연결을 시도한다.

여기까지 작업을 전화기로 비유하면 연결 대기상태로 전화벨이 울리는 상황이지만 아직 통화 버튼을 누른 것은 아니다. 즉, 서버에서는 클라이언트가 연결을 하려고 하는 것을 알고는 있지만 아직 클라이언트의 연결을 받아들이지는 않고 있다.

이제 클라이언트를 그만 애 태우고 통화 버튼을 눌러보자

파이썬 쉘 A(서버)

```
>>> clisock, addr = sevsock.accept()     #accept 메소드가 반환하는 값에 주목하자.
>>>
```

전화기로 비유하자면 서버 소켓의 accept 메소드를 호출하는 것은 통화 버튼을 누르는 것과 같다. 따라서 서버와 클라이언트의 연결이 이루어진다. 이 때 accept 메소드는 두 개의 항목을 가진 튜플 객체를 반환하는데 반환된 튜플의 첫 번째 항목은 실제로 클라이언트와 연결이 이루어지는 소켓이다. 바로 위 코드에서 clisock이

새로 생성된 소켓이다. 애초에 만들어 놓은 소켓인 sevsock이 클라이언트와 연결되는 것이 아니고 왜 새로운 소켓이 만들어져서 클라이언트와 연결되는 것일까? 이 물음에 대한 해답은 TCP 프로토콜의 특성에서 찾을 수 있다.

TCP 소켓이 1:1의 연결을 만드는 연결지향형 소켓임을 우리는 앞에서 공부했다. 따라서 연결을 시도하는 클라이언트 하나당 하나의 소켓이 필요하다. 만약 sevsock이 직접 클라이언트와 1:1 연결을 한다면 어떻게 될까? 물론 가능하겠지만 여러 클라이언트에게 동시에 서비스를 해야 하는 서버라면 미리 많은 수의 소켓을 만들어 놓고 대기하고 있어야 한다. 이런 방식은 꽤 비효율적이다. 그래서 안내창구의 역할을 하는 소켓을 두어 좀 더 효율적으로 연결을 관리하는 것이다. 즉, 안내창구 역할을 하는 소켓에서 클라이언트의 접속 요청을 받으면 새로운 소켓을 바로 만들어 클라이언트와 연결을 해주면 되기 때문이다. 마치 병원 안내프론트에서 진료실을 연결해주는 것과 비슷하다.

이렇게 sevsock은 안내창구의 역할을 하여 클라이언트가 제대로 서비스를 받도록 지원하는 소켓이다. 따라서 sevsock의 accept 메소드의 호출로 실제로 클라이언트와 통신을 하게 되는 새로운 소켓이 만들어지는 것이다.

이 부분은 TCP 서버/클라이언트 모델을 이해하는 데 있어 꼭 이해하고 넘어가야 하므로 좀 자세히 살펴볼 필요가 있다.

앞에서 전화의 예를 들었을 때 listen 메소드의 호출을 연결 대기 중으로 비교했지만 이 부분에 있어서는 병원의 예에 더 가깝다. 서버 소켓의 listen 메소드를 호출하는 것은 서버로 연결을 시도하는 클라이언트들이 대기하게 되는 큐를 생성하기 때문이다.

말로는 이해하기 힘들 수 있으므로 다음 그림을 보면서 설명을 읽어보자.

클라이언트가 서버로 연결 요청을 시도하면 안내창구에 해당하는 sevsock 소켓을 통해서 연결 요청이 대기 큐에 잠시 머무르게 된다. 그리고 큐에 들어온 순서대로 accept 메소드의 호출에 의해서 소켓이 새로 생성(clisock)되어 연결 요청을 한 클라이언트의 소켓(mysock)과 연결되는 것이다. 소켓이 연결되는 것은 안내창구의 안내에 의해서 진료실을 배정받는 것이라고 볼 수 있다. 단 실제 진료는 의사의 특성에 따라서 서비스가 달라지지만 이해를 위해 예를 든 것이므로 이 부분은 동일한 서비스를 받는 것으로 생각하자.

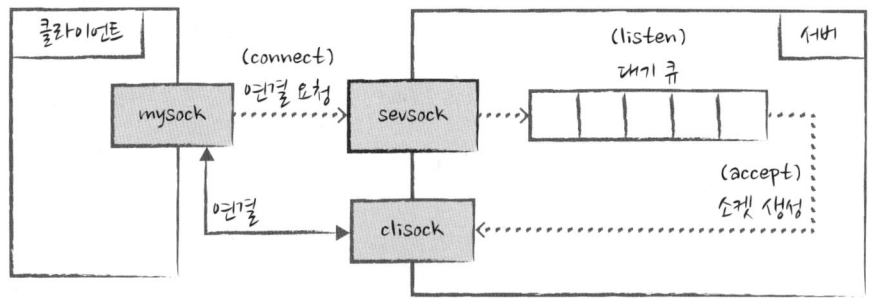

여기서 대기 큐라는 녀석이 생소해 보일 것이다. 예를 들어 어떤 온라인 게임에서 연결 요청이 폭주하여 대기 상태에서 접속을 기다리는 경우가 있을 것이다. 바로 이 때가 자신의 연결 요청이 대기 큐에서 순서를 기다리는 상태인 것이다.

대기 큐는 `listen` 메소드의 호출로 만들어지는데 이 곳에는 클라이언트의 요청 (connect)이 순서대로 쌓이게 된다. 그리고 `accept` 메소드가 호출되면 대기 큐에서 연결 요청을 순서대로 하나씩 빼내어 새로 생성된 소켓에 연결을 시켜주는 것이다.

위 그림은 단 하나의 클라이언트의 요청만 있지만 실제로는 동시에 여러 클라이언트의 연결 요청이 있을 수 있기 때문에 대기 큐의 크기는 서비스의 목적에 따라서 적절하게 설정해야 한다. 대기 큐의 크기를 `backlog`라고 하는데 `listen` 메소드를 호출할 때 인수로 `backlog`의 크기를 정해줄 수 있다(기본값은 5).

> **참고**
>
> 큐(queue)의 구조는 FIFO(First In First Out), 즉 먼저 입력된 데이터가 먼저 출력되도록 되어 있다. 안내창구에 먼저 접수한 환자가 먼저 진료를 받는 것이 합리적이기 때문이다. 이와 반대되는 자료구조로 나중에 입력된 데이터가 먼저 출력(LIFO)되는 스택(stack)이 있다.

여기까지 해서 클라이언트와 서버 간에 소켓을 연결했다. 이제 소켓의 `send`, `recv` 메소드를 사용하여 데이터를 주고받을 수 있다.[9]

그런데 클라이언트 쪽에서는 연결이 제대로 이루어졌는지 알 길이 없다. 연결이 성공적으로 이루어졌는지 알기 쉽도록 서버 측에서 연결 성공 메시지를 클라이언트에 보내도록 해보자. 이 때 클라이언트는 메시지를 들을 준비를 하고 있어야 한다.

---

[9] 파이썬 2.x라면 그냥 데이터를 그대로 보내면 되지만 파이썬 3.x라면 데이터를 보낼 때 bytes 타입 객체로 보내야 한다. bytes 타입과 인코딩에 대한 것은 12장을 참고하기 바란다.

파이썬 쉘 A(서버)

```
>>> clisock.send(b"Welcome to python SERVER")   #clisock을 통해 데이터 전송
23                                              #전송된 바이트 수
```

파이썬 쉘 B(클라이언트)

```
>>> data = mysock.recv(1024)           #mysock을 통해 데이터 수신
>>> print(data.decode('utf-8'))        #바이트 문자열은 기본적으로 utf-8로 인코딩
                                       #되어 있다.
Welcome to python SERVER
```

    클라이언트와 연결된 소켓의 send 메소드를 호출하여 전송할 데이터를 인수로 전달하면 해당 데이터가 클라이언트에 전송된다. 클라이언트 측에서는 이 데이터를 recv 메소드를 호출하여 서버 연결을 환영하는 메시지를 받았다. recv 메소드의 인수는 한 번에 수신할 데이터의 크기다. 예를 들어 recv(2)로 "Hellow"라는 문자를 전송받았다면 2byte의 "He"만 읽게 된다. 이 때 나머지 문자 "llow"는 사라지는 것이 아니라 다음 recv 호출에 의해서 또 읽혀진다. 이것은 마치 텍스트 파일의 문자열을 read 메소드로 읽는 것과 똑같아 보인다. 그렇다면 send는 write 메소드의 역할을 한다고 볼 수 있을 것이다. 이렇게 소켓을 읽는 것은 파일을 읽는 것과 비슷하다. 소켓과 파일이 파일 디스크립터를 갖는다는 점을 보아도 이를 알 수 있다.

    자 이제 이런 방식으로 send, recv 메소드를 호출하여 데이터를 서로 주고받을 수 있다. 그리고 마지막으로 연결된 두 소켓 중 하나의 소켓에서 close 메소드를 호출하면 연결이 끊긴다.

    이제부터 여러 사람이 언제든 연결하여 실시간으로 대화를 주고받는 채팅 서버를 만드는 것을 최종 목표로 하겠다. 클라이언트 프로그램은 서버를 만드는 것에 비해 상대적으로 간단하므로 서버 프로그램에 집중하면서 공부하길 바란다. 처음부터 한 번에 만들 수는 없으므로 단계적으로 서버를 업그레이드할 것이다. 단계적으로 어떤 부분이 바뀌는지에 주목하면서 공부해 나가자. 그리고 모든 과정이 끝나고 자신만의 서버를 만들어 보길 바란다.

포춘 쿠키 서버 만들기

지금까지 TCP 서버와 클라이언트가 어떻게 동작하지 간략하게 살펴보았다. 이를 응용하여 아주 간단한 서버와 클라이언트를 만들 수 있다. 이번에는 파이썬 쉘을 벗어나서 Fortune Cookie라는 서버를 만들 것이다. 이 서버의 기능은 아주 단순하게 포춘쿠키^{Fortune Cookie}처럼 무작위로 어떤 구문을 보여준다. 클라이언트가 연결 요청을 하면 클라이언트에 환영 메시지와 더불어 무작위로 문구를 보여준 후 소켓의 연결을 끊는다. 우선 서버 프로그램의 코드를 살펴보겠다.[10]

예제 16-1 포춘쿠키 서버

```
#FortuneCookieServer.py

zop = """Beautiful is better than ugly.
Explicit is better than implicit.
Simple is better than complex.
Complex is better than complicated.
Flat is better than nested.
Sparse is better than dense.
Readability counts.
Special cases aren't special enough to break the rules.
Although practicality beats purity.
Errors should never pass silently.
Unless explicitly silenced.
In the face of ambiguity, refuse the temptation to guess.
There should be one-- and preferably only one --obvious way to do it.
Although that way may not be obvious at first unless you're Dutch.
Now is better than never.
Although never is often better than *right* now.
If the implementation is hard to explain, it's a bad idea.
If the implementation is easy to explain, it may be a good idea.
Namespaces are one honking great idea -- let's do more of those!"""
#19개의 문장

fortunelist = zop.split('\n')     #각 문장을 fortunelist(리스트)의 항목으로 만든다.

import socket
import random
```

---

[10] 다음 문구는 파이썬 쉘에서 import this를 하면 출력되는 문구들이다. 이 문구들은 파이썬의 파이썬의 철학을 내포하는 문장들이므로 시간이 있다면 읽어 보길 바란다.

```
def choice():                       #fortunelist의 항목의 범위 내에서 무작위 숫자 생성
    return random.randint(0,len(fortunelist)-1)

myip = '127.0.0.1'        #실습 환경에 따라서 바뀔 수 있다.(자신의 IP 또는 루프백 주소)
myport = 62580
address = (myip, myport)

sevsock = socket.socket(socket.AF_INET, socket.SOCK_STREAM)
sevsock.bind(address)
sevsock.listen()

while True:
    print("waiting for connection...")
    clisock, cliaddr = sevsock.accept()
    print("Connection from {}".format(cliaddr))
    clisock.send(b"This is Forthune Cookie Server. Welcome!")   #환영 메시지
                                                                #전송
    clisock.send(bytes(fortunelist[choice()], 'utf-8'))         #무작위 문장
                                                                #전송
    clisock.close()                                             #연결 끊음
sevsock.close()
```

위 코드는 파이썬의 정수를 나타내는 19개의 문장을 리스트의 항목으로 만들었다. 그리고 random 모듈의 randint 함수로 0부터 18까지의 무작위 수를 만들어 이 수에 해당하는 항목의 문구를 클라이언트에 전송할 것이다. 이 서버의 특징은 클라이언트에게 데이터를 전송한 후 바로 연결을 끊어버리고 다른 연결을 기다린다. 너무 일방적인 것 같아 맘에 들지는 않겠지만 불평은 뒤로 미루고 이 서버에 접속할 클라이언트 프로그램을 작성해보자.

이 때 클라이언트 프로그램은 서버의 코드에 맞춰서 작성되어야 한다. 이것은 마치 약속된 순서대로 대사를 주고받는 연기를 하는 것과 같다. 위에서 서버는 연결이 이루어진 후 send 메소드를 두 번 호출한다. 이에 맞게 클라이언트에서도 두 번 메시지를 받도록 코드를 작성할 것이다.

예제 16-2 포춘쿠키 클라이언트

```
#FortuneCookieClient.py
from socket import *
sevip = '127.0.0.1'                 #실습 환경에 따라서 바뀔 수 있다.
sevport = 62580
address=(sevip, sevport)
mysock = socket(AF_INET, SOCK_STREAM)
```

```
mysock.connect(address)

data = mysock.recv(1024)              #연결 성공 메시지 받기
print(data.decode("UTF-8"))

data = mysock.recv(1024)              #Fortune Cookie 받기
print(data.decode("UTF-8"))

mysock.close()
```

역시 클라이언트도 서버에 맞추어 두 번의 메시지 수신하여 출력한 뒤에 연결을 끊는다.

자 이젠 준비는 다 되었고 서버를 먼저 동작시키도록 하자. 그리고 실습 환경에 따라서 sevip는 달라질 수 있다는 것에 주의하자.

이제 윈도우 커맨드 창을 두 개 띄어 놓고 작성된 두 개의 파이썬 모듈이 있는 폴더의 경로로 가자. 먼저 서버 모듈을 실행해보겠다.

```
C:\gop\ch16>python FortuneCookieSever.py
waiting for connection...
```

이 상태에서 다른 커맨드 창에서 클라이언트 모듈을 실행해보자.

```
C:\gop\ch16>python FortuneCookieSever.py
waiting for connection...
Connection from ('127.0.0.1', 3851)
waiting for connection...
Connection from ('127.0.0.1', 3856)
waiting for connection...

C:\gop\ch16>python FortuneCookieClient.py
This is Forthune Cookie Sever. Welcome!
Unless explicitly silenced.

C:\gop\ch16>python FortuneCookieClient.py
This is Forthune Cookie Sever. Welcome!
Unless explicitly silenced.

C:\gop\ch16>
```

클라이언트의 연결은 끊겼지만 서버는 while문 안에서 계속적으로 연결 요청을 기다린다. 이후에도 재차 클라이언트를 실행하면 문구가 바뀌는 것을 볼 수 있다. 지금은 한 대의 컴퓨터에서 실습을 했지만 지구 반대편에 있는 컴퓨터에서 서버 프로그램을 실행해 놓고 한국에서 클라이언트 프로그램을 실행해도 결과는 동일하다.

그런데 이 서버는 문제점이 있다. while 루프 안에서 단순히 클라이언트의 연결만을 기다리기 때문에 서버를 정상적으로 종료할 수가 없기 때문이다. 아직 서버의 정상적인 종료는 구현되지 않았기 때문인데 당장은 유닉스, 리눅스 운영체제라면 Ctrl+C 또는 Ctrl+Break로 예외를 발생시키거나 강제종료를 하면 된다. 윈도우라면 Ctrl+C는 동작하지 않을 수 있으므로 우선은 Ctrl+Break로 서버를 종료하자. 아무튼 이 서버는 최소한의 기능만 하므로 단순하고 융통성이 없다. 다음에 살펴볼 1:1 채팅 서버는 포춘쿠키 서버보다 좀 더 융통성 있게 클라이언트와 소통을 하면서 서버를 종료하는 기능도 가지고 있다.

1:1 채팅 서버

포춘쿠키 서버는 가끔 기분을 좋게 하는 문구를 전달해주지만 일방적으로 문구만 전달하고 연결을 끊어버리기 때문에 너무 아쉽다. 그런데 네트워크 상에서는 데이터의 전달이 항상 포춘쿠키 서버처럼 일방적이지 않다. 예를 들어 메신저 프로그램 같은 경우 사람들과 대화를 주고받는 과정에서 데이터의 전송과 수신이 무작위로 일어난다. 이것은 포춘쿠키 서버와 클라이언트처럼 정해놓은 대본대로 데이터의 송수신이 이루어지는 것이 아니라 대본 없이 이루어져야 한다. 따라서 채팅 프로그램을 만든다면 이런 점에서 문제가 발생하는데 왜냐하면 데이터를 수신하기 위해 recv 메소드를 호출하면 상대 호스트로부터 응답이 올 때까지 대기하기 때문이다.[11] 데이터의 수신을 위해 대기는 필요하지만 이런 블로킹 상태는 결국 상대 호스트로부터 데이터를 수신하기 전까지 프로그램이 멈춰 있게 만든다. 따라서 채팅 프로그램을 만들기 위해서는 블로킹 상태를 해결할 방식이 필요하다.

이를 해결하기 위한 여러 방법에는 여러 가지가 있다. 블로킹 상태가 될 부분을 별도의 프로세스나 쓰레드를 사용하여 처리하는 방식이 있을 수 있겠고 운영체제에서

---

[11] 이렇게 수신될 데이터를 기다리면서 대기하거나 송신된 데이터가 전달되고 피드백을 기다리는 상태를 블록킹(blocking) 상태라고 하고 우리가 만든 소켓은 일반적으로 블로킹(blocking) 모드로 동작한다. 이는 데이터를 파일 또는 소켓을 통해 읽거나 쓰기 위해서는 시스템 콜을 사용하기 때문이다. 즉, 응용프로그램이 운영체제의 기능을 사용하기 위해 시스템의 함수를 호출하는 것인데 시스템 콜이 반환될 때까지 응용프로그램은 대기 상태로 멈춰 있게 된다. 이를 블로킹 상태라고 한다. 반대로 넌블록킹(non-blocking) 모드로 동작하게도 할 수 있는데 이는 블로킹 상태와 달리 읽기 쓰기가 즉각적으로 이루어지지 않으면 에러가 발생한다.

제공하는 select 시스템 콜을 사용하는 방식도 있을 수 있다.[12] 우선 이 방식들은 일장 일단이 있을 수 있겠지만 블로킹 상태를 위한 해결책이라는 점에서는 동일하다. 일반적으로 대용량의 데이터 전송이 아니라면 쓰레드나 select 시스템 콜 방식이 적절하다. 다시 말해 입출력 스트림에서 바쁘게 일하는 시간보다 대기시간이 많은 경우 프로세스를 사용하는 것은 그다지 효율적이 않다. 여기에서는 간단한 채팅 서버를 다루기 때문에 쓰레드나 select 함수의 호출을 사용하여 채팅 서버를 구현해보겠다.

먼저 쓰레드를 사용한 방법을 알아볼 것이다.

상대 호스트로 데이터를 전송하는 부분과 데이터를 수신 받는 부분을 따로 쓰레드로 만들어 처리할 것이다.

우선 코드를 작성하기 전에 만들 서버의 특징을 살펴보자.

채팅 서버에는 하나의 클라이언트만 연결된다. 서버가 먼저 실행되어 클라이언트의 연결 요청을 기다리다가 클라이언트가 접속을 하면 서로 대화를 주고받을 수 있다. 접속을 끊고 싶다면 어느 쪽이든 "!quit"라고 입력하면 서로 연결이 끊기도록 할 것이다. 또는 서버와 클라이언트 모두 키보드 인터럽트에 대해 소켓을 닫도록 예외 처리를 하고 있다. 따라서 Ctrl+C, Ctrl+Break로 프로그램을 강제 종료할 수 있다. 그리고 실습 방법은 포춘 쿠키 서버와 동일하다.

예제 16-3 1:1 채팅 서버

```python
#ThreadServer.py
from socket import *
import threading              #쓰레드를 사용하기 위해

sevip = '127.0.0.1'
sevport = 62581
address = (sevip, sevport)

sevsock = socket(AF_INET, SOCK_STREAM)
sevsock.bind(address)
sevsock.listen()
print("waiting for connection...")
clisock , cliaddr = sevsock.accept()
print("connection from {}".format(cliaddr))
print("If you want to leave chat, just type !quit\n")
```

---

12 이 밖에도 다양한 방식이 있지만 이 책에서는 논외로 한다.

```
#쓰레드에서 실행될 코드를 담은 함수를 정의
def receive():
    global clisock
    while True:
        data = clisock.recv(1024)
        print(data.decode("UTF-8"), " *from Client")
    clisock.close()

thread_recv = threading.Thread(target = receive, args = ())    #쓰레드 생성
thread_recv.start()                                             #쓰레드 시작

while True:
    try:
        data = input("")
    except KeyboardInterrupt:
        break
    if data =='!quit' or '':            #!quit를 입력하면 while 루프를 끝낸다.
        clisock.close()
        break
    clisock.send(bytes(data,"UTF-8"))
sevsock.close()

print("disconnected")
```

메인 루틴^{main routine}에서는 데이터를 보내는 **while** 루프만 돌아가고 있다. 별도로 만든 쓰레드에서는 소켓의 **recv** 메소드가 호출되므로 우리는 언제라도 데이터를 클라이언트에 전송할 수 있을 것이다.[13]

이제 클라이언트 코드를 작성할 건데 데이터를 주고받는 부분은 서버 코드와 동일하다고 보면 된다.

예제 16-4 1:1 채팅 클라이언트

```
#ThreadClient.py
from socket import *
import threading

sevip = '127.0.0.1'
sevport = 62581
address = (sevip, sevport)
```

---

[13] 메인 루틴의 while 루프를 또 다른 쓰레드로 만들어도 상관없다.

```python
mysock = socket(AF_INET, SOCK_STREAM)
print("connecting to server {} on port {}...".format(sevip, sevport))
mysock.connect(address)
print("connection complete")
print("If you want to leave chat, just type !quit\n")

def receive():
    global mysock
    while True:
        data = mysock.recv(1024)
        print(data.decode("UTF-8"), " *from Server")

    mysock.close()

thread_recv = threading.Thread(target = receive, args = ())    #쓰레드 생성
thread_recv.start()                                            #쓰레드 시작

while True:
    try:
        data = input("")
    except KeyboardInterrupt:
        break
    if data =='!quit':                      #!quit를 입력하면 while 루프를 끝낸다.
        break
    mysock.send(bytes(data,"UTF-8"))
mysock.close()

print("disconnected")
```

역시 IP 주소 설정은 실행 환경에 따라서 다르므로 반드시 확인해야 한다. 실행할 때 서버 코드를 먼저 실행한 후 클라이언트를 실행해야 한다. 실행 결과는 다음을 참고하자.

```
C:\gop\ch16>python ThreadServer.py
waiting for connection...
connection from ('127.0.0.1', 4373)
If you want to leave chat, just type !quit
안녕하세요   *from Client
반갑습니다.
```

```
C:\gop\ch16>python ThreadClient.py
connecting to server 127.0.0.1 on port 62581...
connection complete
If you want to leave chat, just type !quit
안녕하세요
반갑습니다.   *from Sever
```

메시지를 입력하면 실시간으로 다른 창에도 출력된다. 역시 지구 반대편에 친구가 있더라도 이 프로그램으로 서로 대화를 할 수도 있을 것이다. 그런데 이 서버는 하나의 클라이언트와만 대화할 수 있다는 제한이 있다. 이제 여러 사람이 같이 대화할 수 있도록 채팅 서버를 만들어 볼 것이다.

다중 채팅 서버

먼저 쓰레드를 이용하여 다중 채팅 서버를 만들어 보도록 할 것이다. 그러나 앞에서 만든 1:1 채팅 서버와는 하는 역할에 있어서 좀 차이가 있다. 1:1 채팅 서버는 서버가 직접 채팅을 하는 기능을 가졌다. 어떻게 보면 서버라기보다는 클라이언트와 별 차이 없어 보인다. 이번에 만들 다중 채팅 서버는 클라이언트와 직접 대화는 하지 않고 대화에 참가한 클라이언트들 간의 소통을 중계하는 역할만 한다.

다중 채팅 서버는 의외로 생각해야 할 것들이 많다. 따라서 제시될 코드의 세세한 부분은 제쳐두고 우선 다음 세 부분에 주목해서 분석하길 바란다.

첫째로 블로킹(대기) 상태가 될 수 있는 부분을 쓰레드를 이용하여 해결할 것이다. 즉 클라이언트들의 연결 요청을 받는 부분(`accept` 메소드 호출)과, 클라이언트와 연결된 소켓으로 데이터를 수신을 하는 부분(`recv` 메소드 호출)이 이에 해당된다.

두 번째로 어떤 클라이언트가 메시지를 보냈을 때 대화에 참가한 모든 클라이언트들에게 이 메시지기 동일하게 보여져야 한다는 문제다. 이를 구현하기 위해 현재 접속되어있는 클라이언트의 소켓 목록을 만들어 한 클라이언트로부터 수신한 데이터를 연결된 모든 클라이언트에게 동일하게 보낼 것이다. 그리고 클라이언트가 접속을 끊는다면 클라이언트와 연결된 소켓은 이 목록에서 삭제되어야 할 것이다. 이 소켓 목록의 리스트는 모든 쓰레드에서 공유되어야 하므로 전역변수로 둘 것이다.

마지막으로 예외 처리에 관한 부분이다. 지금까지 예외상황에 대해서 별 신경을 안 쓰고 코드를 작성했다면 다중 채팅 서버에서는 생각을 달리 가져야 할 것이다. 예외상황을 제대로 처리하지 않는다면 다중 채팅 서버는 언제 멈춰버릴지 모르기 때문이다 (예외 처리 과정이 좀 익숙하지 않게 느껴질 수도 있겠지만 필요한 부분이므로 소스를 잘 분석해보자). 우선 다중 채팅 서버multiple chat server의 코드를 살펴보도록 하겠다.

예제 16-5 다중채팅 서버

```python
#multichat_Server.py
from socket import *
import threading

sevsock = socket(AF_INET, SOCK_STREAM)
sevsock.bind(('127.0.0.1', 62580))
sevsock.listen()
print("Start Chat - Server")
print("waiting for connection...\n")

cli_list=[]              #접속된 클라이언트의 리스트
cli_ids=[]               #접속된 클라이언트 ID

def receive(clisock):
    global cli_list
    while True:
        try:
            data = clisock.recv(1024)
        except ConnectionError:          #클라이언트 비정상 종료
            print("{}와 연결이 끊겼습니다. #code1".format(clisock.fileno()))
            break

        if not data:                     #클라이언트 정상 종료
            print("{}이 연결 종료 요청을 합니다. #code0".format(clisock.fileno()))
            clisock.send(bytes("서버에서 클라이언트 정보를 삭제하는 중입니다.", 'utf-8'))
            break

        data_with_ID = bytes(str(clisock.fileno()), 'utf-8') +b":"+ data
        for sock in cli_list:
            if sock != clisock :
                sock.send(data_with_ID)          #전체 클라이언트에 메시지 전송

    cli_ids.remove(clisock.fileno())     #목록에서 종료된 클라이언트 ID 삭제
    cli_list.remove(clisock)             #목록에서 종료된 클라이언트 소켓 삭제
    print("현재 연결된 사용자 : {}\n".format(cli_ids), end='') ###
    clisock.close()
    print("클라이언트 소켓을 정상적으로 닫았습니다.")
    print("#-------------------------------------#")
    return 0

def connection():
    global cli_list
    global cli_ids
    while True:
        clisock , cliaddr = sevsock.accept()
```

```
        cli_list.append(clisock)              #연결된 클라이언트의 소켓 정보 추가
        cli_ids.append(clisock.fileno())      #연결된 클라이언트 ID 추가
        print("{}가 접속하였습니다.".format(clisock.fileno()))
        print("{}가 접속하였습니다.".format(cliaddr))
        print("현재 연결된 사용자 : {}\n".format(cli_ids)) ###
        thread_recv = threading.Thread(target = receive, args = (clisock,))
#쓰레드 생성
        thread_recv.start()

thread_connection = threading.Thread(target = connection, args = ())
#쓰레드 생성
thread_connection.start()

######################채팅 서버 서비스 중#########################

thread_connection.join()

sevsock.close()
```

```
C:\gop\ch16>python multichat_Server.py
Start Chat - Sever
waiting for connection...
```

먼저 위 코드는 크게 두 부분으로 나누어 생각할 수 있다. 첫 번째로 외부에서 연결 요청을 처리하는 쓰레드(thread_connection)와 연결된 클라이언트가 보내는 데이터를 처리하는 쓰레드(thread_recv)다. 각 쓰레드를 위한 receive 함수와 connection 함수가 준비되어 있다.

간략하게 흐름을 설명하면 연결 요청을 받는 쓰레드(thread_connection)가 먼저 실행된다. 이 쓰레드는 연결 요청이 있을 때 마다 새로운 쓰레드(thread_recv)를 만들어 실행시킨다. 새롭게 만들어진 쓰레드는 receive 함수의 코드를 실행하는 쓰레드(thread_recv)로 클라이언트로부터 전송받은 데이터를 처리한다.

이제 좀 더 세부적인 부분을 살펴보도록 하자. 우선 connection 함수의 흐름이다. 클라이언트가 연결되면 소켓 정보와 소켓의 파일 디스크립터가 각각 리스트에 등록된다. 서버는 이 소켓 목록 리스트를 사용하여 서버에 접속된 클라이언트들에게 대화 내용을 보내고 해당 소켓의 파일 디스크립터는 접속된 클라이언트를 구분 짓는 ID로 사용하게 된다. 클라이언트가 서버에 연결되면 서버는 연결된 클라이언트의 몇 가지 정보를 출력한 후 해당 클라이언트와 연결된 소켓 객체를 사용할 쓰레드(thread_recv)를 만들어 실행한다. 이 작업들은 while문 안에서 계속적으로 반복된다.

다음으로 receive 함수의 흐름을 살펴보자. 이 함수는 클라이언트로부터 수신받은 데이터를 처리하는 쓰레드(thread_recv)의 실행 코드다. 어떤 클라이언트로부터 수신된 데이터가 없을 때 그 쓰레드는 블로킹 상태지만 이 코드는 쓰레드로 처리되기 때문에 다른 클라이언트로부터의 데이터 수신을 방해하지 않는다. 그리고 어떤 클라이언트로부터 정상적으로 데이터가 수신되면 블로킹 상태에서 벗어나서 서버에 연결된 클라이언트의 소켓을 검사하여 데이터를 모든 클라이언트들에게 전송한다.

이렇게 쓰레드들은 서로 자신이 맡은 동작을 지속적으로 해나간다.

여기까지가 큰 흐름이었다면 이번에는 연결된 클라이언트가 연결을 종료할 경우를 생각해보자. 1:1 채팅 서버의 경우는 연결 종료를 심각하게 생각할 필요가 없었다. 어차피 클라이언트가 연결을 끊으면 서버 프로그램이 종료되어도 상관없기 때문이었다. 하지만 다중 채팅 서버는 정말 심각하게 생각해야 한다. 하나의 클라이언트가 연결을 종료했을 때 서버에서 제대로 처리하지 않고 놔둔다면 서버는 종료되기 때문이다. 이렇게 되면 서버에 연결되어 있는 모든 클라이언트도 예외가 발생하여 종료된다. 만약 게임 서버에서 이런 상황이 발생한다면 아주 끔찍할 것이다. 지금까지는 예외 처리의 필요성을 못 느꼈다면 지금부터는 예외 처리가 얼마나 중요한지 깊게 생각하면서 코드를 분석해보자.

주석을 보면 클라이언트의 종료 상태를 '비정상 종료'와 '정상 종료'로 두 가지로 나누고 있다.

우선 '정상 종료'는 클라이언트가 소켓의 쓰기 버퍼를 닫은 경우다.[14] 코드를 보면 짐작하겠지만 클라이언트가 쓰기 버퍼를 닫은 경우 recv 메소드는 0을 반환한다. 바꿔 말하면 recv 메소드가 0을 반환한다는 것은 상대 호스트의 쓰기 버퍼가 닫혔으므로 더이상 데이터를 읽을 수 없다는 뜻이다. 이런 경우 해당 소켓의 종료 처리를 해줘야 한다(종료 처리에 대한 내용은 잠시 뒤로 미루겠다).

다음으로 '비정상 종료'는 클라이언트가 소켓을 정상적(close나 shutdown 메소드 호출)으로 닫지 않은 경우로 예외가 발생한 경우다. 이 경우는 try~except문으로 관련 예외를 잡아주어 서버가 종료되지 않도록 한다.

---

[14] 소켓은 쓰기 버퍼와 읽기 버퍼를 가지고 있다. 쓰기 버퍼는 전송할 데이터가 머무는 곳이고 읽기 버퍼는 수신될 데이터가 머무는 곳이다. 소켓의 shutdown 메소드를 호출하여 각각의 버퍼를 선택적으로 닫을 수 있다. shutdown 메소드는 나중에 다시 살펴보겠다.

이렇게 클라이언트의 종료 상황을 잡아낸 다음 공통적으로 해줘야 할 처리가 있다. 바로 접속 리스트(`cli_list`, `cli_ids`)에서 해당 클라이언트를 제거하는 것이다. 만약 제대로 제거해주지 않으면 역시 문제가 발생한다. 왜 그런지는 코드를 분석해보면 쉽게 알 수 있을 것이다. 이 문제는 숙제로 남겨두겠다.

이번에는 클라이언트 프로그램을 살펴볼 것이다. 클라이언트 프로그램은 서버 프로그램보다 단순하다.

예제 16-6 다중채팅 클라이언트

```python
#multichat_Client.py
from socket import *
import threading

sevip = '127.0.0.1'                      #또는 서버의 IP 주소
sevport = 62580
address = (sevip, sevport)

mysock = socket(AF_INET, SOCK_STREAM)
print("connecting to server {} on port {}...".format(sevip, sevport))
mysock.connect(address)
print("connection complete")
print("If you want to leave chat, just type !quit\n")

def receive():
    global mysock
    while True:
        try:
            data = mysock.recv(1024)
        except  ConnectionError:         #서버 강제 종료
            print("서버와의 접속이 끊겼습니다. Enter키를 누르세요")
            break

        if not data:                     #서버 정상 종료
            print("서버로부터 정상적으로 로그아웃했습니다.")
            break

        print(data.decode("UTF-8"))      #전송받은 데이터 출력
    print("소켓의 읽기 버퍼를 닫습니다.")
    mysock.shutdown(SHUT_RD)

def mainthread():
    global mysock
    thread_recv = threading.Thread(target = receive, args = ())
    thread_recv.start()
    while True:
```

```python
        try:
            data = input("")              #전송할 데이터 입력
        except KeyboardInterrupt:
            continue

        if data =='!quit':                #접속 종료 시도
            print("서버와의 접속을 끊는 중입니다.(!quit)")
            break

        try:
            mysock.send(bytes(data,"UTF-8"))    #데이터 전송
        except ConnectionError:
            break
    print("소켓의 쓰기 버퍼를 닫습니다.")
    mysock.shutdown(SHUT_WR)
    thread_recv.join()                    #자식쓰레드가 종료되기 전까지 기다림

thread_main = threading.Thread(target = mainthread, args = ())

thread_main.start()                       #메인 쓰레드 시작

#######################채팅 서버에 연결됨############################

thread_main.join()                        #메인 쓰레드가 종료되기 전까지 기다림

mysock.close()
print("소켓을 닫습니다.")

print("클라이언트 프로그램이 정상적으로 종료되었습니다.")
```

```
C:\gop\ch16>python multichat_Server.py
Start Chat - Sever
waiting for connection...

276가 접속하였습니다.
('127.0.0.1', 6228)가 접속하였습니다.
현재 연결된 사용자 : [276]

296가 접속하였습니다.
('127.0.0.1', 6240)가 접속하였습니다.
현재 연결된 사용자 : [276, 296]
```

```
C:\gop\ch16>python multichat_Client.py
connecting to server 127.0.0.1 on port 62580...
connection complete
If you want to leave chat, just type !quit

276:안녕하세요
반갑습니다
```

```
C:\gop\ch16>python multichat_Client.py
connecting to server 127.0.0.1 on port 62580...
connection complete
If you want to leave chat, just type !quit

안녕하세요
296:반갑습니다
```

클라이언트는 서버와 1:1 연결을 하므로 연결을 요청하는 부분까지는 메인 루틴에서 처리한다 그리고 연결이 이루어지면 두 개의 쓰레드(thread_main, thread_recv)가 실행되게 된다. 각각 서버로부터 데이터를 수신받아 처리하는 쓰레드(thread_recv)와 데이터를 전송하는 처리를 하는 쓰레드(thread_main)인데 데이터 전송을 하는 부분을 메인 루틴(메인 루틴은 메인 쓰레드라고도 한다.)에 두어도 사실 상관은 없다. 하지만 나중에 있을지 모르는 클라이언트 프로그램의 확장을 위하여 별도의 쓰레드로 만들어 보았다.

우선 하나의 쓰레드(thread_main)가 될 mainthread 함수를 살펴보자. 이 함수는 서버에 데이터를 전송하는 루틴을 가진 쓰레드다. 이 쓰레드가 시작될 때 데이터의 수신을 처리하는 쓰레드(thread_recv)를 생성한 다음 자신의 루틴을 시작한다. 즉, 자식쓰레드(thread_recv)를 생성하였다. 그리고 이 함수의 마지막 부분을 보면 join 메소드로 자식쓰레드(thread_recv)가 종료될 때까지 함수의 반환을 지연한다. 즉, 클라이언트가 종료될 때 자식쓰레드(thread_recv) 종료, 자신(thread_main)의 종료 순으로 쓰레드가 소멸되고 난 후 메인 루틴의 thread_main.join() 이후의 코드가 실행된다. 굳이 이렇게 자식쓰레드의 종료를 꼭 기다려야 하는 것은 아니지만 이렇게 하면 좀 더 클라이언트의 종료가 자연스러워진다. 왜 그런지 직접 분석해보길 바란다.

앞에서 클라이언트의 연결종료 상황에 대해서 잠시 언급했었다. 이제 각 상황에 대해서 클라이언트 코드와 서버 코드가 어떻게 상호작용을 하는지 알아보겠다.

 참고

shutdown vs close
shutdown 메소드는 실제로 소켓을 닫는 역할을 하는 것은 아니다. 소켓을 닫고 싶다면 궁극적으로 close 메소드를 사용해야 한다(물론 close 메소드를 호출하지 않아도 파이썬의 가비지 콜렉터에 의해서 참조되지 않는 소켓은 자동으로 수집되어 소멸된다). 그럼에도 클라이언트 코드에서 shutdown 메소드를 사용하는 이유는 상대 호스트에게 소켓을 이제 곧 닫겠다는 것을 알리는 작업이라고 볼 수 있다. shutdown 메소드에 전달된 인수(0, 1, 2 또는 socket 모듈의 SHUT_RD, SHUT_WR, SHUT_RDWR)에 따라서 각각 수신, 전송, 수신과 전송을 더 이상 하지 않겠다는 뜻으로 상대 호스트에 알리게 된다. 단지 알리는 것 뿐 아니라 입력 버퍼와 출력 버퍼를 닫게 된다(하지만 소켓이 닫히는 것이 아니다). 전달된 인수에 따라서 0은 입력 버퍼, 1은 출력 버퍼, 2는 입출력 버퍼를 모두 닫는다. 예를 들어 전화통화를 할 때 말이 더 이상 없어서 전화를 끊고 싶더라도 그냥 전화를 끊어버리지는 않을 것이다. 아마 "이제 할말 다했으니 전화 끊겠습니다"라는 의미를 전달할 것이고 상대가 할말이 남아 있다면 더 이야기를 들을 수도 있을 것이다. 이것은 소켓의 출력 버퍼를 닫는 것으로 비유될 수 있다. 출력 버퍼가 닫히면 더 이상 전달할 데이터가 없다는 의미가 되고 상대 호스트에서 recv 메소드는 0을 반환하여 이를 알린다. 따라서 if not data로 상대의 출력 버퍼가 닫혔는지 체크할 수 있는 것이다.

> 출력 버퍼가 닫힌 상태지만 입력 버퍼는 그대로이므로 데이터를 수신할 수는 있다. 따라서 상대 호스트는 전송할 데이터가 더 있다면 마저 다 전송을 하고 나서 소켓 연결을 끊을 것이다. 역시 if not data로 상대의 출력 버퍼가 닫혔음을 검사한 후 나머지 입력 버퍼도 닫은 후 소켓을 닫으면 된다. 정상적인 통신의 종료는 이렇게 상대가 더 이상 보낼 데이터가 없음을 확인한 후 종료하는 것이 관례라 볼 수 있다.

1:1 채팅 클라이언트와 다르게 KeyboardInterrupt에 대한 처리를 하지 않는다. 클라이언트의 종료 방법을 단순화하기 위함이다. 이제 채팅 클라이언트의 종료는 단순하게 두 가지 방법이 있다. ctrl+break와 같은 강제종료와 '!quit'를 서버에 전달하는 경우다(물론 서버가 종료되는 경우도 있을 수 있겠는데 나중에 살펴보겠다). 이 두 가지 종료를 서버 프로그램에서 어떻게 처리하는지는 앞에서 설명했었다. 이제부터 클라이언트가 종료가 될 경우 코드의 실행흐름이 어떻게 되는지 살펴보겠다.

```
안녕하세요
296:반갑습니다
!quit
서버와의 접속을 끊는 중 입니다.(!quit)
소켓의 쓰기버퍼를 닫습니다.
서버에서 클라이언트 정보를 삭제하는 중입니다.
서버로부터 정상적으로 로그아웃 했습니다.
소켓의 읽기버퍼를 닫습니다.
소켓을 닫습니다.
클라이언트 프로그램이 정상적으로 종료되었습니다.

C:\gop\ch16>
```

클라이언트에서 '!quit'를 입력하면 소켓의 shutdown(SHUT_WR)을 호출한 후 소켓의 출력 버퍼를 닫는다. 그리고 아직 해당 쓰레드(thread_main)를 종료시키지 않고 자신의 자식쓰레드(thread_recv)가 종료될 때까지 기다린다.

```
276이 연결 종료 요청을 합니다. #code0
현재 연결된 사용자 : [296]
클라이언트 소켓을 정상적으로 닫았습니다.
#--------------------------------------#
```

이젠 서버쪽 코드의 흐름을 보면 출력 버퍼를 닫은 클라이언트 소켓과 연결되어 있는 소켓의 recv 메소드 호출이 0을 반환한다. 그리고 이에 따른 종료 처리를 한 후 해당 소켓을 닫는다.[15]

---

[15] 소켓을 닫기 전에 클라이언트에 데이터를 전달할 수 있다. 해당 클라이언트 소켓의 입력 버퍼는 아직 닫히지 않았기 때문이다.

다시 클라이언트 코드로 와서 서버의 소켓이 정상적으로 닫혔다면 클라이언트 소켓의 `recv` 메소드가 0을 반환한다. 이에 따라 해당 쓰레드(`thread_recv`)는 종료된다. 쓰레드 종료 전에 `shutdown` 메소드가 호출되면서 읽기 버퍼까지 닫게 된다. 앞에서 이 쓰레드의 종료를 기다리던 부모 쓰레드(`thread_main`)도 종료되면서 클라이언트는 종료된다.

마지막으로 서버가 종료되는 경우를 살펴보겠다. 우리가 만든 채팅 서버의 경우 `ctrl+break`로 강제로 종료하는 방법만 있다.[16] 이렇게 강제종료가 되면 접속된 클라이언트에 연결된 소켓들이 모두 닫히게 된다. 결국 클라이언트에서 예외가 발생한다. 앞서 설명들에서와 마찬가지로 `recv` 메소드를 호출하는 부분에서 예외가 발생한다.

```
서버와의 접속이 끊겼습니다. Enter키 를 누르세요
소켓의 읽기버퍼를 닫습니다.
```

이 때 Enter키를 누르도록 지시하여 데이터 전송을 시도하도록 하자. 그리고 Enter키를 누르면 `send` 메소드를 호출하는 부분에서 예외가 발생할 것이다. 역시 이 부분에서 예외를 잡아줘서 쓰레드를 종료해주면 된다.

```
서버와의 접속이 끊겼습니다. Enter키 를 누르세요
소켓의 읽기버퍼를 닫습니다.

소켓의 쓰기버퍼를 닫습니다.
소켓을 닫습니다.
클라이언트 프로그램이 정상적으로 종료되었습니다.
```

Select 모듈로 채팅 서버 구현해보기

우리가 지금까지 서버와 클라이언트 간에 통신을 하면서 가장 문제가 되는 것이 바로 블로킹 상태다. 예를 들어 서버의 경우 클라이언트의 요청을 받는 `accept` 메소드, 그리고 서버 클라이언트 간에 데이터를 수신 받기 위해 호출한 `recv` 메소드가 이런 대기상태를 만들게 된다. 앞에서는 이를 해결하기 위해서 쓰레드를 사용하였다. 이번에는 좀 다른 방식으로 해결해보도록 할 것이다. 성능에 대한 문제는 여기에서는 논외로 하겠다.

---

16 다른 방법을 만들고 싶다면 별도의 입력을 받는 쓰레드를 만들어 직접 구현해보길 바란다.

파일의 입출력에 대한 처리는 사실 운영체제의 시스템 함수를 사용하는 것이다. 소켓 역시 파일처럼 다루어지고 I/O에 대한 처리는 시스템 함수를 통해서 처리된다. 즉 우리가 사용하는 `recv` 메소드나 `send` 메소드는 이런 시스템 함수들을 래핑한 것이다. 그래서 우리가 I/O의 처리 방식을 직접 조작하는 것이 아니다. 대신 운영체제에서 제공되는 관련된 다른 시스템 함수들을 이용할 수 있다.

`select` 모듈은 시스템에서 제공하는 `select` 함수를 간편하게 사용할 수 있도록 한다. 그 전에 `select` 함수가 어떤 기능을 하는지 알아볼 필요가 있다.[17]

모든 파일을 열거나 소켓을 생성하면 고유한 파일 디스크립터를 가지게 됨을 알고 있을 것이다. `select` 시스템 함수는 기본적으로 파일 디스크립터를 검사하여 변화가 감지된 파일 디스크립터에 대한 정보를 반환해준다. 예를 들어 클라이언트에 연결된 소켓들의 파일 디스크립터를 `select` 함수에 전달하면 `select` 함수는 변화가 있는 소켓의 파일 디스크립터만 골라서 알려준다. 여기서 변화라면 입력 데이터나 출력 데이터 또는 에러가 생겼는지를 말한다. 따라서 우리는 반환된 정보를 가지고 변화가 생긴 소켓에 대한 처리만 하면 되는 것이다.

`select` 시스템 함수는 실제로 이보다 좀 더 복잡한데 파이썬에서 제공하는 `select` 모듈은 더 직관적으로 `select` 시스템 함수를 사용할 수 있게 해준다. 우선 코드를 먼저 보고 설명하도록 하겠다.

예제 16-7 select 모듈로 구현한 다중 채팅 서버

```python
#selectchatSev.py
from socket import *
from select import *

sevip = ''
sevport = 62580

sevsock = socket(AF_INET, SOCK_STREAM)
sevsock.bind((sevip, sevport))
sevsock.listen()

clients_list = []

while True:
```

---

[17] 윈도우 운영체제의 경우 select 모듈은 파일에 대해서는 동작하지 않고 소켓에 대해서만 동작하므로 주의하자.

```python
        rlist, wlist, xlist = select([sevsock] + clients_list, [], [], 1)
        if rlist:
            for sock in rlist:                          #변화가 있는 입력 버퍼 검사
                if sock == sevsock:                     #연결 요청이라면
                    clisock, addr = rlist[0].accept()   #연결 요청 수락
                    clients_list.append(clisock)        #새로운 소켓 생성
                else:                                   #연결 요청이 아니라면
                    data = sock.recv(1024)              #데이터 수신
                    if not data:                        #상대가 연결을 끊은 경우
                        print("클라이언트가 연결종료합니다.")
                        sock.close()                    #해당 소켓 닫기
                        clients_list.remove(sock)       #해당 소켓 리스트에서 제거
                    else:                               #데이터 전송이라면
                        for other_sock in clients_list: #연결된 모든 클라이언트
                                                        #소켓을 검사
                            if sock == other_sock:      #데이터를 보낸 클라이언
                                                        #트만 빼고
                                continue
                            other_sock.send(data)       #데이터를 연결된 모든
                                                        #클라이언트에게 보냄
```

이 서버는 select 함수의 기능을 설명하기 위해서 최소한의 기능만을 갖추었다.[18]

먼저 clients_list는 서버에 연결한 클라이언트의 목록을 위한 리스트다. 클라이언트가 연결되거나 연결이 끊기면 갱신되어야 한다. 이 리스트를 이용해서 서버는 대화 내용을 모든 클라이언트들에게 동일하게 전송할 것이다.

while 루프의 처음에 select 함수를 호출하였다. 이 함수는 4개의 인수를 받고 3개의 항목을 가진 튜플을 반환한다. 앞의 3개의 인수에는 파일 디스크립터 또는 소켓(파일) 객체의 리스트들이 전달된다. 이 예제에서는 첫 번째 인수만 빼고 빈 리스트를 전달하였는데 각각의 위치에 전달된 소켓들의 검사 항목이 다르기 때문이다. 즉, 이 예제에서는 첫 번째 인수의 검사 항목만 관심이 있다는 뜻이 된다. select 함수는 첫 번째 인수로 전달된 소켓의 입력 버퍼를 검사한다. 다시 말해서 데이터가 수신되어 있는지를 검사한다. 클라이언트 간에 데이터를 중계만 하므로 입력 버퍼만을 검사하는 것이다. 만약 클라이언트들로부터 수신된 데이터가 있다면 반환되는 튜플의 첫 번째 항목으로 입력 버퍼가 차 있는 소켓들의 리스트를 반환해준다. 이 때 변화

---

[18] 예외 처리와 종료 처리는 앞서 만든 서버를 참고하여 나중에 코드를 완성해보길 바란다.

가 있는 소켓은 없을 수도 있지만 여러 개가 될 수 있다. 마찬가지로 두 번째 인수로 전달된 소켓들은 출력 버퍼만 검사한다. 세 번째 인수로 전달된 소켓은 예외가 발생했는지 검사한다. 네 번째 인수는 타임아웃을 나타내는데 등록된 모든 소켓에 아무런 변화가 없을 때 `select` 함수가 소켓의 변화를 기다리는 시간을 정한다. 하지만 변화가 발생했다면 즉시 값을 반환한다.

이 서버는 구현 방법의 차이만 있을 뿐이지 큰 틀은 다중 채팅 서버와 다르지 않다. 따라서 앞서 쓰레드로 만든 다중 채팅 클라이언트(`multichat_Client.py`)를 그대로 사용할 수 있다. 클라이언트의 연결과 데이터 처리 과정은 동일하기 때문이다.

socketserver

파이썬은 서버를 좀 더 쉽게 만들 수 있도도록 `socketserver`라는 모듈을 제공한다. 이 모듈에는 다양한 클래스들이 정의되어 있다. `socketserver`에서 제공하는 `TCPServer` 클래스는 TCP 소켓 서버의 초기화 과정을 간편하게 해준다. 그런데 우리는 `TCPServer`의 기능에 클라이언트의 요청에 대한 쓰레드를 자동으로 만드는 기능이 추가된 `ThreadingTCPServer` 클래스를 살펴볼 것이다.[19]

동작하는 방식은 우선 클라이언트의 연결시도에 대해서 이벤트 핸들러를 호출한다. 이벤트 핸들러는 `StreamRequestHandler` 클래스를 상속받아 `handle` 메소드를 오버라이딩하여 만들 수 있다. 이벤트 핸들러는 우리가 앞에서 만들었던 다중 채팅 프로그램에서 `receive` 함수와 같은 역할을 하는 것이다. 즉 요청을 한 클라이언트와 연결할 소켓을 만들고 수신된 데이터를 처리한다. 우선 간단한 예를 보자.[20]

예제 16-8 socketserver 모듈로 다중채팅 서버 만들기

```
#mysocketServer.py
from socketserver import ThreadingTCPServer, StreamRequestHandler
import sys

servip = ''
```

---

19 ThreadingTCPServer는 ThreadingMixIn 클래스와 TCPServer를 다중 상속한 클래스다.
20 한 번 다음 코드에서 ThreadingTCPServer를 TCPServer로 바꿔보고 어떤 차이점이 있는지도 확인하도록 하자.

```python
    servport = 62580

    addr = (servip, servport)

    class ClientList():
        clist = []
        def addlist(self, sock):
            ClientList.clist.append(sock)
        def removelist(self, sock):
            ClientList.clist.remove(sock)

    class RequestHandler(StreamRequestHandler, ClientList):
        def handle(self):
            self.addlist(self.request)
            print("클라이언트가 접속했습니다.")
            while True:

                self.data = self.request.recv(1024)

                if not self.data:
                    print("{}이 연결종료 요청을 합니다.".format(self.request.fileno()))


                    break

                for sock in self.clist:
                    if self.request == sock:
                        continue
                    sock.send(bytes(str(self.request.fileno()), 'utf-8') + b":" + self.data)

            self.removelist(self.request)
            self.request.close()                    #클라이언트와 연결된 소켓 닫기

    if __name__ == '__main__':
        servThreadsock = ThreadingTCPServer((addr), RequestHandler)
        print("waiting for connection...")
        servThreadsock.serve_forever()
```

역시 두 부분으로 나누어 생각할 수 있다. 연결 요청을 받아들이는 부분과 연결 요청에 대한 소켓을 만들어 처리하는 부분이다. 그런데 서버가 클라이언트의 연결 요청을 받기(accept) 전까지 여러 단계(소켓 생성, bind, listen)에 걸친 준비 작업이 필요하다는 것을 잘 알고 있을 것이다. 고맙게도 ThreadingTCPServer 클래스의 인스턴스를 생성하는 것으로 이런 준비 단계를 대신할 수 있다. 인스턴스를 생성할

때 서버의 주소와 클라이언트의 연결 요청을 받은 후 처리할 핸들러를 정의한 클래스를 인수로 넘겨주기만 하면 된다. ClientList 클래스는 서버에 연결된 소켓 목록을 관리한다. 핸들러 클래스를 만들 때 같이 상속받았는데 앞에서 했던 방법처럼 전역으로 선언해도 상관은 없다. 마지막으로 서버 소켓의 serve_forever()를 호출하면 서버 프로그램이 시작되고 반복적으로 클라이언트의 연결 요청을 받는다. 지금까지 여러 서버들을 만들어왔다면 쉽게 이해할 수 있을 것이다.

클라이언트 코드는 다시 작성할 필요가 없이 앞에서 만든 코드를 계속해서 재활용할 수 있다.

웹 프로그래밍

HTTP

인터넷 브라우저를 사용할 때 주소(URL)가 "http"로 시작하는 것을 잘 알고 있을 것이다. http^Hypertext Transfer protocol는 전송을 위한 프로토콜의 한 종류로 "http://"는 http 프로토콜을 사용하겠다는 의미가 있다. 그리고 뒤에 붙는 주소의 문서를 http 프로토콜을 사용해서 처리한다는 뜻이 된다.

사실 HTTP는 우리가 지금까지 공부한 TCP/IP에 기반을 둔 응용 프로토콜이다. 이 말은 TCP/IP 방식 위에 추가된 전송 규약을 가지고 있는 것이란 의미다. 즉, TCP/IP를 사용하는 것은 맞지만 이 외에 추가된 약속된 대화 방식이 있다는 것이다.[21] 그렇다면 정해진 대화 방식을 알고 있다면 TCP/IP 소켓을 직접 만들어서 웹 페이지를 불러올 수 있을 것이다. 이를 증명하기 위해 TCP/IP 프로토콜을 사용하여 우리가 일반적으로 접속하는 웹 페이지의 내용을 불러들여오는 클라이언트를 만들어 보겠다.

예제 16-9 TCP/IP 소켓으로 인터넷 페이지 불러오기

```
#tcphttp.py
from socket import *
import time
mysock = socket(AF_INET, SOCK_STREAM)
```

---

[21] 앞에서 이를 정해진 대사를 주고받는 것으로 묘사했었다.

```
mysock.connect(('www.daum.net', 80))          #웹 서버의 주소와 포트번호 80

mysock.send(b"GET / HTTP/1.0\n")              #요청
mysock.send(b"Host : www.daum.net\n\n")       #요청
data = b''
while True:
    part = mysock.recv(1024)
    if not part:                              #페이지가 다 로드되었다면 서버에서 접속을 끊는다.
        break
    data = data+part

f = open("C:/gop/ch16/tcphttp.html", 'w', encoding="utf-8")   #파일로 저장
f.write(data.decode("utf-8"))                                 #파일로 저장
f.close()                                                     #파일로 저장

print(data.decode("utf-8"))      #화면에 웹 서버로부터 받은 데이터 출력
```

웹 서버로부터 전송된 데이터를 출력해보면 html 문서임을 알 수 있다. 전송된 데이터를 html 파일로 저장했는데 이 파일을 웹 브라우저로 실행해보자. 이는 해당 웹사이트에 직접 접속했을 때의 화면과 거의 동일할 것이다.[22] 결국 우리는 위 코드로 웹 브라우저가 데이터를 요청하고 받는 기능을 대신하였다. 그 후 전송받은 파일을 웹 브라우저로 실행만 한 것이다.

결론은 웹 서버에 접속해서 데이터의 요청을 하는 방식은 TCP/IP에 기반하고 있다 것이다. 이 때 웹 클라이언트는 웹 서버에 어떤 방식으로 데이터를 처리할 건지에 대해 알려주어야 한다. 즉 위 코드에서는 웹 서버에 연결된 후 바로 "GET"을 웹 서버에 전송하였는데 이는 데이터를 전송받길 원한다고 알려준 것이다. 이와 다른 방식인 "POST"는 데이터를 전송한다는 의미이고 이 외에도 PUT, DELETE 등 여러 방식이 있지만 "GET"과 "POST"가 주로 쓰인다. 나머지 방식과 자세한 내용은 웹 프로그래밍 관련 서적을 참고하길 바란다.

http 말고도 우리가 잘 알고 있는 TELNET이나 FTP, SMTP도 TCP/IP에 기반을 두고 있다. 이 또한 대화 방식을 알고 있다면 역시 위 코드처럼 직접 데이터를 주고받을 수 있겠지만 파이썬에서 제공해 주는 모듈을 사용하여 쉽게 이를 처리할 수 있다. 그렇다면 이제부터 파이썬이 제공해주는 모듈을 사용하는 법을 알아보자.

---

22 왜 '거의'라고 했는지 나중에 설명할 것이다.

알아두기

HTTP로 전송되는 데이터는 구조화되어 있다. 앞의 코드에서 클라이언트가 웹 서버에 전송하는 두 줄은 각각 요청 방식과 헤더 부분이다. 헤더 다음에 빈 라인이 온 후 바디 부분이 추가(POST 방식)될 수 있다.

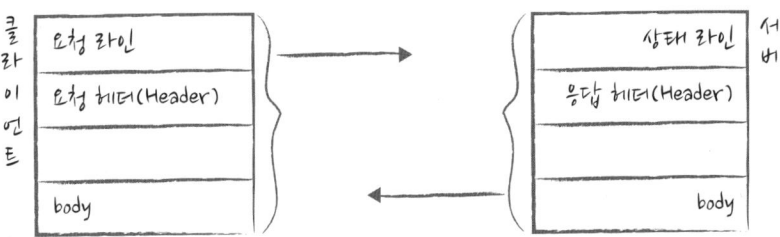

반면에 웹 서버에서 응답하는 데이터는 클라이언트의 요청이 정상적이면 보통 "HTTP / 1.1 200 OK"라는 상태 라인이 첫 번째 줄에 온다. 상태 라인은 "프로토콜 URI 응답 코드"의 세 부분을 나뉘어져 있다. URI는 Host에서의 상대적인 위치를 나타내는데 Host는 요청 헤더에서 찾아볼 수 있다. 그리고 응답 헤더가 오고 빈 줄, body 순으로 클라이언트로 응답 데이터를 전송한다.

- 요청 헤더: Accept, User-Agent, Host, If-Modified-Since, Refer, Cookie, Accept-Language, Accept-Encoding 등
- 응답 헤더: Server, Date, Content-Type, Last-Modified, Content-Length 등

웹 클라이언트 프로그래밍

urllib 패키지

일반적으로 웹 프로그래밍이라고 하면 서버에 관한 것이지만 클라이언트를 설계하는 경우도 있다. 파이썬은 웹 클라이언트의 설계를 쉽게 할 수 있도록 urllib 패키지를 제공한다. 파이썬 2.x에서는 웹 클라이언트의 기능에 관련 모듈들이 기능에 따라서 흩어져 있었다. 즉, urlparse, urllib2, robotparser 등이 따로 존재했지만 파이썬 3에서는 이 모듈들을 urllib 패키지 안에 포함시켜서 관리한다. 그리고 이름도 변경되었다. "C:\Python35\Lib\urllib" 폴더에서 직접 어떤 모듈이 있는지 직접 확인해보자.

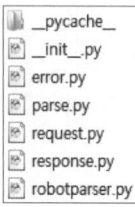

각 모듈을 간단히 설명하면 `error` 모듈은 웹 클라이언트가 웹 서버와 데이터 교환 중에 발생할 수 있는 예외에 대한 정의가 있다. `parse` 모듈은 웹 주소(예를 들어 "http://www.google.com") 문자열을 파싱하는 데 사용한다. 즉 주소를 의미 단위로 분해해준다. `request` 모듈은 웹 서버와 데이터 교환에 관한 기능을 제공하는 모듈이다. `response` 모듈은 내부적으로 `request` 모듈에서 사용되는 모듈로서 직접 사용하지 않으므로 깊게 설명하지 않겠다. `robotparser` 모듈은 웹사이트에서 `robots.txt`를 찾을 수 있다면 이를 파싱하는 기능을 하는 클래스를 정의하고 있다.

사실 웹 클라이언트라고 하면 특수한 경우가 아니면 일반적으로 우리가 사용하는 웹 브라우저로도 충분할 것이다. 따라서 여기에서는 주요한 몇 가지 기능들에 대해서만 소개한다.

`urllib.request` 모듈의 `urlopen` 함수를 사용하면 앞에서 우리가 작성했던 코드를 단 두 줄로 줄여준다.

```
>>> from urllib import request
>>> f = request.urlopen("http://www.daum.net")
>>> print(f.read(470).decode("UTF-8"))          #470byte만 받는다.
```

앞의 코드와 비교해보면 얼마나 간단히 처리했는지 알 수 있다.

이 때 `urlopen` 함수가 반환하는 객체는 파일과 비슷하게 다룰 수 있다. 이 객체는 우리가 앞에서 `recv` 메소드로 서버에서 전송받은 데이터와 그 헤더 정보를 분리하여 다룬다. 즉, 웹 브라우저는 이 둘을 구분할 필요가 있고 `urlopen` 함수를 사용하면 이 둘을 구분하여 다룰 수 있다. 만약 웹 사이트에 대한 응답 헤더를 얻고 싶다면 다음과 같이 하면 된다.

```
>>> meta=f.info()
>>> print(meta.as_string())
Date: Sun, 01 May 2016 08:35:24 GMT
X-UA-Compatible: IE=10
Expires: Sat, 01, Jan 1970 22:00:00 GMT
Pragma: no-cache
Cache-Control: no-cache, no-store, must-revalidate
P3P: CP="ALL DSP COR MON LAW IVDi HIS IVAi DELi SAMi OUR LEG PHY UNI ONL
DEM STA INT NAV PUR FIN OTC GOV"
Content-Type: text/html;charset=UTF-8
Content-Language: en-US
Vary: Accept-Encoding
X-UA-Device-Type: pc
Connection: close
Transfer-Encoding: chunked
```

urlopen 함수에 URL대신 Request 클래스의 인스턴스를 전달할 수도 있다. Request 클래스에는 주소뿐만 아니라 요청에 관련에 다양한 메소드가 정의되어 있다.[23] 다음은 간단한 사용법이다.

```
>>> from urllib import request
>>> urlinst = request.Request("http://www.naver.com")
>>> f = request.urlopen(urlinst)
>>> print(f.read(100).decode("UTF-8"))
<!doctype html>
<html lang="ko">
<head>
<meta charset="utf-8">
<meta http-equiv="Content-Script-Type
```

우리가 사용하는 인터넷 주소는 여러 의미 단위로 구분되어 있다. 예를 들어 "http"와 "www.naver.com"도 각각 서로 다른 의미의 단위다. 이 외에도 이 서버 내에서 문서의 경로도 또 다른 의미의 단위가 될 수 있고 전달되는 매개변수나 질의 문자열들(&로 구분) 등도 각각 서로 다른 의미를 가진다.

---

[23] 자세한 내용은 파이썬 문서를 참고하길 바란다.

urllib.parse 모듈의 urlparse 함수는 URL을 의미별로 분해해준다. 역시 여기서는 간단한 예를 살펴보고 자세한 설명은 생략하겠다. 다음은 구글에서 파이썬을 검색한 뒤 브라우저의 주소창의 주소를 파싱한 결괏값이다. 각 분해된 의미에 대해서는 전문 서적을 참고하길 바란다.

```
>>> from urllib import parse
>>> parse.urlparse("https://www.google.co.kr/search?q=%ED%8C%8C%EC%9D%B4%EC%8D%AC&oq=%ED%8C%8C%EC%9D%B4%EC%8D%AC&aqs=chrome..69i57j69i59j69i61j69i59j69i60j69i59.1061j0j8&sourceid=chrome&ie=UTF-8")
ParseResult(scheme='https', netloc='www.google.co.kr', path='/search', params='', query='q=%ED%8C%8C%EC%9D%B4%EC%8D%AC&oq=%ED%8C%8C%EC%9D%B4%EC%8D%AC&aqs=chrome..69i57j69i59j69i61j69i59j69i60j69i59.1061j0j8&sourceid=chrome&ie=UTF-8', fragment='')
```

만약 자신만의 클라이언트를 설계하고 싶다면 앞 모듈의 함수와 클래스들에 대해서 좀 더 자세히 공부할 필요가 있지만 여기서는 일반적으로 사용하는 웹 브라우저면 충분하므로 간단하게 다루었다. 이젠 웹 서버로 주제를 전환해보겠다.

웹 서버 프로그래밍

파이썬 3.x에서는 http 패키지의 server 모듈에 웹 서버를 위한 클래스와 핸들러 클래스가 제공된다. 앞에서 TCP 서버를 위한 socketserver 모듈과 비슷하게 생각할 수 있다. http.server 모듈에 있는 클래스들은 socketserver 모듈의 TCPServer 클래스 또는 StreamRequestHandler를 상속한 클래스들이기 때문이다. 이런 클래스들의 상속관계에서도 HTTP가 TCP/IP를 기반으로 한다는 것을 알 수 있는 대목이다.

그런데 이 부분은 다음과 같이 버전별로 정리해둘 필요가 있다.

웹 클라이언트를 위한 모듈이 파이썬 3.x에서 urllib 패키지로 통합된 것처럼 웹 서버 모듈도 파이썬 3.x 버전에서 http.server 모듈로 통합되었다. 파이썬 2.x 버전에서는 다음과 같이 3개의 모듈이 제공된다.

표 16-2 웹서버 관련 모듈(파이썬 2.x)

모듈	포함 클래스	비고
BaseHTTPServer	HTTPServer, BaseHTTPRequestHandler	파이썬 2.x
SimpleHTTPServer	SimpleHTTPRequestHandler	
CGIHTTPServer	CGIHTTPRequestHandler	

세 개의 모듈에는 각각 핸들러 클래스가 제공된다. 각 모듈들은 상속관계가 있는데 Base, Simple, CGI순으로 상속된다. 서버의 기능은 자식으로 갈수록 많아지고 Base는 아주 기본적인 HTTP 서버의 처리를 한다. 이 중 첫 번째 모듈 BaseHTTPServer에서 기본적인 웹 서버를 위한 HTTPServer 클래스를 제공한다.

파이썬 3.x에서는 이 모듈들을 다 없애고 4개의 클래스를 http.server 모듈로 통합하였다.

표 16-3 웹 서버 관련 모듈(파이썬 3.x)

패키지.모듈	포함 클래스	비고
http.server	HTTPServer	파이썬 3.x
	BaseHTTPRequestHandler	
	SimpleHTTPRequestHandler	
	CGIHTTPRequestHandler	

이제 HTTPServer 클래스를 기본으로 하고 핸들러를 택하여 서버를 만들 수 있다. 서버는 윈도우 커맨드 창을 띄워서 아주 간단히 테스트할 수 있다. 앞에서 네트워크 프로그래밍을 했던 기억을 떠올려서 웹 서버를 동작시키고 실습해보자.

커맨드 창을 띄워서 C:\gop\ch16의 경로로 가보자. 그리고 다음 명령을 실행해보자.

```
C:\gop\ch16>python -m http.server 8000 --bind 127.0.0.1
Serving HTTP on 127.0.0.1 port 8000 ...
127.0.0.1 - - [14/Nov/2016 12:52:50] "GET / HTTP/1.1" 200 -
```
[24]

---

24 -m 옵션은 모듈을 확장자 없이 실행시킨다. 이 때 패키지명과 모듈 사이에 속성접근자(.)를 사용하여 모듈에 접근할 수 있다.

웹 서버가 실행되는데 웹 브라우저로 접속해보면(http://127.0.0.1:8000) 현재 디렉토리의 정보가 보인다.

Directory listing for /

- FortuneCookieClient.py
- FortuneCookieSever.py
- multichat_Client.py
- multichat_Server.py
- mysocketServer.py
- selectchatSev.py
- tcphttp.py
- ThreadClient.py
- ThreadServer.py

만약 현재 디렉토리에 `index.html` 또는 `index.htm` 문서를 만들어 넣어 보면 이 문서가 웹 브라우저에 보여질 것이다. 이 서버는 `HTTPServer`와 `SimpleHTTPRequestHandler`의 조합으로 만든 가장 기본적인 기능만 갖춘 모습의 서버다. 그리고 `SimpleHTTPRequestHandler`에는 클라이언트의 요청에 대해서 응답하는 `do_GET` 메소드가 기본적으로 구현되어 있고 자동적으로 `html` 문서를 찾는다. 다음은 앞에서 실행시킨 서버와 동일한 동작을 하는 코드다. 다음 코드 실행해보고 웹 브라우저로 서버에 접속해보자.

예제 16-10 SimpleHTTPRequestHandler를 사용한 웹 서버

```python
#simplehttpServer.py
from http.server import HTTPServer, SimpleHTTPRequestHandler
import sys

ip = '127.0.0.1'
port = 8000

addr = (ip, port)

httpd = HTTPServer(addr, SimpleHTTPRequestHandler)
Servip, Servport = httpd.socket.getsockname()
try:
    httpd.serve_forever()
except KeyboardInterrupt:
    print("Keyboard interrupt received, exiting.")
    httpd.server_close()
sys.exit(0)
```

SimpleHTTPRequestHandler에는 do_GET 메소드가 기본적으로 정의되어 있으므로 이 핸들러 클래스를 그대로 사용했다. 하지만 BaseHTTPRequestHandler로 웹 서버를 만든다면 do_GET 메소드를 재정의해야 한다. 다음은 이에 대한 코드다.

예제 16-11 BaseHTTPRequestHandler를 사용한 웹 서버

```python
#basehttpServer.py
from http.server import HTTPServer, BaseHTTPRequestHandler
import sys
import time

ip = '127.0.0.1'
port = 8000
addr = (ip, port)
class myHTTPHandle(BaseHTTPRequestHandler):
    def do_GET(self):
        self.send_response(200)
        self.send_header('Content-type', 'text/html')
        self.end_headers()
        self.wfile.write(bytes('<html><body><p>{}</p></body></html>'.format(time.ctime()),"utf-8"))

httpd = HTTPServer(addr, myHTTPHandle)
servip, servport = httpd.socket.getsockname()
print("Serving HTTP on {}, port {}".format(servip, servport))
try:
    httpd.serve_forever()
except KeyboardInterrupt:
    httpd.server_close()
    sys.exit(0)
```

이 웹 서버에 접속(http://127.0.0.1:8000)하면 현재의 시각을 보여준다. do_GET 메소드에서 차례대로 호출한 메소드들은 응답메시지(상태 라인), 헤더 정보, 헤더의 끝, 그리고 body 부분이다. 여기서 wfile은 웹 클라이언트에게 데이터를 보낼 출력 스트림이다(파일이라고 생각하자. wfile 파일에 쓰면 클라이언트에게 전송된다. rfile은 반대로 입력스트림이다). 역시 서버 클래스와 핸들러 클래스의 조합으로 do_GET 메소드를 정의한 것을 빼면 똑같은 코드므로 쉽게 이해할 수 있을 것이다.

마지막으로 CGIHTTPRequestHandler를 사용한 서버를 살펴보기 전에 cgi에 대해 이해가 필요하다. 앞에서 살펴본 웹 서버는 클라이언트의 요청에 대해서 문서의 내용이나 문자열 등을 직접 보내주었다. 이와 달리 외부의 응용프로그램을 실행시

킨 결과를 클라이언트에게 보내줄 수도 있는데 이를 위한 약속된 방법을 cgi^{common} $_{gateway\ interface}$라고 한다. 예를 들어 데이터베이스에서 찾고자 하는 정보가 있을 때 클라이언트가 웹 서버에 요청하고 서버는 이를 처리하는 파이썬 스크립트를 외부에 만들어 두고 스크립트의 실행 결과를 다시 클라이언트에게 보내줄 수 있을 것이다. 이 방식의 문제점은 동일한 코드라도 클라이언트가 응용프로그램의 실행 결과를 요청한 만큼 프로세스가 생성된다는 문제가 있다. 이런 문제로 현재는 잘 사용되지 않는 기술이지만 이를 보완한 기술들이 cgi를 응용한 방식이므로 알아둘 필요성은 있다.

CGIHTTPRequestHandler를 사용한 서버는 앞에서 만든 서버의 기능에 cgi를 사용할 수 있는 기능이 추가된 것이다. 실행할 파이썬 프로그램의 위치는 cgi 서버를 실행시킨 디렉토리에 cgi-bin 폴더를 추가해서 그 안에 위치시키도록 하자.

예제 16-12 CGIHTTPRequestHander를 사용한 웹 서버

```
#cgihttpServer.py
from http.server import CGIHTTPRequestHandler,HTTPServer
import sys

ip = "127.0.0.1"
port = 8000
addr = (ip, port)


httpd = HTTPServer(addr,CGIHTTPRequestHandler)
sevip, sevport = httpd.socket.getsockname()
print("Serving HTTP on {}, port {}...".format(sevip, sevport))
try:
    httpd.serve_forever()
except KeyboardInterrupt:
    httpd.server_close()
    sys.exit(0)
```

```
#/cgi-bin/cgitime.py
print("Content-Type : text/plain\n\n")
import time

print(time.ctime())
```

이제 서버를 실행시킨 후 웹 브라우저로 웹 서버에 접속하여 **cgi** 프로그램을 실행시켜 보자.(http://127.0.0.1:8000/cig-bin/cgitime.py) 현재의 시각이 웹 브라우저에 출력될 것이다. 역시 코드 작성 없이 다음처럼 테스트 서버를 실행할 수도 있을 것이다.

```
C:\gop\ch16>python -m http.server --cgi --bind 127.0.0.1 8000
Serving HTTP on 127.0.0.1 port 8000 ...
```

CGI는 실행될 때마다 프로세스를 새로 만드는 비효율성으로 지금은 이에 대한 대한인 **WSGI**[web server gateway interface]를 사용한다. 이에 대한 더 자세한 내용은 파이썬 문서에서 또는 http://www.wsgi.org를 참고하길 바란다.

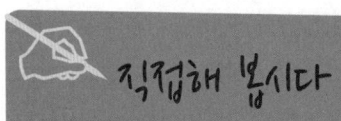

다양한 방법으로 채팅서버와 클라이언트를 만들어 봅시다.

1. tkinter GUI를 이용하여 채팅 클라이언트 프로그램을 만들어 보자. 이 때 클라이언트 프로그램에서도 접속된 사용자를 실시간으로 볼 수 있도록 만들어 보자.

   > HINT 14장을 공부한 후 프로그램을 완성하도록 하자.

2. 쓰레드로 만든 다중 채팅 서버를 참고하여 select 모듈을 이용한 다중 채팅 서버(selectchatSev.py)를 보완하여 완성해보자.

3. 앞에서 만들었던 다중 채팅 프로그램을 참고하여 secketserver 모듈을 사용한 다중 채팅 프로그램을 새롭게 완성해보자.

4. 이 장에서 쓰레드를 사용하여 만든 다중 채팅 서버는 한 가지 문제가 있다. 바로 접속자의 리스트를 관리하는 전역변수를 여러 쓰레드가 공유하는 부분인데 어떤 문제가 있는 것인지 설명하여라. 그리고 문제의 원인 해결을 위해 코드를 수정해 보자.

   > HINT 이 부분은 동기화에 대한 내용이다. 15장을 참고하여 해결하도록 해보자.

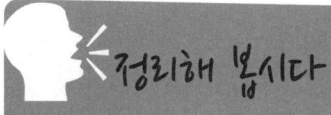

해답은 파이썬의 신 네이버 카페(cafe.naver.com/godofpython)에서 제공됩니다.

1 네트워크의 정의를 설명해보자.

2 네트워크 상에서 호스트 간에 데이터를 주고받기 위해 필요한 것에는 어떤 것들이 있는가?

3 호스트 간에 1:1로 연결하여 데이터 교환이 이루어지고 있다. 어떤 프로토콜을 사용하고 있다고 생각되는가?

4 TCP/IP 서버와 클라이언트에서 연결이 이루어지기 전까지 사용하는 메소드와 그 기능을 정리해보자.

5 어떤 서비스를 하는 TCP/IP서버에 10개의 클라이언트가 접속 중이다. 이 서버가 해당 서비스를 위해서 생성한 소켓의 개수는 몇 개인가?

6 HTTP는 (   )에 기반을 둔 응용 프로토콜이다.

7 socketserver 모듈을 이용하여 TCP/IP 서버를 만들려고 한다. 이 때 사용할 클래스는 `ThreadingTCPServer`와 `StreamRequestHandler`다. 이 때 핸들러 클래스의 역할은 무엇인가?

8 웹 클라이언트 프로그래밍을 위한 파이썬 2.x의 `urlparse`, `urllib2`, `robotparser` 모듈 등은 파이썬 3.x에서 (   ) 패키지로 포함되었다.

정리해 봅시다

9. 웹 서버 프로그래밍을 위한 파이썬 2.x의 BaseHTTPServer, SimpleHTTPServer, CGIHTTPServer 모듈들은 파이썬 3.x에서 (   ) 패키지의 (   ) 모듈로 통합되었다.

10. 웹 서버를 만들 때 BaseHTTPRequestHandler를 사용하려면 (   ) 메소드를 반드시 재정의(override)해야 한다.

17장
데이터베이스

데이터를 영구적으로 저장하고 싶을 땐 간단히 파일로 만들어 저장하면 된다. 어떤 종류의 데이터든지 간에 파일로 저장해 놓으면 나중에 필요할 때 언제든지 사용할 수 있다. 그런데 저장할 데이터가 많아지면 효율적인 데이터의 검색이 힘들어질 수 있다. 간단한 예로 텍스트 파일에 영어 단어를 정리하여 저장하는 경우 단어의 개수가 점점 많아질 경우가 그렇다. 알파벳 'a'로 시작하는 단어에 대한 정보만 보고 싶다면 일일이 찾아야 할지도 모른다. 실수로 찾지 못하는 단어가 생길 수도 있겠다.

데이터의 저장은 어떤 방식이든 궁극적으로 파일을 하드디스크에 저장하는 것이겠지만 이 때 데이터베이스를 사용한다면 데이터를 구조화하여 효율적으로 데이터를 저장할 수 있다.

이런 데이터베이스 사용을 위한 관리 시스템(DataBase Management System)에는 다양한 종류가 있는데 SQL(structured query language)이라는 질의 언어를 사용하여 데이터를 처리한다. 따라서 이 장을 공부하기 전에 SQL에 대한 기본적인 문법을 알고 있어야 수월할 것이다. SQL에 대해 전혀 지식이 없다고 하더라도 이해할 수 있을 정도의 기본 문법을 따로 설명하도록 하겠다.

앞에서 잠시 언급했던 DBMS(DataBase Management System)는 데이터베이스를 다루는 소프트웨어로 생각하면 된다. DBMS의 종류는 다양하므로 사용목적에 따라서 어떤 DBMS를 선택해야 할지 결정해야 하지만 파이썬을 사용한다면 지금 모든 DBMS를 다 알 필요는 없다. DBMS마다 다루는 방법은 다르더라도 파이썬의 DB-API를 따르는 모듈이 제공되면 어떤 DBMS라도 통일된 인터페이스를 통해서 사용할 수 있기 때문이다.[1]

---

[1] https://wiki.python.org/moin/DatabaseInterfaces를 참고하면 파이썬에서 어떤 DBMS를 지원하는지에 대한 내용과 설치 정보를 얻을 수 있다.

이 장에서는 DB-API가 무엇인지를 알아보고 DB-API의 핵심적인 부분을 살펴볼 것이다. 그리고 파이썬에서 기본으로 제공하는 sqlite3 모듈을 사용하여 Sqlite를 사용하는 방법을 알아볼 것이다.

Sqlite를 잠시 소개하자면 Sqlite는 다른 데이터베이스들과 달리 서버 기반이 아닌 파일 기반의 데이터베이스다. 장점으로는 가볍고 응용프로그램 내에서 쉽게 사용할 수 있다. 이렇게 심플하면서도 많은 기능을 갖추고 있어 DBMS를 실습하기에 쉽고 개발 초기단계에서 가볍게 사용할 수도 있다.

파이썬은 Sqlite를 사용을 위해 sqlite3 모듈을 제공한다. 이 모듈은 파이썬의 표준 라이브러리에 포함되어 있으므로 접근성이 좋다. 또한 나중에 다른 DBMS로 바꾸더라도 DB-API를 따르는 모듈이 제공된다면 코드의 수정을 거의 하지 않고 그대로 사용할 수 있으므로 프로토타입 설계로도 안성맞춤이다. 물론 모듈마다 추가로 제공되는 확장 기능들이나 세부적인 부분은 차이가 있을 수 있다.

지금까지 언급한 내용들을 하나씩 자세히 살펴보면서 파이썬으로 데이터베이스를 사용하는 방법을 실습해보자.

 DB-API라는 것이 무엇이죠?

 일종의 규격이죠. 예를 들어 컴퓨터를 조립할 때 메인보드가 DDR4를 지원한다는 것도 보드가 DDR4를 지원하는 규격을 가진다는 것이겠죠? 이렇게 통일된 규격을 가진다면 어떤 회사의 제품이든 DDR4 램은 다 장착할 수 있답니다.

 마찬가지로 어떤 데이터베이스 시스템이든 DB-API를 지원하는 모듈이 제공된다면 데이터베이스 시스템이 바뀌어도 해당 모듈로만 바꿔주면 프로그래밍된 코드는 그대로 사용할 수 있겠죠. 물론 이 규격이 아주 엄격히 지켜지는 것이 아닌 일종의 권고되는 약속이므로 약간의 코드 수정이 필요할 수도 있긴 하지만 걱정할 만큼 문제가 되지는 않아요.

 아~ DB-API 덕분에 데이터베이스 시스템이 바뀌어도 크게 코드가 바뀌지 않는 거군요.

 그래요. 이렇게 인터페이스를 통일시켜주는 기능과 동시에 이런 모듈들은 파이썬으로 작성되므로 코드가 쉬워지는 장점도 있죠.

DB-API

DB-API[python Database API Specification]는 쉽게 말하면 데이터베이스와 응용프로그램 간에 다리 역할을 하는 인터페이스에 대한 권고사항이다. 이렇게 통일된 인터페이스를 기준으로 모듈을 만들면 사용자는 DBMS의 종류에 상관없이 DB-API에 대한 명세만 알면 된다. 따라서 파이썬으로 데이터베이스를 다루기 위해서는 우선 DB-API에 대한 내용을 알아야 할 것이다.[1]

DB-API 또는 python Database API Specification은 1.0 또는 2.0 버전이 있다. 사용할 모듈이 어떤 버전의 명세를 따라 만들어졌는지 확인하고자 하면 모듈의 **apilevel**을 확인하면 된다.

```
>>> import sqlite3
>>> sqlite3.apilevel
'2.0'                   #2.0 버전을 따른다.
```

만약 이 값이 주어지지 않았다면 1.0 버전을 따르는 것이다. 여기에서는 2.0을 기준으로 DB-API를 따르기 위해 구현되어야 할 핵심적인 요소들을 살펴보도록 하겠다.

DB-AIP 명세에 따라 데이터베이스를 사용하는 절차는 간단히 다음과 같이 이루어진다.

- 데이터베이스에 연결하여 연결 객체[connection objects]를 만든다.
- 연결 객체에서 커서 객체[cursor objects]를 얻어서 커서 객체를 통해서 데이터를 처리한다.
- 처리를 다 했다면 연결을 종료한다.

여기서 연결 객체는 데이터베이스 연결을 관리하고 커서 객체는 질의를 처리하는 데 사용되는 객체다. 이렇게 데이터베이스를 사용하려면 연결 객체와 커서 객체가 반드시 정의되어 있어야 한다. 그리고 각 객체를 만드는 방법은 DB-API를 따라 다음과 같이 이루어져야 한다.

---

[1] DB-API의 명세에 대한 자세한 내용은 https://www.python.org/dev/peps/pep-0249/를 참고하기 바란다.

DB-API에 따라서 연결 객체는 connect 함수로 만들기로 정해져 있다. 즉 connect 함수의 호출로 데이터베이스와 연결이 이루어지고 해당 연결 객체를 반환한다.

이렇게 연결이 이루어졌으면 다음으로 데이터베이스에 질의를 하기 위해 커서 객체가 필요하다. 커서 객체는 연결 객체의 cursor 메소드를 호출해서 얻을 수 있다. 커서 객체가 만들어지면 커서 객체가 가진 다양한 메소드로 데이터베이스에 질의를 하여 데이터를 얻을 수 있다.

커서 객체는 데이터베이스에 질의를 하기 위한 execute * 메소드와 질의 결과를 가져오는 fetch * 메소드 등을 가진다. 다음은 이 과정을 처리하는 아주 간단한 예다.

```
>>>from sqlite3 import *                          #sqlite3 모듈
>>> mydb = connect("C:/gop/ch17/fruit.db")        #db 파일에 연결, 없다면 새로 생성
>>> csr = mydb.cursor()                           #커서 객체 얻기
>>> csr.execute("CREATE TABLE test(fruit VARCHAR(20), num INT, price
INT)")                                            #테이블 생성
<sqlite3.Cursor object at 0x02E11220>
>>> csr.execute("INSERT INTO test(fruit, num, price) VALUES('Apple', 10,
1000)")                                           #레코드 기록
<sqlite3.Cursor object at 0x02E11220>
>>> csr.execute('SELECT * FROM test')             #읽을 테이블 선택
<sqlite3.Cursor object at 0x02E11220>
>>> row = csr.fetchone()                          #선택된 테이블에서 하나의 레코드 읽기
>>> print(row)                                    #읽은 레코드 출력
('Apple', 10, 1000)
>>> mydb.commit()                                 #모든 작업을 커밋(확정)한다.
>>> mydb.close()                                  #연결을 닫는다.
```

앞에서 설명한 대로 커서 객체를 얻고 커서 객체의 메소드를 사용하여 테이블 생성 및 레코드 추가 그리고 레코드를 읽어내 출력까지 하는 작업을 한다. 아마 SQL문에 대한 해석과 commit이 무엇인지 궁금할 것이다. 천천히 살펴볼 것이므로 우선 여기서는 흐름만 보도록 하자.

DB-API에서 정해진 큰 흐름은 이 정도로 해두고 SQL 기본 문법에 대해 간단히 소개하고 넘어가겠다. 실습을 위해서 Sqlite를 사용할 것이다. https://www.sqlite.org/download.html에서 자신의 OS에 맞는 바이너리 파일(윈도우 OS라면 sqlite-tools-win32-x86-3130000.zip)을 다운로드하여 압축을 푼(C 드라이

브에 압축을 풀고 폴더 이름을 sqlite라고 바꾸도록 하겠다) 후에 리눅스 쉘 또는 윈도우 명령 프롬프트에서 sqlite3라고 실행하면 준비는 완료된다.

```
C:\sqlite>sqlite3
SQLite version 3.15.1 2016-11-04 12:08:49
Enter ".help" for usage hints.
Connected to a transient in-memory database.
Use ".open FILENAME" to reopen on a persistent database.
sqlite>
```

SQL

SQL Structured Query Language은 구조화된 질의 언어로 데이터베이스에서 데이터를 처리하는데 있어 표준이 되는 언어다. 여기서 처리라 함은 데이터를 얻어내거나 수정, 삭제 생성과 같은 기능을 모두 포함한다. 문법은 직관적이므로 이해하기 쉽다.

우선 데이터베이스에 데이터를 저장하기 위해서 테이블을 만들어야 한다. 다음과 같이 행과 열로 되어있는 테이블을 상상해보자.

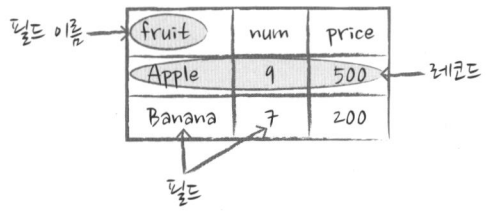

데이터가 저장되는 공간 하나하나를 필드라고 하는데 같은 열에 있는 필드들은 동일한 타입과 종류에 해당하는 데이터가 저장된다. 따라서 각각의 열은 열을 대표하는 필드 이름을 가지고 있다. 필드들이 모여서 하나의 행을 이룬 것을 레코드라고 하고 이런 레코드들이 모여서 하나의 테이블을 형성한다. 따라서 테이블을 만들려면 **CREATE** 명령을 사용하여 만들 필드 이름들을 정의해줘야 한다. 그렇다면 위와 동일한 테이블을 생성하고 레코드를 채워보도록 하겠다.

```
sqlite> CREATE TABLE mytable(fruit TEXT, num INTEGER, price INTEGER);
sqlite> INSERT INTO mytable(fruit, num, price) VALUES('Apple', 9, 500);
sqlite> INSERT INTO mytable(fruit, num, price) VALUES('Banana', 7, 200);
```

SQL 명령어는 대소문자를 따로 구분하지는 않지만 대문자로 쓰는 것이 관례다. 그리고 명령문의 끝에는 세미콜론(;)을 넣어준다.

첫 줄부터 설명하자면 mytable이란 이름의 3개의 필드를 가진 테이블을 생성하면서 각각의 필드 이름을 지어준다. 필드 이름 뒤에는 필드의 타입을 지정해준다.[2] 이런 방식으로 원하는 만큼의 필드 이름을 지정할 수 있다. 사용하는 데이터베이스에 따라서 지원하는 데이터 타입이 다를 수 있다. Sqlite에서 지원하는 기본 데이터 타입은 INTEGER, TEXT, BLOB, REAL, NUMERIC 5가지다(자세한 데이터 타입들에 대한 정보는 http://www.sqlite.org/datatype3.html을 참고하자).

둘째 줄과 셋째 줄은 mytable이란 테이블에 레코드를 삽입하는 방법이다. SQL 문법은 직관적으로 이해하기 쉽기 때문에 긴 설명은 하지 않겠다.

이제 생성된 테이블을 읽어보도록 하자. 우선 fruit라는 필드명을 가진 필드들만 읽는 방법이다. SELECT를 사용하여 검색을 할 수 있다.

```
sqlite> SELECT fruit FROM mytable;
Apple
Banana
```

출력한 모습이다.

fruit	num	price
Apple	9	500
Banana	7	200

이번에는 num 필드는 빼고 fruit와 price열만 읽어보자.

```
sqlite> SELECT fruit, price FROM mytable;
Apple|500
Banana|200
```

---

[2] SQLite는 동적으로 타입을 체크하므로 필드 이름 뒤에 타입을 생략해도 된다.

역시 레코드 단위로 읽는데 필드명 fruit와 price만 출력한다.

fruit	price	num
Apple	500	9
Banana	200	7

만약 테이블 전체를 읽고 싶다면 `SELECT * FROM mytbale;`라고 명령을 내리면 된다.

이번에는 조건을 넣는 방법을 알아보자. WHERE문 다음에 조건을 넣을 수 있는데 price가 300보다 높은 레코드를 출력해보도록 하겠다.

```
sqlite> SELECT * FROM mytable WHERE price>300;
Apple|9|500
```

AND와 OR, NOT 연산자도 사용하여 조건을 늘릴 수도 있다.

```
sqlite> SELECT * FROM mytable WHERE price>100 AND num>8;
Apple|9|500
```

이번에 기존의 레코드를 갱신(수정)하는 방법을 알아보자. 갱신은 UPDATE 명령어를 사용한다. 필드 이름이 fruit인 열에서 'Apple'을 검색하여 해당 레코드의 price를 777, num을 77로 갱신해보자.

```
sqlite> UPDATE mytable set price=777, num=77 WHERE fruit = 'Apple';
sqlite> SELECT * FROM mytable;
Apple|77|777
Banana|7|200
```

역시 어렵지 않게 해석할 수 있다.

이번에는 레코드(행)을 삭제하는 명령어인 DELETE를 사용하여 필드 이름이 fruit인 열에서 값이 'Banana'인 레코드를 삭제하는 방법이다.

```
sqlite> DELETE FROM mytable WHERE fruit = 'Banana';
sqlite> SELECT * FROM mytable;
Apple|77|777
```

이 밖에도 테이블을 삭제하고 싶다면 "DROP TABLE 테이블명"이라고 하면 된다. 그리고 테이블명을 변경하고 싶다면 "ALTER TABLE 원래테이블명 RENAEM TO 바꿀테이블명"라고 명령하면 된다.

아직 시작에 불과하지만 여기까지 잘 따라왔다면 살을 덧붙여 가면서 공부하기 쉬울 것이다. 우리의 목적은 SQL문을 공부하는 것이 아니라 파이썬을 통한 데이터베이스 관리 시스템을 사용하는 것이므로 나머지 공부는 스스로에게 맡기겠다.

마지막으로 지금까지 만든 테이블을 저장하고 마무리하겠다.

```
sqlite> .save mydb.db
sqlite> .quit

C:\sqlite>sqlite3 mydb.db
SQLite version 3.15.1 2016-11-04 12:08:49
Enter ".help" for usage hints.
sqlite> .open mydb.db
sqlite>
```

.save 다음에 저장할 파일명을 써서 데이터베이스를 파일로 저장할 수 있다. .quit로 빠져 나온 후에 위와 같이 데이터베이스를 열면 된다. 또는 '.open 파일명' 명령으로도 파일을 열 수 있다.

다시 파이썬으로 돌아와서 앞에서 생성한 mydb.db 파일을 열어보자.

```
>>>from sqlite3 import *
>>> conn = connect("C:/sqlite/mydb.db")
>>>csr = conn.cursor()
>>>csr.execute("SELECT * FROM mytable")
<sqlite3.Cursor object at 0x02DE1220>
>>>csr.fetchone()
('Apple', 9, 500)
```

fetchone 메소드는 레코드를 순서대로 하나씩 읽어온다. fetchall 메소드를 사용하면 모든 레코드를 한 번에 읽어올 것이다. 더 자세한 내용은 커서 객체에서 다룬다.

연결 객체

어떻게 데이터베이스에 데이터를 저장하고 처리하는지에 대한 큰 흐름은 살펴보았다. 이제 DB-API의 세부적인 내용을 살펴보도록 하자. DB-API에 따라서 connect 함수가 반드시 정의되어야 한다고했다. 그리고 connect 함수 호출로 반환되는 연결 객체의 핵심 메소드들은 다음과 같다.

표 17-1 DB-API에 명시된 연결 객체의 주요 메소드

메소드	설명	비고
close	데이터베이스와 연결을 종료	처리되지 않는 트랜잭션은 rollback 된다.
commit	처리되지 않은 트랜잭션을 처리한다.	필수 구현
rollback	처리되지 않은 트랜잭션을 취소한다.	선택 구현
cursor	커서 객체 또는 그에 상응하는 객체를 만든다.	

여기서 close와 cursor가 어떤 기능을 하는지 짐작이 가겠지만 commit과 rollback은 어떤 것인지 생소할 것이다. 그리고 트랜잭션transaction이란 용어도 처음 듣는지도 모르겠다. 우선 용어에 대한 설명을 먼저 하고 넘어가겠다.

트랜잭션의 사전적으로 처리, 업무, 거래 의미를 가지고 있다. 데이터베이스에서도 트랜잭션이 사전적 의미와 동일하게 사용된다. 즉 어떤 일련의 작업, 또는 처리의 단위를 의미하는데 인터넷에서 물건을 주문하는 경우를 가정해보면 쉽게 이해할 수 있다. 물건을 주문하는 경우의 트랜잭션은 다음과 같은 세부 절차들이 모여서 이루어진다.

- 구매자가 사고자 하는 물건을 선택한다.
- 판매자가 데이터베이스에서 물건의 재고가 남아 있는지 확인한다.
- 재고가 있다면 구매자는 정해진 절차에 따라서 돈을 지불해야 한다.
- 계산을 마치면 판매자는 물건을 구매자에게 배송한다.
- 배송이 완료되고 물건에 이상이 없다면 거래는 성사된다.

아주 당연한 절차들이지만 이런 절차 중에 한 가지 절차라도 문제가 생긴다면 거래는 성립되지 않아야 하고 행해진 절차들은 전부 취소되어야 한다. 즉, 물건을 구매

하는 것을 하나의 트랜잭션이라고 볼 때 위에서 언급한 모든 절차가 문제없이 이루어져야만 트랜잭션이 완료되는 것이다.

이제 연결 객체가 가진 commit과 rollback에 대해서 이해할 수 있다.

commit

commit은 트랜잭션을 확정하는 역할을 한다. 즉, commit을 호출하지 않는다면 현재까지 이루어진 트랜잭션은 데이터베이스에 영향을 미치지 않을 것이다.[3] 데이터베이스가 트랜잭션을 지원하지 않아도 commit은 필수적으로 구현되어야 한다.

rollback

rollback 메소드의 호출로 트랜잭션을 취소시킬 수도 있다. 직접 호출할 수도 있겠지만 commit 되지 않은 채 데이터베이스의 연결을 닫는 경우 자동적으로 rollback이 수행된다. 단, rollback 구현은 선택이다.

커서 객체

커서 객체^{Cursor Objects}는 데이터 처리를 위한 담당한다. 예를 들면 SQL 질의를 커서 객체의 execute 메소드를 통해서 데이터베이스에 전달할 수 있다. 다음은 핵심적인 메소드들이다.

표 17-2 DB-API에 명시된 커서 객체의 주요 메소드

메소드	설명	비고
close	커서를 닫는다.	
execute	데이터베이스에 질의 또는 명령을 실행	
executemany	데이터베이스에 질의 또는 명령을 실행	execute를 여러 번 호출하는 것과 동일
fetchone	질의 결과로부터 다음 행을 가져온다.	튜플 반환

---

[3] 단, 데이터베이스에 따라서 트랜잭션을 지원하지 않거나 commit이 자동적으로 이루어지도록 설정된 경우도 있다는 것을 알아두자.

메소드	설명	비고
fetchmany	질의 결과로부터 개수만큼의 다음 행들을 가져온다.	개수는 인수로 전달
fetchall	질의 결과로부터 남은 행들을 가져온다.	튜플을 묶은 리스트 반환

이 밖에도 필수 또는 선택적으로 구현되어야 할 속성과 메소드들이 있다. 굳이 지금 알 필요는 없지만 필요하다면 이에 대한 더 자세한 사항은 파이썬 DB-API를 참고하면 된다.

우선 실습을 위해 데이터베이스에 테이블을 만들어 놓겠다. 테이블은 3열로 되어있고 각각의 열은 순서대로, 단어, 단어의 의미, 단어의 레벨로 구성된다.

예제 17-1 단어장 데이터베이스 테이블 생성

```
#word1.py
import sqlite3

conn = sqlite3.connect('C:/gop/ch17/mydb.db')   #해당 경로의 mydb.db를 읽는다.
                                                #없다면 새로 생성
c = conn.cursor()
c.execute('''CREATE TABLE mytable(word TEXT, meaning TEXT, level
INTEGER)''')
conn.close()
```

현재 테이블에는 어떤 데이터도 저장되지 않은 상태다. 이제부터 커서 객체의 메소드들을 어떻게 사용하는지 하나씩 살펴보겠다.

execute

다음은 앞에서 만들어놓은 데이터베이스 파일에 다시 연결하여 테이블에 3개의 레코드를 입력하는 예제다. 원하는 형식의 `sql` 질의문을 `execute` 메소드의 인수로 넣어주기만 하면 된다.

예제 17-2 execute 메소드로 질의하기

```
#word2.py
import sqlite3

conn = sqlite3.connect('C:/gop/ch17/mydb.db')   #해당 경로의 mydb.db를 읽는다.
                                                #없다면 새로 생성
c = conn.cursor()

c.execute('''INSERT INTO mytable(word, meaning, level)
VALUES("python",
       "A python is a large snake that kills animals by squeezing them with its body.",
       2)''')
c.execute('''INSERT INTO mytable(word, meaning, level)
VALUES("sql",
       "structured query language: a computer programming language used for database management.",
       1)''')
c.execute('''INSERT INTO mytable(word, meaning, level)
VALUES("apple",
       "An apple is a round fruit with smooth green, yellow, or red skin and firm white flesh.",
       1)''')

c.execute('''SELECT * from mytable''')
print(c.fetchall())                             #테이블의 마지막 레코드까지 출력

c.close()
conn.commit()
conn.close()
```

세 개의 영어 단어 "python", "sql", "apple"을 데이터베이스에 입력하였고 위 코드를 실행하면 다음과 같은 결과를 얻는다.

```
[('python', 'A python is a large snake that kills animals by squeezing them with its body.', 2), ('sql', 'structured query language: a computer programming language used for database management.', 1), ('apple', 'An apple is a round fruit with smooth green, yellow, or red skin and firm white flesh.', 1)]
```

사실 이런 식으로 데이터의 값을 직접 `sql` 질의문에 쓰려면 매번 스크립트를 바꿔야 할 것이다. 이 때는 외부에서 값을 변수에 입력받아 질의에 전달하는 방법을 사용하는 방법을 사용하면 스크립트를 매번 바꾸지 않아도 된다. 다음 코드는 사용자가 단어에 대한 정보를 직접 입력하고 입력된 정보를 데이터베이스에 저장하는 코드다.

예제 17-3 사용자 입력을 데이터베이스에 저장하기

```python
#word3.py
import sqlite3

conn = sqlite3.connect("mydb.db")
c = conn.cursor()

word = input("word : ")                 #단어 입력
meaning = input("meaning : ")           #단어 뜻 입력
level = input("level : ")               #단어 레벨 입력
c.execute("INSERT INTO mytable VALUES(?,?,?)", (word, meaning, level))
#변수 전달
c.execute("SELECT * FROM mytable")
print(c.fetchall())

c.close()
conn.commit()
conn.close()
```

`execute`의 두 번째 인수로 전달할 변수들을 튜플이나 리스트 같은 시퀀스 타입으로 묶어서 전달하면 된다. 이때 `sql` 질의에서는 각 항목에 대응되는 위치에 '?'를 써준다. 결과는 다음과 같다.[4]

```
word : database
meaning : database is a collection of data.
level : 2
[('python', 'A python is a large snake that kills animals by squeezing
them with its body.', 2), ('sql', 'structured query language: a computer
programming language used for database management.', 1), ('apple', 'An
apple is a round fruit with smooth green, yellow, or red skin and firm
white flesh.', 1), ('database', 'database is a collection of data.', 2)]
```

---

4 다른 데이터베이스는 '?' 대신 다른 기호를 사용할 수도 있다.

executemany

앞에서 살펴본 예제와 달리 한 번에 입력할 레코드가 많은 경우에는 executemany를 사용하면 입력할 레코드들을 일괄적으로 처리할 수 있다. execute 메소드는 데이터베이스에 입력할 레코드를 시퀀스 타입 객체로 만들어 두 번째 인수로 전달했었다. 즉 하나의 질의에 하나의 레코드만 입력된 것이다.

반면에 executemany 메소드를 사용하면 하나의 질의로 여러 개의 레코드를 입력할 수 있다. 다음은 executemany를 사용하는 방법을 보여주는 예다.

예제 17-4 여러 레코드 한 번에 입력하기

```
#word4.py
import sqlite3

conn = sqlite3.connect('mydb.db')
c = conn.cursor()

record1 = ('test_word1', 'test_word1_meaning', 1)
record2 = ('test_word2', 'test_word2_meaning', 2)
record3 = ('test_word3', 'test_word3_meaning', 3)
record4 = ('test_word4', 'test_word4_meaning', 4)

all_record = (record1,record2,record3,record4)

c.executemany('''INSERT INTO mytable VALUES(?,?,?)''', all_record)
c.execute('''SELECT * FROM mytable''')
print(c.fetchall())
c.close()
conn.commit()
conn.close()
```

입력할 레코드들의 시퀀스인 `all_record` 변수가 executemany 메소드의 두 번째 인자로 전달된다. 각각의 레코드들은 차례로 질의에 대응되므로 질의는 execute 메소드를 사용할 때와 동일하다. 위 코드의 결과는 다음과 같다.

```
[('python', 'A python is a large snake that kills animals by squeezing
them with its body.', 2), ('sql', 'structured query language: a computer
programming language used for database management.', 1), ('apple', 'An
apple is a round fruit with smooth green, yellow, or red skin and firm
white flesh.', 1), ('database', 'A database is a collection of data.',
2), ('test_word1', 'test_word1_meaning', 1), ('test_word2', 'test_word2_
meaning', 2), ('test_word3', 'test_word3_meaning', 3), ('test_word4',
'test_word4_meaning', 4)]
```

executescript

이 메소드는 DB-API 명세에는 없지만 sqlite3에서 제공하므로 간략하게 소개하겠다. 이 메소드는 여러 개의 sql문을 일괄적으로 입력받을 수 있다. 따라서 execute 메소드를 여러 번 써야만 하는 상황이라면 executescript를 사용하면 편리할 것이다. 간단히 예를 들어보겠다.

다음 코드는 4개의 열을 가진 데이터베이스 테이블을 생성한 후 두 개의 레코드를 입력한다. 주석의 코드들과 executescript 메소드의 사용은 동일한 일을 수행한다.

예제 17-5 여러 질의 한 번에 입력하기

```python
#word5.py
import sqlite3

conn = sqlite3.connect('yourdb.db')
c = conn.cursor()

#c.execute('''CREATE TABLE yourtable(word, meaning, level, time)''')
#c.execute('''INSERT INTO yourtable VALUES('test_workd0', 'test_
meaning0', 1, datetime('now'))''')
#c.execute('''INSERT INTO yourtable VALUES('test_workd1', 'test_
meaning1', 2, datetime('now'))''')

c.executescript('''CREATE TABLE yourtable(word, meaning, level, time);
    INSERT INTO yourtable VALUES('test_workd0', 'test_meaning0', 1,
datetime('now'));
    INSERT INTO yourtable VALUES('test_workd1', 'test_meaning1', 2,
datetime('now'));
    ''')

c.close()
conn.commit()
conn.close()
```

> **참고**
> sqlite는 날짜를 특정 형식에 맞게 반환하는 함수를 제공한다. datetime('now')는 현재의 날짜와 시간을 반환한다. sqlite에는 날짜나 시간에 관한 데이터 타입을 따로 정의하지 않고 TEXT, REAL, INTEGER 타입으로 사용한다. 더 자세한 사항은 https://www.sqlite.org/lang_datefunc.html을 참고하도록 하자.

다음은 위에서 만든 데이터베이스의 테이블을 출력한다.

예제 17-6 yourdb.db의 yourtable 출력

```python
#word6.py
import sqlite3

conn = sqlite3.connect('yourdb.db')
c = conn.cursor()
c.execute('''SELECT * FROM yourtable''')
print(c.fetchall())
conn.close()
```

결과

```
[('test_workd0', 'test_meaning0', 1, '2016-05-15 13:44:01'), ('test_workd1', 'test_meaning1', 2, '2016-05-15 13:44:01')]
```

fetch

테이블에서 데이터를 검색하려면 먼저 데이터베이스에 연결을 한 후 질의를 통해서 원하는 결과를 얻어내야 한다. 이렇게 얻어진 결과 또한 테이블이 되는데 `fetchone` 메소드를 사용하여 레코드 단위로 데이터를 얻어낼 수 있다.

예제 17-7 데이터베이스에서 레코드 단위로 데이터 얻기

```python
#word7.py
import sqlite3

conn = sqlite3.connect('mydb.db')
c = conn.cursor()
c.execute('''SELECT * FROM mytable''')    #테이블 전체를 선택
print(c.fetchone())                        #다음 행 출력
print('----------')
print(c.fetchone())                        #다음 행 출력
```

```
    print('----------')

    c.close()
    conn.close()
```

결과

```
('python', 'A python is a large snake that kills animals by squeezing
them with its body.', 2)
----------
('sql', 'structured query language: a computer programming language used
for database management.', 1)
----------
```

이번에는 fetchmany와 fetchall 메소드를 섞어서 사용해보겠다. 두 메소드에 대한 기능 설명은 주석을 참고하자.

예제 17-8 fetch* 메소드의 비교

```python
#word8.py
import sqlite3

conn = sqlite3.connect('mydb.db')
c = conn.cursor()
c.execute('''SELECT * FROM mytable''')      #테이블 전체를 선택
print(c.fetchone())                          #다음 행 출력
print('----------')
print(c.fetchmany(3))                        #다음 3개의 행 출력
print('----------')
print(c.fetchall())                          #다음부터 마지막까지의 출력

c.close()
conn.close()
```

결과

```
('python', 'A python is a large snake that kills animals by squeezing
them with its body.', 2)
----------
[('sql', 'structured query language: a computer programming language used
for database management.', 1), ('apple', 'An apple is a round fruit with
smooth green, yellow, or red skin and firm white flesh.', 1), ('database',
'A database is a collection of data.', 2)]
```

```
----------
[('test_word1', 'test_word1_meaning', 1), ('test_word2', 'test_word2_
meaning', 2), ('test_word3', 'test_word3_meaning', 3), ('test_word4',
'test_word4_meaning', 4)]
```

데이터베이스를 이용한 단어장

지금까지 배운 내용만으로도 간단한 단어장을 만들 수 있다. 다음은 tkinter와 데이터베이스를 사용하는 단어장 예제다. 앞서 만들어 놓은 데이터베이스를 사용하므로 같은 폴더에 넣고 스크립트를 실행하도록 하자.[5]

예제 17-9 데이터베이스를 이용한 단어장

```python
#vocabulary.py
import tkinter
import sqlite3
conn = sqlite3.connect('mydb.db')
c = conn.cursor()
c.execute('''SELECT * FROM mytable''')

root = tkinter.Tk()
var_word = tkinter.StringVar(root, value ='1')
var_meaning = tkinter.StringVar(root, value ='2')
var_level = tkinter.IntVar(root, value = 0)

def next_word():
    record = c.fetchone()                        #결과의 끝에선 None 반환
    if not record:
        return 0
    var_word.set(record[0])
    var_meaning.set(record[1])
    var_level.set(record[2])

frame = tkinter.Frame(root, height=100, width =300)
frame.pack()
label_title = tkinter.Label(frame, text = "- 영어 단어장 -")
label_title.grid(row = 0, column=0, columnspan=2)
```

---

[5] 이미 tkinter에 대한 내용을 공부했다고 가정하고 tkinter에 대한 자세한 설명은 하지 않을 것이다.

```
label_word = tkinter.Label(frame, text = "단어")
label_meaning = tkinter.Label(frame, text = "의미")
label_level = tkinter.Label(frame, text = "난이도")
label_word.grid(row=1,column =0, sticky = tkinter.W)
label_meaning.grid(row=2,column =0, sticky = tkinter.W)
label_level.grid(row=3,column =0, sticky = tkinter.W)

button = tkinter.Button(frame, text = 'next', command = next_word)
button.grid(row = 4, column = 0, columnspan = 2)

word = tkinter.Label(frame, textvariable = var_word, width = 50,anchor = 
'w')
meaning = tkinter.Label(frame, textvariable = var_meaning, wraplength = 
200, justify = 'left', height = 5)
level= tkinter.Label(frame, textvariable = var_level)
word.grid(row=1,column =1, sticky = tkinter.W)
meaning.grid(row=2,column =1, sticky = tkinter.W)
level.grid(row=3,column =1, sticky = tkinter.W)

next_word()
root.mainloop()
```

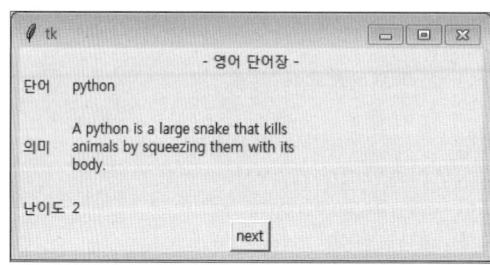

이 단어장 프로그램은 어떻게 데이터베이스를 사용하는지 충분히 보여주지만 기능은 제한적이다. 개선해야 할 기능은 레코드의 끝에 도달했을 때 다시 처음으로 돌아가는 기능을 추가하거나 "back" 버튼을 추가해서 레코드의 앞뒤로 이동이 가능하도록 할 수 있을 것이다. 또한 데이터베이스에 단어를 추가 입력할 수 있도록 만들 수도 있을 것이다.

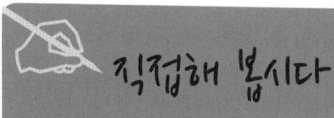

데이터베이스에 대해 배웠습니다. 연습문제를 풀면서 내용을 정리해보겠습니다.

1. 다음은 어떤 게임에서 게임을 플레이한 사람들의 점수를 기록해 놓은 테이블이다.

name	last_stage	score	nation
Jhon	2	15483	America
Kim	2	12547	Korea
Wang	3	21557	China
Lee	4	35466	Korea
Yamada	1	9531	Japan

sqlite를 사용하여 위 테이블과 같은 데이터베이스 테이블을 만들어 보자. 파일 이름을 Score.db라고 하고 테이블 이름은 Score라고 하자.

2. 1번에서 만든 Score.db를 읽고 score에 따른 순위를 출력하는 스크립트를 만들어 보자.

> **HINT** SQL문에서 'ORDER BY 필드명 ASC' 또는 'ORDER BY 필드명 DESC' 명령어를 추가하여 특정 필드를 기준으로 오름차순 또는 내림차순 검색을 할 수 있다. 예를 들어 "SELECT * FROM Score ORDER BY score DESC"라고 하면 score 필드에 대해 내림차순으로 레코드를 검색한다.

3. 1번에서 만든 Score.db를 가지고 이번에는 게임 플레이어가 자신의 정보를 등록하는 코드를 만들어 보자. 단, nation은 중복될 수 있지만 name은 중복될 수 없고 last_stage와 score는 random 모듈의 randint 함수를 사용하여 가상의 수치가 등록되도록 하자. stage는 1~10까지 있고 점수는 0~99999까지라고

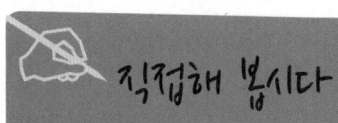

하자. 또한 이름은 대소문자를 구분하고 국가명은 첫 번째 문자만 대문자로 변환하여 저장하도록 한다.

> **HINT** 예를 들어 이름이 중복되는 경우는 `"""SELECT * from Score WHERE name==?"""`로 질의한 후 결과가 비어 있지 않은 경우다.

4 앞에서 만든 두 개의 스크립트를 이용하여 게임 플레이어가 자신의 정보를 정상적으로 등록한 후에 바로 전체 테이블의 출력하도록 해보자.

5 본문의 예제 vocabulary.py를 개선하여 단어를 입력하는 기능을 추가해보자. 또한 테이블을 생성 및 선택하는 기능도 추가해보자.

정리해 봅시다

해답은 파이썬의 신 네이버 카페(cafe.naver.com/godofpython)에서 제공됩니다.

1 DB-API의 명세에는 데이터베이스에 연결을 위한 (　) 함수를 정의할 것을 명시한다. 또한 이 함수가 반환하는 연결 객체(connection object)는 (　) 메소드가 정의되어야 하는데 이 메소드는 커서 객체(cursor objects)를 반환한다.

2 트랜잭션(transaction)이 무엇인지 예를 들어 설명해보자.

3 처리되지 않은 트랜잭션을 처리하여 데이터베이스에 반영하기 위해서는 연결 객체의 (　) 메소드를 호출해야 한다.

4 데이터베이스에 질의를 하려면 커서 객체의 execute 메소드를 사용한다. 만약 여러 개의 레코드를 한 번에 넘겨서 처리하고 싶다면 (　) 메소드를 사용하면 된다.

5 (　) 메소드는 DB-API에는 없지만 sqlite3 모듈에서 제공하는 메소드로 여러 개의 질의를 인수로 받아서 처리할 수 있다.

6 execute 메소드로 질의를 하면 결과 테이블이 만들어 진다. 이렇게 만들어진 결과 테이블에서 결과를 가져오는 메소드는 fetchone, fetchmany, fetchall이 있다. 결과 테이블의 첫 번째 레코드를 시작점으로 하여 (　) 메소드로 질의의 결과를 레코드 단위로 가져올 수 있다. 가져올 레코드의 개수를 지정하려면 (　) 메소드를 사용하고 현재 레코드부터 시작해서 마지막 레코드까지 가져오려면 (　) 메소드를 사용하면 된다.

★ 파이썬의신 네이버 카페에서 함께 공부해요.
cafe.naver.com/godofpython

18장
주요 표준 라이브러리

지금까지 여러 가지 내장 함수(print, id, sorted.... 등)와 모듈들(tkinter, threading, socket, sys, time)의 기능을 사용했었다. 사실 우리가 파이썬을 사용하는 이유 중에 하나가 풍부한 함수와 모듈을 사용하기 위함이다. 따라서 파이썬에서 제공하는 표준 라이브러리에는 어떤 것들이 있는지 전반적으로 살펴볼 필요가 있다.

그런데 혹자는 자신의 프로그래밍 스킬을 높이고자 이미 표준으로 구현되어 있는 기능이 있음에도 자신만의 라이브러리를 만들고 싶은 의욕이 생길 수도 있겠다. 물론 자신만의 라이브러리를 개발하는 것은 프로그래밍을 하는 데 있어서 노하우가 축적될지는 몰라도 하루가 다르게 변하는 시대의 흐름에 비춰볼 때 대개는 소모적인 일이다. 시간적으로 소모적이기도 하고, 누군가 자신이 만든 라이브러리를 사용하고 버그나 문제점에 대한 피드백을 해줄 확률도 적기 때문에 안정적이지도 못하다. 반면에 표준 라이브러리를 사용하는 것은 수많은 사람들이 사용하여 많은 테스트를 거치기 때문에 그만큼 완성도가 높다. 따라서 스스로 라이브러리를 개발하는 것보다는 자신이 필요한 기능들이 이미 구현되어 있는지에 대한 공부는 매우 중요하다.

그렇지만 사용자가 필요한 기능이 모두 표준에 구현되어 있는 것은 아니다. 또는 표준에 구현되어 있는 기능이라도 기능이 부족하거나 사용하는 방식이 맘에 안들 수 있다. 이런 경우 직접 해당 기능을 가진 모듈을 직접 만들어야 할 수도 있을 것이다. 그리고 자신이 만든 모듈을 pypi(https://pypi.python.org/)에 업로드하여 공유를 할 수 있다. 이렇게 공유된 라이브러리가 아주 기가 막혀서 사용하는 사용자들이 늘어나면 파이썬의 다음 버전에서 표준으로 채택될 수도 있을 것이다. 한 예로 tkinter를 다룰 때 다양한 이미지 포맷을 tkinter에서 사용할 수 있게 해주는 모듈 pillow를 설치한 기억이 날 것이다. 표준은 아니지만 pillow 모듈처럼 유용한 모듈을 직접 만들 수도 있는 것이다.

파이썬의 표준 라이브러리는 파이썬 문서(https://docs.python.org/3/) ▶ [Library Reference]에 모두 아주 자세히 정리되어 있다. 이 장에서는 주요한 몇몇 표준 라이브러리를 소개하고 자신이 만든 라이브러리를 공유하는 방법에 대해 다루고자 한다.

내장 함수

여기서는 파이썬의 내장 함수를 모두 언급하겠지만 대부분의 내장 함수는 사용법이 매우 간단하므로 필요한 몇몇 함수를 제외하고는 길게 설명하지는 않을 것이다.

설명을 보기 전에 두 가지 알아야 할 사항이 있다.

먼저 [ ] 사이의 인수는 생략이 가능하다는 뜻이다. 예를 들어 func(a[, b[, c]])는 인수 b, c가 생략 가능하다는 뜻이다.

다음으로 내장 함수라고 하지만 함수가 아닌 클래스인 경우가 있다. 예를 들어 range는 클래스다. 하지만 이 둘을 구분할 필요 없이 함수라고 생각하는 것이 편하다. 어짜피 겉으로 보기에는 구분이 가지 않기 때문이다. 이제부터 하나씩 살펴보겠다.

ascii(object)

5장의 '시퀀스 타입'의 문자열에서 다루었다. 참고하길 바란다.

bin(x)

정수 x를 이진수로 변환하여 문자열로 출력해준다.

bool(x)

x를 bool 타입으로 변환한다.

bytearry([source[, encoding[, errors]]])

12장에서 소개한 bytes 타입은 문자열처럼 immutable 객체였다.

```
>>> b = bytes([1,20,40,55,126,200])
>>> b[1]=33                    #색인 연산 불가능
Traceback (most recent call last):
  File "<pyshell#19>", line 1, in <module>
    b[1]=33
TypeError: 'bytes' object does not support item assignment
```

bytesarry 타입은 bytes 타입의 변경 가능한 버전이라고 보면 된다. 위 코드를 bytesarray로 바꾸면 다음과 같다.

```
>>> b = bytearray([1,20,40,55,126,200])
>>> b[1]=33                    #색인 연산 가능
>>> list(b)
[1, 33, 40, 55, 126, 200]
```

첫째 인수 source가 문자열인 경우 두 번째 인수로 인코딩을 지정해줄 수 있다. 이 내용은 bytes 객체와 동일하므로 자세한 내용은 12장을 참고하길 바란다.

callable(object)

object가 호출 가능한 객체인지 판별한 후 호출 가능하면 True 아니면 False를 반환한다.

```
>>> def func():
        pass

>>> class myclassA():
        pass

>>> class myclassB():
        def __call__():
            pass

>>> A = myclassA()
>>> B = myclassB()
>>> callable(func)
True
>>> callable(A)
False
>>> callable(B)
True
```

코드를 보면 알겠지만 함수 또는 __call__ 메소드가 정의된 클래스의 인스턴스 객체는 호출이 가능한 객체다. 15장에서 threading 모듈을 다루면서 callable 객체에 대해서 잠깐 언급한 적이 있으므로 참고하길 바란다.

chr(i)

i는 10진수 정수로 동일한 값의 유티코드 포인트에 해당하는 문자를 출력해준다(이와 반대되는 동작을 하는 내장 함수로 ord가 있다). 예를 들어 보겠다.

유니코드 포인트 U+20ac에 해당하는 문자는 '€'다. 즉, 다음과 같다.

```
>>> ascii('€')
"'\\u20ac'"
>>>
>>> '\u20ac'           #유니코드 포인터 U+20ac에 해당하는 문자는 '€'
'€'
>>> 0x20ac             #16진수 20ac는 10진수 8364다.
8364
>>> chr(8364)          #10진수 8364에 해당하는 코드 포인트를 가진 유니코드 문자를 출력
'€'
>>> ord('€')           #유니코드 문자의 코드 포인트를 10진수로 반환
8364
```

좀 더 자세한 내용은 12장을 참고하자.

classmethod(function)

classmethod는 장식자 함수다(장식자에 대해서 9장을 참고하자). 즉, 인수로 받는 function 함수를 꾸며주는 역할을 한다. 이미 calssmethod는 11장에서 클래스 메소드를 만들 때 사용했었다. 더 자세한 내용은 생략하도록 하겠다.

compile(source, filename, mode, flags=0, dont_inherit=False, optimize=1)

파이썬에서는 코드조차도 객체로 다루어진다. 그리고 compile 함수를 사용하여 코드를 코드 객체로 만들 수 있다. 이렇게 만들어진 코드 객체는 다양하게 사용될 수 있는데 대표적으로 eval 함수나 exec 함수에 전달되어 사용될 수 있다.

complex([real [, image]])

복소수를 만드는 함수

delattr(object, name)

객체(object)의 속성(name)을 삭제한다.

```
>>> class myclass():
        def __init__(self):
                self.a=11
                self.b=22
>>> obj = myclass()
>>> obj.a
11
>>> obj.b
22
>>> delattr(obj, 'a')           #obj 객체의 속성 a를 지움(del obj.a와 동일)
>>> obj.a                       #
Traceback (most recent call last):
  File "<pyshell#53>", line 1, in <module>
    obj.a
AttributeError: 'myclass' object has no attribute 'a'
```

이 함수에 관련된 함수로 getattr 함수를 참고하자.

dict(**kwarg)

사전을 생성하는 함수다. 인수로 key=value 형태를 가진다.

```
>>> dict(a=1,b=2)
{'b': 2, 'a': 1}
```

dir([object])

object의 이름공간에 있는 이름(속성)을 반환한다. 인수가 생략되면 현재 영역의 이름공간에 등록되어 있는 이름들을 리스트 형태로 반환한다.

divmod(a, b)

두 인수의 나눗셈 결과를 (몫, 나머지) 형태로 반환한다.

```
>>> divmod(10,3)
(3, 1)                          #몫 3, 나머지 1
```

enumerate(iterable, start=0)

반복 가능한 객체(iterable)의 각 항목에 순번을 준다. 반환되는 객체는 순번과 객체의 항목이 튜플 형태인 객체의 반복자(iterator)를 반환한다.

```
>>> a = [1,2,3,4,5,6,7]
>>> list(enumerate(a, 3))
[(3, 1), (4, 2), (5, 3), (6, 4), (7, 5), (8, 6), (9, 7)]
```

eval(expression, globals=None, locals=None)

eval 함수는 '평가하다'라는 뜻을 가진 evaluate의 약자로 뜻 그대로 표현식을 평가하여 값을 반환한다. 구체적으로 표현식을 계산하여 결괏값을 반환한다는 뜻으로 해석할 수 있다.

eval 함수의 첫 번째 인수로 표현식을 표현하는 문자열 또는 compile 함수가 반환하는 코드 객체를 받는다. 우선 코드를 보자.

```
>>> a=1
>>> b=2
>>> eval('a+b')        #'a+b'는 문자열 그리고 a+b는 표현식
3                      #표현식의 값을 평가(계산)
```

```
>>> code_obj = compile('a+b', '<string>', 'eval')   #'a+b'를 가진 코드
                                                    #객체 생성
>>> a=33
>>> b=77
>>> eval(code_obj)
110
```

자주 사용하는 복잡한 표현식을 이렇게 문자열이나 코드 객체에 담아서 사용하면 편리할 것이다. 좀 사용법이 생소하지만 어렵지 않게 이해할 수 있을 것이다. 그리고 이미 5장에서 한 번 설명했으므로 참고하자.

exec(object [, globals[, locals]])

앞에서 살펴본 eval 함수와 비슷한데 특징은 표현식을 평가하는 것이 아니고 코드를 실행한다. exec는 '실행하다'라는 뜻을 가진 execute의 약자다.

```
>>> a=1
>>> exec('a+=1')              #코드  a+=1를 실행
>>> a
2
```

```
>>> code = """
for i in mylist:
    print(i)
"""
>>> mylist = [1,2,3]
>>> exec(code)
1
2
3
```

exec는 eval처럼 특별한 값을 반환하는 것은 아니고 그냥 코드만 실행시킨다. 자주 사용하는 복잡한 코드를 문자열화 또는 코드 객체로 만들어 사용할 수 있을 것이다.

filter(function, iterable)

이 함수는 `iterable` 객체의 항목에 대해서 `function` 함수의 조건식을 만족하지 않는 항목들만 여과해준다. 그래서 이름도 `filter`다. `filter` 함수가 반환하는 객체는 일종의 반복자(`iterator`)로 반복자에 대한 내용은 9장의 제너레이터를 참고하자.

```
>>> result = filter(lambda x : (x%2)==0, x)
>>> list(result)
[2, 4, 6, 8]
```

혹시 제어문을 공부할 때 리스트 여과기를 공부한 기억이 나는가? 만약 기억이 안 난다면 8장에서 조건표현식과 리스트 내포에 대해서 다시 체크해보자. 다음은 위 코드와 동일한 기능을 갖는 리스트 내포로 표현한 것이다.

```
>>> x=[1,2,3,4,5,6,7,8,9]
>>> [i for i in x if (i%2)==0]                    #리스트 여과기
[2, 4, 6, 8]
```

float([x])

float 타입의 객체로 변환한다.

format(value [, format_spec])

format_spec에 따라서 value를 표현한다. format_spec에 대한 자세한 내용은 파이썬 문서를 참고하자. 이 책에서는 이 내용을 생략한다.

frozenset([iterable])

set은 변경가능(mutable) 객체였다. frozenset은 변경 불가능(immutable)한 set이다. frozenset 함수는 iterable 객체를 frozenset 타입 객체로 변환한다.

getattr(object, name [, default])

앞서 delattr 함수와 관련된 함수다. 이름에서처럼 속성값을 얻는 데 사용한다. 만약 속성이 없다면 default를 반환한다.

```
>>> mylist = [1,2,3]
>>> func = getattr(mylist, 'append')
>>> func(10)
>>> mylist
[1, 2, 3, 10]
```

클래스의 스태틱 메소드를 설명할 때 소개한 함수다. 참고하길 바란다.

globals()

전역 영역의 이름공간의 속성들을 사전 형태로 반환한다.

hasattr(object, name)

delattr와 getattr와 관련된 함수로 객체에 해당 속성이 있는지 검사한다.

```
>>> hasattr(list, 'append')
True
```

hash(object)

객체의 `hash` 값을 반환한다. `hash` 값은 변경 불가능(`mutable`)한 객체만 가지고 있다.

```
>>> a=(1,2,3,4)
>>> b=(1,2,3,4)
>>> a is b
False
>>> hash(a)
89902565
>>> hash(b)
89902565
```

참고로 동일한 값을 갖는 객체라면 `hash` 값은 동일하다.

help([object])

객체에 대한 도움말을 제공한다.

hex(x)

정수 x의 16진수 표현의 문자열을 반환한다.

id(object)

객체의 고유 `id`를 반환한다.

input([prompt])

사용자 입력을 받아서 문자열로 반환한다.

int(x=0), int(x, base=10)

10진수의 정수 객체를 생성한다. x가 문자열로 된 숫자일 때 `base`는 x의 진수를 나타낸다.

```
>>> int('1234', 7)          #7진수 1234
466                         #7진수 1234를 10진수로 변환
>>> int(3.14)
3
```

isinstance(object, classinfo)

object가 classinfo의 인스턴스 객체인지 검사한다. 맞다면 True 아니면 False를 반환한다.

```
>>> a = [1,2,3,4]
>>> isinstance(a, list)
True
>>> isinstance(a, dict)
False
```

issubclass(class, classinfo)

class가 classinfo의 자식클래스인지를 검사한다. 맞다면 True 아니면 False를 반환한다.

```
>>> class A():
        pass

>>> class B(A):
        pass

>>> class C():
        pass

>>> issubclass(B, A)
True
>>> issubclass(B, C)
False
>>> issubclass(A, B)
False
```

iter(object [, sentinel])

내장 함수 iter는 반복 가능한 객체(iterable)의 반복자를 생성해준다. 그리고 반복자는 iterable 객체의 항목에 대한 참조를 가지게 된다. iterable 객체가 될 조건은 __iter__ 메소드가 구현되어 있거나 __getitem__ 메소드가 구현되어 있어야 한다. 이것을 반복자 프로토콜이라고 한다. 우리가 for문에 사용하는 시퀀스 타입 객체들은 이 조건에 부합되므로 iter 함수의 인수로 사용할 수 있다(8장 제어문의 while 참고, 9장 함수 제너레이터 함수 참고).

```
>>> a = [1,2,3,4,5]
>>> it = iter(a)
>>> it.__next__()
1
>>> it.__next__()
2
>>> it.__next__()
3
```

len(s)

시퀀스 타입 객체 또는 집합 객체의 항목 개수를 반환해준다.

```
>>> len("python")
6
>>> len({1,2,3,4,5})
5
```

list([iterable])

반복 가능한 객체를 리스트로 변환해준다.

locals()

현재 영역의 이름공간을 사전 형태로 반환해준다.

map(function, iterable, ...)

이 함수는 우리가 수학시간에 배운 사상함수와 같이 동작한다. 즉, `iterable` 객체의 항목들이 함수 `function`의 인수로 하나씩 대입된다. 이 결과 `map` 객체가 반환되는데 `map` 객체는 결괏값의 집합이라고 볼 수 있다. 우선 다음 코드를 보자.

```
>>> x=[1,2,3,4,5]
>>> x = [1,3,5,7,9,10]
>>> def f(x):
        return x+1

>>> result = map(f,x)
>>> list(result)
[2, 4, 6, 8, 10, 11]
```

람다함수를 사용할 수도 있고 함수에 따라서 `iterable` 객체를 여러 개 전달할 수도 있다.

```
>>> x=[1,2,3]
>>> y=[4,5,6]
>>> result = map(lambda x,y:x+y, x, y)
>>> list(result)
[5, 7, 9]
```

`map` 함수가 반환하는 `map` 객체는 반복자(`iterator`)다. 반복자에 대한 내용은 9장의 제너레이터를 참고하길 바란다.

max(iterable, *[, key, defalut]) max(arg1, arg2, *args[, key])

`max` 함수는 이름 그대로 항목 중 가장 큰 수를 반환해준다.

```
>>> max([1,2,3],[4,5,6],[3,5])
[4, 5, 6]
>>> max([1,2,3,4,5])
5
>>> max([1,2,3,4,5], key= lambda x: -x)
1
```

그런데 앞의 코드처럼 key 값이 사용되면 조건이 바뀔 수 있다. 이것은 마치 리스트의 sort 메소드처럼 동작하는데, 이 내용은 9장에서 람다^{lambda} 표현식을 참고하자.

min(iterable, *[, key, default]), min(arg1, arg2, *args[, key])

앞서 설명한 max 함수를 참고하자.

next(iterator [, default])

이 함수는 반복자의 __next__ 메소드를 사용하는 것과 동일하다.

```
>>> it = iter(mylist)
>>> next(it)
1
>>> it.__next__()
2
>>> next(it)
3
```

oct(x)

10진수 정수 x를 8진수 표현의 문자열로 변환한다.

oepn(file, mod='r', buffering=-1, encoding=None, errors=None, newline=None, closefd=True, opener=None)

12장을 참고하자.

ord(c)

chr 함수를 참고하길 바란다.

pow(x, y[, z])

(x**y)%z를 계산하여 반환한다.

```
>>> pow(2,3)
8
>>> pow(2,3,3)
2
```

print(*object, sep='', end='₩n', file=sys.stdout, flush=False)

```
>>> print(1,2,3,4, sep='/', end = '<--end')
1/2/3/4<--end
```

file 옵션의 기본값은 표준출력(sys.stdout)인데 이 값을 파일 객체로 바꾸면 파일로 출력된다.

property(fget=None, fset=None, fdel=None, doc=None)

이 함수를 사용하여 클래스에 프로퍼티를 생성할 수 있다.

```
>>> class Ticket():
        def __init__(self, distance):
            self.__distance = distance
        def get_distance(self):
            return "{} m(meter) ".format(self.__distance)
        def set_distance(self, distance):
            self.__distance = distance
        def fare(self):
            return "{} \\(Won) ".format(self.__distance * 13)
        distance = property(fget=get_distance, fset = set_distance)
>>> mytick = Ticket(1500)
>>> mytick.distance
'1500 m(meter) '
>>> mytick.get_distance()        #외부에 노출되는 메소드
'1500 m(meter) '
```

이 함수를 사용하는 것은 앞의 코드에서 보다시피 getter, setter 함수가 여전히 외부에 노출되는 문제점을 지니고 있다. 장식자를 사용하면 이런 문제가 해결되므로 장식자를 사용하도록 하자. 장식자를 사용하는 방법은 11장을 참고하자.

range(stop) range(start, stop[, step])

이 함수에 대한 설명은 3장의 'range를 이용한 for문'을 참고하자.

repr(object)

이 함수에 대한 설명은 5장의 '시퀀스 타입'에서 문자열 포맷팅을 참고하자.

reversed(seq)

시퀀스 타입 객체들은 `__reversed__` 메소드를 가지고 있다. 이 메소드를 호출하면 해당 객체의 항목들의 순서를 역순으로 한 반복자를 반환한다.

```
>>> mylist = [1,2,3,4]
>>> a=mylist.__reversed__()
>>> next(a)
4
>>> next(a)
3
>>> next(a)
2
```

위 코드를 다음과 같이 표현할 수 있다.

```
>>> a = reversed([1,2,3,4,5])
>>> next(a)
5
>>> next(a)
4
>>> next(a)
3
```

더 자세한 내용은 파이썬 문서를 참고하자.

round(number [, ndigits])

number를 반올림한다. 이때 두 번째 인수는 반올림할 자리수를 의미한다. 이 인수의 값이 0이면 소수 1째 자리에서 반올림, 1이면 소수 둘째 자리에서 반올림한다. -1이면 1의 자리에서, -2는 2의 자리에서 반올림한다.

```
>>> round(1234.567, 1)
1234.6
>>> round(1234.567, 0)
1235.0
>>> round(1234.567, -1)
1230.0
```

set([iterable])

set 객체로 변환한다.

setattr(object, name, value)

앞서 설명한 delattr, getattr, hasattr 함수와 관련된 함수다. 사용법 역시 긴 설명은 필요 없을 것이다.

sorted(iterable, [, key][, reverse])

리스트의 sort 메소드와 사용법이 비슷하다. 자세한 내용은 9장의 '람다 표현식'을 참고하자.

```
>>> mylist = [9,1,7,3,4,2,5,6,8]
>>> sorted(mylist, key = lambda x: -x)
[9, 8, 7, 6, 5, 4, 3, 2, 1]
```

staticmethod(function)

classmethod 함수와 마찬가지로 staticmethod 함수도 장식자 함수다(장식자에 대해서 9장을 참고하자). 즉 인수로 받는 function 함수를 꾸며주는 역할을 한다. 역시 11장에서 스태틱 메소드를 참고하자. 자세한 내용은 생략하겠다.

str(object)

repr 함수와 더불어 5장에서 문자열 포맷팅을 참고하자.

sum(iterable [, start])

시작값 start부터 iterable 객체의 항목들을 더한 값을 반환한다. start의 기본값은 0이다.

```
>>> sum([1,2,3])
6
>>> sum([1,2,3],10)
16
```

super([type [, object-or-type]])

11장에서 'super를 사용'을 참고하자.

tuple([iterable])

튜플형 객체로 변환한다.

type(object)

객체의 타입을 반환한다.

zip(*iterables)

이 함수는 알고 보면 간단한데 솔직히 말로 설명하기는 어렵다. 코드를 먼저 보자.

```
>>> a = zip([1,2,3],[4,5,6])
>>> list(a)
[(1, 4), (2, 5), (3, 6)]
>>> b = zip("python","hello")     #항목의 개수가 각각 6, 5개의 iterable 객체 전달
>>> list(b)
[('p', 'h'), ('y', 'e'), ('t', 'l'), ('h', 'l'), ('o', 'o')]    #항목 5개
>>> c=zip(range(0,10), "python")
>>> c=zip(range(0,10), "python")
>>> next(c)
(0, 'p')
>>> next(c)
(1, 'y')
>>> next(c)
(2, 't')
>>> d = zip([1,2],[3,4],[5,6],[7,8])
>>> list(d)
[(1, 3, 5, 7), (2, 4, 6, 8)]         #튜플 객체 2개
```

이 함수는 반복 가능한 객체들을 동일한 인덱스를 갖는 객체끼리 모아서 튜플 객체로 만든다. 이렇게 만들어진 튜플 객체의 인덱스도 동일한 인덱스를 갖는다. 만약 전달된 `iterable` 객체의 항목의 개수가 다르면 튜플 객체는 항목의 개수가 가장 적은 `iterable` 객체의 항목 개수만큼만 만들어진다.

수학 관련 내장 모듈

decimal

decimal 모듈은 정밀한 연산을 위하여 사용된다. 예를 들어 기본 부동소수점 연산은 다음과 같은 오차가 발생한다.

```
>>> 0.1*0.1
0.010000000000000002
```

작은 오차지만 뭔가 찜찜하다. 이번에는 decimal 모듈의 Decimal 클래스의 객체를 사용해보자.

```
>>> from decimal import Decimal
>>> Decimal('0.1')*Decimal('0.1')      #0.1의 값을 갖는 객체
Decimal('0.1')
Decimal('0.01')                         #정확히 0.01이 나왔다.
>>> float(Decimal('0.1')*Decimal('0.1'))  #float로 변환
0.01
```

Decimal 클래스의 인스턴스 객체를 사용하면 이렇게 정밀한 연산이 가능하다. 주의할 점은 float 타입으로 변환은 가능하지만 float 타입과 Decimal 객체 간에 연산은 불가하다.

정밀도를 변경할 수도 있다.

```
>>> from decimal import Decimal, getcontext
>>> a = Decimal('10')
>>> b = Decimal('3')
>>> a/b
Decimal('3.333333333333333333333333333')
>>> getcontext().prec = 7              #정밀도 변경 소수 이하 7자리에서 반올림
>>> a/b
Decimal('3.333333')
>>> getcontext().prec = 30             #정밀도 변경 소수 이하 30자리에서 반올림
>>> a/b
Decimal('3.333333333333333333333333333333')
>>> getcontext().prec = 40
```

```
>>> a/b
Decimal('3.3333333333333333333333333333333333333333')    #정밀도 변경 소수 이하
40자리에서 반올림
```

다음은 제곱근(루트 연산)과 기본 로그 연산을 하는 방법이다.

```
>>> Decimal('1000').sqrt()              #1000의 제곱근
Decimal('31.62278')
>>> Decimal('1000').log10()             #10을 밑으로 하는 로그 계산
Decimal('3')
```

이 밖에도 다른 수학 연산들의 사용법도 비슷하므로 직접 문서를 참고하기 바란다.

math

`math` 모듈에는 `sin`, `cos`, `tan` 같은 수학에서 사용하는 함수들이 들어 있다. 파이썬 문서에 자세히 나와 있으므로 `math` 모듈에 대한 설명은 생략하겠다.

fractions

`fractions` 모듈의 `Fraction` 클래스는 분수를 나타내는 데 쓰인다. 인수로 문자열을 받는 데 실수나 분수 표현식을 사용할 수 있다.

```
>>> from fractions import Fraction
>>> Fraction('1/2')
Fraction(1, 2)
>>> Fraction('1/2') + Fraction('1/3')       #분수 덧셈
Fraction(5, 6)
>>> Fraction('1/2') * Fraction('1/3')       #분수 곱셈
Fraction(1, 6)
>>> Fraction('1/2') / Fraction('1/3')       #분수 나눗셈
Fraction(3, 2)
>>> Fraction('0.33333')
Fraction(33333, 100000)
>>> Fraction('3.14')
Fraction(157, 50)
>>> m = Fraction('3.14')
>>> m.numerator                             #분자
157
>>> m.denominator                           #분모
50
```

random

random이란 뜻 그대로 random 모듈은 무작위 수를 생성하거나 무작위적인 동작에 관한 함수들을 가지고 있다. 수를 생성하는 데는 메르센 트위스터$^{Mersenne\ Twister}$ 생성기를 사용한다. 이름은 거창한데 그냥 난수 생성기라고 생각하면 된다.

seed([x])

씨앗의 종자에 따라서 자라는 식물이 달라지듯이 씨앗이란 뜻을 가진 seed 함수를 호출하여 난수 생성 패턴을 결정할 수 있다. 동일한 수로 초기화를 하면 난수 생성 패턴이 항상 똑같이 반복된다. 다음 코드는 반복되는 난수 패턴을 보여준다.

```
>>> import random
>>> random.seed(1)                  #seed에 인수 1로 초기화
>>> random.randint(1, 10)
3
>>> random.randint(1, 10)
10
>>> random.randint(1, 10)
2
>>> random.seed(1)                  #seed에 인수 1로 초기화
>>> random.randint(1, 10)
3
>>> random.randint(1, 10)
10
>>> random.randint(1, 10)
2
```

위 코드와 같이 seed 함수에 인수 1을 넣어서 호출하면 난수 생성 패턴은 3, 10, 2, ...로 동일해진다. seed는 기본적으로 시스템 시간으로 초기화되므로 따로 seed를 초기화하지 않는다면 난수 생성 패턴은 항상 달라질 것이다. 따라서 특수한 경우가 아니라면 seed를 따로 초기화할 필요는 없다.

randint(a,b)

정수 a와 b 사이에서 무작위 수를 반환한다.

randrange(start, stop [, step])

이름을 보면 range 함수와 사용 방법이 비슷한 것을 짐작할 수 있을 것이다.

choice(seq)

시퀀스 타입 객체 seq에서 하나의 항목을 반환한다.

sample(population, k)

```
>>> import random
>>> a = range(1, 46)
>>> random.sample(a, 5)
[42, 30, 34, 38, 19]
>>> random.sample(a, 5)
[6, 8, 28, 22, 41]
```

population에는 리스트 같은 시퀀스 타입 객체나 range 객체가 사용될 수 있다. 그리고 범주로 사용된 객체 population에서 k만큼의 개수를 뽑아서 리스트로 반환해준다.

suffle(x, [, random])

```
>>> import random
>>> a=[1,2,3,4,5]
>>> random.shuffle(a)
>>> a
[5, 1, 4, 3, 2]
```

random()

0부터 1 사이의 무작위 실수를 반환한다.

```
>>> import random
>>> random.random()
0.09903615766103702
>>> random.random()
0.7364290992719327
```

지금까지 random 모듈에서 많이 사용하는 몇 가지 함수들을 소개하였다. random 모듈에 있는 다른 함수들에 관한 정보는 파이썬 문서를 참고하길 바란다.

시간 관련 내장 모듈

time

`time` 모듈에는 시간에 관련된 다양한 함수들이 있다. 그리고 시간을 표현하는 방법은 생각보다 다양하다. 예를 들어 1970년 1월 1일 0시부터 지금까지 지난 시간을 초 단위로 반환해주는 `time` 함수, 문자열로 표시해주는 `ctime` 함수, 이름 있는 튜플(`named tuple`)로 현시점의 시간을 표현해주는 `localtime` 함수 등이 있다.

```
>>> import time
>>> time.time()
1466063475.0444238
>>> time.ctime()
'Thu Jun 16 16:51:19 2016'
>>> time.localtime()
time.struct_time(tm_year=2016, tm_mon=6, tm_mday=16, tm_hour=16, tm_min=51, tm_sec=23, tm_wday=3, tm_yday=168, tm_isdst=0)
```

여기서 이름 있는 튜플의 각 항목들을 정리해보면 다음과 같다.

표 18-1 struct_time의 속성

속성	값
tm_year	년(2016)
tm_mon	달(1~12)
tm_mday	일(1~31)
tm_hour	시(0~23)
tm_min	분(0~59)
tm_sec	초(0~61)
tm_wday	요일(0~6) 월요일 = 0
tm_yday	일수(1~366)
tm_isdst	서머타임(-1, 0, 1)

`tm_sec`이 왜 0~59까지가 아니고 0~61까지인지는 신경 쓸 필요 없다. 궁금하다면 윤초^{leap second}에 대해서 직접 찾아서 공부해보길 바란다. 서머타임은 표준시보다

시간을 1시간 앞당기는 것인데 tm_isdst의 값이 1이면 서머타임이 적용된 것이다. 0은 적용되지 않은 것이고 -1은 이에 대한 정보가 없을 경우다.

아무튼 시간의 표시 방법은 초, 문자, 이름 있는 튜플의 세 가지 표시 방법이 있다. 그러면 위 표시 방법들 간에 변환도 가능할 것이다. 역시 time 모듈에 이를 위한 함수들이 존재한다. 간단하게 표로 정리해보았다.

표 18-2 시간 표시 형식을 변환하는 함수

함수	인수	반환값
mktime	(2016, 6, 16, 17, 11, 36, 3, 168, 0)	1466064719.0
asctime	(2016, 6, 16, 17, 11, 36, 3, 168, 0)	'Thu Jun 16 17:24:29 2016'
strptime	'Thu Jun 16 17:24:29 2016'	time.struct_time(tm_year=2016, m_mon=6, tm_mday=16, tm_hour=17, tm_min=11, tm_sec=36, tm_wday=3, tm_yday=168, tm_isdst=0)
strftime	(2016, 6, 16, 17, 11, 36, 3, 168, 0)	'2016 06/16/16 17:11:36'
ctime	1466067240.395446	'Thu Jun 16 17:54:00 2016'

이름 있는 튜플은 일반적인 튜플(이름없는 튜플)과 호환된다. 따라서 mktime, asctime, strftime 함수는 이름있는 튜플 또는 이름 없는 튜플 어느 것이든지 인수로 받을 수 있다. 이 때 튜플의 각 항목에는 년도, 달, 일 등의 시간 정보가 순서에 맞게 적혀 있어야 한다.

표에 제시된 함수 중 보충 설명이 필요한 함수가 있다. strptime 함수와 strftime 함수다. 이 함수들은 표시될 날짜의 형식을 사용자의 입맛에 맞게 정할 수 있다. 그리고 이를 위한 다양한 형식 지정자가 존재한다. 우선 strftime 함수의 사용 방법의 예를 들어 보겠다.

```
>>> time.strftime('%Y %x %H:%M:%S',(2016, 6, 16, 17, 11, 36, 3, 168, 0))
'2016 06/16/16 17:11:36'
>>> time.strftime('%y %x %X',(2016, 6, 16, 17, 11, 36, 3, 168, 0))
'16 06/16/16 17:11:36'
>>> time.strftime('%X %x %Y',(2016, 6, 16, 17, 11, 36, 3, 168, 0))
'17:11:36 06/16/16 2016'
```

이 함수의 사용법은 익숙하게 느껴질 것이다. 문자열 포맷팅과 비슷하기 때문이다. 하지만 문자열 포맷팅과 달리 전달된 튜플이 순서대로 형식 지정자에 매치되는 것이 아니다. 각 튜플의 항목은 앞서 언급했듯이 년도나 요일 같이 특정 의미를 지니고 있고 형식 지정자도 년도나 날짜 같은 형식을 갖기 때문이다. 다시 말해 순서에 상관없이 의미대로 매칭되는 것이다.

이렇게 `strftime` 함수는 형식 지정자를 자유롭게 지정할 수 있다.

반면에 문자열을 이름 있는 튜플로 변환시켜 주는 `strptime` 함수는 `strftime` 함수와 형식은 비슷하지만 형식 지정자는 전달된 문자열에 맞게 사용되어야 한다. 무슨 뜻인지 예제를 먼저 보자.

```
>>> time.strptime('Thu June 16 2016','%a %B %d %Y')
time.struct_time(tm_year=2016, tm_mon=6, tm_mday=16, tm_hour=0, tm_min=0, tm_sec=0, tm_wday=3, tm_yday=168, tm_isdst=-1)
```

`'%a'`는 축약된 요일 표현의 형식을 지정한다. 즉 `'Thu'`에 맞게 사용된 것이다. 물론 이 때 형식 지정자의 순서도 맞아야 한다. 또한 다음과 같이 시간 표시 사이에 구분 기호가 있다면 띄어쓰기를 포함하여 똑같이 적어줘야 한다.

```
>>> time.strptime('Thu - June - 16 - 2016','%a - %B - %d - %Y')
time.struct_time(tm_year=2016, tm_mon=6, tm_mday=16, tm_hour=0, tm_min=0, tm_sec=0, tm_wday=3, tm_yday=168, tm_isdst=-1)
```

형식 지정자에 대한 내용은 파이썬 문서 `Library Reference` ▶ [8.1.8 `strftime() and strptime() Behavior`]를 참고하길 바란다.

datetime

`time` 모듈이 시간을 반환하는 함수를 제공했다면 이번에는 시간에 관련된 클래스들 제공하는 `datetime` 모듈에 대해서 알아보겠다. 그 전에 시간에 관한 클래스가 가지는 의미에 대해서 잠시 생각하고 넘어가려 한다.

`time` 모듈에 있는 함수를 사용하면 시간을 3가지 타입(숫자, 문자, 이름있는 튜플)으로 표시할 수 있었다. 이 3가지 타입의 데이터들은 서로 간에 변환을 위해서 그

에 맞는 함수를 사용해야 했다. 하지만 이 3가지 타입에 대한 데이터와 이 데이터를 사용하는 함수가 따로 존재하기 때문에 데이터 타입과 해당 타입을 사용하는 함수를 따로 알고 있어야 한다는 점이 번거롭게 느낄 수도 있을 것이다.

그래서 시간에 관한 데이터와 함수를 묶어서 객체로 만든다면 좀 더 효율적으로 데이터를 관리, 조작할 수 있을 것이다. 이에 대한 이야기는 이미 11장에서 자세히 다루었다.

이런 관점을 가지고 `datetime` 모듈의 클래스들을 살펴보면 되겠다.

다음은 `datetime`에 있는 주요 클래스들을 표로 정리한 것이다.[1]

표 18-3 datetime 모듈의 주요 클래스

class	설명
date	연(datetime.MINYEAR~datetime.MAXYEAR), 월(1~12), 일(1~해당 달의 마지막 날)을 가진 시간 객체 생성
time	시(0~24), 분(0~60), 초(0~60), 마이크로초(1마이크로초는 10-6초)를 가진 시간 객체 생성
datetime	연, 월, 일, 시, 분, 초, 마이크로초를 가진 시간 객체 생성
timedelta	날짜나 시간의 차이를 표현하는 객체다. +, -, 비교 연산이 가능하다.

위 표를 토대로 하여 이제부터 시간에 관한 클래스들을 하나씩 살펴보자.

date 클래스

기본적으로 date 객체를 생성하는 방법은 다음과 같이 4가지가 존재한다.

```
>>> from datetime import date

>>> date(2016, 7, 7)            #년 월 일을 직접 정하여 date 객체 생성
datetime.date(2016, 7, 7)

>>> date.today()                #오늘 날짜를 가진 date 객체 생성
datetime.date(2016, 6, 17)
```

---

[1] 그 밖에도 timezone, tzinfo 클래스가 존재하며 이 두 클래스에 대한 자세한 내용은 파이썬 문서를 참고하자.

```
>>> date.fromtimestamp(0)          #timestamp를 전달하여 date 객체 생성
datetime.date(1970, 1, 1)

>>> date.fromordinal(1)            #1년1월1일부터의 날짜를 전달하여 date 객체 생성
datetime.date(1, 1, 1)
```

여기서 타임스탬프^{timestamp}는 time 모듈의 time 함수가 반환하는 값으로 1970년 1월 1일을 기준으로 하여 흘러간 초를 뜻한다. 그러면 다음과 같이 현재 날짜를 계산할 수도 있을 것이다.

```
>>> from datetime import date
>>> import time
>>> date.fromtimestamp(time.time())
datetime.date(2016, 6, 17)
```

이제 이렇게 생성된 date 객체의 날짜 속성에 접근해보자.

```
>>> d = date.today()
>>> d.year
2016
>>> d.month
6
>>> d.day
17
```

각 속성들은 읽기 전용이므로 변경이 불가능하다.

이번에는 메소드들에 대한 것이다.

```
>>> d.replace(year=2015)           #year, month, day의 값을 변경한 새로운
                                   #date 객체 반환
datetime.date(2015, 6, 17)

>>> d                              #원래의 date 객체 d는 변경되지 않음에 주의
datetime.date(2016, 6, 17)

>>> d.ctime()                      #문자열 시간 표현 반환(time 모듈의 ctime
                                   #함수의 결과와 동일)
'Fri Jun 17 00:00:00 2016'
```

```
>>> d.isocalendar()                    #년, 주, 일 형태의 튜플 반환
(2016, 24, 5)

>>> d.isoformat()                      #ISO 8601 형태의 'YYY- MM-DD'
'2016-06-17'

>>> d.strftime('%y %B %d')             #시간 형식 지정자를 사용하여 표현. time.
                                       #strftime 함수 참고
'16 June 17'

>>> d.timetuple()                      #이름 있는 튜플로 반환
time.struct_time(tm_year=2016, tm_mon=6, tm_mday=17, tm_hour=0, tm_min=0,
tm_sec=0, tm_wday=4, tm_yday=169, tm_isdst=-1)

>>> d.toordinal()                      #1년1월1일부터 지난 날 수 반환
736132
```

time 클래스

time 객체는 다음과 같이 생성할 수 있다.

```
>>> from datetime import time
>>> time(7, 22, 59, 132)               #7시간 22분 50 + 132*10-6초
datetime.time(7, 22, 59, 132)
```

date 객체처럼 속성에 접근할 수 있다.

```
>>> from datetime import time
>>> t=time(7, 22, 59, 132)
>>> t.hour
7
>>> t.minute
22
>>> t.second
59
>>> t.microsecond
132
```

이번엔 time 객체의 메소드들이다.

```
>>> from datetime import time
>>> t=time(7, 22, 59, 132)
>>> t.replace(hour = 22, microsecond =23424)    #hour, minute, second,
                                                #microsecond 값을 변경한
datetime.time(22, 22, 59, 23424)                #새로운 객체 반환

>>> t
datetime.time(7, 22, 59, 132)                   #원래 객체 t는 변경되지 않음

>>> t.isoformat()                   #ISO 8601 형태의
'07:22:59.000132'                   #HH:MM:SS.mmmmmm

>>> t.strftime('%H %M %S')          #시간 형식 지정자를 사용하여 표현.
                                    #time.strftime 함수 참고
'07 22 59'
```

datetime 클래스

datetime 클래스는 앞서 다룬 date 클래스와 time 클래스를 합쳐 놓은 클래스라고 생각하면 된다. 먼저 datetime 객체를 생성하는 기본적인 방법을 알아보도록 하자.

```
>>> from datetime import datetime
>>> datetime(2016, 5, 5)                        #year, month, day 3개의 인수는 필수
datetime.datetime(2016, 5, 5, 0, 0)

>>> datetime(2016, 5, 5, 22, 7, 59, 12345)      #year, month, day, hour,
minute, second, microsecond
datetime.datetime(2016, 5, 5, 22, 7, 59, 12345)

>>> datetime.now()                              #오늘 날짜에 대한 datetime 객체 생성
datetime.datetime(2016, 6, 17, 19, 40, 29, 970513)

>>> datetime.fromtimestamp(0)                   #timestamp를 전달하여 date 객체 생성
datetime.datetime(1970, 1, 1, 9, 0)

>>> datetime.strptime('2016 06/16/16 17:11:36' , '%Y %x %H:%M:%S')   #문
자를 시간 형식 지정자로 파싱
datetime.datetime(2016, 6, 16, 17, 11, 36)
```

여기서 타임스탬프가 1970년 1월 1일부터 흘러간 초를 뜻한다고 했다. 그리고 `fromtimestamp` 메소드에 타임스탬프 0을 전달하였는데 결과가 이상해 보인다. 바로 0시가 아닌 9시가 찍혔는데 이유가 무엇일까?

1970년 1월 1일 0시 0분 0초를 경도 0도인 곳(그리니치)을 기준(협정 세계 시 또는 그리니치 표준시라고도 한다)으로 하기 때문이다. 구체적으로 나라의 위치에 따라 경도 0도를 기준으로 15도 간격으로 1시간씩 차이가 나며 한국은 경도 127도 정도에 위치해 있어서 협정 세계 시보다 9시간 더 빠른 시간을 사용하고 있다.

그리고 다음과 같이 `combine` 메소드로 `date` 객체와 `time` 객체를 합쳐서 `datetime` 객체를 만들 수 있다.

```
>>> import datetime
>>> d = datetime.date(2016, 5, 5)
>>> t = datetime.time(10, 10, 10, 1234)
>>> datetime.datetime.combine(d, t)
datetime.datetime(2016, 5, 5, 10, 10, 10, 1234)
```

`datetime` 객체의 속성에 접근하는 것은 앞서 설명한 `date` 객체와 `time` 객체를 참고하고 메소드 또한 앞서 `date` 객체와 `time` 객체의 메소드와 겹치는 것들이 있으므로 참고하길 바란다. 여기에서는 몇 가지만 소개한다.

```
>>> from datetime import datetime
>>> dt = datetime(2016, 5, 5, 10, 10, 10, 1234)
>>> dt.date()                    #호출 객체와 동일한 날짜의 date 객체를 반환한다.
datetime.date(2016, 5, 5)

>>> dt.time()                    #호출 객체와 동일한 시간의 time 객체를 반환한다.
datetime.time(10, 10, 10, 1234)

>>> dt.replace(year = 1999, hour = 19, microsecond = 7777)    #호출 객체에서 전달된 인수에 해당하는
datetime.datetime(1999, 5, 5, 19, 10, 10, 7777)               #속성을 수정
하여 새로운 datetime 객체 생성
```

timedelta 클래스

특정한 날에 대한 D-day를 구하고 싶다면 다음과 같이 date 객체 간에 연산을 하여 계산할 수 있다.

```
>>> from datetime import date
>>> a = date(2016, 10, 20)      #2016년 10월 20일에 대한 date 객체 생성
>>> b = date.today()             #오늘 날짜에 대한 date 객체 생성
>>> a-b                          #두 date 객체 사이의 일수
datetime.timedelta(125)          #D-day는 125일
```

이렇게 date 객체 또는 datetime 객체의 빼기(-) 연산의 결과 timedelta 객체가 생성된다. 주의할 점은 time 객체는 이런 연산을 지원하지 않는 다는 점이다. 그리고 date 객체와 datetime 객체 간에 덧셈(+) 연산은 지원하지 않는데 날짜 간에 덧셈 연산은 아무런 의미가 없기 때문이다. 대신 date 또는 datetime 객체와 timedelta 객체 간에 덧셈(+) 연산은 가능하다. 예를 들어 "오늘로부터 100일 후"는 분명 의미가 있기 때문이다.

```
>>> from datetime import date, timedelta
>>> date.today() + timedelta(100)     #오늘 + 100일 후
datetime.date(2016, 9, 25)            #2016년 9월 25일
```

기타 모듈

timeit

코드의 성능을 측정하는 가장 쉬운 방법은 수행시간을 검사하는 것이다. 일반적으로 검사하고자 하는 코드의 전후에서 현재 시간을 측정하여 그 차를 계산하면 될 것이다.

다음 코드는 이렇게 코드의 수행시간을 측정하는 방법에 대한 예다.

```
>>> def func():
        t1= time.time()
        a =list(range(0, 10000000)) #0부터 천만까지의 정수를 항목으로 하는 리스트 생성
        t2 = time.time()
        print(t2-t1)

>>> func()
0.45700740814208984
>>> func()
0.5000081062316895
>>> func()
0.4560072422027588
```

그런데 다음과 예제는 시간 측정이 잘 되지 않고 있다.

```
>>> def func():
        t1= time.time()
        a=[x*2 for x in range(10)]
        t2= time.time()
        print(t2-t1)

>>> func()
0.0
>>> func()
0.0
```

시간 차이가 0에 가깝기 때문에 이런 결과가 도출된다. 이런 경우 range의 범위를 좀 더 늘리는 방법도 있겠지만 timeit 모듈에 있는 timeit 함수를 사용하면 좀 더 편리하게 측정할 수 있다. 다음은 timeit 모듈을 사용하여 수행 시간을 측정하는 예다.

```
>>> import timeit
>>> timeit.timeit("a=[x*2 for x in range(10)]")
3.3092872436545804
>>> timeit.timeit("a=[x*2 for x in range(10)]")
3.3172548961542816
```

기본적으로 timeit 함수는 함수에 전달된 코드를 1백만 번 수행한 후 걸린 시간을 반환한다.

하나의 예를 더 보자.

```
>>> timeit.timeit("random.randint(0,1000)", "import random", number=100000)
0.3994318108798325
>>> timeit.timeit("random.randint(0,1000)", "import random", number=1000000)
3.935208267098915
```

두 번째 인수로는 성능을 측정할 코드의 환경을 설정하는 코드를 작성한다. 예를 들어 매번 사용해야 변수가 있다면 매번 초기화할 필요는 없을 것이다. 또는 외부 모듈을 불러오는 코드도 한 번만 수행하면 될 것이다. 이런 코드들을 두 번째 인수로 전달하면 된다. 그리고 number에 코드를 반복 수행할 횟수를 정할 수 있다(기본값은 1백만이다).

sys

sys 모듈은 지금까지 공부하면서 자주 봐왔을 것이다. sys.path와 sys.argv가 있었고 각각 파이썬 인터프리터가 모듈을 찾을 경로에 대한 리스트와 파이썬 인터프리터가 실행될 때 명령행에 전달된 인수를 저장하는 리스트였다.

이렇게 sys 모듈은 파이썬 인터프리터에 관련된 모듈이다. 즉 인터프리터의 작동 환경에 대한 정보를 담은 변수나 함수를 가지고 있는 모듈이다.

파이썬 온라인 문서에 자세히 설명되어 있으므로 길게 설명하지는 않겠다. 여기서는 몇 개의 함수만 살펴보고 넘어가겠다.

```
>>> import sys
>>> sys.getsizeof([1])          #getsizeof 함수는 객체의 바이트 크기를 반환한다.
40
>>> sys.getsizeof([1,2])
44
>>> sys.getsizeof("python")
31
>>> a=1
```

```
>>> sys.getrefcount(a)
1185
>>> b=1000000
>>> sys.getrefcount(b)
2
```

getrefcount 함수는 객체를 참조하고 있는 참조 횟수를 반환한다. 그런데 숫자 1과 100000의 참조 횟수를 보도록 하자. 이해가 잘 되지 않을 수 있다. 자세한 내용은 4장의 '정수 타입을 다룰 때 주의사항'을 참고하고, 100000에 대한 참조 횟수가 2인 이유에 대해서 설명하겠다.

변수 b가 100000을 참조하므로 참조 카운터는 1이라고 생각할 수 있겠지만 sys.getrefcount 함수에 변수 b가 전달된 시점에서 함수 내부에서 100000을 참조하므로 참조 횟수가 2가 된다. 따라서 함수는 2를 반환했지만 사실 함수가 종료된 시점(현재)는 참조 카운터가 1이다. 그러니 혼동하지 말도록 하자.

os

os 모듈은 이름 그대로 운영체제에 관련된 모듈이다. 현재 파이썬이 실행 중인 운영체제에 맞게 os 모듈에 있는 함수의 결과가 달라질 수도 있다. 즉, 운영체제 종속적인 기능을 제공하는 모듈이다. 어쨌든 이 모듈에 있는 함수들을 소개하는 것은 운영체제가 제공하는 기능을 설명하는 것과 마찬가지기 때문에 짧게 설명하고 마치겠다. 역시 파이썬 문서에 아주 자세히 나와 있으므로 참고하도록 하자.

```
>>> os.linesep         #운영체제가 텍스트 문서의 줄을 바꾸는데 사용하는 문자열
'\r\n'                 #윈도우 운영체제는 줄바꿈 문자를 파일에 저장할 때 '\r'을 붙여서 저장한다.
>>> os.getcwd()        #현재 작업 디렉토리 반환
'C:\\Python35'
```

모듈 배포

이번에는 자신이 만든 모듈을 배포해보자. 어떤 모듈이라도 좋다. 여기에서는 10장에서 만든 smtpkg7 패키지를 배포하기로 한다.

파이썬 모듈을 배포한다는 것은 인터넷 상에 자신이 만든 모듈을 업로드하는 일이다. 물론 아무 곳에나 업로드하는 것이 아니고 pypi(https://pypi.python.org)라는 파이썬만의 모듈 저장소가 있다.

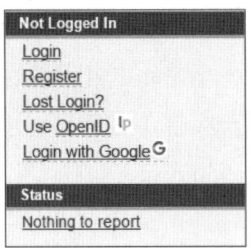

이 사이트에서 Register를 클릭하여 ID를 만들어 등록해보자.

자신의 ID와 등록한 이메일로 인증 메일이 발송된다. 그리고 메일로 발송된 링크를 클릭하면 등록이 마무리된다.

여기까지 진행했다면 배포를 위한 추가적인 작업을 해줘야 한다. 우선 setup.py라는 파일을 만들어 배포할 모듈의 최상위 폴더에 넣어줘야 한다. 좀 더 구체적으로 설명하면 아무 폴더를 만든 후 setup.py 파일과 함께 배포할 패키지 또는 모듈을 해당 폴더에 넣어준다. 디렉토리 구조는 다음과 같다.

```
----C:\gop\ch18\mypkg----
    setup.py
    ----smtpkg7----
        __init__.py
        __main__.py
        ----camera----
            __init__.py
            camera.py
        ----phone----
            __init__.py
            phone.py
        ----subcam----
            __init__.py
            subcam.py
```

여기까지 진행했다면 다음과 같이 setup.py에 배포를 위한 추가적인 코드를 작성해야 한다. 이 작업은 distutils 패키지의 core 모듈의 setup 함수를 호출하는 것이다.

예제 18-1 setup.py 예제

```
#setup.py
from distutils.core import setup

setup(
    name = 'smtpkg7',
    version = '1.0.0',
    description = "about smartphone",
    author = 'gop',
    packages = ['smtpkg7', 'smtpkg7/camera', 'smtpkg7/phone', 'smtpkg7/subcam']
    )
```

setup 함수는 배포할 패키지에 대한 메타데이터를 설정하는 함수다.[2] 위 코드에서는 setup 함수에 기본적인 인수만 전달했는데 setup 함수는 더 많은 인수들을 가지고 있다. 나머지 인수들에 대해서는 파이썬 문서를 참고하길 바란다.

name에는 패키지 이름 , version은 버전 정보, description은 패키지에 대한 설명, author에는 만든 이에 대한 정보를 문자열 형태로 전달하면 된다.

packages에는 포함될 패키지를 모두 전달해 줘야 한다. 즉, smtpkg7 패키지뿐만 아니라 하위 패키지 camera, phone 패키지에 대한 정보까지 전달해줘야 모든 패키지가 제대로 배포된다.

만약 모듈을 배포한다면 packages가 아닌 py_modules에 모듈 이름을 전달해 주면 된다. 그러면 여기에 hello 모듈을 하나 추가해서 배포해보자.

```
#hello.py
def hello():
    print("Hello python!")
```

hellow.py를 mypkg 폴더에 넣어준다.

---

[2] 메타데이터란 데이터의 속성을 설명해주는 구조화된 데이터(정보)를 말한다.

```
#setup.py
from distutils.core import setup

setup(
        name = 'smtpkg7',
        version = '1.0.0',
        description = "about smart phone",
        author = 'gop',



        packages = ['smtpkg7', 'smtpkg7/camera', 'smtpkg7/phone', 'smtpkg7/subcam'],
        py_modules = ['hello']          #추가
        )
```

여기까지 완성이 됐다면 해당 폴더로 가서 다음 명령을 내려보자.

```
C:\gop\ch18\mypkg>python setup.py sdist
running sdist
running check
warning: check: missing required meta-data: url

warning: check: missing meta-data: if 'author' supplied, 'author_email' must be
supplied too

warning: sdist: manifest template 'MANIFEST.in' does not exist (using default fi
le list)

warning: sdist: standard file not found: should have one of README, README.txt

writing manifest file 'MANIFEST'
creating smtpkg7-1.0.0
creating smtpkg7-1.0.0\smtpkg7
creating smtpkg7-1.0.0\smtpkg7\camera
creating smtpkg7-1.0.0\smtpkg7\phone
creating smtpkg7-1.0.0\smtpkg7\subcam
making hard links in smtpkg7-1.0.0...
hard linking hello.py -> smtpkg7-1.0.0
hard linking setup.py -> smtpkg7-1.0.0
hard linking smtpkg7\__init__.py -> smtpkg7-1.0.0\smtpkg7
hard linking smtpkg7\__main__.py -> smtpkg7-1.0.0\smtpkg7
hard linking smtpkg7/camera\__init__.py -> smtpkg7-1.0.0\smtpkg7/camera
hard linking smtpkg7/camera\camera.py -> smtpkg7-1.0.0\smtpkg7/camera
hard linking smtpkg7/phone\__init__.py -> smtpkg7-1.0.0\smtpkg7/phone
hard linking smtpkg7/phone\phone.py -> smtpkg7-1.0.0\smtpkg7/phone
hard linking smtpkg7/subcam\__init__.py -> smtpkg7-1.0.0\smtpkg7/subcam
hard linking smtpkg7/subcam\subcam.py -> smtpkg7-1.0.0\smtpkg7/subcam
creating 'dist\smtpkg7-1.0.0.zip' and adding 'smtpkg7-1.0.0' to it
adding 'smtpkg7-1.0.0\hello.py'
adding 'smtpkg7-1.0.0\PKG-INFO'
adding 'smtpkg7-1.0.0\setup.py'
adding 'smtpkg7-1.0.0\smtpkg7\__init__.py'
adding 'smtpkg7-1.0.0\smtpkg7\__main__.py'
adding 'smtpkg7-1.0.0\smtpkg7\camera\camera.py'
adding 'smtpkg7-1.0.0\smtpkg7\camera\__init__.py'
adding 'smtpkg7-1.0.0\smtpkg7\phone\phone.py'
adding 'smtpkg7-1.0.0\smtpkg7\phone\__init__.py'
adding 'smtpkg7-1.0.0\smtpkg7\subcam\subcam.py'
adding 'smtpkg7-1.0.0\smtpkg7\subcam\__init__.py'
removing 'smtpkg7-1.0.0' (and everything under it)
```

배포 패키지가 완성되었다. 이젠 배포 패키지를 pypi에 업로드해보도록 하겠다. 업로드를 하기 위해서 먼저 파이썬 업로드 도구에 자신의 pypi 아이디와 패스워드를 다음과 같이 등록해줘야 한다.

```
C:\gop\ch18\mypkg>python setup.py register
running register
running check
warning: check: missing required meta-data: url

warning: check: missing meta-data: if 'author' supplied, 'author_email' must be
supplied too

We need to know who you are, so please choose either:
 1. use your existing login,
 2. register as a new user,
 3. have the server generate a new password for you (and email it to you), or
 4. quit
Your selection [default 1]:
```

이미 계정이 있으므로 1번을 선택하여 아이디와 패스워드를 입력해준다.

```
1
Username: gop
Password:
Registering smtpkg7 to https://pypi.python.org/pypi
Server response (200): OK
I can store your PyPI login so future submissions will be faster.
(the login will be stored in C:\Users\juhyun\.pypirc)
Save your login (y/N)?
```

'y'를 눌러 자신의 계정정보를 업로드 도구에 저장해두자.

이제 다음 명령어를 실행하여 패키지를 업로드해보자.

```
C:\gop\ch18\mypkg>python setup.py sdist upload
running sdist
running check
warning: check: missing required meta-data: url
    ....
    ....

running upload
Submitting dist\smtpkg7-1.0.0.zip to https://pypi.python.org/pypi
Server response (200): OK
```

pypi에 업로드가 되었다. 이젠 업로드된 smtpkg7 패키지를 pip를 사용하여 자신의 컴퓨터에 설치해보도록 하자.

```
C:\gop\ch18\mypkg>pip install smtpkg7
Collecting smtpkg7
  Downloading smtpkg7-1.0.0.zip
Installing collected packages: smtpkg7
  Running setup.py install for smtpkg7 ... done
Successfully installed smtpkg7-1.0.0
```

해당 패키지의 설치가 완료되었다면 파이썬 쉘에서 제대로 패키지가 설치되었는지 실험해보자.

```
>>> import smtpkg7
>>> smtpkg7.camera.camera.photo()
Take photo
>>> smtpkg7.phone.phone.makeacall()
Make a Call
>>> import hello
>>> hello.hello()
Hello python!
```

smtpkg7 패키지와 hello 모듈 모두 제대로 import 되고 사용된다.

지금까지 파이썬 표준 라이브러리를 간결하게 살펴보았다. 워낙 파이썬 문서에 정리가 잘 되어 있기 때문에 필요할 때마다 원하는 기능을 찾는 데는 어려움이 없을것이다. Pypi에 관한 내용 역시 파이썬 문서에서 Pypi를 검색하여 더 자세한 내용을 살펴볼 수 있다.

찾아보기

^ 88, 94
^= 94
- 94
-= 94
!= 94
() 94
[] 94
{} 94
* 94, 324, 338
** 94
**= 94
*= 94
/ 94, 408
// 94
//= 94
/= 94
₩₩ 408
& 87, 94
&= 94
% 94
+ 94
+= 94
< 94
<< 94
<<= 94
<= 94
= 94
== 94
> 94
>= 94
>> 94
>>= 94
| 87, 94
|= 94
~ 89, 94
__add__ 397
__all__ 338
__builtins__ 265
-c 112
__call__ 535
@classmethod 370

[i] 94
[i:j] 94
[i:j:step] – 확장분할(extended slicing) 연산 117
[i:j] – 분할 연산 116
[index] – 색인(indexing) 연산 115
__init__ 356
__init__.py 336
__iter__ 296
-m 342
__main__.py 341
₩n 416
__name__ 320
__next__() 240
__next__ 295
__pos__ 398
@property 379
__pycache__ 328
__radd__ 399
₩r₩n 420
@staticmethod 371
__str__ 450
#time.sleep 540
* 연산 115
+ 연산 115
1바이트 54
2의보수법 90
3항 연산자 219

after 489
AF_UNIX 555
Alt 498
ALTER 611
Anaconda plugin 28
anchor 489
and 90, 94
AND 610
append 140
argument 252
arrow 473
arrowshape 473
as 325
ascii 628
ASCII 113
ascii 함수 126
askdirectory 511
askokcancel 509
askopenfile 511
askopenfilename 511
askopenfilenames 511
askopenfiles 511
askquestion 509
askretrycancel 509
asksaveasfile 511
asksaveasfilename 511
askyesno 509
askyesnocancel 509
attribute 349

A

accept 559
acquire 546
activefill 475
activeoutline 475
add 200
add_cascade 513
add_command 513
AF_INET 555
AF_INET6 555

B

b) 646
background 468
backlog 567
BaseException 442
BaseHTTPRequestHandler 595
BaseHTTPServer 595
before 489
bevel 479
bin 628

binary 419
bind 497, 559
bit 54
blocked 529
blocking 572
BOM 426
bool 75, 628
BooleanVar 469
bottom 491
BoundedSemaphore 545
bound method 369
break 233
built-in 70
built-in function 265
Button 466
ButtonPress-1 498
ButtonPress-2 498
ButtonPress-3 498
byte 54
bytearry 628
bytes 628

C

callable 535, 629
callback 279
Canvas 471
capitalize() 128
casefold() 128
center 128
cgi 597
cgi-bin 598
CGIHTTPRequestHandler 595
CGIHTTPServer 595
char 499
character set 423
Character Set 422
Checkbutton 502
choice 647
class 78, 350, 352
class attribute 360

classmethod 630
close 560, 582
closure 284
codecs 433
collections 158
column 462, 492
columnspan 492
command 467
commit 607, 613
compile 630
complex 77, 630
Condition 545
conditional expression 219
configure 468
connect 560, 607
constructor 356
context switching 529
continue 233
Control 498
control variable 469
copy 150
core 661
coroutine 297
count 129
cp 949 114, 425
CREATE 608
create_arc 481
create_bitmap 482
create_image 485
create_line 472
create_oval 477
create_polygon 478
create_rectangle 474
create_text 475
create_window 479
critical section 545
cursor 607

D

date 651
datetime 650, 654
DB-API 606
DBMS 603
decimal 644
decoding 422
decorator 289
deepcopy 151
def 250
default 509
del 144
delattr 630
delete 473, 519
DELETE 610
delta 499
deselect 508
destroy 464
detail 509
dict 173, 631
dir 266, 631
distutils 661
divmod 82, 631
Double 498
double under-bar 375
DoubleVar 469
DROP 611
duck typing 392
dump 421
dynamic typing 392
Dynamic Typing 58

E

elif문 216
else문 217
Encapsulation 350
encoding 422
endcode 426
endswith 129
Enter 498

Entry 470
enumerate 632
escape sequence 111
eval 125, 161, 632, 633
Event 496, 545
event handler 498
Exception 449
excption 441
exec 633
execute 614
executemany 617
executescript 618
exit 442
expand 489
expression 41, 220
extend 141
extent 481

F

False 75
family 476, 557
fd 557
fetch * 607
fetchall 620
fetchmany 620
fetchone 619
file descriptor 557
filedialog 510
FileNotFoundError 441
File Pointer 412
fill 475, 489
filter 633
finally 447
float 76, 77, 634
for~break 232
for~continue 233
foreground 468
for~else 234
format 130, 634
for문 222

fractions 645
Frame 465
from~import~ 337
frozenset 634

G

generator 295
generator function 296
geometry 460
get 519
GET 590
getattr 372, 634
getsizeof 109
getter 378
global 270, 362
globals() 634
grid 492
GUI 457

H

handle 587
hasattr 634
hash 635
hashable 177
heap 527
height 499
help 635
hex 635
Host 551
html 590
HTTP 589
http.server 595
HTTPServer 595

I

icon 509
id 59, 635
IDLE 21, 43

if~elif문 215
if문(조건문) 213
ImageTk 486
ImageTk.BitmapImage 488
ImageTk.PhotoImage 488
immutable 137
import 40, 313
in 94
in_ 489, 492
index 131
inheritance 381
input 635
insert 143, 517
instance 355
instance attribute 358
instance method 364
instantiation 355
int 75, 635
Integrated DeveLopment
    Environment 21
internet protocol 554
IntVar 469
invoke 508
in 연산 119
I/O 529
IP 554
ipadx 489, 492
ipady 489, 492
IPC 528
IPv6 555
is 72, 94
isinstance 636
is not 94
issubclass 636
itemconfig 474
items() 185
iter 295, 637
iterable 141
iterator 240, 295
iterator protocol 296

J

Java 357
join 131, 541
joinstyle 479

K

KeyboardInterrupt 446
keycode 500
KeyError 446
KeyPress 498
KeyRelease 498
keysym 500
keysym_num 500
keyword 42

L

Label 468
Lambda 278
Leave 498
left 491
len 637
LGB룰 273
list 133, 637
listen 559
literal 41
load 422
locals 263
locals() 637
localtime 123
Lock 545
Locked 545
loopback 563
lstrip 132

M

main 316
mainloop 465
main routine 297

map 638
math 645
max 638
maxsize 461
messagebox 509
method 349
method overriding 382
min 639
minsize 461
miter 479
Motion 498
MouseWheel 498
move 473
multi tasking 527
mutable 137

N

namedtuple 159
NameError 264
name mangling 377
Naming Rule 250
next 639
non-blocking 572
None 260
nonlocal 275
not 93, 94
NOT 610
notepad++ 28
not in 94, 182
num 500

O

object 349
Object 354
oct 639
offvalue 503
onvalue 503
open 408
operator overloading 396

or 92, 94
OR 610
ord 639
os 659
OSError 444
outline 475
overloading 396
overriding 382
overstrike 476

P

pack 489
padx 489, 492
pady 489, 492
parameter 252
Parent 509
parse 592
pass 282
Paste 488
PhotoImage 485
pickle 421
PIL 485
Pillow 485
pip 485
polymorphism 387
Pop 145
port 563
POST 590
pow 639
print 640
property 640
proto 557
PVM 328
pyc 328
py_compile 328
PyQt 457
PYTHONPATH 328

Q

Qt 457
Quadruple 498

R

race condition 545
Radiobutton 506
raise 442
randint 570
random 570, 646
random() 647
randrange 646
range 225, 640
read 409
readlines 415
recv 559
release 546
remove 145, 202
repr 126, 640
request 592
resize 487
return 260
reversed 641
right 491
RLock 545
robotparser 591
rollback 613
rotate 487
round 479, 641
row 462, 492
rowspan 492
rstrip 132
run 537

S

sample 647
Scope 251, 262
Scoping rule 266
seed([x]) 646
seek 417
select 508, 585
SELECT 609
self 356
Semaphore 545
send 299, 560
set 198, 642
setattr 642
setdefault 180
setter 378
setup 661
shallow copy 150
show 488
showerror 509
showinfo 509
showwarning 509
shutdown 582
SHUT_RD 582
SHUT_RDWR 582
SHUT_WR 582
side 489
signiture 293
SimpleHTTPRequestHandler
    595
SimpleHTTPServer 595
size 476
SOCK_DGRAM 557
socket 553
socketserver 587
SOCK_STREAM 556
sort 155, 280
sorted 155, 203, 642
split 132
SQL 608
sqlite 608
sqlite3 608
stack 527
start 481
statement 42, 220
staticmethod 642
Static Typing 57

sticky 492
StopIteration 447
str 110, 126, 160, 642
StreamRequestHandler 587,
    594
StringVar 469
strip 132, 416
sublime text 28
sub routine 298
suffle 647
sum 642
super 389, 643
sys 109, 658
sys.path 327
SystemExit 442

T

tagOrID 472
target 535
tcl 457
tcl/tk 457
TCP 556
TCP/IP 557
TCPServer 587
tell 417
textvariable 468, 516
this 357, 569
thread 534
Thread 530, 537
threading 534
ThreadingMixIn 587
ThreadingTCPServer 587
time 123, 500, 648, 653
timedelta 656
timeit 656
title 509
Tk 459
tkinter 457, 459
tkinter.BOTH 473
tkinter.FIRST 473

tkinter.font 476
tkinter.LAST 473
top 491
Transmission Control Protocol 556
Triple 498
True 75
try~except 441
try~except else 444
tuple 155, 643
type 78, 500, 509, 557, 643
TypeError 124

U
UDP 556, 557
unbound_method 369
union 201
Unlocked 545
update 179
UPDATE 610
URI 591
urllib 591
urllib2 591
urllib.parse 594
urllib.request 592
urlopen 592
urlparse 591, 594
User Datagram Protocol 557
UTF-8 114, 426
UTF-16 426

V
variable 503
viewitems 190
viewkeys 190
view object 186
viewvalues 190

W
weight 476
wfile 597
WHERE 610
while문 238
widget 459, 500
width 500
with ~ as ~ 419
write 407
writelines 415
WSGI 599
wxPython 457
wxWiget 457

X~Y
x 500
xbm 482
x_root 500
y 500
yield 295, 299
y_root 500

Z
zip 643

ㄱ
가변인수 257
가상 IP 562
객체 64, 349, 354
객체지향 349
게이트웨이 562
경쟁 상태 545
공백 문자 121
구문 42, 220
깊은 복사 150

ㄴ
내장 70
내장 데이터 타입 70
내장 영역 265
내장 함수 265
네임맹글링 377
네트워크 551
논리 연산 90

ㄷ
다형성 387, 396
대기 큐 567
대입 연산자 82
대화형 인터프리터 21
덕 타이핑 392
데이터 전송 프로토콜 556
데이터 타입 56
동기화 538
동등 비교 연산 97
동적 타이핑 58, 392
디자인 패턴 289
디코딩 422

ㄹ
라우터 562
락 545
람다 표현식 278
레지스터 527
레코드 608
로컬 네트워크 562
루프백 563
리스트 133
리스트 내포 235
리스트 내포 확장 236
리스트 여과기 236
리터럴 41

ㅁ

매핑 타입 173
멀티태스킹 527
메소드 65, 349, 364
메소드 오버라이딩 382
메소드 호출 규약 357
메인 루틴 297
명령행 인수 326
모듈 313
무한루프 239
문자열 110, 407
문자열 포맷팅 122
문자 집합 422

ㅂ

바운드 메소드 369
바이너리 419
반복자 240, 295
반복자 프로토콜 296
반환값 96, 262
배치관리자 460, 489
변수 55
변수명명 규칙 250
복소수 77
복합 대입 연산자 82
부모클래스 382
불리언 75
블록 구조 45
비교 연산자 83
비트 54, 84
비트맵 이미지 482
비트 연산 87

ㅅ

사전 173
사전형 인수 258
상대적 import 339
상속 381
생성자 356

서버 553
서브 루틴 298
서식 지정자 122
선언 56
셋 198
소켓 553
속성 65, 349
속성 접근 연산 372
속성 접근 연산자(.) 353
속성 접근 지정자 374
순회 227
숫자 연산 79
쉘 모드 30
쉬프트 연산 84
스코핑룰 266
스태틱 메소드 371
스택 527
시그니처 293
시퀀스 타입 107
식별자 42
식별자 이름 규칙 42
실수 76
실인수 252
쓰기 버퍼 579
쓰레드 530

ㅇ

아스키 문자 집합 423
아스키 코드값 113
얕은 복사 150
언패킹 163
에디트 모드 30
연결 객체 606
연산 기호 79
연산자 오버로딩 396
연산자 우선순위 94
영역 251, 262
예외 541
오버라이딩 382
오버로딩 396

요소 107
우선 표현식 220
웹 서버 596
위치인수 256
유니코드 114, 422
유니코드 문자 집합 423
유니코드 코드 포인트 424
이름공간 262
이름 있는 튜플 158
이벤트 496
이벤트 핸들러 498, 587
이스케이프 시퀀스 111
인수 251
인스턴스 355
인스턴스 메소드 364
인스턴스 속성 358
인스턴스의 초기화 396
인코딩 114, 422
인터프리터 52
읽기 버퍼 579
임계 영역 545
입력 버퍼 586

ㅈ

자동완성 32
자식클래스 385
장식자 289
전역변수 263
전역 영역 262
절차적 프로그래밍 349
접근 지정자 375
정수 75
정적 타이핑 57
제너레이터 295
제어변수 469, 503
조건식 214, 224
조건 표현식 219
주석 42
주소 체계 554
중첩 for문 231

중첩 리스트 내포 237
중첩 함수 271
증감식 224
지역변수 263
지역 영역 262

ㅊ
참조 59
초기식 224
출력 버퍼 587

ㅋ
캡슐화 350
커서 객체 606, 613
컨테이너 객체 151
컨텍스트 스위칭 529
컴파일러 52
코드 페이지 114
코드 포인트 424
코루틴 297, 298
코루틴 함수 297
콜백 279

콜백함수 279, 467
클라이언트 553
클래스 350
클래스 메소드 369
클래스 속성 360
클로저 284
키워드 42
키워드 인수 255

ㅌ
타입 선언 59
탈출문자 111
텍스트 419
툴킷 459
튜플 155
튜플형 인수 258

ㅍ
파이썬 가상 머신 328
파이썬 쉘 21
파일 I/O 419
파일 디스크립터 557

파일 포인터 412
패키지 329
패킹 163
포트 563
표현식 41
프로세스 527
프로퍼티 378
피연산자 398
필드 608
필드 이름 608

ㅎ
함수 249
함수적 프로그래밍 374
함수형 프로그래밍 281
항목 107
형식인수 252
호스트 551
호출원 261
확장문자열 422
확장열 111
환경 변수 22
힙 527